高等院校法律专业本科精品教材

财 税 法

李建人　编著

南开大学出版社

天　津

图书在版编目(CIP)数据

财税法 / 李建人编著. —天津:南开大学出版社,
2011.10

高等院校法律专业本科精品教材

ISBN 978-7-310-03781-0

Ⅰ.①财… Ⅱ.①李… Ⅲ.①财政法－中国－高等学
校－教材 ②税法－中国－高等学校－教材 Ⅳ.①D922.2

中国版本图书馆 CIP 数据核字(2011)第 195632 号

南开大学出版社出版发行

出版人:孙克强

地址:天津市南开区卫津路 94 号　　邮政编码:300071

营销部电话:(022)23508339　23500755

营销部传真:(022)23508542　　邮购部电话:(022)23502200

*

河北昌黎太阳红彩色印刷有限责任公司印刷

全国各地新华书店经销

*

2011 年 10 月第 1 版　　2011 年 10 月第 1 次印刷

787×960 毫米　16 开本　34 印张　1 插页　621 千字

定价:50.00 元

如遇图书印装质量问题,请与本社营销部联系调换,电话:(022)23507125

出版说明

当前我国正处于社会主义市场经济法律体系形成的关键时期,各个法律部门都在发生着深刻的变革,法律制度的立法修订工作十分频繁。客观地说,高等院校法学专业教育面临着一个不断更新知识体系、与时俱进的要求。在这个特定历史背景下,为了更好地服务我国高等院校法学教育工作,我社特组织南开大学法学院部分教师编写了这套法学系列教材。

在具体编写这套法学教材之前,出版社和编写教师共同研讨分析了目前我国法学教材出版工作的现状,认为在我国社会主义市场经济条件下,高等院校法学教育应当在讲授法学理论的同时,着力加强培养学生学以致用的能力。因此,我们确定这套系列教材的编写思路是:淡化抽象理论,突出案例教学,教师讲授条理清晰,学生阅读饶有兴趣。每章开头设计一则典型案例或材料,引出本章的学习内容,各章节内部则在介绍相关基础知识的同时,穿插大量的法理分析、经典案例、统计数据、政府公告、新闻报道等,从而调动学生的阅读积极性,进而提高分析问题、解决问题的实务能力。

本套教材由南开大学法学院青年教师编写,第一批教材包括 6 本,即《财税法》、《经济法》、《环境法》、《婚姻家庭与继承法》、《债权法》、《国际私法》。

这套教材可以用于高等院校法学本科和专科教学,也可以成为法学专业研究生教学的参考资料,还可以成为行政管理、经济学等其他专业本科或专科的教学参考资料。

南开大学出版社

2011 年 6 月

前　　言

　　作为在高校讲授财税法课程的一名教师,我一直有一个愿望,就是编写一本"学以致用"的财税法教科书。应当说,经济法学科中的每个领域都是实践性很强的。但是,我个人认为,财税法(尤其是税法)在实践中对严谨性的追求是其他经济法律制度很少能够达到的。因为税收涉及厘清纳税人财产和国家国库的界限问题,马虎不得。正是抱着准确计量纳税人应纳税金义务的初衷,我设计编写了这本《财税法》教科书。

　　就体例而言,本教材共有 22 章,其中又可以分为三个板块,一是基本财政制度(第 1、2 章),二是现行税种制度(第 3—20 章),三是税收程序制度(第 21、22章)。我个人认为,这本教材有两个较为突出的特点:一是选取了大量活泼生动的材料,比如案例、统计数据、术语界定、税种综述、实务背景、理论探索、文献附录等,有利于调动读者的阅读兴趣;二是对每一个税种安排了大量的习题计算,真正将税法学以致用。

　　本教材可以适用于高等院校本科专科阶段法学、经济学、工商管理、财务管理、会计学等专业教学和自学环节,也可以成为其他相关专业辅助参考读物。

　　需要说明的是,在本教材的酝酿、出版过程中,南开大学出版社的王乃合老师做了大量的协调、统筹工作,给予了大力支持,特此致谢。当然,本教材的缺陷和不足也是肯定存在的,希望专家、读者能够给予批评指正,提出建设性的意见。

目　　录

第一章 预算法律制度

☞ **案例:2009～2010 年我国财税政策方向指引**

"实施积极的财政政策。一是大幅度增加政府支出,这是扩大内需最主动、最直接、最有效的措施。今年财政收支紧张的矛盾十分突出。一方面,经济增速放缓、减轻企业和居民税负必然会使财政收入增速下降;另一方面,为刺激经济增长、改善民生和深化改革,又需要大幅度增加投资和政府支出。为弥补财政减收增支形成的缺口,拟安排中央财政赤字 7500 亿元,比上年增加 5700 亿元,同时国务院同意地方发行 2000 亿元债券,由财政部代理发行,列入省级预算管理。全国财政赤字合计 9500 亿元,占国内生产总值比重在 3% 以内,虽然当年赤字增加较多,但由于前几年连续减少赤字,发债空间较大,累计国债余额占国内生产总值比重 20% 左右,这是我国综合国力可以承受的,总体上也是安全的。二是实行结构性减税和推进税费改革。采取减税、退税或抵免税等多种方式减轻企业和居民税负,促进企业投资和居民消费,增强微观经济活力。初步测算,今年全面实施增值税转型,落实已出台的中小企业、房地产和证券交易相关税收优惠以及出口退税等方面政策,加上取消和停征 100 项行政事业性收费,可减轻企业和居民负担约 5000 亿元。三是优化财政支出结构。继续加大对重点领域投入,严格控制一般性开支,努力降低行政成本。"

......

"推进财税体制改革。全面实施增值税转型改革。统一内外资企业和个人城建税、教育费附加等制度。改革完善资源税制度。研究推进房地产税制改革。继续清理行政事业性收费和政府性基金,加强规范管理。深化预算制度改革,实现政府公共预算、国有资本经营预算、政府性基金预算和社会保障预算的有机衔接,积极推进预算公开。完善财政转移支付制度。推进省直管县财政管理方式改革。"

——节选自《2009 年国务院政府工作报告》。

第一节　概述

一、政府预算的概念和特征

所谓政府预算,是指一国政府在一个财政年度内的全部收入与支出计划。政府预算的特征:

(1)政府预算是关于政府的收支计划;

(2)政府预算体现了政府财政活动对国民经济生活的影响;

(3)政府预算反映了国民经济对政府财政的影响。

二、我国预算法的基本原则

(一)一级政府一级预算

《预算法》规定,我国实行一级政府一级预算,设立中央,省、自治区、直辖市、设区的市、自治州、县、自治县、不设区的市、市辖区,乡、民族乡、镇五级预算。其中,不具备设立预算条件的乡、民族乡、镇,经省、自治区、直辖市政府确定,可以暂不设立预算。

(二)平衡预算原则

《预算法》规定,各级预算应当做到收支平衡。

背景理论:"预算平衡理论"与"非平衡预算理论"

直到 20 世纪初,各国普遍信奉以亚当·斯密为代表的古典经济学及其预算平衡理论。该理论认为政府大部分开支是非生产性的,应该尽可能把财政收支缩减到最低限度,并执行以年度收支平衡为基本特征的"健全"的预算政策。1929～1936 年,西方发达国家爆发了严重的经济危机。凯恩斯发表了著名的《就业、利息和货币通论》,提出"非平衡预算理论"。凯恩斯主义财政理论认为,"平衡预算"政策固执地坚持不管国民经济形势如何,政府都应当保持年度预算收支平衡,这非但不能稳定宏观经济运行,反而会加剧其波动。在经济形势剧烈波动的情况下,政府很难做到预算平衡,而且也不应该苛求预算平衡;当然,倡导"非平衡预算"政策的经济学家虽然反对年度预算平衡,但是他们仍然主张周期预算平衡。

(三)分税制

《预算法》规定,我国实行中央和地方分税制。

背景知识：1993年分税制财政管理体制改革

　　"根据建立社会主义市场经济体制的基本要求，并借鉴国外的成功做法，要理顺中央与地方的分配关系，必须进行分税制改革。分税制改革的原则和主要内容是：按照中央与地方政府的事权划分，合理确定各级财政的支出范围；根据事权与财权相结合原则，将税种统一划分为中央税、地方税和中央地方共享税，并建立中央税收和地方税收体系，分设中央与地方两套税务机构分别征管；科学核定地方收支数额，逐步实行比较规范的中央财政对地方的税收返还和转移支付制度；建立和健全分级预算制度，硬化各级预算约束。"

　　　　——《关于实行分税制财政管理体制的决定》（国发〔1993〕85号）。

（四）历年制财政年度

　　《预算法》规定，我国预算年度自公历1月1日起，至12月31日止。

背景知识：财政年度的类型与特点

　　预算年度，亦称为"财政年度"，是指国家预算的有效起讫日期，是编制和执行国家预算的法定时间期限，世界各国的预算年度一般为一年。各国预算年度起始日期不尽相同，一般分为历年制和跨年制两种形式。所谓历年制财政年度，就是每个财政年度从公历1月1日起至当年12月31日止。其优点是，符合自然规律，尤其是大体符合我国传统农业生产的春耕、夏种、秋收、冬歇的经济规律。目前，较多国家采取历年制的财政年度。所谓跨年制财政年度，是指财政年度以年中的某日开始，以次年的该日前一日终止。如英国、加拿大、日本等国的财政年度是从4月1日起至次年3月31日止；瑞典、澳大利亚等国的财政年度是从7月1日起至次年6月30日止；而美国的财政年度则从10月1日起至次年9月30日止。其优点是，财政年度与该国议会召集时间相吻合，体现了议会在预算活动中的权威地位。目前，发达国家多采取跨年制的财政年度。

第二节　预算管理职权

一、人大预算管理职权

（一）全国人大及其常委会的预算管理职权

1. 全国人大预算管理职权

（1）全国人民代表大会审查中央和地方预算草案及中央和地方预算执行情况的报告；

（2）批准中央预算和中央预算执行情况的报告；

（3）改变或者撤销全国人民代表大会常务委员会关于预算、决算的不适当的决议。

2.全国人大常委会预算管理职权

（1）监督中央和地方预算的执行；

（2）审查和批准中央预算的调整方案；

（3）审查和批准中央决算；

（4）撤销国务院制定的同宪法、法律相抵触的关于预算、决算的行政法规、决定和命令；

（5）撤销省、自治区、直辖市人民代表大会及其常务委员会制定的同宪法、法律和行政法规相抵触的关于预算、决算的地方性法规和决议。

案例:2008 年汶川抗震重建中央预算调整

2008 年 6 月 24 日，十一届全国人大常委会第三次会议举行，受国务院委托，财政部部长谢旭人作《关于提请审议 2008 年中央预算调整方案（草案）的议案的说明》，建议:为避免影响正常年度预算，保持 2008 年中央预算平衡，从中央预算稳定调节基金 1032 亿元中调入 600 亿元，通过"划转地震灾后恢复重建基金"科目列支后，转入地震灾后恢复重建基金；从车辆购置税中调整安排 50 亿元，由"车辆购置税支出"科目列支后，转入地震灾后恢复重建基金；从政府性基金预算列收列支的彩票公益金中调整安排 10 亿元，由"彩票公益金"支出科目列支后，转入地震灾后恢复重建基金；从国有资本经营预算调入 40 亿元，通过国有资本经营预算相关科目列支后，转入地震灾后恢复重建基金。

（二）地方人大及其常委会的预算管理职权

1.地方人大预算管理职权

（1）县级以上地方各级人民代表大会审查本级总预算草案及本级总预算执行情况的报告；

（2）批准本级预算和本级预算执行情况的报告；

（3）改变或者撤销本级人民代表大会常务委员会关于预算、决算的不适当的决议；

（4）撤销本级政府关于预算、决算的不适当的决定和命令。

设立预算的乡、民族乡、镇的人民代表大会审查和批准本级预算和本级预算执行情况的报告；监督本级预算的执行；审查和批准本级预算的调整方案；审查和批准本级决算；撤销本级政府关于预算、决算的不适当的决定和命令。

2.地方人大常委会预算管理职权

（1）县级以上地方各级人民代表大会常务委员会监督本级总预算的执行；

（2）审查和批准本级预算的调整方案；

（3）审查和批准本级政府决算；

（4）撤销本级政府和下一级人民代表大会及其常务委员会关于预算、决算的不适当的决定、命令和决议。

二、政府预算管理职权

（一）国务院预算管理职权

1.编制中央预算、决算草案；

2.向全国人民代表大会作关于中央和地方预算草案的报告；

3.将省、自治区、直辖市政府报送备案的预算汇总后报全国人民代表大会常务委员会备案；

4.组织中央和地方预算的执行；

5.决定中央预算预备费的动用；

6.编制中央预算调整方案；

7.监督中央各部门和地方政府的预算执行；

8.改变或者撤销中央各部门和地方政府关于预算、决算的不适当的决定、命令；

9.向全国人民代表大会、全国人民代表大会常务委员会报告中央和地方预算的执行情况。

（二）地方政府预算管理职权

1.县级以上地方各级政府编制本级预算、决算草案；

2.向本级人民代表大会作关于本级总预算草案的报告；

3.将下一级政府报送备案的预算汇总后报本级人民代表大会常务委员会备案；

4.组织本级总预算的执行；

5.决定本级预算预备费的动用；

6.编制本级预算的调整方案；

7.监督本级各部门和下级政府的预算执行；

8.改变或者撤销本级各部门和下级政府关于预算、决算的不适当的决定、命令；

9.向本级人民代表大会、本级人民代表大会常务委员会报告本级总预算的执行情况。

乡、民族乡、镇政府编制本级预算、决算草案；向本级人民代表大会作关于本级预算草案的报告;组织本级预算的执行;决定本级预算预备费的动用;编制本级预算的调整方案;向本级人民代表大会报告本级预算的执行情况。

(三)财政部门预算管理职权

1.财政部预算管理职权

(1)具体编制中央预算、决算草案;

(2)具体组织中央和地方预算的执行;

(3)提出中央预算预备费动用方案;

(4)具体编制中央预算的调整方案;

(5)定期向国务院报告中央和地方预算的执行情况。

2.地方政府财政部门预算管理职权

(1)具体编制本级预算、决算草案;

(2)具体组织本级总预算的执行;

(3)提出本级预算预备费动用方案;

(4)具体编制本级预算的调整方案;

(5)定期向本级政府和上一级政府财政部门报告本级总预算的执行情况。

第三节　预算收支范围

一、预算收入范围

《预算法》规定,预算收入划分为中央预算收入、地方预算收入、中央和地方预算共享收入。预算收入包括:

1.税收收入;

2.依照规定应当上缴的国有资产收益;

3.专项收入;

4.其他收入。

二、预算支出范围

《预算法》规定,预算支出划分为中央预算支出和地方预算支出。预算支出包括:

1.经济建设支出;

2.教育、科学、文化、卫生、体育等事业发展支出;

3.国家管理费用支出;

4.国防支出;

5.各项补贴支出；

6.其他支出。

案例:2009年教育预算支出

"坚持优先发展教育事业。今年要研究制定国家中长期教育改革和发展规划纲要,对2020年前我国教育改革发展作出全面部署。年内要重点抓好五个方面。一是促进教育公平。落实好城乡免费义务教育政策。提高农村义务教育公用经费标准,把小学、初中学生人均公用经费分别提高到300元和500元。逐步解决农民工子女在输入地免费接受义务教育问题。增加农村义务教育阶段家庭经济困难寄宿生的生活补助。争取三年内基本解决农村'普九'债务问题。完善国家助学制度,加大对中等职业学校和高等院校家庭经济困难学生的资助,确保人人享有平等的受教育机会,不让一个孩子因家庭经济困难而失学。二是优化教育结构。大力发展职业教育,特别要重点支持农村中等职业教育。逐步实行中等职业教育免费,今年先从农村家庭经济困难学生和涉农专业做起。继续提高高等教育质量,推进高水平大学和重点学科建设,引导高等学校调整专业和课程设置,适应市场和经济社会发展需求。三是加强教师队伍建设。对义务教育阶段教师实行绩效工资制度,提高1200万中小学教师待遇,中央财政为此将投入120亿元,地方财政也要增加投入。全面加强教师特别是农村教师培训,鼓励大学生、师范生到基层、农村任教。四是推进素质教育。各级各类教育都要着眼于促进人的全面发展,加快课程、教材、教育方法和考试评价制度改革,把中小学生从过重的课业负担中解放出来,让学生有更多的时间思考、实践、创造。五是实施全国中小学校舍安全工程,推进农村中小学标准化建设。要把学校建成最安全、家长最放心的地方。"

——节选自《2009年国务院政府工作报告》。

第四节　预算编制

一、预算编制原则

(一)复式预算编制原则

《预算法》规定,中央预算和地方各级政府预算按照复式预算编制。

背景知识:复式预算的概念

单式预算和复式预算是预算编制的两种基本形式。所谓单式预算,是指将政府一个财政年度内的收入和支出统一编制在一个预算中的预算组织形式。所谓复式预算,是指在预算年度内,将全部的国家财政收支按经济性质进行划分,分别编制出经常预算和资本预算两个或两个以上预算的预算组织形式。在很长时间里,各国政府编制预算都采用单式预算,可以直接反映出财政收支是否平衡,有利于控制财政赤字。但是,随着政府宏观调控经济的实践,政府预算中用于经济建设的投资支出规模不断增长,短期内出现财政赤字是难以避免的。另外,将预算支出分为经常项目和资本项目也更有利于控制政府行政事业费用的过度增长。故而,复式预算的产生就成为客观必然。1929年,丹麦率先采用复式预算。随后,瑞典、英国、法国、日本等也逐步把单式预算改为复式预算。

(二)不列赤字原则

《预算法》规定,中央政府公共预算不列赤字。中央预算中必需的建设投资的部分资金,可以通过举借国内和国外债务等方式筹措,但是借债应当有合理的规模和结构。中央预算中对已经举借的债务还本付息所需的资金,可以通过举借国内和国外债务等方式筹措。

地方各级预算按照量入为出、收支平衡的原则编制,不列赤字。除法律和国务院另有规定外,地方政府不得发行地方政府债券。

案例:2009年中央预算赤字和地方债发行规模

"今年的政府工作,要以应对国际金融危机、促进经济平稳较快发展为主线,统筹兼顾,突出重点,全面实施促进经济平稳较快发展的一揽子计划。大规模增加政府投资,实施总额4万亿元的两年投资计划,其中中央政府拟新增1.18万亿元,实行结构性减税,扩大国内需求……今年财政收支紧张的矛盾十分突出。一方面,经济增速放缓、减轻企业和居民税负必然会使财政收入增速下降;另一方面,为刺激经济增长、改善民生和深化改革,又需要大幅度增加投资和政府支出。为弥补财政减收增支形成的缺口,拟安排中央财政赤字7500亿元,比上年增加5700亿元,同时国务院同意地方发行2000亿元债券,由财政部代理发行,列入省级预算管理。全国财政赤字合计9500亿元,占国内生产总值比重在3%以内,虽然当年赤字增加较多,但由于前几年连续减少赤字,发债空间较大,累计国债余额占国内生产总值比重20%左右,这是我国综合国力可以承受的,总体上也是安全的。"

——节选自《2009年国务院政府工作报告》。

(三)增量预算编制原则

《预算法》规定,各级预算收入的编制,应当与国民生产总值的增长率相适应。中央预算和地方各级政府预算,应当参考上一年预算执行情况和本年度收支预测进行编制。按照规定必须列入预算的收入,不得隐瞒、少列,也不得将上年的非正常收入作为编制预算收入的依据。

(四)厉行节约原则

《预算法》规定,各级预算支出的编制,应当贯彻厉行节约、勤俭建国的方针。

(五)统筹兼顾原则

《预算法》规定,各级预算支出的编制,应当统筹兼顾、确保重点,在保证政府公共支出合理需要的前提下,妥善安排其他各类预算支出。

中央预算和有关地方政府预算中安排必要的资金,用于扶助经济不发达的民族自治地方、革命老根据地、边远和贫困地区发展经济文化建设事业。

各级政府预算应当按照本级政府预算支出额的1‰～3‰设置预备费,用于当年预算执行中的自然灾害救灾开支及其他难以预见的特殊开支。

各级政府预算应当按照国务院的规定设置预算周转金。

各级政府预算的上年结余,可以在下年用于上年结转项目的支出;有余额的,可以补充预算周转金;再有余额的,可以用于下年必需的预算支出。

二、预算编制程序

1.国务院部署预算编制

《预算法》规定,各级政府、各部门、各单位应当按照国务院规定的时间编制预算草案,国务院应当及时下达关于编制下一年预算草案的指示。编制预算草案的具体事项,由国务院财政部门部署。

2.地方政府汇总预算草案

省、自治区、直辖市政府应当按照国务院规定的时间,将本级总预算草案报国务院审核汇总。

3.预算草案初审

国务院财政部门应当在每年全国人民代表大会会议举行的一个月前,将中央预算草案的主要内容提交全国人民代表大会财政经济委员会进行初步审查。

省、自治区、直辖市、设区的市、自治州政府财政部门应当在本级人民代表大会会议举行的一个月前,将本级预算草案的主要内容提交本级人民代表大会有关的专门委员会或者根据本级人民代表大会常务委员会主任会议的决定提交本级人民代表大会常务委员会有关的工作委员会进行初步审查。

县、自治县、不设区的市、市辖区政府财政部门应当在本级人民代表大会会议举行的一个月前,将本级预算草案的主要内容提交本级人民代表大会常务委员会进行初步审查。

第五节　预算审查和批准

一、政府预算的审查和批准

《预算法》规定,国务院在全国人民代表大会举行会议时,向大会作关于中央和地方预算草案的报告;地方各级政府在本级人民代表大会举行会议时,向大会作关于本级总预算草案的报告。

《预算法》规定,中央预算由全国人民代表大会审查和批准,地方各级政府预算由本级人民代表大会审查和批准。

案例:政府预算报告的人大监督

全国人民代表大会财政经济委员会关于 2007 年中央决算的审查报告

——2008 年 8 月 27 日在第十一届全国人民代表大会常务委员会第四次会议上

全国人民代表大会常务委员会:

2008 年 8 月 11 日,全国人民代表大会财政经济委员会听取了财政部《关于 2007 年中央决算的报告》和审计署《关于 2007 年度中央预算执行和其他财政收支的审计工作报告》,并结合审计工作报告,对中央决算草案和决算报告进行了审查。现将审查结果报告如下。

国务院报告的 2007 年中央决算:中央财政收入 28612 亿元,比预算增加 4191 亿元,完成预算的 117.2％;中央财政支出 29580 亿元,比预算增加 2709 亿元,完成预算的 110.1％。其中中央对地方的转移支付支出 14017 亿元,比预算增加 2242 亿元,完成预算的 119.0％;中央对地方的税收返还 4121 亿元,比预算增加 87 亿元,完成预算的 102.1％。中央财政赤字 2000 亿元,比预算减少 450 亿元,与 2008 年 3 月向全国人民代表大会报告的赤字数持平。2007 年末,中央财政国债余额 52074.65 亿元,在全国人大批准的限额以内。中央预算超收收入安排使用情况已依法向全国人大常委会和全国人民代表大会作了报告。

财政经济委员会认为,2007 年中央决算草案较好地反映了预算执行情况。国务院及其财政等部门,认真贯彻科学发展观,继续实施稳健财政政策,努力组织财政收入,加大了重点支出力度,积极推进预算管理和财税改革,全面完成了十届全国人大五次会议批准的中央预算。财政经济委员会建议批准国务院提出的《2007 年中央决算(草案)》。

同时,财政经济委员会认为,中央预算执行中依然存在一些问题,主要是中央预算还不够细化,部分非税收入未纳入预算管理,省以下财政体制还不完善,转移支付结构不尽合理,一些县级财政保障水平偏低,少数投资项目审批把关不严、监督管理不够到位等。审计工作报告反映了对中央预算执行审计的情况,提出了改进预算管理的意见。建议国务院责成有关部门对审计查出的问题,严格责任追究,认真从体制和机制上分析原因,切实进行整改,并将纠正情况和处理结果向全国人大常委会报告。

为进一步严格预算管理,做好财政工作,财政经济委员会提出以下建议:

一、深化财税体制改革

要按照党的十七大报告和十一届全国人大一次会议提出的要求,抓紧进行财税体制改革。根据财力与事权相匹配的原则,优先界定义务教育、公共卫生等基本公共服务支出方面的责任,将一些应由地方管理的事务,连同责任和财力一并明确给地方。尽快出台县级财政最低支出保障机制的改革方案,用2～3年的时间,建立起较为完善的县级财政最低支出保障机制。要深化税制改革,抓紧做好明年在全国推开增值税转型的准备工作,改进资源税费制度和个人所得税制度,逐步完善地方税体系。

二、规范财政转移支付

要建立一般性转移支付稳定增长的机制,完善转移支付结构,较大幅度地增加一般性转移支付的规模和比例。加强对专项转移支付的管理,一是对现有专项进行清理和规范,确需新增的专项,必须经国务院批准;二是研究将适合地方管理的专项转移支付具体项目审批和资金分配工作下放给地方政府。加快形成统一规范透明的财政转移支付制度。

三、调整财政支出结构

中央财政要继续做好灾后恢复重建的财政资金保障工作,加强政策协调和资金监管,落实好灾后重建的各项政策。按照保持经济平稳较快发展、控制物价过快上涨的要求,通过税收等财税政策,支持企业改革发展,促进经济发展方式转变。加大对"三农"的支持力度,针对农民种粮比较效益下降的问题,研究提出促进粮食生产、增加农民收入的有效措施。进一步调整支出结构,加大财政对保障民生的支持力度,努力保证低收入群众生活水平不下降。要坚持勤俭办一切事业,坚决反对铺张浪费,严格控制一般性开支,降低行政成本。今年中央财政如有超收,除按法律、法规和财政体制规定增加有关支出,以及用于削减财政赤字、解决历史债务、特殊的一次性支出等必要支出外,原则上不再追加具体支出,都列入中央预算稳定调节基金,转到以后年度经过预算安排使用。

四、加强预算管理监督

要建立包括各项政府收支在内的完整的政府预算体系,尽快完善国有资本经营预算制度和编制方法。加强金融国有资产管理,确保金融国有资产保值增值。要深化政府投资管理改革,积极开展中央预算内投资项目公示试点工作,逐步建立政府投资决策责任追究制度。认真落实十一届全国人大一次会议预算决议中提出的"关系民生、社会发展等重点支出编列到'款'"的要求,进一步改革和完善政府收支科目体系,研究提供行政开支、基本建设支出等人大代表关注的预算信息,提高预算的透明度。要建立健全部门预算责任制,改进部门预算编制方法,开展对部门预算支出的绩效评价。高度重视预算执行进度偏慢的问题,针对专项转移支付资金拨付较晚导致地方预算结余资金较多的情况,切实加强对结余结转资金的管理,建议明年对中央各部门以及地方预算结余项目进行一次专项清理检查。

以上报告,请予审议。

——资料来源:中国人大网(www.npc.gov.cn)。

二、政府预算的备案

《预算法》规定,乡、民族乡、镇政府应当及时将经本级人民代表大会批准的本级预算报上一级政府备案。县级以上地方各级政府应当及时将经本级人民代表大会批准的本级预算及下一级政府报送备案的预算汇总,报上一级政府备案。

县级以上地方各级政府将下一级政府报送备案的预算汇总后,报本级人民代表大会常务委员会备案。国务院将省、自治区、直辖市政府报送备案的预算汇总后,报全国人民代表大会常务委员会备案。

三、政府预算的撤销

《预算法》规定,国务院和县级以上地方各级政府对下一级政府报送备案的预算,认为有同法律、行政法规相抵触或者有其他不适当之处,需要撤销批准预算的决议的,应当提请本级人民代表大会常务委员会审议决定。

四、政府预算的批复

《预算法》规定,各级政府预算经本级人民代表大会批准后,本级政府财政部门应当及时向本级各部门批复预算。各部门应当及时向所属各单位批复预算。

第六节　预算执行

一、预算收支执行

(一)预算收入执行

各级预算由本级政府组织执行,具体工作由本级政府财政部门负责。预算收入征收部门,必须依照法律、行政法规的规定,及时、足额征收应征的预算收入。不得违反法律、行政法规规定,擅自减征、免征或者缓征应征的预算收入,不得截留、占用或者挪用预算收入。

有预算收入上缴任务的部门和单位,必须依照法律、行政法规和国务院财政部门的规定,将应当上缴的预算资金及时、足额地上缴国家金库,不得截留、占用、挪用或者拖欠。

(二)预算支出执行

《预算法》规定,预算年度开始后,各级政府预算草案在本级人民代表大会批准前,本级政府可以先按照上一年同期的预算支出数额安排支出;预算经本级人民代表大会批准后,按照批准的预算执行。

各级政府财政部门必须依照法律、行政法规和国务院财政部门的规定,及时、足额地拨付预算支出资金,加强对预算支出的管理和监督,各级政府、各部门、各单位的支出必须按照预算执行。

(三)预算执行监督

《预算法》规定,各级政府应当加强对预算执行的领导,支持政府财政、税务、海关等预算收入的征收部门依法组织预算收入,支持政府财政部门严格管理预算支出。财政、税务、海关等部门在预算执行中,应当加强对预算执行的分析,发现问题应当及时建议本级政府采取措施予以解决。

各部门、各单位应当加强对预算收入和支出的管理,不得截留或者动用应当上缴的预算收入,也不得将不应当在预算内支出的款项转为预算内支出。各级政府预算预备费的动用方案,由本级政府财政部门提出,报本级政府决定。各级政府预算周转金由本级政府财政部门管理,用于预算执行中的资金周转,不得挪作他用。

二、国库管理制度

《预算法》规定,县级以上各级预算必须设立国库,具备条件的乡、民族乡、镇也应当设立国库。中央国库业务由中国人民银行经理,地方国库业务依照国务院的有关规定办理,各级政府应当加强对本级国库的管理和监督。

各级国库必须按照国家有关规定,及时准确地办理预算收入的收纳、划分、留解和预算支出的拨付。各级国库库款的支配权属于本级政府财政部门。除法律、行政法规另有规定外,未经本级政府财政部门同意,任何部门、单位和个人都无权动用国库库款或者以其他方式支配已入国库的库款。

文献阅读:《关于进一步做好预算执行工作的指导意见》

关于进一步做好预算执行工作的指导意见

财预[2010]11 号

党中央有关部门,国务院各部委、各直属机构,总后勤部,武警各部队,全国人大常委会办公厅,全国政协办公厅,高法院,高检院,有关人民团体,新疆生产建设兵团,有关中央管理企业,各省、自治区、直辖市、计划单列市财政厅(局):

近年来,各地区、各部门积极采取措施,切实加强预算管理,取得了一定成效,但预算执行仍然存在一些问题。为发挥财政政策在扩内需、保增长、调结构、惠民生等方面的积极作用,增强预算执行的时效性和均衡性,提高财政资金使用效益,现就进一步做好预算执行工作提出如下意见:

一、进一步完善预算编制

预算编制与预算执行关系密切,各地区、各部门、各单位要采取有效措施,进一步做细、做实、做准预算,为预算执行打下良好基础。

各级财政部门、有预算分配权的主管部门、其他有关部门要积极推进预算编制改革,严格控制代编预算规模,提高预算到位率,切实把预算细化到部门,细化到基层单位,细化到具体项目。

各单位要科学合理编制本单位预算,基本支出预算应严格按照定额管理要求编制,项目支出预算要提高精细化水平,做好项目评估和可行性论证,确保列入年度预算的项目切实可行,对跨年度项目要根据项目进度分年安排,推动项目的滚动管理。

要完善预算编制与预算执行相结合的机制,加强结转和结余资金管理。对部门、单位年底形成的财政拨款结转和结余资金,各级财政部门应统筹安排使用。

二、及时批复和下达预算

各级财政部门应当自本级人民代表大会批准本级政府预算之日起 30 日内批复本级各部门预算。本级各部门应当自本级财政部门批复本部门预算之日起 15 日内批复所属各单位预算。

对年初代编预算,各级财政部门、有预算分配权的主管部门、其他有关部门要及时做好资金分配方案的细化和指标下达工作。各级财政部门年初代编安排的预算(包括有预算分配权的主管部门分配的资金)，要尽量在 6 月 30 日前落实到部门和单位，超过 9 月 30 日仍未落实到部门和单位且无正当理由的，除据实结算项目外，全部收回总预算，调剂用于其他支出或平衡预算。各部门代编的预算要尽量在 6 月 30 日前全部细化到所属预算单位，超过 9 月 30 日仍未细化到具体承担单位而无法执行的预算，要全部作调减预算处理。

上级财政部门要按照《财政部关于进一步提高地方预算编报完整性的通知》(财预〔2008〕435 号)的规定将转移支付预计数告知下级财政部门，下级财政部门要将上级财政部门告知的转移支付预计数列入本级预算。本级财政安排的一般性转移支付和专项转移支付，除据实结算等特殊项目外，原则上应在本级人民代表大会批准预算后 90 日内尽快下达。据实结算等特殊项目，可先下达、后清算或分季下达。对上级财政下达的转移支付，本级财政部门要在 30 日内分解下达到本级有关部门和下级财政部门。

三、规范追加预算管理

对预备费、当年预计要安排的超收收入，各级财政部门要结合经济和社会事业发展情况，提前做好支出安排预案，并严格依照程序报经批准后，及时落实到具体单位和项目。

各地区、各部门申请追加预算，除特殊事项外，应在 8 月 31 日前将追加预算的申请报财政部门；财政部门要在 9 月 30 日前办理完毕，超过上述时限，财政部门不再办理。

四、加强预算资金支付管理

在本级人民代表大会批准政府预算草案前，各级财政部门要按照规定，认真做好资金的预拨工作。对可以预拨的各部门、各单位的基本支出，要按照年度均衡性原则拨付；项目支出，要结合项目实施进度按照一定比例拨付。对一些特殊项目，要根据实际工作需要，引入预拨和清算制度，及时拨付资金。

各部门、各单位要根据工作和事业发展计划，认真做好项目预算执行的各项前期准备。要根据年度预算安排和项目实施进度等认真编制分月用款计划，及时提出支付申请。各级财政部门要及时审核、下达用款额度或支付，同时，要加强资金支付管理，防止超预算、超进度拨款。

各级财政部门要根据部门和单位用款计划，结合全年收入入库情况，加强库款管理和资金调度，完善预算周转金管理，切实保障基层财政部门资金周转和用款单位支出需要。

五、切实做好预算执行基础工作

各部门、各单位要建立健全预算支出责任制度，明确考核指标，将责任落实到岗，任务落实到人，并与工作业绩考核挂钩，完善内部约束和激励机制。

要加强预算执行分析，及时掌握预算执行动态，做好督促检查工作，并加大对重点单位、重点项目特别是各类建设项目的监控力度，促进重点单位、重点项目切实加快执行进度。对有关单位存在的预算执行不力等问题，要采取通报、约谈等方式，督促有关单位及时解决。

各地区、各部门要充分认识加强预算执行管理的重要意义，加强组织领导，坚持依法理财，推进财政科学化、精细化管理，健全财政管理体制机制，提高工作效率，切实把预算执行工作抓紧抓实抓好。

财政部

二〇一〇年一月二十二日

第七节　预算调整

一、预算调整的概念

《预算法》规定，所谓预算调整，是指经全国人民代表大会批准的中央预算和经地方各级人民代表大会批准的本级预算，在执行中因特殊情况需要增加支出或者减少收入，使原批准的收支平衡的预算的总支出超过总收入，或者使原批准的预算中举借债务的数额增加的部分变更。

二、预算调整的审查和批准

《预算法》规定，各级政府对于必须进行的预算调整，应当编制预算调整方案。中央预算的调整方案必须提请全国人民代表大会常务委员会审查和批准。县级以上地方各级政府预算的调整方案必须提请本级人民代表大会常务委员会审查和批准；乡、民族乡、镇政府预算的调整方案必须提请本级人民代表大会审查和批准。未经批准，不得调整预算。

未经批准调整预算，各级政府不得作出任何使原批准的收支平衡的预算的总支出超过总收入或者使原批准的预算中举借债务的数额增加的决定。违反上述规定作出的决定，本级人民代表大会、本级人民代表大会常务委员会或者上级政府应当责令其改变或者撤销。

第八节　决算

一、决算草案的编制

《预算法》规定,决算草案由各级政府、各部门、各单位,在每一预算年度终了后按照国务院规定的时间编制。编制决算草案,必须符合法律、行政法规,做到收支数额准确、内容完整、报送及时。

各部门对所属各单位的决算草案,应当审核并汇总编制本部门的决算草案,在规定的期限内报本级政府财政部门审核。各级政府财政部门对本级各部门决算草案审核后发现有不符合法律、行政法规规定的,有权予以纠正。

二、决算草案的审查和批准

《预算法》规定,国务院财政部门编制中央决算草案,报国务院审定后,由国务院提请全国人民代表大会常务委员会审查和批准。县级以上地方各级政府财政部门编制本级决算草案,报本级政府审查后,由本级政府提请本级人民代表大会常务委员会审查和批准。乡、民族乡、镇政府编制本级决算草案,提请本级人民代表大会审查和批准。

案例:全国人大审议 2008 年中央决算

2009 年 6 月 27 日《中国财经报》报道:6 月 24 日,财政部部长谢旭人在第十一届全国人民代表大会常务委员会第九次会议上作了关于 2008 年中央决算的报告。

报告显示,2008 年中央财政收入 33626.93 亿元,增加 5014.98 亿元,增长17.5%,完成预算的 103.4%。加上调入中央预算稳定调节基金 1100 亿元,安排使用的收入总量为 34726.93 亿元。中央财政支出 36334.93 亿元,增加6754.98亿元,增长 22.8%,完成预算的 102.5%。安排中央预算稳定调节基金192 亿元以备以后使用。支出总量合计 36526.93 亿元。收支相抵,中央财政赤字 1800 亿元,控制在十一届全国人大一次会议批准的数额之内。

2008 年,我国接连经历了一些难以预料、历史罕见的重大挑战和考验。面对国内外复杂严峻的形势,财政部门积极服务大局,全力贯彻中央宏观调控方针,充分发挥财税政策作用。年中在实施稳健财政政策过程中,采取了一些更为积极的财税政策措施,10 月份后进一步明确实施了积极的财政政策,适当减免税费,多次提高出口退税率,增加中央政府公共投资和重点支出。同时,有力保障抗灾救灾,切实改善民生,稳步推进财税改革,不断加强财政管理,对促进经济平稳较快发展和社会和谐稳定发挥了重要作用。在财政减收增支因素增多、财政收支矛盾突出的情况下,中央财政赤字仍然控制在年初预算批准的数额之内,实属不易。

各级政府决算经批准后,财政部门应当向本级各部门批复决算。

地方各级政府应当将经批准的决算,报上一级政府备案。

案例:2008 年中央决算部分内容

"汇总中央和地方决算,全国财政收入 61330.35 亿元,比 2007 年(下同)增加 10008.57 亿元,增长 19.5%,完成预算的 104.9%。全国财政支出 62592.66 亿元,增加 12811.31 亿元,增长 25.7%,完成预算的 102%。

中央财政收入 33626.93 亿元,增加 5014.98 亿元,增长 17.5%,完成预算的 103.4%。其中,中央本级收入 32680.56 亿元,增加 4931.4 亿元,增长 17.8%,完成预算的 103.3%;地方上解收入 946.37 亿元,增加 83.58 亿元,增长 9.7%,完成预算的 104%。加上调入中央预算稳定调节基金 1100 亿元(其中,年初安排预算时调入 500 亿元,年中调整预算时调入 600 亿元),安排使用的收入总量 34726.93 亿元。中央财政支出 36334.93 亿元,增加 6754.98 亿元,增长 22.8%,完成预算的 102.5%。其中,中央本级支出 13344.17 亿元,增加 1902.11 亿元,增长 16.6%,完成预算的 96.7%,主要是部分支出执行中下划地方;对地方税收返还和转移支付 22990.76 亿元,增加 4852.87 亿元,增长 26.8%,完成预算的 106.3%(见附图 1、2、3 和附表 1)。安排中央预算稳定调节基金 192 亿元以备以后使用。支出总量合计 36526.93 亿元。2008 年末中央财政国债余额 53271.54 亿元,控制在年度预算限额 55185.85 亿元以内。"

——节选自《关于 2008 年中央决算的报告》。

三、决算的撤销

《预算法》规定,国务院和县级以上地方各级政府对下一级政府报送备案的决算,认为有同法律、行政法规相抵触或者有其他不适当之处,需要撤销批准该项决算的决议的,应当提请本级人民代表大会常务委员会审议决定;经审议决定撤销的,该下级人民代表大会常务委员会应当责成本级政府重新编制决算草案,提请本级人民代表大会常务委员会审查和批准。

第九节　监督

一、人大监督

《预算法》规定,全国人民代表大会及其常务委员会对中央和地方预算、决算进行监督。县级以上地方各级人民代表大会及其常务委员会对本级和下级政府预算、决算进行监督。乡、民族乡、镇人民代表大会对本级预算、决算进行监督。

各级人民代表大会和县级以上各级人民代表大会常务委员会有权就预算、决算中的重大事项或者特定问题组织调查,有关的政府、部门、单位和个人应当如实反映情况和提供必要的材料。

各级人民代表大会和县级以上各级人民代表大会常务委员会举行会议时,人民代表大会代表或者常务委员会组成人员,依照法律规定程序就预算、决算中的有关问题提出询问或者质询,受询问或者受质询的有关的政府或者财政部门必须及时给予答复。

各级政府应当在每一预算年度内至少两次向本级人民代表大会或者其常务委员会作预算执行情况的报告。

二、政府监督

《预算法》规定,各级政府监督下级政府的预算执行;下级政府应当定期向上一级政府报告预算执行情况。各级政府财政部门负责监督检查本级各部门及其所属各单位预算的执行,并向本级政府和上一级政府财政部门报告预算执行情况。各级政府审计部门对本级各部门、各单位和下级政府的预算执行、决算实行审计监督。

实务动态:政府预算信息公开的社会监督

新华社北京 2009 年 3 月 20 日电(记者 韩洁 罗沙)3 月 20 日,经第十一届全国人民代表大会第二次会议审议通过的 2009 年中央财政预算在财政部官方网站正式公布,这是财政部首次在全国人民代表大会审议通过预算草案的第一时间将其向社会公开。

财政部新闻发言人胡静林在接受新华社记者专访时说,继日前《关于 2008 年中央和地方预算执行情况与 2009 年中央和地方预算草案的报告》向社会公布后,此次在财政部网站公布的是 2009 年中央财政收入预算表、2009 年中央财政支出预算表、2009 年中央本级支出预算表以及 2009 年中央对地方税收返还和转移支付预算表。

"以往年度的中央财政预算草案经全国人代会审议通过后没有立即公开,此次在审议通过的第一时间在财政部网站上予以公布,尚属首次。"胡静林说。

据悉,此前2000年到2007年的全国财政收支预算、决算数据均在《中国财政年鉴》中出现,2008年财政部首次在其网站上公布了2000年~2007年的全国财政决算数据,但在时效上明显滞后。

记者在采访中了解到,日前公布的预算报告实际上是对2009年预算的解释读本,而此次公布的中央财政预算数据则属于预算中最核心的部分,也是社会各界关注的热点。

从此次公布的四张预算表内容看,公众可以从中了解到中央财政收入来自哪里,支出是如何安排的,尤其是有关民生的各项支出情况,打破了此前只列举一般公共服务、教育、医疗等大类支出数字的传统,在分类上更加细化。

"把这些重要数据公开,一方面是为了社会各界更多地了解中央财政的收支安排,另一方面对我们的工作也是一种促进,有助于在公众监督下更好地执行预算。"胡静林说。

他指出,推进预算信息公开透明是财政部推行政务公开的一项重要内容,财政部对此高度重视,谢旭人部长多次召开会议专门研究推进预算公开透明。此次公布的内容在预算报告的基础上,进一步完善了相关数据的解释说明,力求更加详细和清楚明了。

2008年5月1日颁布实施的《中华人民共和国政府信息公开条例》,是新中国第一部针对政府信息公开的专门法规,其"以公开为原则,以不公开为例外"的基本原则,旨在让政府权力在"阳光下运行"。

2008年秋天,财政部发布了进一步推进财政预算信息公开的指导意见,明确要进一步深化预算管理制度改革,逐步提高财政预算的公开性和透明度。加大财政预算信息的主动公开力度,并重点公开政府预算、预算执行以及财政转移支付等内容。目前,财政部已经初步建立了财政预算信息披露制度,进一步明确了财政预算信息对外公开的方式、范围、内容、形式和步骤,不断提高公开质量,推动"粗放公开"向"精细公开"转变。

胡静林表示,实行政务公开是推进行政管理体制改革、发展社会主义民主政治、构建社会主义和谐社会的必然要求,也是强化对政府权力的制约和监督、从源头上预防和治理腐败的重要举措。近年来,财政部围绕"让群众知情,解群众疑惑,促群众满意,促事业进步"的工作目标,从多方面推进财政政务公开,打造"阳光财政",力度前所未有。

"以目前财政部每月披露的月度财政收支情况为例,这些社会各界十分关注的国家财政收支数据最初是要求保密三年的,从去年下半年开始,我们在每月15日左右定期在财政部网站予以公开,每季度还对当季财政收支情况进行分析,这些巨大转变反映了我们坚定推进政务公开的决心和信心。"胡静林说。

今年2月初,财政部还首次公布了去年12月份全国财政收支情况及2008年全年财政收支执行初步统计数据。胡静林说,以往这些数字只能在"两会"上的预算报告中才可能看到,提前公布也是财政部推进政务公开的一项有力举措。

胡静林透露,财政部坚持"以公开为原则,以不公开为例外"的原则,积极加强组织领导,深入开展思想动员,制定了财政部推行政务公开一系列规章制度,大力推进公开载体特别是财政部门户网站建设。目前,除涉及国家机密、商业秘密和个人隐私外的政府财政信息,都依法向社会公开,2008年仅财政部门户网站主动发布的财政信息就达2万多条。

此外,他指出,针对社会各界提出的政府信息公开申请,财政部还建立了一套"集中受理,分散处理;一单到底,全程跟踪"的受理及反馈机制,自去年5月1日至今,共收到信息公开申请近30件,均依法按期办理完毕。

——《推进预算公开透明的重要一步——解读财政部第一时间向社会公布中央财政"四张预算表"》,资料来源:中央政府门户网站(www.gov.cn)。

理论探索:积极财政政策对宏观经济的影响评估

当前我国的各类宏观政策就是要货币政策、财政政策、投资政策和汇率政策一起发力,这种联动要形成货币供给扩张、财政支出扩张和国际收支三者新的平衡。在此背景条件下,实施积极财政政策的原则是让财政政策在其他政策作用不足的领域内发挥独特作用,同时要配合好其他政策。

一、货币政策对财政支出扩张的影响

自2008年9月起,我国实际上就已启动了适度宽松的货币政策,多次下调存、贷款利率和存款准备金率。2008年底存贷款基准利率分别降至2.25%和5.3%,接近1998年的水平。利率下调直接刺激了货币供应量增长,2008年货币供应量(M2)达到17.8%,贷款增长18.7%,为近5年来最高水平。扩张性的货币政策目的在于向实体经济大量输血,从而拉动投资和消费。在短短的一个月时间内利率下调2个百分点,力度是相当大的。2007~2008年两年内利率上调了2个百分点,现在两个月就调回来了,反差是明显的。1998年为应对金融危机,我国逐步降息,当时一年内存款利率下调了1.44个百分点,贷款利率下调了1.71个百分点。可见,这次调整出拳之快、之重大于上次。

货币供给的大幅度扩张对财政支出扩张客观上起到了限制作用。首先,从总需求扩张诱导的角度看,利率下调对投资主体和消费主体的吸引力最强。货币供给扩张恰好打消了人们对财政资金的期望。其次,贷款增长幅度反映的是间接融资的储蓄动员效应的放大程度。我国目前正处于政府鼓励投资扩张阶段,银行当然乐于放款,而不是购买更多的国债。再次,货币供给急剧扩张时,资本市场会被激活,大量资金会流入证券市场,特别是股票市场。这些因素,实际上都是储蓄动员,当然会压缩国债发行的空间,也会抬高国债发行成本。

在全面启动增长上,货币政策的切入点是直接刺激市场投资需求,而市场主体积极性的强化是经济发展的主导力量。显然,货币政策不是没有作用空间。在货币供给扩张过程中,调低利率、放松贷款限制的直接效应是限制财政支出扩张,这不能说是弊多利少的事情。这恰好能够自动把政府配置资源和市场配置资源结合起来。

二、汇率政策对财政支出扩张的影响

在开放经济条件下,汇率政策对财政支出有着多重直接影响。这种影响既会通过贸易结算价格体现出来,也会通过汇率变动对实体经济状况的约束体现出来。近年来,人民币总体上说处于升值态势。人民币升值在一定程度上减轻了基础货币膨胀压力,对实体经济运行也产生了多重约束作用,并传导到了财政运行。

首先,人民币升值直接形成了两种减收:一是货物出口下降会减少出口企业的部分流转税(如各类附加)和企业所得税;二是在出口下降的形势下,为了刺激出口我国连续提高部分商品的出口退税率(如纺织品、陶瓷),这实际上是要抵消人民币升值和成本上升形成的出口价格上升效应。但为此,财政要减收5000亿元以上。

其次,人民币全面升值使用美元、欧元、加元、澳元等各种国际化货币结算的商品的进口价格都会同比例下降,这直接导致进口环节流转税减收。人民币升值,实际上又强烈刺激了服务贸易的进口。服务贸易在我国对外贸易中的地位处于上升态势,中国已成为世界上第五大服务贸易国。近年来,我国服务贸易一直处于逆差状态。人民币升值会加大逆差额。从财政角度看,服务贸易进口额扩大,会使一部分税收流到国外,反过来还会在一定程度上减少服务贸易出口。突出的表现是人民币升值刺激了国外旅游人数和留学人数增加,从而使消费性税收流到外国。

三、投资政策对财政支出扩张的影响

转轨时期,我国政府经济增长调节模式的特点就是通过调控投资来实现政策目标,压增长靠压投资,保增长靠扩投资。本轮投资扩张政策有三大特点:一是规模大,继2008年11月中央政府宣布4万亿元投资计划之后,各省纷纷跟进,目前宣布的投资规划已突破20万亿元;二是结构转变明确,向公共产品供给倾斜,比如灾后重建、保障性住房、农村基础设施建设、医疗卫生、文化教育等;三是把宏观调控和长期战略有机结合起来,比如铁路建设投资和增强企业自主创新能力的投资。

从理论上讲,为应对国际经济衰退对中国的影响,解除投资抑制确属明智之举,适度加大政府投资性支出也是必要的。但问题是投资规划的确定要与投资管理体制改革结合起来。目前在投资管理权限方面已再度向地方放权,然而更为核心的是要进一步改革投资决策机制,其中涉及的关键问题有两个:一是要打破一届政府做一轮投资规划的做法。似应认识到重大政府投资项目属于全局性、长远性项目,涉及经济和社会发展格局,不能搞重复建设和推倒重来。二是确定政府投资项目决策必须把技术、公共需要和资金来源预算三者的可行性论证统在一起做。不能先批项目,再说资金来源。当前我国落实庞大的政府投资规划遇到的最大矛盾就是投资决策机制的宽松性与资金来源紧约束的对立。

四、综合性结论

第一,我国实施积极财政政策的背景与西方国家相比有两大不同点:一是西方国家面临的是经济增长率降至2%以内、2009年甚至有可能负增长的局面,我国的经济增长率2008年还保持在9%,按照较为悲观的估计2009年经济增长率也在6%。显然,两者经济增长的基础是大不一样的。因此,前者是要实现恢复性增长,后者则是要保持高速增长。二是西方国家是在基本经济制度稳定的条件下实施宏观调控,我国则是在深化体制改革的基础上实施宏观调控,这也就是说前者的宏观调控不涉及如何与制度变迁相呼应,而后者则要考虑如何与体制改革相互助推。这两点区别实际上说明我国实施积极财政政策难度更大。

第二,任何一个国家调控经济运行所采取的宏观措施都是一个政策体系,其中每一类政策都不是孤立的,各类政策之间有着内在平衡性。当前我国的各类宏观政策都以保增长为目标,都在刺激需求扩张。归结起来,就是货币政策、财政政策、投资政策和汇率政策一起发力,这种联动事实上要形成货币供给扩张、财政支出扩张和国际收支三者新的平衡。在此背景条件下,实施积极财政政策,理应把握的原则是让财政政策在其他政策作用不足的领域内发挥独特作用,同时要配合好其他政策。由此出发,可以说,财政政策既不是孤立的,也不是万能的,财政支出扩张究竟应该到什么程度,要受多种因素的约束,而且当其他政策已发挥出刺激需求的作用时,可考虑压低财政支出扩张度。

第三,当前政府刺激经济增长主要依赖的是财政政策和货币政策两大手段,当这两大政策同时扩张时,彼此具有内在协调性,我们应该把握好对两大政策的依赖度。从理论角度看,在高储蓄条件下靠过度发债来扩张支出进而刺激增长,后续的成本要比利率下调诱致投资扩张带来的成本高得多。所以,如果当前货币政策效应能够充分放大,那么,我们就应当适度压缩财政支出扩张度。

第四,我国的财政支出扩张压力事实上主要来源于基本公共服务需求加速扩张和现期宏观调控政策需求。当然,这两种压力彼此又有内在统一性。既然如此,谁更重呢?从政府职能角度看,前者应为重。换言之,当前扩张财政支出,与其他政策衔接时,更应把扩张点放在基本公共服务供给投资上,类似于铁路建设、机场建设等项目,似应多让其他政策发挥作用。进一步说,当财政扩张支出时,资金投向应有重点,特别是国债资金,主要应用于与社会保障、环境保护、教育等有关的设施的投资上。

——资料来源:白景明,《积极财政政策应在协同效应上发力》,《中国财经报》2009 年 2 月 17 日。

文献附录:《关于进一步推动预算公开的指导意见》

财政部关于进一步推动预算公开的指导意见

财预〔2008〕390 号

国务院各部委、各直属机构,各省、自治区、直辖市、计划单列市财政厅(局):

为贯彻落实《中华人民共和国政府信息公开条例》(国务院令第 492 号),加强财政科学化、精细化管理,保障公民对财政预算的知情权、参与权、表达权和监督权,促进依法理财、民主理财,推动社会主义政治文明与和谐社会建设,结合财政预算管理实际,现就进一步推进财政预算信息公开提出以下指导意见。

一、财政预算信息公开的指导思想和原则

财政预算信息公开的指导思想是:深入贯彻落实科学发展观,深化预算管理制度改革,提高财政预算的公开性和透明度,保障人民群众依法参加民主决策、民主管理和民主监督,促进政府财政行为的程序化、规范化、法治化。

财政预算信息公开应当遵循的原则是:符合《中华人民共和国预算法》、《中华人民共和国保守国家秘密法》以及相关法律法规的规定;内容真实准确,清晰易懂;统筹规划,分步骤、分层次、分内容积极稳妥地推进。

二、财政预算信息公开的主要内容和方式

财政预算信息是财政政务信息的重要内容,具体包括预算管理体制、预算分配政策、预算编制程序等预算管理制度,以及预算收支安排、预算执行、预算调整和决算等预算管理信息。中央各部门和地方各级财政部门要按照《中华人民共和国政府信息公开条例》的要求,加大财政预算信息的主动公开力度。在此基础上,重点公开政府预算、部门预算、预算执行以及财政转移支付等内容。

(一)政府预算。要逐步细化、规范和完善报送同级人民代表大会(以下简称人大)审批的政府预算体系。2009 年,中央政府预算的重点支出要按政府支出功能分类的"款"级科目列示。地方财政也要争取在 2009 年将报送人大审批的政府预算主要收支按"款"级科目细化,条件不成熟的地方,可先对政府预算的重点支出按"款"级科目细化。在目前向人大报送审批一般预算收支、政府性基金预算收支的基础上,逐步拓展到报送国有资本经营预算、社会保险基金收支等。人大审议通过的政府预算收支和预算报告要及时向社会公布。

(二)部门预算。2009 年,中央财政要继续扩大向人大报送部门预算的范围,除个别涉密程度较高的部门外,最终实现将中央一级预算单位的部门预算全部报送人大审批。地方财政也要扩大向人大报送部门预算的范围和数量。省级和地市级财政 2009 年报送人大审查的部门预算要基本涵盖政府组成部门及直属机构,并逐步扩大到一级预算单位。县级财政也要积极推进向人大报送部门预算的工作。各部门作为部门预算编制和执行的责任主体,要按照《中华人民共和国政府信息公开条例》和《国务院办公厅关于施行中华人民共和国政府信息公开条例若干问题的意见》(国办发[2008]36 号)的要求,认真研究本部门预算公开的方式、范围、内容和形式,加强涉密信息的管理,积极稳妥做好公民、法人或者其他组织依申请公开部门预算信息的答复工作。

(三)预算执行。要及时、准确地向社会公布政府财政收支预算执行和决算情况。财政部门要及时通过政府门户网站或新闻媒体等发布月度(季度)财政收支情况,公布内容包括月度数字、累计数字及简要分析和说明。年度终了后,要及时向社会公布人大审议通过的年度预算执行情况和决算报告,并向政府门户网站、年鉴、杂志等有关方面提供年度决算的相关数据、文字和图表资料。

(四)财政转移支付。要不断完善一般性转移支付办法,加快形成统一规范透明的财政转移支付制度。2009 年,中央财政在公开一般性转移支付办法的同时,要重点研究完善地区间基本公共服务支出标准体系和支出成本差异体系,科学量化各地支出需求。并在进一步规范完善一般性转移支付测算内容、口径、技术方法的基础上,适时向社会公开一般性转移支付的数据来源、测算办法和分配结果;研究出台《财政转移支付暂行条例》,建立健全转移支付规范化、透明化的法制框架。地方财政要提高转移支付预算编报的完整性,按照《财政部关于印发〈地方政府向本级人大报告预、决算草案和预算执行情况的指导性意见〉的通知》(财预[2005]454 号)和《财政部关于地方政府向本级人大报告预、决算草案和预算执行情况的补充通知》(财预[2006]457 号)的要求,全面反映本级预算情况。要进一步完善省对下转移支付办法,探索建立向人大报送分地区、分项目的转移支付预算安排的新机制。

要进一步提高专项转移支付的预算安排、分配以及执行效果的透明度。2009 年,中央财政要重点公开与人民群众生活密切相关的"三农"、教育、社会保障等方面重大专项转移支付的资金管理办法和相关政策;下一步,要适时主动向社会公开除涉密项目外的专项转移支付的资金管理办法和分配结果。要逐渐建立和完善对重点专项转移支付的绩效考评制度。地方财政特别是县乡财政要选择一些与人民群众有直接利益关系、社会公众能感受得到的专项转移支付资金,如新型农村合作医疗补助资金、城乡最低生活保障资金、粮食直补和农资综合直补资金、救灾扶贫资金等作为重点内容向社会公开,向直接受益对象、受益群体公开。重点公开资金补助(或救助)标准、分配依据、分配结果以及考核反馈等,自觉接受社会监督和评价。各级财政部门要根据政府信息公开的要求,结合推进财政政务公开工作,按照规定的工作程序,依托"金财工程",通过政府门户网站、报刊、广播、电视等公共媒体,以及新闻发布会、政府公告等便于公众获取信息的方式,做到经常性工作长期公开,阶段性工作逐段公开,临时性工作随时公开,涉及群众切身利益的事项及时公开,逐步建立起完善的财政预算信息披露制度。

三、财政预算信息公开工作的要求

(一)高度重视,加强领导。财政预算信息公开是一项政治性、政策性和技术性很强的系统工程。要充分认识财政预算信息公开的重大意义,加强领导,周密部署,统筹安排,不断推动财政预算信息公开工作向纵深发展。

(二)积极沟通,做好协调。财政预算信息公开涉及方方面面,要主动加强与人大、审计及预算部门的沟通,积极做好协调工作,争取各方面的理解、支持与配合。

(三)强化监督,确保落实。要及时掌握工作落实情况,收集反馈意见,加强监督检查,完善相关措施,确保财政预算信息公开工作落到实处,并取得预期成效。

二○○八年九月十日

延伸思考题

1. 如何理解我国政府预算编制的平衡预算原则?
2. 我国政府预算活动的基本流程是什么?
3. 如何理解人民代表大会在政府预算活动中的权威地位?
4. 如何完善地方政府预算管理制度?

第二章　政府采购法律制度

☞　**案例:海外政府采购——长城进军国际的迂回突破**

2009 年 7 月初,800 辆汽车经检验合格后发往阿尔及利亚,长城汽车完成了又一个海外政府采购订单。

自金融危机爆发以来,在冷清的中国汽车出口市场中,长城汽车的表现颇有些惹眼:上半年汽车出口数量接近两万台,稳居国内第一,出口金额也位居同行业前列。"这多得益于海外政府采购的迂回突破。"长城汽车国际部总经理邢文林"一语道破天机"。

多方举措助逆势增长

金融危机下,曾为自主品牌车企带来丰厚利润的出口市场迎来寒流。

海关总署统计数据显示,今年前 7 个月,全国汽车商品累计进出口总额为 339.07 亿美元,其中进口金额 149.88 亿美元,同比下降 22.22%,出口金额 189.19 亿美元,同比下降 35.97%。

出口的下滑直接打击了国内的自主品牌车企,以奇瑞汽车为例,今年上半年共出口 1.5 万辆,仅相当于去年的单月最高销量,同比下滑高达 82%。

然而,此时长城汽车的出口似乎正风生水起。先是去年 10 月,4500 台迪尔出口古巴,接下来今年 3 月,3300 台皮卡出口利比亚,紧接着长城汽车又收获了阿尔及利亚 800 台汽车的政府采购大单。

"在我国尚未签订世贸组织政府采购协议的前提下,国内车企能取得这样的成绩当属不易。"中国物流与采购联合会副会长戴定一指出。据他介绍,我国没有签署相关协议时,其他国家完全可以不采购我国的产品。

然而,这并不代表国内产品一定会遭遇"封杀"。

优秀的质量无疑是第一位的。据邢文林介绍,长城过硬的产品奠定了其进军海外市场的基础,近几年,该公司不断创新技术,与意大利、日本等数十家国际设计公司开展密切合作,拥有国际一流的研发设备和体系。

以出口利比亚的长城迪尔系列为例,它是长城汽车最早、也是最成熟的车型,经过多轮更新换代,科技含量也越来越高。采购方就曾公开表示,选择长城汽车正是看中了其在动力、操控、通过性等方面的出色表现。

与此同时,在海外零售市场日益萎缩的情况下,长城汽车决定单独制定经销商团购和政府招标等大宗订单的支持政策,以扩大海外政府采购等大宗用户的份额。"我们会根据不同市场制定不同力度的支持政策,尽最大可能给予外商更合适的价格,保证合作伙伴的基本利润空间。"邢文林说。

"这一点也很重要。"戴定一说,不能影响采购国同类产业的发展和就业也是决定能否获得海外政府采购订单的关键。

此外,长城汽车也没有忽略海外营销的种种细节,比如主动与外商进行宣传促销活动,在展会开展、广告宣传、推广活动等方面向外商提供大量的宣传物料、给予资金补贴,维护网络的稳定,增强外商的信心等。

目前,长城汽车将系统地做海外市场、强化海外售后服务作为发展战略,从过去单纯的整车贸易转为系统的做海外市场,将销售、服务网络拓展、技术输出、建立配件中心库、海外建厂等全方位展开。

破除技术壁垒可自由销售欧盟

虽然目前我国出口的汽车多为中低端产品,主要采购国也多为不发达国家,但重要的是,它为国内车企提供了打入国际市场的契机。戴定一分析说,这有助于培养其国外营销经验,熟悉海外政府采购相关法律、制度、全球服务体系及产品品质、服务要求等,所有这些都有利于其逐渐进入到发达国家的市场。

长城汽车自批量出口海外市场以来,一直以优良的性能和较高的性价比,深得海外客户的认可,随着产品质量和各项性能的日渐提升,长城汽车在非洲、拉美地区的品牌影响力也不断扩大。

"通过多种模式发展自己,从而将自己品牌全面地对海外市场进行渗透,是长城汽车带给自主品牌海外生存并长久发展的制胜法宝。"邢文林说。

政府采购在这方面的高效得以充分显现。

中国物流与采购联合会主编的《中国采购发展报告》指出,一般来说,获得政府大量采购订单的车型在政府采购事件后销量会获得极大提升,首先,政府采购不同于个人采购、家庭采购和企业采购,获得政府采购无异于获得了采购国对所采购产品质量上的认同,同时由于其公开性,也将极大扩大采购产品的品牌效应,扩大了产品的影响力,提高了该国对其产品的认知度,为企业进军该国市场提供了帮助。

9月初,长城汽车宣布,该公司的四款汽车通过欧盟整车型式认证,成为中国首家获得在欧盟国家无限制自由销售权的自主品牌汽车企业。

"这意味着长城汽车在欧盟市场已经破除了技术方面的壁垒,可以在欧盟国家无限制自由销售。"长城汽车副总经理商玉贵公开表示,这一认证也同时被中东、南非以及南美洲等所有承认欧盟法规的国家所承认。

质量、售后服务、安全性会有更苛刻条件

海外市场并不是平安无事的乐土，有时也险象环生，这在欧美等发达国家表现的尤为突出。

"中国车企要进军欧盟、北美这样的高标准市场，需迎接一系列关于产品质量和售后服务的挑战，会在环保、安全性能等方面遇到更为苛刻条件。"戴定一直言。

比如，当前随着全球社会经济发展过程中面临的资源环境问题越来越突出，欧美等国更加崇尚政府绿色采购，通过政府庞大的采购力量，优先购买对环境影响较小的环境标志产品。

不仅如此，政府采购相对商业采购而言，其对流程的透明化要求很高，通常对流程本身的管理也很严格。因此我国出口企业一定要了解对方政府采购的流程和相关法律法规要求，能够经受各个环节的审计和检查，戴定一表示。

欧美等发达国家均拥有相对完善的政府采购法律体系。以美国为例，美国国会为了管理联邦政府的采购行为，通过了一系列管理政府采购的基本法律。另外，各行政部门还制定了相关实施细则。在英国，政府采购的法律包括《政府拨款条例》、《采购政策指南》等，政府部门采购的商品和服务必须在财政部授权支出范围之内，且所有支出必须向议会负责。

除此之外，欧美国家对进口产品还可能进行"有意识地封锁"。金融危机下，海外市场不断升级的贸易保护主义壁垒便让中国汽车出口业"屋漏偏逢连阴雨"。

自经济危机爆发以来，各国汽车消费需求大幅下降，由此也引发了贸易保护主义抬头，各国纷纷以加关税、反倾销等手段实施贸易壁垒，打压进口汽车数量。受贸易保护等因素的影响，今年，我国汽车出口出现大幅下滑，中汽协统计数据显示，8月出口汽车 2.18 万辆，比上月下降 2.63％，比上年同期下降 50.80％，1 至 8 月累计出口汽车 18.66 万辆，比上年同期下降 59.37％。

那么，进军海外必须要有一套切实可行的战略战术。做到这点，要求企业将出口看做一个长期战略，从产品开发到营销网络以及服务体系的建立均要按照海外市场的需求有针对性地进行。

——资料来源：中国政府采购网（www.ccgp.gov.cn）。

第一节　概述

一、政府采购的概念

《政府采购法》规定,所谓政府采购,是指各级国家机关、事业单位和团体组织,使用财政性资金采购依法制定的集中采购目录以内的或者采购限额标准以上的货物、工程和服务的行为。

术语界定:

采购,是指以合同方式有偿取得货物、工程和服务的行为,包括购买、租赁、委托、雇用等。

货物,是指各种形态和种类的物品,包括原材料、燃料、设备、产品等。

工程,是指建设工程,包括建筑物和构筑物的新建、改建、扩建、装修、拆除、修缮等。

服务,是指除货物和工程以外的其他政府采购对象。

——《中华人民共和国政府采购法》第2条。

二、政府采购法的基本原则

(一)公开透明、公平竞争、公正和诚实信用原则

《政府采购法》规定,政府采购应当遵循公开透明原则、公平竞争原则、公正原则和诚实信用原则。任何单位和个人不得采用任何方式,阻挠和限制供应商自由进入本地区和本行业的政府采购市场。政府采购工程进行招标投标的,适用招标投标法。政府采购限额标准,属于中央预算的政府采购项目,由国务院确定并公布;属于地方预算的政府采购项目,由省、自治区、直辖市人民政府或者其授权的机构确定并公布。政府采购的信息应当在政府采购监督管理部门指定的媒体上及时向社会公开发布,但涉及商业秘密的除外。

案例:国家图书馆采购项目招标公告

国家图书馆中文普通电子图书及电子期刊采购项目招标公告

北京华盛中天咨询有限责任公司受国家图书馆委托,就国家图书馆中文普通电子图书及电子期刊采购项目进行公开招标,欢迎合格的投标人前来进行密封投标。

1.1 项目名称:图书馆中文普通电子图书及电子期刊采购项目

1.2 项目编号:HSZT2009HG/020

1.3 项目资金来源:财政资金

1.4 招标内容:

本次招标的主要内容是采购中文普通电子图书及电子期刊,主要用于共享工程 33 个省级中心及 100 个县级支中心的服务,分两包进行招标。

1.4.1 第一包:"为共享工程省级及县级中心配送中文普通电子图书采购"。投标人向采购人提供符合采购人要求的中文普通电子图书,投放至共享工程 33 个省中心和 100 个县级支中心,每个省中心配送 20000 种、每个县中心配送 5000 种(种类可重复),每个中心范围内每种图书应支持不少于 2 个用户同时阅读,并免费在采购人建立国家中心镜像总站点,同时能够实现对该部分资源的长期保存。

1.4.2 第二包:"为共享工程省级及县级中心配送中文普通电子期刊采购"。投标人向采购人提供符合采购人要求的中文普通电子期刊,投放至共享工程 33 个省级中心以及 100 个县级支中心(每个中心配送 200 种、种类可重复),无并发用户数量限制,并免费在采购人建立国家中心镜像总站点,同时能够实现对该部分资源的长期保存。

1.4.3 投标人可以分别投其中的任意一包,也可以同时投两包,并分包编制投标文件。

1.4.4 本次招标项目设有现场陈述及在线演示环节,现场陈述应不超过 10 分钟,在线演示应不超过 10 分钟,评标委员会将根据现场陈述及演示的情况进行打分。

1.5 投标人资格。

1.5.1 在中华人民共和国境内依照《中华人民共和国公司法》注册的、具有法人资格、有能力提供招标人所需要货物的企业。

1.5.2 投标人须具有良好的商业信誉和健全的财务会计制度;具有履行合同所必需的专业技术能力;有依法缴纳税收和社会保障资金的良好记录;参加此项招标活动前三年内,在经营活动中没有重大违法记录。

1.5.3 项目经理须具有本科(含)以上学历。

1.5.4 必须向招标代理机构购买招标文件并登记备案,未向招标代理机构购买招标文件并登记备案的潜在投标人均无资格参加投标。

1.6 本项目不接受联合体投标。

1.7 招标文件售价:招标文件售价人民币 500 元;若邮购,每份加收人民币 50 元,招标文件售后不退。

1.8 招标文件发售时间、地点及注意事项:

1.8.1 发售时间:自 2009 年 7 月 30 日至 2009 年 8 月 17 日,每天(法定节假日除外)上午 9:00—11:30,下午 13:30—16:00。

1.8.2 发售地点:北京华盛中天咨询有限责任公司(北京市海淀区西直门北大街 41 号天兆家园 2 号楼 A 座 201 室)。

1.8.3 注意事项:投标人在购买招标文件时须向招标代理机构提供加盖公章的营业执照复印件。

1.9 投标文件递交时间和地点:

1.9.1 递交时间:2009 年 8 月 18 日 9:00—9:30。

1.9.2 截止时间:2009 年 8 月 18 日 9:30,超过截止时间递交投标文件将不予受理。

1.9.3 递交地点:国家图书馆新馆第三会议室(北京市海淀区中关村南大街 33 号新馆五层 528 房间)。

1.10 开标时间和地点:

1.10.1 开标时间:2009 年 8 月 18 日上午 9:30,届时请各投标人派代表出席开标仪式。

1.10.2 开标地点:国家图书馆新馆第三会议室(北京市海淀区中关村南大街 33 号新馆五层 528 房间)。

1.11 招标代理机构相关情况:

开户名称:北京华盛中天咨询有限责任公司

开户银行:中国民生银行北京西直门支行

银行账户:0123014170005724

地　　址:北京市海淀区西直门北大街 41 号天兆家园 2 号楼 A 座 201 室

邮政编码:100044

联 系 人:王亮 王婷

电　　话:010—62271094、62278948—235

传　　真:010—62277461

电子邮箱:hsztzb@126.com

(二)促进经济和社会发展原则

《政府采购法》规定,政府采购应当有助于实现国家的经济和社会发展政策目标,包括保护环境,扶持不发达地区和少数民族地区,促进中小企业发展等。

案例:国际药品采购机制的社会效益

近日,美国波士顿大学的一份研究报告高度评价了国际药品采购机制(UNITAID)的工作,称其创新方法革命性地为抗艾滋病药物市场带来了大量重要的利基(指针对企业优势细分出来的有前景的市场)。其即将建立的抗逆转录病毒药物(ARVs)专利池,可带来成倍的积极成果,每年还可节约数千万美元。

UNITAID 于 2006 年 9 月由巴西、法国、智利、挪威和英国倡议成立,现已得到 29 个国家及克林顿基金会和梅林达盖茨基金会的固定支持。UNITAID目前支持了 93 个国家的全球合作伙伴计划,3 年来承诺提供近 10 亿美元的资金用于诊疗艾滋病等 3 种死亡率最高的疾病。

UNITAID 经与一些制药公司协商,通过制定数量庞大的采购计划,成功降低了部分艾滋病治疗药物的价格,从而使发展中国家的病人尤其是儿童感染者获得价格便宜、种类多样的药品。其工作还使二线抗逆转录病毒药物价格降低了 40% 至 60%。

为了进一步降低药品价格,2008 年 7 月,UNITAID 执行理事会决定建立一个自愿药品专利池,通过收集企业、大学或研究所持有的专利,让发展中国家以低廉的授权费用合法地获得这些专利用于药品生产或研究。2009 年 5 月,第 62 届世界卫生大会(WHA)将这个计划向前推进了一大步。

根据波士顿大学研究人员的保守预测,预计在 2010 年投入使用的专利池,尤其是抗逆转录病毒药物,会进一步扩大发展中国家的市场。此举将促进更多的竞争和额外的降价,每年可节约数千万美元。例如,患者使用 Gilead 公司的固定剂量组方 Atripla,目前平均每人每年需花费 465 美元,通过专利池授权生产后第一年的费用就可降到 190 美元,以后 4 年内还可稳步下降到 100 美元。

遏制艾滋病联盟的主席艾伦·史密斯表示,国际药品采购机制的专利池是他们增加获得救生药品普及范围的最大希望。不过,要促使重要的制药公司自愿加入这个计划,国际社会仍需要付出更大的努力,毕竟这涉及巨额的研发费用和长期的收益期望。

UNITAID 主席菲利普·杜斯特—布拉吉表示,这种市场干预对公共健康的影响将是巨大的。他希望,为发展中国家提供药品的其他供应商和各国政府都能以较低的价格将更多产品纳入这个专利池中。

——资料来源:《科技日报》2009 年 12 月 3 日,转引自中国政府采购网(www.ccgp.gov.cn)。

(三)本国采购原则

《政府采购法》规定,政府采购应当采购本国货物、工程和服务。但有下列情形之一的除外:

1.需要采购的货物、工程或者服务在中国境内无法获取或者无法以合理的商业条件获取的;

2.为在中国境外使用而进行采购的;

3.其他法律、行政法规另有规定的。

理论争鸣:"本国货"

2010年1月11日,国务院法制办公布了《政府采购法实施条例(征求意见稿)》,并要求有关单位和各界人士于2月5日前提出意见。

本次欧盟商会的意见集中在减少实施细则中不确定性和模糊性。"本国货"是政府采购中争议最大的问题之一。2003年1月1日开始实施的《政府采购法》规定,"政府采购应当采购本国货物、工程和服务",并规定本国货物、工程和服务的界定,依照国务院有关规定执行。但是,七年一晃而过,此次公布的意见稿同样没有对"本国货"的定义给出答案。

意见稿第十条称,本国货物是指在中国境内生产,且国内生产成本超过一定比例的最终产品,并规定了计算公式:

国内生产成本＝(产品出厂价格一进口价格)×产品出厂价格

"尽管比以往有所进步,但我们认为应对比例有更具体的描述,否则还是不知如何实施。"欧盟商会公共采购工作组主席范·克高夫(Gilbert Van Kerch-hove)告诉《财经》记者,"我们希望政府能将该政策清晰化,避免那些在中国进行了大量投资建设生产设施,或转让技术和知识的外国企业受到歧视"。

——吴金勇:《公共采购再博弈》,《财经》2010年第3期。

三、政府采购目录

《政府采购法》规定,政府采购实行集中采购和分散采购相结合。集中采购的范围由省级以上人民政府公布的集中采购目录确定。属于中央预算的政府采购项目,其集中采购目录由国务院确定并公布;属于地方预算的政府采购项目,其集中采购目录由省、自治区、直辖市人民政府或者其授权的机构确定并公布。纳入集中采购目录的政府采购项目,应当实行集中采购。

第二节　政府采购当事人

一、政府采购当事人的范围

《政府采购法》规定,所谓政府采购当事人,是指在政府采购活动中享有权利和承担义务的各类主体,包括采购人、供应商和采购代理机构等。

二、采购人

(一)采购人的概念

《政府采购法》规定,采购人是指依法进行政府采购的国家机关、事业单位、团体组织。

案例:2008 年我国中央政府采购规模与特点

根据《中国财经报》披露的数据,2008 年我国中央单位政府采购规模持续增长,达到589.8亿元,节约资金 58.7 亿元,节约率达 9.05%。这是财政部部长助理张通日前在中直机关 2009 年政府集中采购工作会议上透露的。

张通充分肯定了 2008 年中央单位的集中采购工作,并总结出 2008 年中央单位集中采购工作呈现的几个特点:

一是集中采购规模大幅度增长。2008 年中共中央直属机关采购中心(以下简称中直采购中心)和中央国家机关政府采购中心两家的集中采购规模之和达到了 137.1 亿元,增幅分别为 7.2%和10.1%,占中央单位政府采购规模的23.2%。2008 年中直采购中心共完成采购项目 237 个,比 2007 年增加 102 个,增长率为 75.6%。

二是中央单位集中采购活动更加透明规范。中直采购中心在 2008 年组织的 237 个采购项目中,采用公开招标方式采购的项目占 86.1%。

三是积极探索建立应急采购模式。中宣部委托中直采购中心进行的抗震救灾主题展览设计施工项目,政治性强、任务急、质量要求高,中直采购中心在最短的时间内完成了制定方案、专家论证、编制文件、组织评审等一系列工作,既保证了采购项目的合法合规,又满足采购单位的各项需求。

四是在集中采购活动中带头发挥政府采购政策功能。中直采购中心除严格执行节能产品政府采购清单内产品的强制采购、优先采购外,还组织了中央空调清洗、节能灶具、太阳能光伏发电等节能环保类采购项目,充分发挥了政府采购的政策功能。2008 年,中直采购中心节能产品采购金额占同类产品采购总额的93.5%。

五是通过调研提高工作质量。中直采购中心注重发挥调研服务决策的重要作用,2008 年围绕工作中的重点难点问题开展各种调研,促进了操作执行的规范性和科学性。

(二)采购人的权利与义务

《政府采购法》规定,采购人采购纳入集中采购目录的政府采购项目,必须委托集中采购机构代理采购;采购未纳入集中采购目录的政府采购项目,可以自行采购,也可以委托集中采购机构在委托的范围内代理采购。

纳入集中采购目录属于通用的政府采购项目的,应当委托集中采购机构代理采购;属于本部门、本系统有特殊要求的项目,应当实行部门集中采购;属于本单位有特殊要求的项目,经省级以上人民政府批准,可以自行采购。

采购人可以委托经国务院有关部门或者省级人民政府有关部门认定资格的采购代理机构,在委托的范围内办理政府采购事宜。

采购人有权自行选择采购代理机构,任何单位和个人不得以任何方式为采购人指定采购代理机构。

采购人依法委托采购代理机构办理采购事宜的,应当由采购人与采购代理机构签订委托代理协议,依法确定委托代理的事项,约定双方的权利和义务。

三、供应商

(一)供应商的概念

《政府采购法》规定,供应商是指向采购人提供货物、工程或者服务的法人、其他组织或者自然人。

(二)供应商的条件

《政府采购法》规定,供应商参加政府采购活动应当具备下列条件:

(1)具有独立承担民事责任的能力;

(2)具有良好的商业信誉和健全的财务会计制度;

(3)具有履行合同所必需的设备和专业技术能力;

(4)有依法缴纳税收和社会保障资金的良好记录;

(5)参加政府采购活动前三年内,在经营活动中没有重大违法记录;

(6)法律、行政法规规定的其他条件。

采购人可以根据采购项目的特殊要求,规定供应商的特定条件,但不得以不合理的条件对供应商实行差别待遇或者歧视待遇。

采购人可以要求参加政府采购的供应商提供有关资质证明文件和业绩情况,并根据《政府采购法》规定的供应商条件和采购项目对供应商的特定要求,对供应商的资格进行审查。

(三)供应商的权利与义务

两个以上的自然人、法人或者其他组织可以组成一个联合体,以一个供应商的身份共同参加政府采购。以联合体形式进行政府采购的,参加联合体的供应商均应当具备《政府采购法》规定的条件,并应当向采购人提交联合协议,载明联合体各方承担的工作和义务。联合体各方应当共同与采购人签订采购合同,就采购合同约定的事项对采购人承担连带责任。

政府采购当事人不得相互串通损害国家利益、社会公共利益和其他当事人的合法权益,不得以任何手段排斥其他供应商参与竞争。

供应商不得以向采购人、采购代理机构、评标委员会的组成人员、竞争性谈判小组的组成人员、询价小组的组成人员行贿或者采取其他不正当手段谋取中标或者成交。

采购代理机构不得以向采购人行贿或者采取其他不正当手段谋取非法利益。

四、采购代理机构

《政府采购法》规定,集中采购机构为采购代理机构。设区的市、自治州以上人民政府根据本级政府采购项目组织集中采购的需要设立集中采购机构。集中采购机构是非营利事业法人,根据采购人的委托办理采购事宜。

集中采购机构进行政府采购活动,应当符合采购价格低于市场平均价格、采购效率更高、采购质量优良和服务良好的要求。

法规链接:《北京市财政局政府采购代理机构资格认定工作程序》
　　　　关于北京市政府采购代理机构资格认定工作程序的公告

根据《政府采购代理机构资格认定办法》(财政部第 31 号令)的要求,我们制定了《北京市财政局政府采购代理机构资格认定工作程序》。现予公布,自 2006年 12 月 1 日起实施。

北京市财政局
二○○六年十月三十日
北京市财政局政府采购代理机构资格认定工作程序

根据《中华人民共和国政府采购法》、《政府采购代理机构资格认定办法》(财政部第 31 号令)和《财政部关于认真做好政府采购代理机构资格认定工作的通知》(财库[2006]13 号),结合我市具体情况,制定本工作程序。

北京市财政局(以下简称"本局")负责本市行政区域内乙级政府采购代理机构资格认定管理工作。本局指定北京市政府采购办公室具体办理有关工作。

本工作程序分为"审批资格程序"、"确认资格程序"、"资格延续程序"和"资格变更程序"。

本工作程序均以工作日计算期限,不含法定节假日。

本局办理政府采购代理机构资格认定不收取任何费用。

一、审批资格程序

(一)适用范围

审批资格程序适用于招标代理机构以外的机构申请政府采购代理资格,以及招标代理机构申请原招标代理业务范围以外的政府采购项目采购代理的资格。

政府采购代理机构可以依法在全国范围内代理政府采购事宜。政府采购代理事宜包括政府采购货物、工程和服务的招标、竞争性谈判、询价等采购代理及政府采购咨询业务。

申请人既申请资格审批又申请资格确认的,可以一并提出申请。本局根据申请人的申请事项,分别按照审批资格程序和确认资格程序处理。

(二)申请受理

1.申请人条件

申请乙级政府采购代理机构应当具备下列条件:

(1)具有法人资格,且注册资本为人民币50万元以上;

(2)与行政机关没有隶属关系或者其他利益关系;

(3)具有健全的组织机构和内部管理制度;

(4)拥有固定的营业场所和开展政府采购代理业务所需设备、设施等办公条件;

(5)具有良好的商业信誉以及依法缴纳税收和社会保障资金的良好记录;

(6)申请政府采购代理机构资格前三年内,在经营活动中没有重大违法记录;

(7)参加过规定的政府采购培训,熟悉政府采购法律、法规、规章制度和采购代理业务的法律、经济和技术方面的专业人员,其中:技术方面的专业人员,具有中专以上学历的不得少于职工总数的50%,具有高级职称的不得少于职工总数的10%。

2.申请时应提交的材料

申请人应当按要求填写《政府采购代理机构资格审批申请书》,并提供下列材料:

(1)企业法人营业执照和税务登记证副本及其复印件;

(2)机构章程,内部机构设置和人员配备情况说明,以及符合规定条件的技术方面专业人员的学历、职称证书复印件;

(3)会计师事务所出具的验资报告或者上年度的财务审计报告;

(4)拥有固定的营业场所和开展政府采购代理业务所需设备、设施等办公条件的相关证明材料;

(5)依法缴纳税收和社会保障资金的证明;

(6)申请政府采购代理机构资格前三年内有无重大违法记录的情况说明;

(7)法律、行政法规规定的其他材料。

本局在接收上述材料时将对申请人提交的企业法人营业执照和税务登记证复印件与副本进行核对,核对无误后将副本退回申请人。

申请人提出申请时暂无法提交法人营业执照和税务登记证(包括国税和地税)副本原件的,可以提供公证机关出具的公证函。缴纳税收证明可以由所在地税务部门出具,也可以提供税务部门的纳税年审证明。缴纳社会保障资金证明应当由缴款所在地的劳动保障部门出具。

3. 申请处理

对申请人提出的资格认定申请,本局根据下列情况分别作出处理:

(1)申请事项依法不属于本局职权范围的,决定不予受理申请,并告知申请人向有关部门申请;

(2)申请材料存在可以当场更正的错误的,允许申请人当场更正;

(3)申请材料不齐全或者不符合要求的,当场或者在五日内一次告知申请人需要补正的全部内容,申请人补正后,重新进行申请;

(4)申请事项属于本局职权范围,申请材料齐全、符合要求的,或者申请人已按要求提交全部补正申请材料的,决定受理资格认定申请。

本局对于受理或者不予受理资格认定申请的决定,出具加盖行政许可专用章和注明日期的书面凭证。

(三)审查

1. 审查期限

本局对申请人提交的申请材料进行审查,并自受理资格认定申请之日起二十日内作出决定,二十日内不能作出决定的,经本局负责人批准,可以延长十日,并将延长期限的理由告知申请人。

2. 审查决定

本局对申请人提交的申请材料进行审查。申请人应当保证所提供材料的真实性,并在本局认为必要时,就所提供材料进行说明。

本局根据实际需要可以组织资格认定专家组初步确认、审核相关材料。

经过审查,本局将根据情况分别作出如下决定:

(1)申请人的申请符合《政府采购代理机构资格认定办法》规定条件的,本局在作出正式决定之前,将在北京市政府采购信息指定媒体上公示拟批准资格的政府采购代理机构名单。公示时间不少于七天。公示期满无异议的,本局依法作出批准申请人乙级政府采购代理资格的书面决定,并向申请人颁发乙级《政府采购代理机构资格证书》,同时在政府采购信息指定媒体上正式公告。

(2)申请人的申请不符合《政府采购代理机构资格认定办法》规定条件的,本局依法作出不予批准资格的书面决定,并说明理由。申请人享有依法申请行政复议或者提起行政诉讼的权利。

（四）资格证书

本局向获得乙级的政府采购代理机构颁发《政府采购代理机构资格证书》。

《政府采购代理机构资格证书》分为正本和副本，有效期为三年，不得出借、出租、转让或者涂改。

（五）备案

本局自批准乙级政府采购代理机构资格之日起 15 日内，将获得资格的政府采购代理机构名单报财政部备案。

（六）公告

本局将在北京市政府采购信息指定媒体上公告认定资格的政府采购代理机构名单。

二、确认资格程序

（一）适用范围

确认资格程序适用于招标代理机构申请确认其原招标代理业务范围以内的政府采购项目招标代理的资格。

（二）申请受理

1.申请人条件

获得甲级招标代理机构资格以外的其他招标代理机构。

2.申请时应提交的材料

申请人应当按要求填写《政府采购代理机构资格确认申请书》，并提供下列材料：

（1）国务院有关部门或者省级人民政府有关部门颁发的招标代理机构资格证书；

（2）企业法人营业执照和税务登记证明；

（3）证明其经营业绩和财务状况良好的材料；

（4）法律、行政法规规定的其他材料。

本局在接收上述材料时将对申请人提交的招标代理机构资格证书、企业法人营业执照和税务登记证原件与复印件进行核对，核对无误后将原件退回申请人。

申请人提出申请时暂无法提交法人营业执照和税务登记证（包括国税和地税）的原件的，可以提供公证机关出具的公证函。

3、申请处理

与"审批资格程序"中的"申请处理"相同。

（三）审查

与"审批资格程序"中的"审查"相同

（四）资格证书

与"审批资格程序"中的"资格证书"相同。

（五）备案

与"审批资格程序"中的"备案"相同。

（六）公告

与"审批资格程序"中的"公告"相同。

三、资格延续程序

（一）适用范围

本局认定的政府采购代理机构,需要延续资格有效期的,应当在《政府采购代理机构资格证书》载明的有效期届满 60 日前,向本局提出申请。逾期不申请资格延续的,其《政府采购代理资格证书》自证书载明的有效期届满后自动失效。

（二）申请受理

1. 申请时应提交的材料

申请人提出资格延续申请的,应当填写并提交本局统一制作的资格延续申请书,并提供下列材料:

（1）近三年代理政府采购事宜的业绩情况;

（2）机构章程或者简介,内部机构设置和人员配备情况说明,以及符合规定条件的技术方面专业人员的学历、职称证书复印件;

（3）经会计师事务所审验的近三年的财务会计报告;

（4）近三年依法缴纳税收和社会保障资金的证明;

（5）近三年接受投诉及行政处理、处罚情况的说明。

2. 申请处理

与"审批资格程序"中的"申请处理"相同。

（三）审查决定

本局受理资格延续申请后,在申请人的政府采购代理机构资格有效期届满前,根据下列情况分别作出决定:

（1）申请人的申请符合本办法规定条件的,作出延续政府采购代理机构资格的书面决定,并重新颁发《政府采购代理机构资格证书》;

（2）申请人的申请不符合本办法规定条件的,作出不予延续政府采购代理机构资格的书面决定,并说明理由。申请人享有依法申请行政复议或者提起行政诉讼的权利。

四、资格变更程序

（一）适用范围

本局认定的政府采购代理机构,其情况发生变化的,应当按照下列规定到本

局办理相关手续,逾期未按规定办理相关手续的,其政府采购代理机构资格自动失效:

1.《政府采购代理机构资格证书》记载事项依法发生变更的,应当自变更之日起十日内办理变更或者换证手续;

2.解散、破产或者因其他原因终止政府采购代理业务的,应当自情况发生之日起十日内交回《政府采购代理机构资格证书》,办理注销手续;

3.分立或者合并的,应当自情况发生之日起十日内交回《政府采购代理机构资格证书》,办理注销手续;分立或者合并后的机构需要代理政府采购事宜的,应当重新申请政府采购代理机构资格。

(二)其他程序

参照"审批资格程序"中的相关部分。

案例:采购代理机构资质认定

关于北京筑标建设工程咨询有限公司等 16 家公司

政府采购代理机构甲级资格的决定(财库[2009]98 号)

有关企业:

根据《政府采购代理机构资格认定办法》(财政部令第 31 号)的规定,经审核,现授予北京筑标建设工程咨询有限公司等 16 家公司政府采购代理机构甲级资格。请按照《政府采购法》及财政部有关政府采购的规定,依法从事政府采购代理业务。

附件:政府采购代理机构甲级资格名单

财政部

二○○九年七月十日

第三节　政府采购方式

一、政府采购方式概述

《政府采购法》规定,政府采购采用以下方式:

1.公开招标;

2.邀请招标;

3.竞争性谈判;

4.单一来源采购;

5.询价；

6.国务院政府采购监督管理部门认定的其他采购方式。

二、公开招标采购

《政府采购法》规定,公开招标应作为政府采购的主要采购方式。

采购人采购货物或者服务应当采用公开招标方式的,其具体数额标准,属于中央预算的政府采购项目,由国务院规定;属于地方预算的政府采购项目,由省、自治区、直辖市人民政府规定;因特殊情况需要采用公开招标以外的采购方式的,应当在采购活动开始前获得设区的市、自治州以上人民政府采购监督管理部门的批准。

采购人不得将应当以公开招标方式采购的货物或者服务化整为零或者以其他任何方式规避公开招标采购。

案例:政府采购中标公告

中国人民银行全国国库设备激光打印机采购项目中标公告

采购人名称:中国人民银行

采购机构全称:中国人民银行集中采购中心

采购项目全称:中国人民银行全国国库设备激光打印机采购项目

招标编号:RH－GK2008040

招标公告日期:2008年11月11日

中标通知发布日期:2008年12月2日

中标供应商名称:北京世纪鹏程科技有限公司

评标委员会成员名单:李淑娟、李岩、赵飞、王亚平、张慧平、于盛章、李友杰

各投标人如对上述中标结果有异议,请自即日起七个工作日内以书面形式与中国人民银行集中采购中心联系。

联系人:李大程

电　话:66194649

传　真:88092822

通讯地址:北京市西城区成方街32号中国人民银行集中采购中心

邮　编:100800

感谢各投标人对于本项目的积极参与!

二〇〇八年十二月二日

三、邀请招标采购

《政府采购法》规定,符合下列情形之一的货物或者服务,可以采用邀请招标

方式采购：

1. 具有特殊性，只能从有限范围的供应商处采购的；

2. 采用公开招标方式的费用占政府采购项目总价值的比例过大的。

四、竞争性谈判采购

《政府采购法》规定，符合下列情形之一的货物或者服务，可以采用竞争性谈判方式采购：

1. 招标后没有供应商投标或者没有合格标的或者重新招标未能成立的；

2. 技术复杂或者性质特殊，不能确定详细规格或者具体要求的；

3. 采用招标所需时间不能满足用户紧急需要的；

4. 不能事先计算出价格总额的。

五、单一来源采购

《政府采购法》规定，符合下列情形之一的货物或者服务，可以采用单一来源方式采购：

1. 只能从唯一供应商处采购的；

2. 发生了不可预见的紧急情况不能从其他供应商处采购的；

3. 必须保证原有采购项目一致性或者服务配套的要求，需要继续从原供应商处添购，且添购资金总额不超过原合同采购金额 10％ 的。

六、询价采购

《政府采购法》规定，采购的货物规格、标准统一、现货货源充足且价格变化幅度小的政府采购项目，可以采用询价方式采购。

案例：汶川灾区税务机关询价采购

2008 年"5·12"汶川特大地震爆发后，四川省国税系统损失严重。其中，财产损失共计 9.6 亿元。随后，四川省国税系统迅速实施了重建家园的灾后重建专项采购，为夺取抗震救灾斗争的重大胜利作出了积极贡献。汶川县国税局对震中映秀税务分局及其他受灾单位幸存的职工及家属集中安置后，就近采购了必备的家具及生活用品。采购前，县局成立了采购领导小组，根据实际需要确定了拟采购物资的种类、品目和数量，并向多个供应商询价，保质保量地采购了所需物资。

——《中国税务报》2009 年 7 月 6 日。

第四节 政府采购程序

一、政府采购预算

《政府采购法》规定,负有编制部门预算职责的部门在编制下一财政年度部门预算时,应当将该财政年度政府采购的项目及资金预算列出,报本级财政部门汇总。部门预算的审批,按预算管理权限和程序进行。

二、招标采购程序

《政府采购法》规定,货物或者服务项目采取邀请招标方式采购的,采购人应当从符合相应资格条件的供应商中,通过随机方式选择三家以上的供应商,并向其发出投标邀请书。

货物和服务项目实行招标方式采购的,自招标文件开始发出之日起至投标人提交投标文件截止之日止,不得少于 20 日。

《政府采购法》规定,在招标采购中,出现下列情形之一的,应予废标:

1.符合专业条件的供应商或者对招标文件作实质响应的供应商不足三家的;

2.出现影响采购公正的违法、违规行为的;

3.投标人的报价均超过了采购预算,采购人不能支付的;

4.因重大变故,采购任务取消的。

废标后,采购人应当将废标理由通知所有投标人,除采购任务取消情形外,应当重新组织招标。需要采取其他方式采购的,应当在采购活动开始前获得设区的市、自治州以上人民政府采购监督管理部门或者政府有关部门批准。

三、竞争性谈判采购程序

《政府采购法》规定,采用竞争性谈判方式采购的,应当遵循下列程序:

1.成立谈判小组。谈判小组由采购人的代表和有关专家共三人以上的单数组成,其中专家的人数不得少于成员总数的 2/3。

2.制定谈判文件。谈判文件应当明确谈判程序、谈判内容、合同草案的条款以及评定成交的标准等事项。

3.确定邀请参加谈判的供应商名单。谈判小组从符合相应资格条件的供应商名单中确定不少于三家的供应商参加谈判,并向其提供谈判文件。

4.谈判。谈判小组所有成员集中与单一供应商分别进行谈判。在谈判中，谈判的任何一方不得透露与谈判有关的其他供应商的技术资料、价格和其他信息。谈判文件有实质性变动的，谈判小组应当以书面形式通知所有参加谈判的供应商。

5.确定成交供应商。谈判结束后，谈判小组应当要求所有参加谈判的供应商在规定时间内进行最后报价，采购人从谈判小组提出的成交候选人中根据符合采购需求、质量和服务相等且报价最低的原则确定成交供应商，并将结果通知所有参加谈判的未成交的供应商。

四、单一来源采购程序

《政府采购法》规定，采取单一来源方式采购的，采购人与供应商应当遵循《政府采购法》规定的原则，在保证采购项目质量和双方商定合理价格的基础上进行采购。

五、询价采购程序

《政府采购法》规定，采取询价方式采购的，应当遵循下列程序：

1.成立询价小组。询价小组由采购人的代表和有关专家共三人以上的单数组成，其中专家的人数不得少于成员总数的 2/3。询价小组应当对采购项目的价格构成和评定成交的标准等事项作出规定。

2.确定被询价的供应商名单。询价小组根据采购需求，从符合相应资格条件的供应商名单中确定不少于三家的供应商，并向其发出询价通知书让其报价。

3.询价。询价小组要求被询价的供应商一次报出不得更改的价格。

4.确定成交供应商。采购人根据符合采购需求、质量和服务相等且报价最低的原则确定成交供应商，并将结果通知所有被询价的未成交的供应商。

六、政府采购活动的监督管理

《政府采购法》规定，采购人或者其委托的采购代理机构应当组织对供应商履约的验收。大型或者复杂的政府采购项目，应当邀请国家认可的质量检测机构参加验收工作。验收方成员应当在验收书上签字，并承担相应的法律责任。

采购人、采购代理机构对政府采购项目每项采购活动的采购文件应当妥善保存，不得伪造、变造、隐匿或者销毁。采购文件的保存期限为从采购结束之日起至少保存 15 年。

采购文件包括采购活动记录、采购预算、招标文件、投标文件、评标标准、评估报告、定标文件、合同文本、验收证明、质疑答复、投诉处理决定及其他有关文件、资料。

《政府采购法》规定,采购活动记录至少应当包括下列内容:

1.采购项目类别、名称;

2.采购项目预算、资金构成和合同价格;

3.采购方式,采用公开招标以外的采购方式的,应当载明原因;

4.邀请和选择供应商的条件及原因;

5.评标标准及确定中标人的原因;

6.废标的原因;

7.采用招标以外采购方式的相应记载。

域外采风:格鲁吉亚政府采购招标程序简介

一、概述

《格鲁吉亚国家采购法》和《格国家采购法实施细则》规定了利用国家资金进行采购所必须遵守的规则,主要用于规范属于国家财政拨款的政府部门采购和国有企业的采购行为。格政府各部委如经济发展部、财政部、农业部和内务部以及地方政府如第比利斯市政厅等均设有招标委员会,负责本部门的政府招标采购工作,接受格国家招标委员会的指导和监督。按照上述法规,货物或服务采购的预期价格如不低于 10 万拉里(目前 1 美元约合 1.66 拉里),工程采购的预期价格不低于 20 万拉里,均必须采取公开竞争性招标方式进行采购。预期价格低于上述金额的采购,视金额不同,还可采取"议标"方式进行采购。

当货物或服务采购的预期价格超过 60 万拉里,工程采购超过 800 万拉里时,采购方必须将招标公告传递给外国驻格使(领)馆;同时,格鲁吉亚驻外使馆应在当地报刊或使馆网站上公布招标通告。

若货物或服务的预期价格不低于 20 万拉里,工程采购预期价格不低于 100 万拉里时,投标人必须提交投标保函,并主要采用银行保函的形式,投标保函金额为投标价格的 1%。在此金额下,投标人若中标,中标人在签订合同前必须提交履约保函,并主要采用银行保函的形式,履约保函金额不低于合同价格的 2%,但不高于合同价格的 5%,通常采用 5%。当然,在采购货物预期价格低于上述标准时,招标方也经常要求提供相应的保函,以避免非议。

格政府招标采购程序和国际上通行的招标采购程序相同,即发布招标公告、发售标书、接收标书、公开开标(唱标)、评标、授标、合同谈判和签订合同以及合同履行。

二、格政府采购招标文件主要内容

格政府采购招标文件主要包括招标公告、招标书、招标书的修改(若有)和对投标人的澄清请求所作的公开澄清(若有)等。

（一）招标公告

采购人在指定的刊物上刊登招标公告（如当地《24 小时报》）。招标公告的主要内容一般包括招标单位、资金来源、采购内容和交货条件（如 CIF、DDP 等）、保函要求、购买标书的价格、时间和地点、递交标书的时间和地点、开标时间以及投标人的资质要求等。

（二）招标书

1. 投标须知

投标须知属于标准范本，是格国家采购法实施细则的附录，因此在各次招标中均相同。每次招标的特殊情况和特殊要求是由基本参数表界定。

投标须知主要包括参与投标的限制（如联合国禁运国家的公司和人员不能参与投标等），招标文件组成，投标文件组成，投标价格、投标有效期、投标保证、投标书形式、递交标书时间地点、标书修改、开标、标书澄清、评标和选择、终止招标进程、履约保证、语言文字要求、合同履行等的一般性描述。

2. 基本参数表

基本参数表是对本次招标具体内容和要求的描述。基本参数表的编号及内容的性质与投标须知的相应章节相对应。但基本参数表仅对需要具体说明的章节进行补充和明确。

基本参数表明确的内容如下：

（1）具体招标人；

（2）资金来源；

（3）投标委员会的主席和成员；

（4）投标书使用语言；

（5）投标书需包括的其他文件；

（6）货物交易条件（贸易术语，如 CIF、DDP 或 DDU 等）；

（7）投标有效期；

（8）是否采用投标保函、保函有效期和保函金额；

（9）递交标书时间、开标地点；

（10）评标权重系数（即价格、质量或性能、交货期、售后服务等指标占评比的权重）；

（11）是否采用履约保函以及保函金额；

（12）说明若投保人要求预付款则需提供预付款保函及保函有效期。

3. 招标采购的技术条件

即本次采购物品的具体技术参数要求，包括本次采购物品的数量，同时说明质保期、备品备件、发运前检验、厂家质量证明等要求。

4.招标报价函格式

即致招标人的投标报价函。投标人按规定格式填入投标总价和其他说明，如供货期、投标有效期等内容。

5.投标保函格式

如本次投标需要投标保函，则标书中会有投标保函格式，但大多简单注明须按银行典型投标保函格式。

6.投标报价表

这是分项报价表，列出本次采购的各项具体物品，并由投标人按格式填入主要技术特性、原产地、数量、单价、合计价格、供货期、供货地点等内容。

7.合同协议格式（投标时不填写）

合同协议格式中一般均会明确组成本合同所包含的所有文件名称。

8.一般合同条款

一般合同条款属于标准范本，各次招标一般合同条款均相同。本次招标的特定要求在特殊合同条款中定义。

一般合同条款包括合同术语定义、适用标准、专利权、履约监控、包装、供货条件、售后服务、备品备件、接收、保证期、支付、货币、价格、延期处罚、协议修改、合同终止、不可抗力、争议处置、适用法律、协议文本（文字）和税收等内容，一般合同条款规定了合同履行所需遵守的一般和普遍性的要求。

9.特殊合同条款

特殊合同条款是定义和明确本次招标的具体要求，编号和一般合同条款编号对应。

10.履约保函格式（投标时不提交）

11.技术参数响应表

投标人按规定格式对本次采购物招标书中提出的技术参数逐项进行回答。

三、格政府采购招标的特殊性

格政府采购招标文件比较简单，主要表现在技术规范内容很少，即一般均不对所采购货物的具体技术特性和要求进行详细的描述，投标人按照技术参数响应表逐项响应即可。此外，招标书一般均不明确适用技术标准，即投标人响应技术参数要求就是满足了技术标准。

格政府招标采购对投标人的资格要求不严，其主要原因可能是格当地企业规模小，国内生产能力有限和所采购货物大多来自国外。

法人在参与格政府举行的采购投标时，需提供由所管辖税务机构出具的商业注册摘要（即经营许可证）和无重组、无清算的证明，由相关法庭出具无财产冻结、未涉及与其重组或破产诉讼的证明。

需特别引起注意的是,格政府使用财政资金进行的招标要求投标文件采用格文,其他文字的材料需译成格文并由格公证机构对翻译进行公证,解释时以格文为准。

需要指出的是,格政府在直接使用世界银行或其他国际机构的贷款和资金进行招标采购时,招标程序主要依照相关国际机构的标准程序进行,并采用英文。世界银行贷款或其他国际机构资金的招标项目对投标人的资格要求较高,包括财务状况、年营业额、同类项目经验等均有具体的要求。

——资料来源:中国驻格鲁吉亚使馆经商参处 ,转引自中国政府采购网(www.ccgp.gov.cn)。

第五节   政府采购合同

一、政府采购合同的形式

《政府采购法》规定,政府采购合同应当采用书面形式。采购人可以委托采购代理机构代表其与供应商签订政府采购合同。由采购代理机构以采购人名义签订合同的,应当提交采购人的授权委托书,作为合同附件。

政府采购合同适用《合同法》。采购人和供应商之间的权利和义务,应当按照平等、自愿的原则以合同方式约定。

二、政府采购合同的法律效力

《政府采购法》规定,中标、成交通知书对采购人和中标、成交供应商均具有法律效力。中标、成交通知书发出后,采购人改变中标、成交结果的,或者中标、成交供应商放弃中标、成交项目的,应当依法承担法律责任。

政府采购项目的采购合同自签订之日起七个工作日内,采购人应当将合同副本报同级政府采购监督管理部门和有关部门备案。

三、政府采购合同的履行

《政府采购法》规定,经采购人同意,中标、成交供应商可以依法采取分包方式履行合同。政府采购合同分包履行的,中标、成交供应商就采购项目和分包项目向采购人负责,分包供应商就分包项目承担责任。

在政府采购合同履行中,采购人需追加与合同标的相同的货物、工程或者服务的,在不改变合同其他条款的前提下,可以与供应商协商签订补充合同,但所有补充合同的采购金额不得超过原合同采购金额的 10%。

政府采购合同的双方当事人不得擅自变更、中止或者终止合同。

政府采购合同继续履行将损害国家利益和社会公共利益的,双方当事人应当变更、中止或者终止合同。有过错的一方应当承担赔偿责任,双方都有过错的,各自承担相应的责任。

第六节　政府采购的质疑与投诉

一、政府采购的质疑与答复

《政府采购法》规定,供应商对政府采购活动事项有疑问的,可以向采购人提出询问,采购人应当及时作出答复,但答复的内容不得涉及商业秘密。

供应商认为采购文件、采购过程和中标、成交结果使自己的权益受到损害的,可以在知道或者应知其权益受到损害之日起七个工作日内,以书面形式向采购人提出质疑。采购人应当在收到供应商的书面质疑后七个工作日内作出答复,并以书面形式通知质疑供应商和其他有关供应商,但答复的内容不得涉及商业秘密。

采购人委托采购代理机构采购的,供应商可以向采购代理机构提出询问或者质疑,采购代理机构应当就采购人委托授权范围内的事项作出答复。

二、政府采购的投诉与处理

《政府采购法》规定,质疑供应商对采购人、采购代理机构的答复不满意或者采购人、采购代理机构未在规定的时间内作出答复的,可以在答复期满后 15 个工作日内向同级政府采购监督管理部门投诉。

政府采购监督管理部门应当在收到投诉后 30 个工作日内,对投诉事项作出处理决定,并以书面形式通知投诉人和与投诉事项有关的当事人。

政府采购监督管理部门在处理投诉事项期间,可以视具体情况书面通知采购人暂停采购活动,但暂停时间最长不得超过 30 日。

投诉人对政府采购监督管理部门的投诉处理决定不服或者政府采购监督管理部门逾期未作处理的,可以依法申请行政复议或者向人民法院提起行政诉讼。

域外采风:日本政府采购救济机制

作为 WTO《政府采购协议》缔约国之一的日本,为满足该协议对有关政府采购质疑程序的要求,建立专门的政府采购审查机构,并规定了详细的质疑程序。

（一）审查机构

日本内阁于 1995 年 12 月 1 日建立了两个机构：政府采购审查办公室（Office of Government Procurement Review）和政府采购审查局（Government Procurement Review Board）。随后，政府采购审查办公室于 1995 年 12 月 14 日公布了质疑审查程序。

政府采购审查办公室。日本内阁规定政府采购审查办公室的职责是，遵照 WTO《政府采购协议》要求，制定政府采购的质疑审查程序，并监督实施。政府采购审查办公室由日本内阁首席大臣领导，其成员包括日本 12 个部的行政副部长和各机构的高级官员。这些机构包括国防事务处、国家警察署和科技事务处。政府采购审查办公室直接隶属于首相办公室的管辖之下，经济计划事务处负责该办公室的行政工作。

政府采购审查局。政府采购审查局受理供应商对中央政府实体和其他与中央政府相关实体所进行采购提出的质疑。政府采购审查局的成员由政府采购审查办公室的行政首长任命，这些成员应是专家、学者和政府采购官员。目前政府采购审查局由 7 人组成，此外，审查局还有 14 名专业人员。政府采购审查办公室授权政府采购审查局建立负责具体产品或服务领域的分支委员会。政府采购审查局必须以独立、公平的方式进行审查行为，因此如果审查局成员被认为在质疑中有利益冲突的情况，该成员就不得参与该项质疑的审查。对质疑的审查不仅要满足政府采购审查办公室所制定的程序规则，而且要求要建立在满足 WTO《政府采购协议》中所规定的采购程序基础上以及可适用的指定措施（Designated Measures）。该指定措施是指美国和日本之间为质疑机制所签订的双边协议和单边行动计划。

（二）质疑审查程序

质疑的提出。根据日本的政府采购质疑机制，任何供应商在认为中央政府实体和其他与中央政府相关实体进行政府采购时所依据的方式与 WTO《政府采购协议》中的有关规定不相符时，就可以向政府采购审查局提出质疑。有资格对政府采购提出质疑的是在采购实体采购产品或服务时，提供了货物或服务的供应商，或能够提供货物或服务的供应商。其他供应商如果在该项质疑中享有采购利益，也可以参与该质疑程序。鉴于供应商在采购程序的任何时侯都可以提出质疑，因此在知道或合理认为应当知道质疑存在之日起，供应商应在 10 天内提出质疑。政府采购审查局应对提出的质疑进行审查，在某些情况下，审查局可以撤销质疑。撤销质疑的条件包括：审查局认为质疑没有及时提出、提出的质疑不在 WTO《政府采购协议》或指定措施规定之列、质疑无足轻重、提出质疑的供应商并非依照政府采购审查局的程序界定的当事方，或其他审查局认为不适合审查的情况。对此,审查局在报告中必须明确提出撤销质疑的原因。如果审查局认为质疑理由合适,必须立刻向接受审查的采购实体和提出质疑的供应商发出书面通知,并将其决定公开发表在政府采购公报上。

采购程序的中止。通常在供应商提出质疑的 10 天内,审查局在对质疑作出决定前,必须要求采购实体做到中止合同的授予或者中止合同的履行。一旦政府采购审查局提出中止要求,采购实体必须立即中止合同的授予或合同的履行,除非采购实体能够提出"紧急的、令人信服的情势"或"民族利益"以排除合同的中止。当采购实体未遵照中止要求时,该实体必须立即将其决定通知审查局并列出该决定基于的事实情况。

对质疑的审查。政府采购审查局针对质疑的审查必须基于投诉人的投诉书和采购实体所提供的答辩状和其他有关的证明文件。根据政府采购审查办公室制定的程序规定,采购实体应向审查局提交一份书面报告,该报告包括所采购产品或服务的具体规格以及其他相关的证明文件。该报告还需提供相关的事实、结果、行动以及采购实体的建议书,以便应诉。在收到采购实体提交的报告后,审查局应投诉人和参与人要求可以向其提供机会对实体所交报告进行核查和提出评论。在审查局审查质疑时,投诉人与采购实体均享有一定的权利。这些权利包括:(1)有权在代表的陪同下参加审查局召开的会议;(2)有权向审查局提交辩论和证人的证词;(3)有权在审查局的会议上听取另一方的陈述,审查局认为此种做法不合适的情况不在此限;(4)有权要求公开审理。审查局还可以听取专家、学者的意见。当供应商向审查局提供商业秘密、知识产权和技术秘密时,审查局在没有得到供应商同意的情况下不得向第三方提供此类信息。

结果和建议。在审查结束或质疑提出 90 天内,审查局应作出一份书面的结果报告。在形成报告时,除考虑采购实体是否遵照了 WTO《政府采购协议》或制定措施的规定以外,审查局还应考虑如下的因素:采购过程中缺陷的严重性、对所有供应商或任何供应商歧视的程度、影响 WTO《政府采购协议》或其他措施完整性和有效性的程度、投诉方和有关采购实体的诚意、有关采购合同履行的情况、采购的紧迫性,以及该建议对采购实体操作所造成的影响等。在该报告中,审查局必须陈述其审查结果的依据、质疑的有效性与合法性、明确采购行为是否与 WTO《政府采购协议》或指定措施的具体规定发生冲突。如果审查局认为采购行为并非依据 WTO《政府采购协议》或指定措施的规定而为之,还应提出合适的补救方法。这些方法包括审查局可以建议采购实体:(1)发布新的招标文件;(2)在不变更采购条件的情况下寻求新的出价或投标;(3)重新评估出价;(4)将合同授予不同的供应商;(5)终止合同。

质疑程序要求采购实体在正常情况下能实施审查局提供的建议。如果采购实体不遵照该建议,必须在接到该建议的 10 天内向审查局和审查办公室提出不履行的理由。当审查局在其对质疑进行审查中发现不当行为或与有关政府采购法律规定相反的行为或举动时,审查局必须将此信息向有关执行当局报告,以便采取行动。

评价。日本的政府采购救济机制是按照 GPA 的要求进行机构设置和程序规范的,所以与 GPA 的要求基本一致,政府采购审查局是专门受理质疑的机构,质疑的程序有详细的规定,质疑机构的裁定能得到有效的执行。

——资料来源:中国政府采购网(www.ccgp.gov.cn)(作者:王周欢 葛敏敏)。

第七节　政府采购的监督检查

一、政府采购监督检查的内容

《政府采购法》规定,政府采购监督管理部门应当加强对政府采购活动及集中采购机构的监督检查。监督检查的主要内容是:

1. 有关政府采购的法律、行政法规和规章的执行情况;
2. 采购范围、采购方式和采购程序的执行情况;
3. 政府采购人员的职业素质和专业技能。

二、集中采购机构的内部监督管理

《政府采购法》规定,集中采购机构应当建立健全内部监督管理制度。采购活动的决策和执行程序应当明确,并相互监督、相互制约。经办采购的人员与负责采购合同审核、验收人员的职责权限应当明确,并相互分离。

集中采购机构的采购人员应当具有相关职业素质和专业技能,符合政府采购监督管理部门规定的专业岗位任职要求。集中采购机构对其工作人员应当加强教育和培训;对采购人员的专业水平、工作实绩和职业道德状况定期进行考核。采购人员经考核不合格的,不得继续任职。

三、政府采购监督管理部门的权利与义务

《政府采购法》规定,政府采购监督管理部门不得设置集中采购机构,不得参与政府采购项目的采购活动。采购代理机构与行政机关不得存在隶属关系或者其他利益关系。

政府采购项目的采购标准应当公开,采购人在采购活动完成后,应当将采购

结果予以公布。

任何单位和个人不得违反《政府采购法》的规定,要求采购人或者采购工作人员向其指定的供应商进行采购。

政府采购监督管理部门应当对政府采购项目的采购活动进行检查,政府采购当事人应当如实反映情况,提供有关材料。

政府采购监督管理部门应当对集中采购机构的采购价格、节约资金效果、服务质量、信誉状况、有无违法行为等事项进行考核,并定期如实公布考核结果。

依照法律、行政法规的规定对政府采购负有行政监督职责的政府有关部门,应当按照其职责分工,加强对政府采购活动的监督。

审计机关应当对政府采购进行审计监督。政府采购监督管理部门、政府采购各当事人有关政府采购活动,应当接受审计机关的审计监督。

监察机关应当加强对参与政府采购活动的国家机关、国家公务员和国家行政机关任命的其他人员实施监察。

任何单位和个人对政府采购活动中的违法行为,有权控告和检举,有关部门、机关应当依照各自职责及时处理。

案例:格力空调销售有限公司政府采购纠纷案

开庭近 2 个月后,广州格力空调销售有限公司状告广州市财政局政府采购行政争议一案终于一审宣判。2009 年 12 月 31 日,广州市天河区人民法院作出行政裁定,以行政复议机关没有改变原行政决定为由,认定广州市财政局不是适格被告而驳回格力公司的起诉。

对于天河区法院的一审判决,格力空调的代理律师当庭表示不服。据悉,日前格力公司已向广州市中级人民法院提起行政上诉。

据了解,2009 年 11 月 2 日,该案在广州市天河区人民法院开庭。而案情要追溯到 2008 年 11 月。格力空调在参与广州市番禺中心医院进行门诊楼变频多联空调设备及其安装的项目采购中,因投标文件不满足招标文件中某项★号条款要求,被取消了中标候选人资格。此后,格力先后向广州市番禺区财政局、广州市财政局申请复议,但均未能改变被废标的结果。2009 年 10 月,格力以行政不作为为由将广州市财政局告上法庭。

——袁瑞娟:《格力政府采购案一审宣判:驳回格力诉讼》,《中国财经报》,2010 年 1 月 13 日。

理论探索:我国政府采购制度的改革思路

国际金融经济危机,使政府采购受到国内外前所未有的广泛关注。作为政府克服经济衰退的主要手段之一,政府采购在稳定经济上发挥了不可替代的作用。政府采购不仅是政府应对经济危机的重要措施,而且在我国经济社会发展进程中还将继续发挥作用,因此我们有必要认真考虑政府采购的制度完善问题。

1.我国政府采购制度正处于从初创实践走向完全中国化的转折时期。新世纪以来实施《政府采购法》和《招标投标法》的经验,以及对发挥政府采购政策功能的探索和在克服国际金融危机影响保持经济稳定采取的应急措施这3个重要方面,为实现政府采购的制度转折提供了充分的现实实践基础。中国式问题在上述3个方面得到比较全面系统的显现,也为建设完全中国本土化的政府采购制度提供了条件和可能。

2.世界贸易组织的政府采购贸易自由化制度并不是我国政府采购制度的发展方向。因为在我国的经济社会发展中政府的主导作用是不可或缺的,我国在制度建设上不可能完全排斥公共政策在政府采购领域的作用,至今也没有哪一个经济大国放弃了这一作用。即使我国加入世界贸易组织的《政府采购协定》后,也将长期实行双轨制。该国际协定只在中国承诺开放的领域和范围内适用,没有开放的部分将继续适用我国原来的制度和法律。我国政府采购与国际贸易自由化及其相关国际协定的关系,将一直受我国经济社会发展模式和政府在发展中作用的支配和约束。

3.政府采购制度完善的方向,应当是充分发挥政府采购公共政策工具的作用。其作用主要包括执行国家的科技政策、环境政策、能源政策、产业政策、教育政策、医疗政策、国防政策和对外经济贸易政策等,而不应当局限在提高政府采购资金使用效益的狭隘范围内。通过政府采购执行这些公共政策,是政府以经济方法干预市场运行、推动经济社会科学发展的主要途径之一。

但是从现行制度上看,《政府采购法》最初的立法宗旨重在提高财政性采购资金的使用效益上,公共政策工具作用被置于附属性或者服从性的位置。由于受资金使用效益原则支配和约束的原因,《政府采购法》规定的制度并不能完全适应执行公共政策的需要,并有可能成为发挥政府采购公共政策工具作用的制度障碍。因此,我们必须高度重视现行政府采购制度的改革问题,建立一个以执行公共政策为主导的,充分利用市场竞争方法和保证采购行为廉洁的政府采购制度。举例来说,作为现行政府采购主要组织形式的集中采购机构就应当重新定性和定位。它应当是代表一级人民政府执行国家采购政策的单位,具有本级人民政府采购人的法律地位,而不再是购进物最终使用单位的商业代理人。

4.构建政府采购新体系,优化政府采购整体结构,把各个部门和各级地方的政府采购统一在国家整体发展政策之下,是完善和改革现行政府采购制度的前提和基础。军事采购和公共服务采购,是《政府采购法》实施以后迅速成长起来的政府采购新领域。如果不包括那些使用外国政府资金和国际组织资金的采购的话，我国政府采购新体系就应当由政府终端消费和公共服务、公共工程和重大装备、军事后勤和装备三部分组成，把它们在制度上整合起来，共同发挥执行公共政策、促进经济社会发展的作用，可以构成国家利用经济方法调控市场的有力手段。在此分类基础上，构建体现各类采购特点的采购组织、采购方式和国家监管的法律制度。立法经验表明，脱离我国政府分部门和分级别管理特点的政府制度设计，总是会遇见难以克服的障碍，所以我们必须找到克服这一矛盾的新基点。

5. 政府采购活动方面的制度改革和完善，应当是优化合同订立方式的结构，大幅增加对合同履行的规制。在合同订立方面，招标竞争方式应当是基础性方式，而不是绝对性的普遍方式。因为实行公开招标的假设并不总是普遍存在，例如信息完全不对称、纯粹的技术经济标准和可表述的技术规格、稳定的市场价格和技术状态。在这些假设不能成立的情况下使用这种方式，将造成对公共资源和私人资源的极大浪费，也无助于达到政府采购的政策目标，例如技术创新和军事采购在许多情形下并不适宜采用公开招标方式。所以我们应当根据采购种类的特点，确定使用公开招标、其他竞争方式和非竞争方式的合理结构。

以前政府采购的制度建设重心是在合同的订立上，合同履行制度一直没有得到应有的关注，这是制度不发达、不完善和初级阶段的体现，将极大地影响政府采购政策功能的发挥。合同履行的制度，包括监督、中止、变更和解除，以及合同履行结果的评价、验收与合同履行的终结。对此政府采购立法规定的越少，就意味着适用民事合同规则的范围越大。由于民事合同规则与执行公共政策功能的政府采购合同宗旨很难契合，所以政府采购合同履行规则的不充分将有害于政府采购执行公共政策的功能。

——于安：《我国政府采购制度改革新思路》，《中国财经报》，2009 年 11 月 4 日。

文献附录：《外国政府贷款采购工作管理办法》

财政部印发外国政府贷款采购工作管理办法

财金〔2009〕157 号

国务院有关部委，有关直属机构，各省、自治区、直辖市、计划单列市财政厅（局），新疆生产建设兵团财务局，财政部驻各省、自治区、直辖市、计划单列市财政监察专员办事处，有关银行、采购公司、计划单列企业集团、中央管理企业：

为了进一步贯彻《国际金融组织和外国政府贷款赠款管理办法》（财政部令第 38 号）和《外国政府贷款管理规定》（财金〔2008〕176 号），完善外国政府贷款采购管理制度，明确有关机构的权利和职责，保证贷款采购工作的顺利进行，现将我部制定的《外国政府贷款采购工作管理办法》印发你们,请遵照执行。

财政部

二〇〇九年十二月四日

附件:

外国政府贷款采购工作管理办法

第一章　总则

第一条　为了加强外国政府贷款项下采购工作的管理,规范采购行为,保证采购质量,合理、有效地使用贷款资金,根据《国际金融组织和外国政府贷款赠款管理办法》(财政部令第 38 号)和《外国政府贷款管理规定》(财金[2008]176号),制定本办法。

第二条　外国政府贷款(以下简称贷款)项下的采购(以下简称贷款采购)工作适用本办法。

第三条　贷款采购应当遵守国家法律法规、贷款法律文件和本办法,遵循公开透明原则、公平竞争原则、公正原则和诚实信用原则。

前款所称贷款法律文件包括政府协议和贷款协议。

第四条　本办法有关用语的含义与财政部令第 38 号和财金[2008]176 号文件规定一致。

第二章　机构职责

第五条　财政部负责制定贷款采购的工作原则和相关政策,制定贷款采购管理制度,对贷款采购工作进行指导、协调、监督和管理。

第六条　省级财政部门按照国家法律法规、贷款法律文件和本办法,对本地区贷款采购工作进行指导、协调、监督和管理;监督贷款采购工作的真实性和合法性。

第七条　项目单位应当按照国家法律法规、贷款法律文件和本办法,组织实施贷款项目,开展贷款采购和合同执行工作;保证采购内容与可行性研究报告等批复以及经贷款方确定的采购清单一致;严格执行采购合同,如实验收货物并负责维护、管理与有效使用;保证贷款采购内容的真实性。

第八条　采购公司受债务人或项目单位委托并在其协助下,依照国家法律法规、贷款法律文件、本办法和委托代理协议等有关规定,开展贷款采购和合同执行工作;保证贷款采购程序和合同执行的合法性和真实性。

第九条　转贷银行负责审核有关采购单据与合同的一致性,并按照贷款法律文件和本办法办理贷款资金的提取和支付等工作。

日元贷款项目的贷款资金提取和支付工作由贷款协议规定的支付结算银行负责。

　　第十条　有关单位及个人均应就贷款采购工作中的违法违规情况及时向省级财政部门和财政部反映。

　　第三章　招标

　　第十一条　贷款采购应采用公开招标方式。贷款法律文件另有规定的,从其规定。

　　第十二条　项目单位负责将经批准的可行性研究报告和采购清单等报省级财政部门、转贷银行和采购公司备案。采购清单如需变更或调整,项目单位应当履行审批手续,并经省级财政部门报财政部备案。

　　贷款法律文件规定采购清单需经贷款方审批的,需办理相关手续。

　　第十三条　项目单位和采购公司依据采购清单并结合项目实施进度共同制定采购计划,并报送省级财政部门备案。

　　第十四条　项目单位和采购公司应当在贷款项目经国务院有关部门批准或在贷款协议生效后开展贷款采购的招标工作。贷款法律文件另有规定的,从其规定。

　　第十五条　项目单位和采购公司共同编制招标文件。其中,项目单位负责招标文件技术部分(中英文),采购公司负责商务部分(中英文)并将技术和商务部分汇编成完整的招标文件。

　　第十六条　招标文件经项目单位确认后,由采购公司报国内有关部门审批或备案(省级财政部门有要求的,应报送其审批或备案)。贷款法律文件另有规定的,招标文件应当报送贷款方审批或备案。

　　第十七条　项目单位和采购公司应当依据国内有关法规和贷款法律文件规定共同编写招标公告,并由采购公司通过规定媒介发布。贷款法律文件另有规定的,招标公告应当报送贷款方审批或备案。

　　第十八条　采购公司根据招标公告规定的时间和地点发售招标文件。

　　第十九条　招标文件需要澄清或修改的,应当按照规定重新办理审批或备案手续后,由采购公司负责通知所有购买招标文件的潜在投标人。

　　第四章　评标

　　第二十条　评标由采购公司依法组建的评标委员会负责。采购公司应当对评标程序的合法性和合规性负责。

　　第二十一条　评标委员会对评标结果负责。评标委员会成员应当客观、公正地履行职务,遵守职业道德,对所提出的评审意见承担个人责任。

　　第二十二条　评标委员会应当按照招标文件确定的评标标准和方法,对投标文件进行评审。国家法律法规以及贷款法律文件另有规定的,从其规定。

　　第二十三条　评标委员会完成评标后,应当提出书面评标意见,并推荐合格的中标候选人。

第二十四条　项目单位和采购公司根据评标委员会的意见共同编制评标报告,按规定报送国家有关主管部门审批,并按有关省级财政部门的要求报其备案。贷款法律文件另有规定的,评标报告应当报送贷款方审批或备案。

第二十五条　投标人、贷款方或国家有关部门对评标结果提出质疑的,采购公司应当负责组织、协调项目单位和评标委员会共同对质疑作出妥善处理和答复。

第二十六条　对违背国家法律法规和有关招标采购规定的行为,采购公司应当及时予以制止和纠正,暂停评标活动,并向省级财政部门和财政部报告。

第五章　合同签订

第二十七条　评标结果生效后,项目单位和采购公司应当按照招标文件和中标人的投标文件共同与中标人进行合同谈判并签订合同。合同内容应当与招标文件和投标文件相关内容一致,不得有实质性内容变更。

第二十八条　采购公司根据贷款法律文件规定将合同报贷款方审批或备案。需经财政部对外提交的,采购公司应通过财政部向贷款方提交。

第二十九条　合同签订后,采购公司将合同要点(包括合同号、签署日期、买方、卖方、合同金额和币种、采购内容、支付条款等)报送财政部,并抄送项目所在地省级财政部门。

第三十条　合同变更或调整(如数量、型号、规格、价格等发生变化),采购公司和项目单位应当报财政部或国家有关部门以及贷款方办理审批或备案手续,并抄送项目所在地省级财政部门和转贷银行。

第六章　合同执行与监督

第三十一条　合同有关各方共同负责合同执行工作,中标人应当严格履行合同的约定,确保供货内容与合同规定相一致。合同执行过程中,如发生争议和纠纷,有关方应当按照合同约定予以解决。

第三十二条　项目单位应当如实签署货物签收证明和验收证明。工程合同,应当出具监理单位的报告或建设部门或行业主管单位的竣工证明。进口货物提单、发票和装箱单,国内货物签收证明、验收证明,工程合同的监理报告、验工计价证明或竣工证明等应当作为合同的付款凭证。

第三十三条　对可直接从贷款方提取贷款资金的项目(如采用特别账户支付方式的项目)、一类贷款项目以及省级财政部门提出审核单据要求的项目,支付单据应当由省级财政部门依据合同进行审核。

信用证方式支付的合同,可采取事后审核支付单据的方法,但采购公司应当事前将开证申请书或信用证修改申请书报省级财政部门审核。

第三十四条　负责审核合同支付的省级财政部门,应当在收到采购公司提交的付款单据或付款申请、开证申请书或信用证修改申请书后的 10 个工作日内出具审核意见,逾期视为审核同意。

第三十五条　采购公司、转贷银行和支付银行应当根据合同的约定,本着单单相符、单证相符的原则进行审核,并根据贷款法律文件和本办法办理支付手续。

第三十六条　省级财政部门应当对贷款项目合同执行进行监督与管理,定期或不定期进行现场检查;对可直接从贷款方提取贷款资金的项目,应当对贷款资金提取到国内后的支付情况进行监督和管理。

第三十七条　财政部或经财政部委托的中介机构可对贷款项目的采购工作进行监督和检查。采购当事人应当如实反映情况,提供有关材料。

第三十八条　国务院有关部门或贷款法律文件要求审计贷款项目采购支付情况的,债务人和项目单位应当接受审计,对审计机构的工作予以配合。

第七章　罚则

第三十九条　对违反有关法律法规、贷款法律文件和本办法进行贷款采购的单位和个人,除依照《财政违法行为处罚处分条例》以及相关法律、法规规定处罚外,财政部可视情况采取通报批评、限期整改、取消相关资质等措施。

第四十条　项目单位违反有关法律法规、贷款法律文件和本办法的,财政部可予以通报批评、暂停贷款资金的提取和支付、加速未到期贷款债务的偿还、取消贷款使用资格。

第四十一条　采购公司违反有关法律法规、贷款法律文件和本办法的,财政部可予以通报批评、限期改正、暂停和取消贷款项目采购代理资格;可建议债务人或项目单位终止委托代理业务,并按规定另行选定其他采购公司。

采购公司一年内两次受到财政部通报批评的,财政部可予以暂停新贷款项目采购代理资格一年或以上。采购公司参与虚假采购或谋取不正当利益的,财政部可取消其贷款项目采购代理资格。

第四十二条　转贷银行违反有关法律法规、贷款法律文件和本办法的,财政部可予以通报批评、暂停或取消参与贷款转贷业务资格。

第四十三条　省级财政部门对采购工作监督管理不力的,财政部可予以通报批评、限期整改,或在有关问题得到妥善处理前暂停新项目安排。

第四十四条　投标人、中标人、供货商、承包商等违反国家相关法律法规、贷款法律文件和本办法的,财政部可予以通报批评、限期整改、暂停或取消参与贷款采购工作资格。财政部可建立不良行为记录名单制度,列入名单的机构、单位或个人将不得参与贷款采购工作。

第四十五条　评标委员会及其成员违反有关法律法规、贷款法律文件和本办法的,财政部可予以通报批评、暂停和取消参与贷款采购工作资格。

第八章　附则

第四十六条　属于政府采购项目的贷款采购,应当遵照《中华人民共和国政府采购法》执行。

第四十七条　国务院有关部门、计划单列企业集团以及中央管理企业贷款的采购工作管理,参照本办法执行。

第四十八条　经贷款方批准,贷款项目的采购采用非公开招标方式采购的,参照本办法有关规定执行。

第四十九条　省级财政部门可根据本办法和其他有关规定制定具体实施办法或细则。

第五十条　本办法自 2010 年 1 月 1 日起施行。

延伸思考题

1.《政府采购法》基本原则的核心思想是什么?

2.政府采购当事人之间的关系如何界定?

3.政府采购活动的基本方式有哪些?

4.如何监督政府采购活动?

第三章　增值税法律制度

☞　　**案例:王志勇、李正等人涉嫌虚开增值税专用发票案**

近日,陕西省榆林市犯罪嫌疑人王志勇、李正等人因涉嫌虚开增值税专用发票罪被榆林市警方依法逮捕,他们想靠增值税专用发票"致富"的梦想彻底破灭。

2008 年 12 月,榆林市税务部门发现子洲县洁振工贸有限责任公司和吴堡县锦源贸易有限责任公司有虚开增值税专用发票嫌疑,随即移送公安机关。榆林市公安部门经深入调查后,分别于 2009 年 4 月 3 日、7 月 11 日对锦源公司、洁振公司涉嫌虚开增值税专用发票立案侦查。

经查,洁振公司于 2007 年 11 月 14 日注册成立,法定代表人为李正,同年 11 月 21 日取得增值税一般纳税人资格;锦源公司于 2008 年 6 月 2 日注册成立,法定代表人为徐某,2008 年 6 月 9 日取得增值税一般纳税人资格。两起案件均系王志勇、李正等人所为,王志勇团伙成立洁振公司和锦源公司的动机就是为了从事虚开增值税专用发票违法行为。在运营期间,该团伙在没有任何真实货物交易的情况下,以发票价款 4%~7% 的比例非法购买增值税专用发票用于洁振公司抵扣税款。同时,他们还大肆对外虚开增值税专用发票,并按开票价款 8.5% 的平均比例收取手续费,从中获取非法所得 800 余万元。

现已查明,洁振公司在 2007 年 12 月~2008 年 8 月期间,先后从北京、天津、陕西等全国 15 个省、自治区、市的 124 户企业购买增值税专用发票 2023 份,金额 40246 万余元,抵扣税额 5753.9 万余元;向河北、内蒙古、山西等全国 9 个省、自治区、市的 54 户企业虚开增值税专用发票 1458 份,金额 53456 万余元,虚开增值税额 6983 万余元。锦源公司在 2008 年 6 月~8 月期间,从河北、天津、甘肃 3 省、市 4 户企业购买增值税专用发票 138 份,金额 2780 余万元。由于税务部门介入,进项税额 418 万余元未抵扣;向河北、内蒙古、山西 3 个省、自治区的 6 户企业虚开增值税专用发票 43 份,金额 4143 万余元,虚开增值税额 538 万余元。

目前,该案已有 3 名主要犯罪嫌疑人被依法执行逮捕,其余在逃人员正在抓捕之中。此案正在进一步查办中。

——陈显信、呼兰中:《靠增值税专用发票"致富"自食苦果》,《中国税务报》2009 年 10 月 30 日。

第一节 概述

一、增值税的概念

增值税是指对在我国境内销售货物或者提供加工、修理修配劳务以及进口货物的单位和个人就其商品和劳务在流转过程中的增值额征收的一种流转税。

单位租赁或者承包给其他单位或者个人经营的,以承租人或者承包人为纳税人。

术语界定

销售货物,是指有偿转让货物的所有权。

提供加工、修理修配劳务(即应税劳务),是指有偿提供加工、修理修配劳务。单位或者个体工商户聘用的员工为本单位或者雇主提供加工、修理修配劳务,不包括在内。

在我国境内销售货物或者提供加工、修理修配劳务,是指:

(1)销售货物的起运地或者所在地在境内;

(2)提供的应税劳务发生在境内。

有偿,是指从购买方取得货币、货物或者其他经济利益。

单位,是指企业、行政单位、事业单位、军事单位、社会团体及其他单位。

个人,是指个体工商户和其他个人。

税种综述:我国社会主义市场经济的龙头税种

增值税是市场经济条件下最重要的流转税。1954 年法国率先开征。由于其具有环环相扣、税不重征的优点,为世界多数国家所青睐。有学者统计,截至2008 年,世界上约有 130 多个国家开征增值税。我国从 1983 年开始引入增值税,当时征税范围仅限于机器及其零配件、农机具及其零配件、缝纫机、电风扇、自行车等 5 种工业品。此后,征税范围逐渐扩大。1993 年 12 月 13 日,国务院发布了《中华人民共和国增值税暂行条例》,将增值税的征税范围扩大到了全部动产及部分劳务(即加工、修理、修配劳务)。2008 年 11 月 5 日,国务院第 34 次常务会议通过了新修订的《中华人民共和国增值税暂行条例》,其第 10 条删去了

1993 年《增值税暂行条例》第 10 条"购进固定资产"的进项税额不得从销项税额中抵扣的规定,从而实现了增值税从生产型向消费型的历史性转变,这对我国加快企业技术改造,实现西部大开发、振兴东北老工业基地、中部崛起战略将起到直接的推动作用,对促进我国国民经济持续、快速、健康发展将产生深远影响。

实务背景:增值税转型的影响

据国家税务总局最新统计,2009 年上半年,全国增值税一般纳税人发生固定资产进项税额 870 亿元,剔除东北、中部地区 2008 年结转到今年抵扣的固定资产进项税额 129 亿元,今年上半年新增固定资产进项税额 741 亿元,平均每个月发生固定资产进项税额 123.5 亿元。以上半年静态数据测算全年数据,全年预计发生固定资产进项税额为 1482 亿元,比去年的测算数据 1200 亿元超出 282 亿元。有关人士表示,增值税全面转型,对促进经济企稳回升有一定成效。

据了解,与第一季度相比,第二季度固定资产进项税额增长较快,其主要原因是第一季度受国际金融危机影响,工业生产放缓,许多企业资金短缺,生产经营困难,无力扩大再生产,固定投资减少。第二季度,固定资产投资保持高增长,全社会固定资产投资比第一季度增长 124.6%,比去年同期增长 35.7%。固定资产进项税额增长与固定资产投资的增长基本吻合。

从各地了解到的数据显示,沿海经济发达地区固定资产投资保持较高水平。2 月~9 月,江苏省增值税一般纳税人共申报固定资产进项税额 131.5 亿元。企业申报固定资产进项税额规模从今年 2 月份的 9 亿元逐月增加到 5 月份的 19 亿元以后,在 6 月~9 月继续保持较高水平,其中 8 月份达到今年最高水平 (20.3 亿元)。2 月~9 月,浙江省增值税一般纳税人共申报固定资产进项抵扣税额 67.05 亿元,总体上呈逐月增长态势。其中,9 月共申报固定资产进项税额 10.13 亿元。

国家统计局的最新统计显示,今年前 3 个季度,全社会固定资产投资 155 057 亿元,同比增长 33.4%,增速比去年同期加快 6.4 个百分点。投资对 GDP 增长的贡献为 7.3 个百分点。其中,城镇固定资产投资 133 177 亿元,增长 33.3%,加快 5.7 个百分点。分季度看,第一季度,全社会固定资产投资同比增长 28.8%,第二季度增长 35.7%,第三季度增长 33.2%,连续 2 个季度保持在 30% 以上的增速。

虽然各界有固定资产投资多为政府主导的担心,但统计数据显示,除公共投资表现强劲外,近期民间投资已开始好转。例如,8 月份房地产开发投资增长率从 7 月份的 19% 骤升至 34.6%,重新回到 2007 年和 2008 年上半年的增长区间。同时,8 月份流入中国的外商直接投资在连续 7 个月下跌之后增长 7%,反映出随着经济的复苏,外国投资者开始重拾信心。

据了解,自 2009 年 1 月 1 日起,全国所有地区、所有行业开始推行增值税转型改革。改革的主要内容是:允许企业抵扣新购入设备所含的增值税,将小规模纳税人的增值税征收率统一调低至 3%,将部分矿产品增值税税率恢复到 17% 等。一般认为,这项改革能降低纳税人税负,从而促进企业投资进行技术升级和扩大生产。

——王心:《增值税全面转型全年减税或超 1200 亿元》,《中国税务报》,2009 年 11 月 11 日。

二、增值税的纳税人

(一)一般纳税人

增值税纳税人的划分是以小规模纳税人为参照系的,凡是不属于小规模纳税人的都属于一般纳税人。

税收规章:一般纳税人资格认定标准

转发国家税务总局关于增值税一般纳税人认定有关问题的通知

深国税函〔2009〕6 号

各区局,各基层分局:

现将《国家税务总局关于增值税一般纳税人认定有关问题的通知》(国税函〔2008〕1079 号)转发给你们,市局补充意见如下,请一并遵照执行:

一、现行增值税一般纳税人认定的有关规定仍继续执行。

二、截止到 2008 年 12 月(税款属期),连续 12 个月以内累计增值税应税销售额超过老标准(工业企业 100 万元,商贸企业 180 万元)的小规模纳税人,应当按照现行有关规定向主管税务机关申请一般纳税人资格认定,未申请办理一般纳税人认定手续的,仍按原认定办法执行。

三、从 2009 年 1 月 1 日起,连续 12 个月(含 2008 年)累计应税销售额超过新标准(工业企业 50 万元,商贸企业 80 万元)的小规模纳税人,可以向主管税务机关申请一般纳税人资格认定,主管税务机关应按照现行规定为其办理一般纳税人认定手续。

四、从 2009 年 1 月(税款属期)开始计算(不含 2008 年),累计应税销售额超过新标准的小规模纳税人,应当按照《中华人民共和国增值税暂行条例》及其实施细则的有关规定向主管税务机关申请一般纳税人资格认定。未申请办理一般纳税人认定手续的,应按销售额依照增值税税率计算应纳税额,不得抵扣进项税额,也不得使用增值税专用发票。

五、年应税销售额未超过新标准的小规模纳税人,可以按照现行规定向主管税务机关申请一般纳税人资格认定。

二〇〇九年一月十二日

(二)小规模纳税人

小规模纳税人的标准为:

1.从事货物生产或者提供应税劳务的纳税人,以及以从事货物生产或者提供应税劳务为主,并兼营货物批发或者零售的纳税人,年应征增值税销售额(以下简称应税销售额)在 50 万元以下(含本数,下同)的;

2.除上述纳税人之外,年应税销售额在 80 万元以下的。

年应税销售额超过小规模纳税人标准的其他个人按小规模纳税人纳税;非企业性单位、不经常发生应税行为的企业可选择按小规模纳税人纳税。

小规模纳税人会计核算健全(即能够按照国家统一的会计制度规定设置账簿,根据合法、有效凭证核算),能够提供准确税务资料的,可以向主管税务机关申请资格认定,不作为小规模纳税人,依照本条例有关规定计算应纳税额。

除国家税务总局另有规定外,纳税人一经认定为一般纳税人后,不得转为小规模纳税人。

税收规章:小规模纳税人发票管理制度

国家税务总局关于国家税务局为小规模纳税人代开发票

及税款征收有关问题的通知

国税发〔2005〕18 号

各省、自治区、直辖市和计划单列市国家税务局、地方税务局:

为加强税收征管,优化纳税服务,针对一些地方反映的问题,现对国家税务局为增值税小规模纳税人(以下简称纳税人)代开发票征收增值税时,如何与地税局协作加强有关地方税费征收问题通知如下:

一、经国、地税局协商,可由国税局为地税局代征有关税费。纳税人销售货物或应税劳务,按现行规定需由主管国税局为其代开普通发票或增值税专用发票(以下简称发票)的,主管国税局应当在代开发票并征收增值税(除销售免税货物外)的同时,代地税局征收城市维护建设税和教育费附加。

二、经协商,不实行代征方式的,则国、地税要加强信息沟通。国税局应定期将小规模纳税人缴纳增值税情况,包括国税为其代开发票情况通报给地税局,地税局用于加强对有关地方税费的征收管理。

三、实行国税代征方式的,为保证此项工作顺利进行,国税系统应在其征管软件上加列征收城市维护建设税和教育费附加的功能,总局综合征管软件由总局负责修改,各地开发的征管软件由各地自行修改。在软件修改前,暂用人工方式进行操作。

四、主管国税局为纳税人代开的发票作废或销货退回按现行规定开具红字发票时,由主管国税局退还或在下期抵缴已征收的增值税,由主管地税局退还已征收的城市维护建设税和教育费附加或者委托主管国税局在下期抵缴已征收的城市维护建设税和教育费附加,具体退税办法按《国家税务总局、中国人民银行、财政部关于现金退税问题的紧急通知》(国税发〔2004〕47 号)执行。

五、主管国税局应当将代征的地方预算收入按照国家规定的预算科目和预算级次及时缴入国库。

六、国税局代地税局征收城市维护建设税和教育费附加,使用国税系统征收票据,并由主管国税局负责有关收入对账、核算和汇总上拨工作。

各级国税局应在"应征类"和"入库类"科目下增设"城市维护建设税"和"教育费附加"明细科目。

七、主管国税局应按月将代征地方税款入库信息,及时传送主管地税局。具体信息交换方式由各省级国税局和地税局协商确定。

八、各省级国税局和地税局应按照《中华人民共和国税收征收管理法》的有关规定签订代征协议,并分别通知所属税务机关执行。

三、增值税的课税对象

增值税的课税对象是货物和加工、修理修配劳务。

术语界定

货物,是指有形动产,包括电力、热力、气体在内。

加工,是指受托加工货物,即委托方提供原料及主要材料,受托方按照委托方的要求,制造货物并收取加工费的业务。

修理修配,是指受托对损伤和丧失功能的货物进行修复,使其恢复原状和功能的业务。

四、增值税的税率

(一)一般纳税人

1.标准税率

纳税人销售或者进口货物,除税法特别规定外,税率为 17%。

纳税人提供加工、修理修配劳务,税率为 17%。

2.优惠税率

纳税人销售或者进口下列货物,税率为 13%:

（1）粮食、食用植物油；

（2）自来水、暖气、冷气、热水、煤气、石油液化气、天然气、沼气、居民用煤炭制品；

（3）图书、报纸、杂志；

（4）饲料、化肥、农药、农机、农膜；

（5）国务院规定的其他货物。

3. 零税率

纳税人出口货物，税率为零；但是，国务院另有规定的除外。

税收规章：增值税征税范围详注

国家税务总局关于印发《增值税部分货物征税范围注释》的通知

国税发〔1993〕151 号

注释：条款失效（国税发〔2006〕62 号文件公布）。第一条失效。参见：《财政部国家税务总局关于印发〈农业产品征税范围注释〉的通知》，财税字〔1995〕52号。

（通知略）

增值税部分货物征税范围注释

一、粮食

粮食是各种主食食料的总称。本货物的范围包括小麦、稻谷、玉米、高粱、谷子、大豆和其他杂粮（如大麦、燕麦）及经加工的面粉、大米、玉米等。不包括粮食复制品（如挂面、切面、馄饨皮等）和各种熟食品和副食品。

二、食用植物油

植物油是从植物根、茎、叶、果实、花或胚芽组织中加工提取的油脂。

食用植物油仅指：芝麻油、花生油、豆油、菜籽油、米糠油、葵花籽油、棉籽油、玉米胚油、茶油、胡麻油，以及以上述油为原料生产的混合油。

三、自来水

自来水是指自来水公司及工矿企业经抽取、过滤、沉淀、消毒等工序加工后，通过供水系统向用户供应的水。

农业灌溉用水、引水工程输送的水等，不属于本货物的范围。

四、暖气、热水

暖气、热水是指利用各种燃料（如煤、石油、其他各种气体或固体、液体燃料）和电能将水加热，使之生成的气体和热水，以及开发自然热能，如开发地热资源或用太阳能生产的暖气、热气、热水。

利用工业余热生产、回收的暖气、热气和热水也属于本货物的范围。

五、冷气

冷气是指为了调节室内温度,利用制冷设备生产的,并通过供风系统向用户提供的低温气体。

六、煤气

煤气是指由煤、焦炭、半焦和重油等经干馏或汽化等生产过程所得气体产物的总称。

煤气的范围包括:

(一)焦炉煤气:是指煤在炼焦炉中进行干馏所产生的煤气。

(二)发生炉煤气:是指用空气(或氧气)和少量的蒸气将煤或焦炭、半焦,在煤气发生炉中进行汽化所产生的煤气、混合煤气、水煤气、单水煤气、双水煤气等。

(三)液化煤气:是指压缩成液体的煤气。

七、石油液化气

石油液化气是指由石油加工过程中所产生的低分子量的烃类炼厂气经压缩成的液体。主要成分是丙烷、丁烷、丁烯等。

八、天然气

天然气是蕴藏在地层内的碳氢化合物可燃气体。主要含有甲烷、乙烷等低分子烷烃和丙烷、丁烷、戊烷及其他重质气态烃类。

天然气包括气田天然气、油田天然气、煤矿天然气和其他天然气。

九、沼气

沼气,主要成分为甲烷,由植物残体在与空气隔绝的条件下经自然分解而成,沼气主要作燃料。

本货物的范围包括:天然沼气和人工生产的沼气。

十、居民用煤炭制品

居民用煤炭制品是指煤球、煤饼、蜂窝煤和引火炭。

十一、图书、报纸、杂志

图书、报纸、杂志是采用印刷工艺,按照文字、图画和线条原稿印刷成的纸制品。本货物的范围包括:

(一)图书:是指由国家新闻出版署批准的出版单位出版,采用国际标准书号编序的书籍,以及图片。

(二)报纸:是指经国家新闻出版署批准,在各省、自治区、直辖市新闻出版部门登记,具有国内统一刊号(CN)的报纸。

(三)杂志:是指经国家新闻出版署批准,在省、自治区、直辖市新闻出版管理部门登记,具有国内统一刊号(CN)的刊物。

十二、饲料

饲料是指用于动物饲养的产品或其加工品。

本货物的范围包括：

（一）单一饲料：是指作饲料用的某一种动物、植物、微生物产品或其加工品。

（二）混合饲料：是指采用简单方法，将两种以上的单一饲料混合到一起的饲料。

（三）配合饲料：是指根据不同的饲养对象、饲养对象的不同生长发育阶段对各种营养成分的不同需要量，采用科学的方法，将不同的饲料按一定的比例配合到一起，并均匀地搅拌，制成一定料型的饲料。

直接用于动物饲养的粮食、饲料添加剂不属于本货物的范围。

十三、化肥

化肥是指经化学和机械加工制成的各种化学肥料。

化肥的范围包括：

（一）化学氮肥：主要品种有尿素和硫酸铵、硝酸铵、碳酸氢铵、氯化铵、石灰氮、氨水等。

（二）磷肥：主要品种有磷矿粉、过磷酸钙（包括普通过磷酸钙和重过磷酸钙两种）、钙镁磷肥、钢渣磷肥等。

（三）钾肥：主要品种有硫酸钾、氯化钾等。

（四）复合肥料：是用化学方法合成或混配制成含有氮、磷、钾中的两种或两种以上的营养元素的肥料。含有两种的称二元复合肥，含有三种的称三元复合肥料，也有含三种元素和某些其他元素的叫多元复合肥料。主要产品有硝酸磷肥、磷酸铵、磷酸二氢钾肥、钙镁磷钾肥、磷酸一铵、磷粉二铵、氮磷钾复合肥等。

（五）微量元素肥：是指含有一种或多种植物生长所必需的，但需要量又极少的营养元素的肥料，如硼肥、锰肥、锌肥、铜肥、钼肥等。

（六）其他肥：是指上述列举以外的其他化学肥料。

十四、农药

农药是指用于农林业防治病虫害、除草及调节植物生长的药剂。

农药包括农药原药和农药制剂。如杀虫剂、杀菌剂、除草剂、植物生长调节剂、植物性农药、微生物农药、卫生用药、其他农药原药、制剂等。

十五、农膜

农膜是指用于农业生产的各种地膜、大棚膜。

十六、农机

农机是指用于农业生产（包括林业、牧业、副业、渔业）的各种机器和机械化、半机械化农具，以及小农具。

农机的范围包括：

（一）拖拉机：是以内燃机为驱动牵引机具从事作业和运载物资的机械，包括轮拖拉机、履带拖拉机、手扶拖拉机、机耕船。

（二）土壤耕整机械：是对土壤进行耕翻整理的机械，包括机引犁、机引耙、旋耕机、镇压器、联合整地器、合壤器、其他土壤耕整机械。

（三）农田基本建设机械：是指从事农田基本建设的专用机械，包括开沟筑埂机、开沟铺管机、铲抛机、平地机、其他农田基本建设机械。

（四）种植机械：是指将农作物种子或秧苗移植到适于作物生长的苗床机械，包括播作机、水稻插秧机、栽植机、地膜覆盖机、复式播种机、秧苗准备机械。

（五）植物保护和管理机械：是指农作物在生长过程中的管理、施肥、防治病虫害的机械，包括机动喷粉机、喷雾机（器）、弥雾喷粉机、修剪机、中耕除草机、播种中耕机、培土机具、施肥机。

（六）收获机械：是指收获各种农作物的机械，包括粮谷、棉花、薯类、甜菜、甘蔗、茶叶、油料等收获机。

（七）场上作业机械：是指对粮食作物进行脱粒、清选、烘干的机械设备，包括各种脱粒机、清选机、粮谷干燥机、种子精选机。

（八）排灌机械：是指用于农牧业排水、灌溉的各种机械设备，包括喷灌机、半机械化提水机具、打井机。

（九）农副产品加工机械：是指对农副产品进行初加工，加工后的产品仍属农副产品的机械，包括茶叶机械、剥壳机械、棉花加工机械（包括棉花打包机）、食用菌机械（培养木耳、蘑菇等）、小型粮谷机械。

以农副产品为原料加工工业产品的机械，不属于本货物的范围。

（十）农业运输机械：是指农业生产过程中所需的各种运输机械，包括人力车（不包括三轮运货车）、畜力车和拖拉机挂车。

农用汽车不属于本货物的范围。

（十一）畜牧业机械：是指畜牧业生产中所需的各种机械，包括草原建设机械、牧业收获机械、饲料加工机械、畜禽饲养机械、畜产品采集机械。

（十二）渔业机械：是指捕捞、养殖水产品所用的机械，包括捕捞机械、增氧机、饲料机。

机动渔船不属于本货物的范围。

（十三）林业机械：是指用于林业的种植、育林的机械，包括清理机械、育林机械、树苗栽植机械。

森林砍伐机械、集材机械不属于本货物征收范围。

（十四）小农具，包括畜力犁、畜力耙、锄头和镰刀等农具。

农机零部件不属于本货物的征收范围。

(二)小规模纳税人

小规模纳税人增值税征收率为 3%。

实务链接:小规模纳税人身份的纳税筹划

实行增值税转型,增值税一般纳税人购进生产性固定资产的进项税金可以抵扣,而小规模纳税人征收率统一降为 3%,同样尝到了甜头。近日,基层某国税机关在调研中发现,一些行业的小规模纳税人在征收率降为 3%后,不愿"升格"为增值税一般纳税人。

根据现行增值税条例,小规模纳税人认定标准为:从事货物生产或者提供应税劳务的纳税人,以及以从事货物生产或者提供应税劳务为主,并兼营货物批发或者零售的纳税人,年应征增值税销售额在 50 万元以下(含本数);其他纳税人年应税销售额在 80 万元以下(含本数)。除国家税务总局另有规定外,纳税人一经认定为一般纳税人后,不得转为小规模纳税人。上述标准比增值税转型前有所降低,其主要目的是为了让更多的小规模纳税人转为增值税一般纳税人。然而,由于小规模纳税人征收率降低,即使有"升格"为增值税一般纳税人购进生产性固定资产可以抵扣进项税金的"诱惑",但有些行业的小规模纳税人还是不愿跨出小规模纳税人的"门槛"。

基层某国税机关调研显示,增值税转型后,当地木材加工业增值税一般纳税人平均税负约为 6.5%,而小规模纳税人税负率降到 3%,比增值税一般纳税人平均税负低 3.5 个百分点。显然,小规模纳税人不愿转为增值税一般纳税人。对此,这些小规模纳税人大多采取两种办法:一是进入"注销—登记—再注销"怪圈,即小规模纳税人在达到一般纳税人认定标准前就注销登记,随后再重新办理登记,循环往复,成为"长不大"的小规模纳税人。二是"化整为零"开发票,即当某项经营业务需要开具发票时,就冒用他人的姓名到税务部门代开销售发票,并按 3%税率缴纳税款,借机取得销售发票的同时,也降低了企业销售额,避免跨出小规模纳税人"门槛"。更何况,冒用某人姓名开具销售发票,且当月达不到起征点(2000 元~5000 元)时,就无需缴纳增值税;或冒用某人姓名开具销售发票,而某人是按次纳税的,每次(日)达不到起征点(150 元~200 元)时,也无需纳税。

——周建华、胡海瑞:《增值税转型后,一些小规模纳税人不愿"升格"》,《中国税务报》,2009 年 5 月 27 日。

第二节　应税销售的认定

一、视同销售

单位或者个体工商户的下列行为,视同销售货物:

1.将货物交付其他单位或者个人代销;

2.销售代销货物;

3.设有两个以上机构并实行统一核算的纳税人,将货物从一个机构移送其他机构用于销售,但相关机构设在同一县(市)的除外;

4.将自产或者委托加工的货物用于非增值税应税项目;

5.将自产、委托加工的货物用于集体福利或者个人消费;

6.将自产、委托加工或者购进的货物作为投资,提供给其他单位或者个体工商户;

7.将自产、委托加工或者购进的货物分配给股东或者投资者;

8.将自产、委托加工或者购进的货物无偿赠送其他单位或者个人。

二、混合销售

一项销售行为如果既涉及货物又涉及非增值税应税劳务,为混合销售行为。

纳税人的下列混合销售行为,应当分别核算货物的销售额和非增值税应税劳务的营业额,并根据其销售货物的销售额计算缴纳增值税,非增值税应税劳务(即属于应缴营业税的交通运输业、建筑业、金融保险业、邮电通信业、文化体育业、娱乐业、服务业税目征收范围的劳务)的营业额不缴纳增值税;未分别核算的,由主管税务机关核定其货物的销售额:

1.销售自产货物并同时提供建筑业劳务的行为;

2.财政部、国家税务总局规定的其他情形。

除上述两种情况外,从事货物的生产、批发或者零售的企业、企业性单位和个体工商户(包括以从事货物的生产、批发或者零售为主,并兼营非增值税应税劳务的单位和个体工商户在内)的混合销售行为,视为销售货物,应当缴纳增值税;其他单位和个人的混合销售行为,视为销售非增值税应税劳务,不缴纳增值税。

税收规章:混合销售的认定

河南省国家税务局关于进一步明确混合销售行为征税问题的通知

豫国税函〔2002〕173号

各省辖市国家税务局,省税务学校:

目前,基层税务管理中存在对一些增值税混合销售行为未按规定征收增值税的问题,为了正确贯彻执行国家税收政策,现将有关问题进一步明确如下,请转知所属,认真执行。

一、根据《增值税暂行条例实施细则》第五条和《营业税暂行条例实施细则》第五条的规定,混合销售行为是指一项销售行为既涉及货物又涉及非应税劳务。其中,非应税劳务是指应缴营业税的劳务(即非增值税应税劳务)。从事货物的生产、批发或零售的企业、企业性单位及个体经营者的混合销售行为,视为销售货物征收增值税;其他单位和个人的混合销售行为,视为销售非应税劳务,征收营业税。

如,纳税人自备非独立核算的运输车队,运送本单位销售的货物,属于增值税的混合销售行为,其收取的销货款和运费款应一并征收增值税。娱乐场所为顾客提供酒水、饮料及其他消费品,属于营业税的混合销售行为,征收营业税。

二、对以从事货物的生产、批发或零售为主,并兼营非应税劳务的企业(企业性单位或个体经营者),其混合销售行为征收增值税;以从事非增值税应税劳务为主,并兼营货物销售的单位与个人,其混合销售行为视为销售非应税劳务,征收营业税。

企业是以从事货物生产、批发或零售为主,还是以从非应税劳务为主,是按企业年度全部销售额和营业额中,货物销售额(或非应税劳务营业额)所占比重来判断,即年货物销售额超过50%,则是从事货物的生产为主;非应税劳务营业额超过50%,则是从事非应税劳务为主。

三、对从事非应税劳务为主的单位与个人,如果其设立单独的机构经营货物销售并单独核算,该单独机构应视为从事货物的生产、批发或零售的企业,其发生的混合销售行为应当征收增值税。

四、从事运输业务的单位,发生销售货物并负责运输所售货物的混合销售行为征收增值税。

二○○二年四月十八日

三、兼营行为

纳税人兼营非增值税应税项目的,应分别核算货物或者应税劳务的销售额和非增值税应税项目的营业额;未分别核算的,由主管税务机关核定货物或者应税劳务的销售额。

纳税人兼营不同税率的货物或者应税劳务,应当分别核算不同税率货物或者应税劳务的销售额;未分别核算销售额的,从高适用税率。

第三节　应纳税额的计算

一、增值税应纳税额的计算(一):基本原理

(一)一般纳税人

1. 基本公式

纳税人销售货物或者提供应税劳务,应纳税额为当期销项税额抵扣当期进项税额后的余额。当期销项税额小于当期进项税额不足抵扣时,其不足部分可以结转下期继续抵扣。

应纳税额计算公式:

应纳税额＝当期销项税额－当期进项税额

销项税额＝销售额×税率

术语界定

销项税额,是指纳税人销售货物或者应税劳务,按照销售额和法定税率计算并向购买方收取的增值税额。

进项税额,是指纳税人购进货物或者接受应税劳务支付或者负担的增值税额。

销售额,是指纳税人销售货物或者应税劳务向购买方收取的全部价款和价外费用,但是不包括收取的销项税额。销售额以人民币计算。纳税人以人民币以外的货币结算销售额的,应当折合成人民币计算。纳税人按人民币以外的货币结算销售额的,其销售额的人民币折合率可以选择销售额发生的当天或者当月 1 日的人民币汇率中间价。纳税人应在事先确定采用何种折合率,确定后 1 年内不得变更。

价外费用,包括价外向购买方收取的手续费、补贴、基金、集资费、返还利润、奖励费、违约金、滞纳金、延期付款利息、赔偿金、代收款项、代垫款项、包装费、包装物租金、储备费、优质费、运输装卸费以及其他各种性质的价外收费。但下列项目不包括在内:

(一)受托加工应征消费税的消费品所代收代缴的消费税;

(二)同时符合以下条件的代垫运输费用:

1. 承运部门的运输费用发票开具给购买方的;

2.纳税人将该项发票转交给购买方的。

（三）同时符合以下条件代为收取的政府性基金或者行政事业性收费：

1.由国务院或者财政部批准设立的政府性基金，由国务院或者省级人民政府及其财政、价格主管部门批准设立的行政事业性收费；

2.收取时开具省级以上财政部门印制的财政票据；

3.所收款项全额上缴财政。

（四）销售货物的同时代办保险等而向购买方收取的保险费，以及向购买方收取的代购买方缴纳的车辆购置税、车辆牌照费。

一般纳税人销售货物或者应税劳务，采用销售额和销项税额合并定价方法的，按下列公式计算销售额：

销售额＝含税销售额÷（1＋税率）

习题计算：增值税销售额

【题目】某公司为增值税一般纳税人，2006 年 8 月销售钢材一批，开出增值税专用发票中注明销售额为 8 000 元，税额为 1 300 元，另开出一张普通发票，收取包装费 117 元。计算该公司 8 月份增值税销售额。

【解析】该公司对外开出增值税专用发票，票面记载的销售额就是不含税的销售额。该公司收取的包装费 117 元中包含增值税，在计算增值税销售额时应当换算成不含增值税的销售额。

该公司 8 月份增值税销售额＝不含税销售额＋含税销售额÷（1＋税率）
= 8 000＋117÷（1＋17%）
= 8 100（元）

——财政部会计资格评价中心编：《经济法基础》（2009 年初级会计资格考试辅导教材），经济科学出版社，2008 年 12 月第 1 版。

习题计算：增值税销项税额

【题目】某装饰材料销售公司为增值税一般纳税人，2006 年 8 月发生如下业务：（1）该公司购进装饰材料一批，支付材料价款 200 万元，并取得增值税专用发票；（2）销售装饰材料取得含增值税收入 400 万元；（3）另完成一项装修工程，取得装修工程款 50 万元（含装饰材料销售款和增值税）；（4）所属的汽车运输部门取得运输收入 10 万元，该公司未分别核算上述各项收入。计算该公司 8 月份增值税销项税额。

【解析】该公司属于以从事货物经销为主，并兼营非应税劳务的企业，其承揽了一项装修工程，并用公司装饰材料装修，取得的工程款 50 万元中既包括装修工程劳务费，也包括材料费，属于混合销售业务，应将 50 万元收入一并征收增值税。公司所属的运输部门从事运输业务,属于兼营行为,但在记账时,未分别核算上述各项收入,应将运输业务收入 10 万元并入销售额中,一并征收增值税。

该公司 8 月份增值税销项税额＝销售额×适用税率

$$=[(400+50)÷(1+17\%)+10]×17\%$$
$$=67.08(万元)$$

——财政部会计资格评价中心编:《经济法基础》(2009 年初级会计资格考试辅导教材),经济科学出版社,2008 年 12 月第 1 版。

习题计算:增值税应纳税额

【题目】某企业为增值税一般纳税人。2006 年 9 月该企业外购货物支付增值税进项税额 8 万元,并收到对方开具的增值税专用发票。销售货物取得不含税销售额 100 万元。已知销售的货物适用 17％的增值税税率。计算该企业 9 月份增值税应纳税额。

【解析】根据税法规定,一般纳税人销售货物,其应纳税额为当期销项税额抵扣当期进项税额后的余额。

该企业 9 月份应纳税额＝100×17％－8
$$=9(万元)$$

——财政部会计资格评价中心编:《经济法基础》(2009 年初级会计资格考试辅导教材),经济科学出版社,2008 年 12 月第 1 版。

2.准予抵扣项目

税法规定,下列进项税额准予从销项税额中抵扣:

(1)从销售方取得的增值税专用发票上注明的增值税额;

(2)从海关取得的海关进口增值税专用缴款书上注明的增值税额;

(3)购进农产品,除取得增值税专用发票或者海关进口增值税专用缴款书外,按照农产品收购发票或者销售发票上注明的农产品买价和 13％的扣除率计算的进项税额。

进项税额计算公式:进项税额＝买价×扣除率。

其中,买价包括纳税人购进农产品在农产品收购发票或者销售发票上注明的价款和按规定缴纳的烟叶税。

(4)购进或者销售货物以及在生产经营过程中支付运输费用的,按照运输费用结算单据上注明的运输费用金额(即运输费用结算单据上注明的运输费用(包括铁路临管线及铁路专线运输费用)、建设基金,不包括装卸费、保险费等其他杂费)和 7％的扣除率计算的进项税额。准予抵扣的项目和扣除率的调整,由国务院决定。

进项税额计算公式:进项税额＝运输费用金额×扣除率

3.不得抵扣项目

税法规定,下列项目的进项税额不得从销项税额中抵扣:

(1)用于非增值税应税项目(即提供非增值税应税劳务、转让无形资产、销售不动产和不动产在建工程。不动产是指不能移动或者移动后会引起性质、形状改变的财产,包括建筑物、构筑物和其他土地附着物。纳税人新建、改建、扩建、修缮、装饰不动产,均属于不动产在建工程)、免征增值税项目、集体福利或者个人消费(其中个人消费包括纳税人的交际应酬消费)的购进货物(不包括既用于增值税应税项目(不含免征增值税项目)也用于非增值税应税项目、免征增值税项目、集体福利或者个人消费的固定资产。其中,固定资产是指使用期限超过12个月的机器、机械、运输工具以及其他与生产经营有关的设备、工具、器具等)或者应税劳务;

(2)非正常损失(即因管理不善造成被盗、丢失、霉烂变质的损失)的购进货物及相关的应税劳务;

(3)非正常损失的在产品、产成品所耗用的购进货物或者应税劳务;

(4)国务院财政、税务主管部门规定的纳税人自用消费品;

(5)上述第(1)项至第(4)项规定的货物的运输费用和销售免税货物的运输费用;

(6)纳税人购进货物或者应税劳务,取得的增值税扣税凭证(即增值税专用发票、海关进口增值税专用缴款书、农产品收购发票和农产品销售发票以及运输费用结算单据)不符合法律、行政法规或者国务院税务主管部门有关规定的,其进项税额不得从销项税额中抵扣;

(7)纳税人自用的应征消费税的摩托车、汽车、游艇,其进项税额不得从销项税额中抵扣。

一般纳税人兼营免税项目或者非增值税应税劳务而无法划分不得抵扣的进项税额的,按下列公式计算不得抵扣的进项税额:

不得抵扣的进项税额＝当月无法划分的全部进项税额×当月免税项目销售额、非增值税应税劳务营业额合计÷当月全部销售额、营业额合计

税收规章:《关于固定资产进项税额抵扣问题的通知》

财政部、国家税务总局关于固定资产进项税额抵扣问题的通知

财税〔2009〕113号

各省、自治区、直辖市、计划单列市财政厅(局)、国家税务总局、地方税务局、新疆生产建设兵团财务局:

增值税转型改革实施后,一些地区反映固定资产增值税进项税额抵扣范围

不够明确。为解决执行中存在的问题,经研究,现将有关问题通知如下:

《中华人民共和国增值税暂行条例实施细则》第二十三条第二款所称建筑物,是指供人们在其内生产、生活和其他活动的房屋或者场所,具体为《固定资产分类与代码》(GB/T14885－1994)中代码前两位为"02"的房屋;所称构筑物,是指人们不在其内生产、生活的人工建造物,具体为《固定资产分类与代码》(GB/T14885－1994)中代码前两位为"03"的构筑物;所称其他土地附着物,是指矿产资源及土地上生长的植物。

《固定资产分类与代码》(GB/T14885－1994)电子版可在财政部或国家税务总局网站查询。

以建筑物或者构筑物为载体的附属设备和配套设施,无论在会计处理上是否单独记账与核算,均应作为建筑物或者构筑物的组成部分,其进项税额不得在销项税额中抵扣。附属设备和配套设施是指:给排水、采暖、卫生、通风、照明、通讯、煤气、消防、中央空调、电梯、电气、智能化楼宇设备和配套设施。

财政部、国家税务总局

二〇〇九年九月九日

习题计算:增值税进项税额

【题目】某企业为增值税一般纳税人,既生产应税货物,又生产免税货物。2006年9月购进动力燃料一批,支付增值税进项税额30万元,外购的动力燃料一部分用于应税项目,另一部分用于免税项目,因应税项目和免税项目使用的动力燃料数量无法准确划分,故未分开核算。该企业9月份销售应税货物取得不含增值税销售额400万元,销售免税货物取得销售额200万元。计算该企业9月份可以抵扣的进项税额。

【解析】纳税人兼营免税项目或者非应税项目而无法准确划分不得抵扣的进项税额的,按法定公式计算不得抵扣的进项税额。计算公式为:不得抵扣的进项税额＝当月无法划分的全部进项税额×当月免税项目销售额、非增值税应税劳务营业额合计÷当月全部销售额、营业额合计

该公司9月份可以抵扣的进项税额＝30－30×200÷(400＋200)

$$＝20(万元)$$

——财政部会计资格评价中心编:《经济法基础》(2009年初级会计资格考试辅导教材),经济科学出版社,2008年12月第1版。

(二)小规模纳税人

小规模纳税人销售货物或者应税劳务,实行按照销售额和征收率计算应纳税额的简易办法,并不得抵扣进项税额。

应纳税额计算公式为：

应纳税额＝销售额×征收率

小规模纳税人的销售额不包括其应纳税额。

小规模纳税人销售货物或者应税劳务采用销售额和应纳税额合并定价方法的，按下列公式计算销售额：

销售额＝含税销售额÷（1＋征收率）

小规模纳税人因销售货物退回或者折让退还给购买方的销售额，应从发生销售货物退回或者折让当期的销售额中扣减。

习题计算：小规模纳税人应纳税额

【题目】某商店为小规模纳税人。2009 年 9 月该商店发生如下业务：

（1）销售服装取得含增值税销售额 2 369 元，开具了普通发票；

（2）购进办公用品一批，支付货款 13 500 元、增值税税款 2 295 元；

（3）当月销售办公用品取得含税销售额 8 446 元，开具了普通发票；

（4）销售给一般纳税人某公司仪器两台，取得不含增值税销售额 38 500 元、增值税税款 1 155 元，增值税专用发票已由税务所代开。

计算该商店 9 月份增值税应纳税额。

【解析】小规模纳税人销售货物或者提供应税劳务，按照销售额和征收率，实行简易办法计算应纳税额，不得抵扣进项税额。小规模纳税人增值税征收率为 3％。

该商店 9 月份增值税应纳税额＝销售额×征收率

＝含税销售额÷（1＋征收率）×征收率

＝[2 369÷（1＋3％）＋8 446÷（1＋3％）

＋38 500]×3％

＝1 470（元）

——财政部会计资格评价中心编：《经济法基础》（2009 年初级会计资格考试辅导教材），经济科学出版社，2008 年 12 月第 1 版。

二、增值税应纳税额的计算（二）：特殊情况

（一）进口货物

纳税人进口货物，按照组成计税价格计算应纳税额。

组成计税价格和应纳税额计算公式为：

组成计税价格＝关税完税价格＋关税＋消费税

应纳税额＝组成计税价格×税率

习题计算:进口货物组成计税价格

【题目】某公司为增值税一般纳税人。2006年8月,该公司进口生产家具用的木材一批,关税完税价格8万元,已纳关税1万元。计算该公司进口木材组成计税价格。

【解析】进口货物的增值税计税依据是组成计税价格,其计算公式为:组成计税价格＝关税完税价格＋关税＋消费税。但是,进口木材不需要缴纳消费税。

该公司进口木材组成计税价格＝8＋1

＝9(万元)

——财政部会计资格评价中心编:《经济法基础》(2009年初级会计资格考试辅导教材),经济科学出版社,2008年12月第1版。

(二)价格调整

税法规定,销售价格明显偏低并无正当理由或者有视同销售货物行为而无销售额者,按下列顺序确定销售额:

1.按纳税人最近时期同类货物的平均销售价格确定;

2.按其他纳税人最近时期同类货物的平均销售价格确定;

3.按组成计税价格确定。组成计税价格的公式为:

组成计税价格＝成本×(1＋成本利润率)

属于应征消费税的货物,其组成计税价格中应加计消费税额。

公式中的成本是指:销售自产货物的为实际生产成本,销售外购货物的为实际采购成本。公式中的成本利润率由国家税务总局确定。

习题计算:增值税销售额的价格调整(1)

【题目】某商场为增值税一般纳税人,2006年8月销售三批同一规格、质量的货物,每批各1 000件,销售价格(不含增值税)分别为每件120元、100元和40元。经税务机关认定,第三批销售价格每件40元明显偏低且无正当理由。计算该商场8月份增值税销售额。

【解析】税法规定,增值税纳税人销售货物或者提供应税劳务的价格明显偏低且无正当理由的,应按法定顺序确定其销售额,本题中应当按照其最近时期(即当月)同类货物的平均销售价格确定。

该商场8月份增值税销售额＝[120＋100＋(120＋100)÷2]×1 000

＝330 000(元)

——财政部会计资格评价中心编:《经济法基础》(2009年初级会计资格考试辅导教材),经济科学出版社,2008年12月第1版。

习题计算:增值税销售额的价格调整(2)

【题目】某服装厂为增值税一般纳税人,2006年8月将自产的一批新产品W牌针织服装200件作为福利发给本厂职工。已知W牌针织服装尚未投放市场,没有同类服装销售价格。每件服装成本500元。计算该批服装增值税销售额。

【解析】根据税法规定,纳税人将自产W牌针织服装200件作为福利发给本厂职工的行为视同销售行为,应当缴纳增值税。W牌针织服装尚未投放市场,没有市场同类价格。但是,可以通过成本和成本利润率计算其组成计税价格,从而确定其销售价格。组成计税价格的公式为:组成计税价格＝成本×(1＋成本利润率)。

该批服装增值税销售额＝200×500×(1＋10%)
　　　　　　　　　＝110 000(元)

——财政部会计资格评价中心编:《经济法基础》(2009年初级会计资格考试辅导教材),经济科学出版社,2008年12月第1版。

第四节　税收优惠

一、免税

税法规定,下列项目免征增值税:

1.农业生产者销售的自产农产品。

其中:农业,是指种植业、养殖业、林业、牧业、水产业;农业生产者,包括从事农业生产的单位和个人;农产品,是指初级农产品,具体范围由财政部、国家税务总局确定。

2.避孕药品和用具。

3.古旧图书(即向社会收购的古书和旧书)。

4.直接用于科学研究、科学试验和教学的进口仪器、设备。

5.外国政府、国际组织无偿援助的进口物资和设备。

6.由残疾人的组织直接进口供残疾人专用的物品。

7.销售的自己使用过的物品。

二、起征点

纳税人销售额未达到国务院财政、税务主管部门规定的增值税起征点的,免征增值税;达到起征点的,全额计算缴纳增值税。增值税起征点的适用范围限于个人。

税法规定,增值税起征点的幅度规定如下:

1.销售货物的,为月销售额 2000～5000 元;

2.销售应税劳务的,为月销售额 1500～3000 元;

3.按次纳税的,为每次(日)销售额 150～200 元。

销售额,是指小规模纳税人的销售额。

省、自治区、直辖市财政厅(局)和国家税务局应在规定的幅度内,根据实际情况确定本地区适用的起征点,并报财政部、国家税务总局备案。

税收规章:《农业产品征税范围注释》

财政部、国家税务总局关于印发《农业产品征税范围注释》的通知

财税字〔1995〕52 号

根据《财政部、国家税务总局关于调整农业产品增值税税率和若干项目征免增值税的通知》〔(94)财税字第 4 号〕的规定,从 1994 年 5 月 1 日起,农业产品增值税税率已由 17%调整为 13%。现将《农业产品征税范围注释》(以下简称注释)印发给你们,并就有关问题明确如下:

一、《中华人民共和国增值税暂行条例》第十六条所列免税项目的第一项所称的"农业生产者销售的自产农业产品",是指直接从事植物的种植、收割和动物的饲养、捕捞的单位和个人销售的注释所列的自产农业产品;对上述单位和个人销售的外购的农业产品,以及单位和个人外购农业产品生产、加工后销售的仍然属于注释所列的农业产品,不属于免税的范围,应当按照规定税率征收增值税。

二、农业生产者用自产的茶青再经筛分、风选、拣剔、碎块、干燥、匀堆等工序精制而成的精制茶,不得按照农业生产者销售的自产农业产品免税的规定执行,应当按照规定的税率征税。

本通知从 1995 年 7 月 1 日起执行,原各地国家税务局规定的农业产品范围同时废止。

附件:农业产品征税范围注释

附件:

农业产品征税范围注释

农业产品是指种植业、养殖业、林业、牧业、水产业生产的各种植物、动物的初级产品。农业产品的征税范围包括:

一、植物类

植物类包括人工种植和天然生长的各种植物的初级产品。具体征税范围为:

(一)粮食

粮食是指各种主食食科植物果实的总称。本货物的征税范围包括小麦、稻

谷、玉米、高粱、谷子和其他杂粮(如:大麦、燕麦等),以及经碾磨、脱壳等工艺加工后的粮食(如:面粉、米、玉米面、渣等)。

切面、饺子皮、馄饨皮、面皮、米粉等粮食复制品,也属于本货物的征税范围。

以粮食为原料加工的速冻食品、方便面、副食品和各种熟食品,不属于本货物的征税范围。

(二)蔬菜

蔬菜是指可作副食的草本、木本植物的总称。本货物的征税范围包括各种蔬菜、菌类植物和少数可作副食的木本植物。

经晾晒、冷藏、冷冻、包装、脱水等工序加工的蔬菜、腌菜、咸菜、酱菜和盐渍蔬菜等,也属于本货物的征税范围。

各种蔬菜罐头(罐头是指以金属罐、玻璃瓶和其他材料包装,经排气密封的各种食品。下同)不属于本货物的征税范围。

(二)烟叶

烟叶是指各种烟草的叶片和经过简单加工的叶片。本货物的征税范围包括晒烟叶、晾烟叶和初烤烟叶。

1.晒烟叶,是指利用太阳能露天晒制的烟叶。

2.晾烟叶,是指在晾房内自然干燥的烟叶。

3.初考烟叶,是指烟草种植者直接烤制的烟叶,不包括专业复烤厂烤制的复烤烟叶。

(四)茶叶

茶叶是指从茶树上采摘下来的鲜叶和嫩芽(即茶青),以及经吹干、揉拌、发酵、烘干等工序初制的茶。本货物的征税范围包括各种毛茶(如红毛茶、绿毛茶、乌龙毛茶、白毛茶、黑毛茶等)。

精制茶、边销茶及掺对各种药物的茶和茶饮料,不属于本货物的征税范围。

(五)园艺植物

园艺植物是指可供食用的果实,如水果、果干(如荔枝干、桂圆干、葡萄干等)、干果、果仁、果用瓜(如甜瓜、西瓜、哈密瓜等),以及胡椒、花椒、大料、咖啡豆等。

经冷冻、冷藏、包装等工序加工的园艺植物,也属于本货物的征税范围。

各种水果罐头、果脯、蜜饯、炒制的果仁和坚果,碾磨后的园艺植物(如胡椒粉、花椒粉等),不属于本货物的征税范围。

(六)药用植物

药用植物是指用作中药原药的各种植物的根、茎、皮、叶、花、果实等。

利用上述药用植物加工制成的片、丝、块、段等中药饮片,也属于本货物的征税范围。

中成药不属于本货物的征税范围。

(七)油料植物

油料植物是指主要用作榨取油脂的各种植物的根、茎、叶、果实、花或者胚芽组织等初级产品,如菜子(包括芥菜子)、花生、大豆、葵花子、蓖麻子、芝麻子、胡麻子、茶子、桐子、橄榄仁、棕榈仁、棉籽等。

提取芳香油的芳香油料植物,也属于本货物的征税范围。

(八)纤维植物

纤维植物是指利用其纤维作纺织、造纸原料或者绳索的植物,如棉(包括籽棉、皮棉、絮棉)、大麻、黄麻、槿麻、苎麻、茼麻、亚麻、罗布麻、蕉麻、剑麻等。

棉短绒和麻纤维经脱胶后的精干(洗)麻,也属于本货物的征税范围。

(九)糖料植物

糖料植物是指主要用作制糖的各种植物,如甘蔗、甜菜等。

(十)林业产品

林业产品是指乔木、灌木和竹类植物,以及天然树脂、天然橡胶。林业产品的征税范围包括:

1.原木,是指将砍伐倒的乔木去其枝芽、梢头或者皮的乔木、灌木,以及锯成一定长度的木段。

锯材不属于本货物的征税范围。

2.原竹,是指将砍倒的竹去其枝、梢或者叶的竹类植物,以及锯成一定长度的竹段。

3.天然树脂,是指木科植物的分泌物,包括生漆、树脂和树胶,如松脂、桃胶、樱胶、阿拉伯胶、古巴胶和天然橡胶(包括乳胶和干胶)等。

4.其他林业产品,是指除上述列举林业产品以外的其他各种林业产品,如竹笋、笋干、棕竹、棕榈衣、树枝、树叶、树皮、藤条等。

盐水竹笋也属于本货物的征税范围。

竹笋罐头不属于本货物的征税范围。

(十一)其他植物

其他植物是指除上述列举植物以外的其他各种人工种植物和野生的植物,如树苗、花卉、植物种子、植物叶子、草、麦秸、豆类、薯类、藻类植物等。

干花、干草、薯干、干制的藻类植物,农业产品的下脚料等,也属于本货物的征税范围。

二、动物类

动物类包括人工养殖和天然生长的各种动物的初级产品。具体征税范围为:

（一）水产品

水产品是指人工放养和人工捕捞的鱼、虾、蟹、鳖、贝类、棘皮类、软体类、腔肠类、海兽类动物。本货物的征税范围包括鱼、虾、蟹、鳖、贝类、棘皮类、软体类、腔肠类、海兽类、鱼苗（卵）、虾苗、蟹苗、贝苗（秧），以及经冷冻、冷藏、盐渍等防腐处理和包装的水产品。

干制的鱼、虾、蟹、贝类、棘皮类、软体类、腔肠类，如干鱼、干虾、干虾仁、干贝等，以及未加工成工艺品的贝壳、珍珠，也属于本货物的征税范围。

熟制的水产品和各类水产品的罐头，不属于本货物的征税范围。

（二）畜牧产品

畜牧产品是指人工饲养、繁殖取得和捕获的各种畜禽。本货物的征税范围包括：

1. 兽类、禽类和爬行类动物，如牛、马、猪、羊、鸡、鸭等。

2. 兽类、禽类和爬行类动物的肉产品，包括整块或者分割的鲜肉、冷藏或者冷冻肉、盐渍肉，兽类、禽类和爬行类动物的内脏、头、尾、蹄等组织。

各种兽类、禽类和爬行类动物的肉类生制品，如腊肉、腌肉、熏肉等，也属于本货物的征税范围。

各种肉类罐头、肉类熟制品，不属于本货物的征税范围。

3. 蛋类产品，是指各种禽类动物和爬行类动物的卵，包括鲜蛋、冷藏蛋。

经加工的咸蛋、松花蛋、腌制的蛋等，也属于本货物的征税范围。

各种蛋类的罐头不属于本货物的征税范围。

4. 鲜奶，是指各种哺乳类动物的乳汁和经净化、杀菌等加工工序生产的乳汁。

用鲜奶加工的各种奶制品，如酸奶、奶酪、奶油等，不属于本货物的征税范围。

（三）动物皮张

动物皮张是指从各种动物（兽类、禽类和爬行类动物）身上直接剥取的，未经鞣制的生皮、生皮张。

将生皮、生皮张用清水、盐水或者防腐药水浸泡、刮里、脱毛、晒干或者熏干，未经鞣制的，也属于本货物的征税范围。

（四）动物毛绒

动物毛绒是指未经洗净的各种动物的毛发、绒发和羽毛。

洗净毛、洗净绒等不属于本货物的征税范围。

（五）其他动物组织

其他动物组织是指上述列举以外的兽类、禽类、爬行类动物的其他组织，以及昆虫类动物。

1. 蚕茧，包括鲜茧和干茧，以及蚕蛹。

2. 天然蜂蜜,是指采集的未经加工的天然蜂蜜、鲜蜂王浆等。

3. 动物树脂,如虫胶等。

4. 其他动物组织,如动物骨、壳、兽角、动物血液、动物分泌物、蚕种等。

税收规章:关于农村电网维护费征免增值税问题的通知

国家税务总局关于农村电网维护费征免增值税问题的通知

国税函〔2009〕591 号

各省、自治区、直辖市和计划单列市国家税务局:

据反映,部分地区的农村电管站改制后,农村电网维护费原由农村电管站收取改为由电网公司或者农电公司等其他单位收取(以下称其他单位)。对其他单位收取的农村电网维护费是否免征增值税问题,现明确如下:

根据《财政部、国家税务总局关于免征农村电网维护费增值税问题的通知》(财税字〔1998〕47 号)规定,对农村电管站在收取电价时一并向用户收取的农村电网维护费(包括低压线路损耗和维护费以及电工经费)免征增值税。鉴于部分地区农村电网维护费改由其他单位收取后,只是收费的主体发生了变化,收取方法、对象以及使用用途均未发生变化,为保持政策的一致性,对其他单位收取的农村电网维护费免征增值税,不得开具增值税专用发票。

国家税务总局

二○○九年十月二十三日

第五节　税务管理

一、征收机关

增值税由税务机关征收,进口货物的增值税由海关代征。

二、纳税义务发生时间的认定

1. 销售货物或者应税劳务,为收讫销售款项或者取得索取销售款项凭据的当天;先开具发票的,为开具发票的当天。

2. 进口货物,为报关进口的当天。

增值税扣缴义务发生时间为纳税人增值税纳税义务发生的当天。

收讫销售款项或者取得索取销售款项凭据的当天,按销售结算方式的不同,具体为:

1.采取直接收款方式销售货物,不论货物是否发出,均为收到销售款或者取得索取销售款凭据的当天;

2.采取托收承付和委托银行收款方式销售货物,为发出货物并办妥托收手续的当天;

3.采取赊销和分期收款方式销售货物,为书面合同约定的收款日期的当天,无书面合同的或者书面合同没有约定收款日期的,为货物发出的当天;

4.采取预收货款方式销售货物,为货物发出的当天,但生产销售生产工期超过12个月的大型机械设备、船舶、飞机等货物,为收到预收款或者书面合同约定的收款日期的当天;

5.委托其他纳税人代销货物,为收到代销单位的代销清单或者收到全部或者部分货款的当天。未收到代销清单及货款的,为发出代销货物满180天的当天;

6.销售应税劳务,为提供劳务同时收讫销售款或者取得索取销售款的凭据的当天;

7.纳税人发生前述第(3)项至第(8)项所列视同销售货物行为,为货物移送的当天。

习题计算:增值税纳税义务发生时间的认定

【题目】华山汽车公司(以下简称华山公司)为增值税一般纳税人,2009年7月初增值税进项税额余额为零。7月,该公司发生以下经济业务:

(1)2日,外购用于生产W牌小汽车的钢材一批,全部价款已付并验收入库,从供货方取得的增值税专用发票上注明的增值税税额为18.7万元;

(2)10日,外购一台机械设备,全部价款已付并验收入库,从供货方取得的增值税专用发票上注明的增值税税额为3.4万元;

(3)15日,外购用于生产W牌小汽车的配件一批,价款已付并验收入库,从供货方取得的增值税专用发票上注明的增值税税额为51万元;

(4)9日,采取直接收款方式向H汽车销售公司销售W牌小汽车一批,已收到全部价款(含增值税)760.5万元,给购车方开具了增值税专用发票,并于当日将提车单交给购车方自行提货,7月31日,购车方尚未将该批小汽车提走;

(5)23日,采取托收承付方式向M汽车销售公司销售W牌小汽车一批,价款(不含增值税)300万元,华山公司已将该批小汽车发出并向银行办妥托收手续,7月31日,华山公司尚未收到该批车款。

计算华山公司7月份增值税应纳税额。

【解析】按照新的增值税制度,当期外购固定资产的进项税额可以从当期销项税额中抵扣。故而,外购机械设备取得的增值税专用发票上注明的税额3.4万元,可以从当期销项税额中抵扣。

采取直接收款方式销售货物,不论货物是否发出,增值税纳税义务发生时间均为收到销售款或者取得索取销售款凭据的当天;采取托收承付和委托银行收款方式销售货物,增值税纳税义务发生时间为发出货物并办妥托收手续的当天。故而,上述第(4)、(5)项销售收入应当计为当期销售收入。

华山公司 7 月份增值税应纳税额 $= [760.5 \div (1 + 17\%) \times 17\%] + 300$

$$\times 17\% - 18.7 - 51 - 3.4$$

$$= 88.4(万元)$$

——财政部会计资格评价中心编:《经济法基础》(2009 年初级会计资格考试辅导教材),经济科学出版社,2008 年 12 月第 1 版。

三、纳税地点的认定

增值税纳税地点:

1.固定业户应当向其机构所在地的主管税务机关申报纳税。总机构和分支机构不在同一县(市)的,应当分别向各自所在地的主管税务机关申报纳税;经国务院财政、税务主管部门或者其授权的财政、税务机关批准,可以由总机构汇总向总机构所在地的主管税务机关申报纳税。

2.固定业户到外县(市)销售货物或者应税劳务,应当向其机构所在地的主管税务机关申请开具外出经营活动税收管理证明,并向其机构所在地的主管税务机关申报纳税;未开具证明的,应当向销售地或者劳务发生地的主管税务机关申报纳税;未向销售地或者劳务发生地的主管税务机关申报纳税的,由其机构所在地的主管税务机关补征税款。

3.非固定业户销售货物或者应税劳务,应当向销售地或者劳务发生地的主管税务机关申报纳税;未向销售地或者劳务发生地的主管税务机关申报纳税的,由其机构所在地或者居住地的主管税务机关补征税款。

4.进口货物,应当向报关地海关申报纳税。

5.扣缴义务人应当向其机构所在地或者居住地的主管税务机关申报缴纳其扣缴的税款。

四、纳税期限

增值税的纳税期限分别为 1 日、3 日、5 日、10 日、15 日、1 个月或者 1 个季度。纳税人的具体纳税期限,由主管税务机关根据纳税人应纳税额的大小分别核定;不能按照固定期限纳税的,可以按次纳税。

纳税人以 1 个月或者 1 个季度为 1 个纳税期的,自期满之日起 15 日内申报纳税;以 1 日、3 日、5 日、10 日或者 15 日为 1 个纳税期的,自期满之日起 5 日内预缴税款,于次月 1 日起 15 日内申报纳税并结清上月应纳税款。

以 1 个季度为纳税期限的规定仅适用于小规模纳税人。小规模纳税人的具体纳税期限,由主管税务机关根据其应纳税额的大小分别核定。

纳税人进口货物,应当自海关填发海关进口增值税专用缴款书之日起 15 日内缴纳税款。

五、进境自用物品税务管理

税法规定,个人携带或者邮寄进境自用物品的增值税,连同关税一并计征。

六、出口货物退(免)税管理

纳税人出口货物适用退(免)税规定的,应当向海关办理出口手续,凭出口报关单等有关凭证,在规定的出口退(免)税申报期内按月向主管税务机关申报办理该项出口货物的退(免)税。如果出口货物办理退税后发生退货或者退关的,纳税人应当依法补缴已退的税款。

七、增值税专用发票制度

(一)专用发票的概念

增值税专用发票,是指增值税一般纳税人销售货物或者提供应税劳务开具的发票,是购买方支付增值税税金并可按照增值税法的有关规定据以抵扣增值税进项税额的凭证。

(二)专用发票的构成

专用发票由基本联次或者基本联次附加其他联次构成。

基本联次为三联:发票联、抵扣联、记账联。

基本联次的功能:

发票联,作为购买方核算采购成本和增值税进项税额的记账凭证。

抵扣联,作为购买方报送主管税务机关认证和留存备查的凭证。

记账联,作为销售方核算销售收入和增值税销项税额的记账凭证。

其他联次的用途,由一般纳税人自行确定。

(三)限制领购开具专用发票的情形

税法规定,一般纳税人有下列情形之一的,不得领购开具专用发票:

1.会计核算不健全,不能向税务机关准确提供增值税销项税额、进项税额、应纳税额数据及其他有关增值税税务资料的。上列其他有关增值税税务资料的内容,由省、自治区、直辖市和计划单列市国家税务局确定。

2.有《税收征管法》规定的税收违法行为,拒不接受税务机关处理的。

3.有下列行为之一,经税务机关责令限期改正而仍未改正的:

(1)虚开增值税专用发票;

(2)私自印制专用发票;

(3)向税务机关以外的单位和个人买取专用发票;

(4)借用他人专用发票;

(5)未按规定开具专用发票;

(6)未按规定保管专用发票和专用设备;

(7)未按规定申请办理防伪税控系统变更发行;

(8)未按规定接受税务机关检查。

税收规章:关于下放增值税专用发票最高开票限额审批权限的通知

国家税务总局关于下放增值税专用发票最高开票限额审批权限的通知

国税函〔2007〕918号

各省、自治区、直辖市和计划单列市国家税务局:

自2001年10月份起,税务总局先后下发了一些加强增值税专用发票(以下简称专用发票)最高开票限额管理的规定,增值税各项管理工作不断加强。为了在加强管理的同时,提高工作效率,优化纳税服务,经研究,税务总局决定下放专用发票最高开票限额审批权限。现将有关问题通知如下:

一、自2007年9月1日起,原省、地市税务机关的增值税一般纳税人专用发票最高开票限额审批权限下放至区县税务机关。地市税务机关对此项工作要进行监督检查。

二、区县税务机关对纳税人申请的专用发票最高开票限额要严格审核,根据企业生产经营和产品销售的实际情况进行审批,既要控制发票数量以利于加强管理,又要保证纳税人生产经营的正常需要。

三、区县税务机关应结合本地实际情况,从加强发票管理和方便纳税人的要求出发,采取有效措施,合理简化程序,办理专用发票最高开票限额审批手续。

四、专用发票最高开票限额审批权限下放和手续简化后,各地税务机关要严格按照"以票控税、网络比对、税源监控、综合管理"的要求,落实各项管理措施,通过纳税申报"一窗式"管理、发票交叉稽核、异常发票检查以及纳税评估等日常管理手段,切实加强征管,做好增值税管理工作。

(四)专用发票的开具

税法规定,纳税人销售货物或者应税劳务,应当向索取增值税专用发票的购买方开具增值税专用发票,并在增值税专用发票上分别注明销售额和销项税额。

属于下列情形之一的,不得开具增值税专用发票:

（1）向消费者个人销售货物或者应税劳务的；

（2）销售货物或者应税劳务适用免税规定的；

（3）小规模纳税人销售货物或者应税劳务的。

有下列情形之一者,应按销售额依照增值税税率计算应纳税额,不得抵扣进项税额,也不得使用增值税专用发票：

（1）一般纳税人会计核算不健全,或者不能够提供准确税务资料的；

（2）除法定情形外（即年应税销售额超过小规模纳税人标准的其他个人按小规模纳税人纳税；非企业性单位、不经常发生应税行为的企业可选择按小规模纳税人纳税）,纳税人销售额超过小规模纳税人标准,未申请办理一般纳税人认定手续的。

案例:天津破获假电脑版增值税发票案

日前,天津市东丽区国税局稽查局与地税局、东丽区公安分局经侦支队联合行动,共同捣毁了一个销售假发票窝点,当场缴获假造的空白发票3694份,查获各种假印章130枚。另外,三部门在现场还查获了该团伙对外开具的假造天津市商业零售专用发票、中国石油化工股份有限公司天津石油分公司发票、增值税普通发票存根104份,涉及金额2200余万元。这是迄今为止,天津市查获的第一起以销售假造电脑版增值税普通发票为营利目的的涉嫌犯罪案件。

接举报,迅速出击

6月18日,东丽区国税局、地税局、东丽区公安分局三部门召开联席会议,有群众举报,称在张贵庄中心区有两处存储、贩卖假发票窝点。为此,三部门立即展开行动,对现场进行布控。

当晚19时许,办案人员敲响了东丽区某小区302单元的房门。里面的人应声问道:"谁啊?"

"对不起,给您添麻烦,是查煤气的。"就在开门的一刹那,几个办案人员迎面扑去,将身高1.90米、膀大腰圆的犯罪嫌疑人吴某控制住。

通过对现场勘查及对当事人询问,证实该处确系销售、存储、开具假发票窝点。当场缴获假造天津市商业零售专用发票、天津市增值税普通发票、建筑业统一发票、服务业发票等空白发票3694份,查获各种假印章130枚。另外,三部门在现场还查获了该团伙对外开具的假造天津市商业零售专用发票、中国石油化工股份有限公司天津石油分公司发票、增值税普通发票存根104份,涉及金额2200余万元。并在现场查获手提电脑、打印机等作案工具。犯罪嫌疑人吴某当即被东丽区公安分局经侦支队刑事拘留,其父、另一名犯罪嫌疑人吴某某外逃。

验真伪,获得铁证

为进一步验证该犯罪团伙假造普通发票的违法事实,东丽区国税局稽查局及时与市局征管、科技发展处及中国人民银行印制科学技术研究所取得联系,就电脑版普通发票、手写版普通发票进行了鉴定,并确认缴获的属国税局管辖的1702份空白发票均为假发票。同时,从东丽区地税局稽查局传来消息,其余的普通发票也均为假发票。

经过突审,犯罪嫌疑人吴某在证据面前不得不交代了违法事实。吴某,浙江省临海市人。几年前来天津当兵,复员后留在天津,很快结交了一些神通广大的铁哥们,频频出入歌厅、洗浴中心等场所。纸醉金迷的生活令原本淳朴的吴某心驰神往,使他放弃了找工作的打算,妄想靠贩卖假发票迅速致富。吴某还交代,其父吴某某几年前来津和他一同干起了贩卖假发票的生意。办案人员迅速对其父手机实行监控。

吴某某出没无常,给抓捕工作带来了极大的困难。办案人员凭借丰富的办案经验判断,吴某某手中的"存货"已经不多了,很快将与吴某联系。

乔装扮,抓捕疑犯

6月25日清晨,手中无货的吴某某果然给吴某发来短信,让吴某带货到某地,这可是绝佳的收网机会!当日上午10时,办案人员在市公安局有关单位的配合下,追踪到天津市开发区一居民区外围。

10时30分,根据信息,锁定嫌疑人吴某某就在这个小区。很快,办案人员兵分几路在各个点位严密布控,一路由一男一女两位办案人员化装成情侣步行进入小区,准备实施抓捕;另一路则留在居民区出口隐蔽埋伏。

下午3时30分,在小区外蹲控5个多小时的办案人员发现了情况。吴某某身着蓝色T恤衫,斜挎着皮包出现在小区出口,拦了一辆出租车朝开发区第五大街方向驶去。

"没错,就是他!"办案人员认出了吴某某。当吴某某乘坐的汽车到达第六大街时,两组追捕民警抓住时机,驾驶两辆汽车冲上前,把可疑车辆夹在中间,挡住了他们的去路。阴险狡诈的吴某某企图反抗,当办案人员将从其租住地收缴的假发票和假印章放在他面前时,吴某某顿时目瞪口呆。

——孙文胜、高树旺、苗睿:《天津破获假电脑版增值税发票案》,《中国税务报》,2009年8月21日。

文献附录:《关于修订〈增值税专用发票使用规定〉的通知》

国家税务总局关于修订《增值税专用发票使用规定》的通知

国税发〔2006〕156号

各省、自治区、直辖市和计划单列市国家税务局:

为适应增值税专用发票管理需要,规范增值税专用发票使用,进一步加强增值税征收管理,在广泛征求意见的基础上,国家税务总局对现行的《增值税专用发票使用规定》进行了修订。现将修订后的《增值税专用发票使用规定》印发给你们,自 2007 年 1 月 1 日起施行。

各级税务机关应做好宣传工作,加强对税务人员和纳税人的培训,确保新规定贯彻执行到位。执行中如有问题,请及时报告总局(流转税管理司)。

附件:1.最高开票限额申请表

2.销售货物或者提供应税劳务清单

3.开具红字增值税专用发票申请单

4.开具红字增值税专用发票通知单

5.丢失增值税专用发票已报税证明单

增值税专用发票使用规定

第一条　为加强增值税征收管理,规范增值税专用发票(以下简称专用发票)使用行为,根据《中华人民共和国增值税暂行条例》及其实施细则和《中华人民共和国税收征收管理法》及其实施细则,制定本规定。

第二条　专用发票,是增值税一般纳税人(以下简称一般纳税人)销售货物或者提供应税劳务开具的发票,是购买方支付增值税额并可按照增值税有关规定据以抵扣增值税进项税额的凭证。

第三条　一般纳税人应通过增值税防伪税控系统(以下简称防伪税控系统)使用专用发票。使用,包括领购、开具、缴销、认证纸质专用发票及其相应的数据电文。

本规定所称防伪税控系统,是指经国务院同意推行的,使用专用设备和通用设备、运用数字密码和电子存储技术管理专用发票的计算机管理系统。

本规定所称专用设备,是指金税卡、IC 卡、读卡器和其他设备。

本规定所称通用设备,是指计算机、打印机、扫描器具和其他设备。

第四条　专用发票由基本联次或者基本联次附加其他联次构成,基本联次为三联:发票联、抵扣联和记账联。发票联,作为购买方核算采购成本和增值税进项税额的记账凭证;抵扣联,作为购买方报送主管税务机关认证和留存备查的凭证;记账联,作为销售方核算销售收入和增值税销项税额的记账凭证。其他联次用途,由一般纳税人自行确定。

第五条　专用发票实行最高开票限额管理。最高开票限额,是指单份专用发票开具的销售额合计数不得达到的上限额度。

最高开票限额由一般纳税人申请,税务机关依法审批。最高开票限额为十万元及以下的,由区县级税务机关审批;最高开票限额为一百万元的,由地市级税务机关审批;最高开票限额为一千万元及以上的,由省级税务机关审批。防伪税控系统的具体发行工作由区县级税务机关负责。

税务机关审批最高开票限额应进行实地核查。批准使用最高开票限额为十万元及以下的,由区县级税务机关派人实地核查;批准使用最高开票限额为一百万元的,由地市级税务机关派人实地核查;批准使用最高开票限额为一千万元及以上的,由地市级税务机关派人实地核查后将核查资料报省级税务机关审核。

一般纳税人申请最高开票限额时,需填报《最高开票限额申请表》(附件1)。

第六条 一般纳税人领购专用设备后,凭《最高开票限额申请表》、《发票领购簿》到主管税务机关办理初始发行。

本规定所称初始发行,是指主管税务机关将一般纳税人的下列信息载入空白金税卡和IC卡的行为:

(一)企业名称;

(二)税务登记代码;

(三)开票限额;

(四)购票限量;

(五)购票人员姓名、密码;

(六)开票机数量;

(七)国家税务总局规定的其他信息。

一般纳税人发生上列第一、三、四、五、六、七项信息变化,应向主管税务机关申请变更发行;发生第二项信息变化,应向主管税务机关申请注销发行。

第七条 一般纳税人凭《发票领购簿》、IC卡和经办人身份证明领购专用发票。

第八条 一般纳税人有下列情形之一的,不得领购开具专用发票:

(一)会计核算不健全,不能向税务机关准确提供增值税销项税额、进项税额、应纳税额数据及其他有关增值税税务资料的。

上列其他有关增值税税务资料的内容,由省、自治区、直辖市和计划单列市国家税务局确定。

(二)有《税收征管法》规定的税收违法行为,拒不接受税务机关处理的。

(三)有下列行为之一,经税务机关责令限期改正而仍未改正的:

1.虚开增值税专用发票;

2.私自印制专用发票;

3.向税务机关以外的单位和个人买取专用发票;

4.借用他人专用发票;

5.未按本规定第十一条开具专用发票;

6.未按规定保管专用发票和专用设备;

7.未按规定申请办理防伪税控系统变更发行；

8.未按规定接受税务机关检查。

有上列情形的,如已领购专用发票,主管税务机关应暂扣其结存的专用发票和IC卡。

第九条　有下列情形之一的,为本规定第八条所称未按规定保管专用发票和专用设备：

（一）未设专人保管专用发票和专用设备；

（二）未按税务机关要求存放专用发票和专用设备；

（三）未将认证相符的专用发票抵扣联、《认证结果通知书》和《认证结果清单》装订成册；

（四）未经税务机关查验,擅自销毁专用发票基本联次。

第十条　一般纳税人销售货物或者提供应税劳务,应向购买方开具专用发票。

商业企业一般纳税人零售的烟、酒、食品、服装、鞋帽（不包括劳保专用部分）、化妆品等消费品不得开具专用发票。

增值税小规模纳税人（以下简称小规模纳税人）需要开具专用发票的,可向主管税务机关申请代开。

销售免税货物不得开具专用发票,法律、法规及国家税务总局另有规定的除外。

第十一条　专用发票应按下列要求开具：

（一）项目齐全,与实际交易相符；

（二）字迹清楚,不得压线、错格；

（三）发票联和抵扣联加盖财务专用章或者发票专用章；

（四）按照增值税纳税义务的发生时间开具。

对不符合上列要求的专用发票,购买方有权拒收。

第十二条　一般纳税人销售货物或者提供应税劳务可汇总开具专用发票。汇总开具专用发票的,同时使用防伪税控系统开具《销售货物或者提供应税劳务清单》（附件2）,并加盖财务专用章或者发票专用章。

第十三条　一般纳税人在开具专用发票当月,发生销货退回、开票有误等情形,收到退回的发票联、抵扣联符合作废条件的,按作废处理；开具时发现有误的,可即时作废。

作废专用发票须在防伪税控系统中将相应的数据电文按"作废"处理,在纸质专用发票（含未打印的专用发票）各联次上注明"作废"字样,全联次留存。

第十四条　一般纳税人取得专用发票后,发生销货退回、开票有误等情形但不符合作废条件的,或者因销货部分退回及发生销售折让的,购买方应向主管税务机关填报《开具红字增值税专用发票申请单》(以下简称《申请单》,附件3)。

《申请单》所对应的蓝字专用发票应经税务机关认证。

经认证结果为"认证相符"并且已经抵扣增值税进项税额的,一般纳税人在填报《申请单》时不填写相对应的蓝字专用发票信息。

经认证结果为"纳税人识别号认证不符"、"专用发票代码、号码认证不符"的,一般纳税人在填报《申请单》时应填写相对应的蓝字专用发票信息。

第十五条 《申请单》一式两联:第一联由购买方留存,第二联由购买方主管税务机关留存。

《申请单》应加盖一般纳税人财务专用章。

第十六条 主管税务机关对一般纳税人填报的《申请单》进行审核后,出具《开具红字增值税专用发票通知单》(以下简称《通知单》,附件4)。《通知单》应与《申请单》一一对应。

第十七条 《通知单》一式三联:第一联由购买方主管税务机关留存,第二联由购买方送交销售方留存,第三联由购买方留存。

《通知单》应加盖主管税务机关印章。

《通知单》应按月依次装订成册,并比照专用发票保管规定管理。

第十八条 购买方必须暂依《通知单》所列增值税税额从当期进项税额中转出,未抵扣增值税进项税额的可列入当期进项税额,待取得销售方开具的红字专用发票后,与留存的《通知单》一并作为记账凭证。属于本规定第十四条第四款所列情形的,不作进项税额转出。

第十九条 销售方凭购买方提供的《通知单》开具红字专用发票,在防伪税控系统中以销项负数开具。

红字专用发票应与《通知单》一一对应。

第二十条 同时具有下列情形的,为本规定所称作废条件:

(一)收到退回的发票联、抵扣联时间未超过销售方开票当月;

(二)销售方未抄税并且未记账;

(三)购买方未认证或者认证结果为"纳税人识别号认证不符"、"专用发票代码、号码认证不符"。

本规定所称抄税,是报税前用IC卡或者IC卡和软盘抄取开票数据电文。

第二十一条 一般纳税人开具专用发票应在增值税纳税申报期内向主管税务机关报税,在申报所属月份内可分次向主管税务机关报税。

本规定所称报税,是纳税人持IC卡或者IC卡和软盘向税务机关报送开票数据电文。

第二十二条　因 IC 卡、软盘质量等问题无法报税的,应更换 IC 卡、软盘。

因硬盘损坏、更换金税卡等原因不能正常报税的,应提供已开具未向税务机关报税的专用发票记账联原件或者复印件,由主管税务机关补采开票数据。

第二十三条　一般纳税人注销税务登记或者转为小规模纳税人,应将专用设备和结存未用的纸质专用发票送交主管税务机关。

主管税务机关应缴销其专用发票,并按有关安全管理的要求处理专用设备。

第二十四条　本规定第二十三条所称专用发票的缴销,是指主管税务机关在纸质专用发票监制章处按"V"字剪角作废,同时作废相应的专用发票数据电文。

被缴销的纸质专用发票应退还纳税人。

第二十五条　用于抵扣增值税进项税额的专用发票应经税务机关认证相符(国家税务总局另有规定的除外)。认证相符的专用发票应作为购买方的记账凭证,不得退还销售方。

本规定所称认证,是税务机关通过防伪税控系统对专用发票所列数据的识别、确认。

本规定所称认证相符,是指纳税人识别号无误,专用发票所列密文解译后与明文一致。

第二十六条　经认证,有下列情形之一的,不得作为增值税进项税额的抵扣凭证,税务机关退还原件,购买方可要求销售方重新开具专用发票。

(一)无法认证。本规定所称无法认证,是指专用发票所列密文或者明文不能辨认,无法产生认证结果。

(二)纳税人识别号认证不符。本规定所称纳税人识别号认证不符,是指专用发票所列购买方纳税人识别号有误。

(三)专用发票代码、号码认证不符。本规定所称专用发票代码、号码认证不符,是指专用发票所列密文解译后与明文的代码或者号码不一致。

第二十七条　经认证,有下列情形之一的,暂不得作为增值税进项税额的抵扣凭证,税务机关扣留原件,查明原因,分别情况进行处理。

(一)重复认证。本规定所称重复认证,是指已经认证相符的同一张专用发票再次认证。

(二)密文有误。本规定所称密文有误,是指专用发票所列密文无法解译。

(三)认证不符。本规定所称认证不符,是指纳税人识别号有误,或者专用发票所列密文解译后与明文不一致。

本项所称认证不符不含第二十六条第二项、第三项所列情形。

(四)列为失控专用发票。本规定所称列为失控专用发票,是指认证时的专用发票已被登记为失控专用发票。

第二十八条 一般纳税人丢失已开具专用发票的发票联和抵扣联,如果丢失前已认证相符的,购买方凭销售方提供的相应专用发票记账联复印件及销售方所在地主管税务机关出具的《丢失增值税专用发票已报税证明单》(附件5),经购买方主管税务机关审核同意后,可作为增值税进项税额的抵扣凭证;如果丢失前未认证的,购买方凭销售方提供的相应专用发票记账联复印件到主管税务机关进行认证,认证相符的凭该专用发票记账联复印件及销售方所在地主管税务机关出具的《丢失增值税专用发票已报税证明单》,经购买方主管税务机关审核同意后,可作为增值税进项税额的抵扣凭证。

一般纳税人丢失已开具专用发票的抵扣联,如果丢失前已认证相符的,可使用专用发票发票联复印件留存备查;如果丢失前未认证的,可使用专用发票发票联到主管税务机关认证,专用发票发票联复印件留存备查。

一般纳税人丢失已开具专用发票的发票联,可将专用发票抵扣联作为记账凭证,专用发票抵扣联复印件留存备查。

第二十九条 专用发票抵扣联无法认证的,可使用专用发票发票联到主管税务机关认证。专用发票发票联复印件留存备查。

第三十条 本规定自2007年1月1日施行,《国家税务总局关于印发〈增值税专用发票使用规定〉的通知》(国税发〔1993〕150号)、《国家税务总局关于增值税专用发票使用问题的补充通知》(国税发〔1994〕56号)、《国家税务总局关于由税务所为小规模企业代开增值税专用发票的通知》(国税发〔1994〕58号)、《国家税务总局关于印发〈关于商业零售企业开具增值税专用发票的通告〉的通知》(国税发〔1994〕81号)、《国家税务总局关于修改〈国家税务总局关于严格控制增值税专用发票使用范围的通知〉的通知》(国税发〔2000〕75号)、《国家税务总局关于加强防伪税控开票系统最高开票限额管理的通知》(国税发明电〔2001〕57号)、《国家税务总局关于增值税一般纳税人丢失防伪税控系统开具的增值税专用发票有关税务处理问题的通知》(国税发〔2002〕10号)、《国家税务总局关于进一步加强防伪税控开票系统最高开票限额管理的通知》(国税发明电〔2002〕33号)同时废止。以前有关政策规定与本规定不一致的,以本规定为准。

理论探索:增值税制的历次改革

我国实行改革开放30年来,增值税进行了两次重大改革:第一次是在改革开放初期计划经济存在的条件下进行的。改革的目的是通过试行增值税,运用国外增值税排除重复征税的经验,改造旧的工商税,以恢复税收功能,激活经济,推动我国工业向专业化方向发展。第二次是在1994年我国经济体制向市场经济转轨目标确立后,经济结构还处在计划经济与市场经济两种体制交叉运行的条件下进行的。改革的目的是通过建立统一运用的增值税,促进我国市场经济的形成,并继续推动内外资经济持续高速地发展。这两次改革虽然都是在我国市场经济体制尚未建立前进行的,但历史已充分证明,两次改革都取得了成功,满足了经济体制改革的实际需要,促进了经济体制改革目标的实现,创建了对我国经济发展有利的税收环境,促进了经济的持续快速发展。同时,增值税也在改革中壮大了自身,不仅已成为我国最大的税种,而且已成为我国与经济联系最紧密、最具有影响力的税种。然而,现行增值税是特定历史阶段的产物。历史的局限性决定了它存在着税制不完善的特征。随着我国市场经济体制的建立和发展,隐性的矛盾逐步显性化,日益成为有碍经济发展的消极因素。特别是国际金融危机的出现,增加了改革增值税的紧迫性。

一、现行增值税存在改革不到位的现象

我国现行增值税产生于经济体制转轨阶段,是一种有中国转轨特色的增值税,具有多选择性和不定型的特征。第一,增值税征税范围是有选择决定的,一些属于增值税范围的经营行业,如建筑业、房地产销售、交通运输业以及属于第三产业的劳务服务业,并没有纳入增值税征税范围。而纳入增值税范围的,真正按增值税办法征税的,只限于大型或中大型企业。小规模纳税人几乎占纳税户的80%以上,但都按销售额全值征税,其购进产品所纳税额不允许扣税。第二,增值税扣税范围是有选择决定的。从2009年起,机器设备部分允许扣除已征税款,但不动产重复征税因素并未消除。第三,增值税政策实施也是有选择决定的,如在出口环节选择按退税率退税,在进口环节和增值税中间环节采取许多特殊的税收优惠措施等。以上这些问题说明我国现行增值税并非完整型的增值税,存在着征税范围、扣税范围和政策执行三个方面改革不到位的现象。

原来适应转轨阶段需要的增值税税制,已越来越不适应新的市场经济体制。进入21世纪,我国经济体制发生了根本变化,已建立与国际接轨的社会主义市场经济体制,并成为与经济全球化密切联系的现代市场经济国家。这一转变使原来税制改革不到位的矛盾,逐步由隐性转为显性。2003年～2007年,我国商品劳务税出现了持续多年的超国内生产总值增长态势,增幅大于国内生产总值。这虽与我国经济规模增大有直接关系,但也隐藏着非正常增长因素。除了因通货膨胀带来的税收非正常增长因素外,还包括税制改革不到位这一重要因素。后者主要体现在三个方面:第一,增值税结构不合理导致税负结构性不合理增加。第二,增值税征扣税机制改革不到位、因重复征税而导致不合理税负增加。第三,增值税政策运用不合理、税负不公而导致不合理税负增加。

国际金融危机对我国经济的巨大冲击,更增加了运用税收手段发挥救市作用的紧迫性。2008年由美国次贷危机引发的金融海啸，使我国对外依存度极高的经济遭受到了严重冲击。通过改革与我国经济联系最紧密的增值税，排除其不合理的税负因素，来促进稳定外需、扩大内需，创建有利于刺激经济稳定持续增长的环境，显得格外必要。

二、目前我国具备进行第三次增值税改革的条件

新阶段的增值税改革，应选择当代最完善的现代型增值税为目标，并以彻底消除因重复征税所造成的税负不合理因素为最主要的目标，以符合增值税税负合理、税制简化、机制严密等优化税制的要求。

增值税制始于法国。近半个世纪以来，全球约有125个以上的国家实行了增值税。大体可分为三种类型：

第一种类型是不完整型增值税，具有初期增值税多选择性的特征。或征税范围不到位，或税率结构复杂，或特殊规定过多。我国属于这一类型。

第二种类型是欧盟的增值税。欧盟通过发布指令确立增值税的共同运行规则，但由于各国原有税制基础不同，需要通过协调，保留一些特殊性和临时性条款，因此增加了增值税制的复杂性。

第三种类型是现代型增值税。它是由新西兰于1986年10月起开始实行的，坚持了欧洲增值税的相同原则，但避免了欧洲税制的复杂性。其具有以下几个特点：

第一，除对极其特殊的行业（如金融保险）免征增值税，另征其他税外，最大限度地把所有商品和劳务纳入增值税的征税范围。

第二，按照增值税既征税又扣税这一特殊税收机制的要求，以税收法律规定国家增值税的征税权和纳税人的抵扣权受法律保护。除了税法规定的免税项目外，既不任意规定免税、减税，也不任意规定中止或降低抵扣标准，从而把生产环节、进口环节、经营环节、提供劳务服务环节，直至最终消费环节，有机地联系在一起。

第三，按增值税属于最终消费者负担的消费行为税性质，不再区别何种商品、劳务，统一按单一税率征税，极大地减少了因税率划分而导致的复杂性。

第四，严格按照国际公认的目的地征税原则和世贸组织规定的国民待遇原则，确立进口商品由进口国依法征税，出口商品由出口国按零税率全部退还该商品已缴纳税款的规则，使增值税进出口征退税机制完全与国际税收规则接轨，促进了货物贸易在国际间通畅运转。

第五，合理地确立了增值税纳税人的注册标准。将达到增值税注册标准的经营者，都纳入增值税纳税人范围，实行统一的、规范的增值税管理制度。同时，对达不到增值税纳税人注册标准的经营者，则采取免征增值税的方式，将他们置

于增值税征税范围之外。这一划分方法既有利于统一对增值税纳税人的管理，又有利于实施国家对低收入者的扶贫政策，使为数众多的处于基本生活水平以下的低收入者，包括农业生产者、手工业者等置于增值税征税范围之外。

正因为这一类型具有以上特点，国际税收专家认为，它是一种税制简化、机制严密、对经济扭曲程度最低、征纳成本最低、易于管理的增值税类型，是当今增值税的最佳模式。自1986年以来，该模式已被亚洲、北美、南美、非洲以及南太平洋一些国家所采用。我国进行第三次增值税改革，也应当选择这类增值税类型。

现在我国增值税进行第三次重大改革，客观环境已发生了重大变化：

第一，经济体制变化。我国已经建立了与国际接轨的现代市场经济体制。与前两次增值税改革所不同的是，目前建立符合市场经济规范并与国际税收规则接轨的增值税制度，已经不再存在经济体制性障碍，具备了选择当今世界最佳增值税模式的条件。

第二，增值税制度上的变化。从法国创建增值税的50年来，增值税已由当初不定型、多选择的不完整型增值税，发展到定型的现代型增值税。我国目前推行现代型增值税已不存在技术上的难题。

第三，新西兰从1986年开始实行的现代型增值税，至今已被亚洲、北美、南美、非洲和南太平洋的许多国家采用。在推行现代型增值税方面积累的丰富经验，可为我国提供借鉴。

第四，我国改革开放30年积累了许多推行增值税的宝贵经验。这使我国推行现代型增值税具有扎实的基础，而完全不必另起炉灶。

第五，我国社会主义制度，比其他市场经济国家具有决策上的权威性。我国完全可以从科学性出发，选择最佳的增值税改革方案，而不受外界的干预。

综上所述，我国进行第三次增值税改革所具备的各方面条件，比前两次增值税改革要优越得多。而国际金融危机的出现，又在客观上增加了改革增值税的必要性和紧迫性。这就需要把握时机，通过建立最完善的增值税制，增强企业对国际金融危机的抵御能力，更好地发挥现代增值税促进经济发展和稳定国家财政的功能。

三、采取基本稳定现有税负水平的政策，让增值税税负向更合理方向发展

增值税改革的目的，就是要将当前我国实行的不完整型增值税，转为符合市场经济规范并与国际税收接轨的现代型增值税制。改革要同时解决好两个方面的问题：一方面，要通过增值税制度本身的改革，彻底解决因税制不完善所导致的税负不合理的矛盾，消除税制中不利于经济发展的消极因素；另一方面，要合理确定增值税的总体负担水平，以利于继续推动经济的快速发展，继续稳定我国

财政。

就增值税制度改革而言,应进行以下七个方面的重要改革:

第一,将应当纳入增值税范围的所有行业,除非常特殊的行业(如金融保险业)外,最大限度地纳入增值税征税范围。这一条是建立完善型增值税的最重要内容。建筑业、房地产业、交通运输业、邮电通信业以及为生产服务的劳务服务性的第三产业,都是国民经济中极其重要的行业。目前对它们仍实行全额征收制,其已征的增值税不允许扣除,这既让商品劳务税失去了税负的合理性,也造成税制的不统一性。将它们纳入增值税范围,最大的好处是可以将增值税从企业成本中分离出来,彻底消除因按全值征税导致重复征税的不合理因素,有利于增强这些行业的活力,促进其发展。不仅如此,这项措施对已经纳入增值税范围的一般纳税人而言,其向这些行业购入物品的税款,也可以得到抵扣,这对增强它们的活力也有重要意义。此项改革还将使我国现行的增值税、营业税、城建税和教育费附加,改为统一征收增值税,从而彻底改变目前商品劳务税税制多、税种并立的现状,实现简化税制的目标。

第二,要将目前已纳入增值税范围、达到征税规模以上的小规模纳税人,由目前的按全值征收增值税,其已纳增值税不允许扣税,统一改为按增值税征扣税办法扣税,使这部分企业也可以把增值税从企业成本中分离出来,彻底消除因征税方式不同而产生的不合理征税因素,进一步增强它们的活力。由于目前小规模纳税人占增值税纳税人的80%,由为数众多的中小型企业组成,采取此项措施,不仅对减轻中小型企业的负担,激活我国经济,稳定就业水平具有重要意义,而且它对完善和规范我国增值税制同样具有重要意义。

第三,在将不动产和建筑安装业改为征收增值税的基础上,将固定资产统一纳入增值税征扣税范围。由于固定资产属于物化劳动的范围,是构成企业增值的一项重要内容,无论欧盟型的增值税,还是实行现代型增值税的国家,均将固定资产纳入增值税范围,这是实施完善增值税制的必然要求,是决定能否彻底消除重复征税因素的一个重要方面。由于固定资产的扣税是在先征税基础上进行的扣税,因此上述这些国家并没有发生因固定资产扣税而导致损害国家财政的先例。由于固定资产允许扣税,将能消除所有经营单位因此而存在的重复征税因素,此项改革将惠及所有经营单位,特别是它对鼓励投资兴办新企业、鼓励技术改革、提振房地产业、机器机械业和高投入行业的发展,具有重要意义。

第四,按照目的地征税原则,进出口商品由进口国行使征税权,出口国必须退还该商品已征税款。因此,应当恢复我国增值税税法已规定的进口依法征税、出口实行零税率的规定。此项改革有利于平衡进口产品与国内产品之间、加工贸易进口产品和非加工贸易进口产品之间的税收负担,有利于在进出口贸易基本平衡的情况下,保证财政进出口征退税的平衡,有利于解决因进出口征退税制度不合理而产生的税负不合理的矛盾,特别是这项措施有利于规范国际间正常的进出口征税秩序,有利于促进外贸平稳持续的发展。

第五,通过合理地确定增值税纳税人的注册标准,可以将一部分达不到标准的低收入者,包括农村极大部分个体农业生产者、城市低收入经营者、个体手工业者、个体服务业经营者,由增值税小规模纳税人转为享受增值税免税的非纳税人。此项举措可以充分体现国家以人为本、构建社会主义和谐社会的政策,也就是通过税收手段,实施扶贫政策,抑制收入向贫困化方向发展的势头,有利于社会的稳定,而且此项举措也可以增强对增值税纳税户的管理,以提高税收管理水平。

第六,基于增值税属于最终由消费者负担的消费行为税性质,没有必要再就某项商品或某项劳务服务项目再单设税率。因此,可将现行增值税税率结构改为单一税率结构。此项举措有利于简化税制、降低征纳成本。

第七,以税法维护国家的征税权和纳税人的扣税权,即除了税法明文规定的免税项目外,征税权与免税权不受侵犯,从而保障增值税征扣税机制的连贯性和严密性,使增值税运行机制能够正常运行。

增值税的第三次重要改革,还要解决好新的增值税负担水平如何确定的问题。这是决定未来增值税征税规模的关键所在。

笔者认为,我国增值税的现有负担水平,是在原有税负水平基础上历史形成的,确定新的增值税税率不能脱离原有税负基础。从多年来我国经济能够保持持续快速发展的势头来看,我国增值税的税负基本上对经济发展还是有利的。新的增值税可以在标准税率17%的基础上按照改革后的新的增值税制,在基本稳定现有税负水平的基础上,经过计算重新确定。

确定我国增值税新的税负水平时,不宜再提高现有税负水平。这主要是考虑2007年我国商品劳务税占国内生产总值的比重已经普遍高于发达国家,我国现行增值税17%的税率水平,虽低于欧盟的税率(27个国家平均税率为19.47%),但却大大超过周边国家及东盟各国的增值税税率(5%～12%),如果再提高税负水平,将不利于推动区域经济向一体化方向发展,也不符合国际金融危机发生后企业要求减轻税收负担的新态势。

考虑到我国现行税负存在的不合理因素,主要是税制改革不到位所形成的,随着税制改革后税负不合理和重复征税因素被消除,税负将转为合理,因此没有必要刻意过多地降低现有税负水平。

如果采取基本稳定现有税负水平的政策,可以预测:新的增值税规模仍会随经济规模的增大而增大,但增值税占国内生产总值的比重再上升的势头将会逐步趋于稳定,税负将向更合理方向发展。

　　——韩绍初:《抓住时机,推进增值税制度第三次改革》,《中国税务报》,2009年10月14日。

延伸思考题

　　1.增值税的优点是什么?

　　2.为什么增值税纳税人要区分为一般纳税人和小规模纳税人?

　　3.为什么要设立增值税出口退税制度?

　　4.如何防范增值税流失?

第四章　消费税法律制度

案例:石化公司约谈补缴消费税案

1.企业基本情况

山东省垦利县某石化有限责任公司以石油加工为主导产业,总资产 24.01 亿元。企业实行独立核算,年设计生产能力为 150 万吨,主要产品为汽油、柴油、液化气、7♯燃料油、化工轻油及轻质燃料油等。

2.确定评估对象

根据山东省国税局税收分析预警平台下发的预警疑点信息,垦利县国税局通过对该企业进行相关数据比对发现,今年 8 月该企业实现消费税 371901.62 元,而去年同期实现消费税 15288897.4 元,应纳消费税额减少 97.57%。而与此相对应的是,该企业生产销售一直比较平稳。企业消费税额的突然减少引起了税收管理员的注意,在分析过程中还发现自年初以来该企业实现消费税额比去年同期大幅下降,因此确定把该企业作为评估对象。

3.信息采集

评估人员通过征管信息系统、一窗式申报系统等提取了相关信息,包括税务登记、一般纳税人信息、纳税申报资料及附列资料、财务会计报表等信息。

该企业以石油为主要原料,产出的产品中汽油、柴油以及其他燃料油等属于消费税产品,销售的大部分产品都应按照政策规定征收消费税。今年 1 月～8 月,该公司累计实现消费税 2136.7 万元,比去年同期少实现消费税 1812.97 万元,减少了 45.9%,减少幅度较大。

4.外部数据采集

根据评估需要,评估人员采集了该企业今年以来各个加工环节的投入产出数据,并根据测算的投入产出比与胜利油田的原油投入产出比进行了比较,主要生产环节总收油率相差不大。

但在个别环节的汽柴油的出油率明显较低,特别是重油重整环节,企业外购的石脑油和自身生产的石脑油类产品进行深加工为 93JHJ 汽油。1 月份共计投入石脑油 3645.62 吨、原料汽油 2652.9 吨、石脑油半成品 4037.6 吨,产出汽油

4644.56 吨,因此该环节应税油品收率仅为 45%,但在以后几个月应税油品的收率都达到 85% 以上,怀疑存在多抵扣消费税的问题。

5.约谈评估

针对实现消费税大幅度减少和个别环节产出应税油品数量较少的问题,评估人员制定了约谈提纲,并对企业下达了税务事项通知书,要求企业生产负责人及财务负责人对相关问题进行约谈举证。

约谈过程中,该企业强调消费税减少的主要原因是受到今年 1 月开始执行的新消费税政策的影响。新消费税政策规定外购的燃料油继续生产应税消费品,外购的燃料油的已纳消费税可以抵扣。该企业原来外购的渣油、燃料油等油品,根据新政策规定都可以在销售时扣除已纳消费税。今年以来该企业累计抵扣消费税 2319.73 万元,其中仅抵扣燃料油一项就达到 1947.36 万元。如果不计算燃料油抵扣这个因素,今年应实现消费税 4084.36 万元,比去年同期还多实现消费税 134.39 万元。

对于重整环节汽油收率较低的问题,该企业解释为生产产品过程中,由于工艺的变化和可调整性造成产出的产品虽然差别较小,但是达不到汽油的标准,并提供了相关部门的检验报告。

虽然该企业提供的资料并无漏洞,但是评估人员利用企业提供的非应税油品检验报告及相关证据,引用相关新消费税政策,指出企业利用外购石脑油生产应税消费品,应按照产出的应税消费品收率抵扣外购石脑油已纳消费税,即以外购或委托加工收回的已税石脑油、润滑油、燃料油为原料生产的应税消费品,准予从消费税应纳税额中扣除原料已纳的消费税税款。抵扣税款的计算公式为:当期准予扣除的外购应税消费品已纳税款=当期准予扣除外购应税消费品数量×外购应税消费品单位税额。在政策条文及企业自己提供的证据面前,该企业承认了自己的错误。

6.评估处理

经过评估人员的信息采集、案头分析及约谈评估,对企业利用新消费税抵扣政策认识不到位,少计算缴纳消费税的问题得到了确认。

根据国家税务总局消费税若干具体政策通知的规定,外购石脑油为原料在同一生产过程中既生产应税消费品又同时生产非应税消费品的,外购石脑油已缴纳的消费税税款抵扣额的计算方法和外购石脑油继续生产应税消费品的应按照收率计算抵扣消费税的要求,该企业重整车间共计投入外购石脑油 16270.83 吨、原料汽油 17764.02 吨、半成品石脑油 19213.15 吨,产出汽油 40851.6 吨、液态烃 3795 吨、液化气 2333.5 吨,应税消费品的投入产出率为 77%(汽油/全部投入),按照规定外购石脑油产出的应税消费品按照收率计算抵扣消费税,应抵扣消费税 3457785.67 元,实际已抵扣消费税 4244634.03 元,应补缴消费税786848.36 元。企业积极配合主管税务机关进行了自查自纠,补缴消费税786848.36 元,并按规定缴纳了滞纳金。

——山东省垦利县国税局:《测算"油品收率",破解企业消费税锐降谜团》,《中国税务报》,2008 年 12 月 12 日。

第一节 概述

一、消费税的概念

消费税是对我国境内从事生产、委托加工和进口应税消费品的单位和个人,就其销售额或销售数量,在特定环节征收的一种流转税。

作为调控居民消费行为的重要手段,目前,世界上约有 120 多个国家开征消费税,但其称谓不一,如货物税、奢侈品税等,也有的国家直接以课税对象为名,如烟税、酒税、矿物油税、电话税等。长期以来,我国消费税主要扮演着控制居民消费欲望(尤其是奢侈消费)的功能。比如,我国曾于 1950 年在全国范围内开征特种消费行为税,课税范围为电影、戏剧及娱乐、舞厅、筵席、冷食、旅馆等消费行为。1989 年,为了缓解彩色电视机、小汽车供不应求的矛盾,我国对彩色电视机和小汽车开征了特别消费税。1993 年 12 月 13 日,国务院颁布了《中华人民共和国消费税暂行条例》,对烟、酒及酒精、化妆品、护肤护发品、贵重首饰及珠宝玉石、鞭炮焰火、汽油、柴油、汽车轮胎、摩托车、小汽车等 11 种消费品在征收增值税的基础上再加征一道消费税。此后,随着我国社会经济的发展,消费税的课税范围进行了适当的调整。2008 年 11 月 5 日,国务院第 34 次常务会议颁布了新修订的《中华人民共和国消费税暂行条例》,课税范围为烟、酒及酒精、化妆品、贵重首饰及珠宝玉石、鞭炮焰火、成品油、汽车轮胎、摩托车、小汽车、高尔夫球及球具、高档手表、游艇、木制一次性筷子、实木地板等 14 种消费品。目前,我国消费税制的一个突出特点是倡导环境保护和节能减排。

二、消费税的纳税人

在我国境内生产、委托加工和进口法定消费品的单位和个人,以及国务院确定的销售法定应税消费品的其他单位和个人,为消费税的纳税人。

单位,是指企业、行政单位、事业单位、军事单位、社会团体及其他单位。

个人,是指个体工商户及其他个人。

在我国境内,是指生产、委托加工和进口属于应当缴纳消费税的消费品的起运地或者所在地在我国境内。

销售,是指有偿转让应税消费品的所有权。

有偿,是指从购买方取得货币、货物或者其他经济利益。

三、消费税的课税对象

消费税的课税对象有以下五类:

1. 一些过度消费会对人身健康、社会秩序、生态环境等方面造成危害的特殊消费品,如烟、酒、鞭炮、焰火等。

2. 非生活必需品,如化妆品、贵重首饰、珠宝玉石等。

3. 高能耗及高档消费品,如摩托车、小汽车等。

4. 不可再生和替代的稀缺资源消费品,如汽油、柴油等。

5. 税基宽广、消费普遍、征税后不影响居民基本生活并具有一定财政意义的消费品,如汽车轮胎。

四、消费税的税目税率

税　目	税　率
一、烟 1. 卷烟 (1)甲类卷烟 (2)乙类卷烟 2. 雪茄烟 3. 烟丝	 45％加 0.003 元/支 30％加 0.003 元/支 25％ 30％
二、酒及酒精 1. 白酒 2. 黄酒 3. 啤酒 (1)甲类啤酒 (2)乙类啤酒 4. 其他酒 5. 酒精	 20％加 0.5 元/500 克(或者 500毫升) 240 元/吨 250 元/吨 220 元/吨 10％ 5％
三、化妆品	30％
四、贵重首饰及珠宝玉石 1. 金银首饰、铂金首饰和钻石及钻石饰品 2. 其他贵重首饰和珠宝玉石	 5％ 10％
五、鞭炮、焰火	15％

（续表）

税　目	税　率
六、成品油 1.汽油 （1）含铅汽油 （2）无铅汽油 2.柴油 3.航空煤油 4.石脑油 5.溶剂油 6.润滑油 7.燃料油	 0.28元/升 0.20元/升 0.10元/升 0.10元/升 0.20元/升 0.20元/升 0.20元/升 0.10元/升
七、汽车轮胎	3%
八、摩托车 1.气缸容量（排气量，下同）在250毫升（含250毫升）以下的 2.气缸容量在250毫升以上的	 3% 10%
九、小汽车 1.乘用车 （1）气缸容量（排气量，下同）在1.0升（含1.0升）以下的 （2）气缸容量在1.0升以上至1.5升（含1.5升）的 （3）气缸容量在1.5升以上至2.0升（含2.0升）的 （4）气缸容量在2.0升以上至2.5升（含2.5升）的 （5）气缸容量在2.5升以上至3.0升（含3.0升）的 （6）气缸容量在3.0升以上至4.0升（含4.0升）的 （7）气缸容量在4.0升以上的 2.中轻型商用客车	 1% 3% 5% 9% 12% 25% 40% 5%
十、高尔夫球及球具	10%
十一、高档手表	20%
十二、游艇	10%
十三、木制一次性筷子	5%
十四、实木地板	5%

术语界定：

一、烟

凡是以烟叶为原料加工生产的产品，不论使用何种辅料，均属于本税目的征收范围。本税目下设甲类卷烟、乙类卷烟、雪茄烟、烟丝四个子目。

卷烟是指将各种烟叶切成烟丝，按照配方要求均匀混合，加入糖、酒、香料等辅料，用白色盘纸、棕色盘纸、涂布纸或烟草薄片经机器或手工卷制的普通卷烟和雪茄型卷烟。

（一）甲类卷烟

甲类卷烟是指每大箱（5万支）销售价格在780元（含780元）以上的卷烟。不同包装规格卷烟的销售价格均按每大箱（5万支）折算。

（二）乙类卷烟

乙类卷烟是指每大箱（5万支）销售价格在780元以下的卷烟。

不同包装规格卷烟的销售价格均按每大箱（5万支）折算。

（三）雪茄烟

雪茄烟是指以晾晒烟为原料或者以晾晒烟和烤烟为原料，用烟叶或卷烟纸、烟草薄片作为烟支内包皮，再用烟叶作为烟支外包皮，经机器或手工卷制而成的烟草制品。按内包皮所用材料的不同可分为全叶卷雪茄烟和半叶卷雪茄烟。

雪茄烟的征收范围包括各种规格、型号的雪茄烟。

（四）烟丝

烟丝是指将烟叶切成丝状、粒状、片状、末状或其他形状，再加入辅料，经过发酵、储存，不经卷制即可供销售吸用的烟草制品。

烟丝的征收范围包括以烟叶为原料加工生产的不经卷制的散装烟，如斗烟、莫合烟、烟末、水烟、黄红烟丝等。

二、酒及酒精

本税目下设粮食白酒、薯类白酒、黄酒、啤酒、其他酒、酒精六个子目。

（一）粮食白酒

粮食白酒是指以高粱、玉米、大米、糯米、大麦、小麦、小米、青稞等各种粮食为原料，经过糖化、发酵后，采用蒸馏方法酿制的白酒。

（二）薯类白酒

薯类白酒是指以白薯（红薯、地瓜）、木薯、马铃薯（土豆）、芋头、山药等各种干鲜薯类为原料，经过糖化、发酵后，采用蒸馏方法酿制的白酒。

用甜菜酿制的白酒，比照薯类白酒征税。

（三）黄酒

黄酒是指以糯米、粳米、籼米、大米、黄米、玉米、小麦、薯类等为原料，经加温、糖化、发酵、压榨酿制的酒。由于工艺、配料和含糖量的不同，黄酒分为干黄酒、半干黄酒、半甜黄酒、甜黄酒四类。

黄酒的征收范围包括各种原料酿制的黄酒和酒度超过12度（含12度）的土甜酒。

（四）啤酒

啤酒是指以大麦或其他粮食为原料，加入啤酒花，经糖化、发酵、过滤酿制的含有二氧化碳的酒。啤酒按照杀菌方法的不同，可分为熟啤酒和生啤酒或鲜啤酒。

啤酒的征收范围包括各种包装和散装的啤酒。

无醇啤酒比照啤酒征税。

（五）其他酒

其他酒是指除粮食白酒、薯类白酒、黄酒、啤酒以外，酒度在 1 度以上的各种酒。其征收范围包括糠麸白酒、其他原料白酒、土甜酒、复制酒、果木酒、汽酒、药酒等。

1. 糠麸白酒是指用各种粮食的糠麸酿制的白酒。

用稗子酿制的白酒，比照糠麸酒征税。

2. 其他原料白酒是指用醋糟、糖渣、糖漏水、甜菜渣、粉渣、薯皮等各种下脚料，葡萄、桑椹、橡子仁等各种果实、野生植物等代用品，以及甘蔗、糖等酿制的白酒。

3. 土甜酒是指用糯米、大米、黄米等为原料，经加温、糖化、发酵（通过酒曲发酵），采用压榨酿制的酒度不超过 12 度的酒。

酒度超过 12 度的应按黄酒征税。

4. 复制酒是指以白酒、黄酒、酒精为酒基，加入果汁、香料、色素、药材、补品、糖、调料等配制或泡制的酒，如各种配制酒、泡制酒、滋补酒等。

5. 果木酒是指以各种果品为主要原料，经发酵过滤酿制的酒。

6. 汽酒是指以果汁、香精、色素、酸料、酒（或酒精）、糖（或糖精）等调配，冲加二氧化碳制成的酒度在 1 度以上的酒。

7. 药酒是指按照医药卫生部门的标准，以白酒、黄酒为酒基，加入各种药材泡制或配制的酒。

（六）酒精

酒精又名乙醇，是指以含有淀粉或糖分的原料，经糖化和发酵后，用蒸馏方法生产的酒精度数在 95 度以上的无色透明液体；也可以石油裂解气中的乙烯为原料，用合成方法制成。

酒精的征收范围包括用蒸馏法和合成方法生产的各种工业酒精、医药酒精、食用酒精。

三、化妆品

化妆品是日常生活中用于修饰美化人体表面的用品。化妆品品种较多，所用原料各异，按其类别划分，可分为美容和芳香两类。美容类有香粉、口红、指甲油、胭脂、眉笔、蓝眼油、眼睫毛及成套化妆品等；芳香类有香水、香水精等。

本税目的征收范围包括：

香水、香水精、香粉、口红、指甲油、胭脂、眉笔、唇笔、蓝眼油、眼睫毛、成套化妆品等。

（一）香水、香水精是指以酒精和香精为主要原料混合配制而成的液体芳香类化妆品。

（二）香粉是指用于粉饰面颊的化妆品。按其形态有粉状、块状和液状。高级香粉盒内附有的彩色丝绒粉扑，花色香粉粉盒内附有的小盒胭脂和胭脂扑，均应按"香粉"征税。

（三）口红又称唇膏，是涂饰于嘴唇的化妆品。口红的颜色一般以红色为主，也有白色的（俗称口白），还有一种变色口红，是用曙红酸等染料调制而成的。

（四）指甲油又名"美指油"，是用于修饰保护指甲的一种有色或无色的油性液态化妆品。

（五）胭脂是擦敷于面颊皮肤上的化妆品。有粉质块状胭脂、透明状胭脂膏及乳化状胭脂膏等。

（六）眉笔是修饰眉毛用的化妆品。有铅笔式和推管式两种。

（七）唇笔是修饰嘴唇用的化妆品。

（八）蓝眼油是涂抹于眼窝周围和眼皮的化妆品。它是以油脂、蜡和颜料为主要原材料制成。色彩有蓝色、绿色、棕色等，因蓝色使用最为普遍，故俗称"蓝眼油"。眼影膏、眼影霜、眼影粉应按照蓝眼油征税。

（九）眼睫毛商品名称叫"眼毛膏"或"睫毛膏"，是用于修饰眼睫毛的化妆品。其产品形态有固体块状、乳化状。颜色以黑色及棕色为主。

（十）成套化妆品是指由各种用途的化妆品配套盒装而成的系列产品。一般采用精制的金属或塑料盒包装，盒内常备有镜子、梳子等化妆工具，具有多功能性和使用方便的特点。舞台、戏剧、影视演员化妆用的上妆油、卸妆油、油彩、发胶和头发漂白剂等，不属于本税目征收范围。

五、贵重首饰及珠宝玉石

本税目征收范围包括：各种金银珠宝首饰和经采掘、打磨、加工的各种珠宝玉石。

1. 金银珠宝首饰包括：凡以金、银、白金、宝石、珍珠、钻石、翡翠、珊瑚、玛瑙等高贵稀有物质以及其他金属、人造宝石等制作的各种纯金银首饰及镶嵌首饰（含人造金银、合成金银首饰等）。

2. 珠宝玉石的种类包括钻石、珍珠、松石、青金石、欧泊石、橄榄石、长石、玉、石英、玉髓、石榴石、锆石、尖晶石、黄玉、碧玺、金绿玉、绿柱石、刚玉、琥珀、珊瑚、煤玉、龟甲、合成刚玉、合成宝石、双合石、玻璃仿制品。

六、鞭炮、焰火

鞭炮，又称爆竹，是用多层纸密裹火药，接以药引线，制成的一种爆炸品。

焰火，是指烟火剂，一般系包扎品，内装药剂，点燃后烟火喷射，呈各种颜色，有的还变幻成各种景象，分平地小焰火和空中大焰火两类。

本税目征收范围包括各种鞭炮、焰火。通常分为 13 类，即喷花类、旋转类、旋转升空类、火箭类、吐珠类、线香类、小礼花类、烟雾类、造型玩具类、炮竹类、摩擦炮类、组合烟花类、礼花弹类。

体育上用的发令纸，鞭炮药引线，不按本税目征收。

七、汽油

汽油是轻质石油产品的一大类。由天然或人造石油经脱盐、初馏、催化裂化，调合而得。它为无色到淡黄色的液体，易燃易爆，挥发性强。汽油按生产装置可分为直馏汽油、裂化汽油等类。经调合后制成各种用途的汽油。按用途可分为车用汽油、航空汽油、起动汽油和工业汽油（溶剂汽油）。

本税目征收范围包括：车用汽油、航空汽油、起动汽油。

工业汽油（溶剂汽油）主要作溶剂使用，不属本税目征收范围。

八、柴油

柴油是轻质石油产品的一大类。由天然或人造石油经脱盐、初馏、催化裂化，调合而得。易燃易爆，挥发性低于汽油。柴油按用途分为轻柴油、重柴油、军用柴油和农用柴油。

本税目征收范围包括：轻柴油、重柴油、农用柴油、军用轻柴油。

九、汽车轮胎

汽车轮胎是指用于各种汽车、挂车、专用车和其他机动车上的内、外胎。

本税目征收范围包括：

1. 轻型乘用汽车轮胎；

2. 载重及公共汽车、无轨电车轮胎；

3. 矿山、建筑等车辆用轮胎；

4. 特种车辆用轮胎（指行驶于无路面或雪地、沙漠等高越野轮胎）；

5. 摩托车轮胎；

6. 各种挂车用轮胎；

7. 工程车轮胎；

8.其他机动车轮胎；

9.汽车与农用拖拉机、收割机、手扶拖拉机通用轮胎。

十、摩托车

本税目征收范围包括：

(一)轻便摩托车

最大设计车速不超过 50 公里/小时、发动机气缸总工作容积不超过 50 毫升的两轮机动车。

(二)摩托车

最大设计车速超过 50 公里/小时、发动机气缸总工作容积超过 50 毫升、空车质量不超过 400 公斤(带驾驶室的正三轮车及特种车的空车质量不受此限)的两轮和三轮机动车。

1.两轮车:装有一个驱动轮与一个从动轮的摩托车。

(1)普通车:骑式车架,双人座垫,轮辋基本直径不小于 304 毫米,适应在公路或城市道路上行驶的摩托车。

(2)微型车:坐式或骑式车架,单人或双人座垫,轮辋基本直径不大于 254 毫米,适应在公路或城市道路上行驶的摩托车。

(3)越野车:骑式车架,宽型方向把,越野型轮胎,剩余垂直轮隙及离地间隙大,适应在非公路地区行驶的摩托车。

(4)普通赛车:骑式车架,狭型方向把,座垫偏后,装有大功率高转速发动机,在专用跑道上比赛车速的一种摩托车。

(5)微型赛车:坐式或骑式车架,轮辋基本直径不大于 254 毫米,装有大功率高转速发动机,在专用跑道上比赛车速的一种摩托车。

(6)越野赛车:具有越野性能,装有大功率发动机,用于非公路地区比赛车速的一种摩托车。

(7)特种车:一种经过改装之后用于完成特定任务的两轮摩托车。如开道车。

2.边三轮车:在两轮车的一侧装有边车的三轮摩托车。

(1)普通边三轮车:具有边三轮车结构,用于载运乘员或货物的摩托车。

(2)特种边三轮车:装有专用设备,用于完成特定任务的边三轮车。如警车、消防车。

3.正三轮车:装有与前轮对称分布的两个后轮和固定车厢的三轮摩托车。

(1)普通正三轮车:具有正三轮车结构,用于载运乘员或货物的摩托车。如客车、货车。

(2)特种正三轮车:装有专用设备,用于完成特定任务的正三轮车。如容罐车、自卸车、冷藏车。

文献阅读:《国务院关于实施成品油价格和税费改革的通知》

国务院关于实施成品油价格和税费改革的通知
国发〔2008〕37号

各省、自治区、直辖市人民政府,国务院各部委、各直属机构:

为建立完善的成品油价格形成机制和规范的交通税费制度,促进节能减排和结构调整,公平负担,依法筹措交通基础设施维护和建设资金,国务院决定实施成品油价格和税费改革。现通知如下:

一、实施成品油价格和税费改革的必要性

我国现行成品油价格和交通税费政策,对保障国内成品油市场供应,加快交通基础设施建设步伐,促进国民经济平稳较快发展,起到了积极作用。但随着我国石油需求不断增加,经济社会发展与资源环境之间的矛盾日益突出;以费代税、负担不公平等弊端日益显现;二级收费公路规模过大,结构不合理,与地方经济发展和群众出行的矛盾越来越尖锐等,这些迫切需要理顺成品油价格和交通税费机制。

近期国际市场油价持续回落,为实施成品油价格和税费改革提供了十分难得的机遇。及时把握当前有利时机,推进成品油价格和税费改革,对规范政府收费行为,公平社会负担,促进节能减排和结构调整,依法筹措交通基础设施维护和建设资金,促进交通事业稳定健康发展,都具有重大而深远的意义。

二、改革的主要内容

(一)关于成品油税费改革

提高现行成品油消费税单位税额,不再新设立燃油税,利用现有税制、征收方式和征管手段,实现成品油税费改革相关工作的有效衔接。

1.取消公路养路费等收费。取消公路养路费、航道养护费、公路运输管理费、公路客货运附加费、水路运输管理费、水运客货运附加费等六项收费。

2.逐步有序取消政府还贷二级公路收费。抓紧制定实施方案和中央补助支持政策,由省、自治区、直辖市人民政府根据相关方案和政策统筹研究,逐步有序取消政府还贷二级公路收费。各地可以省为单位统一取消,也可在省内区分不同情况,分步取消。实施方案由国家发展改革委会同交通运输部、财政部制定,报国务院批准后实施。

3.提高成品油消费税单位税额。汽油消费税单位税额每升提高0.8元,柴油消费税单位税额每升提高0.7元,其他成品油单位税额相应提高。加上现行单位税额,提高后的汽油、石脑油、溶剂油、润滑油消费税单位税额为每升1元,柴油、燃料油、航空煤油为每升0.8元。

4. 征收机关、征收环节和计征方式。成品油消费税属于中央税,由国家税务局统一征收(进口环节继续委托海关代征)。纳税人为在我国境内生产、委托加工和进口成品油的单位和个人。纳税环节在生产环节(包括委托加工和进口环节)。计征方式实行从量定额计征,价内征收。

今后将结合完善消费税制度,积极创造条件,适时将消费税征收环节后移到批发环节,并改为价外征收。

5. 特殊用途成品油消费税政策。提高成品油消费税单位税额后,对进口石脑油恢复征收消费税。2010 年 12 月 31 日前,对国产的用作乙烯、芳烃类产品原料的石脑油免征消费税;对进口的用作乙烯、芳烃类产品原料的石脑油已纳消费税予以返还。航空煤油暂缓征收消费税。对外购或委托加工收回的已税汽油生产的乙醇汽油免征消费税;用自产汽油生产的乙醇汽油,按照生产乙醇汽油所耗用的汽油数量申报纳税。对外购或委托加工收回的汽油、柴油用于连续生产甲醇汽油、生物柴油的,准予从消费税应纳税额中扣除原料已纳消费税税款。

6. 新增税收收入的分配。新增成品油消费税连同由此相应增加的增值税、城市维护建设税和教育费附加具有专项用途,不作为经常性财政收入,不计入现有与支出挂钩项目的测算基数,除由中央本级安排的替代航道养护费等支出外,其余全部由中央财政通过规范的财政转移支付方式分配给地方。改革后形成的交通资金属性不变、资金用途不变、地方预算程序不变、地方事权不变。具体转移支付办法由财政部会同交通运输部等有关部门制定并组织落实。新增税收收入按以下顺序分配:

一是替代公路养路费等六项收费的支出。具体额度以 2007 年的养路费等六费收入为基础,考虑地方实际情况按一定的增长率来确定。

二是补助各地取消政府还贷二级公路收费。每年安排一定数量的专项补助资金,用途包括债务偿还、人员安置、养护管理和公路建设等。

三是对种粮农民增加补贴,对部分困难群体和公益性行业,考虑用油量和价格水平变动情况,通过完善成品油价格形成机制中相应的配套补贴办法给予补助支持。

四是增量资金,按照各地燃油消耗量、交通设施当量里程等因素进行分配,适当体现全国交通的均衡发展。

(二)关于完善成品油价格形成机制

国产陆上原油价格继续实行与国际市场直接接轨。国内成品油价格继续与国际市场有控制地间接接轨。成品油定价既要反映国际市场石油价格变化和企业生产成本,又要考虑国内市场供求关系;既要反映石油资源稀缺程度,促进资源节约和环境保护,又要兼顾社会各方面的承受能力。

1.国内成品油出厂价格以国际市场原油价格为基础,加国内平均加工成本、税金和适当利润确定。当国际市场原油一段时间内平均价格变化超过一定水平时,相应调整国内成品油价格。

2.汽、柴油价格继续实行政府定价和政府指导价。(1)汽、柴油零售实行最高零售价格。最高零售价格由出厂价格和流通环节差价构成。适当缩小出厂到零售之间流通环节差价。(2)汽、柴油批发实行最高批发价格。(3)对符合资质的民营批发企业汽、柴油供应价格,合理核定其批发价格与零售价格价差。(4)供军队、新疆生产建设兵团和国家储备用汽、柴油供应价格,按国家核定的出厂价格执行。(5)合理核定供铁路、交通等专项部门用汽、柴油供应价格。(6)上述差价由国家发展改革委根据实际情况适时调整。

3.在国际市场原油价格持续上涨或剧烈波动时,继续对汽、柴油价格进行适当调控,以减轻其对国内市场的影响。

4.航空煤油等其他成品油价格继续按现行办法管理。液化气改为实行最高出厂价格管理。

5.国家发展改革委根据上述完善后的成品油价格形成机制,另行制定石油价格管理办法。

(三)关于完善成品油价格配套措施

1.继续发挥石油企业内部上下游利益调节机制作用。当国际市场原油价格大幅上涨,国家实施有控制地调整汽、柴油价格措施时,原油加工企业会出现暂时性困难,中石油、中石化两公司要继续按照石油企业内部上下游利益调节机制,平衡好内部利益关系,调动炼油企业生产积极性,保证市场供应。

2.完善相关行业价格联动机制。(1)铁路货运价格,根据上年国内柴油价格上涨影响铁路运输成本增加的情况,由铁路运输企业消化20%,其余部分通过提高铁路货物运输价格疏导,原则上每年调整一次。具体幅度由国家发展改革委会商铁道部确定。(2)民航国内航线旅客运输价格,首先在运价浮动机制内,由航空公司自主调整具体票价,需要调整燃油附加时,根据航空煤油价格影响民航运输成本变化情况,由航空公司消化20%,其余部分通过调整燃油附加标准或基准票价的方式疏导。调整燃油附加标准间隔时间原则上不少于半年。燃油附加具体收取标准由国家发展改革委会同民航局按照上述原则确定。(3)出租车和道路客运价格,由各地进一步完善价格联动机制,根据油价变动情况,通过法定程序,决定调整运价或燃油附加。

3.完善对种粮农民、部分困难群体和公益性行业补贴的机制。(1)种粮农民。当年成品油价格变动引起的农民种粮增支,继续纳入农资综合直补政策统筹考虑给予补贴。对种粮农民综合直补只增不减。(2)城市公交、农村道路客运

（含岛际和农村水路客运）、林业、渔业（含远洋渔业）。成品油价格调整影响上述行业增加的成本，由中央财政通过专项转移支付的方式给予补贴。补贴比例按现行政策执行，补贴标准随成品油价格的升降而增减，具体补贴办法由财政部会商有关部门另行制定。新的补贴办法从 2009 年起执行。（3）出租车。在运价调整前，因油价上涨增加的成本，继续由财政给予临时补贴。（4）低收入困难群体。各地综合考虑成品油、液化气等调价和市场物价变动因素，继续做好城乡低保对象等困难群体基本生活保障工作。

4. 继续实行石油涨价收入财政调节机制。为合理调节石油涨价收入，妥善处理各方面利益关系，继续按相关规定征收石油特别收益金。

（四）妥善解决改革的相关问题

1. 妥善安置交通收费征稽人员。妥善做好改革涉及人员的安置工作，是成品油税费改革顺利推进的重要保证。要按照转岗不下岗、待安置期间级别不变、合规合理的待遇不变的总体要求，由省、自治区、直辖市人民政府负总责，多渠道安置，有关部门给予指导、协调和支持，确保改革稳妥有序推进。各地要锁定改革涉及的征稽收费人员数量，严格把关，防止突击进人。

对公路养路费征稽人员的安置措施：一是交通运输行业内部转岗；二是税务部门接收；三是地方人民政府统筹协调，多种渠道安置改革涉及人员。

人员安置工作指导意见由交通运输部会同中央编办、财政部、人力资源社会保障部、税务总局制订，报国务院批准后实施。

2. 研究解决普通公路建设发展，特别是二级公路发展问题。地方要以这次改革为契机，利用中央财政给予的支持政策，整合现有资源，更好地用于发展二级公路。同时有关部门要按照六费原有资金功能不变的原则，抓紧研究建立和理顺普通公路投融资体制，促进普通公路健康发展。

3. 加强成品油市场监管。加强油品市场监测和监管，坚决禁止成品油生产企业为规避税收只开具发票而无实际货物交付和突击销售成品油等非正常销售成品油行为，严厉打击油品走私、经营假冒伪劣油品以及合同欺诈等违法行为，确保成品油市场稳定。

（五）实施时间

完善成品油价格形成机制，理顺成品油价格，自发文之日起实施。成品油税费改革自 2009 年 1 月 1 日起实施。

三、切实做好改革的实施工作

成品油价格和税费改革是党中央、国务院做出的重大决策，是贯彻落实科学发展观、促进经济社会平稳较快发展的重要举措。各地区、各有关部门要统一思想，充分认识改革的必要性和紧迫性，切实把思想和行动统一到中央的决策部署上来,精心组织,周密部署,共同做好有关工作,确保改革方案平稳实施。

(一)加强组织领导

国务院有关部门组成的成品油价格和税费改革部际协调小组,要切实做好改革方案的组织实施工作;各省、自治区、直辖市人民政府要成立由主要负责同志牵头的改革领导小组,主要负责同志负总责,发展改革、价格、财政、交通、税务、编制、人事等相关部门密切配合,落实责任,确保改革措施落实到位。

(二)保证队伍稳定和资金有效衔接

地方各级人民政府要切实担负起安置人员和维护稳定的责任,把人员安置的工作摆在推进改革的突出位置,提前筹划,周全安排,妥善安置。各级财政部门要做好改革前后资金安排及预算衔接工作;中央财政要通过向地方预拨资金,确保养护管理及人员经费等需要,保障改革平稳顺利推进。

(三)确保取消收费政策到位,严格禁止乱收费

各地要按照改革方案的统一安排,在2009年1月1日零时全部取消公路养路费等六项收费,已经提前预收的要及时清退,要加强检查,确保取消收费政策落到实处。对确定撤销的政府还贷二级公路收费站点,省级人民政府要及时向社会公布其位置和名称,接受社会监督;同时做好财务清理工作,防止国有资产流失和逃废银行债务。绝不允许任何地方、部门、单位和个人,以任何理由、任何名义继续收取或变相收取明令取消的各项收费。违反规定的,要严肃查处,并追究相关责任人的责任。国家发展改革委、财政部要会同有关部门尽快制定下发配套文件,并加大督查力度。

(四)加强宣传解释工作

要通过广播、电视、报纸、网络等多种媒体,有针对性地开展宣传解释工作,取得群众的理解和支持,为改革的顺利实施创造有利的舆论环境。地方各级人民政府要结合本地实际情况,加强舆论引导。

(五)确保社会大局稳定

成品油价格和税费改革涉及面广,情况复杂。各地要密切关注市场情况和社会动态,针对改革过程中可能出现的新情况、新问题,提前做好应对预案,并妥善处理,切实维护社会稳定的大局。

各地区、各有关部门贯彻落实情况,要及时向国务院报告。

国务院

二〇〇八年十二月十八日

十一、消费税纳税义务的认定

(一)兼营行为

纳税人兼营不同税率的应当缴纳消费税的消费品,应当分别核算不同税率应税消费品的销售额、销售数量;未分别核算销售额、销售数量,或者将不同税率的应税消费品组成成套消费品销售的,从高适用税率。

(二)纳税环节

1.生产

纳税人生产的应税消费品,于纳税人销售时纳税。纳税人自产自用的应税消费品,用于连续生产应税消费品的,不纳税;用于其他方面的,于移送使用时纳税。

用于连续生产应税消费品,是指纳税人将自产自用的应税消费品作为直接材料生产最终应税消费品,自产自用应税消费品构成最终应税消费品的实体。

用于其他方面,是指纳税人将自产自用应税消费品用于生产非应税消费品、在建工程、管理部门、非生产机构、提供劳务、馈赠、赞助、集资、广告、样品、职工福利、奖励等方面。

2.委托加工

委托加工的应税消费品,除受托方为个人外,由受托方在向委托方交货时代收代缴税款。委托加工的应税消费品,委托方用于连续生产应税消费品的,所纳税款准予按规定抵扣。

委托加工的应税消费品,是指由委托方提供原料和主要材料,受托方只收取加工费和代垫部分辅助材料加工的应税消费品。对于由受托方提供原材料生产的应税消费品,或者受托方先将原材料卖给委托方,然后再接受加工的应税消费品,以及由受托方以委托方名义购进原材料生产的应税消费品,不论在财务上是否作销售处理,都不得作为委托加工应税消费品,而应当按照销售自制应税消费品缴纳消费税。

委托加工的应税消费品直接出售的,不再缴纳消费税。

委托个人加工的应税消费品,由委托方收回后缴纳消费税。

3.进口

进口的应税消费品,于报关进口时纳税。

(三)纳税义务发生时间

税法规定,消费税纳税义务发生时间,分列如下:

1.纳税人销售应税消费品的,按不同的销售结算方式分别为:

(1)采取赊销和分期收款结算方式的,为书面合同约定的收款日期的当天,

书面合同没有约定收款日期或者无书面合同的,为发出应税消费品的当天;

(2)采取预收货款结算方式的,为发出应税消费品的当天;

(3)采取托收承付和委托银行收款方式的,为发出应税消费品并办妥托收手续的当天;

(4)采取其他结算方式的,为收讫销售款或者取得索取销售款凭据的当天。

2.纳税人自产自用应税消费品的,为移送使用的当天。

3.纳税人委托加工应税消费品的,为纳税人提货的当天。

4.纳税人进口应税消费品的,为报关进口的当天。

习题计算:纳税义务发生时间

【题目】A汽车制造公司(以下简称A公司)为增值税一般纳税人。生产的小汽车适用的消费税税率为5%。2006年8月,A公司发生以下经济业务事项:

(1)8月19日,采取直接收款方式向H汽车销售公司销售小汽车一批,已收到全部价款(含增值税)760.5万元,给购车方开具了增值税专用发票,并于当日将提车单交给购车方自行提货;

(2)8月23日,采取托收承付方式向M汽车销售公司销售小汽车一批,价款(不含增值税)为300万元。A公司已将该批汽车发出并向银行办妥托收手续。8月31日,A公司尚未收到该批车款。

计算A公司8月份应纳消费税税额。

【解析】纳税人采取直接收款方式销售的,其纳税义务发生时间为收讫销售款的当天。A公司收到车价款(含增值税)760.5万元,并把提车单交给购车方时,即实现销售,应计算缴纳有关税费。

另外,A公司采取托收承付方式销售的小汽车,其纳税义务发生时间为发出小汽车并办妥托收手续的当天。尽管A公司在8月底尚未收到车款,但已实现了销售,应按车价款300万元计算缴纳消费税。

A公司8月份应纳消费税税额＝[760.5÷(1+17%)+300]×5%
　　　　　　　　　　　　＝47.5(万元)

——财政部会计资格评价中心编:《经济法基础》(2009年初级会计资格考试辅导教材),经济科学出版社,2008年12月第1版。

第二节　应纳税额的计算

一、消费税应纳税额的计算（一）：一般情况

（一）基本原理

消费税实行从价定率、从量定额，或者从价定率和从量定额复合计税的办法计算应纳税额。应纳税额计算公式：

实行从价定率办法计算的应纳税额＝销售额×比例税率

实行从量定额办法计算的应纳税额＝销售数量×定额税率

实行复合计税办法计算的应纳税额＝销售额×比例税率＋销售数量×定额税率

纳税人销售的应税消费品，以人民币计算销售额。纳税人以人民币以外的货币结算销售额的，应当折合成人民币计算。

（二）销售额的认定

销售额为纳税人销售应税消费品向购买方收取的全部价款和价外费用。

但是，销售额不包括应向购货方收取的增值税税款。如果纳税人应税消费品的销售额中未扣除增值税税款或者因不得开具增值税专用发票而发生价款和增值税税款合并收取的，在计算消费税时，应当换算为不含增值税税款的销售额。其换算公式为：

应税消费品的销售额＝含增值税的销售额÷（1＋增值税税率或者征收率）

应税消费品连同包装物销售的，无论包装物是否单独计价以及在会计上如何核算，均应并入应税消费品的销售额中缴纳消费税。如果包装物不作价随同产品销售，而是收取押金，此项押金则不应并入应税消费品的销售额中征税。但对因逾期未收回的包装物不再退还的或者已收取的时间超过 12 个月的押金，应并入应税消费品的销售额，按照应税消费品的适用税率缴纳消费税。

对既作价随同应税消费品销售，又另外收取的包装物的押金，凡纳税人在规定的期限内没有退还的，均应并入应税消费品的销售额，按照应税消费品的适用税率缴纳消费税。

习题计算：含增值税的消费税应纳税额的计算

【题目】某企业为增值税一般纳税人。2006 年 8 月，该企业销售自产摩托车一批，取得含增值税销售额 117 万元。已知该批摩托车适用消费税税率为 10%。计算该企业 8 月份应纳消费税税额。

【解析】销售价款和增值税税款合并收取的销售额,在计算消费税时,应当换算为不含增值税税款的销售额。

该企业 8 月份应纳消费税税额＝117÷(1＋17％)×10％

$$＝10(万元)$$

——财政部会计资格评价中心编:《经济法基础》(2009 年初级会计资格考试辅导教材),经济科学出版社,2008 年 12 月第 1 版。

(三)价外费用

价外费用,是指价外向购买方收取的手续费、补贴、基金、集资费、返还利润、奖励费、违约金、滞纳金、延期付款利息、赔偿金、代收款项、代垫款项、包装费、包装物租金、储备费、优质费、运输装卸费以及其他各种性质的价外收费。但下列项目不包括在内:

1.同时符合以下条件的代垫运输费用:

(1)承运部门的运输费用发票开具给购买方的;

(2)纳税人将该项发票转交给购买方的。

2.同时符合以下条件代为收取的政府性基金或者行政事业性收费:

(1)由国务院或者财政部批准设立的政府性基金,由国务院或者省级人民政府及其财政、价格主管部门批准设立的行政事业性收费;

(2)收取时开具省级以上财政部门印制的财政票据;

(3)所收款项全额上缴财政。

习题计算:价外费用

【题目】某汽车制造公司为增值税一般纳税人。2006 年 9 月,该公司发生以下经济业务:

(1)销售自产小汽车 50 辆,取得汽车价款(不含增值税)550 万元。另外,向购买方收取价外费用 5 万元。

(2)销售自产轮胎取得的销售额(含增值税)58.5 万元。

(3)购进各种生产用原材料,从销售方取得的增值税专用发票上注明的增值税税额合计为 70 万元,支付运输公司开具的运费结算单据上注明的运费 3 万元。

9 月初,该公司增值税进项税额余额为零;轮胎适用的消费税税额为 3％;小汽车适用的消费税税率为 5％;支付运输费用按 7％的扣除率计算增值税进项税额;销售小汽车、轮胎适用的增值税税率为 17％。

计算该公司 9 月份应纳增值税税额和消费税税额。

【解析】销售价款和增值税税款合并收取的销售额,在计算增值税和消费税时,应当按照税法的规定换算为不含增值税税额的销售额。一般纳税人收取的价外费用也应当缴纳增值税。

该公司 9 月份应纳增值税税额＝[550＋5÷(1＋17％)＋58.5÷(1＋17％)]

$$×17％－(70＋3×7％)$$

$$＝32.52(万元)$$

该公司 9 月份应纳消费税税额＝[550＋5÷(1＋17％)]×5％＋[58.5÷

$$(1＋17％)]×3％$$

$$＝29.21(万元)$$

——财政部会计资格评价中心编:《经济法基础》(2009 年初级会计资格考试辅导教材),经济科学出版社,2008 年 12 月第 1 版。

(四)销售数量

税法规定,销售数量,是指应税消费品的数量。具体为:

(1)销售应税消费品的,为应税消费品的销售数量;

(2)自产自用应税消费品的,为应税消费品的移送使用数量;

(3)委托加工应税消费品的,为纳税人收回的应税消费品数量;

(4)进口应税消费品的,为海关核定的应税消费品进口征税数量。

实行从量定额办法计算应纳税额的应税消费品,计量单位的换算标准如下:

(1)黄酒 1 吨＝962 升

(2)啤酒 1 吨＝988 升

(3)汽油 1 吨＝1388 升

(4)柴油 1 吨＝1176 升

(5)航空煤油 1 吨＝1246 升

(6)石脑油 1 吨＝1385 升

(7)溶剂油 1 吨＝1282 升

(8)润滑油 1 吨＝1126 升

(9)燃料油 1 吨＝1015 升

二、消费税应纳税额的计算(二):特殊情况

(一)自产自用

税法规定,纳税人自产自用的应税消费品,按照纳税人生产的同类消费品的销售价格计算纳税;没有同类消费品销售价格的,按照组成计税价格计算纳税。

实行从价定率办法计算纳税的组成计税价格计算公式为:

组成计税价格＝(成本＋利润)÷(1－比例税率)

实行复合计税办法计算纳税的组成计税价格计算公式为:

组成计税价格＝(成本＋利润＋自产自用数量×定额税率)÷(1－比例税率)

习题计算：自产自用

【题目】某汽车厂为增值税一般纳税人。2006 年 7 月，该厂生产一批汽车轮胎，其中一部分对外销售，取得含增值税销售额 58.5 万元，另一部分用于本厂生产小汽车，自用部分的数量与对外销售部分的数量相等，质量相同。已知汽车轮胎适用 3% 的消费税税率。计算该厂 7 月份生产汽车轮胎应纳消费税税额。

【解析】纳税人自产自用的应税消费品，用于连续生产应税消费品的，即作为生产最终应税消费品的直接材料，并构成最终应税消费品实体的，不缴纳消费税。该厂自产自用的汽车轮胎，用于连续生产应征消费税的小汽车，不需要缴纳汽车轮胎生产环节的消费税，只对对外销售部分计算应纳消费税税额。

该厂 7 月份生产汽车轮胎应纳消费税税额＝[58.5÷(1＋17%)]×3%

＝1.5（万元）

——财政部会计资格评价中心编：《经济法基础》(2009 年初级会计资格考试辅导教材)，经济科学出版社，2008 年 12 月第 1 版。

(二)委托加工

委托加工的应税消费品，按照受托方的同类消费品的销售价格计算纳税；没有同类消费品销售价格的，按照组成计税价格计算纳税。

实行从价定率办法计算纳税的组成计税价格计算公式为：

组成计税价格＝(材料成本＋加工费)÷(1－比例税率)

实行复合计税办法计算纳税的组成计税价格计算公式为：

组成计税价格＝(材料成本＋加工费＋委托加工数量×定额税率)÷(1－比例税率)

(三)进口

进口的应税消费品，按照组成计税价格计算纳税。

实行从价定率办法计算纳税的组成计税价格计算公式为：

组成计税价格＝(关税完税价格＋关税)÷(1－消费税比例税率)

实行复合计税办法计算纳税的组成计税价格计算公式为：

组成计税价格＝(关税完税价格＋关税＋进口数量×消费税定额税率)÷(1－消费税比例税率)

术语界定

成本，是指应税消费品的产品生产成本。

利润，是指根据应税消费品的全国平均成本利润率计算的利润。应税消费品全国平均成本利润率由国家税务总局确定。具体而言，适用平均成本利润率为 5% 的应税消费品有：乙类卷烟、雪茄烟、烟丝、薯类白酒、其他酒、酒精、化妆品、鞭炮、焰火、汽车轮胎、中轻型商用客车、小汽车、木制一次性筷子、实木地板等；适用平均成本利润率为 6％的应税消费品有：贵重首饰及珠宝玉石、摩托车、越野车等；适用平均成本利润率为 8％的应税消费品有：乘用车；适用平均成本利润率为 10％的应税消费品有：甲类卷烟、粮食白酒、高尔夫球及球具、游艇等；适用平均成本利润率为 20％的应税消费品有：高档手表。

材料成本，是指委托方所提供加工材料的实际成本。

委托加工应税消费品的纳税人，必须在委托加工合同上如实注明（或者以其他方式提供）材料成本，凡未提供材料成本的，受托方主管税务机关有权核定其材料成本。

加工费，是指受托方加工应税消费品向委托方所收取的全部费用（包括代垫辅助材料的实际成本）。

关税完税价格，是指海关核定的关税计税价格。

习题计算：进口商品组成计税价格

【题目】某外贸进出口公司为增值税一般纳税人。2006 年 5 月，该公司进口 140 辆小汽车，每辆小汽车关税完税价格为 8 万元。已知小汽车关税税率为 110％，消费税税率为 5％。计算该公司 5 月份进口该批小汽车应纳消费税的组成计税价格。

【解析】进口应税消费品实行从价定率办法计算应纳税额的，按照包括消费税税额在内的组成计税价格计算应纳消费税税额。计算公式为：组成计税价格＝（关税完税价格＋关税）÷（1－消费税比例税率）

该公司进口该批小汽车的关税税额＝8×140×110％

＝1 232（万元）

该公司进口该批小汽车应纳消费税

的组成计税价格＝（8×140＋1 232）÷（1－5％）

＝2 475.79（万元）

——财政部会计资格评价中心编：《经济法基础》（2009 年初级会计资格考试辅导教材），经济科学出版社，2008 年 12 月第 1 版。

第三节　税务管理

一、征收机关

税法规定，消费税由税务机关征收，进口的应税消费品的消费税由海关代征。

案例:加强征管 压缩白酒企业避税空间

近来,谈起白酒消费税,"70%"无疑是个最抢眼的数字。因为从 2009 年 8 月 1 日起,白酒生产企业在缴纳消费税时,计税价格不得低于对外销售价格(不含增值税,下同)的 70%。白酒企业惯用的避税空间将从此被压缩。

生产环节征税留下避税空间

7 月 23 日,国家税务总局发布的《白酒消费税最低计税价格核定管理办法(试行)》(下称《办法》)明确,白酒生产企业销售给销售单位的白酒,生产企业消费税计税价格低于销售单位对外销售价格 70% 以下的,税务机关应核定消费税最低计税价格。

"毫无疑问,上述规定是专门针对白酒企业惯用的避税手段而制定的。"长期从事企业高端财税咨询的资深专家、华志泰欧企业管理顾问(北京)有限公司总裁朱希铎说。

那么,白酒企业惯用的避税手段是什么呢?

我国白酒行业征收的消费税包括 20% 的"从价税"和 1 元/公斤的"从量税",在生产环节一次性征收。纳税人只要人为降低体现在生产环节的销售价格,就可以不同程度地规避消费税。长期以来,整个白酒行业尤其是大中型白酒企业为了规避消费税,普遍采用建立销售公司的做法来降低从价税的税基。即先将生产出的白酒低价出售给销售公司,然后销售公司加高价出售给经销商,以此规避生产环节的消费税。这之间的价差越大,避税越多。

四川省绵阳市国税局长期从事白酒企业税收征管工作的霍琳举例说,仅考虑从价计征的消费税,以一瓶某品牌白酒的不含税市场销售价 300 元为例,如果生产企业直接对外销售,则应按照 20% 的税率征从价消费税 60 元;但如果厂家先以 90 元的所谓"出厂价"卖给销售公司,再由销售公司负责销售,则该厂家只需缴纳 18 元的从价消费税。这样,一瓶酒就能规避从价消费税 42 元之多。

三道"阀门"监控避税通道

"今后白酒生产企业利用消费税避税的通道将被收紧。"朱希铎告诉记者,从《办法》的内容来看,判定关联关系、核定最低计税价格、动态监管将是税务机关严密监控白酒企业避税通道的三道"阀门"。

判定关联关系是第一道"阀门"。朱希铎分析说,有关联交易就有转移定价的可能,也就有避税的可能。因此,判明企业之间的关联关系,是掌握企业避税总体脉络的前提。为此,《办法》第二条明确规定,白酒生产企业的关联方——销售单位,是指销售公司、购销公司以及委托境内其他单位或个人包销本企业生产的白酒的商业机构。

同时,《办法》还对"包销"这一关键概念进行了明确界定:销售单位依据协定价格从白酒生产企业购进白酒,同时承担大部分包装材料等成本费用,并负责销售白酒,就是包销。

北京资深税务律师张颖表示,按照《办法》的上述规定,有关联关系特别是关联关系比较复杂的企业,无疑将是税务机关重点监控的对象。

核定最低计税价格是第二道"阀门",也是最为关键的一个环节。《办法》规定,白酒生产企业销售给销售单位的白酒计税价格低于销售单位对外销售价格70%以下的,消费税最低计税价格由税务机关根据生产规模、白酒品牌、利润水平等情况在销售单位对外销售价格50%至70%范围内自行核定。其中生产规模较大,利润水平较高的企业生产的需要核定消费税最低计税价格的白酒,税务机关核价幅度原则上应选择在销售单位对外销售价格60%~70%范围内。

张颖告诉记者,关于消费税核定计税价格的问题,在1993年消费税设立时,《消费税暂行条例》第十条就明确规定:"纳税人应税消费品的计税价格明显偏低并无正当理由的,由主管税务机关核定其价格。"但是,由于税务机关很难取得相关资料,加之可比信息有限,准确核定计税价格并非易事。在《办法》出台之前,税务部门只对卷烟和汽车的消费税规定了最低计税价格,白酒始终没有。张颖认为,此次出台的白酒消费税最低计税价格核定方法相对易于操作。她指出,由于白酒的最终销售价格比较好调查,直接以生产企业与销售企业的对外售价的百分比作为基本条件,高于70%的视同符合独立交易原则,不核定计税价格,低于70%的才按照核定的计税价格征收消费税。

在核定计税价格的方法上,《办法》采用了"保底原则"。即已核定最低计税价格的白酒,生产企业实际售价高于消费税最低计税价格的,按实际售价申报纳税;实际售价低于消费税最低计税价格的,按最低计税价格申报纳税。

第三道"阀门"就是动态监管了。《办法》第十条明确规定,已核定最低计税价格的白酒,销售单位对外销售价格持续上涨或下降时间达到3个月以上、累计上涨或下降幅度在20%(含)以上的白酒,税务机关重新核定最低计税价格。也就是说,税务机关对白酒企业的最低计税价格并非"一核了之",而是要不断地跟踪管理,以规范其纳税行为。

四川普林税务师事务所总经理岳凡宋对这三道"阀门"的管控效果给予了较高评价。他说,通过核定最低计税价格的办法,使税务部门的反避税工作变被动为主动,将"事后调整"与"事前规范"相结合,酒企避税行为将大大收敛。

酒企没必要过度紧张

《办法》出台后,一些白酒企业反应较为强烈,认为此举大大挤压了企业的利润空间,纷纷嚷着要涨价或者已经涨价。但张颖分析认为,《办法》没有对消费税的税率作任何变动,只是针对利用消费税避税的白酒企业采取的一种征管措施,并非针对所有企业。没有关联交易或者关联交易少的企业,以及在关联交易中遵循独立交易原则的企业,都没有必要过分紧张。

朱希铎说:"即使没有严格遵循独立交易原则也没有必要过分紧张。"《办法》没有按照销售单位最终的销售价格计征消费税,而是按照销售单位对外销售价格70%的比例确定最低计税价格,已经充分考虑了企业的承受能力。如果因为《办法》的实施白酒企业经营不下去甚至倒闭,那就说明该企业以往主要是靠避税获得利润,或者毫无抵御风险能力,这样的企业早晚也会被市场淘汰。

有关专家还表示,白酒行业特别是高档白酒本身就是一个高利润行业,对其在税收上严加征管无可厚非。更何况,即便税务机关按照70%的比例重新核定了最低计税价格,企业的总体税负虽然会上升,但依然有一定的获利空间。

——张凯、何国刚:《白酒消费税新规压缩酒企避税空间》,《中国税务报》,2009年8月10日。

二、申报纳税

税法规定,纳税人到外县(市)销售或者委托外县(市)代销自产应税消费品的,于应税消费品销售后,向机构所在地或者居住地主管税务机关申报纳税。

纳税人的总机构与分支机构不在同一县(市)的,应当分别向各自机构所在地的主管税务机关申报纳税;经财政部、国家税务总局或者其授权的财政、税务机关批准,可以由总机构汇总向总机构所在地的主管税务机关申报纳税。

委托个人加工的应税消费品,由委托方向其机构所在地或者居住地主管税务机关申报纳税。

进口的应税消费品,由进口人或者其代理人向报关地海关申报纳税。

三、税务调整

纳税人应税消费品的计税价格明显偏低并无正当理由的,由主管税务机关核定其计税价格。

应税消费品的计税价格的核定权限规定如下:

1. 卷烟、白酒和小汽车的计税价格由国家税务总局核定,送财政部备案;

2. 其他应税消费品的计税价格由省、自治区和直辖市国家税务局核定;

3. 进口的应税消费品的计税价格由海关核定。

同类消费品的销售价格,是指纳税人或者代收代缴义务人当月销售的同类消费品的销售价格,如果当月同类消费品各期销售价格高低不同,应按销售数量加权平均计算。但销售的应税消费品有下列情况之一的,不得列入加权平均计算:

1. 销售价格明显偏低并无正当理由的;

2.无销售价格的。

如果当月无销售或者当月未完结,应按照同类消费品上月或者最近月份的销售价格计算纳税。

税收规章:关于加强白酒消费税征收管理的通知

国家税务总局关于加强白酒消费税征收管理的通知

国税函〔2009〕380 号

各省、自治区、直辖市和计划单列市国家税务局:

为落实《国家税务总局关于进一步加强税收征管工作的通知》(国税发〔2009〕16 号)文件精神,加强白酒消费税征收管理,现将有关事项通知如下:

一、各地要组织开展白酒消费税政策执行情况检查,及时纠正税率适用错误等政策问题。

二、各地要加强白酒消费税日常管理,确保税款按时入库。加大白酒消费税清欠力度,杜绝新欠发生。

三、加强纳税评估,有效监控生产企业的生产、销售情况,堵塞漏洞,增加收入。

四、为保全税基,对设立销售公司的白酒生产企业,税务总局制定了《白酒消费税最低计税价格核定管理办法(试行)》(见附件),对计税价格偏低的白酒核定消费税最低计税价格。

各地要集中力量做好白酒消费税最低计税价格核定工作,确保自 2009 年 8 月 1 日起,执行核定的白酒消费税最低计税价格。

五、各地要加强小酒厂白酒消费税的征管,对账证不全的,采取核定征收方式。

六、各级税务机关要加强领导,加强对本通知提出的白酒消费税征收管理各项工作要求的监督检查,发现问题及时纠正、及时上报。

附件:白酒消费税最低计税价格核定管理办法(试行)

国家税务总局

二〇〇九年七月十七日

四、纳税地点

纳税人销售的应税消费品,以及自产自用的应税消费品,除国务院财政、税务主管部门另有规定外,应当向纳税人机构所在地或者居住地的主管税务机关申报纳税。

委托加工的应税消费品,除受托方为个人外,由受托方向机构所在地或者居住地的主管税务机关解缴消费税税款。

进口的应税消费品,应当向报关地海关申报纳税。

五、纳税期限

税法规定,消费税的纳税期限分别为 1 日、3 日、5 日、10 日、15 日、1 个月或者 1 个季度。纳税人的具体纳税期限,由主管税务机关根据纳税人应纳税额的大小分别核定;不能按照固定期限纳税的,可以按次纳税。

纳税人以 1 个月或者 1 个季度为 1 个纳税期的,自期满之日起 15 日内申报纳税;以 1 日、3 日、5 日、10 日或者 15 日为 1 个纳税期的,自期满之日起 5 日内预缴税款,于次月 1 日起 15 日内申报纳税并结清上月应纳税款。

纳税人进口应税消费品,应当自海关填发海关进口消费税专用缴款书之日起 15 日内缴纳税款。

六、退税补税

出口的应税消费品办理退税后,发生退关,或者国外退货进口时予以免税的,报关出口者必须及时向其机构所在地或者居住地主管税务机关申报补缴已退的消费税税款。

纳税人直接出口的应税消费品办理免税后,发生退关或者国外退货,进口时已予以免税的,经机构所在地或者居住地主管税务机关批准,可暂不办理补税,待其转为国内销售时,再申报补缴消费税。

纳税人销售的应税消费品,如因质量等原因由购买者退回时,经机构所在地或者居住地主管税务机关审核批准后,可退还已缴纳的消费税税款。

文献附录:《关于调整和完善消费税政策的通知》

财政部、国家税务总局关于调整和完善消费税政策的通知

财税〔2006〕33 号

注释:条款失效,第一条第二款第 1 项、第四条第一款第 1 项、第十条第一款"石脑油、溶剂油、润滑油、燃料油暂按应纳税额的 30％征收消费税"的规定,附件第六条失效。参见:《财政部、国家税务总局关于公布废止和失效的消费税规范性文件目录的通知》,财税〔2009〕18 号。

各省、自治区、直辖市、计划单列市财政厅(局)、国家税务局,新疆生产建设兵团财务局:

为适应社会经济形势的客观发展需要,进一步完善消费税制,经国务院批准,对消费税税目、税率及相关政策进行调整。现将有关内容通知如下:

一、关于新增税目

(一)新增高尔夫球及球具、高档手表、游艇、木制一次性筷子、实木地板税目。适用税率分别为:

1. 高尔夫球及球具税率为 10%;

2. 高档手表税率为 20%;

3. 游艇税率为 10%;

4. 木制一次性筷子税率为 5%;

5. 实木地板税率为 5%。

(二)取消汽油、柴油税目,增列成品油税目。汽油、柴油改为成品油税目下的子目(税率不变)。另外新增石脑油、溶剂油、润滑油、燃料油、航空煤油五个子目。

1. 上述新增子目的适用税率(单位税额)分别为:

(1)石脑油,单位税额为 0.2 元/升;

(2)溶剂油,单位税额为 0.2 元/升;

(3)润滑油,单位税额为 0.2 元/升;

(4)燃料油,单位税额为 0.1 元/升;

(5)航空煤油,单位税额为 0.1 元/升。

2. 上述新增子目的计量单位换算标准分别为:

(1)石脑油 1 吨=1385 升;

(2)溶剂油 1 吨=1282 升;

(3)润滑油 1 吨=1126 升;

(4)燃料油 1 吨=1015 升;

(5)航空煤油 1 吨=1246 升。

计量单位换算标准的调整由财政部、国家税务总局确定。

二、关于纳税人

在中华人民共和国境内生产、委托加工、进口上述新增应税消费品的单位和个人为消费税的纳税义务人,均应按《中华人民共和国消费税暂行条例》(以下简称《条例》)和本通知的规定申报缴纳消费税。

三、关于取消税目

取消护肤护发品税目,将原属于护肤护发品征税范围的高档护肤类化妆品列入化妆品税目。

四、关于调整税目税率

(一)调整小汽车税目税率。

取消小汽车税目下的小轿车、越野车、小客车子目。在小汽车税目下分设乘用车、中轻型商用客车子目。适用税率分别为:

1. 乘用车:

(1)气缸容量(排气量,下同)在 1.5 升(含)以下的,税率为 3%;

(2)气缸容量在 1.5 升以上至 2.0 升(含)的,税率为 5%;

（3）气缸容量在 2.0 升以上至 2.5 升（含）的，税率为 9％；

（4）气缸容量在 2.5 升以上至 3.0 升（含）的，税率为 12％；

（5）气缸容量在 3.0 升以上至 4.0 升（含）的，税率为 15％；

（6）气缸容量在 4.0 升以上的，税率为 20％。

2. 中轻型商用客车，税率为 5％。

（二）调整摩托车税率。

将摩托车税率改为按排量分档设置：

1. 气缸容量在 250 毫升（含）以下的，税率为 3％；

2. 气缸容量在 250 毫升以上的，税率为 10％。

（三）调整汽车轮胎税率。

将汽车轮胎 10％的税率下调到 3％。

（四）调整白酒税率。

粮食白酒、薯类白酒的比例税率统一为 20％。定额税率为 0.5 元/斤（500克）或 0.5 元/500 毫升。从量定额税的计量单位按实际销售商品重量确定，如果实际销售商品是按体积标注计量单位的，应按 500 毫升为 1 斤换算，不得按酒度折算。

五、关于组成套装销售的计税依据

纳税人将自产的应税消费品与外购或自产的非应税消费品组成套装销售的，以套装产品的销售额（不含增值税）为计税依据。

六、关于以自产石脑油用于本企业连续生产的纳税问题

生产企业将自产石脑油用于本企业连续生产汽油等应税消费品的，不缴纳消费税；用于连续生产乙烯等非应税消费品或其他方面的，于移送使用时缴纳消费税。

七、关于已纳税款的扣除

下列应税消费品准予从消费税应纳税额中扣除原料已纳的消费税税款：

（一）以外购或委托加工收回的已税杆头、杆身和握把为原料生产的高尔夫球杆。

（二）以外购或委托加工收回的已税木制一次性筷子为原料生产的木制一次性筷子。

（三）以外购或委托加工收回的已税实木地板为原料生产的实木地板。

（四）以外购或委托加工收回的已税石脑油为原料生产的应税消费品。

（五）以外购或委托加工收回的已税润滑油为原料生产的润滑油。

已纳消费税税款抵扣的管理办法由国家税务总局另行制定。

八、关于新增和调整税目的全国平均成本利润率

新增和调整税目全国平均成本利润率暂定如下：

（一）高尔夫球及球具为 10%；

（二）高档手表为 20%；

（三）游艇为 10%；

（四）木制一次性筷子为 5%；

（五）实木地板为 5%；

（六）乘用车为 8%；

（七）中轻型商用客车为 5%。

九、关于出口

出口应税消费品的退（免）税政策，按调整后的税目税率以及条例和有关规定执行。

十、关于减税免税

（一）石脑油、溶剂油、润滑油、燃料油暂按应纳税额的 30% 征收消费税，航空煤油暂缓征收消费税。

（二）子午线轮胎免征消费税。

十一、其他相关问题

（一）本通知实施以后，属于新增税目、取消税目和调整税目税率的应税消费品，因质量原因发生销货退回的，依照条例实施细则的规定执行。具体操作办法由国家税务总局另行制定。

（二）商业企业 2006 年 3 月 31 日前库存的属于本通知规定征税范围的应税消费品，不需申报补缴消费税。

（三）对单位和个人欠缴的消费税，主管税务机关应依据《中华人民共和国税收征收管理法》及其实施细则的规定及时清缴。

（四）出口企业收购出口应税消费品的应退税额的计算，以消费税税收（出口货物专用）缴款书注明的税额为准。

（五）出口企业在 2006 年 3 月 31 日前收购的出口应税消费品，并取得消费税税收（出口货物专用）缴款书的，在 2006 年 4 月 1 日以后出口的，仍可按原税目税率办理退税。具体执行时间以消费税税收（出口货物专用）缴款书开具日期为准。

十二、关于执行时间

本通知自 2006 年 4 月 1 日起执行。以下文件或规定同时废止：

（一）《关于印发〈消费税征收范围注释〉的通知》（国税发〔1993〕153 号）第四条、第十一条。

（二）《关于〈消费税征收范围注释〉的补充通知》（国税发〔1994〕26 号）。

（三）《关于 CH1010 微型厢式货车等有关征收消费税问题的批复》（国税函发〔1994〕303 号）。

（四）《国家税务总局关于消费税若干征税问题的通知》（国税发〔1997〕84 号）第四条。

（五）《国家税务总局关于对部分油品征收消费税问题的批复》（国税函〔2004〕1078 号）第一条、第二条。

（六）《国家税务总局关于"皮卡"改装的"旅行车"征收消费税问题的批复》（国税函〔2005〕217 号）。

（七）《国家税务总局关于美宝莲全天候粉底液等产品征收消费税问题的批复》（国税函〔2005〕1231 号）。

附件：消费税新增和调整税目征收范围注释

消费税新增和调整税目征收范围注释

一、高尔夫球及球具

高尔夫球及球具是指从事高尔夫球运动所需的各种专用装备，包括高尔夫球、高尔夫球杆及高尔夫球包（袋）等。

高尔夫球是指重量不超过 45.93 克、直径不超过 42.67 毫米的高尔夫球运动比赛、练习用球；高尔夫球杆是指被设计用来打高尔夫球的工具，由杆头、杆身和握把三部分组成；高尔夫球包（袋）是指专用于盛装高尔夫球及球杆的包（袋）。

本税目征收范围包括高尔夫球、高尔夫球杆、高尔夫球包（袋）。高尔夫球杆的杆头、杆身和握把属于本税目的征收范围。

二、高档手表

高档手表是指销售价格（不含增值税）每只在 10000 元（含）以上的各类手表。

本税目征收范围包括符合以上标准的各类手表。

三、游艇

游艇是指长度大于 8 米小于 90 米，船体由玻璃钢、钢、铝合金、塑料等多种材料制作，可以在水上移动的水上浮载体。按照动力划分，游艇分为无动力艇、帆艇和机动艇。

本税目征收范围包括艇身长度大于 8 米（含）小于 90 米（含），内置发动机，可以在水上移动，一般为私人或团体购置，主要用于水上运动和休闲娱乐等非牟利活动的各类机动艇。

四、木制一次性筷子

木制一次性筷子，又称卫生筷子，是指以木材为原料经过锯段、浸泡、旋切、刨切、烘干、筛选、打磨、倒角、包装等环节加工而成的各类一次性使用的筷子。

本税目征收范围包括各种规格的木制一次性筷子。未经打磨、倒角的木制一次性筷子属于本税目征税范围。

五、实木地板

实木地板是指以木材为原料，经锯割、干燥、刨光、截断、开榫、涂漆等工序加工而成的块状或条状的地面装饰材料。实木地板按生产工艺不同，可分为独板（块）实木地板、实木指接地板、实木复合地板三类；按表面处理状态不同，可分为未涂饰地板（白坯板、素板）和漆饰地板两类。

本税目征收范围包括各类规格的实木地板、实木指接地板、实木复合地板及用于装饰墙壁、天棚的侧端面为榫、槽的实木装饰板。未经涂饰的素板属于本税目征税范围。

六、成品油

本税目包括汽油、柴油、石脑油、溶剂油、航空煤油、润滑油、燃料油七个子目。

汽油、柴油的征收范围仍按原规定执行。

（一）石脑油。

石脑油又叫轻汽油、化工轻油，是以石油加工生产的或二次加工汽油经加氢精制而得的用于化工原料的轻质油。

石脑油的征收范围包括除汽油、柴油、煤油、溶剂油以外的各种轻质油。

（二）溶剂油。

溶剂油是以石油加工生产的用于涂料和油漆生产、食用油加工、印刷油墨、皮革、农药、橡胶、化妆品生产的轻质油。

溶剂油的征收范围包括各种溶剂油。

（三）航空煤油。

航空煤油也叫喷气燃料，是以石油加工生产的用于喷气发动机和喷气推进系统中作为能源的石油燃料。

航空煤油的征收范围包括各种航空煤油。

（四）润滑油。

润滑油是用于内燃机、机械加工过程的润滑产品。润滑油分为矿物性润滑油、植物性润滑油、动物性润滑油和化工原料合成润滑油。

润滑油的征收范围包括以石油为原料加工的矿物性润滑油，矿物性润滑油基础油。植物性润滑油、动物性润滑油和化工原料合成润滑油不属于润滑油的征收范围。

（五）燃料油。

燃料油也称重油、渣油。

燃料油征收范围包括用于电厂发电、船舶锅炉燃料、加热炉燃料、冶金和其他工业炉燃料的各类燃料油。

七、小汽车

汽车是指由动力驱动,具有四个或四个以上车轮的非轨道承载的车辆。

本税目征收范围包括含驾驶员座位在内最多不超过9个座位(含)的,在设计和技术特性上用于载运乘客和货物的各类乘用车和含驾驶员座位在内的座位数在10至23座(含23座)的在设计和技术特性上用于载运乘客和货物的各类中轻型商用客车。

用排气量小于1.5升(含)的乘用车底盘(车架)改装、改制的车辆属于乘用车征收范围。用排气量大于1.5升的乘用车底盘(车架)或用中轻型商用客车底盘(车架)改装、改制的车辆属于中轻型商用客车征收范围。

含驾驶员人数(额定载客)为区间值的(如8~10人;17~26人)小汽车,按其区间值下限人数确定征收范围。

电动汽车不属于本税目征收范围。

八、化妆品

本税目征收范围包括各类美容、修饰类化妆品、高档护肤类化妆品和成套化妆品。

美容、修饰类化妆品是指香水、香水精、香粉、口红、指甲油、胭脂、眉笔、唇笔、蓝眼油、眼睫毛以及成套化妆品。

舞台、戏剧、影视演员化妆用的上妆油、卸装油、油彩,不属于本税目的征收范围。

高档护肤类化妆品征收范围另行制定。

理论探索:消费税改革效果评估与展望

消费税改革实施两年多来,达到了组织财政收入,调解收入分配,引导、调解消费,节约资源、促进环保等目的。这是国家税务总局有关方面根据2005年~2008年3个年度的全国税收资料普查数据分析得出的结论。

据介绍,全国税收资料普查是财政部和国家税务总局每年在全国税务系统开展的一项专项调查工作。调查成果提供给国务院及中央经济部门用于重大的财政体制改革、税制改革和税收政策决策。在刚刚结束的2008年度全国税收资料普查中,全国国税、地税机关共调查各类企业63万多户,其中调查消费税企业6990户,缴纳消费税占当年全国消费税收入的97%以上。

3个年度的全国税收资料普查数据显示,消费税收入呈逐年稳步递增趋势,2005年实现消费税收入为1 634亿元,2006年为1 885亿元,2008年达到2 206亿元;缴纳消费税企业生产经营状况良好,资产总额、利润总额、主营业务收入、税收总额等各项指标呈稳定增长态势。

分税目看,大部分税目产品销售收入和税额实现了同步稳定增长,个别税目有所减少,比如"木制一次性筷子"税目,自 2006 年度纳入征收范围以来,在户数基本持平的情况下,销售收入、税额大幅减少,显示促进资源节约和环境保护的目标已有所显现;"摩托车"和"汽车轮胎"两个税目,在销售额增长的情况下,应纳税款减少了,主要因素为 2006 年对该税目税率的调减导致,显示此次降低税率达到了政策调整的目的。

分行业看,原油加工及石油制品制造行业销售成本率呈减少趋势,营业利润水平逐年递增,消费税税负呈下降趋势;白酒行业的销售成本基本较为稳定,在政策调整前后增减幅度不大,但营业利润水平实现了由亏损转为微利,消费税税负也小幅增长;车辆、飞机及工程机械轮胎制造行业的成本、利润水平没有较大的增减变化,消费税税负由于税率的调整大幅减少;汽车整车制造行业销售成本呈逐年下降趋势,营业利润水平和消费税税负在政策调整后大幅度提高;摩托车整车制造行业的销售成本、营业利润均有所增加,税负大幅降低。

通过对只执行比例税率征收消费税的产品税负进行统计,化妆品、高档手表税负水平处于较高的水平,符合引导消费的调节目的;汽车轮胎、摩托车税负水平大幅下降,结合其企业户数虽然减少,但销售收入却稳定增长的情况,可以看出国家结合经济社会的实际发展,通过调整消费税税收政策,确实达到了降低生产企业成本,扶持企业走出困境或进一步促进企业发展的目的。

国家税务总局有关方面认为,2006 年实施的消费税改革,与当前我国全面落实科学发展观,建设社会主义和谐社会等党和国家大政方针紧密结合在一起,达到了组织财政收入,调解收入分配,引导、调解消费,节约资源、促进环保的目的。但是,随着经济社会的不断发展,消费税政策仍有进一步调整的空间。比如,消费税征税范围可以适当扩大。目前国际上近 50% 的国家征收消费税的税目在 10~15 种,30% 的国家征税税目在 15~30 种之间,相比较而言,我国消费税征收范围较窄。部分税目消费税征税环节在设置上也不尽合理,有些产品在税率设置上也仍存在调整或细分空间。

——怀远、辛兵、世田、高蓓:《消费税改革达到预期目的》,《中国税务报》,2009 年 4 月 10 日。

致公党中央在向全国政协会议提交的一份提案中提出,有必要对现行消费税制度进行改革,将税收体系"绿化"。

首先,适当提高含铅汽油的税率,以抑制含铅汽油的消费使用;其次,将那些用难以降解和无法再回收利用的材料制造的、在使用中预期会对环境造成严重污染的包装物、一次性电池、塑料袋和餐饮用品等产品列入征税范围；最后，借鉴国际经验，择机开征环境税，通过开征水污染、空气污染、垃圾污染等环境税筹集资金，治理环境。

致公党中央还建议，要完善消费税立法，尽快将消费税制度由暂行条例上升到更高法律级次。改革消费税的计税方式，将现行的价内税改为国际通用的价外税，在专用发票上分别注明税款和价款，让消费者在购买消费品时就能了解自己所承担消费税税款的多少。

——郑猛：《改革消费税制"绿化"税收体系》，《中国税务报》，2009 年 3 月 9日。

延伸思考题

1. 设立消费税的宗旨是什么？
2. 消费税课税对象如何选择？
3. 如何评价消费税调节消费行为的作用？
4. 如何完善我国当前消费税制？

第五章 营业税法律制度

☞ **案例：气象短信收入应纳营业税的认定**

　　某省气象信息中心与该省移动通信公司、联通公司及省电信有限公司合作开展气象短消息信息服务业务。结算方式为，每月从上述省级电信运营机构集中结算分回气象信息服务收入，由于开展气象短信息气象信息服务需各设区市气象局及其所属县(市)气象局(或气象服务中心)共同协作才能完成，因此该中心公司按照当月各县(市)用户量将收入分割给各县(市)气象协作单位，各市气象部门每月以分得的收入减去分割给县(市)气象部门收入，据此该公司及各相关业务合作单位应如何适用营业税税目，计税依据如何确定？

　　1.省气象信息中心与电信运营商合作开展气象信息服务，其行为属于代理各市、县气象台(站)向社会提供气象信息服务，根据国家税务总局《关于印发〈营业税税目注释〉(试行稿)的通知》(国税发〔1993〕149号)属于包括代购代销货物、代办进出口、介绍服务、其他代理服务等代委托人办理受托事项的业务；属于营业税服务业税目中代理业，适用税率5％。其计税依据的确定，根据《国家税务总局关于代理业营业税计税依据确定问题的批复》(国税函〔2007〕908号)规定，纳税人从事代理业务，应以其向委托人收取的全部价款和价外费用减除现行税收政策规定的可扣除部分后的余额为计税营业额。关于营业额减除项目凭证管理问题，《财政部、国家税务总局关于营业税若干政策问题的通知》(财税〔2003〕16号)规定，营业额减除项目支付款项发生在境内的，该减除项目支付款项凭证必须是发票或合法有效凭证；支付给境外的，该减除项目支付款项凭证必须是外汇付汇凭证、外方公司的签收单据或出具的公证证明。就本例而言，营业额减除项目支付款项凭证必须是各气象协作单位提供的发票。

　　2.气象服务合作方按照现行营业税政策规定，对提供气象信息服务的各市、县气象部门按照各自用户服务量分割后实际取得的气象信息服务收入，根据国税发〔1993〕149号的规定，适用税目属于服务业税目中的其他服务业，适用税率5％。同时，为避免重复纳税及正确适用差额征税的限定性条件，各协作单位收款时，分别开具发票给上一级次的分割收入单位。

3.各电信运营商实际由取得用户使用气象数据业务而发生的基于短消息平台数据通信业务收入,根据营业税暂行条例、实施细则及国税发〔1993〕149号的规定,属于邮电通信业税目中的电信业,适用税率3%。电信业计税营业额,为纳税人提供电信业务服务向对方收取的全部价款和价外费用(包括向对方收取的手续费、基金、集资费、代收款项、代垫款项及其他各种性质的价外收费)。凡价外费用,无论会计制度规定如何核算均应并入营业额计算纳税。对于双方合作开展电信业务,根据《财政部、国家税务总局关于营业税若干政策问题的通知》(财税〔2003〕16号)规定,邮政电信单位与其他单位合作,共同为用户提供邮政电信业务及其他服务并由邮政电信单位统一收取价款的,以全部收入减去支付给合作方价款后的余额为营业额。

——梁影:《气象短信服务营业税如何计缴》,《中国税务报》,2008年10月13日。

第一节　概述

一、营业税的概念

营业税是对在我国境内提供应税劳务、转让无形资产或销售不动产的单位和个人所取得的营业额征收的一种商品与劳务税。

考察中外税制史,对工商业户的销售额课征类似营业税的历史非常悠久。我国从周代就有"关市之征"。所谓"市征",就是对国内工商业户课征的流转税,相当于今天的营业税。1791年,法国将原来实行的许可金改为营业税。1950年,政务院颁布了《工商营业税暂行条例》,将固定工商业户应纳的营业税和所得税合称为工商业税。1984年税制改革,营业税成为一个独立税种。1993年12月,国务院发布了《中华人民共和国营业税暂行条例》,初步建立了我国社会主义市场经济条件下的营业税制。2008年11月5日,国务院第34次常务会议修订通过新的《中华人民共和国营业税暂行条例》。从课税对象的角度观察,从1993年到2008年,我国营业税的调整范围没有变化,营业税依旧是调节第三产业的主要税种。由于营业税的计税依据是营业额,而且不能像增值税那样实行环环相扣,客观上存在着重复征税的缺点。来自实践部门的权威人士也曾尖锐地指出,一定程度上,营业税制的先天缺陷制约了我国第三产业的进一步发展,阻碍了我国经济产业升级战略的顺利实现。改革营业税制,需要综合考虑其与增值税的衔接关系,并且以中央和地方分税制为基本背景。

术语界定

　　劳务，是指属于交通运输业、建筑业、金融保险业、邮电通信业、文化体育业、娱乐业、服务业税目征收范围的应税劳务。加工和修理、修配，不属于营业税征收的劳务，即为营业税非应税劳务。

　　提供条例规定的劳务、转让无形资产或者销售不动产，是指有偿提供应税劳务、有偿转让无形资产或者有偿转让不动产所有权的行为。但是，单位或者个体工商户聘用的员工为本单位或者雇主提供条例规定的劳务，不包括在内。

　　有偿，是指取得货币、货物或者其他经济利益。

　　在我国境内提供条例规定的劳务、转让无形资产或者销售不动产，是指：

　　(1)提供或者接受条例规定劳务的单位或者个人在境内；

　　(2)所转让的无形资产(不含土地使用权)的接受单位或者个人在境内；

　　(3)所转让或者出租土地使用权的土地在境内；

　　(4)所销售或者出租的不动产在境内。

　　单位，是指企业、行政单位、事业单位、军事单位、社会团体及其他单位。

　　个人，是指个体工商户和其他个人。

二、营业税的纳税人

1.纳税人

　　在我国境内提供营业税应税劳务、转让无形资产或者销售不动产的单位和个人，为营业税的纳税人。

　　单位以承包、承租、挂靠方式经营的，承包人、承租人、挂靠人(以下统称承包人)发生应税行为，承包人以发包人、出租人、被挂靠人(以下统称发包人)名义对外经营并由发包人承担相关法律责任的，以发包人为纳税人；否则以承包人为纳税人。

　　中央铁路运营业务的纳税人为铁道部，合资铁路运营业务的纳税人为合资铁路公司，地方铁路运营业务的纳税人为地方铁路管理机构，基建临管线运营业务的纳税人为基建临管线管理机构。

2.扣缴义务人

　　(1)我国境外的单位或者个人在境内提供应税劳务、转让无形资产或者销售不动产，在境内未设有经营机构的，以其境内代理人为扣缴义务人；在境内没有代理人的，以受让方或者购买方为扣缴义务人。

　　(2)国务院财政、税务主管部门规定的其他扣缴义务人。

三、营业税的课税对象

1.营业税法定课税对象

营业税的法定课税对象是纳税人提供应税劳务、转让无形资产或者销售不动产所取得的营业额。

但是，纳税人有下列情形之一的，视同发生应税行为：

（1）单位或者个人将不动产或者土地使用权无偿赠送其他单位或者个人；

（2）单位或者个人自己新建（以下简称自建）建筑物后销售，其所发生的自建行为；

（3）财政部、国家税务总局规定的其他情形。

2.混合销售

税法规定，一项销售行为如果既涉及应税劳务又涉及货物，为混合销售行为。

从事货物的生产、批发或者零售的企业、企业性单位和个体工商户的混合销售行为，视为销售货物，不缴纳营业税；其他单位和个人的混合销售行为，视为提供应税劳务，缴纳营业税。

上述从事货物的生产、批发或者零售的企业、企业性单位和个体工商户，包括以从事货物的生产、批发或者零售为主，并兼营应税劳务的企业、企业性单位和个体工商户在内。

纳税人的下列混合销售行为，应当分别核算应税劳务的营业额和货物的销售额，其应税劳务的营业额缴纳营业税，货物销售额不缴纳营业税；未分别核算的，由主管税务机关核定其应税劳务的营业额：

（1）提供建筑业劳务的同时销售自产货物的行为；

（2）财政部、国家税务总局规定的其他情形。

3.兼营行为

税法规定，纳税人兼营应税行为和货物或者非应税劳务的，应当分别核算应税行为的营业额和货物或者非应税劳务的销售额，其应税行为营业额缴纳营业税，货物或者非应税劳务销售额不缴纳营业税；未分别核算的，由主管税务机关核定其应税行为营业额。

纳税人兼有不同税目的应当缴纳营业税的应税劳务、转让无形资产或者销售不动产，应当分别核算不同税目的营业额、转让额、销售额（以下统称营业额）；未分别核算营业额的，从高适用税率。

四、营业税的税目税率

税　目	税　率
一、交通运输业	3%
二、建筑业	3%
三、金融保险业	5%
四、邮电通信业	3%
五、文化体育业	3%
六、娱乐业	5%～20%
七、服务业	5%
八、转让无形资产	5%
九、销售不动产	5%

其中,纳税人经营娱乐业具体适用的税率,由省、自治区、直辖市人民政府在本条例规定的幅度内决定。

第二节　应纳税额的计算

一、营业税应纳税额的计算(一):基本原理

(一)一般情况

纳税人提供应税劳务、转让无形资产或者销售不动产,按照营业额和法定税率计算应纳税额。应纳税额计算公式:

应纳税额＝营业额×税率

营业额以人民币计算。纳税人以人民币以外的货币结算营业额的,应当折合成人民币计算。

习题计算:邮电业营业额

【题目】某地邮电局 2006 年 7 月份发生以下经济业务:

(1)传送函件收入 9 万元;

(2)电话、电传收入 3 万元;

(3)销售电信物品收入 4 万元;

(4)报刊发行收入 5 万元;

(5)销售邮务物品收入 2 万元。

计算该邮电局 7 月份应纳营业税的税额。

【解析】邮政部门以外的其他单位和个人发行报刊应当征收增值税,而邮政部门销售集邮商品、电信物品、邮务物品和报刊发行收入不征收增值税,应当征收营业税。

该邮电局 7 月份应纳营业税的营业额＝9＋3＋4＋5＋2

$$＝23(万元)$$

——财政部会计资格评价中心编:《经济法基础》(2009 年初级会计资格考试辅导教材),经济科学出版社,2008 年 12 月第 1 版。

(二)纳税调整

纳税人提供应税劳务、转让无形资产或者销售不动产的价格明显偏低并无正当理由的,或者发生前述视同发生应税行为而无营业额的,由主管税务机关按下列顺序确定其营业额。

1.按纳税人最近时期发生同类应税行为的平均价格核定;

2.按其他纳税人最近时期发生同类应税行为的平均价格核定;

3.按下列公式核定:

营业额＝营业成本或者工程成本×(1＋成本利润率)÷(1－营业税税率)

公式中的成本利润率,由省、自治区、直辖市税务局确定。

二、营业税应纳税额的计算(二):特殊情况

纳税人的营业额为纳税人提供应税劳务、转让无形资产或者销售不动产收取的全部价款和价外费用。但是,下列情形除外:

1.纳税人将承揽的运输业务分给其他单位或者个人的,以其取得的全部价款和价外费用扣除其支付给其他单位或者个人的运输费用后的余额为营业额;

习题计算:运输业务营业额

【题目】某运输公司 2006 年 8 月取得国内货运收入 250 000 元,装卸搬运收入 35 200 元;当月还承揽一项国际运输业务,全程收费为 38 000 元,其中境外运输业务转给境外一运输单位,并支付境外承运单位运费 20 000 元。计算该运输公司 8 月份应纳营业税的营业额。

【解析】境内运输业务以其实际取得的货运收入、装卸搬运收入等相关收入为营业额。涉及境外运输业务,即自中国境内载运货物出境,在境外其载运的货物改由其他运输企业承运的,以全程运费减去付给转运企业的运费后的余额为营业额。本例中,涉及境外运输的业务,应扣减支付给境外承运单位运费 20 000 元。

该运输公司 8 月份应纳营业税的营业额

=250 000+35 200+38 000-20 000

=303 200(元)

——财政部会计资格评价中心编:《经济法基础》(2009年初级会计资格考试辅导教材),经济科学出版社,2008年12月第1版。

2.纳税人从事旅游业务的,以其取得的全部价款和价外费用扣除替旅游者支付给其他单位或者个人的住宿费、餐费、交通费、旅游景点门票和支付给其他接团旅游企业的旅游费后的余额为营业额。

习题计算:旅游企业营业额

【题目】2006年8月,某国际旅行社组织甲、乙两个假日旅游团。

(1)甲团是由36人组成的境内旅游团,旅行社向每人收取4 500元(人民币,下同)。旅游期间,旅行社为每人支付交通费1 600元,住宿费400元,餐费300元,公园门票等费用600元。

(2)乙团是由30人组成的境外旅游团,旅行社向每人收取6 800元,在境外该团改由当地WT旅游公司接团,负责在境外安排旅游。旅行社按照协议支付给境外WT旅游公司旅游费折合人民币144 000元。

已知旅游业适用营业税税率为5%。计算该旅行社8月份应纳营业税税额。

【解析】旅行社在我国境内组团旅游,其应纳营业税的营业额不是按收取的全部费用为营业额,而是以其取得的全部价款和价外费用扣除替旅游者支付给其他单位或者个人的住宿费、餐费、交通费、旅游景点门票和支付给其他接团旅游企业的旅游费后的余额为营业额。旅行社组织旅游团到境外旅游,在境外改由其他旅行社接团的,以全程旅游费减去付给接团旅行社的旅游费用后的余额为营业额。

该旅行社8月份应纳营业税税额

=[(4 500-1 600-400-300-600)×36+(6 800×30-144 000)]×5%

=5 880(元)

——财政部会计资格评价中心编:《经济法基础》(2009年初级会计资格考试辅导教材),经济科学出版社,2008年12月第1版。

3.纳税人将建筑工程分包给其他单位的,以其取得的全部价款和价外费用扣除其支付给其他单位的分包款后的余额为营业额。

习题计算:建筑业营业额

【题目】2006年7月初,甲建筑公司为乙单位盖厂房,甲乙双方议定由甲建筑公司包工包料。7月底厂房竣工验收并交付使用。经核算,盖厂房共使用建筑及装饰材料等150万元。甲建筑公司向乙单位收取包工费80万元。计算甲建筑公司 7 月份应纳营业税的营业额。

【解析】建筑企业承接包工包料工程,以料、工、费全额为营业额计算缴纳营业税。

甲建筑公司 7 月份应纳营业税的营业额＝150＋80

＝230(万元)

——财政部会计资格评价中心编:《经济法基础》(2009 年初级会计资格考试辅导教材),经济科学出版社,2008 年 12 月第 1 版。

4.外汇、有价证券、期货等金融商品买卖业务,以卖出价减去买入价后的余额为营业额。

5.国务院财政、税务主管部门规定的其他情形。

纳税人取得的凭证不符合法律、行政法规或者国务院税务主管部门有关规定的,该项目金额不得扣除。

术语界定

价外费用,包括收取的手续费、补贴、基金、集资费、返还利润、奖励费、违约金、滞纳金、延期付款利息、赔偿金、代收款项、代垫款项、罚息及其他各种性质的价外收费,但不包括同时符合以下条件代为收取的政府性基金或者行政事业性收费:

(1)由国务院或者财政部批准设立的政府性基金,由国务院或者省级人民政府及其财政、价格主管部门批准设立的行政事业性收费;

(2)收取时开具省级以上财政部门印制的财政票据;

(3)所收款项全额上缴财政。

此外,纳税人营业额的认定,还应当注意以下四点:

1.纳税人的营业额计算缴纳营业税后因发生退款减除营业额的,应当退还已缴纳营业税税款或者从纳税人以后的应缴纳营业税税额中减除。

2.纳税人发生应税行为,如果将价款与折扣额在同一张发票上注明的,以折扣后的价款为营业额;如果将折扣额另开发票的,不论其在财务上如何处理,均不得从营业额中扣除。

3.纳税人提供建筑业劳务(不含装饰劳务)的,其营业额应当包括工程所用原材料、设备及其他物资和动力价款在内,但不包括建设方提供的设备的价款。

习题计算:建筑业营业额

【题目】2006 年 8 月,某建筑安装企业承包一项安装工程,竣工后共取得工程价款 100 万元。在施工期间发生劳动保护费 5 万元,临时设施费 3 万元,支付职工工资、奖金 25 万元,购买建筑材料等支出 40 万元。另外,还向发包单位收取抢工费 2 万元,获得提前竣工奖 3 万元。计算该企业 8 月份应纳营业税的营业额。

【解析】建筑安装企业向建设单位收取的临时设施费、劳动保护费、抢工费、提前竣工奖,都应并入营业额征收营业税。本例中,该企业施工期间发生的劳动保护费 5 万元、临时设施费 3 万元,支付职工工资、奖金 25 万元以及购买建筑材料等支出 40 万元,均应包括在工程价款 100 万元中,不是另外单独收取的。但是,向发包方收取的抢工费 2 万元、提前竣工奖 3 万元是在 100 万元之外另行收取的,应计入应纳营业税的营业额中。

$$该企业 8 月份应纳营业税的营业额＝100＋2＋3$$
$$＝105(万元)$$

——财政部会计资格评价中心编:《经济法基础》(2009 年初级会计资格考试辅导教材),经济科学出版社,2008 年 12 月第 1 版。

4.娱乐业的营业额为经营娱乐业收取的全部价款和价外费用,包括门票收费、台位费、点歌费、烟酒、饮料、茶水、鲜花、小吃等收费及经营娱乐业的其他各项收费。

习题计算:娱乐业营业额

【题目】2006 年 8 月,某音乐茶座门票收入 2 万元,台位费、点歌费等收入 5 万元,茶水、饮料收入 12 万元;发生工资性支出 1.8 万元,水电费以及外购烟酒等支出 3.6 万元。计算该音乐茶座 8 月份应纳营业税的营业额。

【解析】娱乐业的营业额为经营娱乐业企业向顾客收取的各项费用,包括门票收入、台位费、点歌费、烟酒和饮料费以及经营娱乐业企业向顾客收取的其他费用。员工工资支出和水电费以及外购商品支出不能扣除。

$$该音乐茶座 8 月份应纳营业税的营业额＝2＋5＋12$$
$$＝19(万元)$$

——财政部会计资格评价中心编:《经济法基础》(2009 年初级会计资格考试辅导教材),经济科学出版社,2008 年 12 月第 1 版。

第三节　税收优惠

一、免税

税法规定,下列项目免征营业税:

1.托儿所、幼儿园、养老院、残疾人福利机构提供的育养服务,婚姻介绍,殡葬服务；

2.残疾人员个人提供的劳务；

3.医院、诊所和其他医疗机构提供的医疗服务；

4.学校和其他教育机构提供的教育劳务，学生勤工俭学提供的劳务；

5.农业机耕、排灌、病虫害防治、植物保护、农牧保险以及相关技术培训业务，家禽、牲畜、水生动物的配种和疾病防治；

6.纪念馆、博物馆、文化馆、文物保护单位管理机构、美术馆、展览馆、书画院、图书馆举办文化活动的门票收入，宗教场所举办文化、宗教活动的门票收入；

7.境内保险机构为出口货物提供的保险产品。

术语界定

残疾人员个人提供的劳务，是指残疾人员本人为社会提供的劳务。

学校和其他教育机构，是指普通学校以及经地、市级以上人民政府或者同级政府的教育行政部门批准成立、国家承认其学员学历的各类学校。

农业机耕，是指在农业、林业、牧业中使用农业机械进行耕作（包括耕耘、种植、收割、脱粒、植物保护等）的业务；排灌，是指对农田进行灌溉或排涝的业务；病虫害防治，是指从事农业、林业、牧业、渔业的病虫害测报和防治的业务；农牧保险，是指为种植业、养殖业、牧业种植和饲养的动植物提供保险的业务；相关技术培训，是指与农业机耕、排灌、病虫害防治、植物保护业务相关以及为使农民获得农牧保险知识的技术培训业务；家禽、牲畜、水生动物的配种和疾病防治业务的免税范围，包括与该项劳务有关的提供药品和医疗用具的业务。

纪念馆、博物馆、文化馆、文物保护单位管理机构、美术馆、展览馆、书画院、图书馆举办文化活动，是指这些单位在自己的场所举办的属于文化体育业税目征税范围的文化活动。其门票收入，是指销售第一道门票的收入。宗教场所举办文化、宗教活动的门票收入，是指寺院、宫观、清真寺和教堂举办文化、宗教活动销售门票的收入。

为出口货物提供的保险产品，包括出口货物保险和出口信用保险。

实务动态：最新高校营业税优惠政策

财政部、国家税务总局关于经营高校学生公寓和食堂有关税收政策的通知

财税〔2009〕155号

各省、自治区、直辖市、计划单列市财政厅（局）、地方税务局，北京、西藏、宁夏、青海省（区、市）国家税务局，新疆生产建设兵团财务局：

经国务院批准，现对高校学生公寓和食堂有关税收政策通知如下：

一、对高校学生公寓免征房产税。

二、对与高校学生签订的高校学生公寓租赁合同,免征印花税。

三、对按照国家规定的收费标准向学生收取的高校学生公寓住宿费收入,免征营业税。

四、对高校学生食堂为高校师生提供餐饮服务取得的收入,免征营业税。

五、本通知所述"高校学生公寓",是指为高校学生提供住宿服务,按照国家规定的收费标准收取住宿费的学生公寓。

"高校学生食堂",是指依照《学校食堂与学生集体用餐卫生管理规定》(中华人民共和国教育部令第14号)管理的高校学生食堂。

六、本通知执行时间自2009年1月1日至2010年12月31日,2009年1月1日至文到之日的已征房产税、印花税、营业税税款分别在纳税人以后的应纳房产税、印花税、营业税税额中抵减或者予以退税。《财政部、国家税务总局关于经营高校学生公寓及高校后勤社会化改革有关税收政策的通知》(财税[2006]100号)相应废止。

财政部、国家税务总局

二〇〇九年十二月二十四日

实务动态:最新文化企业发展税收扶持政策

财政部 海关总署 国家税务总局关于支持文化企业发展
若干税收政策问题的通知

财税[2009]31号

各省、自治区、直辖市财政厅(局)、国家税务局、地方税务局,新疆生产建设兵团财务局,海关总署广东分署,天津、上海特派办,各直属海关:

根据《国务院办公厅关于印发文化体制改革中经营性文化事业单位转制为企业和支持文化企业发展两个规定的通知》(国办发[2008]114号)有关精神,现就文化企业的税收政策问题通知如下:

一、广播电影电视行政主管部门(包括中央、省、地市及县级)按照各自职能权限批准从事电影制片、发行、放映的电影集团公司(含成员企业)、电影制片厂及其他电影企业取得的销售电影拷贝收入、转让电影版权收入、电影发行收入以及在农村取得的电影放映收入免征增值税和营业税。

二、2010年底前,广播电视运营服务企业按规定收取的有线数字电视基本收视维护费,经省级人民政府同意并报财政部、国家税务总局批准,免征营业税,期限不超过3年。

三、出口图书、报纸、期刊、音像制品、电子出版物、电影和电视完成片按规定享受增值税出口退税政策。

四、文化企业在境外演出从境外取得的收入免征营业税。

五、在文化产业支撑技术等领域内,依据《关于印发〈高新技术企业认定管理办法〉的通知》(国科发火[2008]172号)和《关于印发〈高新技术企业认定管理工作指引〉的通知》(国科发火[2008]362号)的规定认定的高新技术企业,减按15%的税率征收企业所得税;文化企业开发新技术、新产品、新工艺发生的研究开发费用,允许按国家税法规定在计算应纳税所得额时加计扣除。文化产业支撑技术等领域的具体范围由科技部、财政部、国家税务总局和中宣部另行发文明确。

六、出版、发行企业库存呆滞出版物,纸质图书超过五年(包括出版当年,下同)、音像制品、电子出版物和投影片(含缩微制品)超过两年,纸质期刊和挂历年画等超过一年的,可以作为财产损失在税前据实扣除。已作为财产损失税前扣除的呆滞出版物,以后年度处置的,其处置收入应纳入处置当年的应税收入。

七、为生产重点文化产品而进口国内不能生产的自用设备及配套件、备件等,按现行税收政策有关规定,免征进口关税。

八、对2008年12月31日前新办文化企业,其企业所得税优惠政策可以按照财税[2005]2号文件规定执行到期。

九、本通知适用于所有文化企业。文化企业是指从事新闻出版、广播影视和文化艺术的企业。文化企业具体范围见附件。

除上述条款中有明确期限规定者外,上述税收优惠政策执行期限为2009年1月1日至2013年12月31日。

附件

文化企业的具体范围:

1.文艺表演团体;

2.文化、艺术、演出经纪企业;

3.从事新闻出版、广播影视和文化艺术展览的企业;

4.从事演出活动的剧场(院)、音乐厅等专业演出场所;

5.经国家文化行政主管部门许可设立的文物商店;

6.从事动画、漫画创作、出版和生产以及动画片制作、发行的企业;

7.从事广播电视(含付费和数字广播电视)节目制作、发行的企业,从事广播影视节目及电影出口贸易的企业;

8.从事电影(含数字电影)制作、洗印、发行、放映的企业;

9.从事付费广播电视频道经营、节目集成播出推广以及接入服务推广的企业;

10.从事广播电影电视有线、无线、卫星传输的企业;

11.从事移动电视、手机电视、网络电视、视频点播等视听节目业务的企业;

12.从事与文化艺术、广播影视、出版物相关的知识产权自主开发和转让的

企业,从事著作权代理、贸易的企业;

13. 经国家行政主管部门许可从事网络图书、网络报纸、网络期刊、网络音像制品、网络电子出版物、网络游戏软件、网络美术作品、网络视听产品开发和运营的企业,以互联网为手段的出版物销售企业;

14. 从事出版物、影视、剧目作品、音乐、美术作品及其他文化资源数字化加工的企业;

15. 图书、报纸、期刊、音像制品、电子出版物出版企业;

16. 出版物物流配送企业,经国家行政主管部门许可设立的全国或区域出版物发行连锁经营企业、出版物进出口贸易企业、建立在县及县以下以零售为主的出版物发行企业;

17. 经新闻出版行政主管部门许可设立的只读类光盘复制企业、可录类光盘生产企业;

18. 采用数字化印刷技术、电脑直接制版技术(CTP)、高速全自动多色印刷机、高速书刊装订联动线等高新技术和装备的图书、报纸、期刊、音像制品、电子出版物印刷企业。

财政部 海关总署 国家税务总局
二〇〇九年三月二十七日

二、起征点

纳税人营业额未达到国务院财政、税务主管部门规定的营业税起征点的,免征营业税;达到起征点的,全额计算缴纳营业税。营业税起征点的适用范围限于个人。

营业税起征点的幅度规定如下:

1. 按期纳税的,为月营业额 1 000～5 000 元;

2. 按次纳税的,为每次(日)营业额 100 元。

省、自治区、直辖市财政厅(局)、税务局应当在规定的幅度内,根据实际情况确定本地区适用的起征点,并报财政部、国家税务总局备案。

第四节 税务管理

一、征收机关

税法规定,营业税由税务机关征收。

二、纳税义务发生时间

税法规定,营业税纳税义务发生时间为纳税人提供应税劳务、转让无形资产或者销售不动产并收讫营业收入款项或者取得索取营业收入款项凭据的当天。

在具体的时间认定上,应当注意以下六点:

1. 收讫营业收入款项,是指纳税人应税行为发生过程中或者完成后收取的款项;

2. 取得索取营业收入款项凭据的当天,为书面合同确定的付款日期的当天,未签订书面合同或者书面合同未确定付款日期的,为应税行为完成的当天;

3. 纳税人转让土地使用权或者销售不动产,采取预收款方式的,其纳税义务发生时间为收到预收款的当天;

4. 纳税人提供建筑业或者租赁业劳务,采取预收款方式的,其纳税义务发生时间为收到预收款的当天;

5. 将不动产或者土地使用权无偿赠送其他单位或者个人的,其纳税义务发生时间为不动产所有权、土地使用权转移的当天;

6. 自建行为的,其纳税义务发生时间为销售自建建筑物的纳税义务发生时间。

三、纳税地点

关于具体纳税地点的认定,应当注意以下五点:

1. 纳税人提供应税劳务应当向其机构所在地或者居住地的主管税务机关申报纳税。但是,纳税人提供的建筑业劳务以及国务院财政、税务主管部门规定的其他应税劳务,应当向应税劳务发生地的主管税务机关申报纳税。

2. 纳税人转让无形资产应当向其机构所在地或者居住地的主管税务机关申报纳税。但是,纳税人转让、出租土地使用权,应当向土地所在地的主管税务机关申报纳税。

3. 纳税人销售、出租不动产应当向不动产所在地的主管税务机关申报纳税。

4. 扣缴义务人应当向其机构所在地或者居住地的主管税务机关申报缴纳其扣缴的税款。

5. 纳税人应当向应税劳务发生地、土地或者不动产所在地的主管税务机关申报纳税,而自应当申报纳税之月起超过 6 个月没有申报纳税的,由其机构所在地或者居住地的主管税务机关补征税款。

案例分析:营业税纳税地点的认定

【案情】2006 年 8 月,甲市 A 公司因调整公司经营战略,将其拥有的乙市一处办公用房卖给丙市 B 公司。该办公用房的销售合同在丁市签订,并已预收部分房款。

问：A公司出售办公用房营业税申报纳税地点是何处？

【解析】纳税人销售不动产，应当向不动产所在地主管税务机关申报纳税。A公司出售办公用房营业税的纳税申报地点应当是办公用房所在地乙市。

——财政部会计资格评价中心编：《经济法基础》（2009年初级会计资格考试辅导教材），经济科学出版社，2008年12月第1版。

四、纳税期限

税法规定，营业税的纳税期限分别为5日、10日、15日、1个月或者1个季度。纳税人的具体纳税期限，由主管税务机关根据纳税人应纳税额的大小分别核定；不能按照固定期限纳税的，可以按次纳税。

纳税人以1个月或者1个季度为一个纳税期的，自期满之日起15日内申报纳税；以5日、10日或者15日为一个纳税期的，自期满之日起5日内预缴税款，于次月1日起15日内申报纳税并结清上月应纳税款。

银行、财务公司、信托投资公司、信用社、外国企业常驻代表机构的纳税期限为1个季度。

文献附录：房地产营业税的历史变动

国家税务总局、财政部、建设部关于加强房地产税收管理的通知

国税发〔2005〕89号

各省、自治区、直辖市财政厅（局）、地方税务局、建设厅（建委、房地局），计划单列市财政局、地方税务局、建委（建设局、房地局），扬州税务进修学院，新疆生产建设兵团建设局：

为贯彻落实《国务院办公厅转发建设部等部门关于做好稳定住房价格工作意见的通知》（国办发〔2005〕26号），进一步加强房地产税收征管，促进房地产市场的健康发展，现将有关事项及要求通知如下：

一、各级地方税务、财政部门和房地产管理部门，要认真贯彻执行房地产税收有关法律、法规和政策规定，建立和完善信息共享、情况通报制度，加强部门间的协作配合。各级地方税务、财政部门要切实加强房地产税收征管，并主动与当地的房地产管理部门取得联系；房地产管理部门要积极配合。

二、2005年5月31日以前，各地要根据国办发〔2005〕26号文件规定，公布本地区享受优惠政策的普通住房标准（以下简称普通住房）。其中，住房平均交易价格，是指报告期内同级别土地上住房交易的平均价格，经加权平均后形成的住房综合平均价格。由市、县房地产管理部门会同有关部门测算，报当地人民政

府确定,每半年公布一次。各级别土地上住房平均交易价格的测算,依据房地产市场信息系统生成数据;没有建立房地产市场信息系统的,依据房地产交易登记管理系统生成数据。

对单位或个人将购买住房对外销售的,市、县房地产管理部门应在办理房屋权属登记的当月,向同级地方税务、财政部门提供权属登记房屋的坐落、产权人、房屋面积、成交价格等信息。

市、县规划管理部门要将已批准的容积率在1.0以下的住宅项目清单,一次性提供给同级地方税务、财政部门。新批住宅项目中容积率在1.0以下的,按月提供。

地方税务、财政部门要将当月房地产税收征管的有关信息向市、县房地产管理部门提供。

各级地方税务、财政部门从房地产管理部门获得的房地产交易登记资料,只能用于征税之目的,并有责任予以保密。违反规定的,要追究责任。

三、各级地方税务、财政部门要严格执行调整后的个人住房营业税税收政策。

(一)2005年6月1日后,个人将购买不足2年的住房对外销售的,应全额征收营业税。

(二)2005年6月1日后,个人将购买超过2年(含2年)的符合当地公布的普通住房标准的住房对外销售,应持该住房的坐落、容积率、房屋面积、成交价格等证明材料及地方税务部门要求的其他材料,向地方税务部门申请办理免征营业税手续。地方税务部门应根据当地公布的普通住房标准,利用房地产管理部门和规划管理部门提供的相关信息,对纳税人申请免税的有关材料进行审核,凡符合规定条件的,给予免征营业税。

(三)2005年6月1日后,个人将购买超过2年(含2年)的住房对外销售不能提供属于普通住房的证明材料或经审核不符合规定条件的,一律按非普通住房的有关营业税政策征收营业税。

(四)个人购买住房以取得的房屋产权证或契税完税证明上注明的时间作为其购买房屋的时间。

(五)个人对外销售住房,应持依法取得的房屋权属证书,并到地方税务部门申请开具发票。

(六)对个人购买的非普通住房超过2年(含2年)对外销售的,在向地方税务部门申请按其售房收入减去购买房屋价款后的差额缴纳营业税时,需提供购买房屋时取得的税务部门监制的发票作为差额征税的扣除凭证。

(七)各级地方税务、财政部门要严格执行税收政策,对不符合规定条件的个人对外销售住房,不得减免营业税,确保调整后的营业税政策落实到位;对个人承受不享受优惠政策的住房,不得减免契税。对擅自变通政策、违反规定,不符合规定条件的个人住房给予税收优惠,影响调整后的税收政策落实的,要追究当事人的责任。对政策执行中出现的问题和有关情况,应及时上报国家税务总局。

四、各级地方税务、财政部门要充分利用房地产交易与权属登记信息,加强房地产税收管理。要建立、健全房地产税收税源登记档案和税源数据库,并根据变化情况及时更新税源登记档案和税源数据库的信息;要定期将从房地产管理部门取得的权属登记资料等信息,与房地产税收征管信息进行比对,查找漏征税款,建立催缴制度,及时查补税款。

各级地方税务、财政部门在房地产税收征管工作中,如发现纳税人未进行权属登记的,应及时将有关信息告知当地房地产管理部门,以便房地产管理部门加强房地产权属管理。

五、各级地方税务、财政部门和房地产管理部门要积极协商,创造条件,在房地产交易和权属登记等场所,设立房地产税收征收窗口,方便纳税人。

六、市、县房地产管理部门在办理房地产权属登记时,应严格按照《中华人民共和国契税暂行条例》《中华人民共和国土地增值税暂行条例》的规定,要求出具完税(或减免)凭证;对于未出具完税(或减免)凭证的,房地产管理部门不得办理权属登记。

七、各级地方税务、财政部门应努力改进征缴税款的办法,减少现金收取,逐步实现税银联网、划卡缴税。由于种种原因,仍需收取现金税款的,应规范解缴程序,加强安全管理。

八、对于房地产管理部门配合税收管理增加的支出,地方财税部门应给予必要的经费支持。

九、各省级地方税务部门要积极参与本地区房地产市场分析监测工作,密切关注营业税税收政策调整后的政策执行效果,及时做出营业税政策调整对本地区的房地产市场产生影响的评估报告,并将分析评估报告按季上报国家税务总局。

十、各地地方税务、财政部门和房地产管理部门,可结合本地情况,共同协商研究制定贯彻落实本通知的具体办法。

国家税务总局关于加强住房营业税征收管理有关问题的通知
国税发〔2006〕74 号

各省、自治区、直辖市和计划单列市地方税务局:

为贯彻落实《国务院办公厅转发建设部等部门关于调整住房供应结构稳定住房价格意见的通知》(国办发〔2006〕37 号),抑制投机和投资性购房需求,进一

步加强个人住房转让营业税征收管理,现将有关问题通知如下:

一、各级地方税务部门要严格执行调整后的个人住房营业税税收政策。

(一)2006年6月1日后,个人将购买不足5年的住房对外销售全额征收营业税。

(二)2006年6月1日后,个人将购买超过5年(含5年)的普通住房对外销售,应持有关材料向地方税务部门申请办理免征营业税手续。地方税务部门对纳税人申请免税的有关材料进行审核,凡符合规定条件的,给予免征营业税。

(三)2006年6月1日后,个人将购买超过5年(含5年)的住房对外销售不能提供属于普通住房证明材料或经审核不符合规定条件的,一律执行销售非普通住房政策,按其售房收入减去购买房屋的价款后的余额征收营业税。

(四)普通住房及非普通住房的标准、办理免税的具体程序、购买房屋的时间、开具发票、差额征税扣除凭证、非购买形式取得住房行为及其他相关税收管理规定,按照《国务院办公厅转发建设部等部门关于做好稳定住房价格工作意见的通知》(国办发〔2005〕26号)、《国家税务总局、财政部、建设部关于加强房地产税收管理的通知》(国税发〔2005〕89号)和《国家税务总局关于房地产税收政策执行中几个具体问题的通知》(国税发〔2005〕172号)的有关规定执行。

二、各级地方税务部门要严格执行税收政策,对不符合规定条件的个人对外销售住房,不得减免营业税,确保调整后的营业税政策落实到位。对擅自变通政策、违反规定对不符合规定条件的个人住房给予税收优惠,影响调整后的税收政策落实的,要追究当事人责任。对政策执行中出现的问题和有关情况,应及时上报国家税务总局。

三、各省级地方税务部门要加强部门配合,积极参与本地区房地产市场分析监测工作,密切关注营业税税收政策调整后的政策执行效果,加强营业税政策调整对本地区房地产市场产生影响的分析评估工作。

财政部、国家税务总局关于调整房地产营业税有关政策的通知
财税〔2006〕75号

各省、自治区、直辖市、计划单列市财政厅(局)、地方税务局,新疆生产建设兵团财务局:

为贯彻落实《国务院办公厅转发建设部等部门关于调整住房供应结构稳定住房价格意见的通知》(国办发〔2006〕37号),抑制投机和投资性购房需求,进一步加强个人住房转让营业税征收管理,现将有关营业税问题通知如下:

2006年6月1日后,个人将购买不足5年的住房对外销售的,全额征收营业税;个人将购买超过5年(含5年)的普通住房对外销售的,免征营业税;个人

将购买超过 5 年(含 5 年)的非普通住房对外销售的,按其销售收入减去购买房屋的价款后的余额征收营业税。

在上述政策中,普通住房及非普通住房的标准、办理免税的具体程序、购买房屋的时间、开具发票、差额征税扣除凭证、非购买形式取得住房行为及其他相关税收管理规定,按照《国务院办公厅转发建设部等部门关于做好稳定住房价格工作意见的通知》(国办发〔2005〕26 号)、《国家税务总局、财政部、建设部关于加强房地产税收管理的通知》(国税发〔2005〕89 号)和《国家税务总局关于房地产税收政策执行中几个具体问题的通知》(国税发〔2005〕172 号)的有关规定执行。

地方各级财税部门要严格执行税收政策,加强税收征管,对执行过程中出现的问题,及时上报财政部和国家税务总局。

财政部、国家税务总局关于调整个人住房转让营业税政策的通知
财税〔2009〕157 号

各省、自治区、直辖市、计划单列市财政厅(局)、地方税务局,西藏、宁夏、青海省(自治区)国家税务局,新疆生产建设兵团财务局:

为了促进房地产市场健康发展,经国务院批准,现对个人住房转让的营业税政策通知如下:

一、自 2010 年 1 月 1 日起,个人将购买不足 5 年的非普通住房对外销售的,全额征收营业税;个人将购买超过 5 年(含 5 年)的非普通住房或者不足 5 年的普通住房对外销售的,按照其销售收入减去购买房屋的价款后的差额征收营业税;个人将购买超过 5 年(含 5 年)的普通住房对外销售的,免征营业税。

二、上述普通住房和非普通住房的标准、办理免税的具体程序、购买房屋的时间、开具发票、差额征税扣除凭证、非购买形式取得住房行为及其他相关税收管理规定,按照《国务院办公厅转发建设部等部门关于做好稳定住房价格工作意见的通知》(国办发〔2005〕26 号)、《国家税务总局、财政部、建设部关于加强房地产税收管理的通知》(国税发〔2005〕89 号)和《国家税务总局关于房地产税收政策执行中几个具体问题的通知》(国税发〔2005〕172 号)的有关规定执行。

三、为维护正常的财税秩序,各地要严格清理与房地产有关的越权减免税,对清理出来的问题,要立即予以纠正。

四、自 2010 年 1 月 1 日起,《财政部、国家税务总局关于个人住房转让营业税政策的通知》(财税〔2008〕174 号)废止。

财政部、国家税务总局
二○○九年十二月二十二日

理论探索：营业税改革前瞻

关于营业额扣除项目，按现行税收政策主要有三类，一是退款扣除，二是折扣扣除，三是行为扣除。《营业税暂行条例》《财政部、国家税务总局关于营业税若干政策问题的通知》和七部门《关于做好稳定住房价格工作的意见》等，对第三类行为扣除即差额征税作出了一系列相关规定，涉及营业税税目中的交通运输业、建筑业、邮电通信业、金融保险业、文化体育业、服务业、转让无形资产和销售不动产，共计31个项目。

差额征税为建立符合现阶段"公平、效率、适度、法治"税收原则的营业税税制起到了积极作用，但同时也存在着问题，在一定程度上造成税负不公、扣除额过大、扣除项目繁多易混淆、不利征管、加大税收成本等问题。

一、存在的主要问题

1. 制度不健全，税负不公平。

从营业税目前征管情况来看，营业税差额征税的内容越来越多，但对差额征税尚缺乏行之有效的管理制度，造成管理上的漏洞。实际征管工作中，一直实行差额征税的旅游业、代理业税负偏低。调查数据显示，旅游业和代理业实际税负分别为1.61％和2.09％，其中旅游企业税负最低的为0.12％，代理企业最低税负为0.22％。又如代建工程，代建单位可扣除支付给施工单位的工程款，而施工单位适用3％的建筑安装营业税，代建单位适用5％的服务业营业税，这就给代建单位筹划操作、避免从高适用税率留下了空间。

对于实行差额征税的纳税人，应建立一套规范的会计核算和税务管理制度。而事实上，会计核算和税务管理不完善使营业税差额征税往往对同一劳务（或商品）重复征税。

未全面实行差额征税，必然造成同一行业内营业税税负不一。以建筑业纳税人为例，根据《国家税务总局关于纳税人销售自产货物提供增值税劳务并同时提供建筑业劳务征收流转税问题的通知》的规定，对符合条件的建筑安装工程中的自产货物征收增值税，不征收营业税，而对于其他建筑安装工程中，由建设方或施工方采购的货物（非自产）则要算做材料费用一并计入建筑安装营业税的计税依据，从而比前者多缴纳营业税。在交通运输业、金融保险业、邮电通信业、销售不动产等税目上同样存在类似问题。

2. 扣除额占营业额比重过高，侵蚀税基。

实行营业税差额征税后，部分行业扣除额比重过大，侵蚀了税基，加之营业税税率比增值税税率低，出现了营业税大幅降低现象。

如旅游业，目前大部分旅游业纳税人采取外包的形式，将大部分劳务转给其他企业。《财政部、国家税务总局关于营业税若干政策问题的通知》明确规定，旅游企业组织旅游团在中国境内旅游的,以收取的全部旅游费减去替旅游者支付给其他单位的房费、餐费、交通、门票或支付给其他接团旅游企业的旅游费后的余额为营业额。目前,旅游业的实际营业收入中扣除额比例高达90%。

其他几个税目包括邮政电信业、交通运输业、金融保险业、建筑安装业、销售不动产和转让无形资产等也因差额征税出现税基减少问题。

另外,营业税差额纳税中部分适用低税率的规定也导致了营业税的减收。如《财政部、国家税务总局关于营业税若干政策问题的通知》规定,邮政电信单位和其他单位合作,共同为用户提供邮政电信业务及其他服务并由邮政电信单位统一收取价款的,以全部收入减去支付给合作方价款后的余额为营业额。而合作的劳务中包括服务业、金融业等高税率的行业,差额征税使这些服务业、金融业企业也按照邮政电信业3%的税率缴税。

3. 减除项目、扣除时间、纳税地点的确定,扣除项目金额的计算,发票的管理等,没有统一规定。扣除凭证、发票五花八门,来源广,内容、名称开具不规范,难以核实。

以代理业中报关代理业务为例,《关于加强代理报关业务营业税征收管理有关问题的通知》规定,代理报关业务是指接受进出口货物收、发货人的委托,代为办理报关相关手续的业务,应按照"服务业—代理业"税目征收营业税。纳税人从事代理报关业务,以其向委托人收取的全部价款和价外费用扣除以下项目金额后的余额为计税营业额申报缴纳营业税:支付给海关的税金、签证费、滞报费、滞纳金、查验费、打单费、电子报关平台费、仓储费,支付给检验检疫单位的三检费、熏蒸费、消毒费、电子保险平台费,支付给预录入单位的预录费,国家税务总局规定的其他费用。纳税人从事代理报关业务,凭其取得的开具给纳税人的发票或其他合法有效凭证作为差额征收营业税的扣除凭证。仅代理报关业务中就涉及10多种扣除项目,涉及的凭证、发票、收据等更是因地区和时间的不同而存在较大差异。这给税务部门确定减除项目、计算扣除项目金额、认定扣除凭证增加了很大难度。

保险业营业税纳税时间难以确定。《财政部、国家税务总局关于营业税若干政策问题的通知》规定,保险企业已征收过营业税的应收未收保费,凡在财务会计制度规定的核算期限内未收回的,允许从营业额中减除。在会计核算期限以后收回的已冲减的应收未收保费,再并入当期营业额中。受企业会计核算、跨行业领域等因素的影响,税务部门在扣除时间、纳税地点的确定上有很大难度。

4. 税目混淆,差额部分划分不清。

服务业税目中的代理业和其他服务业项目容易混淆。在实践中,服务业中产生的许多新型应税劳务,比如各种委托、代理、中介服务,因其行为方式的不同,在计征营业税时适用不同的税目,其营业额的计算也不相同,如婚姻介绍机构按收取的介绍费适用服务业税目代理业项目,税务中介机构代纳税人办理涉税事宜按收取的代理费适用服务业税目代理业项目,律师按收取的律师费适用服务业税目其他服务业项目全额计税。再比如代理业包括代购代销货物、代办进出口、介绍服务和其他代理服务等多项业务,其中其他代理服务与服务业税目中的其他服务业会引起混淆。

《财政部、国家税务总局关于营业税若干政策问题的通知》规定,通信线路工程和输送管道工程所使用的电缆、光缆和构成管道工程主体的防腐管段、管件(弯头、三通、冷弯管、绝缘接头)、清管器、收发球筒、机泵、加热炉、金属容器等物品均属于设备,其价值不包括在工程的计税营业额中;其他建筑安装工程的计税营业额也不应包括设备价值,具体设备名单可由省级地方税务部门根据各自实际情况列举。然而,由于建筑材料和设备的不断更新和发展,加之种类繁多,尚未出台建筑安装工程设备明细表,其涉及的设备和材料很难区分和界定,造成差额部分划分不清问题。

二、几点建议

对营业税制度的改革应以优化产业结构,拉动经济增长,提高宏观调控能力和改善地方经济发展方式为前提,从征收管理下手,规范凭证,建立扣除项目认证系统,规范差额征税的纳税申报,扩大扣除范围,均衡税负。

1.规范扣除凭证。

规范发票。对支付给我国境内的单位和个人,且上述单位和个人提供的行为属于营业税或增值税征税范围的,以其取得的发票为合法有效凭证。营业税扣除项目繁多,涉及发票种类也多。为使扣除额认定更加便捷有序,应统一全国发票种类、规格、样式。同时,在全国范围内实现信息共享,可在系统内查询发票真伪、开票金额、开票单位等信息。

规范其他凭证。对支付给我国境内的行政事业单位、社会团体、协会等非企业单位,且上述单位属于国家或省级财政部门列入不征收营业税名单的行政事业性收费(基金)的,以其所取得的行政事业性收费票据为合法有效凭证。各地应规范合法凭证的使用,严格控管各种凭证的印制和开具;控制合法凭证的种类,尽量统一样式,增加开具项目;限制各种合法凭证的使用范围,尽可能实现凭证信息共享。

2.建立扣除项目认证系统,规范差额征税的纳税申报。

有针对性地实施营业税网络管理,建立扣除项目认证系统。目前,营业税差额征税项目逐渐增加,其抵扣凭据是发票等合法有效凭证。差额征税的理想管理模式,是将信息进行网络稽核比对。在建立信息共享的基础上,建立扣除项目认证系统,具体操作可参照增值税发票管理办法。但由于营业税扣除项目涉及的行业较多,发票和凭证种类也多,可先选取具备条件的行业进行试点。

规范差额征税纳税人的申报管理。贯彻落实《国家税务总局关于印发〈营业税纳税人申报办法〉的通知》,推行全国统一的纳税申报表。申报表中已经对部分行业的扣除项目申报作了具体要求,如要求建筑业纳税人将可扣除的设备以及其他可扣除项目进行申报,方便了营业税扣除后申报纳税的票表比对。另外,建筑安装业纳税人除按规定报送相关纳税申报表外,还应按各建筑项目报送《建筑安装业营业税纳税申报明细表》,以反映各建筑项目合同总金额、设备预计金额、设备占总合同金额的比重、已实现的收入、已预扣的扣除项目金额、项目完工清算。实行差额征税的其他行业营业税纳税人,每月纳税申报时,除按规定报送相关纳税申报表外,可要求再按各差额征税项目附报《营业税分项目可扣除项目清单》,列明各差额征税项目的可扣除项目金额,便于税务部门审核。

3.扩大扣除范围,统一各行业税率。

同行业间收入相同的营业税纳税人,由于差额征税可扣除额的不同导致了税负的不均衡。为公平税负,要相应地改变扣除范围。如对建筑业、交通运输业、邮电通信业、金融保险业等,在合理增加扣除项目的同时,在同行业内扩大扣除范围,从而减少税负差异。另外,对服务业中的扣除项目进行归纳,避免因扣除项目多、扣除范围大造成征管漏洞。

营业税未全面实行差额征税,必然造成同一行业内营业税税负不一,应规定原则性扣除范围,以及享受差额纳税的条件。对账册健全、核算规范且生产经营达到一定规模,经税务部门核定符合条件的营业税纳税人,可实行差额征收营业税的政策。由于差额征税,税基变小,应统一各行业营业税税率至5‰或者更高。对账册不健全、核算规范且生产经营未达到一定规模的,可全额对其营业收入征收营业税,税率为1‰或者同行业上年度平均税负。

——熊君雯、钱茂川:《完善营业税差额征税制度的建议》,《中国税务报》,2008年10月8日。

近日,法国总统萨科奇宣布将在2010年最终废除地方营业税。在表示了与其前任希拉克承诺取消这种争议大的税种的同样决心后,萨科奇表示,取消地方营业税将有利于维护法国的工业,保障法国人的就业,但是取消这种税将使政府损失80亿欧元。

法国的地方营业税是在1975年实行的。营业税是地方市政当局征收的4个直接税之一,占到了地方收入的大约一半。该税有两个税基:财产的出租价和用于生产的设备与动产的价格。

　　萨科奇的这一决定引起了很大的争议。法国各地市长和地方市政当局对此表示反对,并呼吁与联邦政府直接谈判,为了解决地方收入短缺,同时建议将实行碳税作为损失补偿。法国雇主联盟主席劳伦斯对取消地方营业税表示欢迎,但他希望政府不再征收另外的税收。

　　萨科奇还宣布将采取一系列加大中低阶层消费开支的税收措施,包括建议取消个人所得税 5% 这档税率等,以减轻低收入者负担,但他拒绝降低增值税的标准税率。

　　面对经济危机,萨科奇也呼吁加强对对冲基金的管制,重申反对利用避税港避税立场。他表示,将重新考虑与安道尔、列支敦士登和卢森堡之间的关系。

　　——京税研:《法国宣布明年废除地方营业税》,《中国税务报》,2009 年 8 月 12 日。

延伸思考题

　　1.如何设计营业税的课税对象?

　　2.如何完善当前我国营业税税收优惠政策?

　　3.如何加强营业税监管?

　　4.如何协调增值税与营业税的关系?

第六章 关税法律制度

 案例:中国对美国肉鸡产品反倾销税

海关总署公告 2010 年第 12 号(关于对原产于美国的进口白羽肉鸡产品实施临时反倾销措施)

【法规类型】海关规范性文件　　　　【内容类别】关税征收管理类

【文　　号】总署公告〔2010〕12 号　　【发文机关】海关总署

【发布日期】2010—2—8　　　　　　　【生效日期】2010—2—8

【效　　力】[有效]　　　　　　　　　【效力说明】

根据《中华人民共和国反倾销条例》的规定,商务部决定自 2010 年 2 月 13 日起对原产于美国的进口白羽肉鸡产品实施临时反倾销措施(详见附件 1)。现将有关事项公告如下:

一、自 2010 年 2 月 13 日起,海关对原产于美国的进口白羽肉鸡产品(税则号列:02071100、02071200、02071311、02071319、02071321、02071329、02071411、02071419、02071421、02071422、02071429 和 05040021),除按现行规定征收关税和进口环节增值税外,还应区别不同的供货厂商,按照本公告附件 2 所列的适用征收比率和下述计算公式征收反倾销保证金及相应的进口环节增值税保证金。

反倾销保证金及进口环节增值税保证金合计计算公式为:

保证金总额=(海关完税价格×反倾销保证金征收比率)×(1+进口环节增值税税率)

实施临时反倾销措施产品的详细描述详见本公告附件 1。

二、凡申报进口白羽肉鸡产品的进口经营单位,应当向海关提交原产地证明。如果原产地为美国的,还需提供原厂商发票。对于申报进口时不能提供原产地证明,且经查验也无法确定货物的原产地不是美国的,海关应当按照本公告附件 2 所列的最高反倾销保证金征收比率征收保证金。对于能够确定货物的原产地是美国,但进口经营单位不能提供原厂商发票,且通过其他合法、有效的单证也无法确定原生产厂商的,海关将按照本公告附件 2 所列的其他美国公司适用的反倾销保证金征收比率征收保证金。

三、有关加工贸易保税进口原产于美国的进口白羽肉鸡产品征收反倾销保证金等方面的问题,海关按照中华人民共和国海关总署公告 2001 年第 9 号和中华人民共和国海关总署令第 111 号的规定执行。

四、对于所征收的反倾销保证金及进口环节增值税保证金的处理,海关总署将根据终裁结果另行公告。

特此公告。

附件:1.中华人民共和国商务部公告 2010 年第 8 号

2.白羽肉鸡产品反倾销保证金征收比率表

二○一○年二月八日

第一节 概述

一、关税的概念

关税是指海关对我国准许进出口的货物、进境物品征收的一种流转税。

关税是各国税制中最古老的税种之一。我国周代就有"关市之征"。所谓"关征",就是对进出国境的货物课征的关税。在西方资本主义兴起之前,各国政府征收关税的主要目的是为了获得财政收入。随着资本主义经济在世界范围内的兴起,关税的重要地位日益突出,在继续承担财政功能的同时,更多地担负起了保护本国民族产业的职责,并成为执行贸易保护主义政策的重要法律措施。二战结束后,为了控制各国间的贸易摩擦,建立自由贸易秩序,1947 年由 23 个国家签订了一项临时性的政府协定,该协定于 1948 年 1 月 1 日生效,此即为关贸总协定(GATT)。GATT 的其主要目的是协调缔经国之间的贸易关系,促进世界贸易自由化、加强世界贸易环境的稳定性和透明度,并在发达国家之间大幅度削减关税。自 GATT 成立以来的 50 年间,发达国家的平均关税水平已从 1948 年的 40% 左右,降到目前的 4% 左右,发展中国家的平均关税已降到 10% 左右。1993 年 12 月,成员会决定在 1995 年以世界贸易组织(WTO)来代替 GATT。1995 年 1 月 1 日,WTO 成立,总部设在日内瓦。其宗旨是促进经济和贸易发展,以提高生活水平、保证充分就业、保障实际收入和有效需求的增长;根据可持续发展的目标合理利用世界资源、扩大货物和服务的生产;达成互惠互利的协议,大幅度削减和取消关税及其他贸易壁垒并消除国际贸易中的歧视待遇。与 GATT 相比,WTO 涵盖货物贸易、服务贸易以及知识产权贸易,而 GATT 只适用于商品货物贸易。2001 年 12 月 11 日,我国正式加入 WTO。从 2010 年起,我国与东盟国家间的商品往来将实现零关税政策。当然,关税制度对于保护我国在世界贸易领域的合法权益仍有重大意义,如针对某些国家和地区倾销我国的产品对我国国内相关产业造成实质性损害时,我国依法有权征收一定期限的反倾销税和反补贴税。同时,关税制度也是反击某些国家和地区对我国实施歧视性关税待遇的必要措施。

术语界定:关境 / 国境

关境,又称"海关境域"或"关税领域",是指一国海关法规可以全面实施的领域。国境是一个主权国家的领土范围。通常情况下,一国的关境与其国境的范围是一致的。但由于自由港、自由区和关税同盟的存在,关境与国境有时不完全一致。在设有自由港、自由区的国家,自由港、自由区虽在国境之内,但从征收关税的角度来说,它是在该国关境之外的,对进入自由港(区)的货物可以不征收关税。此时,关境小于国境。如根据《中华人民共和国香港特别行政区基本法》和《中华人民共和国澳门特别行政区基本法》的规定,香港地区和澳门地区保持自由港地位,为我国单独的关税地区,即单独关境区。单独关境区是不完全适用该国海关法律、法规,实施单独海关管理制度的区域。相反,在缔结关税同盟的国家之间,它们相互组成一个共同关境,实施统一的关税法令和税则,彼此间进出境的货物不征收关税,关境包括了几个缔约国的领土,这时关境是大于国境的,如欧洲联盟。

——财政部会计资格评价中心编:《经济法基础》(2009 年初级会计资格考试辅导教材),经济科学出版社,2008 年 12 月第 1 版。

二、关税的纳税人

税法规定,进口货物的收货人、出口货物的发货人、进境物品的所有人,是关税的纳税人。

三、关税税率

(一)最惠国税率

税法规定,原产于共同适用最惠国待遇条款的世界贸易组织成员的进口货物,原产于与我国签订含有相互给予最惠国待遇条款的双边贸易协定的国家或者地区的进口货物,以及原产于我国境内的进口货物,适用最惠国税率。

(二)协定税率

税法规定,原产于与我国签订含有关税优惠条款的区域性贸易协定的国家或者地区的进口货物,适用协定税率。

实务动态:中国—东盟自由贸易协定税率

海关总署公告 2009 年第 64 号(关于对原产于菲律宾、老挝和柬埔寨的产品实施 2009 年中国—东盟自由贸易协定税率)

【法规类型】海关规范性文件

【内容类别】关税征收管理类

【文　　号】总署公告〔2009〕64 号

【发文机关】海关总署

【发布日期】2009－9－27

【生效日期】2009－10－1

【效　　力】[有效]

【效力说明】

经国务院批准,自 2009 年 10 月 1 日起,对原产于菲律宾、老挝、柬埔寨的部分税目商品实施 2009 年中国—东盟自由贸易协定税率(详见附件)。

《2009 年中国—东盟自由贸易协定税率表(菲律宾、老挝、柬埔寨)》使用了简化的商品名称,其范围与 2009 年《中华人民共和国进出口税则》中相应税号的货品一致。

本公告自 2009 年 10 月 1 日起执行,海关总署公告 2009 年第 37 号同时废止。

特此公告。

附件:2009 年中国—东盟自由贸易协定税率表(菲律宾、老挝、柬埔寨).xls

二○○九年九月二十七日

(三)特惠税率

税法规定,原产于与我国签订含有特殊关税优惠条款的贸易协定的国家或者地区的进口货物,适用特惠税率。

(四)普通税率

税法规定,原产于适用最惠国税率、协定税率、特惠税率所列以外国家或者地区的进口货物,以及原产地不明的进口货物,适用普通税率。

(五)暂定税率

税法规定,适用最惠国税率的进口货物有暂定税率的,应当适用暂定税率;适用协定税率、特惠税率的进口货物有暂定税率的,应当从低适用税率;适用普通税率的进口货物,不适用暂定税率。

适用出口税率的出口货物有暂定税率的,应当适用暂定税率。

(六)配额税率

税法规定,按照国家规定实行关税配额管理的进口货物,关税配额内的,适用关税配额税率。

(七)反倾销税、反补贴税

税法规定,《中华人民共和国反倾销条例》、《中华人民共和国反补贴条例》和《中华人民共和国保障措施条例》的有关规定,可以对某些国家、地区输入我国的商品在一定期限内征收反倾销税和反补贴税。

(八)报复性关税

税法规定,任何国家或者地区违反与我国签订或者共同参加的贸易协定及相关协定,对我国在贸易方面采取禁止、限制、加征关税或者其他影响正常贸易的措施的,对原产于该国家或者地区的进口货物可以征收报复性关税,适用报复性关税税率。

征收报复性关税的货物、适用国别、税率、期限和征收办法,由国务院关税税则委员会决定并公布。

实务动态:我国 2010 年关税实施方案

海关总署公告 2009 年第 88 号(关于实施 2010 年关税实施方案)

【法规类型】海关规范性文件　　　　【内容类别】关税征收管理类

【文　　号】总署公告〔2009〕88 号　　【发文机关】海关总署

【发布日期】2009—12—30　　　　　【生效日期】2009—12—30

【效　　力】[有效]　　　　　　　　【效力说明】

经国务院批准,《2010 年关税实施方案》自 2010 年 1 月 1 日起实施。现将有关情况公告如下:

一、进口关税调整:

(一)根据我国加入世界贸易组织承诺的关税减让义务,对进口关税作如下调整:

1.降低"进口税则"中聚酯布等 5 个税目的最惠国税率,将蓝湿牛皮 1 个税目的最惠国税率确定为 6%(见附件 1),其余税目的最惠国税率维持不变。

2.对 9 个非全税目信息技术产品继续实行海关核查管理,税目税率不变。

3.对小麦等 8 类 45 个税目的商品实施关税配额管理,税目税率维持不变。对尿素、复合肥、磷酸氢二铵三种化肥实施 1%的暂定配额税率。对配额外进口的一定数量棉花实施滑准税(见附件 2)。

4.对冻鸡等 55 种商品实施从量税、复合税,税率维持不变(见附件 3)。

(二)对冷冻的格陵兰庸鲽鱼等部分进口商品实施暂定税率(见附件 4)。

(三)根据我国与有关国家或地区签署的贸易或关税优惠协定,对有关国家

或地区实施协定税率(见附件5):

1.对原产于韩国、印度、斯里兰卡、孟加拉和老挝的1767个税目商品继续实施"亚太贸易协定"协定税率。

2.对原产于文莱、印度尼西亚、马来西亚、新加坡、泰国、菲律宾、越南、缅甸、老挝和柬埔寨的部分商品,继续实施中国—东盟自由贸易协定税率。

3.对原产于智利的7029个税目商品继续实施中国—智利自由贸易协定税率。

4.对原产于巴基斯坦的6240个税目商品继续实施中国—巴基斯坦自由贸易协定税率。

5.对原产于新西兰的7040个税目商品继续实施中国—新西兰自由贸易协定税率。

6.对原产于新加坡的2753个税目商品继续实施中国—新加坡自由贸易协定税率。

7.对原产于中国香港且已制定原产地优惠标准的1587个税目商品实施零关税。

8.对原产于中国澳门且已制定原产地优惠标准的1209个税目商品实施零关税。

(四)根据我国与有关国家或地区签署的贸易或关税优惠协定以及国务院有关决定,继续对老挝等东南亚4国、埃塞俄比亚等非洲31国、阿富汗等6国,共41个联合国认定的最不发达国家实施特惠税率(见附件6)。

(五)普通税率维持不变。

二、出口关税调整:

(一)"出口税则"的出口税率维持不变。

(二)对鳗鱼苗等部分出口商品实施暂定税率,对部分化肥等继续征收特别出口关税(见附件7)。其中,凡2010年1月1日以前征收出口关税的产品,征税所涵盖的贸易方式范围维持不变。

三、税则税目调整:

对部分税则税目进行调整(见附件8),调整后,《中华人民共和国进出口税则》(2010年版)税目总数为7923个。

四、《中华人民共和国进出口税则》(2010年版)、《中华人民共和国海关统计商品目录》(2010年版)、《中华人民共和国海关进出口商品规范申报目录》(2010年版)将由中国海关出版社对外发行,请按照上述文本的要求申报并办理通关手续。

五、海关总署已发布的《中华人民共和国海关总署商品归类决定》、《中华人

民共和国海关进出口税则—统计目录本国子目注释》按照本公告附件 8 的内容
对照执行。

特此公告
二〇〇九年十二月三十日

（九）关税实施税率的时间

税法规定，进出口货物，应当适用海关接受该货物申报进口或者出口之日实
施的税率。进口货物到达前，经海关核准先行申报的，应当适用装载该货物的运
输工具申报进境之日实施的税率。转关运输货物税率的适用日期，由海关总署
另行规定。因纳税义务人违反规定需要追征税款的，应当适用该行为发生之日
实施的税率；行为发生之日不能确定的，适用海关发现该行为之日实施的税率。

税法规定，有下列情形之一，需缴纳税款的，应当适用海关接受申报办理纳
税手续之日实施的税率：

1.保税货物经批准不复运出境的；

2.减免税货物经批准转让或者移作他用的；

3.暂准进境货物经批准不复运出境，以及暂准出境货物经批准不复运进境
的；

4.租赁进口货物，分期缴纳税款的。

（十）关税税则委员会

税法规定，国务院设立关税税则委员会，负责关税税目、税则号列和税率的
调整与解释，报国务院批准后执行；决定实行暂定税率的货物、税率和期限；决定
关税配额税率；决定征收反倾销税、反补贴税、保障措施关税、报复性关税以及决
定实施其他关税措施；决定特殊情况下税率的适用，以及履行国务院规定的其他
职责。

四、完税价格

（一）进口货物的完税价格

税法规定，进口货物的完税价格由海关以符合法定条件的成交价格以及该
货物运抵我国境内输入地点起卸前的运输及其相关费用、保险费为基础审查确
定。

进口货物的成交价格，是指卖方向我国境内销售该货物时买方为进口该货
物向卖方实付、应付的，并按照税法规定调整后的价款总额，包括直接支付的价
款和间接支付的价款。

税法规定，进口货物的成交价格应当符合下列条件：

1.对买方处置或者使用该货物不予限制，但法律、行政法规规定实施的限

制、对货物转售地域的限制和对货物价格无实质性影响的限制除外；

2.该货物的成交价格没有因搭售或者其他因素的影响而无法确定；

3.卖方不得从买方直接或者间接获得因该货物进口后转售、处置或者使用而产生的任何收益，或者虽有收益但能够按照税法的规定进行调整；

4.买卖双方没有特殊关系，或者虽有特殊关系但未对成交价格产生影响。

税法规定，进口货物的下列费用应当计入完税价格：

1.由买方负担的购货佣金以外的佣金和经纪费；

2.由买方负担的在审查确定完税价格时与该货物视为一体的容器的费用；

3.由买方负担的包装材料费用和包装劳务费用；

4.与该货物的生产和向我国境内销售有关的，由买方以免费或者以低于成本的方式提供并可以按适当比例分摊的料件、工具、模具、消耗材料及类似货物的价款，以及在境外开发、设计等相关服务的费用；

5.作为该货物向我国境内销售的条件，买方必须支付的、与该货物有关的特许权使用费；

6.卖方直接或者间接从买方获得的该货物进口后转售、处置或者使用的收益。

税法规定，进口时在货物的价款中列明的下列税收、费用，不计入该货物的完税价格：

1.厂房、机械、设备等货物进口后进行建设、安装、装配、维修和技术服务的费用；

2.进口货物运抵境内输入地点起卸后的运输及其相关费用、保险费；

3.进口关税及国内税收。

税法规定，进口货物的成交价格不符合法定条件的，或者成交价格不能确定的，海关经了解有关情况，并与纳税义务人进行价格磋商后，依次以下列价格估定该货物的完税价格：

1.与该货物同时或者大约同时向我国境内销售的相同货物的成交价格；

2.与该货物同时或者大约同时向我国境内销售的类似货物的成交价格；

3.与该货物进口的同时或者大约同时，将该进口货物、相同或者类似进口货物在第一级销售环节销售给无特殊关系买方最大销售总量的单位价格，但应当扣除法定项目。

术语界定

应当扣除的项目是指：

(1)同等级或者同种类货物在中华人民共和国境内第一级销售环节销售时通常的利润和一般费用以及通常支付的佣金；

（2）进口货物运抵境内输入地点起卸后的运输及其相关费用、保险费；

（3）进口关税及国内税收；

（4）按照下列各项总和计算的价格：生产该货物所使用的料件成本和加工费用，向我国境内销售同等级或者同种类货物通常的利润和一般费用，该货物运抵境内输入地点起卸前的运输及其相关费用、保险费；

（5）以合理方法估定的价格。

纳税义务人向海关提供有关资料后，可以提出申请，颠倒前款第（3）项和第（4）项的适用次序。

税法规定，以租赁方式进口的货物，以海关审查确定的该货物的租金作为完税价格。纳税义务人要求一次性缴纳税款的，纳税义务人可以选择按照税法规定的估定完税价格，或者按照海关审查确定的租金总额作为完税价格。

（二）出口货物的完税价格

税法规定，运往境外加工的货物，出境时已向海关报明并在海关规定的期限内复运进境的，应当以境外加工费和料件费以及复运进境的运输及其相关费用和保险费审查确定完税价格。运往境外修理的机械器具、运输工具或者其他货物，出境时已向海关报明并在海关规定的期限内复运进境的，应当以境外修理费和料件费审查确定完税价格。

出口货物的完税价格由海关以该货物的成交价格以及该货物运至我国境内输出地点装载前的运输及其相关费用、保险费为基础审查确定。

出口货物的成交价格，是指该货物出口时卖方为出口该货物应当向买方直接收取和间接收取的价款总额。出口关税不计入完税价格。

税法规定，出口货物的成交价格不能确定的，海关经了解有关情况，并与纳税义务人进行价格磋商后，依次以下列价格估定该货物的完税价格：

1.与该货物同时或者大约同时向同一国家或者地区出口的相同货物的成交价格；

2.与该货物同时或者大约同时向同一国家或者地区出口的类似货物的成交价格；

3.按照下列各项总和计算的价格：境内生产相同或者类似货物的料件成本、加工费用，通常的利润和一般费用，境内发生的运输及其相关费用、保险费。

（三）以合理方法估定的价格

税法规定，按照规定计入或者不计入完税价格的成本、费用、税收，应当以客观、可量化的数据为依据。

第二节　税收优惠

一、暂免关税

税法规定,经海关批准暂时进境或者暂时出境的下列货物,在进境或者出境时纳税义务人向海关缴纳相当于应纳税款的保证金或者提供其他担保的,可以暂不缴纳关税,并应当自进境或者出境之日起 6 个月内复运出境或者复运进境;经纳税义务人申请,海关可以根据海关总署的规定延长复运出境或者复运进境的期限:

1.在展览会、交易会、会议及类似活动中展示或者使用的货物;

2.文化、体育交流活动中使用的表演、比赛用品;

3.进行新闻报道或者摄制电影、电视节目使用的仪器、设备及用品;

4.开展科研、教学、医疗活动使用的仪器、设备及用品;

5.上述第(1)项至第(4)项所列活动中使用的交通工具及特种车辆;

6.货样;

7.供安装、调试、检测设备时使用的仪器、工具;

8.盛装货物的容器;

9.其他用于非商业目的的货物。

上述所列暂准进境货物在规定的期限内未复运出境的,或者暂准出境货物在规定的期限内未复运进境的,海关应当依法征收关税。上述所列可以暂时免征关税范围以外的其他暂准进境货物,应当按照该货物的完税价格和其在境内滞留时间与折旧时间的比例计算征收进口关税。

二、免税

税法规定,以下三种情形不征收关税:

1.因品质或者规格原因,出口货物自出口之日起 1 年内原状复运进境的,不征收进口关税;

2.因品质或者规格原因,进口货物自进口之日起 1 年内原状复运出境的,不征收出口关税;

3.因残损、短少、品质不良或者规格不符原因,由进出口货物的发货人、承运人或者保险公司免费补偿或者更换的相同货物,进出口时不征收关税;被免费更换的原进口货物不退运出境或者原出口货物不退运进境的,海关应当对原进出口货物重新按照规定征收关税。

税法规定,下列进出口货物,免征关税:

(1)关税税额在人民币 50 元以下的一票货物;

(2)无商业价值的广告品和货样;

(3)外国政府、国际组织无偿赠送的物资;

(4)在海关放行前损失的货物;

(5)进出境运输工具装载的途中必需的燃料、物料和饮食用品。

文献阅读:《国有公益性收藏单位进口藏品免税暂行规定》

海关总署公告 2010 年第 7 号(关于实施《国有公益性收藏单位进口藏品免税暂行规定》的有关事宜)

【法规类型】海关规范性文件

【内容类别】关税征收管理类

【文　　　号】总署公告〔2010〕7 号

【发文机关】海关总署

【发布日期】2010-1-29

【生效日期】2010-1-29

【效　　力】[有效]

【效力说明】

经国务院批准,对国有公益性收藏单位以从事永久收藏、展示和研究等公益性活动为目的,以接受境外捐赠、归还、追索和购买等方式进口的藏品,免征关税和进口环节增值税、消费税。为此,财政部、海关总署和税务总局联合发布了《国有公益性收藏单位进口藏品免税暂行规定》(财政部、海关总署、税务总局公告 2009 年第 2 号)。现将海关实施《国有公益性收藏单位进口藏品免税暂行规定》(以下简称《规定》)的有关事宜公告如下:

一、《规定》所称捐赠、归还、追索和购买的含义是:

捐赠,指境外机构、个人将合法所有的藏品无偿捐献给国有公益性收藏单位的行为;

归还,指境外机构、个人将持有的原系从中国劫掠、盗窃、走私或以其他方式非法出境的藏品无偿交还给国有公益性收藏单位的行为;

追索,指国家主管文化文物行政管理部门依据有关国际公约从境外索回原系从中国劫掠、盗窃、走私或以其他方式非法出境的藏品的行为;

购买,指国有公益性收藏单位通过合法途径从境外买入藏品的行为。

二、列入财政部会同国务院有关部门审定并以公告形式发布的《省级以上国有公益性收藏单位名单》(以下简称《名单》)的收藏单位,首次申请免税进口藏品前,应先持凭《事业单位法人证书》向单位所在地直属海关申请办理资格备案手续。

对于财政部会同国务院有关部门核定的其他国有公益性收藏单位,其所在地直属海关需验凭该单位的《事业单位法人证书》和海关总署下发的审核认定文件办理相关资格备案手续。

三、《名单》中所列收藏单位名称发生变更的,有关收藏单位应持主管部门的批复文件和更名后的《事业单位法人证书》到所在地直属海关办理资格备案变更手续。

四、国有公益性收藏单位进口藏品前,应先向所在地直属海关申请办理免税审批手续,并提供以下材料:

(一)相关机构、个人出具的境外捐赠、归还、追索藏品的书面证明材料或购买藏品的合同、发票;

(二)有关进口藏品的特征的详细资料及清晰的彩色图片;

(三)承诺接受的藏品将作为永久收藏,并仅用于向公众展示和科学研究等公益性活动的有关材料;

(四)海关认为需要提供的其他材料。

五、审批和进口免税藏品手续纳入海关《减免税管理系统》和H2000通关管理系统管理。国有公益性收藏单位所在地直属海关对收藏单位提交的有关单证进行审核后,符合免税条件的,出具《进出口货物征免税证明》,进口地海关凭以办理有关免税进口手续。

免税进口藏品的征免性质为:国有公益性收藏单位进口藏品(简称:公益收藏,代码:698)。对应的监管方式为:一般贸易(代码:0110,以购买方式进口的)、捐赠物资(代码:3612)、其他(代码:9900,以归还、追索方式进口的)。

六、国有公益性收藏单位应按照《规定》要求,将免税进口的藏品在入境后30个工作日内记入本单位藏品总账—进口藏品子账,并列入本单位内部年度审计必审科目。同时填写《免税进口藏品备案表》(格式详见《规定》附件2)报送主管文化文物行政管理部门备案,并抄报单位所在地直属海关。

七、免税进口藏品如需在国有公益性收藏单位之间依照国家有关法律法规的规定进行调拨、交换、借用,应依照法律法规的规定履行相关手续,同时报送主管文化文物行政管理部门备案,并抄报单位所在地直属海关。

八、国有公益性收藏单位免税进口的藏品属于海关永久监管货物,进口藏品的国有公益性收藏单位应当按照《中华人民共和国海关法》、《中华人民共和国关税条例》和《中华人民共和国进出口货物减免税管理办法》的规定接受海关监管。进口藏品仅限用于非营利性展示和科学研究等公益性活动,不得转让、抵押、质押或出租。

对于违反上述规定的,海关按《中华人民共和国海关法》及其他有关法律法规予以处理;构成犯罪的,依法追究刑事责任。

九、有上述违法违规行为的国有公益性收藏单位,按照有关规定被处罚但未被追究刑事责任的,自违规行为发现之日起 1 年内不得享受本税收优惠政策;被依法追究刑事责任的,自违法行为发现之日起 3 年内不得享受本税收优惠政策。

在上述违法违规行为性质最终确定前,自违法违规行为发现之日起,海关不予受理相关单位进口藏品的免税审批申请,但可验凭相关单位提供的税款担保办理先予放行手续。待违法违规行为性质确定后,按前款规定处理。

十、在 2009 年 1 月 20 日至本公告发布之日期间,国有公益性收藏单位已征税进口或凭税款担保放行的藏品,如符合《规定》的免税条件,可按本公告的有关规定办理免税审批和退税、退保手续。

十一、《海关总署关于下发〈国有文物收藏单位接受境外捐赠、归还和从境外追索的中国文物进口免税暂行办法〉及有关问题的通知》(署税发〔2003〕32 号)自本公告发布之日起予以废止。

特此公告。

二〇一〇年一月二十九日

三、减征关税

税法规定,在海关放行前遭受损坏的货物,可以根据海关认定的受损程度减征关税。

第三节　税务管理

一、进出口货物关税的征收

(一)纳税申报

税法规定,进口货物的纳税义务人应当自运输工具申报进境之日起 14 日内,出口货物的纳税义务人除海关特准的外,应当在货物运抵海关监管区后、装货的 24 小时以前,向货物的进出境地海关申报。进出口货物转关运输的,按照海关总署的规定执行。进口货物到达前,纳税义务人经海关核准可以先行申报。

纳税义务人应当依法如实向海关申报,并按照海关的规定提供有关确定完税价格、进行商品归类、确定原产地以及采取反倾销、反补贴或者保障措施等所需的资料；必要时,海关可以要求纳税义务人补充申报。

纳税义务人应当按照《税则》规定的目录条文和归类总规则、类注、章注、子目注释以及其他归类注释,对其申报的进出口货物进行商品归类,并归入相应的税则号列；海关应当依法审核确定该货物的商品归类。

海关可以要求纳税义务人提供确定商品归类所需的有关资料；必要时,海关可以组织化验、检验,并将海关认定的化验、检验结果作为商品归类的依据。

海关为审查申报价格的真实性和准确性,可以查阅、复制与进出口货物有关的合同、发票、账册、结付汇凭证、单据、业务函电、录音录像制品和其他反映买卖双方关系及交易活动的资料。

海关对纳税义务人申报的价格有怀疑并且所涉关税数额较大的,经直属海关关长或者其授权的隶属海关关长批准,凭海关总署统一格式的协助查询账户通知书及有关工作人员的工作证件,可以查询纳税义务人在银行或者其他金融机构开立的单位账户的资金往来情况,并向银行业监督管理机构通报有关情况。

海关对纳税义务人申报的价格有怀疑的,应当将怀疑的理由书面告知纳税义务人,要求其在规定的期限内书面作出说明、提供有关资料。纳税义务人在规定的期限内未作说明、未提供有关资料的,或者海关仍有理由怀疑申报价格的真实性和准确性的,海关可以不接受纳税义务人申报的价格,并按照税法的规定估定完税价格。

在海关审查确定进出口货物的完税价格之后,纳税义务人可以以书面形式要求海关就如何确定其进出口货物的完税价格作出书面说明,海关应当向纳税义务人作出书面说明。

(二)征收方式

税法规定,进出口货物关税,以从价计征、从量计征或者国家规定的其他方式征收。

从价计征的计算公式为:应纳税额＝完税价格×关税税率

从量计征的计算公式为:应纳税额＝货物数量×单位税额

纳税义务人应当自海关填发税款缴款书之日起15日内向指定银行缴纳税款。纳税义务人未按期缴纳税款的,从滞纳税款之日起,按日加收滞纳税款万分之五的滞纳金。

海关可以对纳税义务人欠缴税款的情况予以公告。

海关征收关税、滞纳金等,应当制发缴款凭证,缴款凭证格式由海关总署规定。

海关征收关税、滞纳金等,应当按人民币计征。进出口货物的成交价格以及有关费用以外币计价的,以中国人民银行公布的基准汇率折合为人民币计算完税价格;以基准汇率币种以外的外币计价的,按照国家有关规定套算为人民币计算完税价格。适用汇率的日期由海关总署规定。

纳税义务人因不可抗力或者在国家税收政策调整的情形下,不能按期缴纳税款的,经海关总署批准,可以延期缴纳税款,但是最长不得超过6个月。

习题计算:关税税额

【题目】某进出口公司进口摩托车1 000辆,经海关审定的货价为180万美元。另外,运抵我国关境内输入地点起卸包装费10万美元,运输费8万美元,保险费2万美元。假设人民币汇价为1美元=7.81人民币,该批摩托车进口关税税率为23%。

计算进口该批摩托车应缴纳的关税税额。

【解析】该批摩托车的完税价格=180+10+8+2

$$=200(万美元)$$

应纳关税税额=200×7.81×23%

$$=359.26(万元)$$

　　　　——财政部会计资格评价中心编:《经济法基础》(2009年初级会计资格考试辅导教材),经济科学出版社,2008年12月第1版。

(三)税收保全

税法规定,进出口货物的纳税义务人在规定的纳税期限内有明显的转移、藏匿其应税货物以及其他财产迹象的,海关可以责令纳税义务人提供担保;纳税义务人不能提供担保的,海关可以按照《海关法》第61条的规定采取税收保全措施。

纳税义务人、担保人自缴纳税款期限届满之日起超过3个月仍未缴纳税款的,海关可以按照《海关法》第60条的规定采取强制措施。

(四)加工贸易进口关税

税法规定,加工贸易的进口料件按照国家规定保税进口的,其制成品或者进口料件未在规定的期限内出口的,海关按照规定征收进口关税。

加工贸易的进口料件进境时按照国家规定征收进口关税的,其制成品或者进口料件在规定的期限内出口的,海关按照有关规定退还进境时已征收的关税税款。

(五)审查

税法规定,纳税义务人进出口减免税货物的,除另有规定外,应当在进出口该货物之前,按照规定持有关文件向海关办理减免税审批手续。经海关审查符合规定的,予以减征或者免征关税。

需由海关监管使用的减免税进口货物,在监管年限内转让或者移作他用需要补税的,海关应当根据该货物进口时间折旧估价,补征进口关税。

有下列情形之一的,纳税义务人自缴纳税款之日起1年内,可以申请退还关税,并应当以书面形式向海关说明理由,提供原缴款凭证及相关资料:

1.已征进口关税的货物,因品质或者规格原因,原状退货复运出境的;

2.已征出口关税的货物,因品质或者规格原因,原状退货复运进境,并已重新缴纳因出口而退还的国内环节有关税收的;

3.已征出口关税的货物,因故未装运出口,申报退关的。

海关应当自受理退税申请之日起30日内查实并通知纳税义务人办理退还手续。纳税义务人应当自收到通知之日起3个月内办理有关退税手续。按照其他有关法律、行政法规规定应当退还关税的,海关应当按照有关法律、行政法规的规定退税。

(六)追征与退税

税法规定,进出口货物放行后,海关发现少征或者漏征税款的,应当自缴纳税款或者货物放行之日起1年内,向纳税义务人补征税款。但因纳税义务人违反规定造成少征或者漏征税款的,海关可以自缴纳税款或者货物放行之日起3年内追征税款,并从缴纳税款或者货物放行之日起按日加收少征或者漏征税款万分之五的滞纳金。

海关发现海关监管货物因纳税义务人违反规定造成少征或者漏征税款的,应当自纳税义务人应缴纳税款之日起3年内追征税款,并从应缴纳税款之日起按日加收少征或者漏征税款万分之五的滞纳金。

海关发现多征税款的,应当立即通知纳税义务人办理退还手续。纳税义务人发现多缴税款的,自缴纳税款之日起1年内,可以以书面形式要求海关退还多缴的税款并加算银行同期活期存款利息;海关应当自受理退税申请之日起30日内查实并通知纳税义务人办理退还手续。纳税义务人应当自收到通知之日起3个月内办理有关退税手续。

税法规定,退还税款、利息涉及从国库中退库的,按照法律、行政法规有关国库管理的规定执行。

报关企业接受纳税义务人的委托,以纳税义务人的名义办理报关纳税手续,因报关企业违反规定而造成海关少征、漏征税款的,报关企业对少征或者漏征的税款、滞纳金与纳税义务人承担纳税的连带责任。报关企业接受纳税义务人的委托,以报关企业的名义办理报关纳税手续的,报关企业与纳税义务人承担纳税的连带责任。

除不可抗力外,在保管海关监管货物期间,海关监管货物损毁或者灭失的,对海关监管货物负有保管义务的人应当承担相应的纳税责任。

(七)纳税人主体资格的变动

欠税的纳税义务人,有合并、分立情形的,在合并、分立前,应当向海关报告,依法缴清税款。纳税义务人合并时未缴清税款的,由合并后的法人或者其他组织继续履行未履行的纳税义务;纳税义务人分立时未缴清税款的,分立后的法人或者其他组织对未履行的纳税义务承担连带责任。

纳税义务人在减免税货物、保税货物监管期间,有合并、分立或者其他资产重组情形的,应当向海关报告。按照规定需要缴税的,应当依法缴清税款;按照规定可以继续享受减免税、保税待遇的,应当到海关办理变更纳税义务人的手续。

纳税义务人欠税或者在减免税货物、保税货物监管期间,有撤销、解散、破产或者其他依法终止经营情形的,应当在清算前向海关报告。海关应当依法对纳税义务人的应缴税款予以清缴。

二、进境物品进口税的征收

税法规定,进境物品的纳税义务人是指,携带物品进境的入境人员、进境邮递物品的收件人以及以其他方式进口物品的收件人。进境物品的纳税义务人可以自行办理纳税手续,也可以委托他人办理纳税手续。

税法规定,进境物品的关税以及进口环节海关代征税合并为进口税,由海关依法征收。进口税的减征、免征、补征、追征、退还以及对暂准进境物品征收进口税参照税法对货物征收进口关税的有关规定执行。

进口税从价计征。

进口税的计算公式为:进口税税额=完税价格×进口税税率

海关总署规定数额以内的个人自用进境物品,免征进口税。超过海关总署规定数额但仍在合理数量以内的个人自用进境物品,由进境物品的纳税义务人在进境物品放行前按照规定缴纳进口税。超过合理、自用数量的进境物品应当按照进口货物依法办理相关手续。

进境物品,适用海关填发税款缴款书之日实施的税率和完税价格。

文献附录:《中华人民共和国反倾销条例》《中华人民共和国反补贴条例》

中华人民共和国国务院令

第 401 号

现公布《国务院关于修改〈中华人民共和国反倾销条例〉的决定》,自 2004 年6 月 1 日起施行。

总理　温家宝

二〇〇四年三月三十一日

中华人民共和国反倾销条例

（2001 年 11 月 26 日中华人民共和国国务院令第 328 号公布　根据 2004 年 3 月 31 日《国务院关于修改〈中华人民共和国反倾销条例〉的决定》修订）

第一章　总　则

第一条　为了维护对外贸易秩序和公平竞争，根据《中华人民共和国对外贸易法》的有关规定，制定本条例。

第二条　进口产品以倾销方式进入中华人民共和国市场，并对已经建立的国内产业造成实质损害或者产生实质损害威胁，或者对建立国内产业造成实质阻碍的，依照本条例的规定进行调查，采取反倾销措施。

第二章　倾销与损害

第三条　倾销，是指在正常贸易过程中进口产品以低于其正常价值的出口价格进入中华人民共和国市场。

对倾销的调查和确定，由商务部负责。

第四条　进口产品的正常价值，应当区别不同情况，按照下列方法确定：

（一）进口产品的同类产品，在出口国（地区）国内市场的正常贸易过程中有可比价格的，以该可比价格为正常价值。

（二）进口产品的同类产品，在出口国（地区）国内市场的正常贸易过程中没有销售的，或者该同类产品的价格、数量不能据以进行公平比较的，以该同类产品出口到一个适当第三国（地区）的可比价格或者以该同类产品在原产国（地区）的生产成本加合理费用、利润，为正常价值。

进口产品不直接来自原产国（地区）的，按照前款第（一）项规定确定正常价值；但是，在产品仅通过出口国（地区）转运、产品在出口国（地区）无生产或者在出口国（地区）中不存在可比价格等情形下，可以以该同类产品在原产国（地区）的价格为正常价值。

第五条　进口产品的出口价格，应当区别不同情况，按照下列方法确定：

（一）进口产品有实际支付或者应当支付的价格的，以该价格为出口价格。

（二）进口产品没有出口价格或者其价格不可靠的，以根据该进口产品首次转售给独立购买人的价格推定的价格为出口价格；但是，该进口产品未转售给独立购买人或者未按进口时的状态转售的，可以以商务部根据合理基础推定的价格为出口价格。

第六条　进口产品的出口价格低于其正常价值的幅度，为倾销幅度。

对进口产品的出口价格和正常价值，应当考虑影响价格的各种可比性因素，按照公平、合理的方式进行比较。

倾销幅度的确定，应当将加权平均正常价值与全部可比出口交易的加权平均价格进行比较,或者将正常价值与出口价格在逐笔交易的基础上进行比较。

出口价格在不同的购买人、地区、时期之间存在很大差异,按照前款规定的方法难以比较的,可以将加权平均正常价值与单一出口交易的价格进行比较。

第七条　损害,是指倾销对已经建立的国内产业造成实质损害或者产生实质损害威胁,或者对建立国内产业造成实质阻碍。

对损害的调查和确定,由商务部负责;其中,涉及农产品的反倾销国内产业损害调查,由商务部会同农业部进行。

第八条　在确定倾销对国内产业造成的损害时,应当审查下列事项:

(一)倾销进口产品的数量,包括倾销进口产品的绝对数量或者相对于国内同类产品生产或者消费的数量是否大量增加,或者倾销进口产品大量增加的可能性;

(二)倾销进口产品的价格,包括倾销进口产品的价格削减或者对国内同类产品的价格产生大幅度抑制、压低等影响;

(三)倾销进口产品对国内产业的相关经济因素和指标的影响;

(四)倾销进口产品的出口国(地区)、原产国(地区)的生产能力、出口能力,被调查产品的库存情况;

(五)造成国内产业损害的其他因素。

对实质损害威胁的确定,应当依据事实,不得仅依据指控、推测或者极小的可能性。

在确定倾销对国内产业造成的损害时,应当依据肯定性证据,不得将造成损害的非倾销因素归因于倾销。

第九条　倾销进口产品来自两个以上国家(地区),并且同时满足下列条件的,可以就倾销进口产品对国内产业造成的影响进行累积评估:

(一)来自每一国家(地区)的倾销进口产品的倾销幅度不小于2%,并且其进口量不属于可忽略不计的;

(二)根据倾销进口产品之间以及倾销进口产品与国内同类产品之间的竞争条件,进行累积评估是适当的。

可忽略不计,是指来自一个国家(地区)的倾销进口产品的数量占同类产品总进口量的比例低于3%;但是,低于3%的若干国家(地区)的总进口量超过同类产品总进口量7%的除外。

第十条　评估倾销进口产品的影响,应当针对国内同类产品的生产进行单独确定;不能针对国内同类产品的生产进行单独确定的,应审查包括国内同类产品在内的最窄产品组或者范围的生产。

第十一条　国内产业,是指中华人民共和国国内同类产品的全部生产者,或者其总产量占国内同类产品全部总产量的主要部分的生产者;但是,国内生产者与出口经营者或者进口经营者有关联的,或者其本身为倾销进口产品的进口经营者的,可以排除在国内产业之外。

在特殊情形下,国内一个区域市场中的生产者,在该市场中销售其全部或者几乎全部的同类产品,并且该市场中同类产品的需求主要不是由国内其他地方的生产者供给的,可以视为一个单独产业。

第十二条　同类产品,是指与倾销进口产品相同的产品;没有相同产品的,以与倾销进口产品的特性最相似的产品为同类产品。

第三章　反倾销调查

第十三条　国内产业或者代表国内产业的自然人、法人或者有关组织(以下统称申请人),可以依照本条例的规定向商务部提出反倾销调查的书面申请。

第十四条　申请书应当包括下列内容:

(一)申请人的名称、地址及有关情况;

(二)对申请调查的进口产品的完整说明,包括产品名称、所涉及的出口国(地区)或者原产国(地区)、已知的出口经营者或者生产者、产品在出口国(地区)或者原产国(地区)国内市场消费时的价格信息、出口价格信息等;

(三)对国内同类产品生产的数量和价值的说明;

(四)申请调查进口产品的数量和价格对国内产业的影响;

(五)申请人认为需要说明的其他内容。

第十五条　申请书应当附具下列证据:

(一)申请调查的进口产品存在倾销;

(二)对国内产业的损害;

(三)倾销与损害之间存在因果关系。

第十六条　商务部应当自收到申请人提交的申请书及有关证据之日起60天内,对申请是否由国内产业或者代表国内产业提出、申请书内容及所附具的证据等进行审查,并决定立案调查或者不立案调查。

在决定立案调查前,应当通知有关出口国(地区)政府。

第十七条　在表示支持申请或者反对申请的国内产业中,支持者的产量占支持者和反对者的总产量的50%以上的,应当认定申请是由国内产业或者代表国内产业提出,可以启动反倾销调查;但是,表示支持申请的国内生产者的产量不足国内同类产品总产量的25%的,不得启动反倾销调查。

第十八条　在特殊情形下,商务部没有收到反倾销调查的书面申请,但有充分证据认为存在倾销和损害以及二者之间有因果关系的,可以决定立案调查。

第十九条　立案调查的决定,由商务部予以公告,并通知申请人、已知的出口经营者和进口经营者、出口国(地区)政府以及其他有利害关系的组织、个人(以下统称利害关系方)。

立案调查的决定一经公告,商务部应当将申请书文本提供给已知的出口经营者和出口国(地区)政府。

第二十条　商务部可以采用问卷、抽样、听证会、现场核查等方式向利害关系方了解情况,进行调查。

商务部应当为有关利害关系方提供陈述意见和论据的机会。

商务部认为必要时,可以派出工作人员赴有关国家(地区)进行调查;但是,有关国家(地区)提出异议的除外。

第二十一条　商务部进行调查时,利害关系方应当如实反映情况,提供有关资料。利害关系方不如实反映情况、提供有关资料的,或者没有在合理时间内提供必要信息的,或者以其他方式严重妨碍调查的,商务部可以根据已经获得的事实和可获得的最佳信息作出裁定。

第二十二条　利害关系方认为其提供的资料泄露后将产生严重不利影响的,可以向商务部申请对该资料按保密资料处理。

商务部认为保密申请有正当理由的,应当对利害关系方提供的资料按保密资料处理,同时要求利害关系方提供一份非保密的该资料概要。

按保密资料处理的资料,未经提供资料的利害关系方同意,不得泄露。

第二十三条　商务部应当允许申请人和利害关系方查阅本案有关资料;但是,属于按保密资料处理的除外。

第二十四条　商务部根据调查结果,就倾销、损害和二者之间的因果关系是否成立作出初裁决定,并予以公告。

第二十五条　初裁决定确定倾销、损害以及二者之间的因果关系成立的,商务部应当对倾销及倾销幅度、损害及损害程度继续进行调查,并根据调查结果作出终裁决定,予以公告。

在作出终裁决定前,应当由商务部将终裁决定所依据的基本事实通知所有已知的利害关系方。

第二十六条　反倾销调查,应当自立案调查决定公告之日起 12 个月内结束;特殊情况下可以延长,但延长期不得超过 6 个月。

第二十七条　有下列情形之一的,反倾销调查应当终止,并由商务部予以公告:

(一)申请人撤销申请的;

(二)没有足够证据证明存在倾销、损害或者二者之间有因果关系的;

(三)倾销幅度低于 2% 的;

(四)倾销进口产品实际或者潜在的进口量或者损害属于可忽略不计的;

(五)商务部认为不适宜继续进行反倾销调查的。

来自一个或者部分国家(地区)的被调查产品有前款第(二)、(三)、(四)项所列情形之一的,针对所涉产品的反倾销调查应当终止。

第四章 反倾销措施

第一节 临时反倾销措施

第二十八条 初裁决定确定倾销成立,并由此对国内产业造成损害的,可以采取下列临时反倾销措施:

(一)征收临时反倾销税;

(二)要求提供保证金、保函或者其他形式的担保。

临时反倾销税税额或者提供的保证金、保函或者其他形式担保的金额,应当不超过初裁决定确定的倾销幅度。

第二十九条 征收临时反倾销税,由商务部提出建议,国务院关税税则委员会根据商务部的建议作出决定,由商务部予以公告。要求提供保证金、保函或者其他形式的担保,由商务部作出决定并予以公告。海关自公告规定实施之日起执行。

第三十条 临时反倾销措施实施的期限,自临时反倾销措施决定公告规定实施之日起,不超过4个月;在特殊情形下,可以延长至9个月。

自反倾销立案调查决定公告之日起60天内,不得采取临时反倾销措施。

第二节 价格承诺

第三十一条 倾销进口产品的出口经营者在反倾销调查期间,可以向商务部作出改变价格或者停止以倾销价格出口的价格承诺。

商务部可以向出口经营者提出价格承诺的建议。

商务部不得强迫出口经营者作出价格承诺。

第三十二条 出口经营者不作出价格承诺或者不接受价格承诺的建议的,不妨碍对反倾销案件的调查和确定。出口经营者继续倾销进口产品的,商务部有权确定损害威胁更有可能出现。

第三十三条 商务部认为出口经营者作出的价格承诺能够接受并符合公共利益的,可以决定中止或者终止反倾销调查,不采取临时反倾销措施或者征收反倾销税。中止或者终止反倾销调查的决定由商务部予以公告。

商务部不接受价格承诺的,应当向有关出口经营者说明理由。

商务部对倾销以及由倾销造成的损害作出肯定的初裁决定前,不得寻求或者接受价格承诺。

第三十四条 依照本条例第三十三条第一款规定中止或者终止反倾销调查

后,应出口经营者请求,商务部应当对倾销和损害继续进行调查;或者商务部认为有必要的,可以对倾销和损害继续进行调查。

根据前款调查结果,作出倾销或者损害的否定裁定的,价格承诺自动失效;作出倾销和损害的肯定裁定的,价格承诺继续有效。

第三十五条　商务部可以要求出口经营者定期提供履行其价格承诺的有关情况、资料,并予以核实。

第三十六条　出口经营者违反其价格承诺的,商务部依照本条例的规定,可以立即决定恢复反倾销调查;根据可获得的最佳信息,可以决定采取临时反倾销措施,并可以对实施临时反倾销措施前90天内进口的产品追溯征收反倾销税,但违反价格承诺前进口的产品除外。

第三节　反倾销税

第三十七条　终裁决定确定倾销成立,并由此对国内产业造成损害的,可以征收反倾销税。征收反倾销税应当符合公共利益。

第三十八条　征收反倾销税,由商务部提出建议,国务院关税税则委员会根据商务部的建议作出决定,由商务部予以公告。海关自公告规定实施之日起执行。

第三十九条　反倾销税适用于终裁决定公告之日后进口的产品,但属于本条例第三十六条、第四十三条、第四十四条规定的情形除外。

第四十条　反倾销税的纳税人为倾销进口产品的进口经营者。

第四十一条　反倾销税应当根据不同出口经营者的倾销幅度,分别确定。对未包括在审查范围内的出口经营者的倾销进口产品,需要征收反倾销税的,应当按照合理的方式确定对其适用的反倾销税。

第四十二条　反倾销税税额不超过终裁决定确定的倾销幅度。

第四十三条　终裁决定确定存在实质损害,并在此前已经采取临时反倾销措施的,反倾销税可以对已经实施临时反倾销措施的期间追溯征收。

终裁决定确定存在实质损害威胁,在先前不采取临时反倾销措施将会导致后来作出实质损害裁定的情况下已经采取临时反倾销措施的,反倾销税可以对已经实施临时反倾销措施的期间追溯征收。

终裁决定确定的反倾销税,高于已付或者应付的临时反倾销税或者为担保目的而估计的金额的,差额部分不予收取;低于已付或者应付的临时反倾销税或者为担保目的而估计的金额的,差额部分应当根据具体情况予以退还或者重新计算税额。

第四十四条　下列两种情形并存的,可以对实施临时反倾销措施之日前90天内进口的产品追溯征收反倾销税,但立案调查前进口的产品除外:

（一）倾销进口产品有对国内产业造成损害的倾销历史,或者该产品的进口经营者知道或者应当知道出口经营者实施倾销并且倾销对国内产业将造成损害的;

（二）倾销进口产品在短期内大量进口,并且可能会严重破坏即将实施的反倾销税的补救效果的。

商务部发起调查后,有充分证据证明前款所列两种情形并存的,可以对有关进口产品采取进口登记等必要措施,以便追溯征收反倾销税。

第四十五条　终裁决定确定不征收反倾销税的,或者终裁决定未确定追溯征收反倾销税的,已征收的临时反倾销税、已收取的保证金应当予以退还,保函或者其他形式的担保应当予以解除。

第四十六条　倾销进口产品的进口经营者有证据证明已经缴纳的反倾销税税额超过倾销幅度的,可以向商务部提出退税申请;商务部经审查、核实并提出建议,国务院关税税则委员会根据商务部的建议可以作出退税决定,由海关执行。

第四十七条　进口产品被征收反倾销税后,在调查期内未向中华人民共和国出口该产品的新出口经营者,能证明其与被征收反倾销税的出口经营者无关联的,可以向商务部申请单独确定其倾销幅度。商务部应当迅速进行审查并作出终裁决定。在审查期间,可以采取本条例第二十八条第一款第(二)项规定的措施,但不得对该产品征收反倾销税。

第五章　反倾销税和价格承诺的期限与复审

第四十八条　反倾销税的征收期限和价格承诺的履行期限不超过5年;但是,经复审确定终止征收反倾销税有可能导致倾销和损害的继续或者再度发生的,反倾销税的征收期限可以适当延长。

第四十九条　反倾销税生效后,商务部可以在有正当理由的情况下,决定对继续征收反倾销税的必要性进行复审;也可以在经过一段合理时间,应利害关系方的请求并对利害关系方提供的相应证据进行审查后,决定对继续征收反倾销税的必要性进行复审。

价格承诺生效后,商务部可以在有正当理由的情况下,决定对继续履行价格承诺的必要性进行复审;也可以在经过一段合理时间,应利害关系方的请求并对利害关系方提供的相应证据进行审查后,决定对继续履行价格承诺的必要性进行复审。

第五十条　根据复审结果,由商务部依照本条例的规定提出保留、修改或者取消反倾销税的建议,国务院关税税则委员会根据商务部的建议作出决定,由商务部予以公告;或者由商务部依照本条例的规定,作出保留、修改或者取消价格承诺的决定并予以公告。

第五十一条　复审程序参照本条例关于反倾销调查的有关规定执行。

复审期限自决定复审开始之日起,不超过12个月。

第五十二条　在复审期间,复审程序不妨碍反倾销措施的实施。

第六章　附　则

第五十三条　对依照本条例第二十五条作出的终裁决定不服的,对依照本条例第四章作出的是否征收反倾销税的决定以及追溯征收、退税、对新出口经营者征税的决定不服的,或者对依照本条例第五章作出的复审决定不服的,可以依法申请行政复议,也可以依法向人民法院提起诉讼。

第五十四条　依照本条例作出的公告,应当载明重要的情况、事实、理由、依据、结果和结论等内容。

第五十五条　商务部可以采取适当措施,防止规避反倾销措施的行为。

第五十六条　任何国家(地区)对中华人民共和国的出口产品采取歧视性反倾销措施的,中华人民共和国可以根据实际情况对该国家(地区)采取相应的措施。

第五十七条　商务部负责与反倾销有关的对外磋商、通知和争端解决事宜。

第五十八条　商务部可以根据本条例制定有关具体实施办法。

第五十九条　本条例自2002年1月1日起施行。1997年3月25日国务院发布的《中华人民共和国反倾销和反补贴条例》中关于反倾销的规定同时废止。

中华人民共和国国务院令
第 402 号

现公布《国务院关于修改〈中华人民共和国反补贴条例〉的决定》,自2004年6月1日起施行。

总理　温家宝
二〇〇四年三月三十一日

中华人民共和国反补贴条例

(2001年11月26日中华人民共和国国务院令第329号公布　根据2004年3月31日《国务院关于修改〈中华人民共和国反补贴条例〉的决定》修订)

第一章　总　则

第一条　为了维护对外贸易秩序和公平竞争,根据《中华人民共和国对外贸易法》的有关规定,制定本条例。

第二条　进口产品存在补贴,并对已经建立的国内产业造成实质损害或者产生实质损害威胁,或者对建立国内产业造成实质阻碍的,依照本条例的规定进行调查,采取反补贴措施。

第二章　补贴与损害

第三条　补贴，是指出口国（地区）政府或者其任何公共机构提供的并为接受者带来利益的财政资助以及任何形式的收入或者价格支持。

出口国（地区）政府或者其任何公共机构，以下统称出口国（地区）政府。

本条第一款所称财政资助，包括：

（一）出口国（地区）政府以拨款、贷款、资本注入等形式直接提供资金，或者以贷款担保等形式潜在地直接转让资金或者债务；

（二）出口国（地区）政府放弃或者不收缴应收收入；

（三）出口国（地区）政府提供除一般基础设施以外的货物、服务，或者由出口国（地区）政府购买货物；

（四）出口国（地区）政府通过向筹资机构付款，或者委托、指令私营机构履行上述职能。

第四条　依照本条例进行调查、采取反补贴措施的补贴，必须具有专向性。

具有下列情形之一的补贴，具有专向性：

（一）由出口国（地区）政府明确确定的某些企业、产业获得的补贴；

（二）由出口国（地区）法律、法规明确规定的某些企业、产业获得的补贴；

（三）指定特定区域内的企业、产业获得的补贴；

（四）以出口实绩为条件获得的补贴，包括本条例所附出口补贴清单列举的各项补贴；

（五）以使用本国（地区）产品替代进口产品为条件获得的补贴。

在确定补贴专向性时，还应当考虑受补贴企业的数量和企业受补贴的数额、比例、时间以及给与补贴的方式等因素。

第五条　对补贴的调查和确定，由商务部负责。

第六条　进口产品的补贴金额，应当区别不同情况，按照下列方式计算：

（一）以无偿拨款形式提供补贴的，补贴金额以企业实际接受的金额计算；

（二）以贷款形式提供补贴的，补贴金额以接受贷款的企业在正常商业贷款条件下应支付的利息与该项贷款的利息差额计算；

（三）以贷款担保形式提供补贴的，补贴金额以在没有担保情况下企业应支付的利息与有担保情况下企业实际支付的利息之差计算；

（四）以注入资本形式提供补贴的，补贴金额以企业实际接受的资本金额计算；

（五）以提供货物或者服务形式提供补贴的，补贴金额以该项货物或者服务的正常市场价格与企业实际支付的价格之差计算；

（六）以购买货物形式提供补贴的，补贴金额以政府实际支付价格与该项货物正常市场价格之差计算；

（七）以放弃或者不收缴应收收入形式提供补贴的，补贴金额以依法应缴金额与企业实际缴纳金额之差计算。

对前款所列形式以外的其他补贴，按照公平、合理的方式确定补贴金额。

第七条　损害，是指补贴对已经建立的国内产业造成实质损害或者产生实质损害威胁，或者对建立国内产业造成实质阻碍。

对损害的调查和确定，由商务部负责；其中，涉及农产品的反补贴国内产业损害调查，由商务部会同农业部进行。

第八条　在确定补贴对国内产业造成的损害时，应当审查下列事项：

（一）补贴可能对贸易造成的影响；

（二）补贴进口产品的数量，包括补贴进口产品的绝对数量或者相对于国内同类产品生产或者消费的数量是否大量增加，或者补贴进口产品大量增加的可能性；

（三）补贴进口产品的价格，包括补贴进口产品的价格削减或者对国内同类产品的价格产生大幅度抑制、压低等影响；

（四）补贴进口产品对国内产业的相关经济因素和指标的影响；

（五）补贴进口产品出口国（地区）、原产国（地区）的生产能力、出口能力，被调查产品的库存情况；

（六）造成国内产业损害的其他因素。

对实质损害威胁的确定，应当依据事实，不得仅依据指控、推测或者极小的可能性。

在确定补贴对国内产业造成的损害时，应当依据肯定性证据，不得将造成损害的非补贴因素归因于补贴。

第九条　补贴进口产品来自两个以上国家（地区），并且同时满足下列条件的，可以就补贴进口产品对国内产业造成的影响进行累积评估：

（一）来自每一国家（地区）的补贴进口产品的补贴金额不属于微量补贴，并且其进口量不属于可忽略不计的；

（二）根据补贴进口产品之间的竞争条件以及补贴进口产品与国内同类产品之间的竞争条件，进行累积评估是适当的。

微量补贴，是指补贴金额不足产品价值 1% 的补贴；但是，来自发展中国家（地区）的补贴进口产品的微量补贴，是指补贴金额不足产品价值 2% 的补贴。

第十条　评估补贴进口产品的影响，应当对国内同类产品的生产进行单独确定。不能对国内同类产品的生产进行单独确定的，应当审查包括国内同类产品在内的最窄产品组或者范围的生产。

第十一条　国内产业,是指中华人民共和国国内同类产品的全部生产者,或者其总产量占国内同类产品全部总产量的主要部分的生产者;但是,国内生产者与出口经营者或者进口经营者有关联的,或者其本身为补贴产品或者同类产品的进口经营者的,应当除外。

在特殊情形下,国内一个区域市场中的生产者,在该市场中销售其全部或者几乎全部的同类产品,并且该市场中同类产品的需求主要不是由国内其他地方的生产者供给的,可以视为一个单独产业。

第十二条　同类产品,是指与补贴进口产品相同的产品;没有相同产品的,以与补贴进口产品的特性最相似的产品为同类产品。

第三章　反补贴调查

第十三条　国内产业或者代表国内产业的自然人、法人或者有关组织(以下统称申请人),可以依照本条例的规定向商务部提出反补贴调查的书面申请。

第十四条　申请书应当包括下列内容:

(一)申请人的名称、地址及有关情况;

(二)对申请调查的进口产品的完整说明,包括产品名称、所涉及的出口国(地区)或者原产国(地区)、已知的出口经营者或者生产者等;

(三)对国内同类产品生产的数量和价值的说明;

(四)申请调查进口产品的数量和价格对国内产业的影响;

(五)申请人认为需要说明的其他内容。

第十五条　申请书应当附具下列证据:

(一)申请调查的进口产品存在补贴;

(二)对国内产业的损害;

(三)补贴与损害之间存在因果关系。

第十六条　商务部应当自收到申请人提交的申请书及有关证据之日起60天内,对申请是否由国内产业或者代表国内产业提出、申请书内容及所附具的证据等进行审查,并决定立案调查或者不立案调查。在特殊情形下,可以适当延长审查期限。

在决定立案调查前,应当就有关补贴事项向产品可能被调查的国家(地区)政府发出进行磋商的邀请。

第十七条　在表示支持申请或者反对申请的国内产业中,支持者的产量占支持者和反对者的总产量的50%以上的,应当认定申请是由国内产业或者代表国内产业提出,可以启动反补贴调查;但是,表示支持申请的国内生产者的产量不足国内同类产品总产量的25%的,不得启动反补贴调查。

第十八条　在特殊情形下,商务部没有收到反补贴调查的书面申请,但有充分证据认为存在补贴和损害以及二者之间有因果关系的,可以决定立案调查。

第十九条　立案调查的决定,由商务部予以公告,并通知申请人、已知的出口经营者、进口经营者以及其他有利害关系的组织、个人(以下统称利害关系方)和出口国(地区)政府。

立案调查的决定一经公告,商务部应当将申请书文本提供给已知的出口经营者和出口国(地区)政府。

第二十条　商务部可以采用问卷、抽样、听证会、现场核查等方式向利害关系方了解情况,进行调查。

商务部应当为有关利害关系方、利害关系国(地区)政府提供陈述意见和论据的机会。

商务部认为必要时,可以派出工作人员赴有关国家(地区)进行调查;但是,有关国家(地区)提出异议的除外。

第二十一条　商务部进行调查时,利害关系方、利害关系国(地区)政府应当如实反映情况,提供有关资料。利害关系方、利害关系国(地区)政府不如实反映情况、提供有关资料的,或者没有在合理时间内提供必要信息的,或者以其他方式严重妨碍调查的,商务部可以根据可获得的事实作出裁定。

第二十二条　利害关系方、利害关系国(地区)政府认为其提供的资料泄露后将产生严重不利影响的,可以向商务部申请对该资料按保密资料处理。

商务部认为保密申请有正当理由的,应当对利害关系方、利害关系国(地区)政府提供的资料按保密资料处理,同时要求利害关系方、利害关系国(地区)政府提供一份非保密的该资料概要。

按保密资料处理的资料,未经提供资料的利害关系方、利害关系国(地区)政府同意,不得泄露。

第二十三条　商务部应当允许申请人、利害关系方和利害关系国(地区)政府查阅本案有关资料;但是,属于按保密资料处理的除外。

第二十四条　在反补贴调查期间,应当给予产品被调查的国家(地区)政府继续进行磋商的合理机会。磋商不妨碍商务部根据本条例的规定进行调查,并采取反补贴措施。

第二十五条　商务部根据调查结果,就补贴、损害和二者之间的因果关系是否成立作出初裁决定,并予以公告。

第二十六条　初裁决定确定补贴、损害以及二者之间的因果关系成立的,商务部应当对补贴及补贴金额、损害及损害程度继续进行调查,并根据调查结果作出终裁决定,予以公告。

在作出终裁决定前,应当由商务部将终裁决定所依据的基本事实通知所有已知的利害关系方、利害关系国(地区)政府。

第二十七条 反补贴调查,应当自立案调查决定公告之日起12个月内结束;特殊情况下可以延长,但延长期不得超过6个月。

第二十八条 有下列情形之一的,反补贴调查应当终止,并由商务部予以公告:

(一)申请人撤销申请的;

(二)没有足够证据证明存在补贴、损害或者二者之间有因果关系的;

(三)补贴金额为微量补贴的;

(四)补贴进口产品实际或者潜在的进口量或者损害属于可忽略不计的;

(五)通过与有关国家(地区)政府磋商达成协议,不需要继续进行反补贴调查的;

(六)商务部认为不适宜继续进行反补贴调查的。

来自一个或者部分国家(地区)的被调查产品有前款第(二)、(三)、(四)、(五)项所列情形之一的,针对所涉产品的反补贴调查应当终止。

第四章 反补贴措施

第一节 临时措施

第二十九条 初裁决定确定补贴成立,并由此对国内产业造成损害的,可以采取临时反补贴措施。

临时反补贴措施采取以保证金或者保函作为担保的征收临时反补贴税的形式。

第三十条 采取临时反补贴措施,由商务部提出建议,国务院关税税则委员会根据商务部的建议作出决定,由商务部予以公告。海关自公告规定实施之日起执行。

第三十一条 临时反补贴措施实施的期限,自临时反补贴措施决定公告规定实施之日起,不超过4个月。

自反补贴立案调查决定公告之日起60天内,不得采取临时反补贴措施。

第二节 承诺

第三十二条 在反补贴调查期间,出口国(地区)政府提出取消、限制补贴或者其他有关措施的承诺,或者出口经营者提出修改价格的承诺的,商务部应当予以充分考虑。

商务部可以向出口经营者或者出口国(地区)政府提出有关价格承诺的建议。

商务部不得强迫出口经营者作出承诺。

第三十三条 出口经营者、出口国(地区)政府不作出承诺或者不接受有关价格承诺的建议的,不妨碍对反补贴案件的调查和确定。出口经营者继续补贴进口产品的,商务部有权确定损害威胁更有可能出现。

第三十四条 商务部认为承诺能够接受并符合公共利益的,可以决定中止或者终止反补贴调查,不采取临时反补贴措施或者征收反补贴税。中止或者终止反补贴调查的决定由商务部予以公告。

商务部不接受承诺的,应当向有关出口经营者说明理由。

商务部对补贴以及由补贴造成的损害作出肯定的初裁决定前,不得寻求或者接受承诺。在出口经营者作出承诺的情况下,未经其本国(地区)政府同意的,商务部不得寻求或者接受承诺。

第三十五条 依照本条例第三十四条第一款规定中止或者终止调查后,应出口国(地区)政府请求,商务部应当对补贴和损害继续进行调查;或者商务部认为有必要的,可以对补贴和损害继续进行调查。

根据调查结果,作出补贴或者损害的否定裁定的,承诺自动失效;作出补贴和损害的肯定裁定的,承诺继续有效。

第三十六条 商务部可以要求承诺已被接受的出口经营者或者出口国(地区)政府定期提供履行其承诺的有关情况、资料,并予以核实。

第三十七条 对违反承诺的,商务部依照本条例的规定,可以立即决定恢复反补贴调查;根据可获得的最佳信息,可以决定采取临时反补贴措施,并可以对实施临时反补贴措施前90天内进口的产品追溯征收反补贴税,但违反承诺前进口的产品除外。

第三节 反补贴税

第三十八条 在为完成磋商的努力没有取得效果的情况下,终裁决定确定补贴成立,并由此对国内产业造成损害的,可以征收反补贴税。征收反补贴税应当符合公共利益。

第三十九条 征收反补贴税,由商务部提出建议,国务院关税税则委员会根据商务部的建议作出决定,由商务部予以公告。海关自公告规定实施之日起执行。

第四十条 反补贴税适用于终裁决定公告之日后进口的产品,但属于本条例第三十七条、第四十四条、第四十五条规定的情形除外。

第四十一条 反补贴税的纳税人为补贴进口产品的进口经营者。

第四十二条 反补贴税应当根据不同出口经营者的补贴金额,分别确定。对实际上未被调查的出口经营者的补贴进口产品,需要征收反补贴税的,应当迅速审查,按照合理的方式确定对其适用的反补贴税。

第四十三条 反补贴税税额不得超过终裁决定确定的补贴金额。

第四十四条 终裁决定确定存在实质损害,并在此前已经采取临时反补贴措施的,反补贴税可以对已经实施临时反补贴措施的期间追溯征收。

终裁决定确定存在实质损害威胁,在先前不采取临时反补贴措施将会导致后来作出实质损害裁定的情况下已经采取临时反补贴措施的,反补贴税可以对已经实施临时反补贴措施的期间追溯征收。

终裁决定确定的反补贴税,高于保证金或者保函所担保的金额的,差额部分不予收取;低于保证金或者保函所担保的金额的,差额部分应当予以退还。

第四十五条　下列三种情形并存的,必要时可以对实施临时反补贴措施之日前90天内进口的产品追溯征收反补贴税:

(一)补贴进口产品在较短的时间内大量增加;

(二)此种增加对国内产业造成难以补救的损害;

(三)此种产品得益于补贴。

第四十六条　终裁决定确定不征收反补贴税的,或者终裁决定未确定追溯征收反补贴税的,对实施临时反补贴措施期间已收取的保证金应当予以退还,保函应当予以解除。

第五章　反补贴税和承诺的期限与复审

第四十七条　反补贴税的征收期限和承诺的履行期限不超过5年;但是,经复审确定终止征收反补贴税有可能导致补贴和损害的继续或者再度发生的,反补贴税的征收期限可以适当延长。

第四十八条　反补贴税生效后,商务部可以在有正当理由的情况下,决定对继续征收反补贴税的必要性进行复审;也可以在经过一段合理时间,应利害关系方的请求并对利害关系方提供的相应证据进行审查后,决定对继续征收反补贴税的必要性进行复审。

承诺生效后,商务部可以在有正当理由的情况下,决定对继续履行承诺的必要性进行复审;也可以在经过一段合理时间,应利害关系方的请求并对利害关系方提供的相应证据进行审查后,决定对继续履行承诺的必要性进行复审。

第四十九条　根据复审结果,由商务部依照本条例的规定提出保留、修改或者取消反补贴税的建议,国务院关税税则委员会根据商务部的建议作出决定,由商务部予以公告;或者由商务部依照本条例的规定,作出保留、修改或者取消承诺的决定并予以公告。

第五十条　复审程序参照本条例关于反补贴调查的有关规定执行。

复审期限自决定复审开始之日起,不超过12个月。

第五十一条　在复审期间,复审程序不妨碍反补贴措施的实施。

第六章　附　　则

第五十二条　对依照本条例第二十六条作出的终裁决定不服的,对依照本条例第四章作出的是否征收反补贴税的决定以及追溯征收的决定不服的,或者对依照本条例第五章作出的复审决定不服的,可以依法申请行政复议,也可以依法向人民法院提起诉讼。

第五十三条　依照本条例作出的公告,应当载明重要的情况、事实、理由、依据、结果和结论等内容。

第五十四条　商务部可以采取适当措施,防止规避反补贴措施的行为。

第五十五条　任何国家(地区)对中华人民共和国的出口产品采取歧视性反补贴措施的,中华人民共和国可以根据实际情况对该国家(地区)采取相应的措施。

第五十六条　商务部负责与反补贴有关的对外磋商、通知和争端解决事宜。

第五十七条　商务部可以根据本条例制定有关具体实施办法。

第五十八条　本条例自 2002 年 1 月 1 日起施行。1997 年 3 月 25 日国务院发布的《中华人民共和国反倾销和反补贴条例》中关于反补贴的规定同时废止。

理论探索:碳关税

碳关税是一个与温室气体减排有关的问题及概念,最早由法国提出,其目的是要对未履行《京都议定书》义务的发达国家实施关税惩罚,但如果将其实施对象延伸至发展中国家则是不公平的。

首先,如果对发展中国家征收碳关税,将直接违背有关气候国际公约所规定的"共同但有区别责任"的原则,因此,间接地损害了发展中国家的利益。

其次,如果对发展中国家开征碳关税,等于变相地遏制了发展中国家的发展。为了强化对发达国家在温室气体减排方面的法律约束力,可以通过国际协调的方式,修改现行的全球气候协议,并加入惩罚性条款,对未履约方实施包括征收碳关税在内的制裁措施。但却不能将发展中国家也作为碳关税制裁措施的实施对象,否则,发达国家与发展中国家在温室气体减排义务上就没有区别了。

目前,全球气候的变化主要是由发达国家在工业化时期过度排放温室气体造成的,发达国家理应率先承担温室气体减排义务。如果在现阶段就要求发展中国家与发达国家采用同样的排放标准,显然是不合理的。在一定意义上,碳排放权就是发展中国家的基本发展权,所以,对发展中国家征收碳关税,就等于变相地限制了发展中国家的发展。

最后,如果对发展中国家征收碳关税,就等于让发展中国家为发达国家的碳消费"买单"。任何时期内的国际产业分工都是在各国共同选择的基础上形成的,无论这种选择是主动的,还是被动的,甚至是不合理的。经过 200 多年的工业化洗礼,发达国家已在高科技、清洁能源技术方面占有绝对优势,完全有条件享受低碳生活方式。而发展中国家正处于工业化与城市化进程之中,一定时期内,继续走能源密集型产业的发展与扩张之路,将是其不得不做出的选择。能源密集型产业原本是发达国家的优势领域所在,但随着其环境保护意识的提高以及逐步向低碳经济的转型,发达国家把一些能源密集型产业及污染产业转移到了发展中国家。因此,随着发达国家产业结构的调整及其排碳密集度的不断下降,发展中国家产业的排碳密集度必然会相应地增加。但在此过程中,发达国家对高碳产品的需求并没有立刻减少,而是通过进口高碳产品来满足国内的需求。但唯一的区别是,发达国家需要的某些碳产品原来可能全部或部分地由国内厂商提供,现在部分或全部地由进口替代罢了。在一定程度上,发展中国家是在污染自己的生存环境,为发达国家生产其所需要的产品。因此,发展中国家可以为自己消费掉的碳产品"付款",但不能为发达国家消费掉的碳产品"买单"。

——陈新平:《向发展中国家征收碳关税不公平》,《中国财经报》,2010年2月25日。

2010年1月15日～17日,欧盟将召开2010年气候政策听证会。有媒体报道称,该听证会很可能采纳欧盟重要智囊机构提出的碳关税设想。而一旦欧盟决定启动碳关税,中国无疑将首当其冲。世界银行此前发布的研究报告指出,如果碳关税全面实施,在国际市场上,"中国制造"可能将面对平均26%的关税,出口量因此可能下滑21%。

自金融危机爆发以来,各国为增加出口拉动就业,纷纷祭起贸易保护大旗,中国已深受其害。在很多专家看来,碳关税是以往西方国家对发展中国家出口产品实施"绿色壁垒"的新变种,是限制发展中国家贸易能力的新设想。

值得重视的是,尽管德国尚未公布2009年全年出口数据,但是根据目前的情况,中国超越德国成为全球第一大出口国已成定局。专家指出,中国很可能将因此面临着更多、更大和更多样化的贸易保护主义风险。

而一旦实施,碳关税将成为某些国家狙击"中国制造"的利器。

——黄应来、黄颖川:《碳关税阴霾再次逼近》,《南方日报》,2010年1月15日,转引自《中国财经报》,2010年1月21日。

延伸思考题

1.关税制度设立的目的是什么?
2.当代关税制度在国际贸易中的地位和功能如何分析?
3.我国关税制度与其他流转税的关系是什么?
4.如何完善我国当前关税制度?

第七章　企业所得税法律制度

☞　**案例：青岛最大单笔非居民股权转让企业所得税**

　　近日，青岛市地税局经过严谨的调查取证和周密细致的工作，征收某非居民企业股权转让企业所得税 3.33 亿元。据了解，这是新企业所得税法实施后他们入库单笔金额最大的非居民企业所得税税款。

　　青岛市地税局于今年 3 月初获悉本市某上市公司境外股东香港某公司转让境内股权的消息，立即与该公司及代理人取得联系，详细了解相关情况。经了解，香港公司占境内企业的股份为 27％，拟分两次转让，转让比例分别为 19.99％和 7.01％，按照新《中华人民共和国企业所得税法》及实施条例、《内地和香港特别行政区关于对所得避免双重征税和防止偷漏税的安排》的有关规定，香港公司占境内企业股份已超过 25％，并且持有期限超过 12 月，我国内地对该项股权转让所得拥有首先征税权，预计将征收非居民企业所得税 4.7 亿元。

　　为确保转让行为发生后，所涉税款能及时足额入库，青岛市地税局高度重视，精心准备，对该企业做了大量周密细致的纳税服务工作。特别是在国家税务总局的具体指导和大力支持下，与香港公司及代理人多次沟通，积极提供有关税务意见，并有针对性地宣传内地和香港税收安排、新企业所得税法及相关税收政策，逐渐消除了纳税人对交易活动发生在香港，不应在内地纳税等疑问。转让行为发生后，香港公司已于 7 月 1 日申报并缴纳该项转让的首笔税款 3.33 亿元，剩余税款也正在积极协调入库中。

　　——隋琳、冯国滨：《最大单笔非居民股权转让企业所得税入库》，《中国税务报》，2009 年 7 月 10 日。

第一节　概述

一、企业所得税的概念

企业所得税,是指对企业在每一纳税年度的收入总额,减除不征税收入、免税收入、各项扣除以及允许弥补的以前年度亏损后的余额征收的一种所得税。

立法背景:统一企业所得税制的动因

我国现行的企业所得税按内资、外资企业分别立法,外资企业适用 1991 年第七届全国人民代表大会第四次会议通过的《中华人民共和国外商投资企业和外国企业所得税法》(以下称外资税法),内资企业适用 1993 年国务院发布的《中华人民共和国企业所得税暂行条例》(以下称内资税法)。自 20 世纪 70 年代末实行改革开放以来,为吸引外资、发展经济,对外资企业采取了有别于内资企业的税收政策,实践证明这样做是必要的,对改革开放、吸引外资、促进经济发展发挥了重要作用。截至 2006 年底,全国累计批准外资企业 59.4 万户,实际使用外资 6 919 亿美元。2006 年外资企业缴纳各类税款 7 950 亿元,占全国税收总量的 21.12%。

当前,我国经济社会情况发生了很大变化,社会主义市场经济体制初步建立。加入世贸组织后,国内市场对外资进一步开放,内资企业也逐渐融入世界经济体系之中,面临越来越大的竞争压力,继续采取内资、外资企业不同的税收政策,必将使内资企业处于不平等竞争地位,影响统一、规范、公平竞争的市场环境的建立。

现行内资、外资企业所得税制度在执行中也暴露出一些问题,已经不适应新的形势要求:

一是现行内资税法、外资税法差异较大,造成企业之间税负不平、苦乐不均。现行税法在税收优惠、税前扣除等政策上,存在对外资企业偏松、内资企业偏紧的问题,根据全国企业所得税税源调查资料测算,内资企业平均实际税负为 25% 左右,外资企业平均实际税负为 15% 左右,内资企业高出外资企业近 10 个百分点,企业要求统一税收待遇、公平竞争的呼声较高。

二是现行企业所得税优惠政策存在较大漏洞,扭曲了企业经营行为,造成国家税款的流失。比如,一些内资企业采取将资金转到境外再投资境内的"返程投资"方式,享受外资企业所得税优惠等。

三是现行内资税法、外资税法实施 10 多年来,我国经济社会情况发生了很大变化,需要针对新情况及时完善和修订。以部门规范性文件发布的许多重要税收政策,也需要及时补充到法律中。

　　为有效解决企业所得税制度存在的上述问题,有必要尽快统一内资、外资企业所得税。企业所得税"两法合并"改革,有利于促进我国经济结构优化和产业升级,有利于为各类企业创造一个公平竞争的税收法制环境,是适应我国社会主义市场经济发展新阶段的一项制度创新,是体现"五个统筹"、促进经济社会可持续发展战略的配套措施,是中国经济制度走向成熟、规范的标志性工作之一,也是社会各界的普遍共识和呼声。

　　——金人庆:《关于〈中华人民共和国企业所得税法(草案)〉的说明》(2007年3月8日第十届全国人民代表大会第五次会议)。

二、企业所得税的纳税人

　　在我国境内,企业和其他取得收入的组织(以下统称企业)为企业所得税的纳税人,依法缴纳企业所得税。

　　但是,税法规定,个人独资企业、合伙企业不适用《企业所得税法》,不缴纳企业所得税。

　　税法规定,企业所得税的纳税人企业分为居民企业和非居民企业。

　　居民企业,是指依法在中国境内成立,或者依照外国(地区)法律成立但实际管理机构(即对企业的生产经营、人员、账务、财产等实施实质性全面管理和控制的机构)在中国境内的企业。居民企业应当就其来源于中国境内、境外的所得缴纳企业所得税。

　　非居民企业,是指依照外国(地区)法律成立且实际管理机构不在中国境内,但在中国境内设立机构、场所的,或者在中国境内未设立机构、场所,但有来源于中国境内所得的企业。非居民企业在中国境内设立机构、场所的,应当就其所设机构、场所取得的来源于中国境内的所得,以及发生在中国境外但与其所设机构、场所有实际联系的所得,缴纳企业所得税。非居民企业在中国境内未设立机构、场所的,或者虽设立机构、场所但取得的所得与其所设机构、场所没有实际联系的,应当就其来源于中国境内的所得缴纳企业所得税。

术语界定:

　　依法在中国境内成立的企业,包括依照中国法律、行政法规在中国境内成立的企业、事业单位、社会团体以及其他取得收入的组织。

　　依照外国(地区)法律成立的企业,包括依照外国(地区)法律成立的企业和其他取得收入的组织。

实际管理机构,是指对企业的生产经营、人员、账务、财产等实施实质性全面管理和控制的机构。

机构、场所,是指在中国境内从事生产经营活动的机构、场所,包括:

(1)管理机构、营业机构、办事机构;

(2)工厂、农场、开采自然资源的场所;

(3)提供劳务的场所;

(4)从事建筑、安装、装配、修理、勘探等工程作业的场所;

(5)其他从事生产经营活动的机构、场所。

非居民企业委托营业代理人在中国境内从事生产经营活动的,包括委托单位或者个人经常代其签订合同,或者储存、交付货物等,该营业代理人视为非居民企业在中国境内设立的机构、场所。

三、企业所得税的课税对象

(一)基本范围

企业所得税的课税对象是应纳税所得额。税法规定,企业每一纳税年度的收入总额,减除不征税收入、免税收入、各项扣除以及允许弥补的以前年度亏损后的余额,为应纳税所得额。

(二)收入总额

税法规定,企业以货币形式和非货币形式从各种来源取得的收入,为收入总额。包括以下九项:

1.销售货物收入;

2.提供劳务收入;

3.转让财产收入;

4.股息、红利等权益性投资收益;

5.利息收入;

6.租金收入;

7.特许权使用费收入;

8.接受捐赠收入;

9.其他收入。

(三)不征税收入

税法规定,收入总额中的下列收入为不征税收入:

1.财政拨款;

2.依法收取并纳入财政管理的行政事业性收费、政府性基金;

3.国务院规定的其他不征税收入。

（四）免税收入

税法规定，企业的下列收入为免税收入：

1. 国债利息收入；

2. 符合条件的居民企业之间的股息、红利等权益性投资收益；

3. 在中国境内设立机构、场所的非居民企业从居民企业取得与该机构、场所有实际联系的股息、红利等权益性投资收益；

4. 符合条件的非营利组织的收入。

（五）扣除项目

税法规定，企业实际发生的与取得收入有关的、合理的支出，包括成本、费用、税金、损失和其他支出，准予在计算应纳税所得额时扣除。

企业发生的公益性捐赠支出，在年度利润总额 12% 以内的部分，准予在计算应纳税所得额时扣除。

税法规定，在计算应纳税所得额时，企业按照规定计算的固定资产折旧，准予扣除。但是，下列固定资产不得计算折旧扣除：

1. 房屋、建筑物以外未投入使用的固定资产；

2. 以经营租赁方式租入的固定资产；

3. 以融资租赁方式租出的固定资产；

4. 已足额提取折旧仍继续使用的固定资产；

5. 与经营活动无关的固定资产；

6. 单独估价作为固定资产入账的土地；

7. 其他不得计算折旧扣除的固定资产。

税法规定，在计算应纳税所得额时，企业按照规定计算的无形资产摊销费用，准予扣除。但是，下列无形资产不得计算摊销费用扣除：

1. 自行开发的支出已在计算应纳税所得额时扣除的无形资产；

2. 自创商誉；

3. 与经营活动无关的无形资产；

4. 其他不得计算摊销费用扣除的无形资产。

税法规定，在计算应纳税所得额时，企业发生的下列支出作为长期待摊费用，按照规定摊销的，准予扣除：

1. 已足额提取折旧的固定资产的改建支出；

2. 租入固定资产的改建支出；

3. 固定资产的大修理支出；

4. 其他应当作为长期待摊费用的支出。

企业使用或者销售存货，按照规定计算的存货成本，准予在计算应纳税所得额时扣除。

企业转让资产,该项资产的净值,准予在计算应纳税所得额时扣除。

(六)不得扣除项目

税法规定,在计算应纳税所得额时,下列支出不得扣除:

1.向投资者支付的股息、红利等权益性投资收益款项;

2.企业所得税税款;

3.税收滞纳金;

4.罚金、罚款和被没收财物的损失;

5.本法第九条规定以外的捐赠支出;

6.赞助支出;

7.未经核定的准备金支出;

8.与取得收入无关的其他支出。

企业对外投资期间,投资资产的成本在计算应纳税所得额时不得扣除。

(七)亏损弥补

企业纳税年度发生的亏损,准予向以后年度结转,用以后年度的所得弥补,但结转年限最长不得超过5年。

但是,企业在汇总计算缴纳企业所得税时,其境外营业机构的亏损不得抵减境内营业机构的盈利。

习题计算:亏损弥补

【题目】某企业1999～2005年度的盈亏情况如下表所示。请分析该企业亏损弥补的正确方法。

年度	1999	2000	2001	2002	2003	2004	2005
盈亏(万元)	－120	－50	10	30	30	40	70

【解析】该企业1999年度亏损120万元,按照税法规定,可以申请用2000～2004年5年的盈利弥补。虽然该企业在2000年度也发生了亏损,但仍应作为计算1999年度亏损弥补的第一年。因此,1999年度的亏损实际上是用2001～2004年度的盈利110万元来弥补的。当2004年度终了后,1999年度的亏损弥补期限已经结束,剩余的10万元亏损不能再用以后年度的盈利弥补。2000年度的亏损额是50万元,按照税法规定,可以申请用2001～2005年5年的盈利弥补。由于2001～2004年度的盈利已用于弥补1999年度的亏损。因此,2000年度的亏损只能用2005年度的盈利来弥补。2005年度该企业盈利70万元,其中可用50万元来弥补2000年度发生的亏损,剩余的20万元应按照税法规定缴纳企业所得税。

——财政部会计资格评价中心编:《经济法基础》(2009 年初级会计资格考试辅导教材),经济科学出版社,2008 年 12 月第 1 版。

(八)非居民企业应纳税所得额

税法规定,非居民企业按照下列方法计算其应纳税所得额:

1.股息、红利等权益性投资收益和利息、租金、特许权使用费所得,以收入全额为应纳税所得额;

2.转让财产所得,以收入全额减除财产净值后的余额为应纳税所得额;

3.其他所得,参照前两项规定的方法计算应纳税所得额。

案例:江苏两笔 QFII 非居民企业所得税入库

近日,江苏省连云港市某上市公司为 QFII(合格境外机构投资者)扣缴非居民企业所得税 448.8 元,该市国税部门首次为这类业务办理了入库手续。此前不久,就苏州工业园区某公司支付给 QFII 的 2008 年度股息扣缴的非居民企业所得税款 25 598.56 元,也已在当地税务机关顺利入库。

QFII 制度是指允许经核准的该投资者,在一定规定和限制下汇入一定额度的外汇资金,并转换为当地货币,通过严格监管的专门账户投资当地证券市场,其资本利得、股息等经审核后可转为外汇汇出的一种市场开放模式。

6 月初,连云港市国税部门税务人员通过媒体获悉,该市某上市公司发布 2008 年度利润分配实施公告,每 10 股派发 0.4 元。其中,截止到股权登记日,挪威某公司持有该上市公司股票 112200 股。知道该消息后,税务人员意识到挪威公司已构成 QFII,对其取得的股息红利所得需要缴纳非居民企业所得税。他们及时和该上市公司取得联系,宣传相关非居民源泉扣缴政策,辅导企业办理纳税申报,最终扣缴了税款。

记者了解到,随着上市公司经济实力的增强,将会有更多的企业派发股息红利,QFII 取得境内上市公司股息红利将成为源泉扣缴非居民企业所得税的重要内容之一。江苏省国税局国际处有关负责人表示,以上两次扣缴行为尽管金额不大,但是意义重大。他提醒税务人员多注意信息收集,加强该项非居民税收监管,防范税收流失,切实维护国家税收权益。

——徐云翔、宋雁、王昉、李涛:《江苏入库两笔 QFII 非居民企业所得税》,《中国税务报》,2009 年 7 月 1 日。

四、企业所得税的税率

税法规定,企业所得税的税率为 25%。但是,非居民企业取得所得,适用税率为 20%;符合条件的小型微利企业,减按 20% 的税率征收企业所得税;国家需要重点扶持的高新技术企业,减按 15% 的税率征收企业所得税。

术语界定:

小型微利企业,是指从事国家非限制和禁止行业,并符合下列条件的企业:

(1)工业企业,年度应纳税所得额不超过 30 万元,从业人数不超过 100 人,资产总额不超过 3 000 万元;

(2)其他企业,年度应纳税所得额不超过 30 万元,从业人数不超过 80 人,资产总额不超过 1 000 万元。

国家需要重点扶持的高新技术企业,是指拥有核心自主知识产权,并同时符合下列条件的企业:

(1)产品(服务)属于《国家重点支持的高新技术领域》规定的范围;

(2)研究开发费用占销售收入的比例不低于规定比例;

(3)高新技术产品(服务)收入占企业总收入的比例不低于规定比例;

(4)科技人员占企业职工总数的比例不低于规定比例;

(5)高新技术企业认定管理办法规定的其他条件。

五、企业所得税的应纳税额

企业的应纳税所得额乘以适用税率,减除《企业所得税法》关于税收优惠的规定减免和抵免的税额后的余额,为应纳税额。

企业取得的下列所得已在境外缴纳的所得税税额,可以从其当期应纳税额中抵免,抵免限额为该项所得依照本法规定计算的应纳税额;超过抵免限额的部分,可以在以后五个年度内,用每年度抵免限额抵免当年应抵税额后的余额进行抵补:

1.居民企业来源于中国境外的应税所得;

2.非居民企业在中国境内设立机构、场所,取得发生在中国境外但与该机构、场所有实际联系的应税所得。

居民企业从其直接或者间接控制的外国企业分得的来源于中国境外的股息、红利等权益性投资收益,外国企业在境外实际缴纳的所得税税额中属于该项所得负担的部分,可以作为该居民企业的可抵免境外所得税税额,在法定的抵免限额内抵免。

第二节 税收优惠

一、减免税

税法规定,企业的下列收入为免税收入:

1. 国债利息收入;

2. 符合条件的居民企业之间的股息、红利等权益性投资收益;

3. 在中国境内设立机构、场所的非居民企业从居民企业取得与该机构、场所有实际联系的股息、红利等权益性投资收益;

4. 符合条件的非营利组织的收入。

税法规定,企业的下列所得,可以免征、减征企业所得税:

1. 从事农、林、牧、渔业项目的所得;

2. 从事国家重点扶持的公共基础设施项目投资经营的所得;

3. 从事符合条件的环境保护、节能节水项目的所得;

4. 符合条件的技术转让所得;

5. 非居民企业在中国境内未设立机构、场所的,或者虽设立机构、场所但取得的所得与其所设机构、场所没有实际联系的所得。

民族自治地方的自治机关对本民族自治地方的企业应缴纳的企业所得税中属于地方分享的部分,可以决定减征或者免征。自治州、自治县决定减征或者免征的,须报省、自治区、直辖市人民政府批准。

术语界定:

企业从事农、林、牧、渔业项目的所得,可以免征、减征企业所得税,是指:

(一)企业从事下列项目的所得,免征企业所得税:

1. 蔬菜、谷物、薯类、油料、豆类、棉花、麻类、糖料、水果、坚果的种植;

2. 农作物新品种的选育;

3. 中药材的种植;

4. 林木的培育和种植;

5. 牲畜、家禽的饲养;

6. 林产品的采集;

7. 灌溉、农产品初加工、兽医、农技推广、农机作业和维修等农、林、牧、渔服务业项目;

8. 远洋捕捞。

（二）企业从事下列项目的所得，减半征收企业所得税：

1. 花卉、茶以及其他饮料作物和香料作物的种植；

2. 海水养殖、内陆养殖。

实务指南：环境保护节能节水项目企业所得税优惠目录（试行）

财政部、国家税务总局、国家发展改革委关于公布环境保护节能节水项目
企业所得税优惠目录（试行）的通知

财税〔2009〕166 号

各省、自治区、直辖市、计划单列市财政厅（局）、国家税务局、地方税务局、发展改革委、经贸委（经委）、新疆生产建设兵团财务局：

《环境保护、节能节水项目企业所得税优惠目录（试行）》，已经国务院批准，现予以公布，自 2008 年 1 月 1 日起施行。

附件：环境保护节能节水项目企业所得税优惠目录（试行）

财政部、国家税务总局、国家发展改革委

二○○九年十二月三十一日

环境保护、节能节水项目企业所得税优惠目录（试行）

类别一：公共污水处理

项目 1：城镇污水处理项目

条件：（1）根据全国城镇污水处理设施建设规划等全国性规划设立；（2）专门从事城镇污水的收集、贮存、运输、处置以及污泥处置（含符合国家产业政策和准入条件的水泥窑协同处置）；（3）根据国家规定获得污水处理特许经营权，或符合环境保护行政主管部门规定的生活污水类污染治理设施运营资质条件；（4）项目设计、施工和运行管理人员具备国家相应职业资格；（5）项目按照国家法律法规要求，通过相关验收；（6）项目经设区的市或者市级以上环境保护行政主管部门总量核查；（7）排放水符合国家及地方规定的水污染物排放标准和重点水污染物排放总量控制指标；（8）国务院财政、税务主管部门规定的其他条件。

项目 2：工业废水处理项目

条件：（1）根据全国重点流域水污染防治规划等全国性规划设立，但按照国家规定作为企业必备配套设施的自用的污水处理项目除外；（2）专门从事工业污水的收集、贮存、运输、处置以及污泥处置（含符合国家产业政策和准入条件的水泥窑协同处置）；（3）符合环境保护行政主管部门规定的工业废水类污染治理设施运营资质条件；（4）项目设计、施工和运行管理人员具备国家相应职业资格；（5）项目按照国家法律法规要求，通过相关验收；（6）项目经设区的市或者市级以上环境保护行政主管部门总量核查；（7）排放水符合国家及地方规定的水污染物排放标准和重点水污染物排放总量控制指标；（8）国务院财政、税务主管部门规

定的其他条件。

项目 3:危险废物处理项目

条件:(1)具有独立法人资质,且注册资金不低于 100 万元的节能减排技术服务公司以合同能源管理的形式,通过以节省能源费用或节能量来支付项目成本的节能减排技术改造项目;(2)项目应符合国家产业政策,并达到国家有关节能和环境标准;(3)经建筑能效测评机构检测,既有高能耗建筑节能改造和北方既有居住建筑供热计量及节能改造达到现行节能强制性标准要求,既有建筑太阳能光热、光电建筑一体化技术或浅层地能热泵技术改造后达到现行国家有关标准要求;(4)经省级节能节水主管部门验收,工业锅炉、工业窑炉技术改造和电机系统节能、能量系统优化技术改造项目年节能量折算后不小于 1000 吨标准煤,煤炭工业复合式干法选煤技术改造、钢铁行业干式除尘技术改造和有色金属行业干式除尘净化技术改造项目年节水量不小于 200 万立方米;(5)项目应纳税所得额的计算应符合独立交易原则;(6)国务院财政、税务主管部门规定的其他条件。

类别二:公共垃圾处理

项目 1:生活垃圾处理项目

条件:(1)根据全国城镇垃圾处理设施建设规划等全国性规划设立;(2)专门从事生活垃圾的收集、贮存、运输、处置;(3)采用符合国家规定标准的卫生填埋、焚烧、热解、堆肥、水泥窑协同处置等工艺,其中:水泥窑协同处置要符合国家产业政策和准入条件;(4)根据国家规定获得垃圾处理特许经营权,或符合环境保护行政主管部门规定的生活垃圾类污染治理设施运营资质条件;(5)项目设计、施工和运行管理人员具备国家相应职业资格;(6)按照国家法律法规要求,通过相关验收;(7)项目经设区的市或者市级以上环境保护行政主管部门总量核查;(8)国务院财政、税务主管部门规定的其他条件。

项目 2、3:工业固体废物、危险废物处理项目

条件:(1)根据全国危险废物处置设施建设规划等全国性规划设立,但按照国家规定作为企业必备配套设施的自用的废弃物处理项目除外;(2)专门从事工业固体废物或危险废物的收集、贮存、运输、处置;(3)采用符合国家规定标准的卫生填埋、焚烧、热解、堆肥、水泥窑协同处置等工艺,其中:水泥窑协同处置要符合国家产业政策和准入条件;(4)工业固体废物处理项目符合环境保护行政主管部门规定的工业固体废物类污染治理设施运营资质条件,危险废物处理项目取得县级以上人民政府环境保护行政主管部门颁发的危险废物经营许可证;(5)项目设计、施工和运行管理人员具备国家相应职业资格;(6)按照国家法律法规要求,通过相关验收;(7)项目经设区的市或者市级以上环境保护行政主管部门总

量核查;(8)国务院财政、税务主管部门规定的其他条件。

类别三:沼气综合开发利用

项目1:畜禽养殖场和养殖小区沼气工程项目

条件:(1)单体装置容积不小于300立方米,年平均日产沼气量不低于300立方米/天,且符合国家有关沼气工程技术规范的项目;(2)废水排放、废渣处置、沼气利用符合国家和地方有关标准,不产生二次污染;(3)项目包括完整的发酵原料的预处理设施、沼渣和沼液的综合利用或进一步处理系统,沼气净化、储存、输配和利用系统;(4)项目设计、施工和运行管理人员具备国家相应职业资格;(5)项目按照国家法律法规要求,通过相关验收;(6)国务院财政、税务主管部门规定的其他条件。

类别四:节能减排技术改造

项目1~8:(1)既有高能耗建筑节能改造项目;(2)既有建筑太阳能光热、光电建筑一体化技术或浅层地能热泵技术改造项目;(3)既有居住建筑供热计量及节能改造项目;(4)工业锅炉、工业窑炉节能技术改造项目;(5)电机系统节能、能量系统优化技术改造项目;(6)煤炭工业复合式干法选煤技术改造项目;(7)钢铁行业干式除尘技术改造项目;(8)有色金属行业干式除尘净化技术改造项目。

条件:(1)具有独立法人资质,且注册资金不低于100万元的节能减排技术服务公司以合同能源管理的形式,通过以节省能源费用或节能量来支付项目成本的节能减排技术改造项目;(2)项目应符合国家产业政策,并达到国家有关节能和环境标准;(3)经建筑能效测评机构检测,既有高能耗建筑节能改造和北方既有居住建筑供热计量及节能改造达到现行节能强制性标准要求,既有建筑太阳能光热、光电建筑一体化技术或浅层地能热泵技术改造后达到现行国家有关标准要求;(4)经省级节能节水主管部门验收,工业锅炉、工业窑炉技术改造和电机系统节能、能量系统优化技术改造项目年节能量折算后不小于1000吨标准煤,煤炭工业复合式干法选煤技术改造、钢铁行业干式除尘技术改造和有色金属行业干式除尘净化技术改造项目年节水量不小于200万立方米;(5)项目应纳税所得额的计算应符合独立交易原则;(6)国务院财政、税务主管部门规定的其他条件。

项目9:燃煤电厂烟气脱硫技术改造项目

条件:(1)按照国家有关法律法规设立的,具有独立法人资质,且注册资金不低于500万元的专门从事脱硫服务的公司从事的符合规定的脱硫技术改造项目;(2)改造后,采用干法或半干法脱硫的项目脱硫效率应高于85%,采用湿法或其他方法脱硫的项目脱硫效率应高于98%;(3)项目改造后经国家有关部门评估,综合效益良好;(4)设施能够稳定运行,达到环境保护行政主管部门对二氧化硫的排放总量及浓度控制要求;(5)项目应纳税所得额的计算应符合独立交易原则;(6)国务院财政、税务主管部门规定的其他条件。

类别五:海水淡化

项目1:用作工业、生活用水的海水淡化项目

条件:(1)符合《海水利用专项规划》中规定的发展重点以及区域布局等要求;(2)规模不小于淡水产量10000吨/日;(3)热法海水淡化项目的物能消耗指标为吨水耗电量小于1.8千瓦时/吨、造水比大于8,膜法海水淡化项目的能耗指标为吨水耗电量小于4.0千瓦时/吨;(4)国务院财政、税务主管部门规定的其他条件。

项目2:用作海岛军民饮用水的海水淡化项目

条件:(1)符合《海水利用专项规划》中规定的发展重点以及区域布局等要求;(2)热法海水淡化项目的物能消耗指标为吨水耗电量小于1.8千瓦时/吨、造水比大于8,膜法海水淡化项目的能耗指标为吨水耗电量小于4.0千瓦时/吨;(3)国务院财政、税务主管部门规定的其他条件。

二、其他税收优惠措施

1.加计扣除

税法规定,企业的下列支出,可以在计算应纳税所得额时加计扣除:

(1)开发新技术、新产品、新工艺发生的研究开发费用;

(2)安置残疾人员及国家鼓励安置的其他就业人员所支付的工资。

企业综合利用资源,生产符合国家产业政策规定的产品所取得的收入,可以在计算应纳税所得额时减计收入。

2.抵扣所得税

创业投资企业从事国家需要重点扶持和鼓励的创业投资,可以按投资额的一定比例抵扣应纳税所得额。

企业购置用于环境保护、节能节水、安全生产等专用设备的投资额,可以按一定比例实行税额抵免。

3.加速折旧

企业的固定资产由于技术进步等原因,确需加速折旧的,可以缩短折旧年限或者采取加速折旧的方法。

4.专项优惠

根据国民经济和社会发展的需要,或者由于突发事件等原因对企业经营活动产生重大影响的,国务院可以制定企业所得税专项优惠政策,报全国人民代表大会常务委员会备案。

第三节　税务管理

一、税务管理概述

(一)纳税地点

居民企业以企业登记注册地为纳税地点;但登记注册地在境外的,以实际管理机构所在地为纳税地点。

居民企业在中国境内设立不具有法人资格的营业机构的,应当汇总计算并缴纳企业所得税。

非居民企业取得所得,以机构、场所所在地为纳税地点。

(二)汇总纳税

除国务院另有规定外,企业之间不得合并缴纳企业所得税。

非居民企业在中国境内设立两个或者两个以上机构、场所的,经税务机关审核批准,可以选择由其主要机构、场所汇总缴纳企业所得税。

实务指南:跨地区经营汇总纳税

国家税务总局关于跨地区经营汇总纳税企业所得税征收管理若干问题的通知

国税函〔2009〕221 号

各省、自治区、直辖市和计划单列市国家税务局、地方税务局:

为贯彻落实《中华人民共和国企业所得税法》及其实施条例,加强跨地区(指跨省、自治区、直辖市和计划单列市,下同)经营汇总纳税企业所得税征收管理,现对跨地区经营汇总纳税企业所得税征收管理中的若干问题通知如下:

一、关于二级分支机构的判定问题

二级分支机构是指总机构对其财务、业务、人员等直接进行统一核算和管理的领取非法人营业执照的分支机构。

总机构应及时将其所属二级分支机构名单报送总机构所在地主管税务机关,并向其所属二级分支机构及时出具有效证明(支持证明的材料包括总机构拨款证明、总分机构协议或合同、公司章程、管理制度等)。

二级分支机构在办理税务登记时应向其所在地主管税务机关报送非法人营业执照(复印件)和由总机构出具的二级分支机构的有效证明。其所在地主管税务机关应对二级分支机构进行审核鉴定,督促其及时预缴企业所得税。

以总机构名义进行生产经营的非法人分支机构,无法提供有效证据证明其二级及二级以下分支机构身份的,应视同独立纳税人计算并就地缴纳企业所得税,不执行《国家税务总局关于印发〈跨地区经营汇总纳税企业所得税征收管理暂行办法〉的通知》(国税发〔2008〕28号)的相关规定。

二、关于总分支机构适用不同税率时企业所得税款计算和缴纳问题

预缴时,总机构和分支机构处于不同税率地区的,先由总机构统一计算全部应纳税所得额,然后按照国税发〔2008〕28号文件第十九条规定的比例和第二十三条规定的三因素及其权重,计算划分不同税率地区机构的应纳税所得额,再分别按各自的适用税率计算应纳税额后加总计算出企业的应纳所得税总额。再按照国税发〔2008〕28号文件第十九条规定的比例和第二十三条规定的三因素及其权重,向总机构和分支机构分摊就地预缴的企业所得税款。

汇缴时,企业年度应纳所得税额应按上述方法并采用各分支机构汇算清缴所属年度的三因素计算确定。

除《国务院关于实施企业所得税过渡优惠政策的通知》(国发〔2007〕39号)、《财政部、国家税务总局关于企业所得税若干优惠政策的通知》(财税〔2008〕1号)和《财政部、国家税务总局关于贯彻落实国务院关于实施企业所得税过渡优惠政策有关问题的通知》(财税〔2008〕21号)有关规定外,跨地区经营汇总纳税企业不得按照上述总分支机构处于不同税率地区的计算方法计算并缴纳企业所得税,应按照企业适用统一的税率计算并缴纳企业所得税。

三、关于预缴和年度汇算清缴时分支机构报送资料问题

跨地区经营汇总纳税企业在进行企业所得税预缴和年度汇算清缴时,二级分支机构应向其所在地主管税务机关报送其本级及以下分支机构的生产经营情况,主管税务机关应对报送资料加强审核,并作为对二级分支机构计算分摊税款比例的三项指标和应分摊入库所得税税款进行查验核对的依据。

四、关于应执行未执行或未准确执行国税发〔2008〕28号文件企业的处理问题

对应执行国税发〔2008〕28号文件规定而未执行或未正确执行上述文件规定的跨地区经营汇总纳税企业,在预缴企业所得税时造成总机构与分支机构之间同时存在一方(或几方)多预缴另一方(或几方)少预缴税款的,其总机构或分支机构就地预缴的企业所得税低于按上述文件规定计算分配的数额的,应在随后的预缴期间内,由总机构将按上述文件规定计算分配的税款差额分配到总机构或分支机构补缴;其总机构或分支机构就地预缴的企业所得税高于按上述文件规定计算分配的数额的,应在随后的预缴期间内,由总机构将按上述文件规定计算分配的税款差额从总机构或分支机构的预缴数中扣减。

五、国税发〔2008〕28号文件第二条第二款所列企业不适用本通知规定

六、本通知自2009年1月1日起执行

国家税务总局

二〇〇九年四月二十九日

(三)纳税年度

企业所得税按纳税年度计算。纳税年度自公历1月1日起至12月31日止。

企业在一个纳税年度中间开业,或者终止经营活动,使该纳税年度的实际经营期不足12个月的,应当以其实际经营期为一个纳税年度。

企业依法清算时,应当以清算期间作为一个纳税年度。

(四)分期预缴

企业所得税分月或者分季预缴。

企业应当自月份或者季度终了之日起15日内,向税务机关报送预缴企业所得税纳税申报表,预缴税款。

(五)汇算清缴

企业应当自年度终了之日起5个月内,向税务机关报送年度企业所得税纳税申报表,并汇算清缴,结清应缴应退税款。

企业在报送企业所得税纳税申报表时,应当按照规定附送财务会计报告和其他有关资料。

企业在年度中间终止经营活动的,应当自实际经营终止之日起60日内,向税务机关办理当期企业所得税汇算清缴。

企业应当在办理注销登记前,就其清算所得向税务机关申报并依法缴纳企业所得税。

案例:鸿兴公司企业所得税汇算清缴

案情

鸿兴公司为生产企业,是甲企业的全资子公司,鸿兴公司2009年2月委托某税务师事务所对其2008年度所得税纳税情况进行审查。经审查发现,该企业2008年度共实现会计利润20万元,已按20%的税率预缴企业所得税4万元。在审查中发现如下业务:

1.审查"主营业务收入"明细账贷方发生额。1月1日,该企业与购买方签订分期收款销售A设备合同一份,合同约定的收款总金额为80万元,分4年于每年底等额收取。按会计准则规定,以商品现值确认收入70万元。结合"主营业务成本"明细账,借方发生额中反映1月1日分期收款销售A设备一套结转设备成本50万元。进一步审查"财务费用"明细账,贷方发生额中反映12月31

日结转当年1月1日分期收款销售A设备未实现融资收益2.5万元。

2.审查"销售费用"明细账。5月2日,预提本年度销售B产品的保修费用21万元。合同约定的保修期限为3年。

3.审查"财务费用"明细账。12月31日支付给关联方甲企业500万元债券2008年度利息50万元。甲企业在鸿兴公司的股本为100万元,同期同类贷款利率为7%。

4.审查"投资收益"科目。2008年10月21日,从境内上市公司乙企业分得股息20万元,该10000股股票是鸿兴公司2008年3月10日购买的,购买价格为每股5元,2008年10月21日当天的收盘价为7.2元。11月10日,鸿兴公司将乙企业的股票抛售,取得收入扣除相关税费后为8万元,存入银行。会计处理为:

借:银行存款　　　　　　80 000

　　贷:交易性金融资产——成本 50 000

　　　　投资收益　　　　　30 000

5.审查"以前年度损益调整"明细账。2008年6月30日,企业盘盈固定资产一台,重置完全价值100万元,七成新。会计处理为:

借:固定资产　　　　　　100

　　贷:累计折旧　　　　　30

以前年度损益调整70万元。

借:以前年度损益调整　　　　　70

　　贷:利润分配——未分配利润　　　　　70

6.审查"在建工程"明细账。2008年6月25日,在建工程领用本企业B产品一批,成本价80万元,同类货物的售价100万元。该产品的增值税率为17%。会计处理为:

借:在建工程　　　　　97

　　贷:库存商品——B产品　　　　　80

　　　　应交税费——应交增值税(销项税额)　　　　　17

7.其他资料:职工人数30人,资产总额800万元。

要求:根据提供资料,对鸿兴公司的所得税纳税事项进行分析,并表述相关税收政策,计算鸿兴公司2008年度应当补缴的企业所得税。

解析

1.(1)主营业务收入的调整根据《企业所得税法实施条例》第二十三条规定,采取分期收款方式销售货物的,应当按合同约定的应付款日期确认收入。因此,当期应当确认计税收入为 $80 \div 4 = 20$ (万元),会计上确认收入70万元,应当作纳税调减的金额为 $70 - 20 = 50$ (万元)。

（2）主营业务成本的调整采取分期收款方式销售货物的成本，应当按合同约定的确认收入的时间分期结转。因此，当期应当结转的计税成本为：$50÷4＝12.5$（万元），会计上结转成本为 50 万元，应当作纳税调增的金额为：$50－12.5＝37.5$（万元）。

（3）财务费用调整未实现融资收益在当期冲减财务费用的金额应当作纳税调减 2.5 万元。

2．《企业所得税法》第八条规定，企业实际发生的与取得收入有关的、合理的支出，包括成本、费用、税金、损失和其他支出，准予在计算应纳税所得额时扣除。企业按会计制度预提的保修费用不符合实际发生的原则，不得税前扣除，应当作纳税调增 21 万元。

3．财政部、国家税务总局《关于企业关联方利息支出税前扣除标准有关税收政策问题的通知》（财税〔2008〕121 号）规定，企业从关联方取得的债权性投资占权益性投资的比例不得超过 2 倍，超过部分的利息，不管是否超过同期同类贷款利率，一律不得扣除。

（1）鸿兴公司从甲企业取得的债权性投资占权益性投资的比例为 $500÷100＝5$，大于 2 倍的比例限制；

（2）鸿兴公司准予扣除的债券利息限额为 $100×2×7\%＝14$（万元）；

（3）应当纳税调增的利息支出为 $50－14＝36$（万元）。

4．（1）根据《企业所得税法》及其实施条例的规定，购买上市公司的股票从上市公司分得的股息，如果股票的持有时间超过 12 个月转让的，免征企业所得税，不超过 12 个月转让的，应当并入当期所得缴纳企业所得税。由于上述股票持有时间不超过 12 个月，应当缴纳企业所得税。会计上已经计入"投资收益"，不需要纳税调整。

（2）财政部、国家税务总局《关于执行〈企业会计准则〉有关企业所得税政策问题的通知》（财税〔2007〕80 号）规定，股票持有期间发生的公允价值变动损益，不需要缴纳企业所得税，待股票转让时，按转让收入减除历史成本后的余额计入应纳税所得额。转让所得为 $80\,000－10\,000×5＝30\,000$（元），由于企业已经将投资收益计入企业的利润总额，不需要纳税调整。

5．根据《企业所得税法实施条例》第二十二条的规定，企业盘盈的固定资产应当作为盘盈年度的"其他收入"缴纳企业所得税。但会计上 2008 年度利润总额中不包括 70 万元盘盈收益，应当作纳税调增 70 万元。

6．国家税务总局《关于企业处置资产所得税处理问题的通知》（国税函〔2008〕828 号）规定，企业在建工程领用本企业的产品，由于所有权没有发生转移，不需要缴纳企业所得税。因此，不需要进行纳税调整。

7.应补缴企业所得税的计算：

(1)纳税调增金额＝37.5＋21＋36＋70＝164.5(万元)；

(2)纳税调减金额＝50＋2.5＝52.5(万元)；

(3)应纳税所得额＝20＋164.5－52.5＝132(万元)；

(4)由于该企业的应纳税所得额超过 30 万元,不符合小型微利企业条件,应当按 25％的税率计算缴纳企业所得税,应补企业所得税为 132×25％－4＝29(万元)。

——许明:《企业所得税汇算清缴案例解析》,《中国税务报》,2009 年 5 月 4 日。

二、源泉扣缴

对非居民企业取得的所得应缴纳的所得税,实行源泉扣缴,以支付人为扣缴义务人。税款由扣缴义务人在每次支付或者到期应支付时,从支付或者到期应支付的款项中扣缴。

对非居民企业在中国境内取得工程作业和劳务所得应缴纳的所得税,税务机关可以指定工程价款或者劳务费的支付人为扣缴义务人。

应当扣缴的所得税,扣缴义务人未依法扣缴或者无法履行扣缴义务的,由纳税人在所得发生地缴纳。纳税人未依法缴纳的,税务机关可以从该纳税人在中国境内其他收入项目的支付人应付的款项中,追缴该纳税人的应纳税款。

扣缴义务人每次代扣的税款,应当自代扣之日起 7 日内缴入国库,并向所在地的税务机关报送扣缴企业所得税报告表。

实务指南:非居民企业所得税源泉扣缴

国家税务总局关于印发《非居民企业所得税源泉扣缴管理暂行办法》的通知

国税发〔2009〕3 号

各省、自治区、直辖市和计划单列市国家税务局、地方税务局:

为贯彻实施《中华人民共和国企业所得税法》及其实施条例,规范非居民企业所得税源泉扣缴管理,税务总局制定了《非居民企业所得税源泉扣缴管理暂行办法》,现印发给你们,请遵照执行。执行中发现的问题请及时反馈税务总局(国际税务司)。

附件:

1.扣缴企业所得税合同备案登记表

2.非居民企业税务事项联络函

3.扣缴企业所得税管理台账

二○○九年一月九日

非居民企业所得税源泉扣缴管理暂行办法

第一章　总　则

第一条　为规范和加强非居民企业所得税源泉扣缴管理,根据《中华人民共和国企业所得税法》(以下简称企业所得税法)及其实施条例、《中华人民共和国税收征收管理法》(以下简称税收征管法)及其实施细则、《税务登记管理办法》、中国政府对外签署的避免双重征税协定(含与香港、澳门特别行政区签署的税收安排,以下统称税收协定)等相关法律法规,制定本办法。

第二条　本办法所称非居民企业,是指依照外国(地区)法律成立且实际管理机构不在中国境内,但在中国境内未设立机构、场所且有来源于中国境内所得的企业,以及虽设立机构、场所但取得的所得与其所设机构、场所没有实际联系的企业。

第三条　对非居民企业取得来源于中国境内的股息、红利等权益性投资收益和利息、租金、特许权使用费所得、转让财产所得以及其他所得应当缴纳的企业所得税,实行源泉扣缴,以依照有关法律规定或者合同约定对非居民企业直接负有支付相关款项义务的单位或者个人为扣缴义务人。

第二章　税源管理

第四条　扣缴义务人与非居民企业首次签订与本办法第三条规定的所得有关的业务合同或协议(以下简称合同)的,扣缴义务人应当自合同签订之日起30日内,向其主管税务机关申报办理扣缴税款登记。

第五条　扣缴义务人每次与非居民企业签订与本办法第三条规定的所得有关的业务合同时,应当自签订合同(包括修改、补充、延期合同)之日起30日内,向其主管税务机关报送《扣缴企业所得税合同备案登记表》(见附件1)、合同复印件及相关资料。文本为外文的应同时附送中文译本。

股权转让交易双方均为非居民企业且在境外交易的,被转让股权的境内企业在依法变更税务登记时,应将股权转让合同复印件报送主管税务机关。

第六条　扣缴义务人应当设立代扣代缴税款账簿和合同资料档案,准确记录企业所得税的扣缴情况,并接受税务机关的检查。

第三章　征收管理

第七条　扣缴义务人在每次向非居民企业支付或者到期应支付本办法第三条规定的所得时,应从支付或者到期应支付的款项中扣缴企业所得税。

本条所称到期应支付的款项,是指支付人按照权责发生制原则应当计入相关成本、费用的应付款项。

扣缴义务人每次代扣代缴税款时,应当向其主管税务机关报送《中华人民共和国扣缴企业所得税报告表》(以下简称扣缴表)及相关资料,并自代扣之日起7

日内缴入国库。

第八条　扣缴企业所得税应纳税额计算。

扣缴企业所得税应纳税额＝应纳税所得额×实际征收率

应纳税所得额是指依照企业所得税法第十九条规定计算的下列应纳税所得额：

（一）股息、红利等权益性投资收益和利息、租金、特许权使用费所得，以收入全额为应纳税所得额，不得扣除税法规定之外的税费支出。

（二）转让财产所得，以收入全额减除财产净值后的余额为应纳税所得额。

（三）其他所得，参照前两项规定的方法计算应纳税所得额。

实际征收率是指企业所得税法及其实施条例等相关法律法规规定的税率，或者税收协定规定的更低的税率。

第九条　扣缴义务人对外支付或者到期应支付的款项为人民币以外货币的，在申报扣缴企业所得税时，应当按照扣缴当日国家公布的人民币汇率中间价，折合成人民币计算应纳税所得额。

第十条　扣缴义务人与非居民企业签订与本办法第三条规定的所得有关的业务合同时，凡合同中约定由扣缴义务人负担应纳税款的，应将非居民企业取得的不含税所得换算为含税所得后计算征税。

第十一条　按照企业所得税法及其实施条例和相关税收法规规定，给予非居民企业减免税优惠的，应按相关税收减免管理办法和行政审批程序的规定办理。对未经审批或者减免税申请未得到批准之前，扣缴义务人发生支付款项的，应按规定代扣代缴企业所得税。

第十二条　非居民企业可以适用的税收协定与本办法有不同规定的，可申请执行税收协定规定；非居民企业未提出执行税收协定规定申请的，按国内税收法律法规的有关规定执行。

第十三条　非居民企业已按国内税收法律法规的有关规定征税后，提出享受减免税或税收协定待遇申请的，主管税务机关经审核确认应享受减免税或税收协定待遇的，对多缴纳的税款应依据税收征管法及其实施细则的有关规定予以退税。

第十四条　因非居民企业拒绝代扣税款的，扣缴义务人应当暂停支付相当于非居民企业应纳税款的款项，并在1日之内向其主管税务机关报告，并报送书面情况说明。

第十五条　扣缴义务人未依法扣缴或者无法履行扣缴义务的，非居民企业应于扣缴义务人支付或者到期应支付之日起7日内，到所得发生地主管税务机关申报缴纳企业所得税。

　　股权转让交易双方为非居民企业且在境外交易的,由取得所得的非居民企业自行或委托代理人向被转让股权的境内企业所在地主管税务机关申报纳税。被转让股权的境内企业应协助税务机关向非居民企业征缴税款。

　　扣缴义务人所在地与所得发生地不在一地的,扣缴义务人所在地主管税务机关应自确定扣缴义务人未依法扣缴或者无法履行扣缴义务之日起5个工作日内,向所得发生地主管税务机关发送《非居民企业税务事项联络函》(见附件2),告知非居民企业的申报纳税事项。

　　第十六条　非居民企业依照本办法第十五条规定申报缴纳企业所得税,但在中国境内存在多处所得发生地,并选定其中之一申报缴纳企业所得税的,应向申报纳税所在地主管税务机关如实报告有关情况。申报纳税所在地主管税务机关在受理申报纳税后,应将非居民企业申报缴纳所得税情况书面通知扣缴义务人所在地和其他所得发生地主管税务机关。

　　第十七条　非居民企业未依照本办法第十五条的规定申报缴纳企业所得税,由申报纳税所在地主管税务机关责令限期缴纳,逾期仍未缴纳的,申报纳税所在地主管税务机关可以收集、查实该非居民企业在中国境内其他收入项目及其支付人(以下简称其他支付人)的相关信息,并向其他支付人发出《税务事项通知书》,从其他支付人应付的款项中,追缴该非居民企业的应纳税款和滞纳金。

　　其他支付人所在地与申报纳税所在地不在一地的,其他支付人所在地主管税务机关应给予配合和协助。

　　第十八条　对多次付款的合同项目,扣缴义务人应当在履行合同最后一次付款前15日内,向主管税务机关报送合同全部付款明细、前期扣缴表和完税凭证等资料,办理扣缴税款清算手续。

　　第四章　后续管理

　　第十九条　主管税务机关应当建立《扣缴企业所得税管理台账》(见附件3),加强合同履行情况的跟踪监管,及时了解合同签约内容与实际履行中的动态变化,监控合同款项支付、代扣代缴税款等情况。必要时应查核企业相关账簿,掌握股息、利息、租金、特许权使用费、转让财产收益等支付和列支情况,特别是未实际支付但已计入成本费用的利息、租金、特许权使用费等情况,有否漏扣企业所得税问题。

　　主管税务机关应根据备案合同资料、扣缴企业所得税管理台账记录、对外售付汇开具税务证明等监管资料和已申报扣缴税款情况,核对办理税款清算手续。

　　第二十条　主管税务机关可根据需要对代扣代缴企业所得税的情况实施专项检查,实施检查的主管税务机关应将检查结果及时传递给同级国家税务局或地方税务局。专项检查可以采取国、地税联合检查的方式。

第二十一条　税务机关在企业所得税源泉扣缴管理中,遇有需要向税收协定缔约对方获取涉税信息或告知非居民企业在中国境内的税收违法行为时,可按照《国家税务总局关于印发〈国际税收情报交换工作规程〉的通知》(国税发〔2006〕70号)规定办理。

第五章　法律责任

第二十二条　扣缴义务人未按照规定办理扣缴税款登记的,主管税务机关应当按照《税务登记管理办法》第四十五条、四十六条的规定处理。

本办法第五条第二款所述被转让股权的境内企业未依法变更税务登记的,主管税务机关应当按照《税务登记管理办法》第四十二条的规定处理。

第二十三条　扣缴义务人未按本办法第五条规定的期限向主管税务机关报送《扣缴企业所得税合同备案登记表》、合同复印件及相关资料的,未按规定期限向主管税务机关报送扣缴表的,未履行扣缴义务不缴或者少缴已扣税款的、或者应扣未扣税款的,非居民企业未按规定期限申报纳税的、不缴或者少缴应纳税款的,主管税务机关应当按照税收征管法及其实施细则的有关规定处理。

第六章　附　则

第二十四条　本办法由国家税务总局负责解释,各省、自治区、直辖市和计划单列市国家税务局、地方税务局可根据本办法制定具体操作规程。

第二十五条　本办法自2009年1月1日起施行。

三、特别纳税调整

税法规定,企业与其关联方之间的业务往来,不符合独立交易原则而减少企业或者其关联方应纳税收入或者所得额的,税务机关有权按照合理方法调整。

术语界定:

关联方,是指与企业有下列关联关系之一的企业、其他组织或者个人:

(1)在资金、经营、购销等方面存在直接或者间接的控制关系;

(2)直接或者间接地同为第三者控制;

(3)在利益上具有相关联的其他关系。

独立交易原则,是指没有关联关系的交易各方,按照公平成交价格和营业常规进行业务往来遵循的原则。

企业与其关联方共同开发、受让无形资产,或者共同提供、接受劳务发生的成本,在计算应纳税所得额时应当按照独立交易原则进行分摊。

企业可以向税务机关提出与其关联方之间业务往来的定价原则和计算方法,税务机关与企业协商、确认后,达成预约定价安排。

术语界定：

预约定价安排，是指企业就其未来年度关联交易的定价原则和计算方法，向税务机关提出申请，与税务机关按照独立交易原则协商、确认后达成的协议。

企业向税务机关报送年度企业所得税纳税申报表时，应当就其与关联方之间的业务往来，附送年度关联业务往来报告表。税务机关在进行关联业务调查时，企业及其关联方，以及与关联业务调查有关的其他企业，应当按照规定提供相关资料。企业不提供与其关联方之间业务往来资料，或者提供虚假、不完整资料，未能真实反映其关联业务往来情况的，税务机关有权依法核定其应纳税所得额。

术语界定：

相关资料，包括：

（1）与关联业务往来有关的价格、费用的制定标准、计算方法和说明等同期资料；

（2）关联业务往来所涉及的财产、财产使用权、劳务等的再销售（转让）价格或者最终销售（转让）价格的相关资料；

（3）与关联业务调查有关的其他企业应当提供的与被调查企业可比的产品价格、定价方式以及利润水平等资料；

（4）其他与关联业务往来有关的资料。

由居民企业，或者由居民企业和中国居民控制的设立在实际税负明显低于法定税率水平的国家（地区）的企业，并非由于合理的经营需要而对利润不作分配或者减少分配的，上述利润中应归属于该居民企业的部分，应当计入该居民企业的当期收入。

税法规定，企业从其关联方接受的债权性投资与权益性投资的比例超过规定标准而发生的利息支出，不得在计算应纳税所得额时扣除。企业实施其他不具有合理商业目的的安排而减少其应纳税收入或者所得额的，税务机关有权按照合理方法调整。税务机关依照本章规定作出纳税调整，需要补征税款的，应当补征税款，并按照国务院规定加收利息。

术语界定：

合理方法，包括：

（1）可比非受控价格法，是指按照没有关联关系的交易各方进行相同或者类似业务往来的价格进行定价的方法；

（2）再销售价格法，是指按照从关联方购进商品再销售给没有关联关系的交易方的价格，减除相同或者类似业务的销售毛利进行定价的方法；

（3）成本加成法，是指按照成本加合理的费用和利润进行定价的方法；

（4）交易净利润法，是指按照没有关联关系的交易各方进行相同或者类似业务往来取得的净利润水平确定利润的方法；

（5）利润分割法，是指将企业与其关联方的合并利润或者亏损在各方之间采用合理标准进行分配的方法；

（6）其他符合独立交易原则的方法。

实务指南：预约定价操作办法

山东省国家税务局关于印发《关联企业间业务往来预约

定价操作办法（试行）》的通知

鲁国税函〔2007〕54 号

各市国家税务局（不发青岛）、山东省税务学校：

为全面加强关联企业间业务往来预约定价安排的税务管理，提高全省预约定价工作质量，省局研究制订了《山东省国家税务局关联企业间业务往来预约定价操作办法（试行）》，现印发给你们，请遵照执行。在实际操作执行过程中发现的新情况、新问题，请及时反馈省局。

二○○七年四月九日

关联企业间业务往来预约定价操作办法（试行）

第一章　总则

第一条　为规范关联企业间业务往来预约定价工作程序，根据《中华人民共和国税收征收管理法》第三十六条及其实施细则第五十一条至五十六条的规定，中国政府与有关国家政府间签订的税收协定，以及国家税务总局《关联企业间业务往来预约定价实施规则》（试行）的有关规定，结合我省实际，制定本办法。

第二条　本规则适用于关联企业间业务往来预约定价的税收管理。关联企业间业务往来预约定价的税收管理是指，纳税人与其关联企业间在有形财产的购销和使用、无形财产的转让和使用、提供劳务、融通资金等业务往来中，申请预先约定关联交易所适用的转让定价原则和计算方法，用以解决和确定在未来年度关联交易所涉及的税收问题时，主管税务机关和纳税人按照自愿、平等、守信原则，依本规则所进行的会谈、审核和评估、磋商、预约定价安排的拟定和批准，以及监控执行等项具体管理工作。

第三条　本办法所称主管税务机关是指设区的市级（含市级，下同）以上国家税务局。具体实施由设区的市级以上国家税务局内设国际税务管理机构负责，并吸收县、市、区局相关人员共同办理。

第四条　预约定价安排涉及形成双边或多边预约定价安排草案的，主管税务机关应当按照国家税务总局《关联企业间业务往来预约定价实施规则》（试行）

的有关规定上报省局,经省局审核后上报国家税务总局审定。

第二章　预备会谈

第五条　主管税务机关应当在同意纳税人正式提出预约定价安排申请前,根据纳税人的书面要求,与纳税人就预约定价的安排以及达成预约定价安排需要研究、分析的范围等问题,进行预备会谈。预备会谈的时间、地点、具体内容等事项,由双方确定。

第六条　在预备会谈可能的预约定价安排时,纳税人应当在向主管税务机关提交书面要求的同时,就以下内容,提出初步书面建议和意见。

1.实施程序方面:

(1)预约定价安排的建议;

(2)预约定价安排期限;

(3)准备提交的文件、资料;

(4)预约定价安排批准后的报告和监控;

(5)是否通过预约定价安排解决以前年度的税收问题等。

2.具体内容方面,主要应当包括:

(1)有关的关联企业情况;

(2)以前年度的税务审计情况;

(3)预约定价安排涉及的有关经营活动情况的说明;

(4)境内、境外的关联交易情况;

(5)功能和可比性分析(包括市场状况、可获取的可比定价信息分析);

(6)对可比信息调整因素的考虑;

(7)建议采用的转让定价原则和计算方法,以及其符合公平交易原则的理由;

(8)拟选用的转让定价原则和计算方法所基于的假设条件;

(9)可能出现的双重征税等问题,包括涉及税收协定相互磋商程序的可能性;

(10)其他需要说明的情况。

第七条　在预备会谈可能的预约定价安排时,主管税务机关应当自收到纳税人的书面要求及其初步建议和意见之日起20日内书面答复纳税人。若不同意纳税人的书面要求,应当答复时说明理由;若同意纳税人的书面要求,应当就以下内容予以说明。

1.实施程序方面:

(1)有关预约定价安排的可行性;

(2)有关预约定价安排协商各阶段的预期时间安排,包括基本要求、审核评估和时限的一般规定和原则;

(3)需要说明的其他程序问题。

2.具体内容方面,主要说明:

(1)预约定价安排适用的范围;

(2)根据有关税收协定的规定,预约定价安排相互磋商达成一致的可能性;

(3)按不同关联交易类型,应当分别提供的分析和评估资料;

(4)审核和评估时间;

(5)预约定价安排批准执行后,双方的义务和责任等。

第八条　经过预备会谈,若双方达成一致意见,主管税务机关应当自达成一致意见之日起 15 日内以书面形式通知纳税人,可以就预约定价安排的相关事宜进行正式谈判。在预约定价安排正式谈判后和预约定价安排签订前,主管税务机关和纳税人均可中止谈判。

第三章　正式申请

第九条　纳税人应当在接到主管税务机关可以就预约定价安排的相关事宜进行正式谈判通知之日起 3 个月内,向主管税务机关提出实行预约定价的正式书面申请。如因下列特殊原因,纳税人需要延长提出正式书面申请期限的,可以向主管税务机关提出延期报告:

1.需要特别准备某些方面的资料;

2.需要对资料作技术上的处理,如文字翻译等;

3.其他非主观原因。

主管税务机关应当自收到纳税人预约定价安排正式书面申请延期报告后 15 日内,对其申请延期事项做出书面答复。逾期未做出答复的,视同主管税务机关已同意纳税人有关延期的申请。

第十条　纳税人向主管税务机关提出实行预约定价安排正式书面申请的内容,至少应当包括:

1.相关的集团组织、公司结构、关联关系、关联交易情况;

2.纳税人近三年财务、会计报表资料,产品功能和财产(包括无形财产和有形财产)的资料;

3.预约定价安排所涉及的关联交易类别和纳税年度;

4.关联企业间的职能、功能和风险划分;

5.是否涉及税收协定的双边或多边预约定价安排;

6.预约定价适用的转让定价原则和计算方法考虑,以及支持这一原则和方法的功能分析和可比性分析,拟选用的转让定价原则和计算方法的假设条件;

7.市场情况的说明,包括行业发展趋势和竞争环境;

8.预约期间的年度经营效益预测和规划等;

9.有关关联企业合作的态度,能否提供有关其交易、经营安排及财务成果方

面的信息;

10. 是否涉及双重征税等问题;

11. 涉及境内、外有关法律、税收协定等相关问题。

上述应当提供的资料,纳税人按税收法律、法规已报送的除外。

上述申请内容所涉及的文件资料和情况说明,包括能够支持拟选用的定价原则、计算方法和能证实符合预约定价安排条件的所有文件资料,纳税人和主管税务机关均应妥善保存。

第四章　审核与评估

第十一条　主管税务机关应当自收到纳税人提交的实行预约定价安排正式书面申请及所需文件、资料之日起5个月内,进行审核和评估,并可根据审核和评估的具体情况向纳税人或其税务代理提出咨询,要求其补充有关资料,以形成审核评估结论。如因特殊情况,需要延长审核评估时间的,应当及时书面通知纳税人,所延长期限不得超过3个月。

第十二条　主管税务机关对纳税人实行预约定价安排正式书面申请的审核和评估内容,至少应当包括:

1. 历史经营状况。分析、评估纳税人的经营规划、发展趋势、经营范围等文件资料,重点审核可行性研究报告、投资预(决)算、董事会决议等;综合分析反映经营业绩的有关信息和资料,如财务、会计报表、审计报告等。主要考察历史、现实状况,找出影响企业经营的关键因素。

2. 职能及风险状况。分析、评估纳税人与其关联企业之间的业务往来中,在供货、生产、运输、销售等各环节以及在研究、开发无形资产等方面各自所拥有的份额,履行的职能以及在存货、信贷、外汇、市场等过程中所承担的风险。

3. 可比价格信息。分析、评估纳税人提供的境内、外可比价格信息,说明独立企业间业务往来作价和关联企业间业务往来作价的重大差别,并对影响交易的实质性差异进行调整。若不能确认可比交易或经营活动的合理性,应当明确纳税人须进一步提供的有关文件、资料,以证明其所选用的转让定价原则和计算方法公平地反映了被审核的关联企业间业务往来和经营现状,并得到相关财务、经营等资料的证实。

主管税务机关要多方收集可比价格,包括利用已掌握的出口退税"口岸电子执法系统"出口退税子系统中的出口货物报送单数据分析、评估纳税人可比交易或经营活动的合理性。

4. 假设条件。分析、评估纳税人提出的所有能够支持或证明预约转让定价原则和计算方法的信息资料及其说明,要从宏观或微观(如政治、经济、法律、技术等)方面,分析其对行业盈利能力的影响,以及分析其对纳税人的经营战略、生产规模和生命周期的假设等方面的具体影响程度,以确定其是否具有合理性。

5.转让定价原则和计算方法。分析、评估纳税人在预约定价安排中选用的转让定价原则和计算方法是否以及如何真实地运用于以前、当前和未来年度的关联企业间业务往来以及相关财务、经营资料之中,是否符合法律、法规的规定。

6.预期的公平交易价格或利润值域。通过对确定的可比价格、利润加成比率、可比企业的交易等的进一步审核和评估,运用建议的转让定价原则和计算方法,测算出税务机关和纳税人均可接受的价格或利润值域,为最终确定预约定价安排建立基础。

第五章　磋商

第十三条　主管税务机关应当在形成审核评估结论之日起 30 日内,与纳税人就职能、风险、可比价格信息、假设条件、定价原则和计算方法以及公平交易值域等主要问题进一步磋商,相互沟通、论证,达成一致意见,并形成预约定价安排草案。

第十四条　预约定价安排草案的内容,主要包括:

1.相关的关联企业(安排包含的所有企业名称、地址等基本信息);

2.涉及的关联交易及期间;

3.条款设置与有效日期;

4.转让定价方法(包括选定的可比价格或交易、定价原则和计算方法、预期经营结果范围等);

5.与转让定价方法运用和计算基础相关的术语定义(如销售额、销售费用、毛利、净利等);

6.假设条件;

7.纳税人义务,包括年度报告、记录保存、假设条件变动通知等;

8.安排的法律效力,文件资料等信息的保密性;

9.相互责任条款;

10.安排的修订;

11.解决争议的方法和途径;

12.消除双重征税;

13.注意事项;

14.生效日期;

15.相关附件。

第六章　签订安排

第十五条　自主管税务机关与纳税人就预约定价安排草案内容达成一致之日起 30 日内,双方的法定代表人或法定代表人授权的代表正式签订预约定价安排。

第十六条　预约定价安排一般仅适用于自纳税人提交正式申请年度的次年

起 2～4 个未来连续年度的关联企业间业务往来,但如果纳税人提交预约定价安排正式申请的年度,其经营状况、关联交易类别,以及各种相关条件与即将签订的预约定价安排条款所述情况相同或类似,经主管税务机关审核批准,也可追溯适用于正式申请年度。

第十七条 预约定价安排可以连续续签但不能自动续签。纳税人应当于原签预约定价安排执行期满前 90 日向主管税务机关提出续签申请,并同时提供可靠的证明材料,说明已到期的预约定价安排所述事实和相关环境没有发生实质性变化,并且一直遵守该预约定价安排中的各项条款和约定。主管税务机关应当自收到纳税人续签申请之日起 60 日内完成审核、评估和拟定预约定价安排草案,并按双方商定的续签时间、地点等相关事宜,与纳税人完成续签工作。

第七章 监控执行

第十八条 主管税务机关应当对与纳税人签订的预约定价安排的执行情况进行监控,并建立相关的监控管理制度。

第十九条 在预约定价安排执行期内,纳税人必须完整保存与安排有关的文件和资料(包括账簿和有关记录等),不得丢失、销毁和转移;必须在纳税年度终了后 4 个月内,向主管税务机关报送执行预约定价安排情况的年度报告。年度报告应当说明报告期内经营情况,并证明已遵守预约定价安排的条款,包括预约定价安排要求的所有事项,以及是否有修改或实质上取消该预约定价安排的要求。如有未决问题或将要发生的问题,纳税人也必须在年度报告中予以说明,以便与主管税务机关协商是否更改、修订或终止安排。

第二十条 在预约定价安排执行期内,主管税务机关应当定期(一般为半年)检查纳税人履行安排的情况。检查内容主要包括:纳税人是否遵守了安排条款及要求;为谈签安排而提供的资料和年度报告是否反映了纳税人的实际经营情况;转让定价方法所依据的资料和计算方法是否正确;安排中所描述的假设条件前提是否仍然有效;纳税人对转让定价方法的运用是否与假设条件前提一致等。

纳税人遵守了预约定价安排条款并符合安排条件,主管税务机关应当认可预约定价安排所述关联交易的转让定价原则和计算方法。如发现纳税人有一般违反安排的情况,可视情况进行处理,直至撤销安排。如发现纳税人存在隐瞒或拒不执行安排的情况,主管税务机关应当将终止安排时间追溯至预约定价安排实施第一年的第一日。

第二十一条 在已签订并执行的预约定价安排的预约期内,如果发生实际经营结果不在安排所预期的价格或利润值域范围之内的情况,而且该情况不属于违反安排全部条款及要求,主管税务机关应当在报经上一级主管税务机关核准后,将实际经营结果调整到安排所确定的价格或利润值域范围内,并对安排中与该纳税人有关联业务往来的各方作相应调整。

第二十二条　在预约定价安排执行期内,如发生任何影响预约定价的实质性变化(例如,假设条件发生变化),纳税人应当在发生变化后15日内向主管税务机关书面报告,详细说明该变化对预约定价安排执行的影响,并附相关资料。由于非主观原因,可以延期报告,但延长期不得超过15日。主管税务机关应当在收到纳税人书面报告之日起30日内,予以审核和处理,包括审查变化情况、与纳税人协商修改预约定价安排条款、相关条件或根据实质性变化对预约定价安排执行情况的影响程度,采取合理的补救办法或中止预约定价安排等措施。当原预约定价安排中止执行时,主管税务机关可以和纳税人按本规则规定的程序和要求,重新协商新的预约定价安排。

附　则
第二十三条　办法由山东省国家税务局负责解释。
第二十四条　本办法自公布之日起执行。

实务指南:跨境关联交易监控和调查
国家税务总局关于强化跨境关联交易监控和调查的通知
国税函〔2009〕363号

各省、自治区、直辖市和计划单列市国家税务局、地方税务局:

为了进一步规范特别纳税调整管理,防止跨国企业在金融危机背景下将境外企业的经营亏损转移至境内关联企业,根据《国家税务总局关于印发〈特别纳税调整实施办法(试行)〉的通知》(国税发〔2009〕2号)的规定,现就企业跨境关联交易监控与调查的有关问题明确如下:

一、跨国企业在中国境内设立的承担单一生产(来料加工或进料加工)、分销或合约研发等有限功能和风险的企业,不应承担金融危机的市场和决策等风险,按照功能风险与利润相配比的转让定价原则,应保持合理的利润水平。

二、上述承担有限功能和风险的企业如出现亏损,无论是否达到准备同期资料的标准,均应在亏损发生年度准备同期资料及其他相关资料,并于次年6月20日之前报送主管税务机关。

三、各地税务机关要加强对跨境关联交易的监控,重点调查通过各种途径将境外经营亏损(包括潜在亏损)转移到境内以及将境内利润转移至避税港的跨国企业,强化功能风险分析和可比性分析,选择合理的转让定价方法,确定企业的利润水平。

国家税务总局
二〇〇九年七月六日

文献附录:《特别纳税调整实施办法(试行)》

国家税务总局关于印发《特别纳税调整实施办法(试行)》的通知

国税发〔2009〕2号

各省、自治区、直辖市和计划单列市国家税务局、地方税务局:

为贯彻落实《中华人民共和国企业所得税法》及其实施条例,规范和加强特别纳税调整管理,国家税务总局制定了《特别纳税调整实施办法(试行)》,现印发给你们,请遵照执行。

附件:《特别纳税调整实施办法(试行)》表证单书

二○○九年一月八日

特别纳税调整实施办法(试行)

第一章　总　　则

第一条　为了规范特别纳税调整管理,根据《中华人民共和国企业所得税法》(以下简称所得税法)、《中华人民共和国企业所得税法实施条例》(以下简称所得税法实施条例)、《中华人民共和国税收征收管理法》(以下简称征管法)、《中华人民共和国税收征收管理法实施细则》(以下简称征管法实施细则)以及我国政府与有关国家(地区)政府签署的避免双重征税协定(安排)(以下简称税收协定)的有关规定,制定本办法。

第二条　本办法适用于税务机关对企业的转让定价、预约定价安排、成本分摊协议、受控外国企业、资本弱化以及一般反避税等特别纳税调整事项的管理。

第三条　转让定价管理是指税务机关按照所得税法第六章和征管法第三十六条的有关规定,对企业与其关联方之间的业务往来(以下简称关联交易)是否符合独立交易原则进行审核评估和调查调整等工作的总称。

第四条　预约定价安排管理是指税务机关按照所得税法第四十二条和征管法实施细则第五十三条的规定,对企业提出的未来年度关联交易的定价原则和计算方法进行审核评估,并与企业协商达成预约定价安排等工作的总称。

第五条　成本分摊协议管理是指税务机关按照所得税法第四十一条第二款的规定,对企业与其关联方签署的成本分摊协议是否符合独立交易原则进行审核评估和调查调整等工作的总称。

第六条　受控外国企业管理是指税务机关按照所得税法第四十五条的规定,对受控外国企业不作利润分配或减少分配进行审核评估和调查,并对归属于中国居民企业所得进行调整等工作的总称。

第七条　资本弱化管理是指税务机关按照所得税法第四十六条的规定,对企业接受关联方债权性投资与企业接受的权益性投资的比例是否符合规定比例或独立交易原则进行审核评估和调查调整等工作的总称。

第八条　一般反避税管理是指税务机关按照所得税法第四十七条的规定，对企业实施其他不具有合理商业目的的安排而减少其应纳税收入或所得额进行审核评估和调查调整等工作的总称。

第二章　关联申报

第九条　所得税法实施条例第一百零九条及征管法实施细则第五十一条所称关联关系，主要是指企业与其他企业、组织或个人具有下列之一关系：

（一）一方直接或间接持有另一方的股份总和达到25%以上，或者双方直接或间接同为第三方所持有的股份达到25%以上。若一方通过中间方对另一方间接持有股份，只要一方对中间方持股比例达到25%以上，则一方对另一方的持股比例按照中间方对另一方的持股比例计算。

（二）一方与另一方（独立金融机构除外）之间借贷资金占一方实收资本50%以上，或者一方借贷资金总额的10%以上是由另一方（独立金融机构除外）担保。

（三）一方半数以上的高级管理人员（包括董事会成员和经理）或至少一名可以控制董事会的董事会高级成员是由另一方委派，或者双方半数以上的高级管理人员（包括董事会成员和经理）或至少一名可以控制董事会的董事会高级成员同为第三方委派。

（四）一方半数以上的高级管理人员（包括董事会成员和经理）同时担任另一方的高级管理人员（包括董事会成员和经理），或者一方至少一名可以控制董事会的董事会高级成员同时担任另一方的董事会高级成员。

（五）一方的生产经营活动必须由另一方提供的工业产权、专有技术等特许权才能正常进行。

（六）一方的购买或销售活动主要由另一方控制。

（七）一方接受或提供劳务主要由另一方控制。

（八）一方对另一方的生产经营、交易具有实质控制，或者双方在利益上具有相关联的其他关系，包括虽未达到本条第（一）项持股比例，但一方与另一方的主要持股方享受基本相同的经济利益，以及家族、亲属关系等。

第十条　关联交易主要包括以下类型：

（一）有形资产的购销、转让和使用，包括房屋建筑物、交通工具、机器设备、工具、商品、产品等有形资产的购销、转让和租赁业务。

（二）无形资产的转让和使用，包括土地使用权、版权（著作权）、专利、商标、客户名单、营销渠道、牌号、商业秘密和专有技术等特许权，以及工业品外观设计或实用新型等工业产权的所有权转让和使用权的提供业务。

（三）融通资金，包括各类长短期资金拆借和担保以及各类计息预付款和延期付款等业务。

（四）提供劳务，包括市场调查、行销、管理、行政事务、技术服务、维修、设计、咨询、代理、科研、法律、会计事务等服务的提供。

第十一条　实行查账征收的居民企业和在中国境内设立机构、场所并据实申报缴纳企业所得税的非居民企业向税务机关报送年度企业所得税纳税申报表时，应附送《中华人民共和国企业年度关联业务往来报告表》，包括《关联关系表》、《关联交易汇总表》、《购销表》、《劳务表》、《无形资产表》、《固定资产表》、《融通资金表》、《对外投资情况表》和《对外支付款项情况表》。

第十二条　企业按规定期限报送本办法第十一条规定的报告表确有困难，需要延期的，应按征管法及其实施细则的有关规定办理。

第三章　同期资料管理

第十三条　企业应根据所得税法实施条例第一百一十四条的规定，按纳税年度准备、保存并按税务机关要求提供其关联交易的同期资料。

第十四条　同期资料主要包括以下内容：

（一）组织结构

1.企业所属的企业集团相关组织结构及股权结构。

2.企业关联关系的年度变化情况。

3.与企业发生交易的关联方信息，包括关联企业的名称、法定代表人、董事和经理等高级管理人员构成情况、注册地址及实际经营地址，以及关联个人的名称、国籍、居住地、家庭成员构成等情况，并注明对企业关联交易定价具有直接影响的关联方。

4.各关联方适用的具有所得税性质的税种、税率及相应可享受的税收优惠。

（二）生产经营情况

1.企业的业务概况，包括企业发展变化概况、所处的行业及发展概况、经营策略、产业政策、行业限制等影响企业和行业的主要经济和法律问题，集团产业链以及企业所处地位。

2.企业的主营业务构成，主营业务收入及其占收入总额的比重，主营业务利润及其占利润总额的比重。

3.企业所处的行业地位及相关市场竞争环境的分析。

4.企业内部组织结构，企业及其关联方在关联交易中执行的功能、承担的风险以及使用的资产等相关信息，并参照填写《企业功能风险分析表》。

5.企业集团合并财务报表，可视企业集团会计年度情况延期准备，但最迟不得超过关联交易发生年度的次年 12 月 31 日。

（三）关联交易情况

1.关联交易类型、参与方、时间、金额、结算货币、交易条件等。

2.关联交易所采用的贸易方式、年度变化情况及其理由。

3.关联交易的业务流程,包括各个环节的信息流、物流和资金流,与非关联交易业务流程的异同。

4.关联交易所涉及的无形资产及其对定价的影响。

5.与关联交易相关的合同或协议副本及其履行情况的说明。

6.对影响关联交易定价的主要经济和法律因素的分析。

7.关联交易和非关联交易的收入、成本、费用和利润的划分情况,不能直接划分的,按照合理比例划分,说明确定该划分比例的理由,并参照填写《企业年度关联交易财务状况分析表》。

(四)可比性分析

1.可比性分析所考虑的因素,包括交易资产或劳务特性、交易各方功能和风险、合同条款、经济环境、经营策略等。

2.可比企业执行的功能、承担的风险以及使用的资产等相关信息。

3.可比交易的说明,如:有形资产的物理特性、质量及其效用;融资业务的正常利率水平、金额、币种、期限、担保、融资人的资信、还款方式、计息方法等;劳务的性质与程度;无形资产的类型及交易形式,通过交易获得的使用无形资产的权利,使用无形资产获得的收益。

4.可比信息来源、选择条件及理由。

5.可比数据的差异调整及理由。

(五)转让定价方法的选择和使用

1.转让定价方法的选用及理由,企业选择利润法时,须说明对企业集团整体利润或剩余利润水平所做的贡献。

2.可比信息如何支持所选用的转让定价方法。

3.确定可比非关联交易价格或利润的过程中所做的假设和判断。

4.运用合理的转让定价方法和可比性分析结果,确定可比非关联交易价格或利润,以及遵循独立交易原则的说明。

5.其他支持所选用转让定价方法的资料。

第十五条 属于下列情形之一的企业,可免于准备同期资料:

(一)年度发生的关联购销金额(来料加工业务按年度进出口报关价格计算)在2亿元人民币以下且其他关联交易金额(关联融通资金按利息收付金额计算)在4 000万元人民币以下,上述金额不包括企业在年度内执行成本分摊协议或预约定价安排所涉及的关联交易金额。

(二)关联交易属于执行预约定价安排所涉及的范围。

（三）外资股份低于50％且仅与境内关联方发生关联交易。

第十六条 除本办法第七章另有规定外，企业应在关联交易发生年度的次年5月31日之前准备完毕该年度同期资料，并自税务机关要求之日起20日内提供。

企业因不可抗力无法按期提供同期资料的，应在不可抗力消除后20日内提供同期资料。

第十七条 企业按照税务机关要求提供的同期资料，须加盖公章，并由法定代表人或法定代表人授权的代表签字或盖章。同期资料涉及引用的信息资料，应标明出处来源。

第十八条 企业因合并、分立等原因变更或注销税务登记的，应由合并、分立后的企业保存同期资料。

第十九条 同期资料应使用中文。如原始资料为外文的，应附送中文副本。

第二十条 同期资料应自企业关联交易发生年度的次年6月1日起保存10年。

第四章 转让定价方法

第二十一条 企业发生关联交易以及税务机关审核、评估关联交易均应遵循独立交易原则，选用合理的转让定价方法。

根据所得税法实施条例第一百一十一条的规定，转让定价方法包括可比非受控价格法、再销售价格法、成本加成法、交易净利润法、利润分割法和其他符合独立交易原则的方法。

第二十二条 选用合理的转让定价方法应进行可比性分析。可比性分析因素主要包括以下五个方面：

（一）交易资产或劳务特性，主要包括：有形资产的物理特性、质量、数量等，劳务的性质和范围，无形资产的类型、交易形式、期限、范围、预期收益等。

（二）交易各方功能和风险，功能主要包括：研发、设计、采购、加工、装配、制造、存货管理、分销、售后服务、广告、运输、仓储、融资、财务、会计、法律及人力资源管理等，在比较功能时，应关注企业为发挥功能所使用资产的相似程度；风险主要包括：研发风险、采购风险、生产风险、分销风险、市场推广风险、管理及财务风险等。

（三）合同条款，主要包括：交易标的，交易数量、价格，收付款方式和条件，交货条件，售后服务范围和条件，提供附加劳务的约定，变更、修改合同内容的权利，合同有效期，终止或续签合同的权利。

（四）经济环境，主要包括：行业概况、地理区域、市场规模、市场层级、市场占有率、市场竞争程度、消费者购买力、商品或劳务可替代性、生产要素价格、运输成本、政府管制等。

（五）经营策略，主要包括：创新和开发策略、多元化经营策略、风险规避策略、市场占有策略等。

第二十三条　可比非受控价格法以非关联方之间进行的与关联交易相同或类似业务活动所收取的价格作为关联交易的公平成交价格。

可比性分析应特别考察关联交易与非关联交易在交易资产或劳务的特性、合同条款及经济环境上的差异，按照不同交易类型具体包括如下内容：

（一）有形资产的购销或转让

1.购销或转让过程，包括交易的时间与地点、交货条件、交货手续、支付条件、交易数量、售后服务的时间和地点等。

2.购销或转让环节，包括出厂环节、批发环节、零售环节、出口环节等。

3.购销或转让货物，包括品名、品牌、规格、型号、性能、结构、外型、包装等。

4.购销或转让环境，包括民族风俗、消费者偏好、政局稳定程度以及财政、税收、外汇政策等。

（二）有形资产的使用

1.资产的性能、规格、型号、结构、类型、折旧方法。

2.提供使用权的时间、期限、地点。

3.资产所有者对资产的投资支出、维修费用等。

（三）无形资产的转让和使用

1.无形资产类别、用途、适用行业、预期收益。

2.无形资产的开发投资、转让条件、独占程度、受有关国家法律保护的程度及期限、受让成本和费用、功能风险情况、可替代性等。

（四）融通资金：融资的金额、币种、期限、担保、融资人的资信、还款方式、计息方法等。

（五）提供劳务：业务性质、技术要求、专业水准、承担责任、付款条件和方式、直接和间接成本等。

关联交易与非关联交易之间在以上方面存在重大差异的，应就该差异对价格的影响进行合理调整，无法合理调整的，应根据本章规定选择其他合理的转让定价方法。

可比非受控价格法可以适用于所有类型的关联交易。

第二十四条　再销售价格法以关联方购进商品再销售给非关联方的价格减去可比非关联交易毛利后的金额作为关联方购进商品的公平成交价格。其计算公式如下：

公平成交价格＝再销售给非关联方的价格×（1－可比非关联交易毛利率）

可比非关联交易毛利率＝可比非关联交易毛利/可比非关联交易收入净额×100％

可比性分析应特别考察关联交易与非关联交易在功能风险及合同条款上的差异以及影响毛利率的其他因素,具体包括销售、广告及服务功能,存货风险,机器、设备的价值及使用年限,无形资产的使用及价值,批发或零售环节,商业经验,会计处理及管理效率等。

关联交易与非关联交易之间在以上方面存在重大差异的,应就该差异对毛利率的影响进行合理调整,无法合理调整的,应根据本章规定选择其他合理的转让定价方法。

再销售价格法通常适用于再销售者未对商品进行改变外型、性能、结构或更换商标等实质性增值加工的简单加工或单纯购销业务。

第二十五条　成本加成法以关联交易发生的合理成本加上可比非关联交易毛利作为关联交易的公平成交价格。其计算公式如下:

公平成交价格＝关联交易的合理成本×(1＋可比非关联交易成本加成率)

可比非关联交易成本加成率＝可比非关联交易毛利/可比非关联交易成本×100％

可比性分析应特别考察关联交易与非关联交易在功能风险及合同条款上的差异以及影响成本加成率的其他因素,具体包括制造、加工、安装及测试功能,市场及汇兑风险,机器、设备的价值及使用年限,无形资产的使用及价值,商业经验,会计处理及管理效率等。

关联交易与非关联交易之间在以上方面存在重大差异的,应就该差异对成本加成率的影响进行合理调整,无法合理调整的,应根据本章规定选择其他合理的转让定价方法。

成本加成法通常适用于有形资产的购销、转让和使用,劳务提供或资金融通的关联交易。

第二十六条　交易净利润法以可比非关联交易的利润率指标确定关联交易的净利润。利润率指标包括资产收益率、销售利润率、完全成本加成率、贝里比率等。

可比性分析应特别考察关联交易与非关联交易之间在功能风险及经济环境上的差异以及影响营业利润的其他因素,具体包括执行功能、承担风险和使用资产,行业和市场情况,经营规模,经济周期和产品生命周期,成本、费用、所得和资产在各交易间的分摊,会计处理及经营管理效率等。

关联交易与非关联交易之间在以上方面存在重大差异的,应就该差异对营业利润的影响进行合理调整,无法合理调整的,应根据本章规定选择其他合理的转让定价方法。

交易净利润法通常适用于有形资产的购销、转让和使用,无形资产的转让和使用以及劳务提供等关联交易。

第二十七条　利润分割法根据企业与其关联方对关联交易合并利润的贡献计算各自应该分配的利润额。利润分割法分为一般利润分割法和剩余利润分割法。

一般利润分割法根据关联交易各参与方所执行的功能、承担的风险以及使用的资产,确定各自应取得的利润。

剩余利润分割法将关联交易各参与方的合并利润减去分配给各方的常规利润的余额作为剩余利润,再根据各方对剩余利润的贡献程度进行分配。

可比性分析应特别考察交易各方执行的功能、承担的风险和使用的资产,成本、费用、所得和资产在各交易方之间的分摊,会计处理,确定交易各方对剩余利润贡献所使用信息和假设条件的可靠性等。

利润分割法通常适用于各参与方关联交易高度整合且难以单独评估各方交易结果的情况。

第五章　转让定价调查及调整

第二十八条　税务机关有权依据税收征管法及其实施细则有关税务检查的规定,确定调查企业,进行转让定价调查、调整。被调查企业必须据实报告其关联交易情况,并提供相关资料,不得拒绝或隐瞒。

第二十九条　转让定价调查应重点选择以下企业:

(一)关联交易数额较大或类型较多的企业;

(二)长期亏损、微利或跳跃性盈利的企业;

(三)低于同行业利润水平的企业;

(四)利润水平与其所承担的功能风险明显不相匹配的企业;

(五)与避税港关联方发生业务往来的企业;

(六)未按规定进行关联申报或准备同期资料的企业;

(七)其他明显违背独立交易原则的企业。

第三十条　实际税负相同的境内关联方之间的交易,只要该交易没有直接或间接导致国家总体税收收入的减少,原则上不做转让定价调查、调整。

第三十一条　税务机关应结合日常征管工作,开展案头审核,确定调查企业。案头审核应主要根据被调查企业历年报送的年度所得税申报资料及关联业务往来报告表等纳税资料,对企业的生产经营状况、关联交易等情况进行综合评估分析。

企业可以在案头审核阶段向税务机关提供同期资料。

第三十二条　税务机关对已确定的调查对象,应根据所得税法第六章、所得税法实施条例第六章、征管法第四章及征管法实施细则第六章的规定,实施现场调查。

(一)现场调查人员需2名以上。

(二)现场调查时调查人员应出示《税务检查证》,并送达《税务检查通知书》。

(三)现场调查可根据需要依照法定程序采取询问、调取账簿资料和实地核查等方式。

(四)询问当事人应有专人记录《询问(调查)笔录》,并告知当事人不如实提供情况应当承担的法律责任。《询问(调查)笔录》应交当事人核对确认。

(五)需调取账簿及有关资料的,应按照征管法实施细则第八十六条的规定,填制《调取账簿资料通知书》《调取账簿资料清单》,办理有关法定手续,调取的账簿、记账凭证等资料,应妥善保管,并按法定时限如数退还。

(六)实地核查过程中发现的问题和情况,由调查人员填写《询问(调查)笔录》。《询问(调查)笔录》应由2名以上调查人员签字,并根据需要由被调查企业核对确认,若被调查企业拒绝,可由2名以上调查人员签认备案。

(七)可以以记录、录音、录像、照相和复制的方式索取与案件有关的资料,但必须注明原件的保存方及出处,由原件保存或提供方核对签注"与原件核对无误"字样,并盖章或押印。

(八)需要证人作证的,应事先告知证人不如实提供情况应当承担的法律责任。证人的证言材料应由本人签字或押印。

第三十三条　根据所得税法第四十三条第二款及所得税法实施条例第一百一十四条的规定,税务机关在实施转让定价调查时,有权要求企业及其关联方,以及与关联业务调查有关的其他企业(以下简称可比企业)提供相关资料,并送达《税务事项通知书》。

(一)企业应在《税务事项通知书》规定的期限内提供相关资料,因特殊情况不能按期提供的,应向税务机关提交书面延期申请,经批准,可以延期提供,但最长不得超过30日。税务机关应自收到企业延期申请之日起15日内函复,逾期未函复的,视同税务机关已同意企业的延期申请。

(二)企业的关联方以及可比企业应在与税务机关约定的期限内提供相关资料,约定期限一般不应超过60日。

企业、关联方及可比企业应按税务机关要求提供真实、完整的相关资料。

第三十四条　税务机关应按本办法第二章的有关规定,核实企业申报信息,并要求企业填制《企业可比性因素分析表》。

税务机关在企业关联申报和提供资料的基础上,填制《企业关联关系认定表》、《企业关联交易认定表》和《企业可比性因素分析认定表》，并由被调查企业核对确认。

第三十五条 转让定价调查涉及向关联方和可比企业调查取证的，税务机关向企业送达《税务检查通知书》，进行调查取证。

第三十六条 税务机关审核企业、关联方及可比企业提供的相关资料，可采用现场调查、发函协查和查阅公开信息等方式核实。需取得境外有关资料的，可按有关规定启动税收协定的情报交换程序，或通过我驻外机构调查收集有关信息。涉及境外关联方的相关资料，税务机关也可要求企业提供公证机构的证明。

第三十七条 税务机关应选用本办法第四章规定的转让定价方法分析、评估企业关联交易是否符合独立交易原则，分析评估时可以使用公开信息资料，也可以使用非公开信息资料。

第三十八条 税务机关分析、评估企业关联交易时，因企业与可比企业营运资本占用不同而对营业利润产生的差异原则上不做调整。确需调整的，须层报国家税务总局批准。

第三十九条 按照关联方订单从事加工制造，不承担经营决策、产品研发、销售等功能的企业，不应承担由于决策失误、开工不足、产品滞销等原因带来的风险和损失，通常应保持一定的利润率水平。对出现亏损的企业，税务机关应在经济分析的基础上，选择适当的可比价格或可比企业，确定企业的利润水平。

第四十条 企业与关联方之间收取价款与支付价款的交易相互抵消的，税务机关在可比性分析和纳税调整时，原则上应还原抵消交易。

第四十一条 税务机关采用四分位法分析、评估企业利润水平时，企业利润水平低于可比企业利润率区间中位值的，原则上应按照不低于中位值进行调整。

第四十二条 经调查，企业关联交易符合独立交易原则的，税务机关应做出转让定价调查结论，并向企业送达《特别纳税调查结论通知书》。

第四十三条 经调查，企业关联交易不符合独立交易原则而减少其应纳税收入或者所得额的，税务机关应按以下程序实施转让定价纳税调整：

（一）在测算、论证和可比性分析的基础上，拟定特别纳税调查初步调整方案；

（二）根据初步调整方案与企业协商谈判，税企双方均应指定主谈人，调查人员应做好《协商内容记录》，并由双方主谈人签字确认，若企业拒签，可由2名以上调查人员签认备案；

（三）企业对初步调整方案有异议的，应在税务机关规定的期限内进一步提供相关资料，税务机关收到资料后，应认真审核，并及时做出审议决定；

（四）根据审议决定，向企业送达《特别纳税调查初步调整通知书》，企业对初步调整意见有异议的,应自收到通知书之日起 7 日内书面提出,税务机关收到企业意见后,应再次协商审议;企业逾期未提出异议的,视为同意初步调整意见;

(五)确定最终调整方案,向企业送达《特别纳税调查调整通知书》。

第四十四条　企业收到《特别纳税调查调整通知书》后,应按规定期限缴纳税款及利息。

第四十五条　税务机关对企业实施转让定价纳税调整后,应自企业被调整的最后年度的下一年度起 5 年内实施跟踪管理。在跟踪管理期内,企业应在跟踪年度的次年 6 月 20 日之前向税务机关提供跟踪年度的同期资料,税务机关根据同期资料和纳税申报资料重点分析、评估以下内容:

(一)企业投资、经营状况及其变化情况;

(二)企业纳税申报额变化情况;

(三)企业经营成果变化情况;

(四)关联交易变化情况等。

税务机关在跟踪管理期内发现企业转让定价异常等情况,应及时与企业沟通,要求企业自行调整,或按照本章有关规定开展转让定价调查调整。

第六章　预约定价安排管理

第四十六条　企业可以依据所得税法第四十二条、所得税法实施条例第一百一十三条及征管法实施细则第五十三条的规定,与税务机关就企业未来年度关联交易的定价原则和计算方法达成预约定价安排。预约定价安排的谈签与执行通常经过预备会谈、正式申请、审核评估、磋商、签订安排和监控执行 6 个阶段。预约定价安排包括单边、双边和多边 3 种类型。

第四十七条　预约定价安排应由设区的市、自治州以上的税务机关受理。

第四十八条　预约定价安排一般适用于同时满足以下条件的企业:

(一)年度发生的关联交易金额在 4 000 万元人民币以上;

(二)依法履行关联申报义务;

(三)按规定准备、保存和提供同期资料。

第四十九条　预约定价安排适用于自企业提交正式书面申请年度的次年起 3~5 个连续年度的关联交易。

预约定价安排的谈签不影响税务机关对企业提交预约定价安排正式书面申请当年或以前年度关联交易的转让定价调查调整。

如果企业申请当年或以前年度的关联交易与预约定价安排适用年度相同或类似,经企业申请,税务机关批准,可将预约定价安排确定的定价原则和计算方法适用于申请当年或以前年度关联交易的评估和调整。

第五十条　企业正式申请谈签预约定价安排前,应向税务机关书面提出谈签意向,税务机关可以根据企业的书面要求,与企业就预约定价安排的相关内容及达成预约定价安排的可行性开展预备会谈,并填制《预约定价安排会谈记录》。预备会谈可以采用匿名的方式。

(一)企业申请单边预约定价安排的,应向税务机关书面提出谈签意向。在预备会谈期间,企业应就以下内容提供资料,并与税务机关进行讨论:

1.安排的适用年度;

2.安排涉及的关联方及关联交易;

3.企业以前年度生产经营情况;

4.安排涉及各关联方功能和风险的说明;

5.是否应用安排确定的方法解决以前年度的转让定价问题;

6.其他需要说明的情况。

(二)企业申请双边或多边预约定价安排的,应同时向国家税务总局和主管税务机关书面提出谈签意向,国家税务总局组织与企业开展预备会谈,预备会谈的内容除本条第(一)项外,还应特别包括:

1.向税收协定缔约对方税务主管当局提出预备会谈申请的情况;

2.安排涉及的关联方以前年度生产经营情况及关联交易情况;

3. 向税收协定缔约对方税务主管当局提出的预约定价安排拟采用的定价原则和计算方法。

(三)预备会谈达成一致意见的,税务机关应自达成一致意见之日起15日内书面通知企业,可以就预约定价安排相关事宜进行正式谈判,并向企业送达《预约定价安排正式会谈通知书》;预备会谈不能达成一致意见的,税务机关应自最后一次预备会谈结束之日起15日内书面通知企业,向企业送达《拒绝企业申请预约定价安排通知书》,拒绝企业申请预约定价安排,并说明理由。

第五十一条　企业应在接到税务机关正式会谈通知之日起3个月内,向税务机关提出预约定价安排书面申请报告,并报送《预约定价安排正式申请书》。企业申请双边或多边预约定价安排的,应将《预约定价安排正式申请书》和《启动相互协商程序申请书》同时报送国家税务总局和主管税务机关。

(一)预约定价安排书面申请报告应包括如下内容:

1.相关的集团组织架构、公司内部结构、关联关系、关联交易情况;

2.企业近三年财务、会计报表资料,产品功能和资产(包括无形资产和有形资产)的资料;

3.安排所涉及的关联交易类别和纳税年度;

4.关联方之间功能和风险划分,包括划分所依据的机构、人员、费用、资产等;

5.安排适用的转让定价原则和计算方法,以及支持这一原则和方法的功能风险分析、可比性分析和假设条件等;

6.市场情况的说明,包括行业发展趋势和竞争环境;

7.安排预约期间的年度经营规模、经营效益预测以及经营规划等;

8.与安排有关的关联交易、经营安排及利润水平等财务方面的信息;

9.是否涉及双重征税等问题;

10.涉及境内、外有关法律、税收协定等相关问题。

(二)企业因下列特殊原因无法按期提交书面申请报告的,可向税务机关提出书面延期申请,并报送《预约定价安排正式申请延期报送申请书》:

1.需要特别准备某些方面的资料;

2.需要对资料做技术上的处理,如文字翻译等;

3.其他非主观原因。

税务机关应自收到企业书面延期申请后15日内,对其延期事项做出书面答复,并向企业送达《预约定价安排正式申请延期报送答复书》。逾期未做出答复的,视同税务机关已同意企业的延期申请。

(三)上述申请内容所涉及的文件资料和情况说明,包括能够支持拟选用的定价原则、计算方法和能证实符合预约定价安排条件的所有文件资料,企业和税务机关均应妥善保存。

第五十二条　税务机关应自收到企业提交的预约定价安排正式书面申请及所需文件、资料之日起5个月内,进行审核和评估。根据审核和评估的具体情况可要求企业补充提供有关资料,形成审核评估结论。

因特殊情况,需要延长审核评估时间的,税务机关应及时书面通知企业,并向企业送达《预约定价安排审核评估延期通知书》,延长期限不得超过3个月。

税务机关应主要审核和评估以下内容:

(一)历史经营状况,分析、评估企业的经营规划、发展趋势、经营范围等文件资料,重点审核可行性研究报告、投资预(决)算、董事会决议等,综合分析反映经营业绩的有关信息和资料,如财务、会计报表、审计报告等。

(二)功能和风险状况,分析、评估企业与其关联方之间在供货、生产、运输、销售等各环节以及在研究、开发无形资产等方面各自所拥有的份额,执行的功能以及在存货、信贷、外汇、市场等方面所承担的风险。

(三)可比信息,分析、评估企业提供的境内、外可比价格信息,说明可比企业和申请企业之间的实质性差异,并进行调整。若不能确认可比交易或经营活动的合理性,应明确企业须进一步提供的有关文件、资料,以证明其所选用的转让定价原则和计算方法公平地反映了被审核的关联交易和经营现状,并得到相关财务、经营等资料的证实。

（四）假设条件，分析、评估对行业盈利能力和对企业生产经营的影响因素及其影响程度，合理确定预约定价安排适用的假设条件。

（五）转让定价原则和计算方法，分析、评估企业在预约定价安排中选用的转让定价原则和计算方法是否以及如何真实地运用于以前、现在和未来年度的关联交易以及相关财务、经营资料之中，是否符合法律、法规的规定。

（六）预期的公平交易价格或利润区间，通过对确定的可比价格、利润率、可比企业交易等情况的进一步审核和评估，测算出税务机关和企业均可接受的价格或利润区间。

第五十三条　税务机关应自单边预约定价安排形成审核评估结论之日起30日内，与企业进行预约定价安排磋商，磋商达成一致的，应将预约定价安排草案和审核评估报告一并层报国家税务总局审定。

国家税务总局与税收协定缔约对方税务主管当局开展双边或多边预约定价安排的磋商，磋商达成一致的，根据磋商备忘录拟定预约定价安排草案。

预约定价安排草案应包括如下内容：

（一）关联方名称、地址等基本信息；

（二）安排涉及的关联交易及适用年度；

（三）安排选定的可比价格或交易、转让定价原则和计算方法、预期经营结果等；

（四）与转让定价方法运用和计算基础相关的术语定义；

（五）假设条件；

（六）企业年度报告、记录保存、假设条件变动通知等义务；

（七）安排的法律效力，文件资料等信息的保密性；

（八）相互责任条款；

（九）安排的修订；

（十）解决争议的方法和途径；

（十一）生效日期；

（十二）附则。

第五十四条　税务机关与企业就单边预约定价安排草案内容达成一致后，双方的法定代表人或法定代表人授权的代表正式签订单边预约定价安排。国家税务总局与税收协定缔约对方税务主管当局就双边或多边预约定价安排草案内容达成一致后，双方或多方税务主管当局授权的代表正式签订双边或多边预约定价安排。主管税务机关根据双边或多边预约定价安排与企业签订《双边（多边）预约定价安排执行协议书》。

第五十五条　在预约定价安排正式谈判后和预约定价安排签订前，税务机关和企业均可暂停、终止谈判。涉及双边或多边预约定价安排的，经缔约各方税务主管当局协商，可暂停、终止谈判。终止谈判的，双方应将谈判中相互提供的全部资料退还给对方。

第五十六条　税务机关应建立监控管理制度，监控预约定价安排的执行情况。

（一）在预约定价安排执行期内，企业应完整保存与安排有关的文件和资料（包括账簿和有关记录等），不得丢失、销毁和转移；并在纳税年度终了后5个月内，向税务机关报送执行预约定价安排情况的年度报告。

年度报告应说明报告期内经营情况以及企业遵守预约定价安排的情况，包括预约定价安排要求的所有事项，以及是否有修订或实质上终止该预约定价安排的要求。如有未决问题或将要发生的问题，企业应在年度报告中予以说明，以便与税务机关协商是否修订或终止安排。

（二）在预约定价安排执行期内，税务机关应定期（一般为半年）检查企业履行安排的情况。检查内容主要包括：企业是否遵守了安排条款及要求；为谈签安排而提供的资料和年度报告是否反映了企业的实际经营情况；转让定价方法所依据的资料和计算方法是否正确；安排所描述的假设条件是否仍然有效；企业对转让定价方法的运用是否与假设条件相一致等。

税务机关如发现企业有违反安排的一般情况，可视情况进行处理，直至终止安排；如发现企业存在隐瞒或拒不执行安排的情况，税务机关应认定预约定价安排自始无效。

（三）在预约定价安排执行期内，如果企业发生实际经营结果不在安排所预期的价格或利润区间之内的情况，税务机关应在报经上一级税务机关核准后，将实际经营结果调整到安排所确定的价格或利润区间内。涉及双边或多边预约定价安排的，应当层报国家税务总局核准。

（四）在预约定价安排执行期内，企业发生影响预约定价安排的实质性变化，应在发生变化后30日内向税务机关书面报告，详细说明该变化对预约定价安排执行的影响，并附相关资料。由于非主观原因而无法按期报告的，可以延期报告，但延长期不得超过30日。

税务机关应在收到企业书面报告之日起60日内，予以审核和处理，包括审查企业变化情况、与企业协商修订预约定价安排条款和相关条件，或根据实质性变化对预约定价安排的影响程度采取修订或终止安排等措施。原预约定价安排终止执行后，税务机关可以和企业按照本章规定的程序和要求，重新谈签新的预约定价安排。

（五）国家税务局和地方税务局与企业共同签订的预约定价安排,在执行期内,企业应分别向国家税务局和地方税务局报送执行预约定价安排情况的年度报告和实质性变化报告。国家税务局和地方税务局应对企业执行安排的情况,实行联合检查和审核。

第五十七条 预约定价安排期满后自动失效。如企业需要续签的,应在预约定价安排执行期满前90日内向税务机关提出续签申请,报送《预约定价安排续签申请书》,并提供可靠的证明材料,说明现行预约定价安排所述事实和相关环境没有发生实质性变化,并且一直遵守该预约定价安排中的各项条款和约定。税务机关应自收到企业续签申请之日起15日内做出是否受理的书面答复,向企业送达《预约定价安排申请续签答复书》。税务机关应审核、评估企业的续签申请资料,与企业协商拟订预约定价安排草案,并按双方商定的续签时间、地点等相关事宜,与企业完成续签工作。

第五十八条 预约定价安排的谈签或执行同时涉及两个以上省、自治区、直辖市和计划单列市税务机关,或者同时涉及国家税务局和地方税务局的,由国家税务总局统一组织协调。企业可以直接向国家税务总局书面提出谈签意向。

第五十九条 税务机关与企业达成的预约定价安排,只要企业遵守了安排的全部条款及其要求,各地国家税务局、地方税务局均应执行。

第六十条 税务机关与企业在预约定价安排预备会谈、正式谈签、审核、分析等全过程中所获取或得到的所有信息资料,双方均负有保密义务。税务机关和企业每次会谈,均应对会谈内容进行书面记录,同时载明每次会谈时相互提供资料的份数和内容,并由双方主谈人员签字或盖章。

第六十一条 税务机关与企业不能达成预约定价安排的,税务机关在会谈、协商过程中所获取的有关企业的提议、推理、观念和判断等非事实性信息,不得用于以后对该预约定价安排涉及交易行为的税务调查。

第六十二条 在预约定价安排执行期间,如果税务机关与企业发生分歧,双方应进行协商。协商不能解决的,可报上一级税务机关协调;涉及双边或多边预约定价安排的,须层报国家税务总局协调。对上一级税务机关或国家税务总局的协调结果或决定,下一级税务机关应当予以执行。但企业仍不能接受的,应当终止安排的执行。

第六十三条 税务机关应在与企业正式签订单边预约定价安排或双边、多边预约定价安排执行协议书后10日内,以及预约定价安排执行中发生修订、终止等情况后20日内,将单边预约定价安排正式文本、双边或多边预约定价安排执行协议书以及安排变动情况的说明层报国家税务总局备案。

第七章 成本分摊协议管理

第六十四条　根据所得税法第四十一条第二款及所得税法实施条例第一百一十二条的规定,企业与其关联方签署成本分摊协议,共同开发、受让无形资产,或者共同提供、接受劳务,应符合本章规定。

第六十五条　成本分摊协议的参与方对开发、受让的无形资产或参与的劳务活动享有受益权,并承担相应的活动成本。关联方承担的成本应与非关联方在可比条件下为获得上述受益权而支付的成本相一致。

参与方使用成本分摊协议所开发或受让的无形资产不需另支付特许权使用费。

第六十六条　企业对成本分摊协议所涉及无形资产或劳务的受益权应有合理的、可计量的预期收益,且以合理商业假设和营业常规为基础。

第六十七条　涉及劳务的成本分摊协议一般适用于集团采购和集团营销策划。

第六十八条　成本分摊协议主要包括以下内容:

(一)参与方的名称、所在国家(地区)、关联关系、在协议中的权利和义务;

(二)成本分摊协议所涉及的无形资产或劳务的内容、范围,协议涉及研发或劳务活动的具体承担者及其职责、任务;

(三)协议期限;

(四)参与方预期收益的计算方法和假设;

(五)参与方初始投入和后续成本支付的金额、形式、价值确认的方法以及符合独立交易原则的说明;

(六)参与方会计方法的运用及变更说明;

(七)参与方加入或退出协议的程序及处理规定;

(八)参与方之间补偿支付的条件及处理规定;

(九)协议变更或终止的条件及处理规定;

(十)非参与方使用协议成果的规定。

第六十九条　企业应自成本分摊协议达成之日起30日内,层报国家税务总局备案。税务机关判定成本分摊协议是否符合独立交易原则须层报国家税务总局审核。

第七十条　已经执行并形成一定资产的成本分摊协议,参与方发生变更或协议终止执行,应根据独立交易原则做如下处理:

(一)加入支付,即新参与方为获得已有协议成果的受益权应做出合理的支付;

(二)退出补偿,即原参与方退出协议安排,将已有协议成果的受益权转让给其他参与方应获得合理的补偿;

（三）参与方变更后，应对各方受益和成本分摊情况做出相应调整；

（四）协议终止时，各参与方应对已有协议成果做出合理分配。

企业不按独立交易原则对上述情况做出处理而减少其应纳税所得额的，税务机关有权做出调整。

第七十一条　成本分摊协议执行期间，参与方实际分享的收益与分摊的成本不相配比的，应根据实际情况做出补偿调整。

第七十二条　对于符合独立交易原则的成本分摊协议，有关税务处理如下：

（一）企业按照协议分摊的成本，应在协议规定的各年度税前扣除；

（二）涉及补偿调整的，应在补偿调整的年度计入应纳税所得额；

（三）涉及无形资产的成本分摊协议，加入支付、退出补偿或终止协议时对协议成果分配的，应按资产购置或处置的有关规定处理。

第七十三条　企业可根据本办法第六章的规定采取预约定价安排的方式达成成本分摊协议。

第七十四条　企业执行成本分摊协议期间，除遵照本办法第三章规定外，还应准备和保存以下成本分摊协议的同期资料：

（一）成本分摊协议副本；

（二）成本分摊协议各参与方之间达成的为实施该协议的其他协议；

（三）非参与方使用协议成果的情况、支付的金额及形式；

（四）本年度成本分摊协议的参与方加入或退出的情况，包括加入或退出的参与方名称、所在国家（地区）、关联关系，加入支付或退出补偿的金额及形式；

（五）成本分摊协议的变更或终止情况，包括变更或终止的原因、对已形成协议成果的处理或分配；

（六）本年度按照成本分摊协议发生的成本总额及构成情况；

（七）本年度各参与方成本分摊的情况，包括成本支付的金额、形式、对象，做出或接受补偿支付的金额、形式、对象；

（八）本年度协议预期收益与实际结果的比较及由此做出的调整。

企业执行成本分摊协议期间，无论成本分摊协议是否采取预约定价安排的方式，均应在本年度的次年 6 月 20 日之前向税务机关提供成本分摊协议的同期资料。

第七十五条　企业与其关联方签署成本分摊协议，有下列情形之一的，其自行分摊的成本不得税前扣除：

（一）不具有合理商业目的和经济实质；

（二）不符合独立交易原则；

（三）没有遵循成本与收益配比原则；

（四）未按本办法有关规定备案或准备、保存和提供有关成本分摊协议的同期资料；

（五）自签署成本分摊协议之日起经营期限少于 20 年。

第八章　受控外国企业管理

第七十六条　受控外国企业是指根据所得税法第四十五条的规定，由居民企业，或者由居民企业和居民个人（以下统称中国居民股东，包括中国居民企业股东和中国居民个人股东）控制的设立在实际税负低于所得税法第四条第一款规定税率水平 50% 的国家（地区），并非出于合理经营需要对利润不作分配或减少分配的外国企业。

第七十七条　本办法第七十六条所称控制，是指在股份、资金、经营、购销等方面构成实质控制。其中，股份控制是指由中国居民股东在纳税年度任何一天单层直接或多层间接单一持有外国企业 10% 以上有表决权股份，且共同持有该外国企业 50% 以上股份。

中国居民股东多层间接持有股份按各层持股比例相乘计算，中间层持有股份超过 50% 的，按 100% 计算。

第七十八条　中国居民企业股东应在年度企业所得税纳税申报时提供对外投资信息，附送《对外投资情况表》。

第七十九条　税务机关应汇总、审核中国居民企业股东申报的对外投资信息，向受控外国企业的中国居民企业股东送达《受控外国企业中国居民股东确认通知书》。中国居民企业股东符合所得税法第四十五条征税条件的，按照有关规定征税。

第八十条　计入中国居民企业股东当期的视同受控外国企业股息分配的所得，应按以下公式计算：

中国居民企业股东当期所得＝视同股息分配额×实际持股天数÷受控外国企业纳税年度天数×股东持股比例

中国居民股东多层间接持有股份的，股东持股比例按各层持股比例相乘计算。

第八十一条　受控外国企业与中国居民企业股东纳税年度存在差异的，应将视同股息分配所得计入受控外国企业纳税年度终止日所属的中国居民企业股东的纳税年度。

第八十二条　计入中国居民企业股东当期所得已在境外缴纳的企业所得税税款，可按照所得税法或税收协定的有关规定抵免。

第八十三条　受控外国企业实际分配的利润已根据所得税法第四十五条规定征税的，不再计入中国居民企业股东的当期所得。

第八十四条　中国居民企业股东能够提供资料证明其控制的外国企业满足以下条件之一的,可免于将外国企业不作分配或减少分配的利润视同股息分配额,计入中国居民企业股东的当期所得:

(一)设立在国家税务总局指定的非低税率国家(地区);

(二)主要取得积极经营活动所得;

(三)年度利润总额低于 500 万元人民币。

第九章　资本弱化管理

第八十五条　所得税法第四十六条所称不得在计算应纳税所得额时扣除的利息支出应按以下公式计算:

不得扣除利息支出＝年度实际支付的全部关联方利息×(1－标准比例/关联债资比例)

其中:

标准比例是指《财政部、国家税务总局关于企业关联方利息支出税前扣除标准有关税收政策问题的通知》(财税〔2008〕121 号)规定的比例。

关联债资比例是指根据所得税法第四十六条及所得税法实施条例第一百一十九的规定,企业从其全部关联方接受的债权性投资(以下简称关联债权投资)占企业接受的权益性投资(以下简称权益投资)的比例,关联债权投资包括关联方以各种形式提供担保的债权性投资。

第八十六条　关联债资比例的具体计算方法如下:

关联债资比例＝年度各月平均关联债权投资之和/年度各月平均权益投资之和

其中:

各月平均关联债权投资＝(关联债权投资月初账面余额十月末账面余额)/2

各月平均权益投资＝(权益投资月初账面余额十月末账面余额)/2

权益投资为企业资产负债表所列示的所有者权益金额。如果所有者权益小于实收资本(股本)与资本公积之和,则权益投资为实收资本(股本)与资本公积之和;如果实收资本(股本)与资本公积之和小于实收资本(股本)金额,则权益投资为实收资本(股本)金额。

第八十七条　所得税法第四十六条所称的利息支出包括直接或间接关联债权投资实际支付的利息、担保费、抵押费和其他具有利息性质的费用。

第八十八条　所得税法第四十六条规定不得在计算应纳税所得额时扣除的利息支出,不得结转到以后纳税年度;应按照实际支付给各关联方利息占关联方利息总额的比例,在各关联方之间进行分配,其中,分配给实际税负高于企业的境内关联方的利息准予扣除;直接或间接实际支付给境外关联方的利息应视同分配的股息,按照股息和利息分别适用的所得税税率差补征企业所得税,如已扣缴的所得税税款多于按股息计算应征所得税税款,多出的部分不予退税。

第八十九条 企业关联债资比例超过标准比例的利息支出,如要在计算应纳税所得额时扣除,除遵照本办法第三章规定外,还应准备、保存并按税务机关要求提供以下同期资料,证明关联债权投资金额、利率、期限、融资条件以及债资比例等均符合独立交易原则:

(一)企业偿债能力和举债能力分析;

(二)企业集团举债能力及融资结构情况分析;

(三)企业注册资本等权益投资的变动情况说明;

(四)关联债权投资的性质、目的及取得时的市场状况;

(五)关联债权投资的货币种类、金额、利率、期限及融资条件;

(六)企业提供的抵押品情况及条件;

(七)担保人状况及担保条件;

(八)同类同期贷款的利率情况及融资条件;

(九)可转换公司债券的转换条件;

(十)其他能够证明符合独立交易原则的资料。

第九十条 企业未按规定准备、保存和提供同期资料证明关联债权投资金额、利率、期限、融资条件以及债资比例等符合独立交易原则的,其超过标准比例的关联方利息支出,不得在计算应纳税所得额时扣除。

第九十一条 本章所称"实际支付利息"是指企业按照权责发生制原则计入相关成本、费用的利息。

企业实际支付关联方利息存在转让定价问题的,税务机关应首先按照本办法第五章的有关规定实施转让定价调查调整。

第十章 一般反避税管理

第九十二条 税务机关可依据所得税法第四十七条及所得税法实施条例第一百二十条的规定对存在以下避税安排的企业,启动一般反避税调查:

(一)滥用税收优惠;

(二)滥用税收协定;

(三)滥用公司组织形式;

(四)利用避税港避税;

(五)其他不具有合理商业目的的安排。

第九十三条 税务机关应按照实质重于形式的原则审核企业是否存在避税安排,并综合考虑安排的以下内容:

(一)安排的形式和实质;

（二）安排订立的时间和执行期间；

（三）安排实现的方式；

（四）安排各个步骤或组成部分之间的联系；

（五）安排涉及各方财务状况的变化；

（六）安排的税收结果。

第九十四条　税务机关应按照经济实质对企业的避税安排重新定性，取消企业从避税安排获得的税收利益。对于没有经济实质的企业，特别是设在避税港并导致其关联方或非关联方避税的企业，可在税收上否定该企业的存在。

第九十五条　税务机关启动一般反避税调查时，应按照征管法及其实施细则的有关规定向企业送达《税务检查通知书》。企业应自收到通知书之日起60日内提供资料证明其安排具有合理的商业目的。企业未在规定期限内提供资料，或提供资料不能证明安排具有合理商业目的的，税务机关可根据已掌握的信息实施纳税调整，并向企业送达《特别纳税调查调整通知书》。

第九十六条　税务机关实施一般反避税调查，可按照征管法第五十七条的规定要求避税安排的筹划方如实提供有关资料及证明材料。

第九十七条　一般反避税调查及调整须层报国家税务总局批准。

第十一章　相应调整及国际磋商

第九十八条　关联交易一方被实施转让定价调查调整的，应允许另一方做相应调整，以消除双重征税。相应调整涉及税收协定国家（地区）关联方的，经企业申请，国家税务总局与税收协定缔约对方税务主管当局根据税收协定有关相互协商程序的规定开展磋商谈判。

第九十九条　涉及税收协定国家（地区）关联方的转让定价相应调整，企业应同时向国家税务总局和主管税务机关提出书面申请，报送《启动相互协商程序申请书》，并提供企业或其关联方被转让定价调整的通知书复印件等有关资料。

第一百条　企业应自企业或其关联方收到转让定价调整通知书之日起3年内提出相应调整的申请，超过3年的，税务机关不予受理。

第一百零一条　税务机关对企业实施转让定价调整，涉及企业向境外关联方支付利息、租金、特许权使用费等已扣缴的税款，不再做相应调整。

第一百零二条　国家税务总局按照本办法第六章规定接受企业谈签双边或多边预约定价安排申请的，应与税收协定缔约对方税务主管当局根据税收协定相互协商程序的有关规定开展磋商谈判。

第一百零三条　相应调整或相互磋商的结果，由国家税务总局以书面形式经主管税务机关送达企业。

第一百零四条　本办法第九章所称不得在计算应纳税所得额时扣除的利息

支出以及视同股息分配的利息支出,不适用本章相应调整的规定。

第十二章　法律责任

第一百零五条　企业未按照本办法的规定向税务机关报送企业年度关联业务往来报告表,或者未保存同期资料或其他相关资料的,依照征管法第六十条和第六十二条的规定处理。

第一百零六条　企业拒绝提供同期资料等关联交易的相关资料,或者提供虚假、不完整资料,未能真实反映其关联业务往来情况的,依照征管法第七十条、征管法实施细则第九十六条、所得税法第四十四条及所得税法实施条例第一百一十五条的规定处理。

第一百零七条　税务机关根据所得税法及其实施条例的规定,对企业做出特别纳税调整的,应对2008年1月1日以后发生交易补征的企业所得税税款,按日加收利息。

(一)计息期间自税款所属纳税年度的次年6月1日起至补缴(预缴)税款入库之日止。

(二)利息率按照税款所属纳税年度12月31日实行的与补税期间同期的中国人民银行人民币贷款基准利率(以下简称基准利率)加5个百分点计算,并按一年365天折算日利息率。

(三)企业按照本办法规定提供同期资料和其他相关资料的,或者企业符合本办法第十五条的规定免于准备同期资料但根据税务机关要求提供其他相关资料的,可以只按基准利率计算加收利息。

企业按照本办法第十五条第(一)项的规定免于准备同期资料,但经税务机关调查,其实际关联交易额达到必须准备同期资料的标准的,税务机关对补征税款加收利息,适用本条第(二)项规定。

(四)按照本条规定加收的利息,不得在计算应纳税所得额时扣除。

第一百零八条　企业在税务机关做出特别纳税调整决定前预缴税款的,收到调整补税通知书后补缴税款时,按照应补缴税款所属年度的先后顺序确定已预缴税款的所属年度,以预缴入库日为截止日,分别计算应加收的利息额。

第一百零九条　企业对特别纳税调整应补征的税款及利息,应在税务机关调整通知书规定的期限内缴纳入库。企业有特殊困难,不能按期缴纳税款的,应依照征管法第三十一条及征管法实施细则第四十一条和第四十二条的有关规定办理延期缴纳税款。逾期不申请延期又不缴纳税款的,税务机关应按照征管法第三十二条及其他有关规定处理。

第十三章　附则

第一百一十条　税务机关对转让定价管理和预约定价安排管理以外的其他

特别纳税调整事项实施的调查调整程序可参照适用本办法第五章的有关规定。

第一百一十一条　各级国家税务局和地方税务局对企业实施特别纳税调查调整要加强联系,可根据需要组成联合调查组进行调查。

第一百一十二条　税务机关及其工作人员应依据《国家税务总局关于纳税人涉税保密信息管理暂行办法》(国税发〔2008〕93 号)等有关保密的规定保管、使用企业提供的信息资料。

第一百一十三条　本办法所规定期限的最后一日是法定休假日的,以休假日期满的次日为期限的最后一日;在期限内有连续 3 日以上法定休假日的,按休假日天数顺延。

第一百一十四条　本办法所涉及的"以上"、"以下"、"日内"、"之日"、"之前"、"少于"、"低于"、"超过"等均包含本数。

第一百一十五条　被调查企业在税务机关实施特别纳税调查调整期间申请变更经营地址或注销税务登记的,税务机关在调查结案前原则上不予办理税务变更、注销手续。

第一百一十六条　企业按本办法第三章的规定准备 2008 纳税年度发生关联交易的同期资料,可延期至 2009 年 12 月 31 日。

第一百一十七条　本办法由国家税务总局负责解释和修订。

第一百一十八条　本办法自 2008 年 1 月 1 日起施行。《国家税务总局关于关联企业间业务往来税务管理规程(试行)》(国税发〔1998〕59 号)、《国家税务总局关于修订〈关联企业间业务往来税务管理规程〉(试行)的通知》(国税发〔2004〕143 号)和《国家税务总局关于关联企业间业务往来预约定价实施规则》(国税发〔2004〕118 号)同时废止。在本办法发布前实施的有关规定与本办法不一致的,以本办法为准。

理论探索:2009 年企业所得税制新动向

为保证新企业所得税法及其实施条例的平稳运行,2009 年以来,财政部、国家税务总局按照新企业所得税制度体系建设的总体设想,陆续出台了 80 多个与企业所得税相关的配套政策文件。本文就这些政策进行了梳理,以方便企业在汇算清缴中查阅。

一、部分优惠政策期限得到延长

一是文化企业税收扶持政策。

2005 年财政部、海关总署、国家税务总局下发了《关于文化体制改革中经营性文化事业单位转制后企业的若干税收政策问题的通知》(财税〔2005〕1 号)以及《关于文化体制改革试点中支持文化产业发展若干税收政策问题的通知》(财税〔2005〕

2 号），规定从 2004 年 1 月 1 日至 2008 年 12 月 31 日对文化体制改革试点地区的所有文化单位和不在试点地区的试点单位给予一系列的税收优惠政策，这些税收优惠政策对于激励文化单位加快转制或改制步伐，发挥了重要作用。

为进一步推动文化体制改革，促进文化企业发展，2009 年，财政部、国家税务总局印发了《关于文化体制改革中经营性文化事业单位转制为企业的若干税收政策问题的通知》（财税〔2009〕34 号），财政部、海关总署、国家税务总局印发了《关于支持文化企业发展若干税收政策问题的通知》（财税〔2009〕31 号），大部分税收扶持政策得到延续。

其中，涉及企业所得税的政策主要有两个方面。第一，经营性文化事业单位转制为企业，自转制注册之日起，继续免征企业所得税。第二，出版、发行企业库存呆滞出版物，纸质图书超过 5 年（包括出版当年，下同）、音像制品、电子出版物和投影片（含缩微制品）超过 2 年，纸质期刊和挂历年画等超过 1 年的，可以作为财产损失在税前据实扣除。

值得注意的是，以上政策执行期限为 2009 年 1 月 1 日至 2013 年 12 月 31日，而且文化企业要享受税收优惠政策，必须根据相关部门的批复进行转制、转制文化企业已进行企业工商注册登记、文化企业具体范围要符合财税〔2009〕31号文件附件规定的条件。

二是再就业税收优惠政策。

为了促进就业，充分发挥税收对经济的调节作用，自 2002 年以来，国家出台了一系列促进下岗失业人员再就业的税收优惠政策：《中共中央、国务院关于进一步做好下岗失业人员再就业工作的通知》（中发〔2002〕12 号）、《国务院关于进一步加强就业再就业工作的通知》（国发〔2005〕36 号）、《财政部、国家税务总局关于下岗失业人员再就业税收政策问题的通知》（财税〔2005〕186 号）及国家税务总局、劳动和社会保障部联合发布的《关于下岗失业人员再就业有关税收政策具体实施意见的通知》（国税发〔2006〕8 号）等。这些政策的实施，对扶持下岗失业人员自主创业、实现再就业发挥了巨大作用。根据文件规定，上述政策审批期限于 2008 年 12 月 31 日已截止。

为积极应对国际金融危机影响，促进就业增长，维护社会稳定，保持经济平稳较快发展，财政部、国家税务总局下发了《关于延长下岗失业人员再就业有关税收政策的通知》（财税〔2009〕23 号），将下岗再就业税收优惠政策的审批时限延长一年，即延长到 2009 年 12 月 31 日。涉及企业所得税方面，对符合条件的企业在新增加的岗位中，当年新招用持《再就业优惠证》人员，与其签订 1 年以上期限劳动合同并缴纳社会保险费的，3 年内按实际招用人数予以定额依次扣减营业税、城市维护建设税、教育费附加和企业所得税。定额标准为每人每年

4 000元,各省可根据本地实际情况上下浮动20%。

三是汶川地震灾后重建税收政策。

为了鼓励和引导社会各方面力量参与灾后恢复重建工作,支持汶川地震灾后恢复重建,财政部、国家税务总局等部门下发了《关于支持汶川地震灾后恢复重建有关税收政策问题的通知》(财税〔2008〕104号)等文件,规定在2008年12月31日前受灾地区企业和个人可享受多种税收优惠。企业所得税方面的优惠政策有以下4个方面。

第一,对受灾严重地区损失严重的企业,免征2008年度企业所得税。

第二,受灾严重地区的商贸等企业,招用当地因地震灾害失去工作的城镇职工,比照下岗再就业税收优惠政策,按实际招用人数和实际工作时间予以定额依次扣减营业税、城市维护建设税、教育费附加和企业所得税。定额标准为每人每年4 000元,可上下浮动20%,浮动比例由灾区省级人民政府根据实际情况确定。

第三,受灾地区企业通过公益性社会团体、县级以上人民政府及其部门取得的抗震救灾和灾后恢复重建款项和物资,以及税收法律、法规等规定的减免税金及附加收入,免征企业所得税。

第四,企业、个人通过公益性社会团体、县级以上人民政府及其部门向受灾地区的捐赠,允许在当年企业所得税前和当年个人所得税前全额扣除。

为了继续支持地震灾后重建工作,财政部、国家税务总局发布的《关于延长部分税收优惠政策执行期限的通知》(财税〔2009〕131号)规定,财税〔2008〕104号涉及的税收优惠政策延长2年,即执行到2010年12月31日。

四是帮助伤残人员税收政策。

为了帮助伤残人员康复或者恢复残疾肢体功能,保证伤残人员人身安全、劳动就业以及平等参与社会生活,保障和提高伤残人员的权益,财政部、国家税务总局、民政部于2004年联合下发了《关于生产和装配伤残人员专门用品企业免征所得税的通知》(财税〔2004〕132号),符合该文件规定条件的企业,可在2005年底以前免征企业所得税。

为进一步改善伤残人员福利和保障伤残人员权益,该优惠政策的执行期限分别经财政部、国家税务总局《关于延长生产和装配伤残人员专门用品企业免征所得税执行期限的通知》(财税〔2006〕148号)以及《关于延长部分税收优惠政策执行期限的通知》(财税〔2009〕131号)两次延长后,可执行到2010年12月31日截止。

五是中国证券投资者保护基金有限责任公司有关所得税优惠政策。

为了支持证券市场的健康发展,防范和化解证券市场风险,财政部、国家税务总局《关于中国证券投资者保护基金有限责任公司有关税收问题的通知》(财税〔2006〕169号)就中国证券投资者保护基金有关所得税征免问题做了明确规定。

第一,从2006年1月1日起至2008年12月31日止,对中国证券投资者保护基金有限责任公司根据《证券投资者保护基金管理办法》(中国证监会、财政部和中国人民银行令2005年第27号)取得的证券交易所按其交易经手费20%和证券公司按其营业收入0.5%缴纳的证券投资者保护基金收入;申购冻结资金利息收入;向有关责任方追偿所得和破产清算所得以及获得的捐赠等,不计入其应征所得税收入。

第二,对中国证券投资者保护基金有限责任公司取得的注册资本金收益、存款利息收入、购买中国人民银行债券和中央直属金融机构发行金融债券取得的利息收入,暂免征企业所得税。

第三,从2005年1月1日起,对上海、深圳证券交易所依据《证券投资者保护基金管理办法》的有关规定,在风险基金分别达到规定的上限后,按交易经手费20%缴纳的证券投资者保护基金;对证券公司依据《证券投资者保护基金管理办法》的有关规定,按其营业收入0.5%缴纳的证券投资者保护基金;在保护基金余额达到有关规定额度内,可在企业所得税税前扣除。

2008年,面对复杂的国际金融危机,为支持资本市场的发展,进一步增强资本市场的抗风险能力,财政部、国家税务总局发布《关于中国证券投资者保护基金有限责任公司有关税收问题的补充通知》(财税〔2008〕78号),对财税〔2006〕169号中规定的证券公司按其营业收入缴纳证券投资者保护基金的比例由0.5%调整为0.5%~5%,并自2007年1月1日起执行。财政部、国家税务总局发布的《关于延长部分税收优惠政策执行期限的通知》(财税〔2009〕131号)规定,上述两个文件的执行期限延长到2010年12月31日。

值得注意的是,如没有新规定出台,部分企业所得税优惠政策到2009年底执行到期,包括对参与试点的中西部地区农村信用社暂免征收企业所得税,其他试点地区农村信用社,按其应纳税额减半征收企业所得税政策;经营有限电视网络的企业、事业单位从农村居民用户取得的有线电视收视费收入和安装费收入,扣除相关成本费用后的所得,3年内免征企业所得税的政策等。

二、部分重要税前扣除政策得到明确

一是"合理工资薪金"的概念和原则得到明确。

工资薪金是企业税前扣除的重要项目。新《企业所得税法》统一了内外资企业的工资薪金扣除标准,规定企业发生的合理工资薪金可以税前扣除。但是,何为"合理工资薪金"却没有明确。为此,国家税务总局下发了《关于企业工资薪金及福利费扣除问题的通知》(国税函〔2009〕3号),明确"合理工资薪金"是指企业按照股东大会、董事会、薪酬委员会或相关管理机构制定的工资薪金制度规定实际发放给员工的工资薪金,不包括企业的职工福利费、职工教育经费、工会经费以及养老保险费、医疗保险费、失业保险费、工伤保险费、生育保险费等社会保险费和住房公积金。

同时明确,判断合理工资薪金需把握五大原则:一是企业制定了较为规范的员工工资薪金制度;二是企业所制定的工资薪金制度符合行业及地区水平;三是企业在一定时期所发放的工资薪金是相对固定及工资薪金的调整是有序进行的;四是企业对实际发放的工资薪金已依法履行了代扣代缴个人所得税义务;五是有关工资薪金的安排不以减少或逃避税款为目的。

二是"职工福利费"范围首次从税收角度得到明确。

在国家税务总局《关于企业工资薪金及福利费扣除问题的通知》(国税函〔2009〕3号)中,明确企业职工福利费包括三个方面内容:

第一,尚未实行分离办社会职能的企业,其内设福利部门所发生的设备、设施和人员费用,包括职工食堂、职工浴室、理发室、医务所、托儿所、疗养院等集体福利部门的设备、设施及维修保养费用和福利部门工作人员的工资薪金、社会保险费、住房公积金、劳务费等。

第二,为职工卫生保健、生活、住房、交通等所发放的各项补贴和非货币性福利,包括企业向职工发放的因公外地就医费用、未实行医疗统筹企业职工医疗费用、职工供养直系亲属医疗补贴、供暖费补贴、职工防暑降温费、职工困难补贴、救济费、职工食堂经费补贴、职工交通补贴等。

第三,按照其他规定发生的其他职工福利费,包括丧葬补助费、抚恤费、安家费、探亲假路费等。

三是资产损失税前扣除相关制度和办法出台。

在财政部、国家税务总局下发的《关于企业资产损失税前扣除政策的通知》(财税〔2009〕57号)基础上,国家税务总局又发布了《关于印发〈企业资产损失税前扣除管理办法〉的通知》(国税发〔2009〕88号),明确了新《企业所得税法》下企业资产损失税前扣除的管理规定。

新办法从程序上将资产损失分为自行计算扣除和审批两种,且采用排除法确定了需要审批扣除的项目。即除了企业在正常经营管理活动中因销售、转让、变卖资产发生的损失等6种损失可以自行计算扣除外,其余资产损失均需税务机关审批才可以扣除。

与原来的《企业财产损失税前扣除管理办法》(国家税务总局令第13号)相比,新办法将税务机关法定审批时限由60天改为30天,并规定省级以下税务机关最多不能超过30天。因情况复杂需要核实，在规定期限内不能做出决定的，延长期限由过去的10天变为现在的30天。另外，纳税人申报期限也得到了延长，由原来的年度后15天延长为45天。

四是部分特殊行业广告费和业务宣传费支出税前扣除比例得到明确。

新《企业所得税法》及其实施条例规定，企业发生的与生产经营活动有关的业务招待费支出，除国务院财政、税务主管部门另有规定外，不超过当年销售（营业）收入15%的部门，准予扣除；超过部分，准予在以后纳税年度结转。

《财政部、国家税务总局关于部分行业广告费和业务宣传费税前扣除政策的通知》（财税〔2009〕72号）进一步明确，自2008年1月1日起至2010年12月31日止，化妆品制造、医药制造和饮料制造（不含酒类制造）企业发生的广告费和业务宣传费支出的税前扣除比例为不超过当年销售（营业）收入30%的部分，准予扣除；超过部分，准予在以后纳税年度结转扣除。同时，对采取特许经营模式的饮料制造企业，饮料品牌使用方发生的广告费和业务宣传费可以按照上述比例在本企业扣除，也可以将其中的部分或全部归集至饮料品牌持有方或管理方，由饮料品牌持有方或管理方作为销售费用据实在企业所得税前扣除，但必须将上述广告费和业务宣传费单独核算，并将品牌使用方当年销售（营业）收入数据资料以及广告费和业务宣传费支出的证明材料专案保存以备检查。但烟草企业的烟草广告费和业务宣传费支出，一律不得在计算应纳税所得额时扣除。

五是补充养老保险费、补充医疗保险费标准得到明确。

新企业所得税法及其实施条例规定，企业为投资者或者职工支付的补充养老保险费、补充医疗保险费，在国务院财政、税务主管部门规定的范围和标准内，准予扣除。《财政部、国家税务总局关于补充养老保险费、补充医疗保险费有关企业所得税政策问题的通知》（财税〔2009〕27号）据此明确，自2008年1月1日起，企业根据国家有关政策规定，为在本企业任职或者受雇的全体员工支付的补充养老保险费、补充医疗保险费，分别在不超过职工工资总额5%标准内的部分，在计算应纳税所得额时准予扣除，超过的部分，不予扣除。新政策将补充养老保险费、补充医疗保险费的扣除比例和标准的制定权由省政府收归财政部和国家税务总局，这有利于减少各地区的税负差别，在全国范围内保持了税法执行标准的统一性。

六是确定了可以税前扣除的准备金及其条件。

新《企业所得税法》规定，未经核定的准备金支出，不得税前扣除。2009年，财政部、国家税务总局出台了一系列文件，准予在2008～2010年税前扣除的准备金包括：保险企业按规定缴纳的保险保障基金、按规定提取的未到期责任准备金、寿险责任准备金、长期健康险责任准备金、未决赔偿责任准备金以及农业巨灾风险准备金;证券行业按规定提取的证券交易所风险基金、证券结算风险基金、证券投资者保护基金、期货交易所风险基金、期货公司风险基金以及期货投资者保护基金;金融企业按规定提取的涉农贷款和中小企业贷款损失专项准备金;中小企业信用担保机构按规定计提的担保赔款准备金和未到期责任准备金。

七是手续费及佣金支出扣除政策得到明确。

《财政部、国家税务总局关于企业手续费及佣金支出税前扣除政策的通知》(财税〔2009〕29 号)规定,企业发生与生产经营有关的手续费及佣金支出,财产保险企业按当年全部保费收入扣除退保金等后余额的 15%(含,下同)以内,人身保险企业按当年全部保费收入扣除退保金等后余额的 10% 以内,一般企业按协议或合同确认的收入金额的 5% 以内的,准予税前扣除,超过部分,不得扣除。

就一般企业而言,新政策与原政策的区别主要有 4 个方面:

第一,扣除内容不同。《国家税务总局关于印发〈企业所得税税前扣除办法〉的通知》(国税发〔2000〕84 号)仅对佣金作了规定,而财税〔2009〕29 号还对手续费作了规定。

第二,对支付对象的界定不同。原要求是独立的有权从事中介服务的纳税人或个人,而新要求是具有合法经营资格的中介服务机构或个人。

第三,个人支付对象的范围不同。原规定个人仅不含本企业雇员,新规定个人不含交易双方及其雇员、代理人和代表人等。

第四,扣除标准不同。原规定仅对付给个人的佣金,不得超过服务金额的 5%,新规定则对机构或个人均规定了 5% 扣除限额。

八是公益性捐赠税前扣除政策进一步明确。

根据新企业所得税法及其实施条例的规定,企业发生的公益性捐赠支出,在年度利润总额 12% 以内的部分,准予在计算应纳税所得额时扣除。公益性捐赠,是指企业通过公益性社会团体或者县级以上人民政府及其部门,用于《中华人民共和国公益事业捐赠法》规定的公益事业的捐赠。财政部、国家税务总局等部门下发的《关于公益性捐赠税前扣除有关问题的通知》(财税〔2008〕160 号)和《关于通过公益性群众团体的公益性捐赠税前扣除有关问题的通知》(财税〔2009〕124 号)两个文件,进一步明确了公益性社会团体和公益性群众团体需符合的条件、申请公益性捐赠税前扣除资格的程序和资料,以及公益事业的具体范围等问题。同时规定,自 2008 年 1 月 1 日起,社会团体和群众团体不管是否已取得公益性捐赠税前扣除资格,均应按文件规定重新提出申请。

——白兆瑞、朱志钢、焦晓云:《2009 年企业所得税政策调整盘点(上)》,《中国税务报》,2010 年 1 月 25 日。

延伸思考题

1. 总结我国企业所得税制发展历程。
2. 我国《企业所得税法》的立法宗旨是什么？
3. 如何评价《企业所得税法》背景下的外商投资企业税收优惠政策？
4. 如何完善我国现行企业所得税制？

第八章 个人所得税法律制度

2010 年 1 月 4 日，新年上班的首个工作日，来自江西省长运股份、赣粤高速等 10 余家单位的办税人员来到南昌市地税局办税服务厅，递交本单位 2009 年年所得 12 万元以上个人所得税自行纳税申报表。据统计，当日全省共有 58 人办理 2009 年度"12 万"个税自行纳税申报，涉及年所得总额 2064.8 万元，扣缴税款 454.8 万元。

2010 年是"12 万"个税自行纳税申报的第 4 个年头。随着税法宣传的普及和纳税人申报意识的增强，自 2007 年开展个人所得税自行纳税申报工作以来，江西省自行申报人数由当年的 9550 人增至 2009 年的 2.7 万人，呈逐年增长趋势。统计数据显示，2009 年江西省共申报个人所得税年所得额 75.49 亿元，应纳税所得额 59.27 亿元，扣（缴）税额 9.65 亿元，人均缴纳个人所得税 3.64 万元。从申报所得项目构成看，主要集中在工资薪金所得和个体工商户生产经营所得，申报人数分别占自行纳税申报总人数的 56.43%、27.83%。从纳税人所属行业分布情况看，自行纳税申报纳税人较多的前 5 个行业分别为：制造业、建筑业、金融保险业、住宿餐饮业、批发和零售业。从纳税人从事的职业构成看，自行纳税申报纳税人较多的前 5 个职业是：企业负责人员、专业（工程）技术人员、金融业务人员、个体工商户、独资合伙投资者和公司股东等。

——梅兵、帅雪琴、段萍、邓远峰：《江西新年首日"12 万"自行申报 58 人》，《中国税务报》，2010 年 1 月 11 日

第一节 概述

一、个人所得税的概念

个人所得税是以个人（自然人）取得的各项应税所得为征税对象所征收的一

种所得税。

历史回顾:个人所得税法历次变动概要

1980 年 9 月 10 日第五届全国人民代表大会第三次会议通过了《中华人民共和国个人所得税法》。

1993 年 10 月 31 日,第八届全国人民代表大会常务委员会第四次会议第一次修正《个人所得税法》,增加了"个体工商户的生产、经营所得"、"对企事业单位的承包经营、承租经营所得"、"稿酬所得"、"财产转让所得"、"偶然所得"等五项所得类型,并对其开始征收个人所得税。

1999 年 8 月 30 日,第九届全国人民代表大会常务委员会第十一次会议第二次修正《个人所得税法》,对储蓄存款利息所得征收个人所得税,适用 20% 的比例税率。

2005 年 10 月 27 日,第十届全国人民代表大会常务委员会第十八次会议第三次修正《个人所得税法》,将工资薪金所得每月费用减除标准提高到 1 600 元。

2007 年 6 月 29 日,第十届全国人民代表大会常务委员会第二十八次会议第四次修正《个人所得税法》,规定:对储蓄存款利息所得开征、减征、停征个人所得税及其具体办法,由国务院规定。随后,2007 年 8 月 15 日至 2008 年 10 月 8 日,储蓄存款孳生的利息所得按照 5% 的比例税率征收个人所得税;2008 年 10 月 9 日后(含 10 月 9 日)孳生的利息所得,暂免征收个人所得税。

2007 年 12 月 29 日,第十届全国人民代表大会常务委员会第三十一次会议第五次修正《个人所得税法》,将工资薪金所得每月费用减除标准提高到 2 000 元。

二、个人所得税的纳税人

(一)居民纳税义务人

居民纳税义务人即在中国境内有住所,或者无住所而在境内居住满一年的个人,其应当从中国境内和境外取得的所有所得,依法缴纳个人所得税。

在中国境内有住所的个人,是指因户籍、家庭、经济利益关系而在中国境内习惯性居住的个人。在境内居住满一年,是指在一个纳税年度中在中国境内居住 365 日。临时离境的,不扣减日数。所谓临时离境,是指在一个纳税年度中一次不超过 30 日或者多次累计不超过 90 日的离境。

税法特别规定,在中国境内无住所,但是居住一年以上五年以下的个人,其来源于中国境外的所得,经主管税务机关批准,可以只就由中国境内公司、企业以及其他经济组织或者个人支付的部分缴纳个人所得税;居住超过五年的个人,从第六年起,应当就其来源于中国境外的全部所得缴纳个人所得税。

(二)非居民纳税义务人

非居民纳税义务人即在中国境内无住所又不居住或者无住所而在境内居住不满一年的个人,其从中国境内取得的所得,应当依法缴纳个人所得税。

税法规定,下列所得,不论支付地点是否在中国境内,均为来源于中国境内的所得:

1.因任职、受雇、履约等而在中国境内提供劳务取得的所得;

2.将财产出租给承租人在中国境内使用而取得的所得;

3.转让中国境内的建筑物、土地使用权等财产或者在中国境内转让其他财产取得的所得;

4.许可各种特许权在中国境内使用而取得的所得;

5.从中国境内的公司、企业以及其他经济组织或者个人取得的利息、股息、红利所得。

税法特别规定,在中国境内无住所,但是在一个纳税年度中在中国境内连续或者累计居住不超过 90 日的个人,其来源于中国境内的所得,由境外雇主支付并且不由该雇主在中国境内的机构、场所负担的部分,免予缴纳个人所得税。

三、个人所得税的课税对象

税法规定,下列各项个人所得,应纳个人所得税:

1.工资、薪金所得

工资、薪金所得即个人因任职或者受雇而取得的工资、薪金、奖金、年终加薪、劳动分红、津贴、补贴以及与任职或者受雇有关的其他所得。

下列项目不属于工资、薪金性质的补贴、津贴,不予征收个人所得税:

(1)独生子女补贴。

(2)执行公务员工资制度未纳入基本工资总额的补贴、津贴差额和家属成员的副食品补贴。

(3)托儿补助费。

(4)差旅费津贴、误餐补助。其中,误餐补助是指按照财政部规定,个人因公在城区、郊区工作,不能在工作单位或返回就餐的,根据实际误餐顿数,按规定的标准领取的误餐费。单位以误餐补助名义发给职工的补助、津贴不包括在内。

2.个体工商户的生产、经营所得

个体工商户的生产、经营所得包括:

(1)个体工商户从事工业、手工业、建筑业、交通运输业、商业、饮食业、服务业、修理业以及其他行业生产、经营取得的所得。

(2)个人经政府有关部门批准,取得执照,从事办学、医疗、咨询以及其他有偿服务活动取得的所得。

（3）其他个人从事个体工商业生产、经营取得的所得。

（4）上述个体工商户和个人取得的与生产、经营有关的各项应纳税所得。

3. 对企事业单位的承包经营、承租经营所得

对企事业单位的承包经营、承租经营所得，是指个人承包经营、承租经营以及转包、转租取得的所得，包括个人按月或者按次取得的工资、薪金性质的所得。

4. 劳务报酬所得

劳务报酬所得，是指个人从事设计、装潢、安装、制图、化验、测试、医疗、法律、会计、咨询、讲学、新闻、广播、翻译、审稿、书画、雕刻、影视、录音、录像、演出、表演、广告、展览、技术服务、介绍服务、经纪服务、代办服务以及其他劳务取得的所得。

5. 稿酬所得

稿酬所得，是指个人因其作品以图书、报刊形式出版、发表而取得的所得。

6. 特许权使用费所得

特许权使用费所得，是指个人提供专利权、商标权、著作权、非专利技术以及其他特许权的使用权取得的所得；提供著作权的使用权取得的所得，不包括稿酬所得。

7. 利息、股息、红利所得

利息、股息、红利所得，是指个人拥有债权、股权而取得的利息、股息、红利所得。

8. 财产租赁所得

财产租赁所得，是指个人出租建筑物、土地使用权、机器设备、车船以及其他财产取得的所得。

9. 财产转让所得

财产转让所得，是指个人转让有价证券、股权、建筑物、土地使用权、机器设备、车船以及其他财产取得的所得。

目前，国家对股票转让所得暂不征收个人所得税。对个人出售自有住房取得的所得按照"财产转让所得"征收个人所得税，但对个人转让自用5年以上并且是家庭唯一生活用房取得的所得，继续免征个人所得税。

实务动态：股权转让所得征收个人所得税

国家税务总局关于加强股权转让所得征收个人所得税管理的通知

国税函〔2009〕285号

各省、自治区、直辖市和计划单列市地方税务局，西藏、宁夏、青海省（自治区）国家税务局：

为加强自然人（以下简称个人）股东股权转让所得个人所得税的征收管理，

提高征管质量和效率,堵塞征管漏洞,根据《中华人民共和国个人所得税法》及其《实施条例》、《中华人民共和国税收征收管理法》及其《实施细则》、《国家税务总局关于加强税种征管促进堵漏增收的若干意见》(国税发〔2009〕85号)的规定,现就有关问题通知如下:

一、股权交易各方在签订股权转让协议并完成股权转让交易以后至企业变更股权登记之前,负有纳税义务或代扣代缴义务的转让方或受让方,应到主管税务机关办理纳税(扣缴)申报,并持税务机关开具的股权转让所得缴纳个人所得税完税凭证或免税、不征税证明,到工商行政管理部门办理股权变更登记手续。

二、股权交易各方已签订股权转让协议,但未完成股权转让交易的,企业在向工商行政管理部门申请股权变更登记时,应填写《个人股东变动情况报告表》(表格式样和联次由各省地税机关自行设计)并向主管税务机关申报。

三、个人股东股权转让所得个人所得税以发生股权变更企业所在地地税机关为主管税务机关。纳税人或扣缴义务人应到主管税务机关办理纳税申报和税款入库手续。主管税务机关应按照《个人所得税法》和《税收征收管理法》的规定,获取个人股权转让信息,对股权转让涉税事项进行管理、评估和检查,并对其中涉及的税收违法行为依法进行处罚。

四、税务机关应加强对股权转让所得计税依据的评估和审核。对扣缴义务人或纳税人申报的股权转让所得相关资料应认真审核,判断股权转让行为是否符合独立交易原则,是否符合合理性经济行为及实际情况。

对申报的计税依据明显偏低(如平价和低价转让等)且无正当理由的,主管税务机关可参照每股净资产或个人股东享有的股权比例所对应的净资产份额核定。

五、税务机关要建立股权转让所得征收个人所得税内部控管机制。税务机关应建立股权转让所得个人所得税电子台账,对所辖企业个人股东逐户登记,将个人股东的相关信息录入计算机系统,实施动态管理。税务机关内部各部门分别负责信息获取、评估和审核、税款征缴入库和反馈检查等环节的工作,各部门应加强联系,密切配合,形成完整的管理链条。

六、各地税务机关要高度重视股权转让所得个人所得税征收管理,按照本通知的要求,采取有效措施,积极主动地开展工作。要争取当地党委、政府的支持,加强与工商行政管理部门的联系和协作,定期主动从工商行政管理机关取得股权变更登记信息。要向纳税人、扣缴义务人和发生股权变更的企业做好相关税法及政策的宣传和辅导工作,保证税款及时、足额入库。

国家税务总局

二○○九年五月二十八日

10.偶然所得

偶然所得,是指个人得奖、中奖、中彩以及其他偶然性质的所得。

11.经国务院财政部门确定征税的其他所得

税法规定,上述个人所得的形式,包括现金、实物、有价证券和其他形式的经济利益。所得为实物的,应当按照取得的凭证上所注明的价格计算应纳税所得额;无凭证的实物或者凭证上所注明的价格明显偏低的,参照市场价格核定应纳税所得额。所得为有价证券的,根据票面价格和市场价格核定应纳税所得额。所得为其他形式的经济利益的,参照市场价格核定应纳税所得额。

四、个人所得税的税率

1.工资、薪金所得,适用超额累进税率,税率为5%～45%。

个人所得税税率表一(工资、薪金所得适用)

级数	全月应纳税所得额	税率(%)	速算扣除数
1	不超过500元的	5	0
2	超过500元至2 000元的部分	10	25
3	超过2 000元至5 000元的部分	15	125
4	超过5 000元至20 000元的部分	20	375
5	超过20 000元至40 000元的部分	25	1 375
6	超过40 000元至60 000元的部分	30	3 375
7	超过60 000元至80 000元的部分	35	6 375
8	超过80 000元至100 000元的部分	40	10 375
9	超过100 000元的部分	45	15 375

注:本表所称全月应纳税所得额是指以每月收入额减除费用2 000元后的余额或者减除附加减除费用后的余额。

2.个体工商户的生产、经营所得和对企事业单位的承包经营、承租经营所得,适用5%～35%的超额累进税率。

个人所得税税率表二(个体工商户的生产、经营所得和对企事业单位的承包经营、承租经营所得适用)

级数	全年应纳税所得额	税率(%)	速算扣除数
1	不超过5 000元的	5	0
2	超过5 000元至10 000元的部分	10	250
3	超过10 000元至30 000元的部分	20	1 250
4	超过30 000元至50 000元的部分	30	4 250
5	超过50 000元的部分	35	6 750

注:本表所称全年应纳税所得额是指以每一纳税年度的收入总额,减除成本、费用以及损失后的余额。

3. 稿酬所得,适用比例税率,税率为 20%,并按应纳税额减征 30%。

4. 劳务报酬所得,适用比例税率,税率为 20%。对劳务报酬所得一次收入畸高的,可以实行加成征收。所谓劳务报酬所得一次收入畸高,是指个人一次取得劳务报酬,其应纳税所得额超过 2 万元。对应纳税所得额超过 2 万元~5 万元的部分,依照税法规定计算应纳税额后再按照应纳税额加征五成;超过 5 万元的部分,加征十成。

习题计算:劳务报酬所得

【题目】赵某 10 月份外出参加营业性演出,一次取得劳务报酬 60 000 元。计算赵某应纳个人所得税税额。

【解析】应纳税所得额＝60 000×(1−20%)

　　　　　　　　＝48 000(元)

未加成应纳税额＝48 000×20%

　　　　　　　＝9 600(元)

加成部分应纳税额＝(48 000−20 000)×20%×50%

　　　　　　　　＝2 800(元)

应缴纳个人所得税＝9 600＋2 800

　　　　　　　　＝12 400(元)

——全国注册税务师职业资格考试教材编写组:《税法(Ⅱ)》(2008 年全国注册税务师职业资格考试教材),中国税务出版社,2008 年 1 月第 1 版。

5. 特许权使用费所得,利息、股息、红利所得,财产租赁所得,财产转让所得,偶然所得和其他所得,适用比例税率,税率为 20%。

立法背景:2005 年个人所得税法立法听证会

2005 年 9 月 27 日,全国人大召开个人所得税工薪所得减除费用标准听证会,这是全国人大在立法环节第一次召开听证会。出席本次听证会的听证人共 13 人,其中杨景宇、傅志寰、胡康生为听证会主持人。出席听证会的听证陈述人共计 28 人。其中,20 名是公众听证陈述人。他们是从全国各地近 5000 名报名者中,按照东、中、西部地区都有适当名额,收入较高、较低的行业和职业都有适当的名额,代表不同意见的各方面都有适当名额的原则,从申请报名的人员中选择确定的。为了使不同的意见能够得到充分的表达,根据听证会的规则,听证陈述人在听证会上有平等的机会发表意见。此外,还有 8 名个人所得税修正案(草案)起草部门的代表。

五、个人所得税应纳税额的计算

(一)工资、薪金所得

以每月收入额减除费用 2 000 元后的余额,为应纳税所得额。按照国家规定,单位为个人缴付和个人缴付的基本养老保险费、基本医疗保险费、失业保险费、住房公积金,从纳税义务人的应纳税所得额中扣除。

习题计算:工资薪金所得(1)

【题目】某经理为中国公民,2000 年每月取得工资收入 5 000 元。

计算该经理每月应纳个人所得税税额。

【解析】该经理每月应纳税所得额＝5 000－2 000＝3 000(元)

每月应纳税额＝500×5％＋1 500×10％＋1 000×15％

　　　　　　　＝25＋150＋150

　　　　　　　＝325(元)

——全国注册税务师职业资格考试教材编写组:《税法(Ⅱ)》(2008 年全国注册税务师职业资格考试教材),中国税务出版社,2008 年 1 月第 1 版。

习题计算:工资薪金所得(2)

【题目】王某为中国公民,2009 年在我国境内 1～12 月份每月的绩效工资为 1 600 元,12 月 31 日又一次性领取年终奖 12 400 元(兑现绩效工资)。

计算王某取得该笔奖金应缴纳的个人所得税。

【解析】纳税人取得全年一次性奖金,单独作为一个月工资、薪金所得计算纳税。具体计税方法如下:先将雇员当月内取得的全年一次性奖金,除以 12 个月,按其商数确定适用税率和速算扣除数。如果在发放年终奖一次性奖金的当月,雇员当月工资薪金所得低于税法规定的费用扣除额,应将全年一次性奖金减除"雇员当月工资薪金所得与费用扣除额的差额"后的余额,按照上述办法确定全年一次性奖金的适用税率和速算扣除数。计算公式如下:

(1)雇员当月工资薪金所得高于(或等于)税法规定的费用扣除额

应纳税额＝雇员当月取得全年一次性奖金×适用税率－速算扣除数

(2)雇员当月工资薪金所得低于税法规定的费用扣除额

应纳税额＝(雇员当月取得全年一次性奖金－雇员当月工资薪金所得与费用扣除额的差额)×适用税率－速算扣除数

该笔奖金适用的税率和速算扣除数为:

每月奖金平均额＝[12 400－(2 000－1 600)]÷12

　　　　　　　＝1 000(元)

根据工资、薪金九级超额累进税率的规定,适用的税率为 10%,速算扣除数为 25。

该笔奖金应缴纳个人所得税为:

应纳税额=[12 400-(2 000-1 600)]×10%-25

　　　　=1 175(元)

注意:雇员取得除全年一次性奖金以外的其他各种名目奖金,如半年奖、季度奖、加班奖、先进奖、考勤奖等,一律与当月工资、薪金收入合并,按照税法规定缴纳个人所得税。

——财政部会计资格评价中心编:《经济法基础》(2009 年初级会计资格考试辅导教材),经济科学出版社,2008 年 12 月第 1 版。

(二)个体工商户的生产、经营所得

以每一纳税年度的收入总额,减除成本、费用以及损失后的余额,为应纳税所得额。其中,成本、费用,是指纳税义务人从事生产、经营所发生的各项直接支出和分配计入成本的间接费用以及销售费用、管理费用、财务费用;所说的损失,是指纳税义务人在生产、经营过程中发生的各项营业外支出。从事生产、经营的纳税义务人未提供完整、准确的纳税资料,不能正确计算应纳税所得额的,由主管税务机关核定其应纳税所得额。

(三)对企事业单位的承包经营、承租经营所得

以每一纳税年度的收入总额,减除必要费用后的余额,为应纳税所得额。其中,收入总额是指纳税义务人按照承包经营、承租经营合同规定分得的经营利润和工资、薪金性质的所得;所说的减除必要费用,是指按月减除 2 000 元。

(四)劳务报酬所得、稿酬所得、特许权使用费所得、财产租赁所得

每次收入不超过 4 000 元的,减除费用 800 元;4 000 元以上的,减除 20% 的费用,其余额为应纳税所得额。

所谓"每次",按照以下方法确定:(1)劳务报酬所得,属于一次性收入的,以取得该项收入为一次;属于同一项目连续性收入的,以一个月内取得的收入为一次;(2)稿酬所得,以每次出版、发表取得的收入为一次;(3)特许权使用费所得,以一项特许权的一次许可使用所取得的收入为一次;(4)财产租赁所得,以一个月内取得的收入为一次;(5)利息、股息、红利所得,以支付利息、股息、红利时取得的收入为一次;(6)偶然所得,以每次取得该项收入为一次。

习题计算:稿酬所得

【题目】李某 2009 年 3 月取得如下收入:

(1)薪金收入 3 300 元;

（2）一次性稿酬收入5 000元；

（3）一次性讲学收入500元；

（4）一次性翻译资料收入3 000元；

（5）到期国债利息收入886元。

计算李某当月应缴纳个人所得税税额。

【解析】

（1）薪金收入应纳个人所得税＝(3 300－2000)×10%－25
$$＝105(元)$$

（2）稿费收入应纳个人所得税＝5 000×(1－20%)×20%×(1－30%)
$$＝560(元)$$

（3）一次性讲学收入500元,属于劳务报酬。按照税法规定,每次收入额不超过4 000元的,减除费用800元。500－800＝－300(元)。所以,不需要缴纳个人所得税。

（4）翻译收入应纳个人所得税＝(3 000－800)×20%
$$＝440(元)$$

（5）李某购买国债利息收入免税。

所以,李某3月份应纳个人所得税＝105＋560＋440
$$＝1 105(元)$$

——财政部会计资格评价中心编:《经济法基础》(2009年初级会计资格考试辅导教材),经济科学出版社,2008年12月第1版。

（五）财产转让所得

按照一次转让财产的收入额减除财产原值和合理费用后的余额,计算纳税。

其中,财产原值是指:(1)有价证券,为买入价以及买入时按照规定交纳的有关费用;(2)建筑物,为建造费或者购进价格以及其他有关费用;(3)土地使用权,为取得土地使用权所支付的金额、开发土地的费用以及其他有关费用;(4)机器设备、车船,为购进价格、运输费、安装费以及其他有关费用;(5)其他财产,参照以上方法确定。纳税义务人未提供完整、准确的财产原值凭证,不能正确计算财产原值的,由主管税务机关核定其财产原值。合理费用,是指卖出财产时按照规定支付的有关费用。

（六）利息、股息、红利所得,偶然所得和其他所得

以每次收入额为应纳税所得额。

（七）慈善捐赠扣除

个人将其所得对教育事业和其他公益事业捐赠的部分(即个人将其所得通过中国境内的社会团体、国家机关向教育和其他社会公益事业以及遭受严重自然灾害地区、贫困地区的捐赠），捐赠额未超过纳税义务人申报的应纳税所得额30％的部分，可以从其应纳税所得额中扣除。

实务动态：个人向汶川地震灾区慈善捐赠税前扣除政策

国家税务总局关于个人向地震灾区捐赠有关个人所得税征管问题的通知

国税发〔2008〕55号

各省、自治区、直辖市和计划单列市地方税务局，西藏、宁夏、青海省（自治区）国家税务局：

根据《中华人民共和国个人所得税法》及其实施条例和有关规定，现就个人向"5.12"地震灾区（以下简称灾区）捐赠涉及的个人所得税征管问题通知如下：

一、个人通过扣缴单位统一向灾区的捐赠，由扣缴单位凭政府机关或非营利组织开具的汇总捐赠凭据、扣缴单位记载的个人捐赠明细表等，由扣缴单位在代扣代缴税款时，依法据实扣除。

二、个人直接通过政府机关、非营利组织向灾区的捐赠，采取扣缴方式纳税的，捐赠人应及时向扣缴单位出示政府机关、非营利组织开具的捐赠凭据，由扣缴单位在代扣代缴税款时，依法据实扣除；个人自行申报纳税的，税务机关凭政府机关、非营利组织开具的接受捐赠凭据，依法据实扣除。

三、扣缴单位在向税务机关进行个人所得税全员全额扣缴申报时，应一并报送由政府机关或非营利组织开具的汇总接受捐赠凭据（复印件）、所在单位每个纳税人的捐赠总额和当期扣除的捐赠额。

四、各级税务机关应本着鼓励纳税人捐赠的精神，在加强对捐赠扣除管理的同时，通过各种媒体广泛宣传捐赠扣除的政策、方法、程序，提供优质纳税服务，方便扣缴单位和纳税人具体操作。

国家税务总局

二〇〇八年五月二十一日

（八）附加减除费用

对在中国境内无住所而在中国境内取得工资、薪金所得的纳税义务人和在中国境内有住所而在中国境外取得工资、薪金所得的纳税义务人，可以根据其平均收入水平、生活水平以及汇率变化情况确定附加减除费用，即每月在减除2 000元费用的基础上，再减除一定费用。目前，税法规定，附加减除费用标准为2 800元。

具体而言，附加减除费用适用的范围，是指：

1.在中国境内的外商投资企业和外国企业中工作的外籍人员；

2.应聘在中国境内的企业、事业单位、社会团体、国家机关中工作的外籍专家；

3. 在中国境内有住所而在中国境外任职或者受雇取得工资、薪金所得的个人；

4. 国务院财政、税务主管部门确定的其他人员。

第二节　税收优惠

一、免税

税法规定，下列各项个人所得，免纳个人所得税：

1. 省级人民政府、国务院部委和中国人民解放军军以上单位，以及外国组织、国际组织颁发的科学、教育、技术、文化、卫生、体育、环境保护等方面的奖金；

2. 国债和国家发行的金融债券利息；

3. 按照国家统一规定发给的补贴、津贴；

4. 福利费、抚恤金、救济金；

5. 保险赔款；

6. 军人的转业费、复员费；

7. 按照国家统一规定发给干部、职工的安家费、退职费、退休工资、离休工资、离休生活补助费；

8. 依照我国有关法律规定应予免税的各国驻华使馆、领事馆的外交代表、领事官员和其他人员的所得；

9. 中国政府参加的国际公约、签订的协议中规定免税的所得；

10. 按照国家规定，单位为个人缴付和个人缴付的住房公积金、基本医疗保险费、基本养老保险费、失业保险费，从纳税人的应纳税所得额中扣除；

11. 个人转让自用达 5 年以上，并且是唯一的家庭生活用房取得的所得，暂免征收个人所得税；

12. 对个人购买福利彩票、赈灾彩票、体育彩票，一次中奖收入在 1 万元以下（含 1 万元）的暂免征收个人所得税，超过 1 万元的，全额征收个人所得税；

13. 经国务院财政部门批准免税的所得。

术语界定：

国债利息，是指个人持有中华人民共和国财政部发行的债券而取得的利息；所说的国家发行的金融债券利息，是指个人持有经国务院批准发行的金融债券而取得的利息。

按照国家统一规定发给的补贴、津贴，是指按照国务院规定发给的政府特殊津贴、院士津贴、资深院士津贴，以及国务院规定免纳个人所得税的其他补贴、津贴。

福利费,是指根据国家有关规定,从企业、事业单位、国家机关、社会团体提留的福利费或者工会经费中支付给个人的生活补助费;所说的救济金,是指各级人民政府民政部门支付给个人的生活困难补助费。

依照我国法律规定应予免税的各国驻华使馆、领事馆的外交代表、领事官员和其他人员的所得,是指依照《中华人民共和国外交特权与豁免条例》和《中华人民共和国领事特权与豁免条例》规定免税的所得。

实务动态:2008 年度"明天小小科学家"奖金免征个人所得税

国家税务总局关于 2008 年度"明天小小科学家"奖金免征个人所得税问题的通知

国税函〔2009〕243 号

各省、自治区、直辖市和计划单列市地方税务局,西藏、宁夏、青海省(自治区)国家税务局:

现就 2008 年度"明天小小科学家"奖金免征个人所得税的问题通知如下:

为贯彻实施国家科教兴国和可持续发展战略,加强对青少年创新精神和实践能力的培养,在青少年科技爱好者中选拔和培养科技后备人才,教育部、中国科学技术协会和香港周凯旋基金会于 2008 年开展了第八届"明天小小科学家"奖励活动,对内地各省、自治区、直辖市以及香港、澳门特别行政区的高中三年级学生在近年来完成的优秀科技项目和科学研究项目进行奖励。该活动 2008 年已评出一等奖 10 名,前 3 名获"明天小小科学家"称号,每名奖金 10 万元人民币,其中奖励学生个人 5 万元人民币,学生所在学校和辅导机构 5 万元人民币;其余 7 名每名奖金 4 万元人民币,其中奖励学生个人 2 万元人民币,学生所在学校和辅导机构 2 万元人民币;二等奖 30 名,每名奖金 2 万元人民币,其中奖励学生个人 1 万元人民币,学生所在学校和辅导机构 1 万元人民币;三等奖 60 名,奖励学生个人 1 000 元人民币(详见附件)。

根据《中华人民共和国个人所得税法》第四条第一项关于国务院部、委颁发的教育等方面的奖金免征个人所得税的规定,对学生个人参与 2008 年度"明天小小科学家"活动获得的奖金,免予征收个人所得税。

附件:2008 年度"明天小小科学家"奖励活动获奖名单

国家税务总局

二〇〇九年五月十一日

实务动态：第五届中华宝钢环境奖和中华宝钢环境优秀奖奖金免征个人所得税

国家税务总局关于第五届中华宝钢环境奖和中华宝钢环境

优秀奖奖金免征个人所得税问题的通知

国税函〔2009〕169 号

各省、自治区、直辖市和计划单列市地方税务局：

现将第五届中华宝钢环境奖和中华宝钢环境优秀奖奖金免征个人所得税的问题通知如下：

为表彰和奖励为我国环境保护事业做出重大贡献者，促进环境保护事业的发展，经环境保护部批准，中华环境保护基金会设立了中华环境奖（现冠名为中华宝钢环境奖）。该奖由全国人大环境与资源保护委员会、全国政协人口资源环境委员会、教育部、民政部、环境保护部、文化部、国家广播电影电视总局、中华全国总工会、共青团中央、全国妇联、中华环境保护基金会等 13 个单位组成组织委员会，对其评选工作进行指导。目前第五届中华宝钢环境奖评选工作已结束，评选出中华宝钢环境奖获奖者个人 1 名（奖金 50 万元），中华宝钢环境优秀奖获奖者个人 8 名（每名奖金 5 万元）。

中华环境奖属于国务院部、委颁发的环境保护方面的奖项，根据《中华人民共和国个人所得税法》第四条第一项关于国务院部、委颁发的环境保护方面的奖金免征个人所得税的规定，对第五届中华宝钢环境奖和中华宝钢环境优秀奖获奖者个人所获奖金（详见附件），免予征收个人所得税。

附件：第五届中华宝钢环境奖和中华宝钢环境优秀奖个人获奖者名单

国家税务总局

二〇〇九年三月十九日

二、减税

税法规定，有下列情形之一的，经批准可以减征个人所得税：

1. 残疾、孤老人员和烈属的所得；

2. 因严重自然灾害造成重大损失的；

3. 其他经国务院财政部门批准减税的。

税法规定，减征个人所得税，其减征的幅度和期限由省、自治区、直辖市人民政府规定。

实务动态:个人所得税若干优惠政策的变动

国家税务总局关于明确个人所得税若干政策执行问题的通知

国税发〔2009〕121 号

各省、自治区、直辖市和计划单列市地方税务局,西藏、宁夏、青海省(自治区)国家税务局:

近期,部分地区反映个人所得税若干政策执行口径不够明确,为公平税负,加强征管,根据《中华人民共和国个人所得税法》及其实施条例等相关规定,现就个人所得税若干政策执行口径问题通知如下:

一、《国家税务总局关于个人所得税若干政策问题的批复》(国税函〔2002〕629 号)第一条有关"双薪制"计税方法停止执行。

二、关于董事费征税问题

(一)《国家税务总局关于印发〈征收个人所得税若干问题的规定〉的通知》(国税发〔1994〕089 号)第八条规定的董事费按劳务报酬所得项目征税方法,仅适用于个人担任公司董事、监事,且不在公司任职、受雇的情形。

(二)个人在公司(包括关联公司)任职、受雇,同时兼任董事、监事的,应将董事费、监事费与个人工资收入合并,统一按工资、薪金所得项目缴纳个人所得税。

(三)《国家税务总局关于外商投资企业的董事担任直接管理职务征收个人所得税问题的通知》(国税发〔1996〕214 号)第一条停止执行。

三、关于华侨身份界定和适用附加费用扣除问题

(一)华侨身份的界定

根据《国务院侨务办公室关于印发〈关于界定华侨外籍华人归侨侨眷身份的规定〉的通知》(国侨发〔2009〕5 号)的规定,华侨是指定居在国外的中国公民。具体界定如下:

1."定居"是指中国公民已取得住在国长期或者永久居留权,并已在住在国连续居留两年,两年内累计居留不少于 18 个月。

2.中国公民虽未取得住在国长期或者永久居留权,但已取得住在国连续 5 年以上(含 5 年)合法居留资格,5 年内在住在国累计居留不少于 30 个月,视为华侨。

3.中国公民出国留学(包括公派和自费)在外学习期间,或因公务出国(包括外派劳务人员)在外工作期间,均不视为华侨。

(二)关于华侨适用附加扣除费用问题

对符合国侨发〔2009〕5 号文件规定的华侨身份的人员,其在中国工作期间取得的工资、薪金所得,税务机关可根据纳税人提供的证明其华侨身份的有关证明材料,按照《中华人民共和国个人所得税法实施条例》第三十条规定在计算征

收个人所得税时,适用附加扣除费用。

四、关于个人转让离婚析产房屋的征税问题

(一)通过离婚析产的方式分割房屋产权是夫妻双方对共同共有财产的处置,个人因离婚办理房屋产权过户手续,不征收个人所得税。

(二)个人转让离婚析产房屋所取得的收入,允许扣除其相应的财产原值和合理费用后,余额按照规定的税率缴纳个人所得税;其相应的财产原值,为房屋初次购置全部原值和相关税费之和乘以转让者占房屋所有权的比例。

(三)个人转让离婚析产房屋所取得的收入,符合家庭生活自用五年以上唯一住房的,可以申请免征个人所得税,其购置时间按照《国家税务总局关于房地产税收政策执行中几个具体问题的通知》(国税发〔2005〕172号)执行。

国家税务总局

二○○九年八月十七日

第三节　税务管理

一、境外抵扣

纳税义务人从中国境外取得的所得,准予其在应纳税额中扣除已在境外缴纳的个人所得税税额。但扣除额不得超过该纳税义务人境外所得依照法律规定计算的应纳税额。

二、代扣代缴

个人所得税,以所得人为纳税义务人,以支付所得的单位或者个人为扣缴义务人。个人所得超过国务院规定数额的,在两处以上取得工资、薪金所得或者没有扣缴义务人的,以及具有国务院规定的其他情形的,纳税义务人应当按照国家规定办理纳税申报。扣缴义务人应当按照国家规定办理全员全额扣缴申报。

所谓全员全额扣缴申报,是指扣缴义务人在代扣税款的次月内,向主管税务机关报送其支付所得个人的基本信息、支付所得数额、扣缴税款的具体数额和总额以及其他相关涉税信息。

对扣缴义务人按照所扣缴的税款,付给2%的手续费。

实务动态：个人所得税代扣代缴暂行办法

国家税务总局关于印发《个人所得税代扣代缴暂行办法》的通知

国税发〔1995〕65 号

（通知略）

个人所得税代扣代缴暂行办法

第一条　为加强个人所得税的征收管理，完善代扣代缴制度，强化代扣代缴手段，根据《中华人民共和国个人所得税法》（以下简称税法）及实施条例、《中华人民共和国税收征收管理法》（以下简称征管法）及实施细则和有关行政法规的规定，特制定本办法。

第二条　凡支付个人应纳税所得的企业（公司）、事业单位、机关、社团组织、军队、驻华机构、个体户等单位或者个人，为个人所得税的扣缴义务人。

上款所说的驻华机构，不包括外国驻华使领馆和联合国及其他依法享有外交特权和豁免的国际组织驻华机构。

第三条　按照税法规定代扣代缴个人所得税是扣缴义务人的法定义务，必须依法履行。

第四条　扣缴义务人向个人支付下列所得，应代扣代缴个人所得税：

（一）工资、薪金所得；

（二）对企事业单位的承包经营、承租经营所得；

（三）劳务报酬所得；

（四）稿酬所得；

（五）特许权使用费所得；

（六）利息、股息、红利所得；

（七）财产租赁所得；

（八）财产转让所得；

（九）偶然所得；

（十）经国务院财政部门确定征税的其他所得。

第五条　扣缴义务人向个人支付应纳税所得（包括现金、实物和有价证券）时，不论纳税人是否属于本单位人员，均应代扣代缴其应纳的个人所得税税款。

前款所说支付，包括现金支付、汇拨支付、转账支付和以有价证券、实物以及其他形式的支付。

第六条　扣缴义务人应指定支付应纳税所得的财务会计部门或其他有关部门的人员为办税人员，由办税人员具体办理个人所得税的代扣代缴工作。

代扣代缴义务人的有关领导要对代扣代缴工作提供便利，支持办税人员履行义务；确定办税人员或办税人员发生变动时，应将名单及时报告主管税务机关。

第七条 扣缴义务人的法人代表（或单位主要负责人）、财会部门的负责人及具体办理代扣代缴税款的有关人员，共同对依法履行代扣代缴义务负法律责任。

第八条 同一扣缴义务人的不同部门支付应纳税所得时，应报办税人员汇总。

第九条 扣缴义务人在代扣税款时，必须向纳税人开具税务机关统一印制的代扣代收税款凭证，并详细注明纳税人姓名、工作单位、家庭住址和居民身份证或护照号码（无上述证件的，可用其他能有效证明身份的证件）等个人情况。对工资、薪金所得和利息、股息、红利所得等，因纳税人数众多、不便一一开具代扣代收税款凭证的，经主管税务机关同意，可不开具代扣代收税款凭证，但应通过一定形式告知纳税人已扣缴税款。纳税人为持有完税依据而向扣缴义务人索取代扣代收税款凭证的，扣缴义务人不得拒绝。

扣缴义务人应主动向税务机关申领代扣代收税款凭证，据以向纳税人扣税。非正式扣税凭证，纳税人可以拒收。

第十条 扣缴义务人依法履行代扣代缴税款义务时，纳税人不得拒绝。纳税人拒绝的，扣缴义务人应及时报告税务机关处理，并暂时停止支付其应纳税所得。否则，纳税人应缴纳的税款由扣缴义务人负担。

第十一条 扣缴义务人应扣未扣、应收未收税款的，由扣缴义务人缴纳应扣未扣、应收未收税款以及相应的滞纳金或罚款。其应纳税款按下列公式计算：

应纳税所得额＝支付的收入额－费用扣除标准－速算扣除数÷（1－税率）

应纳税额＝应纳税所得额×适用税率－速算扣除数

扣缴义务人已将纳税人拒绝代扣代缴的情况及时报告税务机关的除外。

第十二条 扣缴义务人应设立代扣代缴税款账簿，正确反映个人所得税的扣缴情况，并如实填写《扣缴个人所得税报告表》及其他有关资料。

第十三条 扣缴义务人每月所扣的税款，应当在次月7日内缴入国库，并向主管税务机关报送《扣缴个人所得税报告表》、代扣代收税款凭证和包括每一纳税人姓名、单位、职务、收入、税款等内容的支付个人收入明细表以及税务机关要求报送的其他有关资料。

扣缴义务人违反上述规定不报送或者报送虚假纳税资料的，一经查实，其未在支付个人收入明细表中反映的向个人支付的款项，在计算扣缴义务人应纳税所得额时不得作为成本费用扣除。

第十四条 扣缴义务人因有特殊困难不能按期报送《扣缴个人所得税报告表》及其他有关资料的，经县级税务机关批准，可以延期申报。

第十五条 扣缴义务人必须依法接受税务机关检查，如实反映情况，提供有关资料,不得拒绝和隐瞒。

第十六条　扣缴义务人同税务机关在纳税上发生争议时,必须先依照税务机关根据法律、行政法规确定的税款,解缴税款及滞纳金,然后可以在收到税务机关填发的缴款凭证之日起 60 日内向上一级税务机关申请复议。

第十七条　对扣缴义务人按照所扣缴的税款,付给 2% 的手续费。扣缴义务人可将其用于代扣代缴费用开支和奖励代扣代缴工作做得较好的办税人员。但由税务机关查出,扣缴义务人补扣的个人所得税税款,不向扣缴义务人支付手续费。

第十八条　扣缴义务人为纳税人隐瞒应纳税所得,不扣或少扣缴税款的,按偷税处理。

第十九条　扣缴义务人以暴力、威胁方式拒不履行扣缴义务的,按抗税处理。

第二十条　扣缴义务人违反以上各条规定,或者有偷税、抗税行为的,依照征管法和《全国人民代表大会常务委员会关于惩治偷税抗税犯罪的补充规定》的有关规定进行处理。

第二十一条　为了便于税务机关加强管理,主管税务机关应对扣缴义务人建档登记,定期联系。对于经常发生代扣代缴义务的扣缴义务人,主管税务机关可以发给扣缴义务人证书。扣缴义务人应主动与税务机关联系。

第二十二条　税务机关应对办税人员加强业务辅导和培训,帮助解决代扣代缴工作中出现的问题。对故意刁难办税人员或阻挠其工作的,税务机关应配合有关部门,做出严肃处理。

第二十三条　省、自治区、直辖市国家税务局、地方税务局可以根据本办法规定的原则,结合本地实际,制定有关的代扣代缴办法,并报国家税务总局备案。

第二十四条　本办法由国家税务总局负责解释。

第二十五条　本办法从 1995 年 4 月 1 日起执行。

三、自行申报

税法规定,纳税人有下列情形之一的,应当到主管税务机关办理纳税申报:

1. 年所得 12 万元以上的;

2. 从中国境内两处或者两处以上取得工资、薪金所得的;

3. 从中国境外取得所得的;

4. 取得应纳税所得,没有扣缴义务人的;

5. 国务院规定的其他情形。

其中,年所得 12 万元以上的纳税义务人,在年度终了后 3 个月内到主管税务机关办理纳税申报。

实务动态:2007年我国启动年所得12万元以上纳税人自行纳税申报工作

国家税务总局关于做好受理年所得12万元以上纳税人

自行纳税申报工作的通知

国税发〔2006〕164号

各省、自治区、直辖市和计划单列市国家税务局、地方税务局:

为贯彻落实好个人所得税法及其实施条例和《个人所得税自行纳税申报办法(试行)》(以下简称办法),现就做好受理年所得12万元以上纳税人自行纳税申报工作有关问题通知如下:

一、统一思想,提高认识,充分认识做好自行纳税申报工作的重要意义

纳税人自行纳税申报是我国个人所得税的一种征收方式,也是世界各国的通常做法。扩大个人自行纳税申报范围,是2005年我国个人所得税法修订的一项重要内容。修订后的税法增加了"年所得12万元以上"以及"国务院规定的其他情形"的纳税人须自行向税务机关进行申报的内容。扩大个人自行纳税申报范围后,有利于培养纳税人诚信纳税意识,明确纳税人的法律责任,提高税法遵从度;有利于税务机关加强税源管理,加大对高收入者的调节力度;有利于加强分析比对,进一步推进个人所得税的科学化、精细化管理;有利于为下一步向综合与分类相结合税制过渡创造条件、积累经验。

扩大个人自行纳税申报范围,既是一项全新的工作,又涉及广大纳税人的切身利益。对税务机关而言,从人力、管理、技术、设备等方面都提出了新的要求。因此,各级税务机关要从构建社会主义和谐社会、落实科学发展观、优化纳税服务、提高公民纳税意识以及强化税收征管的高度,充分认识做好个人所得税纳税人自行纳税申报管理工作的重要性,统一思想,提高认识,高度重视。

二、加强领导,完善措施,积极稳妥地推进自行纳税申报工作

个人所得税的自行纳税申报政策性强,要求很高,操作复杂,工作量大。特别是扩大自行纳税申报范围,增加了年所得12万元以上纳税人的年度自行纳税申报的规定,对做好自行纳税申报工作提出了新的更高要求。年所得12万元以上纳税人的年度自行纳税申报,是在现行分项税制基础上的综合申报,与原有的自行纳税申报在性质、内容和形式上有所不同,既有各自的侧重点,又有所交叉,因此,要正确处理好两种自行纳税申报之间的关系,对两种不同性质的纳税申报,分别采取有针对性的不同措施。目前,应重点做好年所得12万元以上纳税人的年度自行纳税申报工作,切实加强对此项工作的领导。对2007年开始接受年所得12万元以上纳税人的自行纳税申报工作,要认真分析接受纳税申报的各个环节需要做好的工作,预计可能发生的问题和困难,提出应对问题和困难的预案措施,精心组织,周密部署,积极稳妥地推进工作。

三、广泛宣传,加强辅导,打好自行纳税申报工作的基础

各级税务机关要针对年所得 12 万元以上纳税人自行纳税申报的有关问题,通过各种形式和途径进行重点宣传。首先要迅速组织税政、征管、信息等有关人员学习办法,领会办法的规定精神;其次要通过培训班、座谈会、约谈、印发讲解材料等形式,加强对纳税人的培训辅导,使纳税人掌握自行纳税申报的内容、地点、时间、程序等相关事宜,特别是要让负有自行纳税申报义务的纳税人知晓自己应尽的法定义务、履行义务的方法、程序、权利以及不履行义务应承担的法律责任。

四、精心组织,优化服务,确保自行纳税申报工作顺利进行

各级税务机关特别是直接面向纳税人的基层主管税务机关,应进一步提高服务意识,做好对年所得 12 万元以上纳税人自行纳税申报的各项服务工作,在政策宣传解释、快捷优质接受申报、及时办理补退税手续等方面,尽量方便纳税人。2007 年是接受年所得 12 万元以上纳税人自行纳税申报的第一年,各地税务机关务必精心做好各项工作。

(一)在 2006 年 12 月 10 日前,将《个人所得税纳税申报表(适用于年所得 12 万元以上的纳税人申报)》发放到方便纳税人取用的场所,如挂到税务机关网站,摆放在办税服务厅,送到高收入个人较多的单位等。

(二)在 2007 年 1 季度的申报期内,受理申报的税务机关应全力做好接受申报表的工作。受理纳税申报的办税服务厅要设立专门接受年所得 12 万元以上纳税人申报的窗口,或者放置简易快捷的接收纳税申报表设施,方便纳税人报送纳税申报表。预计申报人数较多的地区,要通过各种方法减少直接到办税服务厅申报的人员,如推行网络申报、运用邮寄申报等。

(三)受理年所得 12 万元以上纳税人申报的办税服务厅,应开设专门受理申报补税的窗口,对申报补税提供快捷方便的服务。

(四)具备信息化手段的税务机关,要根据办法的规定精神抓紧制定业务需求,调整和完善接受纳税申报的征管软件,充分运用信息化手段,保证年所得 12 万元以上的纳税人顺利申报。

(五)申报期结束后,各地税务机关要对年所得 12 万元以上的纳税人的自行申报资料建立档案,汇总、比对、分析,实施动态管理。

各地接此通知后,要迅速贯彻通知精神,采取措施切实抓好落实。在贯彻落实过程中及时发现和解决问题,相关情况及时报告总局。

实务动态:个人所得税自行纳税申报办法(试行)

国家税务总局关于印发《个人所得税自行纳税申报办法(试行)》的通知

国税发〔2006〕162号

各省、自治区、直辖市和计划单列市国家税务局、地方税务局:

为加强个人所得税征收管理,完善个人所得税自行纳税申报制度,维护纳税人的合法权益,根据《中华人民共和国个人所得税法》及其实施条例、《中华人民共和国税收征收管理法》及其实施细则和税收有关规定,国家税务总局制定了《个人所得税自行纳税申报办法(试行)》,现印发给你们,请认真贯彻执行。

附件:个人所得税纳税申报表式样

附件:

个人所得税自行纳税申报办法(试行)

第一章　总　则

第一条　为进一步加强个人所得税征收管理,保障国家税收收入,维护纳税人的合法权益,方便纳税人自行纳税申报,规范自行纳税申报行为,根据《中华人民共和国个人所得税法》(以下简称个人所得税法)及其实施条例、《中华人民共和国税收征收管理法》(以下简称税收征管法)及其实施细则和其他法律、法规的有关规定,制定本办法。

第二条　凡依据个人所得税法负有纳税义务的纳税人,有下列情形之一的,应当按照本办法的规定办理纳税申报:

(一)年所得12万元以上的;

(二)从中国境内两处或者两处以上取得工资、薪金所得的;

(三)从中国境外取得所得的;

(四)取得应税所得,没有扣缴义务人的;

(五)国务院规定的其他情形。

第三条　本办法第二条第一项年所得12万元以上的纳税人,无论取得的各项所得是否已足额缴纳了个人所得税,均应当按照本办法的规定,于纳税年度终了后向主管税务机关办理纳税申报。

本办法第二条第二项至第四项情形的纳税人,均应当按照本办法的规定,于取得所得后向主管税务机关办理纳税申报。

本办法第二条第五项情形的纳税人,其纳税申报办法根据具体情形另行规定。

第四条　本办法第二条第一项所称年所得12万元以上的纳税人,不包括在中国境内无住所,且在一个纳税年度中在中国境内居住不满1年的个人。

本办法第二条第三项所称从中国境外取得所得的纳税人,是指在中国境内有住所，或者无住所而在一个纳税年度中在中国境内居住满1年的个人。

第二章　申报内容

第五条　年所得12万元以上的纳税人，在纳税年度终了后，应当填写《个人所得税纳税申报表(适用于年所得12万元以上的纳税人申报)》(见附表1)，并在办理纳税申报时报送主管税务机关，同时报送个人有效身份证件复印件，以及主管税务机关要求报送的其他有关资料。

有效身份证件，包括纳税人的身份证、护照、回乡证、军人身份证件等。

第六条　本办法所称年所得12万元以上，是指纳税人在一个纳税年度取得以下各项所得的合计数额达到12万元：

(一)工资、薪金所得；

(二)个体工商户的生产、经营所得；

(三)对企事业单位的承包经营、承租经营所得；

(四)劳务报酬所得；

(五)稿酬所得；

(六)特许权使用费所得；

(七)利息、股息、红利所得；

(八)财产租赁所得；

(九)财产转让所得；

(十)偶然所得；

(十一)经国务院财政部门确定征税的其他所得。

第七条　本办法第六条规定的所得不含以下所得：

(一)个人所得税法第四条第一项至第九项规定的免税所得，即：

1. 省级人民政府、国务院部委、中国人民解放军军以上单位，以及外国组织、国际组织颁发的科学、教育、技术、文化、卫生、体育、环境保护等方面的奖金；

2. 国债和国家发行的金融债券利息；

3. 按照国家统一规定发给的补贴、津贴，即个人所得税法实施条例第十三条规定的按照国务院规定发放的政府特殊津贴、院士津贴、资深院士津贴以及国务院规定免纳个人所得税的其他补贴、津贴；

4. 福利费、抚恤金、救济金；

5. 保险赔款；

6. 军人的转业费、复员费；

7. 按照国家统一规定发给干部、职工的安家费、退职费、退休工资、离休工资、离休生活补助费；

8. 依照我国有关法律规定应予免税的各国驻华使馆、领事馆的外交代表、领事官员和其他人员的所得；

9.中国政府参加的国际公约、签订的协议中规定免税的所得。

（二）个人所得税法实施条例第六条规定可以免税的来源于中国境外的所得。

（三）个人所得税法实施条例第二十五条规定的按照国家规定单位为个人缴付和个人缴付的基本养老保险费、基本医疗保险费、失业保险费、住房公积金。

第八条　本办法第六条所指各项所得的年所得按照下列方法计算：

（一）工资、薪金所得，按照未减除费用（每月 1 600 元）及附加减除费用（每月 3 200 元）的收入额计算。

（二）个体工商户的生产、经营所得，按照应纳税所得额计算。实行查账征收的，按照每一纳税年度的收入总额减除成本、费用以及损失后的余额计算；实行定期定额征收的，按照纳税人自行申报的年度应纳税所得额计算，或者按照其自行申报的年度应纳税经营额乘以应税所得率计算。

（三）对企事业单位的承包经营、承租经营所得，按照每一纳税年度的收入总额计算，即按照承包经营、承租经营者实际取得的经营利润，加上从承包、承租的企事业单位中取得的工资、薪金性质的所得计算。

（四）劳务报酬所得、稿酬所得、特许权使用费所得，按照未减除费用（每次 800 元或者每次收入的 20%）的收入额计算。

（五）财产租赁所得，按照未减除费用（每次 800 元或者每次收入的 20%）和修缮费用的收入额计算。

（六）财产转让所得，按照应纳税所得额计算，即按照以转让财产的收入额减除财产原值和转让财产过程中缴纳的税金及有关合理费用后的余额计算。

（七）利息、股息、红利所得，偶然所得和其他所得，按照收入额全额计算。

第九条　纳税人取得本办法第二条第二项至第四项所得，应当按规定填写并向主管税务机关报送相应的纳税申报表（见附表 2 至附表 9），同时报送主管税务机关要求报送的其他有关资料。

第三章　申报地点

第十条　年所得 12 万元以上的纳税人，纳税申报地点分别为：

（一）在中国境内有任职、受雇单位的，向任职、受雇单位所在地主管税务机关申报。

（二）在中国境内有两处或者两处以上任职、受雇单位的，选择并固定向其中一处单位所在地主管税务机关申报。

（三）在中国境内无任职、受雇单位，年所得项目中有个体工商户的生产、经营所得或者对企事业单位的承包经营、承租经营所得（以下统称生产、经营所得）

的,向其中一处实际经营所在地主管税务机关申报。

（四）在中国境内无任职、受雇单位,年所得项目中无生产、经营所得的,向户籍所在地主管税务机关申报。在中国境内有户籍,但户籍所在地与中国境内经常居住地不一致的,选择并固定向其中一地主管税务机关申报。在中国境内没有户籍的,向中国境内经常居住地主管税务机关申报。

第十一条　取得本办法第二条第二项至第四项所得的纳税人,纳税申报地点分别为:

（一）从两处或者两处以上取得工资、薪金所得的,选择并固定向其中一处单位所在地主管税务机关申报。

（二）从中国境外取得所得的,向中国境内户籍所在地主管税务机关申报。在中国境内有户籍,但户籍所在地与中国境内经常居住地不一致的,选择并固定向其中一地主管税务机关申报。在中国境内没有户籍的,向中国境内经常居住地主管税务机关申报。

（三）个体工商户向实际经营所在地主管税务机关申报。

（四）个人独资、合伙企业投资者兴办两个或两个以上企业的,区分不同情形确定纳税申报地点:

1.兴办的企业全部是个人独资性质的,分别向各企业的实际经营管理所在地主管税务机关申报。

2.兴办的企业中含有合伙性质的,向经常居住地主管税务机关申报。

3.兴办的企业中含有合伙性质,个人投资者经常居住地与其兴办企业的经营管理所在地不一致的,选择并固定向其参与兴办的某一合伙企业的经营管理所在地主管税务机关申报。

（五）除以上情形外,纳税人应当向取得所得所在地主管税务机关申报。

第十二条　纳税人不得随意变更纳税申报地点,因特殊情况变更纳税申报地点的,须报原主管税务机关备案。

第十三条　本办法第十一条第四项第三目规定的纳税申报地点,除特殊情况外,5年以内不得变更。

第十四条　本办法所称经常居住地,是指纳税人离开户籍所在地最后连续居住一年以上的地方。

第四章　申报期限

第十五条　年所得12万元以上的纳税人,在纳税年度终了后3个月内向主管税务机关办理纳税申报。

第十六条　个体工商户和个人独资、合伙企业投资者取得的生产、经营所得应纳的税款,分月预缴的,纳税人在每月终了后7日内办理纳税申报;分季预缴的,纳税人在每个季度终了后7日内办理纳税申报。纳税年度终了后,纳税人在3个月内进行汇算清缴。

第十七条 纳税人年终一次性取得对企事业单位的承包经营、承租经营所得的,自取得所得之日起30日内办理纳税申报;在1个纳税年度内分次取得承包经营、承租经营所得的,在每次取得所得后的次月7日内申报预缴,纳税年度终了后3个月内汇算清缴。

第十八条 从中国境外取得所得的纳税人,在纳税年度终了后30日内向中国境内主管税务机关办理纳税申报。

第十九条 除本办法第十五条至第十八条规定的情形外,纳税人取得其他各项所得须申报纳税的,在取得所得的次月7日内向主管税务机关办理纳税申报。

第二十条 纳税人不能按照规定的期限办理纳税申报,需要延期的,按照税收征管法第二十七条和税收征管法实施细则第三十七条的规定办理。

第五章 申报方式

第二十一条 纳税人可以采取数据电文、邮寄等方式申报,也可以直接到主管税务机关申报,或者采取符合主管税务机关规定的其他方式申报。

第二十二条 纳税人采取数据电文方式申报的,应当按照税务机关规定的期限和要求保存有关纸质资料。

第二十三条 纳税人采取邮寄方式申报的,以邮政部门挂号信函收据作为申报凭据,以寄出的邮戳日期为实际申报日期。

第二十四条 纳税人可以委托有税务代理资质的中介机构或者他人代为办理纳税申报。

第六章 申报管理

第二十五条 主管税务机关应当将各类申报表,登载到税务机关的网站上,或者摆放到税务机关受理纳税申报的办税服务厅,免费供纳税人随时下载或取用。

第二十六条 主管税务机关应当在每年法定申报期间,通过适当方式,提醒年所得12万元以上的纳税人办理自行纳税申报。

第二十七条 受理纳税申报的主管税务机关根据纳税人的申报情况,按照规定办理税款的征、补、退、抵手续。

第二十八条 主管税务机关按照规定为已经办理纳税申报并缴纳税款的纳税人开具完税凭证。

第二十九条 税务机关依法为纳税人的纳税申报信息保密。

第三十条 纳税人变更纳税申报地点,并报原主管税务机关备案的,原主管税务机关应当及时将纳税人变更纳税申报地点的信息传递给新的主管税务机关。

第三十一条　主管税务机关对已办理纳税申报的纳税人建立纳税档案,实施动态管理。

第七章　法律责任

第三十二条　纳税人未按照规定的期限办理纳税申报和报送纳税资料的,依照税收征管法第六十二条的规定处理。

第三十三条　纳税人采取伪造、变造、隐匿、擅自销毁账簿、记账凭证,或者在账簿上多列支出或者不列、少列收入,或者经税务机关通知申报而拒不申报或者进行虚假的纳税申报,不缴或者少缴应纳税款的,依照税收征管法第六十三条的规定处理。

第三十四条　纳税人编造虚假计税依据的,依照税收征管法第六十四条第一款的规定处理。

第三十五条　纳税人有扣缴义务人支付的应税所得,扣缴义务人应扣未扣、应收未收税款的,依照税收征管法第六十九条的规定处理。

第三十六条　税务人员徇私舞弊或者玩忽职守,不征或者少征应征税款的,依照税收征管法第八十二条第一款的规定处理。

第三十七条　税务人员滥用职权,故意刁难纳税人的,依照税收征管法第八十二条第二款的规定处理。

第三十八条　税务机关和税务人员未依法为纳税人保密的,依照税收征管法第八十七条的规定处理。

第三十九条　税务代理人违反税收法律、行政法规,造成纳税人未缴或者少缴税款的,依照税收征管法实施细则第九十八条的规定处理。

第四十条　其他税收违法行为,依照税收法律、法规的有关规定处理。

第八章　附　则

第四十一条　纳税申报表由各省、自治区、直辖市和计划单列市地方税务局按照国家税务总局规定的式样统一印制。

第四十二条　纳税申报的其他事项,依照税收征管法、个人所得税法及其他有关法律、法规的规定执行。

第四十三条　本办法第二条第一项年所得12万元以上情形的纳税申报,按照第十届全国人民代表大会常务委员会第十八次会议通过的《关于修改〈中华人民共和国个人所得税法〉的决定》规定的施行时间,自2006年1月1日起执行。

第四十四条　本办法有关第二条第二项至第四项情形的纳税申报规定,自2007年1月1日起执行,《国家税务总局关于印发〈个人所得税自行申报纳税暂行办法〉的通知》(国税发〔1995〕77号)同时废止。

文献附录:个人转让上市公司限售股所得征收个人所得税政策汇总

财政部、国家税务总局、证监会关于个人转让上市公司限售股
所得征收个人所得税有关问题的通知
财税〔2009〕167号

各省、自治区、直辖市、计划单列市财政厅(局)、国家税务局、地方税务局,新疆生产建设兵团财务局,上海、深圳证券交易所,中国证券登记结算公司:

为进一步完善股权分置改革后的相关制度,发挥税收对高收入者的调节作用,促进资本市场长期稳定健康发展,经国务院批准,现就个人转让上市公司限售流通股(以下简称限售股)取得的所得征收个人所得税有关问题通知如下:

一、自2010年1月1日起,对个人转让限售股取得的所得,按照"财产转让所得",适用20%的比例税率征收个人所得税。

二、本通知所称限售股,包括:

1.上市公司股权分置改革完成后股票复牌日之前股东所持原非流通股股份,以及股票复牌日至解禁日期间由上述股份孳生的送、转股(以下统称股改限售股);

2.2006年股权分置改革新老划断后,首次公开发行股票并上市的公司形成的限售股,以及上市首日至解禁日期间由上述股份孳生的送、转股(以下统称新股限售股);

3.财政部、税务总局、法制办和证监会共同确定的其他限售股。

三、个人转让限售股,以每次限售股转让收入,减除股票原值和合理税费后的余额,为应纳税所得额。即:

应纳税所得额 = 限售股转让收入 − (限售股原值 + 合理税费)

应纳税额 = 应纳税所得额 × 20%

本通知所称的限售股转让收入,是指转让限售股股票实际取得的收入。限售股原值,是指限售股买入时的买入价及按照规定缴纳的有关费用。合理税费,是指转让限售股过程中发生的印花税、佣金、过户费等与交易相关的税费。

如果纳税人未能提供完整、真实的限售股原值凭证的,不能准确计算限售股原值的,主管税务机关一律按限售股转让收入的15%核定限售股原值及合理税费。

四、限售股转让所得个人所得税,以限售股持有者为纳税义务人,以个人股东开户的证券机构为扣缴义务人。限售股个人所得税由证券机构所在地主管税务机关负责征收管理。

五、限售股转让所得个人所得税,采取证券机构预扣预缴、纳税人自行申报清算和证券机构直接扣缴相结合的方式征收。证券机构预扣预缴的税款,于次

月 7 日内以纳税保证金形式向主管税务机关缴纳。主管税务机关在收取纳税保证金时,应向证券机构开具《中华人民共和国纳税保证金收据》,并纳入专户存储。

根据证券机构技术和制度准备完成情况,对不同阶段形成的限售股,采取不同的征收管理办法。

(一)证券机构技术和制度准备完成前形成的限售股,证券机构按照股改限售股股改复牌日收盘价,或新股限售股上市首日收盘价计算转让收入,按照计算出的转让收入的 15% 确定限售股原值和合理税费,以转让收入减去原值和合理税费后的余额,适用 20% 税率,计算预扣预缴个人所得税额。

纳税人按照实际转让收入与实际成本计算出的应纳税额,与证券机构预扣预缴税额有差异的,纳税人应自证券机构代扣并解缴税款的次月 1 日起 3 个月内,持加盖证券机构印章的交易记录和相关完整、真实凭证,向主管税务机关提出清算申报并办理清算事宜。主管税务机关审核确认后,按照重新计算的应纳税额,办理退(补)税手续。纳税人在规定期限内未到主管税务机关办理清算事宜的,税务机关不再办理清算事宜,已预扣预缴的税款从纳税保证金账户全额缴入国库。

(二)证券机构技术和制度准备完成后新上市公司的限售股,按照证券机构事先植入结算系统的限售股成本原值和发生的合理税费,以实际转让收入减去原值和合理税费后的余额,适用 20% 税率,计算直接扣缴个人所得税额。

六、纳税人同时持有限售股及该股流通股的,其股票转让所得,按照限售股优先原则,即:转让股票视同为先转让限售股,按规定计算缴纳个人所得税。

七、证券机构等应积极配合税务机关做好各项征收管理工作,并于每月 15 日前,将上月限售股减持的有关信息传递至主管税务机关。限售股减持信息包括:股东姓名、公民身份号码、开户证券公司名称及地址、限售股股票代码、本期减持股数及减持取得的收入总额。证券机构有义务向纳税人提供加盖印章的限售股交易记录。

八、对个人在上海证券交易所、深圳证券交易所转让从上市公司公开发行和转让市场取得的上市公司股票所得,继续免征个人所得税。

九、财政、税务、证监等部门要加强协调、通力合作,切实做好政策实施的各项工作。

请遵照执行。

财政部、国家税务总局、证监会

二○○九年十二月三十一日

国家税务总局关于做好限售股转让所得个人所得税征收管理工作的通知

国税发〔2010〕8 号

各省、自治区、直辖市和计划单列市地方税务局，西藏、青海、宁夏国家税务局：

经国务院批准，自 2010 年 1 月 1 日起对个人转让上市公司限售股所得征收个人所得税。按照《财政部、国家税务总局、证监会关于个人转让上市公司限售股所得征收个人所得税有关问题的通知》（财税〔2009〕167 号）规定，为做好限售股转让所得个人所得税的征收管理工作，现将有关事项通知如下：

一、征管操作规定

根据证券机构技术和制度准备完成情况，对不同阶段形成的限售股，采取不同的征管办法。

（一）证券机构技术和制度准备完成前形成的限售股，其转让所得应缴纳的个人所得税，采取证券机构预扣预缴和纳税人自行申报清算相结合的方式征收

1.证券机构的预扣预缴申报

纳税人转让股改限售股的，证券机构按照该股票股改复牌日收盘价计算转让收入，纳税人转让新股限售股的，证券机构按照该股票上市首日收盘价计算转让收入，并按照计算出的转让收入的 15％ 确定限售股原值和合理税费，以转让收入减去原值和合理税费后的余额为应纳税所得额，计算并预扣个人所得税。

证券机构应将已扣的个人所得税款，于次月 7 日内向主管税务机关缴纳，并报送《限售股转让所得扣缴个人所得税报告表》（见附件 1）及税务机关要求报送的其他资料。《限售股转让所得扣缴个人所得税报告表》应按每个纳税人区分不同股票分别填写；同一支股票的转让所得，按当月取得的累计发生额填写。

2.纳税人的自行申报清算

纳税人按照实际转让收入与实际成本计算出的应纳税额，与证券机构预扣预缴税额有差异的，纳税人应自证券机构代扣并解缴税款的次月 1 日起 3 个月内，到证券机构所在地主管税务机关提出清算申请，办理清算申报事宜。纳税人在规定期限内未到主管税务机关办理清算事宜的，期限届满后税务机关不再办理。

纳税人办理清算时，应按照收入与成本相匹配的原则计算应纳税所得额。即限售股转让收入必须按照实际转让收入计算，限售股原值按照实际成本计算；如果纳税人未能提供完整、真实的限售股原值凭证，不能正确计算限售股原值的，主管税务机关一律按限售股实际转让收入的 15％ 核定限售股原值及合理税费。

纳税人办理清算时，按照当月取得的全部转让所得，填报《限售股转让所得个人所得税清算申报表》（见附件 2），并出示个人有效身份证照原件，附送加盖开户证券机构印章的限售股交易明细记录、相关完整真实的财产原值凭证、缴纳税款凭证（《税务代保管资金专用收据》或《税收转账专用完税证》），以及税务机

关要求报送的其他资料。

限售股交易明细记录应包括:限售股每笔成交日期、成交时间、成交价格、成交数量、成交金额、佣金、印花税、过户费、其他费等信息。

纳税人委托中介机构或者他人代为办理纳税申报的,代理人在申报时,除提供上述资料外,还应出示代理人本人的有效身份证照原件,并附送纳税人委托代理申报的授权书。

税务机关对纳税人申报的资料审核确认后,按照上述原则重新计算应纳税额,并办理退(补)税手续。重新计算的应纳税额,低于预扣预缴的部分,税务机关应予以退还;高于预扣预缴的部分,纳税人应补缴税款。

(二)证券机构技术和制度准备完成后新上市公司的限售股,纳税人在转让时应缴纳的个人所得税,采取证券机构直接代扣代缴的方式征收

证券机构技术和制度准备完成后,证券机构按照限售股的实际转让收入,减去事先植入结算系统的限售股成本原值、转让时发生的合理税费后的余额,计算并直接扣缴个人所得税。

证券机构应将每月所扣个人所得税款,于次月7日内缴入国库,并向当地主管税务机关报送《限售股转让所得扣缴个人所得税报告表》及税务机关要求报送的其他资料。

二、各项准备工作

(一)尽快完成申报表的印制及发放工作

各级税务机关应抓紧印制、发放限售股转让所得个人所得税的各类申报表。与此同时,可将各类申报表的电子版先行挂在本地税务网站的醒目位置,方便纳税人及时下载填报。

(二)严格审核申报资料

重点做好以下几个方面的审核:一是审核限售股转让所得个人所得税各类申报表内容填写是否完整,表间逻辑关系是否正确。二是审核附送资料是否齐全、是否符合要求。对纳税人清算时未提供加盖开户证券机构印章限售股交易明细记录的,或者代理人未提交纳税人委托代理申报授权书的,应要求其补齐后再予办理。三是审核附送的限售股原值及合理税费凭证所载数额、限售股交易明细记录与申报表对应栏次所填数据是否匹配,相关凭证及资料是否与财产原值直接相关。四是审核纳税人报送的《限售股转让所得个人所得税清算申报表》所填数据与证券机构报送的《限售股转让所得扣缴个人所得税报告表》中该纳税人的扣缴信息、缴纳税款凭证所载金额是否一致。

(三)尽快完善限售股转让所得征收个人所得税所涉及的相关应用软件

各地可运用信息化手段,实现对限售股转让所得个人所得税的多样化电子

申报,满足纳税人的申报需求,加强税务机关后续工作的电子化管理。

(四)建立完整、准确的台账

要按纳税人建立限售股转让所得个人所得税台账,台账内容应包括限售股个人持有者的基本信息(包含姓名、有效身份证照号码、有效联系地址及邮编、有效联系电话、开户证券机构名称及地址)、证券账户号、限售股股票名称及代码、限售股持有股数、解禁时间、转让时间、转让股数、转让价格、转让金额、对应股票原值、合理税费等。有条件的地区,可以开发应用软件,建立电子台账。

三、工作要求

(一)提高认识、加强领导,确保征管工作顺利开展

各级税务机关要提高对限售股转让所得征收个人所得税的重要性和必要性的认识,高度重视限售股转让所得个人所得税的征收管理工作,切实加强组织领导,将这项工作作为调节收入分配、加强税收征管和优化纳税服务的重要举措,扎实有序地推进。要精心组织、周密安排,加强对政策的理解和学习、宣传和辅导,及早制定工作计划,做好各项准备工作,确保个人转让限售股征税政策不折不扣地落实。

(二)广泛宣传、重点辅导,确保政策落到实处

对个人限售股转让所得征收个人所得税,涉及面广、政策性强、操作复杂。各级税务机关要在配合总局宣传和加强内部学习培训的基础上,切实做好本地的政策宣传和纳税辅导工作。一方面,要广泛宣传政策意义、内容、征税范围等,取得社会各界和纳税人的理解与支持,特别加强对个人在上海证券交易所、深圳证券交易所转让从上市公司公开发行和转让市场取得的上市公司股票所得继续免征个人所得税政策的宣传。另一方面,要优化各项纳税服务措施,有针对性地开展纳税辅导。加强对辖区内的证券公司、限售股个人股东、新上市公司的个人股东,特别是转让限售股个人的纳税辅导,要充分利用办税服务厅、税务网站、12366纳税服务热线、手机短信等渠道,重点宣讲征税范围、计税方法、纳税期限、申报流程、提交资料、缴纳税款凭证取得方式、征管办法,以及相关法律责任等。帮助纳税人理解政策要义,熟知办税流程,促进其自觉遵从、按期依法申报纳税,保护纳税人的合法权益。

(三)总结经验、完善措施,建立高效的信息反馈机制

各级税务机关要在对限售股转让所得征税过程中逐步积累经验,完善相关征管和服务措施,并将执行中遇到的新情况、新问题及时向上级税务机关反馈,为进一步完善相关政策和征管办法提供依据。

(四)密切配合、加强协作,形成工作合力

各级税务机关要加强与财政、证监等相关部门的协调配合,共同做好政策的

贯彻落实、宣传解释和纳税辅导工作,解决政策执行中存在的困难和问题。要帮助证券机构正确履行代扣代缴义务,协助证券机构尽快建立起信息交换机制,充分利用登记结算公司和证券公司传递的信息强化管理,确保对个人转让限售股所得征税工作的有序开展。

(五)明确责任、严格纪律,做好相关保密工作

限售股转让所得个人所得税的征管工作,涉及纳税人的切身利益和个人隐私,各级税务机关应按照税收征管法和《国家税务总局关于印发〈纳税人涉税保密信息管理暂行办法〉的通知》(国税发〔2008〕93号)等相关法律法规的要求,做好保密工作。申报资料要专人负责、专人保管、严格使用。税务机关在征税过程中获取的个人限售股相关信息,不得用于税收以外的其他用途。对未按规定为纳税人保密的,要严格按照税收征管法及其他相关法律法规规定,对直接负责的主管人员和其他直接责任人给予相应处分。

附件:1.限售股转让所得扣缴个人所得税报告表
　　　2.限售股转让所得个人所得税清算申报表

国家税务总局
二〇一〇年一月十五日

国家税务总局关于限售股转让所得个人所得税征缴有关问题的通知
国税函〔2010〕23号

各省、自治区、直辖市和计划单列市地方税务局,西藏、宁夏、青海省(自治区)国家税务局:

根据《财政部、国家税务总局、证监会关于个人转让上市公司限售股所得征收个人所得税有关问题的通知》(财税〔2009〕167号)规定,限售股转让所得个人所得税采取证券机构预扣预缴、纳税人自行申报清算和证券机构直接扣缴相结合的方式征收。为做好限售股转让所得个人所得税征缴工作,现就有关问题通知如下:

一、关于证券机构预扣预缴个人所得税的征缴问题

(一)证券机构技术和制度准备完成前形成的限售股,其转让所得应缴纳的个人所得税采取证券机构预扣预缴、纳税人自行申报清算方式征收

各地税务机关可根据当地税务代保管资金账户的开立与否、个人退税的简便与否等实际情况综合考虑,在下列方式中确定一种征缴方式:

1.纳税保证金方式。证券机构将已扣的个人所得税款,于次月7日内以纳税保证金形式向主管税务机关缴纳,并报送《限售股转让所得扣缴个人所得税报告表》及税务机关要求报送的其他资料。主管税务机关收取纳税保证金时,应向证券机构开具有关凭证(凭证种类由各地自定),作为证券机构代缴个人所得税的凭证,

凭证"类别"或"品目"栏写明"代扣个人所得税"。同时,税务机关根据《限售股转让所得扣缴个人所得税报告表》分纳税人开具《税务代保管资金专用收据》,作为纳税人预缴个人所得税的凭证,凭证"类别"栏写明"预缴个人所得税"。纳税保证金缴入税务机关在当地商业银行开设的"税务代保管资金"账户存储。

2.预缴税款方式。证券机构将已扣的个人所得税款,于次月7日内直接缴入国库,并向主管税务机关报送《限售股转让所得扣缴个人所得税报告表》及税务机关要求报送的其他资料。主管税务机关向证券机构开具《税收通用缴款书》或以横向联网电子缴税方式将证券机构预扣预缴的个人所得税税款缴入国库。同时,主管税务机关应根据《限售股转让所得扣缴个人所得税报告表》分纳税人开具《税收转账专用完税证》,作为纳税人预缴个人所得税的完税凭证。

(二)证券机构技术和制度准备完成后新上市公司的限售股,纳税人在转让时应缴纳的个人所得税,采取证券机构直接代扣代缴的方式征收

证券机构每月所扣个人所得税款,于次月7日内缴入国库,并向当地主管税务机关报送《限售股转让所得扣缴个人所得税报告表》及税务机关要求报送的其他资料。主管税务机关按照代扣代缴税款有关规定办理税款入库,并分纳税人开具《税收转账专用完税证》,作为纳税人的完税凭证。

《税务代保管资金专用收据》《税收转账专用完税证》可由代扣代缴税款的证券机构或由主管税务机关交纳税人。各地税务机关应通过适当途径将缴款凭证取得方式预先告知纳税人。

二、关于采取证券机构预扣预缴、纳税人自行申报清算方式下的税款结算和退税管理

(一)采用纳税保证金方式征缴税款的结算

证券机构以纳税保证金方式代缴个人所得税的,纳税人办理清算申报后,经主管税务机关审核重新计算的应纳税额低于已缴纳税保证金的,多缴部分税务机关应及时从"税务代保管资金"账户退还纳税人。同时,税务机关应开具《税收通用缴款书》将应纳部分作为个人所得税从"税务代保管资金"账户缴入国库,并将《税收通用缴款书》相应联次交纳税人,同时收回《税务代保管资金专用收据》。经主管税务机关审核重新计算的应纳税额高于已缴纳税保证金的,税务机关就纳税人应补缴税款部分开具相应凭证直接补缴入库;同时税务机关应开具《税收通用缴款书》将已缴纳的纳税保证金从"税务代保管资金"账户全额缴入国库,并将《税收通用缴款书》相应联次交纳税人,同时收回《税务代保管资金专用收据》。纳税人未在规定期限内办理清算事宜的,期限届满后,所缴纳的纳税保证金全部作为个人所得税缴入国库。横向联网电子缴税的地区,税务机关可通过联网系统办理税款缴库。

纳税保证金的收纳缴库、退还办法,按照《国家税务总局、财政部、中国人民银行关于印发〈税务代保管资金账户管理办法〉的通知》(国税发[2005]181号)、《国家税务总局、财政部、中国人民银行关于税务代保管资金账户管理有关问题的通知》(国税发[2007]12号)有关规定执行。各地税务机关应严格执行税务代保管资金账户管理有关规定,严防发生账户资金的占压、贪污、挪用、盗取等情形。

(二)采用预缴税款方式征缴税款的结算

证券机构以预缴税款方式代缴个人所得税的,纳税人办理清算申报后,经主管税务机关审核应补(退)税款的,由主管税务机关按照有关规定办理税款补缴入库或税款退库。

国家税务总局

二○一○年一月十八日

理论探索:个人所得税在我国税制体系中的地位

据国家税务总局的最新统计,2008年1月~9月,全国个人所得税收入达2 939亿元,比去年同期增长21.7%。从开征之初的1年500万元,到现在1年3 000多亿元,改革开放30年来,个人所得税收入占税收总额的比重由不到万分之一增长到了6%,当年的"芝麻小税"如今已成为第四大税种。

个税开征:外籍人士是主力

其实,早在建国之初,1950年1月,当时的中央人民政府政务院就发布《全国税政实施要则》,其中确定的14种统一的中央税和地方税,就有针对个人所得的利息所得税和薪金报酬所得税。但是,由于我国长期实行低工资制,薪金报酬所得税没有开征的现实意义。1950年6月,政务院财经委员会决定暂不开征。而存款利息所得税在低水平上徘徊了9年,最后也于1959年停征。据统计,全国9年利息所得税总收入为1亿元。1959年~1980年,我国没有一个涉及个人所得的税种,向个人征税是一个断层。

1979年,伴随着改革开放的东风,个人所得税的征收问题摆上了议事日程。这一年的夏天,大连渤海饭店聚集了80多名来自全国各地的财税专家和干部,当时没有多少人知道,一场针对个人所得税法制定的讨论在此悄然开始了。

北京大学税法研究中心主任刘隆亨当年作为财税专家参加了这次研讨会。他回忆说:"当时我国刚刚对外开放,国外企业和个人纷纷到中国投资。这些外籍老板带来了大批外籍雇员,有工程师、设计师、会计师、律师等。我国也在引进外资同时,聘请了很多国外的专家到科研院所、专业机构讲课、搞研究。对这两类人征税是国家的主权问题,也是国际通行准则。在这种情况下,按照国际惯例,个人所得税必须开征。"

从 6 月～9 月,80 名财税专家和干部边学边干,一边接受由财政部请来的美国专家的培训,一边研究讨论,起草制定中国第一部个人所得税法的草案。

1980 年 9 月 10 日,五届全国人大三次会议通过并公布了《中华人民共和国个人所得税法》,自公布之日起实施。税率采用超额累进税率和比例税率,从 5％～45％,共分 7 个等级,扣除额为 800 元。

"这是中国第一部个人所得税法,其纳税义务人为中、外籍人员。但主要是针对外籍人员。当时中国公民的月收入能够达到 800 元的极少,全国大概也就十几个,其中有从国外回来的人员,在国外兼有职务的人员和有特殊才能的名演员、名作家等。我当时的月收入只有 56 元,我们参与制定这部税法的 80 多个人里没有一个能够达到这个扣除标准。"刘隆亨说。

据统计,1980 年,全国征收的个人所得税仅有 16 万元(从当年 10 月 1 日开征),十足是个"芝麻小税"。但是,其意义却异常重大。这是在沉寂了 21 年之后,有关个人所得税收的首次露面,而且是当时少数几个以"法"的面目出现的税种。在个人所得税法全面实施的 1981 年,全国共组织个人所得税 500 万元,不到当年全国工商税收的万分之一。1982 年翻了 1 番,收入达 1000 万元。随后的几年里,个人所得税的收入几乎连年翻番,特别是 1985 年,收入翻了两番,超过 1 亿元,达 1.32 亿元。

"三税"并存:7 年收入增 6 倍

随着改革开放的深入和经济的发展,到上世纪 80 年代中期,国内居民收入有了很大提高。虽然达到 800 元扣除标准的人数还不太多,但月收入 400 元以上、800 元以下的不在少数。

1986 年 1 月,国务院根据我国社会经济发展的状况,为了有效调节社会成员收入差距,发布了《城乡个体工商户所得税暂行条例》,将城乡个体工商业户所得税列为单独的税种。1987 年 1 月又颁布《个人收入调节税暂行条例》,对中国公民的个人收入改征个人收入调节税,扣除额为 400 元。自此,我国对个人所得课税由个人所得税"主外",个人收入调节税、个体工商户所得税"主内"的格局形成,中国百姓也开始了与个人所得税 20 多年的亲密接触。

刘隆亨在那一年出版了一本书,得了一笔 1 000 多元的稿费,缴纳了自己人生中第一笔个税。在那个低收入的年代,这是让许多人羡慕的事情。

黄志忠清楚地记得,1989 年他刚刚参加工作时,每月的工资是 160 元。而他在中科院某研究所当领导的父亲每月的收入都在 400 元以上,那年缴了 90 多元的个人收入调节税。"那时,我常常梦想,什么时候我的工资能达到缴税标准,也尝尝当纳税人的滋味。"如今已是北京一家投资公司副总经理的黄志忠年薪几十万元,说起那时的梦想不胜唏嘘。

资料显示,个人所得"三税"并征之后,收入此消彼涨,但是"三税"总收入却是一路走高,在工商税收中所占的比重从 1987 年的 0.5% 提高到 1993 年的 1.76%。

城乡个体工商业户所得税由于征收对象范围广,所以 1986 年一开征,便以 2.59 亿元与个人所得税 2.66 亿元的年收入打了个平手,并且从第二年度开始,就超过并年年领先于个人所得税。1987 年,个人收入调节税出师第一年,仅征得 3 000 万元,但 1988 年即跃至 1.15 亿元,从 1989 年起,个人收入调节税收入年年超过个人所得税。相应地,个人所得税由于被分流出一块,1988 年、1989 年两年收入连续下降。

1987 年为个人所得"三税"全面开征的一年。这一年,"三税"收入合计 7.17 亿元,占工商税收的 0.5%。1989 年、1990 年是个人所得"三税"发展重要的两年,虽然 1989 年个人所得税下降至 2.21 亿元,但个人收入调节税却异军突起,比上年翻了两番,增至 5.98 亿元,个体工商户所得税也有较大幅度增长,"三税"收入合计首次突破 10 亿元大关,达 17.12 亿元,比上年增长 97.24%,占工商税收的比重达 0.91%。1990 年,"三税"收入合计超过 20 亿元,达 21.13 亿元,比上年增长 23.42%,占工商税收的比重突破 1%,达 1.07%。1992 年,"三税"收入突破 30 亿元,达 31.43 亿元。1993 年,"三税"收入再上 40 亿元台阶,达 46.74 亿元,比上年增长 48.7%,是 1987 年的 5.9 倍。

1993 年 10 月,全国人大修改个人所得税法,1994 年 1 月 1 日,统一的《中华人民共和国个人所得税法》施行,个体工商业户所得税、个人收入调节税完成历史使命,两个税种被并入个人所得税,扣除额为 800 元。我国的个人所得税征管由此揭开了新的篇章。

辉煌 15 年:几年一个新台阶

1994 年之后的 15 年,是个人所得税收入飞速发展的 15 年。15 年来,伴随着国民经济的快速发展,居民个人收入水平的逐年提高,个人所得税收入也是年年都有新增长,几年一个新台阶。

1994 年,全国个人所得税收入 72.7 亿元,不但实现了"三税"到"一税"的平稳过渡,而且比上年净增 25.93 亿元,增长 54.1%。1995 年,更是在 1994 年较高基数的基础上,个人所得税收入一举跨过百亿元大关,跳高增长至 131 亿元,增长幅度高达 80.27%。而且,个人所得税占税收总额的比重也由上年的 1.43% 跳至 2.2%。1996 年,个人所得税再造辉煌,实现收入高达 193 亿元,比上年净增 62 亿元,增长 46.9%,占税收总额的比重已接近 3%。之后的 3 年,个人所得税更是 3 年 3 级跳,1 年 1 台阶,分别迈过 200 亿元、300 亿元、400 亿元大关。1997 年全国个人所得税收入为 259.9 亿元,1998 年为 338 亿元,1999 年为 414 亿元。更为可喜的是,1999 年个人所得税占税收总额的比重跃升至 4%。

1999 年 8 月 30 日,为了圈住 5 万亿元居民储蓄这只笼中猛虎,鼓励投资,扩大内需,第九届全国人民代表大会常务委员会第十一次会议对个人所得税法进行修改,决定恢复征收已停征 40 年的存款利息所得税,税率暂定为 20%。利息税于当年 11 月 1 日恢复征收,两个月就收了 6800 万元。

进入新世纪,个人所得税再上新台阶。2000 年收入达 660 亿元,同比增长 59.4%。2001 年,又以 996 亿元、增长 50.9% 的成绩完美收官。2002 年,个人所得税首次突破 1 000 亿元大关,至 1 211 亿元,比上年增长 21.6%。随后几年,个人所得税每年都以 20% 左右的速度稳定增长,2003 年、2004 年收入分别达 1 417 亿元和 1 737 亿元,占税收总额的比重也稳定在 6% 以上。2005 年,个人所得税突破 2 000 亿元大关,达 2 093.9 亿元,占税收总额的比重超过 7%,为历年最高。

2005 年 10 月,第十届全国人大常委会第十八次会议高票表决通过关于修改个人所得税法的决定。考虑到我国经济快速发展,城镇职工工资收入大幅提高,但同时,城镇居民的生活消费支出也相应增加,个人所得税按每月 800 元标准扣除在部分地区已不能完全覆盖城镇居民的基本生活开支,因此将个人所得税扣除额提高到 1 600 元。1 600 元的标准从 2006 年 1 月 1 日起施行。2008 年 3 月 1 日起,个人所得税扣除额再次提高到 2 000 元。

政策的调整并没有对个人所得税收入增长造成太大影响。2006 年,个人所得税收入达 2 452.32 亿元,同比增长 17.1%。2007 年,个人所得税迈上 3 000 亿元大关,达 3 184.98 亿元,同比增长 29.8%。两年收入占税收总额的比重均保持在 6.5% 左右。

15 年来,个人所得税收入增长 40 多倍,是同时期增长速度最快的税种,当年的"芝麻小税"如今已稳稳地坐上了第四大税种的交椅。

分析个人所得税飞速发展的原因,国家税务总局有关人士认为,首先得益于经济的增长和居民收入水平的提高。改革开放以来,我国经济总量呈现加速扩张态势。国内生产总值由 1978 年的 3 645 亿元迅速跃升至 2007 年的 249 530 亿元。2007 年,我国城市居民人均可支配收入达 13 715 元,农村居民人均纯收入达到 3 509 元,分别比 1978 年增长 44 倍和 27 倍。城乡居民人均储蓄存款余额也由 1980 年的 23 元提高到 2007 年的 9 978 元。这为个人所得税提供了丰富的税源。其次,各级税务机关长期不懈地改进和加强个人所得税的征收管理,整顿和规范个人所得税秩序,取得了明显效果。

——蔺红:《个人所得税:"芝麻小税"成为重要税源》,《中国税务报》,2008 年 11 月 12 日。

理论探索:我国个人所得税制的发展方向

个人所得税是世界上最复杂的税种之一,具有很强的政策性,也要求具备较高的征管和配套条件。在我国人口众多、城乡收入差异大、地区发展不平衡的情况下,全面修订个人所得税法,使改革一步到位是很难做到的。世界发达国家个人所得税制度建设,都经历了一个不断改革和完善的过程。特别是现代个人所得税制,对相关征管条件和配套措施都有很高要求,其中包括储蓄实名制、个人财产登记、个人收入申报及交叉稽核、信用卡制度以及大量数据计算机处理等。我国个人所得税自开征至今只有20多年的时间,其制度设计、征管手段等基本上是与我国不同时期的国情相吻合的,今后改革和完善个人所得税也必将与我国国情相结合,不可能超越我国历史文化和经济发展所处阶段,特别是在税收诸多征管和配套条件不具备的情况下,我国个人所得税的改革将循序渐进、不断完善。

党的十六届三中全会提出了建立综合与分类相结合税制的目标。所谓综合与分类相结合的税制,从目前国际上的通常做法看,一般是对部分应税所得项目到年终予以综合,适用累进税率征税,对其他的应税所得项目则按比例税率实行分类征收。该税制模式兼有综合模式与分类模式的特点,既可较好地解决分类税制存在的税负不公问题,又可根据特定的政策目标对个别所得项目实施区别对待。但综合与分类相结合税制模式的实施需要具备相应的征管及配套条件,如果没有一套与之相适应的征管措施的配合与保障,在理论上较为公平的税制设计在实际操作中可能反而带来更大的不公。因此,目前应下大力气健全和完善征管配套措施,包括加强现金管理,大力推进居民信用卡或支票结算制度;尽快实现不同银行之间的计算机联网;在个人存款实名制度的基础上,对个人金融资产、房地产以及汽车等重要消费品也实行实名登记制度;建立健全海关、工商、劳务管理、出入境管理、文化管理、驻外机构以及公检法等部门向税务部门提供有关人员经济往来和收入情况信息的制度等,有了这些制度的保障,综合与分类相结合的个人所得税制改革才能得以顺利推进。

——财政部个人所得税课题研究组:《个人所得税改革方向明确》,《中国税务报》,2009 年 6 月 19 日。

延伸思考题

1. 个人所得税制的立法宗旨是什么?
2. 如何评价我国现行个人所得税制对调节居民收入的作用?
3. 如何完善我国个人所得税自行申报制度?
4. 如何完善我国个人所得税代扣代缴制度?

第九章　土地增值税法律制度

☞　　　**案例:土地增值税调节楼市价格能力实例测评**

前不久,北京某开发商以 50.5 亿元拍下 52.67 万平方米、规划建筑面积不足 17 万平方米的土地,成为楼板价每平方米近 3 万元的京城新"地王",出于职业敏感,笔者以规划 17 万平方米建筑面积为可售面积,按照预测售价 4 万元/平方米,计算了一下该开发商的收益及应缴税款。

一、项目销售收入:$4×17＝68$(亿元)。

二、项目应缴税金如下:

1. 营业税、城建税、教育费附加:$68×5.5\%＝3.74$(亿元)。

2. 契税:$52.67×4\%＝2.02$(亿元)。

3. 土地增值税先按 1% 预征,预缴:$68×1\%＝0.68$(亿元)。

4. 销售印花税:$68×0.05\%＝0.034$(亿元),开发阶段印花税忽略不计。

5. 企业所得税,视最终项目清算结果确定。

三、项目预计成本如下:

1. 前期费用、设计费用、政府配套费用按照 200 元/平方米概算:$17×200＝0.34$(亿元)。

2. 基础设施、建筑安装工程费用、公共设施配套费用按照 2500 元/平方米概算:$17×2500＝4.25$(亿元)。

3. 项目管理、营销费用按照收入总额 5% 概算:$68×5\%＝3.4$(亿元)。

4. 投入资金利息支出估算为 4 亿元。

四、该项目总体成本不包括预缴土地增值税、企业所得税,约 $50.5＋2.02＋0.34＋4.25＋3.4＋4＋3.74＝68.25$ 亿元。与收入持平,所以开发商不会按此价格出售,按照 10% 的投资回报率计算,售价至少在 45000 元/平方米。

五、开发商利润几何呢? 按 45000 元/平方米计算,收入 76.5 亿元,营业利润 7.8 亿元,企业所得税 1.95 亿元,净利润 5.85 亿元,收益并不可观。

土地增值税是以转让房产的增值额作为计税依据,按四级超率累进税率征收,最高税率达 60%。有人认为土地增值税会推高房价。可以该项目为例,土

地增值税扣除项目＝（50.5＋2.02＋0.34＋4.25）×（1＋20％＋5％）＋4＋3.74
＝79.13 亿元，即便按照 45000 元/平方米销售也不会有土地增值税增值额，预
征的土地增值税都要原数退回企业。

　　可见，尽管土地增值税的税率很高，但在"地王"面前就非常汗颜。高额地价
提前预支了未来房价，也挤压了土地增值额空间，削减了土地增值税的作用。
　　——樊剑英：《从"地王"想到土地增值税》，《中国税务报》2010 年 1 月 11 日。

第一节　概述

一、土地增值税的概念

　　土地增值税是对有偿转让国有土地使用权及地上建筑物和其他附着物产权
并取得增值收入的单位和个人所征收的一种财产税。

二、土地增值税的纳税人

　　转让国有土地使用权、地上的建筑物及其附着物（以下简称转让房地产）并
取得收入的单位和个人，为土地增值税的纳税义务人（以下简称纳税人），应当依
法缴纳土地增值税。
　　单位，是指各类企业单位、事业单位、国家机关和社会团体及其他组织。
　　个人，包括个体经营者。

三、土地增值税的课税对象

　　土地增值税的课税对象是有偿转让国有土地使用权及地上建筑物和其他附
着物产权而取得的增值额。
　　纳税人转让房地产所取得的收入减除法定扣除项目金额后的余额，为增值额。
术语界定：
　　转让国有土地使用权、地上的建筑物及其附着物并取得收入，是指以出售或
者其他方式有偿转让房地产的行为，不包括以继承、赠与方式无偿转让房地产的
行为。
　　国有土地，是指按国家法律规定属于国家所有的土地。
　　地上的建筑物，是指建于土地上的一切建筑物，包括地上地下的各种附属设施。
　　附着物，是指附着于土地上的不能移动，一经移动即遭损坏的物品。

四、土地增值税的税率

税法规定,土地增值税实行四级超率累进税率:

1.增值额未超过扣除项目金额50%的部分,税率为30%。

2.增值额超过扣除项目金额50%、未超过扣除项目金额100%的部分,税率为40%。

3.增值额超过扣除项目金额100%、未超过扣除项目金额200%的部分,税率为50%。

4.增值额超过扣除项目金额200%的部分,税率为60%。

四级超率累进税率,每级"增值额未超过扣除项目金额"的比例,均包括本比例数。

五、土地增值税纳税义务的认定

(一)收入

纳税人转让房地产所取得的收入,包括货币收入、实物收入和其他收入。

收入,包括转让房地产的全部价款及有关的经济收益。

(二)扣除项目

1.取得土地使用权所支付的金额。

2.开发土地的成本、费用。

3.新建房及配套设施的成本、费用,或者旧房及建筑物的评估价格。

4.与转让房地产有关的税金。

5.财政部规定的其他扣除项目。

(三)扣除项目具体认定

1.取得土地使用权所支付的金额

取得土地使用权所支付的金额,是指纳税人为取得土地使用权所支付的地价款和按国家统一规定交纳的有关费用。

2.开发土地的成本、费用

开发土地和新建房及配套设施(以下简称房地产开发)的成本,是指纳税人房地产开发项目实际发生的成本(以下简称房地产开发成本),包括土地征用及拆迁补偿费、前期工程费、建筑安装工程费、基础设施费、公共配套设施费、开发间接费用。土地征用及拆迁补偿费,包括土地征用费、耕地占用税、劳动力安置费及有关地上、地下附着物拆迁补偿的净支出、安置动迁用房支出等。

前期工程费,包括规划、设计、项目可行性研究和水文、地质、勘察、测绘、"三通一平"等支出。

建筑安装工程费,是指以出包方式支付给承包单位的建筑安装工程费,以自营方式发生的建筑安装工程费。基础设施费,包括开发小区内道路、供水、供电、供气、排污、排洪、通讯、照明、环卫、绿化等工程发生的支出。

公共配套设施费,包括不能有偿转让的开发小区内公共配套设施发生的支出。

开发间接费用,是指直接组织、管理开发项目发生的费用,包括工资、职工福利费、折旧费、修理费、办公费、水电费、劳动保护费、周转房摊销等。

3.开发土地和新建房及配套设施的费用(以下简称房地产开发费用)

开发土地和新建房及配套设施的费用(以下简称房地产开发费用),是指与房地产开发项目有关的销售费用、管理费用、财务费用。

财务费用中的利息支出,凡能够按转让房地产项目计算分摊并提供金融机构证明的,允许据实扣除,但最高不能超过按商业银行同类同期贷款利率计算的金额。其他房地产开发费用,按(1)、(2)项规定计算的金额之和的5％以内计算扣除。凡不能按转让房地产项目计算分摊利息支出或不能提供金融机构证明的,房地产开发费用按(1)、(2)项规定计算的金额之和的10％以内计算扣除。上述计算扣除的具体比例,由各省、自治区、直辖市人民政府规定。

4.旧房及建筑物的评估价格

旧房及建筑物的评估价格,是指在转让已使用的房屋及建筑物时,由政府批准设立的房地产评估机构评定的重置成本价乘以成新度折扣率后的价格。评估价格须经当地税务机关确认。

5.与转让房地产有关的税金

与转让房地产有关的税金,是指在转让房地产时缴纳的营业税、城市维护建设税、印花税。因转让房地产交纳的教育费附加,也可视同税金予以扣除。

6.财政部规定的其他扣除项目

根据税法规定,对从事房地产开发的纳税人可按上述(1)、(2)项规定计算的金额之和,加计20％的扣除。

纳税人成片受让土地使用权后,分期分批开发、转让房地产的,其扣除项目金额的确定,可按转让土地使用权的面积占总面积的比例计算分摊,或按建筑面积计算分摊,也可按税务机关确认的其他方式计算分摊。

六、土地增值税应纳税额的计算

土地增值税应纳税额的计算,可以按照前述四级超额累进税率的原理计算,也可以采取速算扣除数的方法计算。

计算土地增值税税额,可按增值额乘以适用的税率减去扣除项目金额乘以

速算扣除系数的简便方法计算,具体公式如下:

　　1.增值额未超过扣除项目金额50%

　　土地增值税税额＝增值额×30%

　　2.增值额超过扣除项目金额50%,未超过100%的

　　土地增值税税额＝增值额×40%－扣除项目金额×5%

　　3.增值额超过扣除项目金额100%,未超过200%的

　　土地增值税税额＝增值额×50%－扣除项目金额×15%

　　4.增值额超过扣除项目金额200%

　　土地增值税税额＝增值额×60%－扣除项目金额×35%

　　注意:上述公式中的5%、15%、35%即为速算扣除系数。

习题计算:土地增值税(1)

　　【题目】某公司2004年转让一处旧房地产取得收入1 600万元,该公司取得土地使用权所支付的金额为200万元,当地税务机关确认的房屋的评估价格为800万元,该公司支付给房地产评估机构评估费20万元,支付给中介人卖房中介费10万元,缴纳的与转让该房地产有关的税金10万元。

　　计算该公司转让该房地产应缴纳的土地增值税税额。

　　【解析】

　　(1)计算扣除项目金额。根据《土地增值税暂行条例》等有关规定,公司转让该旧房地产允许扣除的项目包括取得土地使用权所支付的金额、房屋的评估价格、支付给房地产评估机构的评估费、缴纳的与转让该房地产有关的税金,支付给中介人的卖房中介费不允许扣除。

　　扣除项目金额＝200＋800＋20＋10＝1 030(万元)

　　(2)计算增值额,即纳税人转让房地产所取得的收入,减去扣除项目金额后的余额。

　　增值额＝1 600－1 030＝570(万元)

　　(3)计算增值额占扣除项目金额的百分比

　　增值额占扣除项目金额的百分比＝570÷1 030×100%＝55.3%

　　(4)分别计算各级次土地增值税税额

　　增值额未超过扣除项目金额50%的部分,适用30%的税率。

　　这部分应纳土地增值税税额＝1 030×50%×30%＝154.5(万元)

　　增值额超过扣除项目金额50%,未超过扣除项目金额100%的部分,适用40%的税率。

　　这部分应纳土地增值税税额＝(570－1 030×50%)×40%＝22(万元)

　　(5)应纳土地增值税总额＝154.5＋22＝176.5(万元)

——财政部会计资格评价中心编:《经济法基础》(2009 年初级会计资格考试辅导教材),经济科学出版社,2008 年 12 月第 1 版。

习题计算:土地增值税(2)

【题目】某房地产开发公司出售一幢写字楼,收入总额为 10 000 万元。开发该写字楼有关支出为:支付地价款及各种费用 1 000 万元;房地产开发成本 3 000 万元;财务费用中的利息支出为 500 万元(可按转让项目计算分摊并提供金融机构证明),但其中有 50 万元属加罚的利息;转让环节缴纳的有关税费共计为 555 万元;该单位所在地政府规定的其他房地产开发费用计算扣除比例为 5%。

计算该房地产开发公司应缴纳的土地增值税税额。

【解析】

取得土地使用权支付的地价款及有关费用为 1 000 万元

房地产开发成本＝3 000 万元

房地产开发费用＝500－50＋(1 000＋3 000)×5%＝650(万元)

允许扣除的税费为 555 万元

从事房地产开发的纳税人加计扣除 20%

加计扣除额＝(1 000＋3 000)×20%＝800(万元)

允许扣除项目金额合计＝1 000＋3 000＋650＋555＋800＝6 005(万元)

增值额＝10 000－6 005＝3 995(万元)

增值率＝3 995÷6 005×100%＝66.53%

应纳土地增值税税额＝6 005×50%×30%＋(3 995－6 005×50%)×40%

　　　　　　　　＝1 297.75(万元)

或者

应纳土地增值税税额＝3 995×40%－6 005×5%

　　　　　　　　＝1 297.75(万元)

——全国注册税务师执业资格考试教材编写组:《税法(Ⅱ)》(2008 年全国注册税务师执业资格考试教材),中国税务出版社,2008 年 1 月第 1 版。

第二节　税收优惠

税法规定,有下列情形之一的,免征土地增值税:

1.纳税人建造普通标准住宅出售,增值额未超过扣除项目金额 20% 的。

2.因国家建设需要依法征用、收回的房地产。

3. 自 1999 年 8 月 1 日起,对居民个人拥有的普通住宅,在其转让时暂免征土地增值税;个人因调动或改善居住条件而转让原自用住房(非普通住宅),经向税务机关申报核准,凡居住满 5 年或 5 年以上的,免予征收土地增值税;居住满 3 年未满 5 年的,减半征收土地增值税;居住未满 3 年的,按规定计征土地增值税。

术语界定

所谓普通标准住宅,是指按所在地一般民用住宅标准建造的居住用住宅。高级公寓、别墅、度假村等不属于普通标准住宅。普通标准住宅与其他住宅的具体划分界限由各省、自治区、直辖市人民政府规定。

如果纳税人建造普通标准住宅出售,增值额未超过上述(1)、(2)、(3)、(5)、(6)项扣除项目金额之和 20％的,免征土地增值税;增值额超过扣除项目金额之和 20％的,应就其全部增值额按规定计税。

4. 因城市实施规划、国家建设的需要而搬迁,由纳税人自行转让原房地产的。

符合上述免税规定的单位和个人,须向房地产所在地税务机关提出免税申请,经税务机关审核后,免予征收土地增值税。

第三节　税务管理

一、征收机关

土地增值税由税务机关征收。

土地管理部门、房产管理部门应当向税务机关提供有关资料,并协助税务机关依法征收土地增值税。

土地管理部门、房产管理部门应当向税务机关提供有关资料,是指向房地产所在地主管税务机关提供有关房屋及建筑物产权、土地使用权、土地出让金数额、土地基准地价、房地产市场交易价格及权属变更等方面的资料。

纳税人未依法缴纳土地增值税的,土地管理部门、房产管理部门不得办理有关的权属变更手续。

案例:土地增值税清算

一家房地产开发公司的财务人员给笔者打电话咨询,他们公司分期开发房地产项目,一期已于去年完工,二期目前也已经销售了 85％。但到目前为止,一期项目尚未办理竣工验收手续,财务人员想以此为由不进行土地增值税清算,不知道这样操作是否正确。

　　根据我国《土地增值税法》的规定，房地产企业开发的项目在两种情形下需要进行清算，一是税法规定应进行项目清算的时候，二是税务机关根据税法规定通知企业进行项目清算的时候。也就是说，在第一种情况下，纳税人届时必须自行履行纳税清算申报手续；在第二种情况下，企业进行土地增值税清算不是可以自行启动的，需要接到税务机关的通知后，才能履行清算申报手续。如果没有接到税务机关的通知，企业无需进行土地增值税清算。

　　在什么情况下，需要房地产企业自行清算呢？国家税务总局《关于房地产开发企业土地增值税清算管理有关问题的通知》（国税发〔2006〕187号）第二条第一项规定，符合下列情形之一的，纳税人应进行土地增值税清算：（1）房地产开发项目全部竣工、完成销售的；（2）整体转让未竣工决算房地产开发项目的；（3）直接转让土地使用权的。国家税务总局《关于印发土地增值税清算管理规程的通知》（国税发〔2009〕91号）第九条也作了相同的规定。

　　对于符合上述规定应进行土地增值税清算的项目，纳税人应当在满足条件之日起90日内到主管税务机关办理清算手续，即无需税务机关通知，纳税人要自行按规定时间进行清算。如果不按规定进行清算，税务机关可以按照违反《税收征收管理法》的相关规定进行处理和处罚；或者税务稽查机关在税务检查时，按规定进行清算检查，对发现纳税人少缴的税款，按照《税收征收管理法》的相关规定进行处理和处罚。

　　何种情况下，要由税务机关通知纳税人进行清算呢？国家税务总局《关于房地产开发企业土地增值税清算管理有关问题的通知》（国税发〔2006〕187号）第二条第二项规定，符合下列情形之一的，主管税务机关可以要求纳税人进行土地增值税清算：（1）已竣工验收的房地产开发项目，已转让的房地产建筑面积占整个项目可售建筑面积的比例在85%以上，或该比例虽未超过85%，但剩余的可售建筑面积已经出租或自用的；（2）取得销售（预售）许可证满3年仍未销售完毕的；（3）纳税人申请注销税务登记但未办理土地增值税清算手续的；（4）省级税务机关规定的其他情况。

　　——刘俊英、陈萍生：《两种情形下需要清算土地增值税》，《中国税务报》，2009年11月30日。

二、房地产评估

　　税法规定，纳税人有下列情形之一的，按照房地产评估价格计算征收：

1. 隐瞒、虚报房地产成交价格的；

2. 提供扣除项目金额不实的；

3.转让房地产的成交价格低于房地产评估价格,又无正当理由的。

隐瞒、虚报房地产成交价格,应由评估机构参照同类房地产的市场交易价格进行评估。税务机关根据评估价格确定转让房地产的收入。

提供扣除项目金额不实的,应由评估机构按照房屋重置成本价乘以成新度折扣率计算的房屋成本价和取得土地使用权时的基准地价进行评估。税务机关根据评估价格确定扣除项目金额。

转让房地产的成交价格低于房地产评估价格,又无正当理由的,由税务机关参照房地产评估价格确定转让房地产的收入。

三、纳税申报

纳税人应当自转让房地产合同签订之日起七日内向房地产所在地主管税务机关办理纳税申报,并在税务机关核定的期限内缴纳土地增值税。

房地产所在地,是指房地产的座落地。如果纳税人转让房地产座落在两个或两个以上地区的,应按房地产所在地分别申报纳税。

税法规定,纳税人应按照下列程序办理纳税手续:

1.纳税申报

纳税人应在转让房地产合同签订后的七日内,到房地产所在地主管税务机关办理纳税申报,并向税务机关提交房屋及建筑物产权、土地使用权证书,土地转让、房产买卖合同,房地产评估报告及其他与转让房地产有关的资料。

纳税人因经常发生房地产转让而难以在每次转让后申报的,经税务机关审核同意后,可以定期进行纳税申报,具体期限由税务机关根据情况确定。

2.预征税款

纳税人在项目全部竣工结算前转让房地产取得的收入,由于涉及成本确定或其他原因,而无法据以计算土地增值税的,可以预征土地增值税,待该项目全部竣工、办理结算后再进行清算,多退少补。

实务链接:土地增值税管理若干问题
财政部、国家税务总局关于土地增值税若干问题的通知
财税〔2006〕21号

各省、自治区、直辖市、计划单列市财政厅(局)、地方税务局,新疆生产建设兵团财务局:

根据《中华人民共和国土地增值税暂行条例》(以下简称《条例》)及其实施细则和有关规定精神,现将土地增值税有关问题明确如下:

一、关于纳税人建造普通标准住宅出售和居民个人转让普通住宅的征免税问题

《条例》第八条中"普通标准住宅"和《财政部、国家税务总局关于调整房地产市场若干税收政策的通知》(财税字〔1999〕210号)第三条中"普通住宅"的认定，一律按各省、自治区、直辖市人民政府根据《国务院办公厅转发建设部等部门关于做好稳定住房价格工作意见的通知》(国办发〔2005〕26号)制定并对社会公布的"中小套型、中低价位普通住房"的标准执行。纳税人既建造普通住宅，又建造其他商品房的，应分别核算土地增值额。

在本文件发布之日前已向房地产所在地地方税务机关提出免税申请，并经税务机关按各省、自治区、直辖市人民政府原来确定的普通标准住宅的标准审核确定，免征土地增值税的普通标准住宅，不做追溯调整。

二、关于转让旧房准予扣除项目的计算问题

纳税人转让旧房及建筑物，凡不能取得评估价格，但能提供购房发票的，经当地税务部门确认，《条例》第六条第(一)、(三)项规定的扣除项目的金额，可按发票所载金额并从购买年度起至转让年度止每年加计5%计算。对纳税人购房时缴纳的契税，凡能提供契税完税凭证的，准予作为"与转让房地产有关的税金"予以扣除，但不作为加计5%的基数。

对于转让旧房及建筑物，既没有评估价格，又不能提供购房发票的，地方税务机关可以根据《中华人民共和国税收征收管理法》(以下简称《税收征管法》)第35条的规定，实行核定征收。

三、关于土地增值税的预征和清算问题

各地要进一步完善土地增值税预征办法，根据本地区房地产业增值水平和市场发展情况，区别普通住房、非普通住房和商用房等不同类型，科学合理地确定预征率，并适时调整。工程项目竣工结算后，应及时进行清算，多退少补。

对未按预征规定期限预缴税款的，应根据《税收征管法》及其实施细则的有关规定，从限定的缴纳税款期限届满的次日起，加收滞纳金。

对已竣工验收的房地产项目，凡转让的房地产的建筑面积占整个项目可售建筑面积的比例在85%以上的，税务机关可以要求纳税人按照转让房地产的收入与扣除项目金额配比的原则，对已转让的房地产进行土地增值税的清算。具体清算办法由各省、自治区、直辖市和计划单列市地方税务局规定。

四、关于因城市实施规划、国家建设需要而搬迁，纳税人自行转让房地产的征免税问题

《中华人民共和国土地增值税暂行条例实施细则》第十一条第四款所称：因"城市实施规划"而搬迁，是指因旧城改造或因企业污染、扰民(指产生过量废气、废水、废渣和噪音，使城市居民生活受到一定危害)，而由政府或政府有关主管部门根据已审批通过的城市规划确定进行搬迁的情况；因"国家建设的需要"而搬

迁,是指因实施国务院、省级人民政府、国务院有关部委批准的建设项目而进行搬迁的情况。

五、关于以房地产进行投资或联营的征免税问题

对于以土地(房地产)作价入股进行投资或联营的,凡所投资、联营的企业从事房地产开发的,或者房地产开发企业以其建造的商品房进行投资和联营的,均不适用《财政部、国家税务总局关于土地增值税一些具体问题规定的通知》(财税字〔1995〕48 号)第一条暂免征收土地增值税的规定。

六、本文自 2006 年 3 月 2 日起执行

文献附录:土地增值税清算制度

国家税务总局关于房地产开发企业土地增值税清算管理有关问题的通知

国税发〔2006〕187 号

各省、自治区、直辖市和计划单列市地方税务局,西藏、宁夏自治区国家税务局:

为进一步加强房地产开发企业土地增值税清算管理工作,根据《中华人民共和国税收征收管理法》、《中华人民共和国土地增值税暂行条例》及有关规定,现就有关问题通知如下:

一、土地增值税的清算单位

土地增值税以国家有关部门审批的房地产开发项目为单位进行清算,对于分期开发的项目,以分期项目为单位清算。

开发项目中同时包含普通住宅和非普通住宅的,应分别计算增值额。

二、土地增值税的清算条件

(一)符合下列情形之一的,纳税人应进行土地增值税的清算:

1.房地产开发项目全部竣工、完成销售的;

2.整体转让未竣工决算房地产开发项目的;

3.直接转让土地使用权的。

(二)符合下列情形之一的,主管税务机关可要求纳税人进行土地增值税清算:

1.已竣工验收的房地产开发项目,已转让的房地产建筑面积占整个项目可售建筑面积的比例在 85%以上,或该比例虽未超过 85%,但剩余的可售建筑面积已经出租或自用的;

2.取得销售(预售)许可证满三年仍未销售完毕的;

3.纳税人申请注销税务登记但未办理土地增值税清算手续的;

4.省税务机关规定的其他情况。

三、非直接销售和自用房地产的收入确定

（一）房地产开发企业将开发产品用于职工福利、奖励、对外投资、分配给股东或投资人、抵偿债务、换取其他单位和个人的非货币性资产等，发生所有权转移时应视同销售房地产，其收入按下列方法和顺序确认：

1. 按本企业在同一地区、同一年度销售的同类房地产的平均价格确定；

2. 由主管税务机关参照当地当年、同类房地产的市场价格或评估价值确定。

（二）房地产开发企业将开发的部分房地产转为企业自用或用于出租等商业用途时，如果产权未发生转移，不征收土地增值税，在税款清算时不列收入，不扣除相应的成本和费用。

四、土地增值税的扣除项目

（一）房地产开发企业办理土地增值税清算时计算与清算项目有关的扣除项目金额，应根据《土地增值税暂行条例》第六条及其实施细则第七条的规定执行。除另有规定外，扣除取得土地使用权所支付的金额、房地产开发成本、费用及与转让房地产有关税金，须提供合法有效凭证；不能提供合法有效凭证的，不予扣除。

（二）房地产开发企业办理土地增值税清算所附送的前期工程费、建筑安装工程费、基础设施费、开发间接费用的凭证或资料不符合清算要求或不实的，地方税务机关可参照当地建设工程造价管理部门公布的建安造价定额资料，结合房屋结构、用途、区位等因素，核定上述四项开发成本的单位面积金额标准，并据以计算扣除。具体核定方法由省税务机关确定。

（三）房地产开发企业开发建造的与清算项目配套的居委会和派出所用房、会所、停车场(库)、物业管理场所、变电站、热力站、水厂、文体场馆、学校、幼儿园、托儿所、医院、邮电通讯等公共设施，按以下原则处理：

1. 建成后产权属于全体业主所有的，其成本、费用可以扣除；

2. 建成后无偿移交给政府、公用事业单位用于非营利性社会公共事业的，其成本、费用可以扣除；

3. 建成后有偿转让的，应计算收入，并准予扣除成本、费用。

（四）房地产开发企业销售已装修的房屋，其装修费用可以计入房地产开发成本。

房地产开发企业的预提费用，除另有规定外，不得扣除。

（五）属于多个房地产项目共同的成本费用，应按清算项目可售建筑面积占多个项目可售总建筑面积的比例或其他合理的方法，计算确定清算项目的扣除金额。

五、土地增值税清算应报送的资料

符合本通知第二条第(一)项规定的纳税人,须在满足清算条件之日起90日内到主管税务机关办理清算手续;符合本通知第二条第(二)项规定的纳税人,须在主管税务机关限定的期限内办理清算手续。

纳税人办理土地增值税清算应报送以下资料:

(一)房地产开发企业清算土地增值税书面申请、土地增值税纳税申报表;

(二)项目竣工决算报表、取得土地使用权所支付的地价款凭证、国有土地使用权出让合同、银行贷款利息结算通知单、项目工程合同结算单、商品房购销合同统计表等与转让房地产的收入、成本和费用有关的证明资料;

(三)主管税务机关要求报送的其他与土地增值税清算有关的证明资料等。

纳税人委托税务中介机构审核鉴证的清算项目,还应报送中介机构出具的《土地增值税清算税款鉴证报告》。

六、土地增值税清算项目的审核鉴证

税务中介机构受托对清算项目审核鉴证时,应按税务机关规定的格式对审核鉴证情况出具鉴证报告。对符合要求的鉴证报告,税务机关可以采信。

税务机关要对从事土地增值税清算鉴证工作的税务中介机构在准入条件、工作程序、鉴证内容、法律责任等方面提出明确要求,并做好必要的指导和管理工作。

七、土地增值税的核定征收

房地产开发企业有下列情形之一的,税务机关可以参照与其开发规模和收入水平相近的当地企业的土地增值税税负情况,按不低于预征率的征收率核定征收土地增值税:

(一)依照法律、行政法规的规定应当设置但未设置账簿的;

(二)擅自销毁账簿或者拒不提供纳税资料的;

(三)虽设置账簿,但账目混乱或者成本资料、收入凭证、费用凭证残缺不全,难以确定转让收入或扣除项目金额的;

(四)符合土地增值税清算条件,未按照规定的期限办理清算手续,经税务机关责令限期清算,逾期仍不清算的;

(五)申报的计税依据明显偏低,又无正当理由的。

八、清算后再转让房地产的处理

在土地增值税清算时未转让的房地产,清算后销售或有偿转让的,纳税人应按规定进行土地增值税的纳税申报,扣除项目金额按清算时的单位建筑面积成本费用乘以销售或转让面积计算。

单位建筑面积成本费用=清算时的扣除项目总金额÷清算的总建筑面积

本通知自2007年2月1日起执行。各省税务机关可依据本通知的规定并结合当地实际情况制定具体清算管理办法。

　　国家税务总局关于印发《土地增值税清算管理规程》的通知

国税发〔2009〕91号

　　各省、自治区、直辖市和计划单列市地方税务局：

　　为了加强房地产开发企业的土地增值税征收管理，规范土地增值税清算工作，根据《中华人民共和国土地增值税暂行条例》及其实施细则、《中华人民共和国税收征收管理法》及其实施细则等有关税收法律、行政法规的规定，结合房地产开发经营业务的特点，国家税务总局制定了《土地增值税清算管理规程》，现印发给你们，请遵照执行。

国家税务总局
二〇〇九年五月十二日

土地增值税清算管理规程

　　第一章　总则

　　第一条　为了加强土地增值税征收管理，规范土地增值税清算工作，根据《中华人民共和国税收征收管理法》及其实施细则、《中华人民共和国土地增值税暂行条例》及其实施细则等规定，制定本规程（以下简称《规程》）。

　　第二条　《规程》适用于房地产开发项目土地增值税清算工作。

　　第三条　《规程》所称土地增值税清算，是指纳税人在符合土地增值税清算条件后，依照税收法律、法规及土地增值税有关政策规定，计算房地产开发项目应缴纳的土地增值税税额，并填写《土地增值税清算申报表》，向主管税务机关提供有关资料，办理土地增值税清算手续，结清该房地产项目应缴纳土地增值税税款的行为。

　　第四条　纳税人应当如实申报应缴纳的土地增值税税额，保证清算申报的真实性、准确性和完整性。

　　第五条　税务机关应当为纳税人提供优质纳税服务，加强土地增值税政策宣传辅导。

　　主管税务机关应及时对纳税人清算申报的收入、扣除项目金额、增值额、增值率以及税款计算等情况进行审核，依法征收土地增值税。

　　第二章　前期管理

　　第六条　主管税务机关应加强房地产开发项目的日常税收管理，实施项目管理。主管税务机关应从纳税人取得土地使用权开始，按项目分别建立档案、设置台账，对纳税人项目立项、规划设计、施工、预售、竣工验收、工程结算、项目清盘等房地产开发全过程情况实行跟踪监控，做到税务管理与纳税人项目开发同步。

第七条　主管税务机关对纳税人项目开发期间的会计核算工作应当积极关注,对纳税人分期开发项目或者同时开发多个项目的,应督促纳税人根据清算要求按不同期间和不同项目合理归集有关收入、成本、费用。

第八条　对纳税人分期开发项目或者同时开发多个项目的,有条件的地区,主管税务机关可结合发票管理规定,对纳税人实施项目专用票据管理措施。

第三章　清算受理

第九条　纳税人符合下列条件之一的,应进行土地增值税的清算。

(一)房地产开发项目全部竣工、完成销售的;

(二)整体转让未竣工决算房地产开发项目的;

(三)直接转让土地使用权的。

第十条　对符合以下条件之一的,主管税务机关可要求纳税人进行土地增值税清算。

(一)已竣工验收的房地产开发项目,已转让的房地产建筑面积占整个项目可售建筑面积的比例在85%以上,或该比例虽未超过85%,但剩余的可售建筑面积已经出租或自用的;

(二)取得销售(预售)许可证满三年仍未销售完毕的;

(三)纳税人申请注销税务登记但未办理土地增值税清算手续的;

(四)省(自治区、直辖市、计划单列市)税务机关规定的其他情况。

对前款所列第(三)项情形,应在办理注销登记前进行土地增值税清算。

第十一条　对于符合本《规程》第九条规定,应进行土地增值税清算的项目,纳税人应当在满足条件之日起90日内到主管税务机关办理清算手续。对于符合本《规程》第十条规定,税务机关可要求纳税人进行土地增值税清算的项目,由主管税务机关确定是否进行清算;对于确定需要进行清算的项目,由主管税务机关下达清算通知,纳税人应当在收到清算通知之日起90日内办理清算手续。

应进行土地增值税清算的纳税人或经主管税务机关确定需要进行清算的纳税人,在上述规定的期限内拒不清算或不提供清算资料的,主管税务机关可依据《中华人民共和国税收征收管理法》有关规定处理。

第十二条　纳税人清算土地增值税时应提供的清算资料。

(一)土地增值税清算表及其附表(参考表样见附件,各地可根据本地实际情况制定)。

(二)房地产开发项目清算说明,主要内容应包括房地产开发项目立项、用地、开发、销售、关联方交易、融资、税款缴纳等基本情况及主管税务机关需要了解的其他情况。

(三)项目竣工决算报表、取得土地使用权所支付的地价款凭证、国有土地使用权出让合同、银行贷款利息结算通知单、项目工程合同结算单、商品房购销合同统计表、销售明细表、预售许可证等与转让房地产的收入、成本和费用有关的证明资料。主管税务机关需要相应项目记账凭证的,纳税人还应提供记账凭证复印件。

(四)纳税人委托税务中介机构审核鉴证的清算项目,还应报送中介机构出具的《土地增值税清算税款鉴证报告》。

第十三条　主管税务机关收到纳税人清算资料后,对符合清算条件的项目,且报送的清算资料完备的,予以受理;对纳税人符合清算条件、但报送的清算资料不全的,应要求纳税人在规定限期内补报,纳税人在规定的期限内补齐清算资料后,予以受理;对不符合清算条件的项目,不予受理。上述具体期限由各省、自治区、直辖市、计划单列市税务机关确定。主管税务机关已受理的清算申请,纳税人无正当理由不得撤消。

第十四条　主管税务机关按照本《规程》第六条进行项目管理时,对符合税务机关可要求纳税人进行清算情形的,应当作出评估,并经分管领导批准,确定何时要求纳税人进行清算的时间。对确定暂不通知清算的,应继续做好项目管理,每年作出评估,及时确定清算时间并通知纳税人办理清算。

第十五条　主管税务机关受理纳税人清算资料后,应在一定期限内及时组织清算审核。具体期限由各省、自治区、直辖市、计划单列市税务机关确定。

第四章　清算审核

第十六条　清算审核包括案头审核、实地审核。

案头审核是指对纳税人报送的清算资料进行数据、逻辑审核,重点审核项目归集的一致性、数据计算的准确性等。

实地审核是指在案头审核的基础上,通过对房地产开发项目实地查验等方式,对纳税人申报情况的客观性、真实性、合理性进行审核。

第十七条　清算审核时,应审核房地产开发项目是否以国家有关部门审批、备案的项目为单位进行清算;对于分期开发的项目,是否以分期项目为单位清算;对不同类型房地产是否分别计算增值额、增值率、缴纳土地增值税。

第十八条　审核收入情况时,应结合销售发票、销售合同(含房管部门网上备案登记资料)、商品房销售(预售)许可证、房产销售分户明细表及其他有关资料,重点审核销售明细表、房地产销售面积与项目可售面积的数据关联性,以核实计税收入;对销售合同所载商品房面积与有关部门实际测量面积不一致,而发生补、退房款的收入调整情况进行审核;对销售价格进行评估,审核有无价格明显偏低情况。

必要时,主管税务机关可通过实地查验,确认有无少计、漏计事项,确认有无将开发产品用于职工福利、奖励、对外投资、分配给股东或投资人、抵偿债务、换取其他单位和个人的非货币性资产等情况。

第十九条　非直接销售和自用房地产的收入确定。

（一）房地产开发企业将开发产品用于职工福利、奖励、对外投资、分配给股东或投资人、抵偿债务、换取其他单位和个人的非货币性资产等，发生所有权转移时应视同销售房地产，其收入按下列方法和顺序确认：

1. 按本企业在同一地区、同一年度销售的同类房地产的平均价格确定；

2. 由主管税务机关参照当地当年、同类房地产的市场价格或评估价值确定。

（二）房地产开发企业将开发的部分房地产转为企业自用或用于出租等商业用途时，如果产权未发生转移，不征收土地增值税，在税款清算时不列收入，不扣除相应的成本和费用。

第二十条　土地增值税扣除项目审核的内容包括：

（一）取得土地使用权所支付的金额。

（二）房地产开发成本，包括：土地征用及拆迁补偿费、前期工程费、建筑安装工程费、基础设施费、公共配套设施费、开发间接费用。

（三）房地产开发费用。

（四）与转让房地产有关的税金。

（五）国家规定的其他扣除项目。

第二十一条　审核扣除项目是否符合下列要求：

（一）在土地增值税清算中，计算扣除项目金额时，其实际发生的支出应当取得但未取得合法凭据的不得扣除。

（二）扣除项目金额中所归集的各项成本和费用，必须是实际发生的。

（三）扣除项目金额应当准确地在各扣除项目中分别归集，不得混淆。

（四）扣除项目金额中所归集的各项成本和费用必须是在清算项目开发中直接发生的或应当分摊的。

（五）纳税人分期开发项目或者同时开发多个项目的，或者同一项目中建造不同类型房地产的，应按照受益对象，采用合理的分配方法，分摊共同的成本费用。

（六）对同一类事项，应当采取相同的会计政策或处理方法。会计核算与税务处理规定不一致的，以税务处理规定为准。

第二十二条　审核取得土地使用权支付金额和土地征用及拆迁补偿费时应当重点关注：

（一）同一宗土地有多个开发项目，是否予以分摊，分摊办法是否合理、合规，具体金额的计算是否正确。

（二）是否存在将房地产开发费用计入取得土地使用权支付金额以及土地征用及拆迁补偿费的情形。

（三）拆迁补偿费是否实际发生，尤其是支付给个人的拆迁补偿款、拆迁（回迁）合同和签收花名册或签收凭证是否一一对应。

第二十三条　审核前期工程费、基础设施费时应当重点关注：

（一）前期工程费、基础设施费是否真实发生，是否存在虚列情形。

（二）是否将房地产开发费用记入前期工程费、基础设施费。

（三）多个（或分期）项目共同发生的前期工程费、基础设施费，是否按项目合理分摊。

第二十四条　审核公共配套设施费时应当重点关注：

（一）公共配套设施的界定是否准确，公共配套设施费是否真实发生，有无预提的公共配套设施费情况。

（二）是否将房地产开发费用记入公共配套设施费。

（三）多个（或分期）项目共同发生的公共配套设施费，是否按项目合理分摊。

第二十五条　审核建筑安装工程费时应当重点关注：

（一）发生的费用是否与决算报告、审计报告、工程结算报告、工程施工合同记载的内容相符。

（二）房地产开发企业自购建筑材料时，自购建材费用是否重复计算扣除项目。

（三）参照当地当期同类开发项目单位平均建安成本或当地建设部门公布的单位定额成本，验证建筑安装工程费支出是否存在异常。

（四）房地产开发企业采用自营方式自行施工建设的，还应当关注有无虚列、多列施工人工费、材料费、机械使用费等情况。

（五）建筑安装发票是否在项目所在地税务机关开具。

第二十六条　审核开发间接费用时应当重点关注：

（一）是否存在将企业行政管理部门（总部）为组织和管理生产经营活动而发生的管理费用记入开发间接费用的情形。

（二）开发间接费用是否真实发生，有无预提开发间接费用的情况，取得的凭证是否合法有效。

第二十七条　审核利息支出时应当重点关注：

（一）是否将利息支出从房地产开发成本中调整至开发费用。

（二）分期开发项目或者同时开发多个项目的，其取得的一般性贷款的利息支出，是否按照项目合理分摊。

（三）利用闲置专项借款对外投资取得收益，其收益是否冲减利息支出。

第二十八条 代收费用的审核。

对于县级以上人民政府要求房地产开发企业在售房时代收的各项费用,审核其代收费用是否计入房价并向购买方一并收取;当代收费用计入房价时,审核有无将代收费用计入加计扣除以及房地产开发费用计算基数的情形。

第二十九条 关联方交易行为的审核。

在审核收入和扣除项目时,应重点关注关联企业交易是否按照公允价值和营业常规进行业务往来。

应当关注企业大额应付款余额,审核交易行为是否真实。

第三十条 纳税人委托中介机构审核鉴证的清算项目,主管税务机关应当采取适当方法对有关鉴证报告的合法性、真实性进行审核。

第三十一条 对纳税人委托中介机构审核鉴证的清算项目,主管税务机关未采信或部分未采信鉴证报告的,应当告知其理由。

第三十二条 土地增值税清算审核结束,主管税务机关应当将审核结果书面通知纳税人,并确定办理补、退税期限。

第五章 核定征收

第三十三条 在土地增值税清算过程中,发现纳税人符合核定征收条件的,应按核定征收方式对房地产项目进行清算。

第三十四条 在土地增值税清算中符合以下条件之一的,可实行核定征收。

(一)依照法律、行政法规的规定应当设置但未设置账簿的;

(二)擅自销毁账簿或者拒不提供纳税资料的;

(三)虽设置账簿,但账目混乱或者成本资料、收入凭证、费用凭证残缺不全,难以确定转让收入或扣除项目金额的;

(四)符合土地增值税清算条件,企业未按照规定的期限办理清算手续,经税务机关责令限期清算,逾期仍不清算的;

(五)申报的计税依据明显偏低,又无正当理由的。

第三十五条 符合上述核定征收条件的,由主管税务机关发出核定征收的税务事项告知书后,税务人员对房地产项目开展土地增值税核定征收核查,经主管税务机关审核合议,通知纳税人申报缴纳应补缴税款或办理退税。

第三十六条 对于分期开发的房地产项目,各期清算的方式应保持一致。

第六章 其他

第三十七条 土地增值税清算资料应按照档案化管理的要求,妥善保存。

第三十八条 本规程自2009年6月1日起施行,各省(自治区、直辖市、计划单列市)税务机关可结合本地实际,对本规程进行进一步细化。

理论探索:土地增值税制改革方向

房地产开发企业土地增值税是以企业转让房地产所取得的收入扣除相关成本及税费后的增值额为计税依据,依照规定税率征收的税种。目前,土地增值税征管工作中存在的一些政策问题亟需得到解决。

一、审核清算报告中建安等四项成本项目判定问题

《国家税务总局关于房地产开发企业土地增值税清算管理有关问题的通知》(国税发〔2006〕187 号)中规定,房地产开发企业办理土地增值税清算所附送的前期工程费、建筑安装工程费、基础设施费、开发间接费用的凭证或资料不符合清算要求或不实的,地方税务机关可参照当地建设工程造价管理部门公布的建安造价定额资料,结合房屋结构、用途、区位等因素,核定上述四项开发成本的单位面积金额标准,并据以计算扣除。具体核定方法由省级税务机关确定。

根据北京市地税局 2007 年出台的文件规定,税务机关可以对住宅类项目四项成本(前期工程费、建筑安装费、基础设施费、开发间接费)进行核定,其标准为:高层商品住宅(7 层以上)每平方米 2263 元,多层商品住宅(7 层及以下)每平方米 1560 元。而对于商业、写字楼、别墅等项目的扣除标准,文件中并没有进行规定。随着北京市 CBD 等各个商业中心的落成,商业、写字楼等项目预缴的税款已经在土地增值税预缴税款中占有相当高的比例。目前已进入清算阶段项目的清算报告显示,一些商业、写字楼项目其四项成本合计可达到 1 万元甚至更高,认可该成本进行核算,结果造成项目增值额很低,缴纳税款较少。

从逻辑上判断,房地产开发项目虽然自身情况差别很大,但其项目的利润率在相同时期应该保持在一个范围之内,如果项目利润率过低,考虑到 2006 年~2008 年房地产行业红火的市场行情,就有很大疑点。但中介公司在出具清算报告时,都会按照票据进行扣除成本核算,因此在清算报告审核环节,审核人员通过对清算报告中项目的销售收入与工程成本对比,经常会发现项目清算可能存在四项成本过高的疑点,但由于企业提供了完整票据,审核人员在清算审核阶段无法找到依据对疑点进行论证。从税款征收的角度分析,目前众多房地产项目均由项目公司进行开发,项目清算完成后,公司就会办理注销手续,因此如果在清算审核的征管环节无法进行把关,其最终结果就会造成项目税款流失。另外,即便对于住宅类项目,由于其类别本身差别很大,而文件只给出了两档核定标准,造成税务机关在审核清算报告时对该文件很难执行。

二、普通住宅标准判定问题

《财政部、国家税务总局关于土地增值税普通标准住宅有关政策的通知》(财税〔2006〕141 号)规定,"普通标准住宅"的认定,可在各省、自治区、直辖市人民政府根据《国务院办公厅转发建设部等部门关于做好稳定住房价格工作意见的

通知》制定的"普通住房标准"的范围内从严掌握。《土地增值税暂行条例》中规定了纳税人建造普通住宅出售,增值额未超过20%的,免缴土地增值税。

北京市普通住宅的判定标准近几年来经过数次调整,最初以120平方米为基准,2005年更改为以北京市建委公布的普通住宅标准执行(根据容积率、建筑面积、平均交易价格三个因素综合判定),标准中的平均交易价格从2005年至今北京市建委共调整过3次。以北京市朝阳区团结湖一带平均交易价格为例:2005年标准为8040元/平方米,2006年为9289元/平方米,2008年最新调整为175万元/套。由此可见,普通住宅的平均交易价格调整逐年提高,尤其以2008年调整幅度最大。但各类文件中均没有明确判定普通住宅的时点是以提出清算时点时间、全部销售收入实现的完成时间,或者售房率达到85%的时间为基准。企业从项目开始销售到进行清算,一般要经历1年~2年时间,而有些项目受客观因素影响可能要经过更长周期才能进行清算。另外,从税收政策执行的角度讲,是否放宽普通住宅判定的时间标准,按清算时标准执行,让更多企业享受税收优惠,有待明确。

三、企业清算时间问题

企业达到清算标准后,即售房到85%或取得销(预)售许可证满3年时,一般仍会有大笔工程款还未结算完,要等1年左右甚至更长时间才能结算完毕。土地增值税清算在确定成本时按照实际发生扣除,而税务机关受技术、手段等客观因素制约,目前只能以票据作为扣除依据,因此造成当项目合同已执行,但款项未结、票据未开时,税务机关很难要求企业进行清算,如果强行清算,会造成很大的征纳矛盾。

笔者建议,从以下几方面完善相关政策,进一步加强土地增值税精细化管理。

一是转变征管方法,对开发项目成本实行动态跟踪监控。由于房地产项目差异很大,对于住宅以外的商业、别墅等类型项目,税务机关很难对其四项成本扣除制定出核定标准。因此,应从征管上入手,转变现有的征管思路,从企业项目开始建设时就对项目进行监控,可以按项目土地规整、主体结构建设、内部装修等不同阶段要求企业进行成本备案,形成项目成本系统档案,作为税务机关审核企业清算报告时的对比判定依据。另外,应加大对企业财务人员的培训辅导力度,在项目立项初期,结合土地增值税的清算要求对企业财务记账方式进行规范,并定期检查,从而减少在清算阶段审核项目四项成本扣除的难度。

二是细化住宅类项目四项成本扣除标准,增强可操作性。在北京市地税局文件规定的两档住宅类四项成本扣除标准的基础上,结合项目规模、企业使用建筑安装材料等因素按照高、中、低档类住宅再进行细化,并形成逐年调整机制。

三是进一步明确清算审核中相关政策。对于普通住宅判定问题,建议有关部门应明确判定时间为以企业售房率达到85%的时点进行判定,这样规定一方面便于税务机关进行操作,另一方面又在最大程度上使企业可以享受建造普通住宅的相关优惠政策,保障企业的合法利益。

对于企业已达到清算要求但因部分工程款票据未结清无法进行清算的问题,目前税务机关可以适当放宽以票据为依据的审核制度,按照以企业实际发生费用为扣除依据的思路,对于未取得票据的部分成本可以采用企业进行书面承诺、税务人员到相关单位进行调查以及清算完成后对企业进行稽查、检查的征管方式,在清算时先进行确认,以保证企业及时进行项目清算。

——王京秋、徐媛、李然:《土地增值税征管中存在的一些政策问题待明确》,《中国税务报》,2009年6月17日。

延伸思考题

1. 土地增值税的立法宗旨是什么?
2. 如何评价我国现行土地增值税对调节商品房价格的作用?
3. 如何完善我国现行土地增值税制?
4. 土地增值税与其他房地产税制的关系如何定位?

第十章 城镇土地使用税法律制度

☞ **案例:高科技手段测定城镇土地使用税**

近日,宁夏银川市金凤区地税局利用 GPS 定位技术,对城镇土地使用税纳税人的土地使用面积进行了精确测量。

测量结果显示,有 52 户纳税人少报土地面积 8.06 万平方米,少报土地使用税 358.9 万元,契税 150.8 万元,印花税 2.6 万元。截止到今年 1 月 15 日,已补缴入库各种税款 376.2 万元。

据金凤区地税局局长宋平介绍,为了利用 GPS 定位技术对纳税人的土地使用面积进行精确测量,金凤区地税局、财政局、国土资源局、宁夏遥感测绘勘察院、宁夏双林税务师事务所展开协作,成立 GPS 定位技术测量城镇土地使用税工作领导小组。

据了解,金凤区地税局成立了若干勘测小组,每个勘测小组由 2 名勘测部门技术人员、2 名中介人员和 1 名税收管理员组成。地税人员主要负责通过征管系统查询,提取有城镇土地使用税纳税人的税源信息,及时提供辖区内符合勘测要求的纳税人名册,并派遣税收管理员逐户参与勘测工作,利用测绘认定后的数据及时进行征管基础信息的更新,以核实的土地面积作为征税依据。勘测部门技术人员主要负责测量和制图。中介人员主要负责根据测量结果出具《应税范围鉴证报告书》。在实地测量过程中,本着"公开、公平、公正"的原则,每户测量工作结束后,参加测量的地税、测绘、中介、纳税人四方当场在《实际占用土地面积勘测确认表》和《测绘草图》上签字确认,确保了勘测结果的科学性、权威性、真实性。由于纳税人亲历了整个测量过程,加之全过程实行阳光操作,大多数纳税人都能够爽快地接受测量结果。同时,按照 GPS 定位技术测量工作要求和测绘结果,由中介向每户纳税人和地税部门出具《应税范围鉴证报告书》。地税部门根据报告书修改计算机中的征管基础信息,整理测量后的数据,建立健全了城镇土地使用税税源登记档案和动态的税源数据库。

此外,金凤区地税局通过举办培训班,对城镇土地使用税政策进行广泛宣传,把政策交到纳税人手里,赢得了纳税人的理解和支持,确保了测量工作的顺利开展。

——王中一、罗致平:《用 GPS 测定城镇土地使用税》,《中国税务报》,2010年 1 月 20 日。

第一节   概述

一、城镇土地使用税的概念

城镇土地使用税是对在城市、县城、建制镇、工矿区范围内使用土地的单位和个人,按其实际占用的土地的面积和等级征收的一种税。

县城是指县人民政府所在地。建制镇是指经省、自治区、直辖市人民政府批准设立的建制镇。工矿区是指工商业比较发达,人口比较集中,符合国务院规定的建制镇标准,但尚未设立镇建制的大中型工矿企业所在地。工矿区须经省、自治区、直辖市人民政府批准。

纳税人实际占用的土地面积,是指由省、自治区、直辖市人民政府确定的单位组织测定的土地面积。尚未组织测量,但纳税人持有政府部门核发的土地使用证书的,以证书确认的土地面积为准;尚未核发土地使用证书的,应由纳税人据实申报土地面积。

立法背景:2006 年城镇土地使用税改革

城镇土地使用税是我国目前在土地保有环节征收的唯一税种,其征收依据是 1988 年国务院发布施行的《中华人民共和国城镇土地使用税暂行条例》(以下简称 1988 年暂行条例)。1988 年暂行条例规定,城镇土地使用税实行定额税率,每平方米年税额大城市为 0.5 元至 10 元,中等城市为 0.4 元至 8 元,小城市为 0.3 元至 6 元,县城、建制镇、工矿区为 0.2 元至 4 元。这一税额标准是依据当时的经济发展水平、土地利用状况等情况制定的。自我国实行土地有偿使用制度后,随着经济的发展和土地需求的不断增加,土地价格不断攀升,而城镇土地使用税税额标准近 20 年来一直未做调整。由于税额低,这一税种在组织财政收入和加强宏观调控方面未能发挥应有的作用,也限制了地方政府根据经济发展情况及时调整税额标准的空间。因此,《决定》规定,将每平方米年税额在1988 年暂行条例规定的基础上提高 2 倍,每平方米年税额大城市为 1.5 元至 30元,中等城市为 1.2 至 24 元,小城市为 0.9 元至 18 元,县城、建制镇、工矿区为 0.6 元至 12 元。这一调整幅度与我国物价上涨幅度是基本一致的,国家统计局资料显示,2005 年居民消费价格指数比 1987 年增长了 2.1 倍。

外商投资企业和外国企业通过行政划拨方式取得土地使用权的,按照有关法律、行政法规规定,应当缴纳场地使用费。1990 年我国实行土地有偿使用制度后,生产经营用地一般都需要通过出让的方式取得,并缴纳土地出让金,缴纳土地出让金的外商投资企业和外国企业,不再缴纳场地使用费。外商投资企业和外国企业缴纳场地使用费和土地出让金,不缴纳城镇土地使用税;内资企业缴纳土地出让金,还要缴纳城镇土地使用税,税负不一致。为公平税负,《决定》规定,外商投资企业和外国企业也应按照规定缴纳城镇土地使用税。

——《国务院关于修改〈中华人民共和国城镇土地使用税暂行条例〉的决定》

二、城镇土地使用税的纳税人

税法规定,在我国城市、县城、建制镇、工矿区范围内使用土地的单位和个人,为城镇土地使用税的纳税人,应当依法缴纳土地使用税。

拥有土地使用权的纳税人不在土地所在地的,由代管人或实际使用人纳税;土地使用权未确定或权属纠纷未解决的,由实际使用人纳税;土地使用权共有的,由共有各方分别纳税。

土地使用权共有的,共有的各方应按其实际使用的土地面积占总面积的比例,分别计算缴纳土地使用税。

实务链接:外商投资企业和外国企业应当依法缴纳城镇土地使用税

国家税务总局关于外商投资企业和外国企业征收

城镇土地使用税问题的批复

国税函〔2007〕596 号

厦门市地方税务局:

你局《关于对外资企业开征土地使用税设立过渡期的请示》(厦地税发〔2007〕50 号)收悉。经研究,批复如下:

《国务院关于修改〈中华人民共和国城镇土地使用税暂行条例〉的决定》,将外商投资企业和外国企业纳入城镇土地使用税的征收范围,是国家加强土地管理的重要举措,有利于发挥税收的经济杠杆作用,引导各类企业合理、节约利用土地,保护土地资源,公平税收负担。各地对各类企业包括外商投资企业和外国企业,都应严格依照国务院决定和修改后的《中华人民共和国城镇土地使用税暂行条例》的有关规定征收城镇土地使用税。

国家税务总局关于做好外资企业城镇土地使用税征管工作的通知
国税函〔2007〕321号

各省、自治区、直辖市和计划单列市地方税务局,西藏、宁夏自治区国家税务局:

2006年12月31日,国务院发布了《关于修改〈中华人民共和国城镇土地使用税暂行条例〉的决定》(国务院令第483号),自2007年1月1日起,将外商投资企业纳入城镇土地使用税的征收范围。为做好外商投资企业城镇土地使用税征管工作,现将有关事项通知如下:

一、充分认识将外商投资企业纳入城镇土地使用税征收范围的重要意义

将外商投资企业纳入城镇土地使用税征收范围,符合党的十六届三中全会关于"统一各类企业税收制度"的要求,符合税制改革的方向,有利于平衡内外资企业税负,有利于加强国家对房地产市场的宏观调控,也有利于税收征管。各地要充分认识将外商投资企业纳入城镇土地使用税征收范围的重要意义,认真做好对外商投资企业城镇土地使用税的征收工作,精心组织,狠抓落实,尽快摸清外商投资企业城镇土地使用税的税源及分布情况。

二、加强宣传,做好辅导

对外商投资企业征收城镇土地使用税是一项全新的工作。各级地方税务机关要加大宣传力度,拓宽宣传渠道,通过电视、广播、网络、报纸等多种途径宣传将外商投资企业纳入城镇土地使用税征收范围的必要性和重要意义。要做好对外商投资企业纳税人的辅导工作,通过各种方式让纳税人了解现行城镇土地使用税的政策和征管规定,保证征收工作的顺利进行。

三、积极协调,摸清税源

各级地方税务机关要主动和国土、工商、财政、国税及主管外商投资的商务部门联系,建立信息传递机制,充分利用土地使用权权属登记、工商企业登记、土地使用费征缴及外资企业设立审批和管理等相关信息,与税务机关通过税务登记、纳税申报、税源普查等方式获得的信息进行比对,全面、准确掌握外商投资企业的户数和占地情况,逐步建立和完善城镇土地使用税税源数据库,构建税源监控平台,对外商投资企业城镇土地使用税税源实行动态管理和监控。

四、健全制度,规范管理

各级地方税务机关要制定对外商投资企业征收城镇土地使用税的管理办法和操作规程。严格执行城镇土地使用税政策,对征管中遇到的新问题,要认真研究,妥善解决,重大问题应及时上报国家税务总局。各地要建立外商投资企业城镇土地使用税税源和征收数据的分级汇总上报制度。各省、自治区、直辖市和计划单列市地方税务局要在2008年1月底前将2007年度外商投资企业城镇土地使用税税源汇总表报国家税务总局(地方税务司)。

五、城镇土地使用税的计税依据

税法规定,城镇土地使用税以纳税人实际占用的土地面积为计税依据,依照规定税额计算征收。土地占用面积的组织测量工作,由省、自治区、直辖市人民政府根据实际情况确定。

六、城镇土地使用税的税率

税法规定,城镇土地使用税采用定额税率,每平方米年税额如下:

(1)大城市1.5元至30元;

(2)中等城市1.2元至24元;

(3)小城市0.9元至18元;

(4)县城、建制镇、工矿区0.6元至12元。

术语界定:

大、中、小城市以公安部门登记在册的非农业正式户口人数为依据,按照国务院颁布的《城市规划条例》中规定的标准划分。现行的划分标准是:市区及郊区非农业人口总计在50万以上的,为大城市;市区及郊区非农业人口总计在20万至50万的,为中等城市;市区及郊区非农业人口总计在20万以下的,为小城市。

城市的征税范围为市区和郊区。县城的征税范围为县人民政府所在的城镇。建制镇的征税范围为镇人民政府所在地。城市、县城、建制镇、工矿区的具体征税范围,由各省、自治区、直辖市人民政府划定。省、自治区、直辖市人民政府在上述法定税额幅度内,根据市政建设状况、经济繁荣程度等条件,确定所辖地区的适用税额幅度。市、县人民政府应当根据实际情况,将本地区土地划分为若干等级,在省、自治区、直辖市人民政府确定的税额幅度内,制定相应的适用税额标准,报省、自治区、直辖市人民政府批准执行。

经省、自治区、直辖市人民政府批准,经济落后地区土地使用税的适用税额标准可以适当降低,但降低额不得超过上述法定最低税额的30%。经济发达地区土地使用税的适用税额标准可以适当提高,但须报经财政部批准。

习题计算:城镇土地使用税

【题目】某企业实际占地面积为25000平方米,经税务机关核定,该企业所处地段适用城镇土地使用税税率每平方米年税额为2元。

计算该企业全年应缴纳的城镇土地使用税税额。

【解析】该企业年应缴纳的城镇土地使用税税额=25000×2

=50 000(元)

——财政部会计资格评价中心编:《经济法基础》(2009年初级会计资格考

试辅导教材),经济科学出版社,2008 年 12 月第 1 版。

第二节　税收优惠

一、免税

税法规定,下列土地免缴城镇土地使用税:

1.国家机关、人民团体、军队自用的土地;

2.由国家财政部门拨付事业经费的单位自用的土地;

3.宗教寺庙、公园、名胜古迹自用的土地;

4.市政街道、广场、绿化地带等公共用地;

5.直接用于农、林、牧、渔业的生产用地;

6.经批准开山填海整治的土地和改造的废弃土地,从使用的月份起免缴土地使用税 5 年至 10 年;

7.由财政部另行规定免税的能源、交通、水利设施用地和其他用地。

术语界定

国家机关、人民团体、军队自用的土地,是指这些单位本身的办公用地和公务用地。

事业单位自用的土地,是指这些单位本身的业务用地。

宗教寺庙自用的土地,是指举行宗教仪式等的用地和寺庙内的宗教人员生活用地。

公园、名胜古迹自用的土地,是指供公共参观游览的用地及其管理单位的办公用地。

以上单位的生产、营业用地和其他用地,不属于免税范围,应按规定缴纳土地使用税。

实务链接:核电站城镇土地使用税优惠政策

财政部、国家税务总局关于核电站用地征免城镇土地使用税的通知

财税〔2007〕124 号

各省、自治区、直辖市、计划单列市财政厅(局)、地方税务局,新疆生产建设兵团财务局:

经研究,现将核电站用地城镇土地使用税政策明确如下:

一、对核电站的核岛、常规岛、辅助厂房和通讯设施用地(不包括地下线路用地),生活、办公用地按规定征收城镇土地使用税,其他用地免征城镇土地使用税。

二、对核电站应税土地在基建期内减半征收城镇土地使用税。

三、本通知自发文之日起执行。

实务链接:填海整治土地免征城镇土地使用税

国家税务总局关于填海整治土地免征城镇土地使用税问题的批复

国税函〔2005〕968 号

青岛市地方税务局:

你局《关于填海土地免征城镇土地使用税问题的请示》(青地税发〔2005〕135号)收悉。经研究,现批复如下:

按照《中华人民共和国城镇土地使用税暂行条例》第六条的规定,享受免缴土地使用税 5~10 年的填海整治的土地,是指纳税人经有关部门批准后自行填海整治的土地,不包括纳税人通过出让、转让、划拨等方式取得的已填海整治的土地。

二、定期减免

纳税人缴纳城镇土地使用税确有困难需要定期减免的,由省、自治区、直辖市税务机关审核后,报国家税务局批准。

实务链接:钓鱼台国宾馆免税政策

财政部、国家税务总局关于钓鱼台国宾馆免税问题的通知

财税〔2004〕72 号

北京市财政局、国家税务局、地方税务局:

经国务院批准,从 2004 年 1 月 1 日起,对钓鱼台国宾馆免征营业税、企业所得税、城市维护建设税、教育费附加、房产税、土地使用税的政策继续执行。

第三节　税务管理

一、征收机关

税法规定,城镇土地使用税由土地所在地的税务机关征收。土地管理机关应当向土地所在地的税务机关提供土地使用权属资料。

实务链接:城镇土地使用税税源清理

国家税务总局关于开展城镇土地使用税税源清查工作的通知

国税函〔2008〕321号

各省、自治区、直辖市和计划单列市地方税务局,宁夏、青海省(自治区)国家税务局:

为了贯彻国务院关于促进土地节约和集约利用的要求,落实《国家税务总局、财政部、国土资源部关于进一步加强土地税收管理工作的通知》(国税发〔2008〕14号),税务总局决定2008年在全国范围内开展城镇土地使用税税源清查工作,现将有关事项通知如下:

一、清查工作的必要性

我国人多地少,土地资源非常宝贵。近年来,随着城镇化和工业化步伐的加快,建设用地供需矛盾十分突出。党中央、国务院对此高度重视,采取多项措施加强土地管理和宏观调控,促进土地的集约和节约利用。在税收方面,一是通过修订《中华人民共和国城镇土地使用税暂行条例》,提高税额幅度并将外商投资企业和外国企业纳入征税范围,加大税收的调节力度;二是要求税务机关要加强建设用地的税收征管,以引导合理使用土地,提高土地利用效率。

城镇土地使用税税源管理是城镇土地使用税征管的基础性工作。近年来,各地围绕加强城镇土地使用税税源管理做了大量工作,取得了一定成效。但总体看来,城镇土地使用税的税源管理工作还存在不少问题,亟待加强。不少地区不同程度地存在着税源信息不完整,没有根据用地变化的情况实行动态管理,对城乡结合部、新兴工业园区和部分企业的税源底数掌握不清,纳税人申报的土地面积与实际占用的面积不一致等情况。部分地区的税源数据共享与综合利用水平不高,税源管理与科学化、精细化的要求还有一定差距。此外,外商投资企业和外国企业纳入征税范围以后,税务机关对相关的税源信息还没有全面掌握。为此,有必要以贯彻落实修订后的城镇土地使用税暂行条例为契机,在全国范围内开展城镇土地使用税的税源清查工作,全面摸清纳税人的税源信息,建立统一规范的税源数据库,在此基础上开展税源分析和纳税评估工作,有针对性地采取措施,堵塞征管漏洞,切实提高征管水平,更好地发挥城镇土地使用税在组织收入和土地宏观调控方面的作用。

二、清查工作的范围和重点

本次税源清查的范围是所有城镇土地使用税纳税人占用的土地。

由于本次税源清查范围广、工作量大,为了保证清查工作的效果,各地要认真分析本地区税源管理的现状,找出管理的薄弱环节,在全面清查的基础上,有针对性地确定本地区的重点清查区域和重点清查单位,集中力量对城镇土地使用税税源管理存在较大问题的区域和单位进行重点清查。对于城乡结合部、大型工矿区、新兴工业园等区域,大型厂矿、大型仓储、房地产开发等占地面积大的企业,新纳入城镇土地使用税征税范围的外商投资企业和外国企业,以及使用集体土地进行生产经营的纳税人,要加大清查工作的力度,准确掌握各项税源数据。

三、清查工作的内容及方式

城镇土地使用税税源清查工作的内容包括:纳税人名称、纳税人识别号、经济类型、所属行业、占地总面积、应税面积、免税面积、土地等级、税额标准、应纳税额、免税税额等信息。各地可以根据本地征管工作的需要适当增加清查内容。

各地要根据本地区的实际情况和现有条件,因地制宜地选择清查工作的方式。为了提高清查工作效率,降低清查工作成本,保证清查工作的质量,可以采取"全面比对、重点实测"的方式完成税源清查和税源数据库的更新、完善工作。要充分利用有关部门地籍调查、土地详查和测绘的成果,以及房地产税收一体化管理和税收日常检查与税务稽查中获取的数据,与纳税人申报或换发税务登记证时填报的占地面积等数据进行全面比对,核实纳税人实际占地面积与应税土地面积,查找漏征漏管土地。在此基础之上,对本地区确定的重点清查区域和企业以及通过比对发现申报有问题的纳税人的土地进行实地测量,采用全球卫星定位系统(GPS)等先进测量技术或其他测量手段,查实纳税人实际占地面积与应税土地面积,并相应地更新和完善税源数据库。

四、清查工作的时间安排

城镇土地使用税税源清查工作分为三个阶段,具体安排如下:

第一阶段,准备阶段(2008 年 4 月~5 月)。

成立城镇土地使用税税源清查工作领导小组,制定本地区税源清查工作实施方案。按照国税发〔2008〕14 号文和本通知的有关要求,与国土资源部门和测绘部门取得联系,确定数据交换的工作机制,做好数据接收和数据比对的各项技术准备工作。对参与清查的相关工作人员要进行培训,并通过各种形式做好税源清查的宣传工作。各地制定的税源清查工作实施方案在 2008 年 5 月 15 日前上报税务总局地方税务司。

第二阶段,税源清查实施阶段(2008 年 6 月~12 月)。

各地根据清查工作实施方案的要求,组织各基层单位开展数据收集、比对、实地测量等清查工作,并根据清查结果对本地的税源数据库进行更新维护。基层单位的清查工作结束后,上级部门要组织开展验收工作,对基层单位税源清查工作的质量特别是清查结果的准确性、完整性、逻辑性等情况进行检查验收。检查验收后的税源数据信息要逐级汇总上报。

第三阶段,上报、总结阶段(2009 年 1 月~3 月)。

各省、自治区、直辖市和计划单列市地方税务局要汇总各地区报送的税源数据,并通过报送软盘或网络传输的方式将税源信息于 2009 年 3 月 31 日前上报国家税务总局地方税务司。汇总方式详见本通知所附的《城镇土地使用税税源信息汇总表》、《分经济类型城镇土地使用税税源信息表》和《分行业城镇土地使用税税源信息表》。同时,各地要对清查工作进行全面系统的总结并撰写城镇土地使用税税源清查工作报告,随同汇总表格一并上报总局。报告的主要内容包括:税源清查的组织和实施情况;进行数据比对的总户数和实地测量的总户数;税源总体状况,包括城镇土地使用税纳税人总户数、应税土地总面积、应纳税款等;清查工作的成效,通过清查发现的漏征漏管户、漏征漏管面积和应补征的税款、税源数据库的建设与完善情况、强化税源管理的措施;清查工作遇到的问题和工作建议等内容。

五、清查工作的要求

(一)加强清查工作的领导

各级地税机关要充分认识开展税源清查工作的重要性,研究并制定本地区税源清查工作的具体实施方案。要加强对税源清查工作的领导,成立专门的清查工作领导小组,分管的局领导要亲自负责,认真做好税源清查的部署和安排工作。

(二)积极争取地方政府的支持

各地要积极主动地向当地政府汇报本次清查工作的目的、作用以及清查工作的方式和要求等,争取地方政府在经费和部门协调等方面给予支持,确保清查工作能够顺利开展。

(三)加强清查工作的组织

本次清查工作时间长、范围广,各地要加强清查工作的组织。一是要明确各部门、各单位在清查工作中的职责和分工,制定完善的工作考核办法。对清查工作的部署、宣传辅导、人员培训、数据比对、实地测量、数据更新和汇总上报以及清查工作总结等各项工作提出具体要求,并严格进行考核。二是要在经费、人员和设备等方面为清查工作提供必要的保障。三是要定期听取基层单位工作开展情况的报告或进行实地调研,及时发现并解决清查工作中遇到的困难和问题。四是要充分做好税源清查的宣传、解释工作,争取广大纳税人对清查工作的理解和配合。

(四)加强与相关部门的配合

各地要根据国税发〔2008〕14 号文件的要求,主动与国土资源管理等有关部门取得联系,确定部门配合的具体负责单位和联系人,研究开展数据交换的具体方式方法。在实地测量工作中,要充分依托有关专业部门的技术力量和设备,也可以通过协商确定适当的合作方式,聘请当地有资质的测绘部门开展实地测量。

（五）加强后续管理工作

清查工作结束后,各地要将所掌握的城镇土地使用税税源数据导入地方税税源监控管理系统(另发)。要继续通过各种方式做好税源数据的更新和维护工作,实现税源数据的动态管理。要做好税源数据库的综合利用工作,把税源管理与收入分析、征收管理等工作有机结合起来,及时发现征管中存在的漏洞,并提出加强征管的具体措施。各省地税机关要通过分析本地区城镇土地使用税税源的规模、结构和分布等情况,为及时调整完善相关税收政策和确定征收管理工作的重点环节提供依据。

二〇〇八年四月十一日

二、纳税期限

税法规定,城镇土地使用税按年计算、分期缴纳。缴纳期限由省、自治区、直辖市人民政府确定。

新征用的土地,依照下列规定缴纳城镇土地使用税:

1. 征用的耕地,自批准征用之日起满 1 年时开始缴纳土地使用税;

2. 征用的非耕地,自批准征用次月起缴纳土地使用税。

三、减免税权

下列土地的征免税,由省、自治区、直辖市税务局确定:

1. 个人所有的居住房屋及院落用地;

2. 房产管理部门在房租调整改革前经租的居民住房用地;

3. 免税单位职工家属的宿舍用地;

4. 民政部门举办的安置残疾人占一定比例的福利工厂用地;

5. 集体和个人办的各类学校、医院、托儿所、幼儿园用地。

文献附录:关于修改《中华人民共和国城镇土地使用税暂行条例》的决定的通知

财政部、国家税务总局关于贯彻落实国务院关于修改

《中华人民共和国城镇土地使用税暂行条例》的决定的通知

财税〔2007〕9 号

各省、自治区、直辖市、计划单列市财政厅(局)、地方税务局,新疆生产建设兵团财务局:

2006 年 12 月 31 日国务院发布了《关于修改〈中华人民共和国城镇土地使用税暂行条例〉的决定》(国务院令第 483 号,以下简称《决定》),对 1988 年制定

的《中华人民共和国城镇土地使用税暂行条例》(以下简称原《条例》)的部分内容作了修改,并重新公布。现将贯彻《决定》的有关事项通知如下:

一、抓紧调整税额幅度及标准,扩大征税范围

国务院决定自 2007 年 1 月 1 日起,将城镇土地使用税每平方米年税额在原《条例》规定的基础上提高 2 倍,即大城市由 0.5 至 10 元提高到 1.5 元至 30 元;中等城市由 0.4 至 8 元提高到 1.2 元至 24 元;小城市由 0.3 至 6 元提高到 0.9 元至 18 元;县城、建制镇、工矿区由 0.2 元至 4 元提高到 0.6 元至 12 元。同时,将外商投资企业和外国企业(以下简称外资企业)纳入城镇土地使用税的征税范围。

各省、自治区、直辖市财政、地方税务部门要结合本地实际情况,尽快提出切实可行的税额幅度调整方案报省、自治区、直辖市人民政府批准。税额幅度原则上应在 2006 年实际执行税额幅度的基础上提高 2 倍。多年未调整税额幅度的地区,调整的力度应大一些。毗邻地区在制定调整方案时,要注意沟通情况;经济发展水平相近的地区,税额幅度不应相差过大。要使税额幅度能够客观地反映本地区经济发展程度和地价水平。

各市、县人民政府要结合本地经济发展水平、土地利用状况和地价水平等,合理划分本地区的土地等级,在省、自治区、直辖市人民政府确定的税额幅度内制定每一等级土地的具体适用税额标准,报省、自治区、直辖市人民政府批准执行。经济发达地区和城市中心区,原则上应按税额幅度的高限确定适用税额标准。经济发达地区如需突破税额幅度上限、进一步提高适用税额标准,须报经财政部、国家税务总局批准。

对外资企业征收城镇土地使用税是一项全新的工作,各地要充分利用土地使用权权属登记、土地使用费征缴等相关信息,通过税务登记、纳税申报、税源普查等多种方式,全面、准确地掌握外资企业的户数和占地情况,逐步建立和完善税源数据库。要严格执行城镇土地使用税政策,对征管过程中遇到的新问题,要认真研究,妥善解决,重大问题要及时上报财政部、国家税务总局。

二、加强管理,严格控制减免税

各地要完善城镇土地使用税的征收管理办法和操作规程,规范征收管理行为,优化征管环境,创新征管方式,不断提高征管质量和管理的精细化水平。要将政策调整与加强征收管理有机结合起来,充分发挥政策调整的作用。要严格控制减免税,根据国家加强土地管理的有关要求,从严控制各类开发区、各类园区用地和属于国家产业政策限制发展项目用地的减免税。对不符合国家产业政策的项目用地和廉租房、经济适用房以外的房地产开发用地一律不得减免税。要制定完善的减免税审批管理办法。要加强对减免税项目的后续管理。对属于越权减免和不

符合减免规定的,要立即纠正,情节严重的,要追究相关人员的责任。

三、加强宣传和辅导,做好信息的沟通和共享

各地要加大宣传力度、拓宽宣传渠道,通过电视、广播、网络、报纸等多种途径宣传调整城镇土地使用税税额幅度和将外资企业纳入征税范围的必要性及相关政策调整内容。要加强对纳税人的辅导,让广大纳税人尤其是外资企业了解城镇土地使用税的政策和征管规定。要主动和土地、房产等管理部门进行沟通,通过信息共享、情况通报、联合办公、联席会议等多种形式沟通情况和信息,加强部门间的协作配合,充分利用有关部门提供的信息,及时发现征管的薄弱环节,有针对性地采取措施,切实把城镇土地使用税的征收管理工作搞好。

《决定》是落实科学发展观的重要举措,有利于加强土地宏观调控、促进节约用地,有利于统一税制、公平税负,有利于拓宽税基、增加地方财政收入。各级财政、地方税务部门要高度重视此项工作,充分认识《决定》的重要意义,加强组织领导,做好贯彻《决定》的动员和部署工作。要主动向党政领导汇报《决定》的内容和贯彻落实《决定》的意见。财政、地方税务部门的主要领导要亲自抓好此项工作,周密部署、合理分工、明确责任,加强协调沟通,确保《决定》及时贯彻落实。

理论探索:城镇土地使用税调节楼市价格的功能和作用

截至 2008 年 5 月底,福建省地税系统共组织入库城镇土地使用税 13 亿元,同比增收 9.77 亿元,增长 302.4%。据分析,城镇土地使用税税额标准的提高,以及外商投资企业和外国企业纳入到征税范围,成为城镇土地使用税收入大幅增长的主要因素。但税额提高后,对福建的房价影响并不大。

税额提高近 2 倍,拉动税收增长

根据 2006 年 12 月 31 日国务院修订发布的《城镇土地使用税暂行条例》,福建省制定出台了《福建省城镇土地使用税实施办法》和《福建省人民政府关于调整城镇土地使用税税额标准的通知》。新的税额标准在原来规定的基础上提高了近 2 倍。在新标准实施的第一年,福建省城镇土地使用税征收入库额就有明显的提高。2006 年,福建全省征收入库城镇土地使用税 5.67 亿元;而 2007 年,全省征收入库 8.88 亿元,同比增收 3.21 亿元,增长 56.6%。

福建省地税局有关人士分析,新的土地使用税政策对囤地现象起到了积极的抑制作用,加强了对土地资源的控管。

外资被纳入征税范围,高尔夫球场影响重大

根据《福建省城镇土地使用税实施办法》,外商投资企业和外国企业首次纳入到城镇土地使用税征税的范畴。以外资企业较为密集的惠安县为例,截至今年 5 月底,惠安县地税局累计入库城镇土地使用税 7 942 万元,同比增加 6 664 万

元,增长 5.2 倍,其中涉外企业入库城镇土地使用税 2 742 万元,占全县入库城镇土地使用税的 34.53%。

外资投资的高尔夫球场受影响最明显。由于高尔夫球场占地面积较大,经营者每年要上缴几百万元甚至上千万元的城镇土地使用税。在福建省内的高尔夫球场中,外资高尔夫球场占多数。

对房价影响不大

在去年新政开始实施时,有人担心新的城镇土地使用税政策出台后,开发商很容易把增加的土地使用税成本转嫁到消费者身上,导致房价抬升。但新政实施一年来的实践表明,城镇土地使用税上调对房价的影响并不大。以福州为例,2006 年,福州市房屋销售价格上涨 6.7%,2007 年上涨 6.8%。也就是说,城镇土地使用税新政开始实施后的 2007 年,福州房屋销售价格比 2006 年仅上涨0.1个百分点。

地税机关人士分析认为,城镇土地使用税税额标准的提高,将会增加开发商的整体成本,但就单块土地来说,开发商每平方米增加的税收并不多,因此对开发商的影响不会很大。

——陈荣富、巫望群、林斌:《城镇土地使用税提高对房价影响不大》,《中国税务报》,2008 年 6 月 25 日。

延伸思考题

1. 城镇土地使用税的立法宗旨是什么?
2. 如何评价城镇土地使用税在土地保有环节的税收调节作用?
3. 如何评价城镇土地使用税的税收优惠政策?
4. 如何完善现行城镇土地使用税制?

第十一章　房产税法律制度

☞　　　　　　**案例：自房自租偷逃房产税的案**

　　日前,河南省巩义市地税局稽查分局在一次饮食业专项检查中,通过一张用工合同,查出了一起自房自租偷逃房产税的案件。

　　位于巩义市新华路的特色饮食饭店是一家在当地小有名气的饭店,该店营业执照及税务登记证上的法定代表人为马某。税务人员检查时发现该饭店证照齐全,按期申报,按规定使用发票,似乎没有问题。然而,细心的检查人员对马某办公桌上台历下压着的一张用工合同产生了怀疑。在这份用工合同上,代表该饭店和服务员签合同的是靳某,而非饭店老板马某。

　　在随后的检查中,检查人员又发现饭店的租房合同也大有问题。租房合同显示,该饭店用房由饭店老板马某每月以 500 元的价格从业主靳某手中租得。而在这条商铺林立的街道上,其他同规模的商铺每月的房租都在 4000 元左右。这家饭店的房租价格明显不合行情。同时,检查人员还发现,业主靳某竟与用工合同中的靳某名字一致。房屋业主靳某被叫来后,振振有词地辩称自己乐意低价租房,税务局管不着。当检查人员不动声色地将饭店用工合同、租房合同一起摆在了靳某面前时,靳某立即不好意思地闭上了嘴。

　　原来,房主靳某才是这家饭店的真正老板,而执照上的老板马某是靳某的表弟,只是为其打工的前堂经理。原来,这间门面房是靳某 50 万元所购,按照《河南省房产税暂行条例实施细则》第三条规定:"房产税依照房产原值一次减除30％后的余值计征,年税率为 1.2％。房产出租的,以房产租金收入计征,年税率为12％。"如果靳某以自己的名义来经营,每年需要缴纳房产税 4 200 元。为了偷逃房产税,靳某找来表弟马某,名义上把房子低价租给马某,签了虚假的房屋租赁合同,由马某出面经营饭店。这样一来,每年只需缴纳房产税 720 元。在靳某看来,这本应是一出顺理成章、天衣无缝的好戏。不曾想,今年新《劳动合同法》施行后,服务员闹着要签合同,马某怕担责任,靳某无奈只好亲自出马与服务员签了用工合同。正是这份用工合同,让靳某自房自租的骗局露出了马脚。

　　检查人员告诉靳某,虽说签租房合同税务局管不着,但按照税法规定,按租金收入计算征收房产税时,计税依据明显偏低且无正当理由的,税务机关有权按照同地段、同面积、同经营项目的租金水平进行重新核定。根据实际情况,靳某出租房屋按月租金 4 000 元计算,每年应缴纳的房产税应当为 5 760 元,比他自己搞经营缴纳的房产税还要多。听了检查人员的话,靳某懊悔不已。他说:"转了一大圈儿,反而多缴了税。"

——张宏奎、张瑞锋、巴延霞:《偷逃房产税,自己的房子自己低价租》,《中国税务报》,2008 年 10 月 31 日。

第一节　概述

一、房产税的概念

房产税是对在城市、县城、建制镇和工矿区房产产权人征收的一种财产税。

二、房产税的纳税人

房产税的纳税人是在城市、县城、建制镇和工矿区房产的产权人。具体而言,房产税由产权所有人缴纳。产权属于全民所有的,由经营管理的单位缴纳。产权出典的,由承典人缴纳。产权所有人、承典人不在房产所在地的,或者产权未确定及租典纠纷未解决的,由房产代管人或者使用人缴纳。

三、房产税的税率

税法规定,房产税依照房产原值一次减除 10% 至 30% 后的余值计算缴纳。具体减除幅度,由省、自治区、直辖市人民政府规定。没有房产原值作为依据的,由房产所在地税务机关参考同类房产核定。房产出租的,以房产租金收入为房产税的计税依据。

房产税的税率,依照房产余值计算缴纳的,税率为 1.2%;依照房产租金收入计算缴纳的,税率为 12%。

习题计算:房产税(1)

【题目】某企业 2005 年底自有经营用房原值为 50 万元。已知当地规定扣除比例为 25%,适用税率为 1.2%。

计算该企业 2005 年应纳房产税税额。

【解析】应纳税额=50×(1-25%)×1.2%

＝0.45(万元)

——财政部会计资格评价中心编:《经济法基础》(2009 年初级会计资格考试辅导教材),经济科学出版社,2008 年 12 月第 1 版。

习题计算:房产税(2)

【题目】李某自有一栋楼房,共 16 间。其中,用于个人生活居住的 3 间(房屋原值为 6 万元),用于个人开餐馆的 4 间(房屋原值为 10 万元)。2006 年 1 月 1 日,李某将剩余的 9 间房中的 4 间出典给王某,取得出典价款收入 10 万元;将其余的 5 间房出租给某公司,每月收取租金 5 000 元,期限均为 1 年。该地区规定按房产原值一次扣除 20% 后的余值计税。

计算李某 2006 年应缴纳的房产税税额。

【解析】根据房产税法律制度的规定,个人所有非营业用的房产免征房产税。房屋产权出典的,承典人为房产税的纳税人。因此,李某应就其个人营业用的房屋和出租的房屋缴纳房产税。

(1)李某个人营业用房屋 2006 年应纳房产税税额

应纳税额＝100 000×(1－20%)×1.2%

　　　　＝960(元)

(2)李某出租房屋 2006 年应纳房产税税额

应纳税额＝5 000×12×12%

　　　　＝7 200(元)

(3)李某 2006 年实际应缴纳房产税总额

应纳税额＝960＋7 200

　　　　＝8 160(元)

——财政部会计资格评价中心编:《经济法基础》(2009 年初级会计资格考试辅导教材),经济科学出版社,2008 年 12 月第 1 版。

第二节 税收优惠

税法规定,下列房产免纳房产税:

1.国家机关、人民团体、军队自用的房产;

2.由国家财政部门拨付事业经费的单位自用的房产;

3.宗教寺庙、公园、名胜古迹自用的房产;

4.个人所有非营业用的房产;

5.经财政部批准免税的其他房产。

此外,纳税人纳税确有困难的,可由省、自治区、直辖市人民政府确定,定期减征或者免征房产税。

实务链接:部分国家储备商品税收优惠政策

财政部、国家税务总局关于部分国家储备商品有关税收政策的通知

财税〔2009〕151号

各省、自治区、直辖市、计划单列市财政厅(局)、地方税务局,西藏、宁夏、青海省(自治区)国家税务局,新疆生产建设兵团财务局:

为支持国家商品储备业务发展,经国务院批准,现将中央和地方部分商品储备政策性业务(以下简称商品储备业务)有关税收政策明确如下:

一、对商品储备管理公司及其直属库承担商品储备业务取得的财政补贴收入暂免征收营业税。

二、对商品储备管理公司及其直属库资金账簿免征印花税,对其承担商品储备业务过程中书立的购销合同免征印花税,对合同其他各方当事人应缴纳的印花税照章征收。

三、对商品储备管理公司及其直属库承担商品储备业务自用的房产、土地,免征房产税、城镇土地使用税。

四、本通知所称商品储备管理公司及其直属库,是指接受中央、省、市、县四级政府有关部门委托,承担粮(含大豆)、食用油、棉、糖、肉、盐(限于中央储备)等6种商品储备任务,取得财政储备经费或补贴的商品储备企业。

五、承担中央政府有关部门委托商品储备业务的储备管理公司及其直属库、直属企业名单见附件。省、自治区、直辖市财政、税务部门会同有关部门明确承担省、市、县政府有关部门委托商品储备业务的储备管理公司及其直属库名单或制定具体管理办法,并报省、自治区、直辖市人民政府批准后予以发布。

六、对中国华粮物流集团公司及其直属企业接受中国储备粮管理总公司、分公司及其直属库委托承担的粮(含大豆)、食用油等商品储备业务,可按本通知前三条规定享受相应税收优惠,具体名单见附件。

七、商品储备管理公司及其直属库、直属企业名单若有变化,财政、税务等部门应及时进行调整。

八、本通知执行时间自2009年1月1日起至2010年12月31日。2009年1月1日以后已缴上述应予免税的税款,从企业应缴纳的相应税款中抵扣,2010年度内抵扣不完的,按有关规定予以退税。

九、有关部门在办理免税、退税手续时,要认真审核企业提供的相关材料,符合要求的及时办理。如发现不符合本通知规定政策的企业及其直属库,应取消

其免退税资格。

十、《财政部、国家税务总局关于部分国家储备商品有关税收政策的通知》（财税〔2006〕105 号）、《财政部、国家税务总局关于华粮物流集团公司有关税收政策的通知》（财税〔2006〕157 号）和《财政部、国家税务总局关于地方商品储备有关税收问题的通知》（财税〔2008〕110 号）同时废止。

请遵照执行。

财政部、国家税务总局
二〇〇九年十二月二十二日

第三节　税务管理

一、征收机关

税法规定，房产税由房产所在地的税务机关征收。

实务链接：对外资企业及外籍个人征收房产税

财政部、国家税务总局关于对外资企业及外籍个人征收房产税有关问题的通知

财税〔2009〕3 号

各省、自治区、直辖市、计划单列市财政厅（局）、地方税务局，新疆生产建设兵团财务局：

根据 2008 年 12 月 31 日国务院发布的第 546 号令，自 2009 年 1 月 1 日起，废止《中华人民共和国城市房地产税暂行条例》，外商投资企业、外国企业和组织以及外籍个人（包括港澳台资企业和组织以及华侨、港澳台同胞，以下统称外资企业及外籍个人）依照《中华人民共和国房产税暂行条例》（国发〔1986〕90 号）缴纳房产税。为做好外资企业及外籍个人房产税征收工作，现将有关事项通知如下：

一、自 2009 年 1 月 1 日起，对外资企业及外籍个人的房产征收房产税，在征税范围、计税依据、税率、税收优惠、征收管理等方面按照《中华人民共和国房产税暂行条例》（国发〔1986〕90 号）及有关规定执行。各地要及时了解外资企业及外籍个人房产税的征收情况，对遇到的问题及时反映，确保相关政策落实到位。

二、以人民币以外的货币为记账本位币的外资企业及外籍个人在缴纳房产税时，均应将其根据记账本位币计算的税款按照缴款上月最后一日的人民币汇

率中间价折合成人民币。

三、房产税由房产所在地的地方税务机关征收,其征收管理按《中华人民共和国税收征收管理法》及相关规定执行。

财政部、国家税务总局

二○○九年一月十二日

二、纳税期限

房产税按年征收、分期缴纳。具体纳税期限由省、自治区、直辖市人民政府规定。

案例:建立税源信息库 提高房产税征管效率和质量

记者近日从江苏省宜兴市地税局了解到,该局通过加大税源信息收集力度、建立税源信息库、提高税源数据比对分析能力等手段,有效提升了房产税的征管效率和质量。目前,该局对宜兴市 3 万多户应税房产总值达 9 424 万元的房产税税源,全部实现了信息化管理。今年 1 月～7 月共征收房产税 7 530 万元,同比增长 35.9%。

宜兴市地税局税政科有关负责人介绍说,近年来,宜兴市私营企业和个体工商业户以每年上千户的递增速度迅猛增长,2006 年～2008 年 3 年时间该市已新增各类企业 4425 家、个体户 5042 户。面对管户数量的激增,怎样在征管中及时、全面地掌握房产税税源信息,是加强房产税管理必须解决的一个问题。为此,该局在对辖区内房产税税源进行充分调研的基础上,明确了在征管中采取建立信息交换机制形成税源信息库,依托综合征管信息系统加强房产税征收指标监控,运用分类采集法加强房产税征管的方法。

该局在日常征管中发现,很多企业通常采用"少入账"、"慢结转"、"假租赁"、"以收抵支"和"转移收入"等手段,隐瞒房产税计税依据,以达到少缴、不缴税款的目的。为此,该局与市规划部门建立了信息交换共享机制,通过信息交换平台及时取得全市建设规划项目信息。在此过程中,该局收集项目造价、承建合同、建设进度、项目费用结算、在建工程结转、房屋使用折旧计提等各方面的信息,利用征管信息系统和电算化软件进行分析比对和预警评估。今年以来,该局共核对疑点信息 2 万多条次,调增房产原值 29 亿多元,增加房产税税源 2 442 万元,实现了房产税税源信息的无差异。此外,该局还加强对非正常户、注销户等房产的跟踪管理,定期了解其房产使用情况,以防止出现控管盲区。

据该局有关负责人介绍,前不久,通过与市建设局传递的涉税信息进行比对,该局征管部门发现辖区内有 5 家企业建设项目已经建设完工投产使用,却没有申报新增房产税。该局于是派出税务干部到这几家企业进行了核查,发现几家企业情况类似,均以未开票结算为由,将实际完工并投入使用的房产在财务账目中归类于"在建工程"科目中,以实现少缴或不缴税款。该局于是对这些企业采取了相关征管措施,调增应税房产原值1.8亿元,增加房产税151万元。

对于重点房产征收项目,该局依托综合征管系统建立了房产税征收指标监控体系,对税种之间差异原因及可能出现漏洞的环节进行定量分析,筛选城建税实缴数大而房产原值数值小的疑点征管户信息,将其发送到基层征管分局作为重点评估对象开展专项评估和实地勘查,从源头上堵塞征管漏洞。对于日常征管项目,该局则借助综合征管信息系统,定期对房产税申报征收数与税源库数据实行季期性比对,及时排查差异信息,确保房产税真正实现无差异性征收和全覆盖监控。

据该局税务干部介绍,今年4月份征收期结束后,该局通过综合征管系统发现辖区内多户企业销售收入及城建税收入大幅增加,而申报房产原值数值却非常小,税务干部经分析认为企业产能与房产原值反差太大,于是将疑点信息下发至分局要求进行核实。分局税务干部经过核查发现多数企业存在"自建厂房"没有入账和房屋资产账目归属混乱的问题,于是采取了针对性征管措施,对企业补征房产税33万元。

为巩固房产税专项征收成果,宜兴市地税局从规范管理入手,建立了房产税税源管理长效机制。该局指派税务干部专门与辖区内房管、建设、规划、公安等部门进行信息沟通与协作,及时掌握新办企业源头税源信息,实时核实、更新房产税税源信息,做好房产税税源库信息的动态维护。此外,该局还把房产税税源信息库维护和管理作为一项常规性工作固定下来,建立了税源数据维护、内部协调和综合管理长效管理机制。

——石剑光、娄开峻:《全程监控:宜兴实现房产税管理无盲区》,《中国税务报》,2009年8月19日。

文献附录:关于廉租住房 经济适用住房和住房租赁有关税收政策的通知
财政部、国家税务总局关于廉租住房 经济适用住房
和住房租赁有关税收政策的通知
财税〔2008〕24号

各省、自治区、直辖市、计划单列市财政厅(局)、国家税务局、地方税务局,新疆生产建设兵团财务局:

为贯彻落实《国务院关于解决城市低收入家庭住房困难的若干意见》(国发〔2007〕24号)精神,促进廉租住房、经济适用住房制度建设和住房租赁市场的健

康发展,经国务院批准,现将有关税收政策通知如下:

一、支持廉租住房、经济适用住房建设的税收政策

(一)对廉租住房经营管理单位按照政府规定价格、向规定保障对象出租廉租住房的租金收入,免征营业税、房产税。

(二)对廉租住房、经济适用住房建设用地以及廉租住房经营管理单位按照政府规定价格、向规定保障对象出租的廉租住房用地,免征城镇土地使用税。

开发商在经济适用住房、商品住房项目中配套建造廉租住房,在商品住房项目中配套建造经济适用住房,如能提供政府部门出具的相关材料,可按廉租住房、经济适用住房建筑面积占总建筑面积的比例免征开发商应缴纳的城镇土地使用税。

(三)企事业单位、社会团体以及其他组织转让旧房作为廉租住房、经济适用住房房源且增值额未超过扣除项目金额20%的,免征土地增值税。

(四)对廉租住房、经济适用住房经营管理单位与廉租住房、经济适用住房相关的印花税以及廉租住房承租人、经济适用住房购买人涉及的印花税予以免征。

开发商在经济适用住房、商品住房项目中配套建造廉租住房,在商品住房项目中配套建造经济适用住房,如能提供政府部门出具的相关材料,可按廉租住房、经济适用住房建筑面积占总建筑面积的比例免征开发商应缴纳的印花税。

(五)对廉租住房经营管理单位购买住房作为廉租住房、经济适用住房经营管理单位回购经济适用住房继续作为经济适用住房房源的,免征契税。

(六)对个人购买经济适用住房,在法定税率基础上减半征收契税。

(七)对个人按《廉租住房保障办法》(建设部等9部委令第162号)规定取得的廉租住房货币补贴,免征个人所得税;对于所在单位以廉租住房名义发放的不符合规定的补贴,应征收个人所得税。

(八)企事业单位、社会团体以及其他组织于2008年1月1日前捐赠住房作为廉租住房的,按《中华人民共和国企业所得税暂行条例》(国务院令第137号)、《中华人民共和国外商投资企业和外国企业所得税法》有关公益性捐赠政策执行;2008年1月1日后捐赠的,按《中华人民共和国企业所得税法》有关公益性捐赠政策执行。个人捐赠住房作为廉租住房的,捐赠额未超过其申报的应纳税所得额30%的部分,准予从其应纳税所得额中扣除。

廉租住房、经济适用住房、廉租住房承租人,经济适用住房购买人以及廉租住房租金、货币补贴标准等须符合国发[2007]24号文件及《廉租住房保障办法》(建设部等9部委令第162号)、《经济适用住房管理办法》(建住房[2007]258号)的规定;廉租住房、经济适用住房经营管理单位为县级以上人民政府主办或确定的单位。

二、支持住房租赁市场发展的税收政策

（一）对个人出租住房取得的所得减按 10% 的税率征收个人所得税。

（二）对个人出租、承租住房签订的租赁合同，免征印花税。

（三）对个人出租住房，不区分用途，在 3% 税率的基础上减半征收营业税，按 4% 的税率征收房产税，免征城镇土地使用税。

（四）对企事业单位、社会团体以及其他组织按市场价格向个人出租用于居住的住房，减按 4% 的税率征收房产税。

上述与廉租住房、经济适用住房相关的新的优惠政策自 2007 年 8 月 1 日起执行，文到之日前已征税款在以后应缴税款中抵减。与住房租赁相关的新的优惠政策自 2008 年 3 月 1 日起执行。其他政策仍按现行规定继续执行。

各地要严格执行税收政策，加强管理，对执行过程中发现的问题，及时上报财政部、国家税务总局。

特此通知。

财政部、国家税务总局

二〇〇八年三月三日

理论探索：意大利不动产税对中国房产税制改革的启示

目前，国内相关部门正酝酿对房地产税制进行改革，但不管是土地增值税的取消，还是物业税的开征及其如何开征，都充满着争议。一方面是因为改革牵涉各方面的重要利益，另一方面是因为这项改革在理论和实践上尚存在不确定的因素。因此，笔者本着"他山之石，可以攻玉"的寄望，对意大利不动产税进行介绍和分析，希望能对我国未来的房地产税制改革有所启发。

意大利不动产税的特点

作为一种财产税，意大利的不动产税属于地方税，即市镇税（市镇是意大利的基层行政组织），在 1992 年 12 月 30 日颁布的第 504 号授权立法令（以下简称第 504 号法令）中规定。其征收主体是不动产所在地的市镇。由于意大利税法赋予了地方税收立法权，作为征收主体的市镇具有确定税率、补全或废弃有关立法规范的权限，同时也具有税收查定、征收和处罚等税收征管权。

根据第 504 号法令规定，意大利不动产是指位于意大利国家领地内的建筑物、建筑用地和农用土地。税基是不动产的价值。其中，在地籍册登记注册的建筑物，价值是地籍册上规定的定期收益（类似于年金、地租）乘以倍数 100 得出的值；建筑用地，价值是每年 1 月 1 日的该建筑用地的销售价值；农用土地，价值由每年 1 月 1 日在地籍册中确定的领主收入乘以倍数 75 得到。需要说明的是，在得出的价值与市场价值相比有明显差异时，意大利财政部可以按法令改变上述提到的倍数。

市镇政府每年需要在 10 月 31 日之前在 0.4％到 0.7％之间确定来年具体适用的税率。非居住的不动产、主要用于居住的不动产、无人居住的住房等分别采用不同的税率。需要说明的是，根据意大利 1998 年第 431 号法律规定，对于主要用于居住的出租房可以确定比 0.4％更小的税率，而对于未落成（至少）两年以上的不动产，可以确定最高达 0.9％的税率。除此之外，第 504 号法令还对主要用于居住的不动产作出降低税率等规定，对主要由农业劳动者管理、经营的土地规定了税基方面的优惠措施。

意大利不动产税的纳税义务人是不动产的所有人或者是收益权人、使用或居住权人、房产权人和永佃权人。

征收机制建立在纳税人主动履行纳税义务的基础之上，纳税人必须在每年 6 月之前向市镇缴纳前年所缴纳税款总额的 50％的税款，在 12 月 20 日前缴纳余下的税款。

意大利不动产税给我国的启示

我国现行的房地产税制是在 1994 年税制改革的基础上逐步形成的，随着经济体制改革的深入以及房地产市场的建立和发展，现行房地产税制和经济发展之间的矛盾与日俱增。那么，意大利的不动产税在哪些方面值得我们借鉴呢？

统一开征不动产税。对土地和房产开征统一的不动产税或是物业税，将房产税、城镇土地使用税和耕地占用税并入其中，从主要对房地产流通阶段征税向主要对房地产保有阶段征税转变。需要补充的是，意大利已经取消了不动产增值税，对不动产在流动过程中产生的增值征收所得税。

引入灵活的税基、税率和税收优惠确定机制。借鉴意大利做法，以每年确定的房地产定期收益（比如年金、地租等）乘以一定的倍数后的值作为基本计税依据，并用房地产的市场价值加以衡量，使房地产价值与经济发展尽量保持一致。在税率上，参照意大利的立法实践，确定较低税率，对于不同种类的不动产适用不同的税率。特别是对农业用地、农村房产以及非经营性使用的住房、出租房给予不同程度的减免税优惠措施。

完善配套制度、税收征纳关系。建立、完善土地、房产登记注册制度和房地产价值评估制度，加强相关登记部门与征税机关的联系、协作，尽量使每一处房地产都能有据可查、征税有章可依。在征纳关系上，确定以纳税人主动申报、缴纳为基础，征税机关主要承担审查、监控职责的征税机制。对纳税人在申报过程中出现的不同性质、不同程度的违法状况，征税机关应给予不同的处理，可区分三类状况：计算错误；不诚实、不完整和不准确申报；漏报、未报和不报。

赋予地方适当的税收立法权、必要的税制管理权限。在维护中央税制统一的前提下,结合我国税收立法权的改革,在作为地方税种的不动产税领域赋予地方适当的立法权。即使不赋予地方税收立法权,也应该赋予地方一定的税制管理权限,比如具体税目税率适用的确定权、税收优惠的具体执行权等,以使地方根据自身的实际情况灵活处理税收问题。

意大利不动产税中存在的一些缺陷,也值得我们注意。由于该税未考虑所有人为购买某一房产而承担的债务,就可能产生对"不存在"的财产征税的情况,比如买房人为购置一套价值10万元的房子而承担了10万元的债务,该不动产所体现的支付能力就为零等。

——翁武耀:《意大利不动产税对中国房产税制改革的启示》,《中国税务报》,2009年11月18日。

延伸思考题

1.如何评价房产税在房地产税制中的地位和作用?
2.如何评价房产税的税收优惠政策?
3.如何分析房产税与其他房地产税制的关系?
4.如何完善现行房产税制?

第十二章 契税法律制度

 案例:子女继承房产纳税筹划

"前不久,我从父亲那里继承了一套房产,我的父亲现仍健在。在办理房产手续时,主管税务机关要求我缴纳契税,其依据是国家税务总局《关于加强房地产交易个人无偿赠与不动产税收管理有关问题的通知》(国税发〔2006〕144号)。这份文件规定,对于个人无偿赠与不动产行为,应对受赠人全额征收契税。我是法定继承人,也要缴纳契税吗?"日前,湖北省十堰市市民张先生拨打市地税局12366纳税服务热线咨询。

其实不只是张先生,涉及房产的继承和赠与,其中的税费孰高孰低,具体的过户手续如何办理,都是许多人关心的问题。类似的问题,咨询员曾接到过不少。

比如,一位70多岁的王姓老太太几天前打来电话说,几个月前老伴离世,王老太太继承了老伴的房产,与唯一的儿子相依为命。后来,王老太太听身边人说,必须在离世前把房子转给儿子,否则在百年之后,她的儿子就要为这套房子支付"遗产税"。听到这一说法后,王老太太便向12366询问。

为了帮助纳税人掌握相关税收政策,咨询员结合税收政策和相关法律规定,进行了详细的解答。

房产无偿赠与行为、继承行为和遗赠行为在法律上是有一定区别的,对应的税收规定也是有差异的。房产继承,是指按照《继承法》的规定,把被继承人所遗的房产转归继承人的行为。继承是一种法律制度,继承关系要在一定的条件下才能发生。一是继承应当在被继承人(在房产继承中就是遗留下房产的人)死亡后才能发生,这是继承的首要条件。有的房产所有权人为了避免继承人在日后可能会因争夺房产而产生纠纷,在生前就将房产权交给继承人,如分给某个或各个子女,这也是合法的行为,但这不是继承,因为这时继承还没有开始,而是生前的赠与行为。二是继承遗产的人应当是被继承人的合法继承人,就是依照法律的规定能作为继承人的人。《继承法》规定的法定继承人包括配偶、子女、父母、兄弟姐妹、祖父母、外祖父母。被继承人如果立下遗嘱,将房产指定给法定继承人以外的人,或是捐献给国家、集体,这也是被继承人处分遗产的方式,但这不是继承而是遗赠。

根据国家税务总局《关于继承土地、房屋权属有关契税问题的批复》(国税函〔2004〕1036 号)规定,对于《继承法》规定的法定继承人(包括配偶、子女、父母、兄弟姐妹、祖父母、外祖父母)继承土地、房屋权属,不征契税。按照《继承法》规定,非法定继承人根据遗嘱承受死者生前的土地、房屋权属,属于赠与行为,应征收契税。

由此可见,对法定继承人继承的房产,不属于国税发〔2006〕144 号文件规定的"对于个人无偿赠与不动产行为,应对受赠人全额征收契税"的范围,应当按国税函〔2004〕1036 号文件的规定免征契税。但对在生前就将房产权交给继承人的赠与行为以及将房产指定给法定继承人以外的单位或人的遗赠行为,应当征收契税。

对于文中提到的张先生,他接受的那套房产并不是继承得来的,而是其父亲的生前赠与,应该依法缴纳契税。至于王老太太,由于目前中国并没有开征遗产税,其身边人所说的"遗产税"只是谬传。该案例涉及的仍是房产赠与和房产继承问题。由于王老太太仅有儿子一个直系亲属,再没有其他亲人,因此,老太太百年之后,其儿子为房屋产权的唯一法定继承人,该继承房产行为属于免征契税范畴,只需要到公证处办理继承公证,再到房屋管理局办理过户,交纳登记费、公证费等相关费用即可。而如果王老太太现在把自己的房产转到儿子名下的话,则属于房产赠与,根据税法规定,其儿子应缴纳契税。

——纪宏奎:《子女继承房地产　契税缴纳有讲究》,《中国税务报》,2008 年 9 月 15 日。

第一节　概述

一、契税的概念

契税是以所有权发生转移的不动产为征税对象,向产权承受人征收的一种财产税。

二、契税的纳税人

在我国境内转移土地、房屋权属,承受的单位和个人为契税的纳税人,应当

依法缴纳契税。

术语界定：

转移土地、房屋权属是指下列行为：(1)国有土地使用权出让；(2)土地使用权转让，包括出售、赠与和交换(不包括农村集体土地承包经营权的转移)；(3)房屋买卖；(4)房屋赠与；(5)房屋交换。

土地、房屋权属，是指土地使用权、房屋所有权。

承受，是指以受让、购买、受赠、交换等方式取得土地、房屋权属的行为。

单位，是指企业单位、事业单位、国家机关、军事单位和社会团体以及其他组织。

个人，是指个体经营者及其他个人。

税法规定，土地、房屋权属以下列方式转移的，视同土地使用权转让、房屋买卖或者房屋赠与征税：

(1)以土地、房屋权属作价投资、入股；

(2)以土地、房屋权属抵债；

(3)以获奖方式承受土地、房屋权属；

(4)以预购方式或者预付集资建房款方式承受土地、房屋权属。

实务链接：企业改制重组中的契税纳税人

财政部、国家税务总局关于企业改制重组若干契税政策的通知

财税〔2008〕175 号

为了支持企业改革，加快建立现代企业制度，促进国民经济持续、健康发展，现就企业改制重组中涉及的若干契税政策通知如下：

一、企业公司制改造

非公司制企业，按照《中华人民共和国公司法》的规定，整体改建为有限责任公司(含国有独资公司)或股份有限公司，或者有限责任公司整体改建为股份有限公司的，对改建后的公司承受原企业土地、房屋权属，免征契税。上述所称整体改建是指不改变原企业的投资主体，并承继原企业权利、义务的行为。

非公司制国有独资企业或国有独资有限责任公司，以其部分资产与他人组建新公司，且该国有独资企业(公司)在新设公司中所占股份超过50％的，对新设公司承受该国有独资企业(公司)的土地、房屋权属，免征契税。

国有控股公司以部分资产投资组建新公司，且该国有控股公司占新公司股份85％以上的，对新公司承受该国有控股公司土地、房屋权属免征契税。上述所称国有控股公司，是指国家出资额占有限责任公司资本总额50％以上，或国有股份占股份有限公司股本总额50％以上的国有控股公司。

二、企业股权转让

在股权转让中,单位、个人承受企业股权,企业土地、房屋权属不发生转移,不征收契税。

三、企业合并

两个或两个以上的企业,依据法律规定、合同约定,合并改建为一个企业,且原投资主体存续的,对其合并后的企业承受原合并各方的土地、房屋权属,免征契税。

四、企业分立

企业依照法律规定、合同约定分设为两个或两个以上投资主体相同的企业,对派生方、新设方承受原企业土地、房屋权属,不征收契税。

五、企业出售

国有、集体企业出售,被出售企业法人予以注销,并且买受人按照《劳动法》等国家有关法律法规政策妥善安置原企业全部职工,其中与原企业30％以上职工签订服务年限不少于三年的劳动用工合同的,对其承受所购企业的土地、房屋权属,减半征收契税;与原企业全部职工签订服务年限不少于三年的劳动用工合同的,免征契税。

六、企业注销、破产

企业依照有关法律法规的规定实施注销、破产后,债权人(包括注销、破产企业职工)承受注销、破产企业土地、房屋权属以抵偿债务的,免征契税;对非债权人承受注销、破产企业土地、房屋权属,凡按照《劳动法》等国家有关法律法规政策妥善安置原企业全部职工,其中与原企业30％以上职工签订服务年限不少于三年的劳动用工合同的,对其承受所购企业的土地、房屋权属,减半征收契税;与原企业全部职工签订服务年限不少于三年的劳动用工合同的,免征契税。

七、其他

经国务院批准实施债权转股权的企业,对债权转股权后新设立的公司承受原企业的土地、房屋权属,免征契税。

政府主管部门对国有资产进行行政性调整和划转过程中发生的土地、房屋权属转移,不征收契税。

企业改制重组过程中,同一投资主体内部所属企业之间土地、房屋权属的无偿划转,包括母公司与其全资子公司之间,同一公司所属全资子公司之间,同一自然人与其设立的个人独资企业、一人有限公司之间土地、房屋权属的无偿划转,不征收契税。

本通知执行期限为2009年1月1日至2011年12月31日。

财政部、国家税务总局
二〇〇八年十二月二十九日

三、契税的计税依据

税法规定,契税的计税依据是:

1. 国有土地使用权出让、土地使用权出售、房屋买卖,为成交价格;

2. 土地使用权赠与、房屋赠与,由征收机关参照土地使用权出售、房屋买卖的市场价格核定;

3. 土地使用权交换、房屋交换,为所交换的土地使用权、房屋的价格的差额。

成交价格,是指土地、房屋权属转移合同确定的价格,包括承受者应交付的货币、实物、无形资产或者其他经济利益。如果成交价格明显低于市场价格并且无正当理由的,或者所交换土地使用权、房屋的价格的差额明显不合理并且无正当理由的,由税务机关参照市场价格核定。

土地使用权交换、房屋交换,土地使用权与房屋所有权之间相互交换,交换价格不相等的,由多交付货币、实物、无形资产或者其他经济利益的一方缴纳税款。交换价格相等的,免征契税。

以划拨方式取得土地使用权的,经批准转让房地产时,应由房地产转让者补缴契税。

四、契税的税率

税法规定,契税税率为 3%～5% 。

契税的具体适用税率,由省、自治区、直辖市人民政府在上述幅度内按照本地区的实际情况确定,并报财政部和国家税务总局备案。

五、契税应纳税额的计算

契税应纳税额的计算公式为:

应纳税额＝计税依据×税率

习题计算:契税(1)

【题目】居民甲有两套住房,将一套出售给居民乙,成交价格为 100 000 元;将另一套两室住房与居民丙交换成两处一室住房,并支付换房差价款 40 000元。已知当地契税税率为 5%。

计算甲乙丙相关行为应缴纳的契税税额。

【解析】房屋交换时,价值较低的一方不缴纳契税,由取得较大价值房屋的一方按照交换价值的差价缴纳契税。

(1) 甲应缴纳契税＝40 000×5%＝2 000(元)

(2) 乙应缴纳契税＝100 000×5%＝5 000(元)

（3）丙不缴纳契税。

——全国注册税务师职业资格考试教材编写组：《税法（Ⅱ）》（2008 年全国注册税务师职业资格考试教材），中国税务出版社，2008 年 1 月第 1 版。

习题计算：契税（2）

【题目】2006 年，黄某获得单位奖励房屋一套。黄某得到该房屋后又将其与李某拥有的一套房屋进行交换。房地产评估机构评估奖励黄某的房屋价值 30 万元，李某房屋价值 35 万元。协商后，黄某实际向李某支付房屋价格差额款 5 万元。税务机关核定奖励黄某的房屋价值 28 万元。已知当地规定的契税税率为 4%。

计算黄某 2006 年应缴纳的契税税额。

【解析】根据契税法律制度的规定，以获奖方式取得房屋权属的应视同房屋赠与征收契税，计税依据为税务机关参照市场价格核定的价格，即 28 万元。房屋交换且交换价格不相等的，应由多支付货币的一方缴纳契税，计税依据为所交换的房屋价格的差额，即 5 万元。因此，黄某应就其获奖承受该房屋权属行为和房屋交换行为分别缴纳契税。

（1）黄某获奖承受房屋权属行为应缴纳的契税税额＝280 000×4%

＝11 200（元）

（2）黄某房屋交换行为应缴纳的契税税额＝50 000×4%

＝2 000（元）

（3）2006 年黄某应缴纳的契税总额＝11 200＋2 000

＝13 200（元）

——财政部会计资格评价中心编：《经济法基础》（2009 年初级会计资格考试辅导教材），经济科学出版社，2008 年 12 月第 1 版。

第二节　税收优惠

税法规定，有下列情形之一的，减征或者免征契税：

1. 国家机关、事业单位、社会团体、军事单位承受土地、房屋用于办公、教学、医疗、科研和军事设施的，免征契税；

2. 城镇职工按规定第一次购买公有住房的，免征契税；

3. 因不可抗力灭失住房而重新购买住房的，酌情准予减征或者免征契税；

4. 土地、房屋被县级以上人民政府征用、占用后，重新承受土地、房屋权属

的,是否减征或者免征契税,由省、自治区、直辖市人民政府确定;

5.纳税人承受荒山、荒沟、荒丘、荒滩土地使用权,用于农、林、牧、渔业生产的,免征契税;

6.依照我国有关法律规定以及我国缔结或参加的双边和多边条约或协定的规定应当予以免税的外国驻华使馆、领事馆、联合国驻华机构及其外交代表、领事官员和其他外交人员承受土地、房屋权属的,经外交部确认,可以免征契税;

7.财政部规定的其他减征、免征契税的项目。

经批准减征、免征契税的纳税人改变有关土地、房屋的用途,不再属于减征、免征契税范围的,应当补缴已经减征、免征的税款。

术语界定:

用于办公的,是指办公室(楼)以及其他直接用于办公的土地、房屋。

用于教学的,是指教室(教学楼)以及其他直接用于教学的土地、房屋。

用于医疗的,是指门诊部以及其他直接用于医疗的土地、房屋。

用于科研的,是指科学试验的场所以及其他直接用于科研的土地、房屋。

用于军事设施的,是指:(1)地上和地下的军事指挥作战工程;(2)军用的机场、港口、码头;(3)军用的库房、营区、训练场、试验场;(4)军用的通信、导航、观测台站;(5)其他直接用于军事设施的土地、房屋(具体范围由省、自治区、直辖市人民政府确定)。

城镇职工按规定第一次购买公有住房的,是指经县以上人民政府批准,在国家规定标准面积以内购买的公有住房。城镇职工享受免征契税,仅限于第一次购买的公有住房。超过国家规定标准面积的部分,仍应按照规定缴纳契税。

不可抗力,是指自然灾害、战争等不能预见、不能避免并不能克服的客观情况。

纳税人符合减征或者免征契税规定的,应当在签订土地、房屋权属转移合同后 10 日内,向土地、房屋所在地的契税征收机关办理减征或者免征契税手续。

实务链接:应对金融危机的房地产税收优惠政策

关于调整房地产交易环节税收政策的通知

财税〔2008〕137 号

各省、自治区、直辖市、计划单列市财政厅(局)、地方税务局,新疆生产建设兵团财务局:

为适当减轻个人住房交易的税收负担,支持居民首次购买普通住房,经国务院批准,现就房地产交易环节有关税收政策问题通知如下:

一、对个人首次购买 90 平方米及以下普通住房的,契税税率暂统一下调到 1%.首次购房证明由住房所在地县(区)住房建设主管部门出具。

二、对个人销售或购买住房暂免征收印花税。

三、对个人销售住房暂免征收土地增值税。

本通知自 2008 年 11 月 1 日起实施。

财政部、国家税务总局

二〇〇八年十月二十二日

实务链接：中国农业银行改制相关契税优惠政策

国家税务总局关于明确中国农业银行改制有关契税政策的通知

国税函〔2009〕618 号

各省、自治区、直辖市财政厅(局)、地方税务局：

2008 年 10 月 21 日，国务院批准原中国农业银行整体改制为中国农业银行股份有限公司。在改制过程中，中国农业银行股份有限公司将承受原中国农业银行土地、房屋权属。为明确有关契税政策，现通知如下：

一、原中国农业银行整体改制为中国农业银行股份有限公司所涉及契税的纳税义务发生时间为 2008 年 10 月 21 日。

二、原中国农业银行整体改制为中国农业银行股份有限公司所涉及契税问题，适用《财政部、国家税务总局关于企业改制重组若干契税政策的通知》(财税〔2003〕184 号)。因此，对中国农业银行股份有限公司承受原中国农业银行的土地、房屋权属，免征契税。

三、对中国农业银行股份有限公司以国家作价出资方式承受原中国农业银行划拨用地，不征契税。

国家税务总局

二〇〇九年十一月五日

第三节　税务管理

一、征收机关

税法规定，契税征收机关为土地、房屋所在地的财政机关或者地方税务机关。具体征收机关由省、自治区、直辖市人民政府确定。

征收机关可以根据征收管理的需要，委托有关单位代征契税，具体代征单位由省、自治区、直辖市人民政府确定。代征手续费的支付比例，由财政部另行规定。

省、自治区、直辖市人民政府根据条例和本细则的规定制定实施办法，并报财政部和国家税务总局备案。

二、协税制度

税法规定,土地管理部门、房产管理部门应当向契税征收机关提供有关资料(即土地管理部门、房产管理部门办理土地、房屋权属变更登记手续的有关土地、房屋权属、土地出让费用、成交价格以及其他权属变更方面的资料),并协助契税征收机关依法征收契税。

三、纳税义务发生时间

契税的纳税义务发生时间,为纳税人签订土地、房屋权属转移合同的当天,或者纳税人取得其他具有土地、房屋权属转移合同性质凭证的当天。

其他具有土地、房屋权属转移合同性质凭证,是指具有合同效力的契约、协议、合约、单据、确认书以及由省、自治区、直辖市人民政府确定的其他凭证。

四、纳税申报

税法规定,纳税人应当自纳税义务发生之日起 10 日内,向土地、房屋所在地的契税征收机关办理纳税申报,并在契税征收机关核定的期限内缴纳税款。

纳税人因改变土地、房屋用途应当补缴已经减征、免征契税的,其纳税义务发生时间为改变有关土地、房屋用途的当天。

纳税人办理纳税事宜后,契税征收机关应当向纳税人开具契税完税凭证。

五、权属变更登记

纳税人应当持契税完税凭证和其他规定的文件材料,依法向土地管理部门、房产管理部门办理有关土地、房屋的权属变更登记手续。

纳税人未出具契税完税凭证的,土地管理部门、房产管理部门不予办理有关土地、房屋的权属变更登记手续。

文献附录:契税征收管理重要文件汇总

国家税务总局关于契税征收管理若干具体事项的通知

国税发〔1997〕176 号

北京、天津、河北、黑龙江、上海、江苏、浙江、安徽、福建、江西、山东、河南、湖北、湖南、广东、广西、海南、重庆、贵州、云南、陕西、宁夏、新疆、青海省(自治区、直辖市)及宁波、厦门、青岛、深圳市财政厅(局),山西、内蒙古、辽宁、吉林、四川、甘肃省(自治区)及大连市地方税务局:

为了贯彻执行《中华人民共和国契税暂行条例》(以下简称《条例》)和《中华

人民共和国契税暂行条例细则》(以下简称《细则》),现就契税征收管理中的若干具体事项通知如下:

一、征收机关。契税征收机关是主管农业税收征收管理工作的各级财政机关或者地方税务机关。

二、征收方式。契税征收应当以征收机关自征为主。目前自征确有困难的地区,经上一级征收机关批准,可以委托当地房屋管理部门、土地管理部门或者其他有关单位代征。对代征单位,征收机关应发给委托代征证书,进行政策和业务指导,确保将代征税款及时解缴入库。

三、减税、免税。按《条例》规定享受减税、免税的纳税人,可向当地征收机关书面提出减税、免税申请,并提供有关证明材料。征收机关应在严格审核后办理减税、免税手续。代征单位不得办理减税、免税手续。减税、免税的审批程序和办法,由省、自治区、直辖市征收机关具体规定。

四、票证管理。为使征管工作逐步规范化,契税的纳税申报表、完税证格式全国统一,具体式样及有关说明另行规定。征收中需要的其他有关票证由省、自治区、直辖市征收机关统一制定格式和组织印制。

鉴于目前农村地区尚无专门的房屋产权管理机构和制度,征收机关在对农村地区的房屋产权转移征收契税时,应当在核实有关情况并确认转移的合法性后,给纳税人核发记载有房屋基本情况、房屋产权转移情况以及契税完纳情况的"契税完税凭证"。在发放房屋所有权证的城镇地区是否发放"契税完税凭证",由各地省级征收机关自定。"契税完税凭证"的参考格式及有关说明另行下发。

五、会计科目设置。《农业税收征解会计制度》中契税收入二级科目调整为:土地出让、土地转让、房屋买卖、房屋赠与、房屋交换、滞纳金和罚款收入。

六、征收经费。征收经费的来源和管理仍按现行办法执行。各地对征收经费要严格管理,专款专用,保证征收管理工作的开展。

对代征单位,征收机关可以付给代征手续费。代征手续费的支付比例,按财政部有关规定执行。

七、其他事项

除《条例》、《细则》已有明确规定者外,契税的征收管理参照《中华人民共和国税收征收管理法》等法律法规执行。

凡 1997 年 10 月 1 日前已签订房地产权属转移合同,但未办理纳税手续的,对其征税处理仍按原政策执行。

国家税务总局 国家土地管理局关于契税征收管理有关问题的通知
国税发〔1998〕31 号

为了加强契税征收机关与土地管理部门的工作配合,做好契税征收管理工作,根据《中华人民共和国契税暂行条例》、《中华人民共和国契税暂行条例细则》和《中华人民共和国土地管理法》、《中华人民共和国城市房地产管理法》等法律、法规规定,现就契税征收管理中的有关问题通知如下:

一、各级契税征收机关应当结合当地实际情况,建立一套完善的契税征收管理制度。各级土地管理部门要予以积极支持和配合,协助当地契税征收机关做好契税的征收管理工作。

二、土地管理部门和契税征收机关要共同做好契税征收管理与土地使用权的权属管理的衔接工作。

土地管理部门在受理土地变更登记申请后,对土地权属及变更事项进行审核,对符合变更登记规定的,要求当事人出示契税完税凭证或免税证明。对未取得契税完税凭证或免税证明的,土地管理部门不予办理土地变更登记手续。

三、契税征收机关可向土地管理部门查询所需土地使用权权属及出让、转让时间、成交价格及已公布的土地基准地价等与征收契税有关的资料。土地管理部门应当向契税征收机关提供所需的资料。契税征收机关应对在土地管理部门查询的资料严格保密,未经允许,不得转让或公开引用。

契税征收机关应向土地管理部门提供所需已办理契税完税或免税手续的房地产交易情况。

四、土地管理部门在土地证书的定期查验时,可联合契税征收机关对契税完税情况进行检查。对检查中发现的逃避纳税和不办理土地变更登记手续的,应责令其完税和办理土地变更登记手续,并依照有关规定进行处理。

对于需要按评估价格计征契税的,应当委托具备土地评估资格的评估机构进行有关的评估,以规范房地产市场交易行为,确保国家税收不受损失。

财政部、国家税务总局关于契税征收中几个问题的批复
财税字〔1998〕96 号

江苏省财政厅:

你厅《关于契税征收中几个问题的请示》(苏财农税〔1998〕10 号)收悉。经研究,现批复如下:

一、关于计税价格问题。根据《中华人民共和国契税暂行条例》(以下简称条例)第四条第(一)款及《中华人民共和国契税暂行条例细则》(以下简称细则)第九条的规定,土地使用权出让、土地使用权出售、房屋买卖的计税依据是成交价

格,即土地、房屋权属转移合同确定的价格,包括承受者应交付的货币、实物、无形资产或者其他经济利益。因此,合同确定的成交价格中包含的所有价款都属于计税依据范围。土地使用权出让、土地使用权转让、房屋买卖的成交价格中所包含的行政事业性收费,属于成交价格的组成部分,不应从中剔除,纳税人应按合同确定的成交价格全额计算缴纳契税。

二、关于购买安居房、经济适用住房的减免税问题。条例没有对这种情况给予减征或者免征契税的规定。因此,应对购买安居房、经济适用住房者照章征收契税。

三、关于经营性事业单位的减免税问题。目前我国对事业单位没有按是否经营性这一标准进行分类。根据条例第六条、细则第十二条和财政部 1996 年发布的《事业单位财务规则》的规定,对事业单位承受土地、房屋免征契税应同时符合两个条件:一是纳税人必须是按《事业单位财务规则》进行财务核算的事业单位;二是所承受的土地、房屋必须用于办公、教学、医疗、科研项目。凡不符合上述两个条件的,一律照章征收契税。对按《事业单位财务规则》第四十五条规定,应执行《企业财务通则》和同行业或相近行业企业财务制度的事业单位或者事业单位的特定项目,其承受的土地、房屋要照章征收契税。

财政部、国家税务总局关于教育税收政策的通知
财税〔2004〕39 号

各省、自治区、直辖市、计划单列市财政厅(局)、国家税务局、地方税务局,新疆生产建设兵团财务局:

为了进一步促进教育事业发展,经国务院批准,现将有关教育的税收政策通知如下:

一、关于营业税、增值税、所得税

1.对从事学历教育的学校提供教育劳务取得的收入,免征营业税。

2.对学生勤工俭学提供劳务取得的收入,免征营业税。

3.对学校从事技术开发、技术转让业务和与之相关的技术咨询、技术服务业务取得的收入,免征营业税。

4.对托儿所、幼儿园提供养育服务取得的收入,免征营业税。

5.对政府举办的高等、中等和初等学校(不含下属单位)举办进修班、培训班取得的收入,收入全部归学校所有的,免征营业税和企业所得税。

6.对政府举办的职业学校设立的主要为在校学生提供实习场所、并由学校出资自办、由学校负责经营管理、经营收入归学校所有的企业,对其从事营业税暂行条例"服务业"税目规定的服务项目(广告业、桑拿、按摩、氧吧等除外)取得

的收入,免征营业税和企业所得税。

7. 对特殊教育学校举办的企业可以比照福利企业标准,享受国家对福利企业实行的增值税和企业所得税优惠政策。

8. 纳税人通过中国境内非营利的社会团体、国家机关向教育事业的捐赠,准予在企业所得税和个人所得税前全额扣除。

9. 对高等学校、各类职业学校服务于各业的技术转让、技术培训、技术咨询、技术服务、技术承包所取得的技术性服务收入,暂免征收企业所得税。

10. 对学校经批准收取并纳入财政预算管理的或财政预算外资金专户管理的收费不征收企业所得税;对学校取得的财政拨款,从主管部门和上级单位取得的用于事业发展的专项补助收入,不征收企业所得税。

11. 对个人取得的教育储蓄存款利息所得,免征个人所得税;对省级人民政府、国务院各部委和中国人民解放军军以上单位,以及外国组织、国际组织颁布的教育方面的奖学金,免征个人所得税;高等学校转化职务科技成果以股份或出资比例等股权形式给予个人奖励,获奖人在取得股份、出资比例时,暂不缴纳个人所得税;取得按股份、出资比例分红或转让股权、出资比例所得时,依法缴纳个人所得税。

二、关于房产税、城镇土地使用税、印花税

对国家拨付事业经费和企业办的各类学校、托儿所、幼儿园自用的房产、土地,免征房产税、城镇土地使用税;对财产所有人将财产赠给学校所立的书据,免征印花税。

三、关于耕地占用税、契税、农业税和农业特产税

1. 对学校、幼儿园经批准征用的耕地,免征耕地占用税。享受免税的学校用地的具体范围是:全日制大、中、小学校(包括部门、企业办的学校)的教学用房、实验室、操场、图书馆、办公室及师生员工食堂宿舍用地。学校从事非农业生产经营占用的耕地,不予免税。职工夜校、学习班、培训中心、函授学校等不在免税之列。

2. 国家机关、事业单位、社会团体、军事单位承受土地房屋权属用于教学、科研的,免征契税。用于教学的,是指教室(教学楼)以及其他直接用于教学的土地、房屋。用于科研的,是指科学实验的场所以及其他直接用于科研的土地、房屋。对县级以上人民政府教育行政主管部门或劳动行政主管部门审批并颁发办学许可证,由企业事业组织、社会团体及其他社会和公民个人利用非国家财政性教育经费面向社会举办的学校及教育机构,其承受的土地、房屋权属用于教学的,免征契税。

3. 对农业院校进行科学实验的土地免征农业税。对农业院校进行科学实验所取得的农业特产品收入,在实验期间免征农业特产税。

四、关于关税

1. 对境外捐赠人无偿捐赠的直接用于各类职业学校、高中、初中、小学、幼儿园教育的教学仪器、图书、资料和一般学习用品，免征进口关税和进口环节增值税。上述捐赠用品不包括国家明令不予减免进口税的 20 种商品。其他相关事宜按照国务院批准的《扶贫、慈善性捐赠物质免征进口税收暂行办法》办理。

2. 对教育部承认学历的大专以上全日制高等院校以及财政部会同国务院有关部门批准的其他学校，不以营利为目的，在合理数量范围内的进口国内不能生产的科学研究和教学用品，直接用于科学研究或教学的，免征进口关税和进口环节增值税、消费税（不包括国家明令不予减免进口税的 20 种商品）。科学研究和教学用品的范围等有关具体规定，按照国务院批准的《科学研究和教学用品免征进口税收暂行规定》执行。

五、取消下列税收优惠政策

1. 财政部国家税务总局《关于企业所得税若干优惠政策的通知》[（1994）财税字第 1 号]第八条第一款和第三款关于校办企业从事生产经营的所得免征所得税的规定，其中因取消所得税优惠政策而增加的财政收入，按现行财政体制由中央与地方财政分享，专项列入财政预算，仍然全部用于教育事业。应归中央财政的补偿资金，列中央教育专项，用于改善全国特别是农村地区的中小学办学条件和资助家庭经济困难学生；应归地方财政的补偿资金，列省级教育专项，主要用于改善本地区农村中小学办学条件和资助农村家庭经济困难的中小学生。

2. 《关于学校办企业征收流转税问题的通知》（国税发〔1994〕156 号）第三条第一款和第三款，关于校办企业生产的应税货物，凡用于本校教学科研方面的，免征增值税；校办企业凡为本校教学、科研服务提供的应税劳务免征营业税的规定。

六、本通知自 2004 年 1 月 1 日起执行，此前规定与本通知不符的，以本通知为准。

理论探索：整体购买不动产的契税筹划

单位和个人购买纯房屋或承受土地使用权，由购买人或受让人缴纳契税本无可厚非，但在实践中，单位和个人在支付购买房屋或承受土地使用权的价款中，并非完全是房屋与土地使用权的价款，其支付的价款还包含了与房屋相关的附属设备、独立于房屋之外的建筑物、构筑物以及地面附着物。而购买人的习惯性做法是：将所购买的房地产整体"打包"，也就是只签订一个总成交价格。如此一来，税务机关也就理所当然地按照合同成交价格全额征收契税。对支付价款中包含有房屋、土地使用权之外其他财产的，如何进行纳税筹划？

首先应正确理解"房屋"及"土地"的定义。契税是对受让土地使用权和房屋所有权行为征收的一种税。其计税依据为土地使用权和房屋所有权的成交价格。所谓"房屋"是指有屋面和维护结构(有墙或两边有柱),能够遮风挡雨,可供人们在其中生产、工作、学习、娱乐、居住或储藏物资的场所。与房屋不可分割的各种附属设备或一般不单独计算价值的配套设施,包括暖气、卫生、通风、照明、煤气等设备;各种管线,如蒸汽、压缩空气、石油、给水排水等管道及电力、电信、电缆导线;电梯、升降机、过道、晒台等。属于房屋附属设备的水管、下水道、暖气管、煤气管等从最近的探视井或三通管算起,电灯网、照明线从进线盒连接管算起。

另外,根据财税〔2004〕126号规定,承受的与房屋相关的附属设施(具体包括停车位、汽车库、自行车库、顶层阁楼以及储藏室)所有权或土地使用权的行为,应当按照契税法律、法规的规定征收契税;但与房屋相关的附属设施不涉及土地使用权和房屋所有权转移变动的,不征收契税。

由此可见,独立于房屋之外的建筑物、构筑物,如围墙、烟囱、水塔、变电塔、油池油柜、酒窖菜窖、酒精池、糖蜜池、室外游泳池、玻璃暖房、砖瓦石灰窑、各种油气罐、栈桥、堤坝、挡土墙、蓄水池和囤仓等,不属于"房屋"范畴,相应支付的独立房屋之外的建筑物、构筑物,不属契税的征税范围。

而所谓"土地",应当仅是指土地使用权的价值,对土地上的附着物不属于"土地"范畴。所以对支付土地上的附着物的价款也不属于契税的征税范围。

正基于此,对单位和个人在支付独立于房屋之外的建筑物、构筑物以及地面附着物价款时,应当从总成交价格中进行剥离。具体做法是:合同分开签订,房屋、土地作为一个合同签订,其他非房屋、土地作另一个合同。销售发票也由转让方分别开具。在成交价格的确定上,整体打包转让的,按照房屋、土地、房屋之外的建筑物、构筑物以及地面附着物价款分别评估,按房屋、土地评估价占整个评估价格比例确定实际成交价格。如总成交价格为500万元,总评估价为300万元,土地、房屋的评估价格为200万元。由此确定土地、房屋的成交价格为:500×200/300=333.33万元。假定契税税率为4%,则计算应缴契税:333.33×4%=13.33万元,而如果只有前一个总的成交合同,则应缴纳契税:500×4%=20万元。两者相比,显然分开签订合同可以大大降低税收成本。

——曾恩德:《整体购买不动产的契税筹划》,《中国税务报》,2008年3月24日。

延伸思考题

1.如何分析契税在中国古代税制中的地位和作用?

2.如何评价契税对调节商品房价格的作用?

3.如何完善契税的税收优惠政策?

4.在房地产税制的背景下如何完善现行契税税制?

第十三章 印花税法律制度

☞ **案例：证券交易印花税对资本市场的影响**

经国务院批准，财政部、国家税务总局决定从 2008 年 9 月 19 日起，调整证券（股票）交易印花税征收方式，将现行的对买卖、继承、赠与所书立的 A 股、B 股股权转让书据按 1‰ 的税率对双方当事人征收证券（股票）交易印花税，调整为单边征税，即对买卖、继承、赠与所书立的 A 股、B 股股权转让书据的出让方按 1‰ 的税率征收证券（股票）交易印花税，对受让方不再征税。

——闵丽男：《今起证券交易印花税改为单边征收》，《中国税务报》，2008 年 9 月 19 日。

2008 年 9 月 19 日，沪深股市开盘以暴涨超过 9％回应了政府出台的提振市场信心的一连串举措。当日，上证综指和深证成指分别以 2075 点和 7154 点收盘，较前一交易日收盘涨 9.46％和 9.00％。

财政部、国家税务总局 9 月 18 日晚间宣布，自 9 月 19 日起，将现行印花税的双向征收改为向卖出方单边征收。同时，中央汇金公司将在二级市场自主购入工商银行、中国银行、建设银行 3 家股票。国资委则史无前例地在其网站首页上以答记者问的形式，鼓励国企大股东回购公司股票。

今年以来，一度牛气冲天的中国股市彻底掉转了方向，持续下跌。据统计，上证指数 2007 年 10 月从 6124 高点下跌至 2008 年 9 月 18 日收盘，已跌去 70％左右。A 股总市值也由去年底的 32.71 万亿元缩水至目前的 13.52 万亿元。

众多专家认为，投资者信心不足是股市目前面临的关键问题之一。单边收取印花税，对于鼓励和支持市场发展，规避较大金融风险，积极应对美国等海外市场疲软带来的外部环境恶化，具有积极作用，但对股市长期发展的作用仍有待观察。

国泰君安研究所所长李迅雷认为，印花税单边征收对市场短期走势是一个重要利好，是政府主动干预市场非理性走势的明确信号。前期市场的大跌是因为宏观经济预期的下滑，但近期股市大跌很大一部分是出于恐慌因素，印花税改为单边征收表明政府开始积极纠正市场非理性下跌,有利于稳定市场预期。

在中投证券北京翠微路营业部,股民老张对记者表示:"印花税单边征收可以减轻投资者的交易负担,而且在投资者亏损严重的情况下,也会让他们真切感受到政策的暖意。"

不过,股民朱女士也表达了自己的不同意见。她说:"单边征税其实是象征意义大于实际意义,包括双向 3‰的手续费在内,一般股民交易成本只不过从8‰降到了 7‰,对交易成本没有实际意义,算不上实质性利好。"

——闵丽男:《印花税单边征收提振市场信心》,《中国税务报》,2008 年 9 月22 日。

第一节　概述

一、印花税的概念

印花税是对经济活动和经济交往中书立、领受、使用的应税经济凭证所征收的一种税。

二、印花税的纳税人

在我国境内书立、领受法定应税凭证的单位和个人,都是印花税的纳税义务人,应当依法缴纳印花税。

术语界定:

在我国境内书立、领受法定应税凭证,是指在我国境内具有法律效力,受我国法律保护的凭证。上述凭证无论在我国境内或者境外书立,均应依法贴花。

单位和个人,是指国内各类企业、事业、机关、团体、部队以及中外合资企业、合作企业、外资企业、外国公司企业和其他经济组织及其在华机构等单位和个人。

建设工程承包合同,是指建设工程勘察设计合同和建筑安装工程承包合同。建设工程承包合同包括总包合同、分包合同和转包合同。

具有合同性质的凭证,是指具有合同效力的协议、契约、合约、单据、确认书及其他各种名称的凭证。

产权转移书据,是指单位和个人产权的买卖、继承、赠与、交换、分割等所立的书据。

营业账簿,是指单位或者个人记载生产经营活动的财务会计核算账簿。

三、印花税的课税对象

税法规定,下列凭证为应纳税款凭证:

1.购销、加工承揽、建设工程承包、财产租赁、货物运输、仓储保管、借款、财产保险、技术合同或者具有合同性质的凭证;

2.产权转移书据;

3.营业账簿;

4.权利、许可证照;

5.经财政部确定征税的其他凭证。

四、印花税的税目税率

税　目	范　围	税　率	纳税人	说　明
购销合同	包括供应、预购、采购、购销结合及协作、调剂、补偿、易货等合同	按购销金额万分之三贴花	立合同人	
加工承揽合同	包括加工、定作、修缮、修理、印刷、广告、测绘、测试等合同	按加工或承揽收入万分之五贴花	立合同人	
建设工程勘察设计合同	包括勘察、设计合同	按收取费用万分之五贴花	立合同人	
建筑安装工程承包合同	包括建筑、安装工程承包合同	按承包金额万分之三贴花	立合同人	
财产租赁合同	包括租赁房屋、船舶、飞机、机动车辆、机械、器具、设备等	按租赁金额千分之一贴花。税额不足一元的按一元贴花	立合同人	
货物运输合同	包括民用航空、铁路运输、海上运输、内河运输、公路运输和联运合同	按运输费用万分之五贴花	立合同人	单据作为合同使用的,按合同贴花
仓储保管合同	包括仓储、保管合同	按仓储保管费用千分之一贴花	立合同人	仓单或栈单作为合同使用的,按合同贴花
借款合同	银行及其他金融组织和借款人(不包括银行同业拆借)所签订的借款合同	按借款金额万分之零点五贴花	立合同人	单据作为合同使用的,按合同贴花

（续表）

税 目	范 围	税 率	纳税人	说 明
财产保险合同	包括财产、责任、保证、信用等保险合同	按投保金额万分之零点三贴花	立合同人	单据作为合同使用的,按合同贴花
技术合同	包括技术开发、转让、咨询、服务等合同	按所载金额万分之三贴花	立合同人	
产权转移书据	包括财产所有权和版权、商标专用权、专利权、专有技术使用权等转移书据	按所载金额万分之五贴花	立据人	
营业账簿、生产经营用账册	记载资金的账簿	按固定资产原值与自有流动资金总额万分之五贴花。其他账簿按件贴花五元	立账簿人	
权利、许可证照	包括政府部门发给的房屋产权证、工商营业执照、商标注册证、专利证、土地使用证	按件贴花五元	领受人	

实务链接:印花税课税凭证

财政部、国家税务总局关于印花税若干政策的通知

财税〔2006〕162 号

各省、自治区、直辖市、计划单列市财政厅(局)、地方税务局,新疆生产建设兵团财务局:

为适应经济形势发展变化的需要,完善税制,现将印花税有关政策明确如下:

一、对纳税人以电子形式签订的各类应税凭证按规定征收印花税。

二、对发电厂与电网之间、电网与电网之间(国家电网公司系统、南方电网公司系统内部各级电网互供电量除外)签订的购售电合同按购销合同征收印花税。电网与用户之间签订的供用电合同不属于印花税列举征税的凭证,不征收印花税。

三、对土地使用权出让合同、土地使用权转让合同按产权转移书据征收印花税。

四、对商品房销售合同按照产权转移书据征收印花税。

财政部、国家税务总局关于全国社会保障基金有关印花税政策的通知

财税〔2003〕134 号

上海、深圳市财政局、国家税务局、地方税务局：

经国务院批准，现对全国社会保障基金理事会（以下简称社保理事会）管理的全国社会保障基金（以下简称社保基金）的有关证券（股票）交易印花税（以下简称印花税）政策通知如下：

一、对社保理事会委托社保基金投资管理人运用社保基金买卖证券应缴纳的印花税实行先征后返。社保理事会定期向财政部、上海市和深圳市财政局提出返还印花税的申请，即按照中央与地方印花税分享比例，属于中央收入部分，向财政部提出申请；属于地方收入部分，向上海市和深圳市财政局提出申请。具体退税程序比照财政部、国家税务总局、中国人民银行《关于税制改革后对某些企业实行"先征后退"有关预算管理问题的暂行规定的通知》〔（1994）财预字第55 号〕的有关规定办理。

二、对社保基金持有的证券，在社保基金证券账户之间的划拨过户，不属于印花税的征税范围，不征收印花税。

三、本通知自 2003 年 1 月 1 日起执行。

五、印花税应纳税额的计算

税法规定，纳税人根据应纳税凭证的性质，分别按比例税率或者按件定额计算应纳税额。应纳税额不足一角的，免纳印花税。应纳税额在一角以上的，其税额尾数不满五分的不计，满五分的按一角计算缴纳。

习题计算：印花税（1）

【题目】某公司 2003 年 8 月开业，领受房屋产权证、工商营业执照、商标注册证、土地使用证各一件；与其他企业订立加工承揽合同一份，合同载明 W 公司提供的原材料金额为 300 万元；需支付的加工承揽费为 20 万元；另订立财产保险合同一份，保险金额为 1 000 万元，保险费为 12 万元。

计算该公司 2003 年 8 月份应纳印花税税额。

【解析】根据印花税法律制度的规定，该公司应区分不同性质的凭证，分别计算缴纳印花税。其中，加工承揽合同的计税依据是加工或承揽收入，财产保险合同的计税依据为支付（收取）的保险费，不记载金额的房屋产权证、工商营业执照等权利、许可证照的计税依据为凭证的件数。因此，该公司应缴纳的印花税为：

（1）有关合同应缴纳的印花税税额＝200 000×0.5‰＋120 000×1‰

＝220（元）

（2）有关权利、许可证照应缴纳的印花税税额＝5×4＝20（元）

　　(3)该公司 2003 年 8 月份实际应缴纳的印花税总额＝220＋20＝240(元)

　　——财政部会计资格评价中心编:《经济法基础》(2009 年初级会计资格考试辅导教材),经济科学出版社,2008 年 12 月第 1 版。

习题计算:印花税(2)

　　【题目】2006 年 8 月,A 企业与 B 企业签订一份合同,由 A 向 B 提供货物并运输到 B 指定的地点,合同标的金额为 300 万元,其中包括货款和货物运输费用。已知:购销合同适用的印花税税率为 3‰,货物运输合同适用的印花税税率为 5‰。

　　计算 A 企业 8 月份应缴纳的印花税税额。

　　【解析】根据印花税法律制度的规定,载有两个或两个以上应适用不同税目税率的经营事项的同一凭证,分别记载金额的,应分别计算应纳税额,相加后按合计税额贴花;未分别记载金额的,按税率高的计算贴花。该公司签订的合同,未分别记载货款和运输费用金额,应按税率高的计算贴花,即按货物运输合同适用的印花税税率 5‰计算贴花。

　　该公司应缴纳的印花税税额＝300×5‰＝0.15(万元)

　　——财政部会计资格评价中心编:《经济法基础》(2009 年初级会计资格考试辅导教材),经济科学出版社,2008 年 12 月第 1 版。

第二节　税收优惠

　　税法规定,下列凭证免纳印花税:

　　1.已缴纳印花税的凭证的副本或者抄本;

　　2.财产所有人将财产赠给政府、社会福利单位、学校所立的书据;

　　3.国家指定的收购部门与村民委员会、农民个人书立的农副产品收购合同;

　　4.无息、贴息贷款合同;

　　5.外国政府或者国际金融组织向我国政府及国家金融机构提供优惠贷款所书立的合同。

实务链接:中央汇金公司资金账簿印花税免税

财政部、国家税务总局关于免征中央汇金投资有限公司资金账簿印花税的通知

财税〔2005〕16 号

　　北京市财政局、地方税务局:

　　经国务院批准,决定对中央汇金投资有限责任公司资金账簿记载的注册资

金 3724．65 亿元(450 亿美元)免征印花税。

请遵照执行。

财政部、国家税务总局
二〇〇五年二月十六日

实务链接：美国驻华使馆购买馆员住宅免征印花税

财政部、国家税务总局关于对美国驻华使馆购买馆员住宅免征印花税的通知
财税〔2006〕101 号

北京市财政局、地方税务局：

根据《中华人民共和国和美利坚合众国领事条约》的有关规定，对美国驻华大使馆在北京市顺义区裕京花园别墅区购买的 20 套馆员住宅免征印花税。

请遵照执行。

财政部、国家税务总局
二〇〇六年八月十八日

第三节　税务管理

一、征收机关

税法规定，印花税由税务机关负责征收管理。

实务链接：印花税管理

国家税务总局关于进一步加强印花税征收管理有关问题的通知
国税函〔2004〕150 号

各省、自治区、直辖市和计划单列市地方税务局：

印花税自 1988 年实施以来，各级地方税务机关不断强化征收管理，因地制宜地制定了有效的征管办法，保证了印花税收入的持续稳步增长。但是，随着我国市场经济的建立和发展，及新《税收征管法》的颁布实施，印花税的一些征管规定已不适应实际征管需要，与《税收征管法》难以衔接等矛盾也日益突出。为加强印花税的征收管理，堵塞印花税征管漏洞，方便纳税人，保障印花税收入持续、稳定增长，现就加强印花税征收管理的有关问题明确如下：

一、加强对印花税应税凭证的管理

各级地方税务机关应加强对印花税应税凭证的管理，要求纳税人统一设置

印花税应税凭证登记簿,保证各类应税凭证及时、准确、完整地进行登记;应税凭证数量多或内部多个部门对外签订应税凭证的单位,要求其制定符合本单位实际的应税凭证登记管理办法。有条件的纳税人应指定专门部门、专人负责应税凭证的管理。

印花税应税凭证应按照《税收征管法实施细则》的规定保存十年。

二、完善按期汇总缴纳办法

各级地方税务机关应加强对按期汇总缴纳印花税单位的纳税管理,对核准实行汇总缴纳的单位,应发给汇缴许可证,核定汇总缴纳的限期;同时应要求纳税人定期报送汇总缴纳印花税情况报告,并定期对纳税人汇总缴纳印花税情况进行检查。

三、加强对印花税代售人的管理

各级税务机关应加强对印花税代售人代售税款的管理,根据本地代售情况进行一次清理检查,对代售人违反代售规定的,可视其情节轻重,取消代售资格,发现代售人各种影响印花税票销售的行为要及时纠正。

税务机关要根据本地情况,选择制度比较健全、管理比较规范、信誉比较可靠的单位或个人委托代售印花税票,并应对代售人经常进行业务指导、检查和监督。

四、核定征收印花税

根据《税收征管法》第三十五条规定和印花税的税源特征,为加强印花税征收管理,纳税人有下列情形的,地方税务机关可以核定纳税人印花税计税依据:

(一)未按规定建立印花税应税凭证登记簿,或未如实登记和完整保存应税凭证的;

(二)拒不提供应税凭证或不如实提供应税凭证致使计税依据明显偏低的;

(三)采用按期汇总缴纳办法的,未按地方税务机关规定的期限报送汇总缴纳印花税情况报告,经地方税务机关责令限期报告,逾期仍不报告的或者地方税务机关在检查中发现纳税人有未按规定汇总缴纳印花税情况的。

地方税务机关核定征收印花税,应向纳税人发放核定征收印花税通知书,注明核定征收的计税依据和规定的税款缴纳期限。

地方税务机关核定征收印花税,应根据纳税人的实际生产经营收入,参考纳税人各期印花税纳税情况及同行业合同签订情况,确定科学合理的数额或比例作为纳税人印花税计税依据。

各级地方税务机关应逐步建立印花税基础资料库,包括:分行业印花税纳税情况、分户纳税资料等,确定科学合理的评估模型,保证核定征收的及时、准确、公平、合理。

各省、自治区、直辖市、计划单列市地方税务机关可根据本通知要求,结合本地实际,制定印花税核定征收办法,明确核定征收的应税凭证范围、核定依据、纳税期限、核定额度或比例等,并报国家税务总局备案。

国家税务总局关于印花税违章处罚有关问题的通知

国税发〔2004〕15 号

各省、自治区、直辖市和计划单列市地方税务局:

《中华人民共和国税收征收管理法》(以下简称《税收征管法》)、《中华人民共和国税收征收管理法实施细则》(以下简称《税收征管法实施细则》)重新修订颁布后,《中华人民共和国印花税暂行条例》(以下简称《印花税暂行条例》)第十三条及《中华人民共和国印花税暂行条例施行细则》(以下简称《印花税暂行条例施行细则》)第三十九条、第四十条、第四十一条的部分内容已不适用。为加强印花税的征收管理,依法处理印花税有关违章行为,根据《税收征管法》《税收征管法实施细则》的有关规定,现对印花税的违章处罚适用条款明确如下:

印花税纳税人有下列行为之一的,由税务机关根据情节轻重予以处罚:

一、在应纳税凭证上未贴或者少贴印花税票的或者已粘贴在应税凭证上的印花税票未注销或者未画销的,适用《税收征管法》第六十四条的处罚规定。

二、已贴用的印花税票揭下重用造成未缴或少缴印花税的,适用《税收征管法》第六十三条的处罚规定。

三、伪造印花税票的,适用《税收征管法实施细则》第九十一条的处罚规定。

四、按期汇总缴纳印花税的纳税人,超过税务机关核定的纳税期限,未缴或少缴印花税款的,视其违章性质,适用《税收征管法》第六十三条或第六十四条的处罚规定,情节严重的,同时撤销其汇缴许可证。

五、纳税人违反以下规定的,适用《税收征管法》第六十条的处罚规定:

(一)违反《印花税条例施行细则》第二十三条的规定:"凡汇总缴纳印花税的凭证,应加注税务机关指定的汇缴戳记、编号并装订成册,将已贴印花或者缴款书的一联粘附册后,盖章注销,保存备查。"

(二)违反《印花税条例施行细则》第二十五条的规定:"纳税人对纳税凭证应妥善保存。凭证的保存期限,凡国家已有明确规定的,按规定办;没有明确规定的其余凭证均应在履行完毕后保存一年。"本通知自文到之日起执行。

二、纳税义务的履行

税法规定,印花税实行由纳税人根据规定自行计算应纳税额,购买并一次贴足印花税票(即贴花)的缴纳办法。印花税票应当粘贴在应纳税凭证上,并由纳税人在每枚税票的骑缝处盖戳注销或者画销。纳税人有印章的,加盖印章注销;

纳税人没有印章的,可用钢笔(圆珠笔)画几条横线注销。注销标记应与骑缝处相交。骑缝处是指粘贴的印花税票与凭证及印花税票之间的交接处。

应纳税凭证应当于书立或者领受时贴花。同一凭证,由两方或者两方以上当事人签订并各执一份的,应当由各方就所执的一份各自全额贴花。当事人,是指对凭证有直接权利义务关系的单位和个人,不包括保人、证人、鉴定人。产权转移书据由立据人贴花,如未贴或者少贴印花,书据的持有人应负责补贴印花。所立书据以合同方式签订的,应由持有书据的各方分别按全额贴花。已贴花的凭证,修改后所载金额增加的,其增加部分应当补贴印花税票。

同一凭证,因载有两个或者两个以上经济事项而适用不同税目税率,如分别记载金额的,应分别计算应纳税额,相加后按合计税额贴花;如未分别记载金额的,按税率高的计税贴花。按金额比例贴花的应税凭证,未标明金额的,应按照凭证所载数量及国家牌价计算金额;没有国家牌价的,按市场价格计算金额,然后按规定税率计算应纳税额。应纳税凭证所载金额为外国货币的,纳税人应按照凭证书立当日的我国国家外汇管理局公布的外汇牌价折合人民币,计算应纳税额。

一份凭证应纳税额超过 500 元的,应向当地税务机关申请填写缴款书或者完税证,将其中一联粘贴在凭证上或者由税务机关在凭证上加注完税标记代替贴花。同一种类应纳税凭证,需频繁贴花的,应向当地税务机关申请按期汇总缴纳印花税。税务机关对核准汇总缴纳印花税的单位,应发给汇缴许可证。汇总缴纳的限期限额由当地税务机关确定,但最长期限不得超过一个月。凡多贴印花税票者,不得申请退税或者抵用。

凡汇总缴纳印花税的凭证,应加注税务机关指定的汇缴戳记、编号并装订成册后,将已贴印花或者缴款书的一联粘附册后,盖章注销,保存备查。纳税人对纳税凭证应妥善保存。凭证的保存期限,凡国家已有明确规定的,按规定办;其余凭证均应在履行完毕后保存一年。

纳税人对凭证不能确定是否应当纳税的,应及时携带凭证,到当地税务机关鉴别。纳税人同税务机关对凭证的性质发生争议的,应检附该凭证报请上一级税务机关核定。

实务链接:2009 年版印花税票

国家税务总局关于发行 2009 年印花税票的通知

国税函〔2009〕266 号

各省、自治区、直辖市和计划单列市国家税务局、地方税务局:

为迎接新中国成立 60 周年大庆,2009 年税务总局发行《中国古代圣贤故事》和《牡丹呈祥》两套中国印花税票。现已印制完成并开始发行,各地收到

2009 年版印花税票后即可启用。现将有关事项通知如下：

一、税票图案内容

《中国古代圣贤故事》一套 9 枚，图案采用范曾先生的"中国古代圣贤故事图"为题材，各面值图名分别是：1 角（中国古代圣贤故事·敦颐说莲）、2 角（中国古代圣贤故事·东波赏砚）、5 角（中国古代圣贤故事·仲淹悯渔）、1 元（中国古代圣贤故事·太白仙游）、2 元（中国古代圣贤故事·羲之爱鹅）、5 元（中国古代圣贤故事·屈原天问）、10 元（中国古代圣贤故事·庄子梦蝶）、50 元（中国古代圣贤故事·子贡劝农）、100 元（中国古代圣贤故事·老子出关）。

《牡丹呈祥》一套 9 枚，图案采用周彦生先生的"洛阳牡丹图"为题材，各面值图名分别是：1 角（洛阳牡丹·芳菲祥瑞）、2 角（洛阳牡丹·牡丹绝色三春暖）、5 角（洛阳牡丹·富贵长寿）、1 元（洛阳牡丹·露浓凝香）、2 元（洛阳牡丹·春酣国色）、5 元（洛阳牡丹·丹心独抱）、10 元（洛阳牡丹·春风富贵）、50 元（洛阳牡丹·韵胜西施）、100 元（洛阳牡丹·露花倩影）。

二、税票规格与包装

《中国古代圣贤故事》印花税票打孔尺寸为 30 mm×50mm，每版 20 枚，每版成品尺寸：180 mm ×240mm。左右两边出孔到边。图案左侧印有"中国印花税票 CHINA"，底部印有"2009（9－X）"，表明 2009 年版和按票面金额从大面额到小面额的顺序号。

《牡丹呈祥》印花税票打孔尺寸为 38 mm×50mm，每版 20 枚，每版成品尺寸：180 mm ×278mm。左右两边出孔到边。图案下面印有"中国印花税票 CHINA"，底部侧印有"2009（9－X）"，表明 2009 年版和按票面金额从大面额到小面额的顺序号。

两套印花税票每种面值的包装均为每张 20 枚，100 张一包，5 包一箱，每箱计 1 万枚（20 枚×100 张×5 包）。

三、税票防伪措施

（一）采用 6 色影写凹版印刷；

（二）采用红色防伪油墨印刷；

（三）采用椭圆形异形齿孔，在左右两边的居中位置；

（四）采用第二代彩色荧光点防伪邮票纸印制；

（五）每版右下角有 6 位连续喷墨号码。

四、2009 年版印花税票发行量

2009 年版印花税票《中国古代圣贤故事》和《牡丹呈祥》两种共发行 11000 万枚，各 5500 万枚。各面值发行量分别为：

《中国古代圣贤故事》壹角票 150 万枚，贰角票 100 万枚，伍角票 100 万枚，

壹元票 400 万枚,贰元票 100 万枚,伍元票 1650 万枚,拾元票 1200 万枚,伍拾元
票 900 万枚,壹佰元票 900 万枚。

《牡丹呈祥》壹角票 150 万枚,贰角票 100 万枚,伍角票 100 万枚,壹元票
400 万枚,贰元票 100 万枚,伍元票 1650 万枚,拾元票 1200 万枚,伍拾元票 900
万枚,壹佰元票 900 万枚。

五、其他有关事项

（一）税务总局将根据各地印花税票需求量计划按整数最低 1 万枚发运。

（二）为满足各地集藏爱好者购买成套印花税票的需要,税务总局将向各地
发放一部分九种面值成套的印花税票,各地可以安排集中出售点专售。今后各
地需要成套票的,请在上报的需求量计划中说明。

（三）2009 年版印花税票样本册将于今年 8 月至 9 月份通过北京市机要局
发至各县及县以上税务局计统部门,用于工作中对印花税票的识别,请各地税务
机关注意查收。

国家税务总局

二〇〇九年五月十八日

三、协税制度

税法规定,发放或者办理应纳税凭证的单位（即发放权利、许可证照的单位
和办理凭证的鉴证、公证及其他有关事项的单位）,负有监督纳税人依法纳税的
义务。其监督事项包括:

1.应纳税凭证是否已粘贴印花;

2.粘贴的印花是否足额;

3.粘贴的印花是否按规定注销。对未完成以上纳税手续的,应督促纳税人
当场贴花。

案例:电子合同须缴印花税

近日,江苏省某公司财务人员刘小姐接到主管地税部门的电话,要求她对公
司签订的电子形式的应税凭证缴纳印花税。刘小姐认为只要不将网上的合同打
印成纸质凭证就不用缴纳印花税,于是拨打江苏省地税局 12366 纳税服务热线
电话进行咨询。

咨询员答道,刘小姐理解的是原有的处理方法。2006 年 11 月 27 日,财政
部、国家税务总局《关于印花税若干政策的通知》（财税〔2006〕162 号）规定,对纳
税人以电子形式签订的各类应税凭证按规定征收印花税,相关政策从发文之日
起执行。因此,刘小姐所在公司在上述日期之后签订的电子形式的合约或协议,

应该缴纳印花税。

——刘成根、李良银、晓徐：《电子合同也要缴纳印花税》，《中国税务报》，2008 年 6 月 30 日。

四、印花税的代售

税法规定，印花税票的票面金额以人民币为单位，分为壹角、贰角、伍角、壹元、贰元、伍元、拾元、伍拾元、壹百元九种。

印花税票可以委托单位或者个人代售，并由税务机关付给代售金额 5% 的手续费，支付来源从实征印花税款中提取。

凡代售印花税票者，应先向当地税务机关提出代售申请，必要时须提供保证人。税务机关调查核准后，应与代售户签订代售合同，发给代售许可证。代售户所售印花税票取得的税款，须专户存储，并按照规定的期限，向当地税务机关结报，或者填开专用缴款书直接向银行缴纳。不得逾期不缴或者挪作他用。代售户领存的印花税票及所售印花税票的税款，如有损失，应负责赔偿。代售户所领印花税票，除合同另有规定者外，不得转托他人代售或者转至其他地区销售。对代售户代售印花税票的工作，税务机关应经常进行指导、检查和监督，代售户须详细提供领售印花税票的情况，不得拒绝。

文献附录：证券业印花税政策

财政部、国家税务总局关于证券投资基金税收问题的通知

财税字〔1998〕55 号

注释：条款失效，第一条第二、三项失效。参见：《财政部、国家税务总局关于公布若干废止和失效的营业税规范性文件的通知》，财税〔2009〕61 号。

为了有利于证券投资基金制度的建立，促进证券市场的健康发展，经国务院批准，现对中国证监会新批准设立的封闭式证券投资基金（以下简称基金）的税收问题通知如下：

一、关于营业税问题

1. 以发行基金方式募集资金不属于营业税的征税范围，不征收营业税。

2. 基金管理人运用基金买卖股票、债券的差价收入，在 2000 年底以前暂免征收营业税。

3. 金融机构（包括银行和非银行金融机构）买卖基金的差价收入征收营业税；个人和非金融机构买卖基金单位的差价收入不征收营业税。

二、关于印花税问题

1. 基金管理人运用基金买卖股票按照 4‰ 的税率征收印花税。

2. 对投资者(包括个人和企业,下同)买卖基金单位,在 1999 年底前暂不征收印花税。

三、关于所得税问题

1. 对基金从证券市场中取得的收入,包括买卖股票、债券的差价收入,股票的股息、红利收入,债券的利息收入及其他收入,暂不征收企业所得税。

2. 对个人投资者买卖基金单位获得的差价收入,在对个人买卖股票的差价收入未恢复征收个人所得税以前,暂不征收个人所得税;对企业投资者买卖基金单位获得的差价收入,应并入企业的应纳税所得额,征收企业所得税。

3. 对投资者从基金分配中获得的股票的股息、红利收入以及企业债券的利息收入,由上市公司和发行债券的企业在向基金派发股息、红利、利息时代扣代缴 20% 的个人所得税,基金向个人投资者分配股息、红利、利息时,不再代扣代缴个人所得税。

4. 对投资者从基金分配中获得的国债利息、储蓄存款利息以及买卖股票价差收入,在国债利息收入、个人储蓄存款利息收入以及个人买卖股票差价收入未恢复征收所得税以前,暂不征收所得税。

5. 对个人投资者从基金分配中获得的企业债券差价收入,应按税法规定对个人投资者征收个人所得税,税款由基金在分配时依法代扣代缴;对企业投资者从基金分配中获得的债券差价收入,暂不征收企业所得税。

四、对基金管理人、基金托管人从事基金管理活动取得的收入,依照税法的规定征收营业税、企业所得税以及其他相关税收。

五、本通知从 1998 年 3 月 1 日起实施。

财政部、国家税务总局关于调整证券交易印花税代征手续费提取比例的通知
财税〔2000〕85 号

上海、深圳市财政厅、国家税务局、地方税务局:

近年来,证券市场迅速发展,股盘扩大,交投活跃,股票交易量大幅增加,证券交易印花税手续费增长较快。鉴于目前证券交易印花税是由计算机系统进行扣缴处理的,需要付出的代征费用相对较少,因此,经研究决定,自 2001 年 1 月 1 日起,证券交易印花税代征手续费提取比例从 2% 调整为 1%。

为加强预算资金管理,证券交易印花税代征手续费只能用于与证券交易印花税代征业务相关的开支以及财税部门的网点建设、税务征收电子化建设、税务宣传与培训等项目,不得用于财税部门及职工的奖金、集体福利等支出。

请遵照执行。

财政部、国家税务总局关于开放式证券投资基金有关税收问题的通知

财税〔2002〕128 号

注释：条款失效，第一条第三项失效。参见《财政部、国家税务总局关于公布若干废止和失效的营业税规范性文件的通知》，财税〔2009〕61 号。

各省、自治区、直辖市、计划单列市财政厅（局）、国家税务局、地方税务局，新疆生产建设兵团财务局：

为支持和积极培育机构投资者，充分利用开放式基金手段，进一步拓宽社会投资渠道，促进证券市场的健康、稳定发展，经国务院批准，现对中国证监会批准设立的开放式证券投资基金（以下简称基金）的税收问题通知如下：

一、关于营业税问题

1. 以发行基金方式募集资金不属于营业税的征税范围，不征收营业税。

2. 基金管理人运用基金买卖股票、债券的差价收入，在 2003 年底前暂免征收营业税。

3. 金融机构（包括银行和非银行金融机构）申购和赎回基金单位的差价收入征收营业税；个人和非金融机构申购和赎回基金单位的差价收入不征收营业税。

二、关于所得税问题

1. 对基金管理人运用基金买卖股票、债券的差价收入，在 2003 年底前暂免征收企业所得税。

2. 对个人投资者申购和赎回基金单位取得的差价收入，在对个人买卖股票的差价收入未恢复征收个人所得税以前，暂不征收个人所得税；对企业投资者申购和赎回基金单位取得的差价收入，应并入企业的应纳税所得额，征收企业所得税。

3. 对基金取得的股票的股息、红利收入，债券的利息收入、储蓄存款利息收入，由上市公司、发行债券的企业和银行在向基金支付上述收入时代扣代缴 20％的个人所得税；对投资者（包括个人和机构投资者）从基金分配中取得的收入，暂不征收个人所得税和企业所得税。

三、关于印花税问题

1. 基金管理人运用基金买卖股票按照 2‰的税率征收印花税。

2. 对投资者申购和赎回基金单位，暂不征收印花税。

四、对基金管理人、基金托管人、基金代销机构从事基金管理活动取得的收入，依照税法的有关规定征收营业税、企业所得税以及其他相关税收。

请遵照执行。

财政部、国家税务总局关于对买卖封闭式证券投资基金
继续予以免征印花税的通知
财税〔2004〕173号

上海、深圳市财政局、国家税务局：

为支持我国证券市场的健康发展，经研究决定，从2003年1月1日起，继续对投资者（包括个人和机构）买卖封闭式证券投资基金免征印花税。

国家税务总局关于办理上市公司国有股权无偿转让
暂不征收证券（股票）交易印花税有关审批事项的通知
国税函〔2004〕941号

上海市国家税务局、深圳市国家税务局：

根据有利于加强税收管理和方便纳税人的原则，现将《国务院关于第三批取消和调整行政审批项目的决定》（国发〔2004〕16号）中列入下放管理层级的"上市公司国有股权无偿转让免征证券（股票）交易印花税的审批项目"实施后，有关政策和审批管理问题通知如下：

一、对经国务院和省级人民政府决定或批准进行的国有（含国有控股）企业改组改制而发生的上市公司国有股权无偿转让行为，暂不征收证券（股票）交易印花税。对不属于上述情况的上市公司国有股权无偿转让行为，仍应征收证券（股票）交易印花税。

二、凡符合暂不征收证券（股票）交易印花税条件的上市公司国有股权无偿转让行为，由转让方或受让方按本通知附件《关于上市公司国有股权无偿转让暂不征收证券（股票）交易印花税申报文件的规定》的要求，报上市公司挂牌交易所所在地的国家税务局审批。

三、上市公司挂牌交易所所在地的国家税务局按规定审批后，应按月将审批文件报国家税务总局备案。在办理上述审批过程中，遇有新情况、发现新问题应及时向国家税务总局报告。

四、国家税务总局将不定期对上市公司挂牌交易所所在地的国家税务局的审批工作进行检查、督导。

五、本规定自2004年7月1日起执行。《国家税务总局关于上市公司国有股权无偿转让征收证券（股票）交易印花税问题的通知》（国税发〔1999〕124号）同时废止。

附件：关于上市公司国有股权无偿转让暂不征收证券（股票）交易印花税申报文件的规定

附件：

关于上市公司国有股权无偿转让暂不征收证券(股票)交易印花税申报文件的规定

对上市公司国有股权无偿转让符合本通知第一条规定范围,需要明确暂不征收证券(股票)交易印花税的,须由转让方或受让方按下列要求向上市公司挂牌交易所所在地的国家税务局提出申请报告,具体内容包括:

一、转让方名称、地址、隶属关系、经济性质。

二、受让方名称、地址、隶属关系、经济性质。

三、转让股权的股数和金额、转让形式、批准部门,以及申请暂不征收证券(股票)交易印花税的理由。

四、申请报告应附下列证明文件和材料:

(一)国务院及其授权部门或者省级人民政府关于上市公司国有股权无偿转让的批准文件。

(二)上市公司国有股权无偿转让的可行性研究报告。

(三)受让方的章程。

(四)受让方《企业法人营业执照》副本复印件。

(五)向社会公布的上市公司国有股权无偿转让事宜的预案公告复印件。

财政部、国家税务总局关于证券投资者保护基金有关印花税政策的通知

财税〔2006〕104 号

各省、自治区、直辖市、计划单列市财政厅(局)、地方税务局,新疆生产建设兵团财务局:

经国务院批准,现对证券投资者保护基金有限责任公司(以下简称保护基金公司)及其管理的证券投资者保护基金(以下简称保护基金)的有关印花税政策通知如下:

一、对保护基金公司新设立的资金账簿免征印花税。

二、对保护基金公司与中国人民银行签订的再贷款合同、与证券公司行政清算机构签订的借款合同,免征印花税。

三、对保护基金公司接收被处置证券公司财产签订的产权转移书据,免征印花税。

四、对保护基金公司以保护基金自有财产和接收的受偿资产与保险公司签订的财产保险合同,免征印花税。

五、对与保护基金公司签订上述应税合同或产权转移书据的其他当事人照章征收印花税。

财政部、国家税务总局关于期货投资者保障基金有关税收问题的通知
财税〔2009〕68号

各省、自治区、直辖市、计划单列市财政厅(局)、国家税务局、地方税务局,新疆生产建设兵团财务局:

经国务院批准,现对期货投资者保障基金(以下简称期货保障基金)有关税收政策问题通知如下:

一、对中国期货保证金监控中心有限责任公司(以下简称期货保障基金公司)根据《期货投资者保障基金管理暂行办法》(证监会令第38号,以下简称《暂行办法》)取得的下列收入,不计入其应征企业所得税收入:

1.期货交易所按风险准备金账户总额的15%和交易手续费的3%上缴的期货保障基金收入;

2.期货公司按代理交易额的千万分之五至十上缴的期货保障基金收入;

3.依法向有关责任方追偿所得;

4.期货公司破产清算所得;

5.捐赠所得。

二、对期货保障基金公司取得的银行存款利息收入、购买国债、中央银行和中央级金融机构发行债券的利息收入,以及证监会和财政部批准的其他资金运用取得的收入,暂免征收企业所得税。

三、对期货保障基金公司根据《暂行办法》取得的下列收入,暂免征收营业税:

1.期货交易所按风险准备金账户总额的15%和交易手续费的3%上缴的期货保障基金收入;

2.期货公司按代理交易额的千万分之五至十上缴的期货保障基金收入;

3.依法向有关责任方追偿所得收入;

4.期货公司破产清算受偿收入;

5.按规定从期货交易所取得的运营收入。

四、期货交易所和期货公司根据《暂行办法》上缴的期货保障基金中属于营业税征税范围的部分,允许从其营业税计税营业额中扣除。

五、对期货保障基金公司新设立的资金账簿、期货保障基金参加被处置期货公司的财产清算而签订的产权转移书据以及期货保障基金以自有财产和接受的受偿资产与保险公司签订的财产保险合同等免征印花税。对上述应税合同和产权转移书据的其他当事人照章征收印花税。

六、本通知自2008年1月1日起至2010年12月31日止执行。对期货保障基金公司在2008年1月1日至文到之日已缴纳的应予免征的营业税,从以后

应缴纳的营业税税款中抵减。

财政部、国家税务总局

二〇〇九年八月三十一日

理论探索：中国印花税历史

　　1908 年 8 月，清政府度支部决定改从宣统元年（1909 年）1 月起，各省施行印花税。2009 年，是中国印花税开征 100 周年，也是新中国第一套印花税票——球旗图发行 60 周年。印花税，这个在纳税宣传中鲜见、税收理论界不重视、税收不多而聚焦度极高的税种，在笔者眼中简直是一个"梦幻"税种：具有多面的色彩、传奇曲折的经历、立竿见影的调控作用以及令收藏家倾尽心血和钱财而无怨无悔的魅力。

　　印花税在中国。印花税是中国仿行西洋税制的第一个税种。从清光绪十五年（1889 年）始，大清帝国就筹议开征印花税，1903 年 1 月，直隶总督袁世凯奉旨在沿海各省试办印花税，但 4 个多月后被"叫停"。1907 年 12 月，清政府批准再次试办印花税（未明确试办日期），并将税则及章程向各省颁布。1908 年 8 月，清度支部决定改从宣统元年（1909 年）起，不经试办，各省一律施行。这 20 年间，清政府先后委托日本和美国各印制了一套印花税票。

　　中华民国成立后，北洋政府把推行印花税作为重要的聚财之举，于 1912 年 10 月 21 日公布了《印花税法》，并于次年正式实施。这是中华民国按照法律程序公布施行的第一部印花税法。其后，印花税法经历 9 次修改。

　　中共革命根据地和解放区对印花税的认识经历了一个曲折的过程：先是将其作为"苛捐杂税"予以取缔，后迫于战争与政权运转的需要，确立并征收了印花税。1949 年 12 月，中央人民政府在第一届全国税务工作会议上，确定印花税为全国征收的 14 个税种之一，其后发行了首套以"中华人民共和国印花税票"为铭记的印花税票。1950 年 4 月，财政部发布《印花税暂行条例草案》试行，同年 12 月，政务院公布《印花税暂行条例》。1958 年 9 月，国务院公布试行《工商统一税条例（草案）》，将印花税并入工商统一税中征收，独立的印花税种被取消。1988 年 8 月，国务院以 11 号令发布《中华人民共和国印花税暂行条例》，于同年 10 月 1 日正式恢复在全国统一征收印花税。

　　印花税是战争税。在世界史上，始创于 1624 年的印花税缘于战争。荷兰在独立战争（1566 年～1609 年）后不到 10 年，重新爆发战争并延续 30 年（1618 年～1648 年），使国家经济和财政陷入困境。为了摆脱财政危机，执政者摩里斯（Maurs）只得增税，并选中出自民间设计的印花税。由于荷兰经济的发展主要靠商业资本和贸易的推动，印花税的征税单据较多、税源很大，因而为荷兰再次赢得战争作出很大贡献。但是,这个能疗养战争创伤的税种,也能点燃战争的导火索。始于1766年的美国独立战争,就源于英国政府的《印花税法》和《驻兵条例》。1765年3月22日,债台高筑的英国通过了《印花税法》,规定北美殖民地所有印刷品、报刊、商业单据、法律证件和各种契约都要缴付印花税,违者重罚。这立即遭到普遍反对,在"要自由、财富,不要印花税"的号召下,民众发起捣毁税务机关、揪斗税官、烧毁印花税票的暴动,拉开了北美独立战争前奏。

印花税是文化税。之所以是文化税,不仅因为其在清末受到众多历史文化名人,如康有为、谭嗣同、张之洞、盛宣怀、张謇、李鸿章、伍廷芳、袁世凯等的追捧,还因其纳税凭证——印花税票具有丰富的文化内涵。首先,印花税票是税文化的重要内容和实物体现。不同时期的实贴单据,被打上了深深的时代烙印,蕴含着当时社会、政治、经济等各方面的特定文化信息。印花税票的票面虽小,但"方寸之间有天地",可以图解税法、税史,还可以反映税收与国家建设的关系、名胜古迹、文化艺术等题材丰富的内容。印花税票的设计、印制水平,也从一个侧面反映了一个国家税文化的水平。印花税票是一个国家的"税务名片",编组成册后可以当作税收国际交流中的礼品,方便了对外交流和宣传。其次,印花税票是收藏文化的载体。印花税票和邮票虽然性质不同,但外形酷似,英文都是Stamp。国际集邮联合会于1991年将印花税票纳入竞赛级正式展品。从此,印花税票作为世界邮坛"奥林匹克"竞赛项目之一,肩负着"走向世界"拿奖牌的使命,更使其身价倍增。如美国1871年发行的面值500美元的华盛顿头像印花税票,现已成为美国"国宝级"收藏品;我国抗战时期晋察冀边区发行的1分面值印花税票,现市价超过1万元人民币。

印花税是个性化税种。与其他税种相比,印花税可谓个性鲜明:以完税戳记(后改贴税票)命名,而其他税种多以课税对象命名;轻税重罚,其税率一般为千分之几、万分之几、十万分之几或定额几元,却可处以印花税票金额几倍甚至几十倍的罚款;自行纳税,纳税人应自行计算应纳税款,自行购买税票,自行粘贴在应税凭证上,自行画销或盖戳注销;以行为确立纳税义务,印花税的纳税环节是行为发生(书立、领受应税凭证)时,过后即使反悔也不退税,如立合同时就要粘贴税票,之后合同即使不执行也不退税。

印花税是潜力税。素有"取微用宏,世称良税"美誉的印花税,历经380多年风雨,至今约有90多个国家和地区征收。我国现行印花税恢复开征以来,收入占总税收的比重很低(1998年~2005年,不含证券交易印花税的收入占总税收的比重在0.16%~0.52%之间),其对税收增长的贡献率也很低,给人留下了印花税收入无足轻重的印象。但在历史上,民国印花税收入一度(1932年)占国家岁入的2%;新中国初期,印花税收入一度(1952年)占工商税收的5.02%。在香港,印花税是第四大税种,其收入占总税收的比重曾达 18％左右。这说明我国印花税还有较大的收入潜力。

印花税是股市调节税。印花税对股市的调控力度之大、速度之快为世人公认。以近两年中国股市为例,2007 年 5 月 30 日,财政部宣布证券交易印花税税率由 0.1％上调至 0.3％,股市从翌日起大跌至 6 月 4 日,沪指下跌 874 点,深指下跌 2804 点,两市总市值缩水 3.44 万亿元,流通市值缩水 1.27 万亿元。2008 年 4 月 23 日,财政部宣布印花税税率下调到 0.1％,股市从翌日起大涨至 4 月 30 日,沪指上升 455 点,深指上升 1918 点,两市总市值增加 4 万亿元,流通市值增加 1.3 万亿元。2008 年 9 月 19 日,我国证券交易印花税由双边征收改为单边征收,税率为 0.1％。今年,我国将继续对证券交易印花税实行单边征收,以此作为支持股票市场的举措之一。

印花税是民主税。印花税最初是荷兰政府采用公开招标办法,从千百个应征者设计的方案中精选出来的"杰作"。印花税在中国筹议 20 多年,试办两次,历经三代才得以推广。其间,由印花税引起民主的涌潮,竟使已下御旨的第一次试办流产,从而使印花税成为中国第一个具有民主色彩的税种。

——饶立新:《印花税:"梦幻"税种魅力百年》,《中国税务报》,2009 年 1 月 9 日。

延伸思考题

1. 如何评价印花税对经济活动的调节作用?
2. 如何评价印花税的税务管理制度?
3. 如何评价协税监管制度?
4. 如何完善现行印花税税制?

第十四章　耕地占用税法律制度

☞ ## 案例：耕地占用税违法行为检举奖励

新疆维吾尔自治区地方税务局关于明确检举耕地占用税税收违法行为奖励有关事项的通知

新地税发〔2009〕115 号

伊犁哈萨克自治州地方税务局，各地、州、市地方税务局：

为贯彻落实好《国家税务总局关于耕地占用税征收管理有关问题的通知》（国税发〔2007〕129 号）精神，鼓励检举占用耕地纳税人的税收违法行为，做好检举受理与奖励工作，根据《国家税务总局、财政部检举纳税人税收违法行为奖励暂行办法》和《自治区地税系统检举纳税人税收违法行为奖励暂行办法》，就做好检举耕地占用税税收违法行为奖励有关事项通知如下：

一、本通知所称税收违法行为，是指占用耕地的纳税人或申请用地人的税收违法行为，以及本规定列举的通过以下方式占用耕地、农用地而未缴纳耕地占用税的行为：

（一）未经土地管理部门或行政主管部门批准，而实际占用耕地、农用地纳税人未申报缴纳耕地占用税的；

（二）按照法律法规规定，报经各级政府批准占用的耕地、农用地，纳税人未申报缴纳耕地占用税的；

（三）纳税人实际占地面积（含委托代建占地面积）大于批准占地面积，未按实际占地面积（含委托代建占地面积）申报缴纳耕地占用税的；

（四）纳税人经申请批准占用的耕地、农用地属于减免税范围，后改变用途，不再属于减免税范围的；

（五）纳税人经申请批准占用的耕地、农用地属于减免税范围，未到税务机关履行申报免税审批手续的；

（六）地方各级行政部门，通过各种方式擅自做出减、免耕地占用税行为的；

（七）征收机关或征管人员，违反规定擅自受理、审核减免耕地占用税；

（八）占用耕地、农用地应税的其他税收违法行为。

检举耕地占用税税收违法行为是单位和个人的自愿行为。

二、检举的耕地占用税税收违法行为,经地税机关立案查实处理并依法将税款收缴入库后,根据本案检举的时段,检举材料中提供的线索和证据详实程度,检举内容与查实相符程度以及收缴入库的税款数额,按照以下标准对本案检举人计发奖金:

(一)检举占用耕地、农用地在1000亩以上,未按时如数申报缴纳耕地占用税的,给予奖励4万元以下的奖金;

(二)检举占用耕地、农用地在30亩(含30亩)至1000亩,未按时如数申报缴纳耕地占用税的,给予奖励2万元以下的奖金;

(三)检举占用耕地、农用地在2亩至30亩(含30亩),未按时如数申报缴纳耕地占用税的,给予奖励5000元以下的奖金;

(四)检举占用耕地、农用地在2亩(含2亩)以下,未按时如数申报缴纳耕地占用税的,给予奖励2000元以下的奖金。

三、检举奖励费的范围、申领方式、发放程序以及奖励费的列支等问题,均按照《自治区地税系统检举纳税人税收违法行为奖励暂行办法》(新地税发〔2007〕143号)执行。

四、各级地方税务局,要依照《中华人民共和国耕地占用税暂行条例》、《中华人民共和国耕地占用税暂行条例实施细则》及《新疆维吾尔自治区耕地占用税实施办法》等有关法律法规的规定,做好案件的受理和查处工作。

二〇〇九年三月十八日

第一节　概述

一、耕地占用税的概念

耕地占用税,是指对在我国境内占用耕地建房或者从事非农业建设的单位或者个人,按其占用面积征收的一种税。

二、耕地占用税的纳税人

税法规定,耕地占用税的纳税人是在我国境内占用耕地建房或者从事非农业建设的单位或者个人。

单位,包括国有企业、集体企业、私营企业、股份制企业、外商投资企业、外国企业以及其他企业和事业单位、社会团体、国家机关、部队以及其他单位。

个人,包括个体工商户以及其他个人。

三、耕地占用税的税率

税法规定,耕地占用税以纳税人实际占用的耕地面积为计税依据,按照规定的适用税额一次性征收。耕地占用税的税额规定如下:

1.人均耕地不超过 1 亩的地区(以县级行政区域为单位,下同),每平方米为 10 元至 50 元;

2.人均耕地超过 1 亩但不超过 2 亩的地区,每平方米为 8 元至 40 元;

3.人均耕地超过 2 亩但不超过 3 亩的地区,每平方米为 6 元至 30 元;

4.人均耕地超过 3 亩的地区,每平方米为 5 元至 25 元。

税法变动:耕地占用税税率的调整

旧的《耕地占用税暂行条例》第 5 条规定,耕地占用税的税额规定如下:

(1)以县为单位(以下同)。人均耕地在一亩以下(含一亩)的地区,每平方米为二元至十元;

(2)人均耕地在一亩至二亩(含二亩)的地区,每平方米为一元六角至八元;

(3)人均耕地在二亩至三亩(含三亩)的地区,每平方米为一元三角至六元五角;

(4)人均耕地在三亩以上的地区,每平方米为一元至五元。

关于耕地占用税的修订背景,有关人士指出,我国人多地少,是一个耕地资源相对匮乏的国家。建国以来,特别是改革开放以来的近 30 年间,我国经济以较高速度发展,城镇规模迅速扩大,伴随而来的是耕地资源的大幅度减少。据有关方面统计,1997 年我国的耕地总量为 19.51 亿亩,到 2006 年则下降到 18.27 亿亩,10 年间我国耕地面积减少了 1.24 亿亩。2006 年全国人均耕地面积已下降到 1.39 亩。这些减少的耕地大部分是优质粮田。耕地资源大幅减少,对国家粮食安全造成重大威胁。确保粮食安全成为关乎国计民生的头等大事。而粮食安全的关键,就是在于切实保护好宝贵的耕地资源。

当前国家实施了最严格的耕地保护制度,为进一步通过税收手段调节占地、加大保护耕地的力度,2006 年中央 1 号文件明确提出了"提高耕地占用税税率"的要求。同年 8 月,国务院下发的《国务院关于加强土地调控有关问题的通知》(国发[2006]31 号)中提出,要提高耕地占用税征收标准,加强征管,严格控制减免税。2007 年党的十七大报告再次强调要严格保护耕地,并提出了建设资源节约型社会的要求。

关于新条例中提高耕地占用税征收标准的主要参考依据,有关负责人表示,有关部门在修订条例时主要参考了四方面的因素:一是物价上涨因素。二是地价上涨因素。根据对山西、内蒙古、吉林、湖南、海南、四川6个省份地价的抽样调查,2006年平均地价水平比1987年上涨了6倍多。耕地占用税税额标准提高4倍左右,可基本保持1987年时的实际税负水平。三是贯彻落实国家最严格的耕地保护制度。四是更多地筹集用于"三农"的资金。2006年中央"一号文件"规定,提高耕地占用税税率,新增税收应主要用于"三农"。综合上述因素,这次修订将耕地占用税税额幅度提高4倍。

国务院财政、税务主管部门根据人均耕地面积和经济发展情况确定各省、自治区、直辖市的平均税额。各地适用税额,由省、自治区、直辖市人民政府在法定税额幅度内,根据本地区情况核定。各省、自治区、直辖市人民政府核定的适用税额的平均水平,不得低于法定平均税额。

实务指南:耕地占用税地方平均税率

财政部、国家税务总局关于耕地占用税平均税额和

纳税义务发生时间问题的通知

财税〔2007〕176号

各省、自治区、直辖市财政厅(局)、地方税务局,新疆生产建设兵团财务局:

为做好新修订的《中华人民共和国耕地占用税暂行条例》(国务院令第511号)的贯彻落实工作,现就耕地占用税平均税额和纳税义务发生时间问题通知如下:

一、各省、自治区、直辖市每平方米平均税额为:上海市45元;北京市40元;天津市35元;江苏、浙江、福建、广东4省各30元;辽宁、湖北、湖南3省各25元;河北、安徽、江西、山东、河南、四川、重庆7省市各22.5元;广西、海南、贵州、云南、陕西5省区各20元;山西、吉林、黑龙江3省各17.5元;内蒙古、西藏、甘肃、青海、宁夏、新疆6省区各12.5元。

各地依据耕地占用税暂行条例和上款的规定,经省级人民政府批准,确定县级行政区占用耕地的适用税额,占用林地、牧草地、农田水利用地、养殖水面以及渔业水域滩涂等其他农用地的适用税额可适当低于占用耕地的适用税额。

各地确定的县级行政区适用税额须报财政部、国家税务总局备案。

二、经批准占用耕地的,耕地占用税纳税义务发生时间为纳税人收到土地管理部门办理占用农用地手续通知的当天。

未经批准占用耕地的,耕地占用税纳税义务发生时间为实际占用耕地的当天。

请遵照执行。

财政部、国家税务总局

二〇〇七年十二月二十八日

实务动态：西藏出台耕地占用税税额政策

近日，西藏自治区人民政府审议通过了《西藏自治区耕地占用税实施办法》。新办法将原规定的耕地占用税税额标准提高了6倍左右，每平方米具体标准为：拉萨20元，昌都18元，那曲18元，阿里18元，林芝15元，日喀则15元，山南15元。地区所在地的县按所属地区的税额标准执行；拉萨市所属堆龙德庆县、达孜县统一按拉萨市的税额标准执行；其他各县（含县以下）耕地占用税每平方米税额按所属地区税额标准的80％计征。

——杨新天：《西藏出台〈耕地占用税实施办法〉》，《中国税务报》，2008年10月31日。

经济特区、经济技术开发区和经济发达且人均耕地特别少的地区，适用税额可以适当提高，但是提高的部分最高不得超过法定当地适用税额的50％。

占用基本农田的，适用税额应当在法定当地适用税额的基础上提高50％。

实务动态：八省区尚未确定新的耕地占用税政策

耕地占用税暂行条例修正案（下称新条例）于2008年1月1日起施行，但直至目前，全国还有山西、辽宁、湖北、广东、贵州、陕西、青海、宁夏8个省区尚未出台实施办法。日前，财政部和国家税务总局就耕地占用税新条例贯彻落实情况发布通报，督促尚未出台实施办法的地区加快工作进度，争取早日出台。该通报发布后，河南省在3月31日通过了新条例实施办法，将于近期发布实施。

耕地占用税新条例及其实施细则发布后，各省（区、市）财政厅（局）、地方税务局主动与国土等相关部门沟通协调，贯彻落实工作取得了一定进展。目前，全国已有北京、天津、河北等22个省（区、市）发布了实施办法。

据了解，新条例及细则出台后，各地财政、地方税务部门加大部门配合力度，有的促请省政府下发文件，明确相关部门的协税护税义务，如辽宁、浙江2省；有的与国土部门联合发文，明确了部门间信息传递与共享的内容，如北京、重庆2市；有的还联合国土部门开展了土地使用情况和土地税收缴纳情况的摸底清查工作，如吉林省。

国家税务总局财产和行为税司有关人士表示，这8个尚未出台实施办法的地区大都已形成实施办法草案，财税机关内部也已征求过意见，相关草案目前正由当地法制部门进行审议。按照要求，各级地方财政部门和地方税务机关要继续做好条例及细则的贯彻落实工作，对工作中遇到的情况、问题及建议，要及时上报。为健全耕地占用税法律制度，坚持依法征税，目前尚未出台实施办法的地区应加快工作进度，争取早日出台。在实施办法出台前，继续依照相关规定，按月向国家税务总局报告实施办法制定工作进展情况。

据悉,在国家实施最严格耕地保护制度的形势之下,2007 年 12 月我国对耕地占用税暂行条例进行了修订,新条例提高了征收标准,将每平方米税额在原条例的基础上提高了 4 倍,征税范围也有所扩大。2008 年以来,各地及时转发了耕地占用税新条例有关文件,并按照新的规定进行了预征。各地在着手制定实施办法的同时,也以此为契机大力加强征收管理。2008 年,全国累计征收耕地占用税 314 亿元,同比增长 69.8%。

——郑猛:《新耕地占用税条例:8 省区至今还没"办法"》,《中国税务报》,2009 年 4 月 10 日。

第二节　税收优惠

一、免税

税法规定,下列情形免征耕地占用税:

1.军事设施占用耕地;

2.学校、幼儿园、养老院、医院占用耕地。

二、减税

税法规定,下列情形适当减征耕地占用税:

1.铁路线路、公路线路、飞机场跑道、停机坪、港口、航道占用耕地,减按每平方米 2 元的税额征收耕地占用税。根据实际需要,国务院财政、税务主管部门会商国务院有关部门并报国务院批准后,可以对此情形免征或者减征耕地占用税。

2.农村居民占用耕地新建住宅,按照当地适用税额减半征收耕地占用税。

3.农村烈士家属、残疾军人、鳏寡孤独以及革命老根据地、少数民族聚居区和边远贫困山区生活困难的农村居民,在规定用地标准以内新建住宅缴纳耕地占用税确有困难的,经所在地乡(镇)人民政府审核,报经县级人民政府批准后,可以免征或者减征耕地占用税。

术语界定:

基本农田,是指依据《基本农田保护条例》划定的基本农田保护区范围内的耕地。

军事设施,具体范围包括:

(1)地上、地下的军事指挥、作战工程;

(2)军用机场、港口、码头;

(3)营区、训练场、试验场;

(4)军用洞库、仓库;

(5)军用通信、侦察、导航、观测台站和测量、导航、助航标志;

(6)军用公路、铁路专用线,军用通讯、输电线路,军用输油、输水管道;

(7)其他直接用于军事用途的设施。

学校,具体范围包括县级以上人民政府教育行政部门批准成立的大学、中学、小学、学历性职业教育学校以及特殊教育学校。学校内经营性场所和教职工住房占用耕地的,按照当地适用税额缴纳耕地占用税。

幼儿园,具体范围限于县级人民政府教育行政部门登记注册或者备案的幼儿园内专门用于幼儿保育、教育的场所。

养老院,具体范围限于经批准设立的养老院内专门为老年人提供生活照顾的场所。

医院,具体范围限于县级以上人民政府卫生行政部门批准设立的医院内专门用于提供医护服务的场所及其配套设施。医院内职工住房占用耕地的,按照当地适用税额缴纳耕地占用税。

铁路线路,具体范围限于铁路路基、桥梁、涵洞、隧道及其按照规定两侧留地。专用铁路和铁路专用线占用耕地的,按照当地适用税额缴纳耕地占用税。

公路线路,具体范围限于经批准建设的国道、省道、县道、乡道和属于农村公路的村道的主体工程以及两侧边沟或者截水沟。专用公路和城区内机动车道占用耕地的,按照当地适用税额缴纳耕地占用税。

飞机场跑道、停机坪,具体范围限于经批准建设的民用机场专门用于民用航空器起降、滑行、停放的场所。

港口,具体范围限于经批准建设的港口内供船舶进出、停靠以及旅客上下、货物装卸的场所。

航道,具体范围限于在江、河、湖泊、港湾等水域内供船舶安全航行的通道。

农村居民占用耕地新建住宅,是指农村居民经批准在户口所在地按照规定标准占用耕地建设自用住宅。农村居民经批准搬迁,原宅基地恢复耕种,凡新建住宅占用耕地不超过原宅基地面积的,不征收耕地占用税;超过原宅基地面积的,对超过部分按照当地适用税额减半征收耕地占用税。

农村烈士家属,包括农村烈士的父母、配偶和子女。

革命老根据地、少数民族聚居地区和边远贫困山区生活困难的农村居民,其标准按照各省、自治区、直辖市人民政府有关规定执行。

实务链接:耕地占用税减免

财政部、国家税务总局关于揭阳潮汕机场减征耕地占用税问题的批复

财税〔2009〕126 号

广东省财政厅:

你厅《关于揭阳潮汕机场征免耕地占用税问题的请示》(粤财法[2009]131号)收悉。经研究,现批复如下:

按照中国民用航空局公布的《民用机场飞行区技术标准》(MH5001—2006),飞行区包括升降带、跑道端安全区、滑行道、停机坪以及机场净空;跑道是指机场飞行区内供飞机起飞和着陆使用的特定场地。因此,跑道、停机坪属于飞行区的一部分。根据《中华人民共和国耕地占用税暂行条例》及其实施细则的规定,飞机场跑道、停机坪占用耕地减按每平方米 2 元的税额征收耕地占用税;飞机场内飞行区范围的其他建设用地,按照当地适用税额征收耕地占用税。

国家税务总局

二〇〇九年十月二十三日

北京市教育委员会 北京市发展改革委员会 北京市财政局 北京市住房和城乡建设委员会 北京市规划委员会 北京市国土资源局 北京市地方税务局

关于本市中小学校舍安全工程有关税费减免问题的通知

京教建[2009]19 号

各区县教委、发展改革委、财政局、住房城乡建设委、规划委、国土分局、地税局,市地税局直属分局:

为贯彻落实国务院办公厅《关于印发全国中小学校舍安全工程实施方案的通知》(国办发[2009]34 号)和市政府办公厅《关于印发北京市中小学校舍安全工程实施方案》(京政办发[2009]32 号)有关减免行政事业性和经营服务性收费等优惠政策,经市政府同意,对本市中小学校舍安全工程免收城市基础设施建设费、勘察设计招投标交易服务费、工程招标服务费、防洪费 4 项税费,并按照国家规定的有关税收政策减免耕地占用税,请遵照执行。

二〇〇九年九月八日

第三节　税务管理

一、征收机关

税法规定,耕地占用税由地方税务机关负责征收。

实务链接:耕地占用税管理

福建省地方税务局关于进一步做好耕地占用税管理工作的通知

闽地税发〔2009〕155 号

各市、县(区)地税局,省、各设区市地税局直属分局、稽查局,福州、厦门、泉州、漳州市地税局外税分局,泉州、南平市地税局征收分局:

为进一步做好我省耕地占用税管理工作,根据《中华人民共和国耕地占用税暂行条例》及其实施细则和相关政策规定,结合我省实际,现就耕地占用税有关问题通知如下:

一、关于占用耕地新建住宅征税问题

农村居民经批准搬迁,且批文中未要求原宅基地恢复耕种的,可按《耕地占用税暂行条例实施细则》第十八条执行,即新建住宅占用耕地不超过原宅基地面积的,不征收耕地占用税;超过原宅基地面积的,对超过部分按照当地适用税额减半征收耕地占用税。

二、关于农村居民占用其他农用地新建住宅适用税额问题

农村居民占用林地、牧草地、农田水利用地、养殖水面以及渔业水域滩涂等其他农用地新建住宅的,适用税额按照当地占用上述列举的其他农用地的税额减半征收。

三、关于 2008 年 1 月 1 日前占用耕地应纳税款补征问题

2008 年 1 月 1 日前纳税人占用耕地,按规定应缴纳而未缴纳或未足额缴纳耕地占用税的,按各县(市、区)耕地占用税旧税额标准补征,其滞纳金依照《中华人民共和国税收征收管理法》及国税发〔2001〕110 号相关规定处理,2001 年 4 月 30 日前按照千分之二计征,从 2001 年 5 月 1 日起按照万分之五计征。

1987 年 4 月 1 日国务院发布的《中华人民共和国耕地占用税暂行条例》征税对象不包括外商投资企业和外国企业。因此,对外商投资企业和外国企业在 2008 年 1 月 1 日前已经办理占地手续的,不再补征耕地占用税。

二○○九年七月二十日

财政部、国家税务总局关于加快落实地方财政耕地占用税
和契税征管职能划转工作的通知

财税〔2009〕37号

河北、黑龙江、江苏、浙江、安徽、江西、山东、河南、湖南、广东、广西、海南、重庆、贵州、陕西、甘肃省（自治区、直辖市）财政厅（局）、地方税务局：

为落实《中央机构编制委员会办公室关于财政部、国家税务总局职能划转问题的批复》（中编办字〔1995〕120号）、《中央机构编制委员会办公室人事部国家税务总局关于核定国家税务局系统和地方税务所人员编制及有关问题的通知》（中编办发〔1996〕10号）精神，推动耕地占用税和契税（以下简称两税）征管职能由地方财政部门划转到地方税务部门，进一步理顺和规范两税征管体制，现就加快落实地方财政两税征管职能划转工作通知如下：

一、关于征管职能划转

2009年12月31日前，完成两税征管职能由地方财政部门划转到地方税务部门的各项工作。

县级以上地方财政部门中属于行政、事业编制的两税征管人员，可随职能一并划转到地方税务部门，具体方案由省、自治区、直辖市财政厅（局）、地方税务局联合制定并报省、自治区、直辖市人民政府批准。县级以上地方财政、税务部门在划转两税征管人员时应尊重本人意愿，确保划转人员的行政或者事业编制对应关系不变。跨层级调整行政编制的，根据《地方各级人民政府机构设置和编制管理条例》（国务院令第486号）规定，由省、自治区、直辖市人民政府职能主管部门按程序报国务院机构编制管理机关审批。

乡级财政两税征管人员是否划转到地方税务部门按照省、自治区、直辖市人民政府的决定执行。如乡级财政两税征管人员划转到地方税务部门，具体方案应与县级以上地方财政两税征管人员划转方案一并报省、自治区、直辖市人民政府批准。

地方财政两税征管人员不随职能划转的地区，地方税务部门不能因增加两税征管职能而增加编制。

二、具体要求

（一）加强领导。省、自治区、直辖市财政厅（局）、地方税务局要统一认识、加强领导，及时制定省、自治区、直辖市划转方案，针对两税征管职能划转中可能出现的问题做好预案，报省、自治区、直辖市人民政府批准后实施。同时，指导、协调和督促省以下各级财政、地方税务部门扎实做好两税征管职能划转工作。

（二）妥善安置财政部门两税征管人员。地方财政、税务部门要密切配合、通力合作，加强与编制管理部门沟通、协调，共同做好地方财政部门两税征管职能

划转涉及的各项工作。各级地方财政部门要采取措施,充实和完善基层财政部门职能,提高不划转的两税征管人员的工作积极性;地方税务部门要及时安排划转人员工作。确保职能调整与人员安排有序进行,保证地方两税征管工作顺利衔接。

(三)严肃组织纪律。两税征管职能划转工作涉及面广,政策性强。地方各级财政、税务部门要坚决服从地方党委、政府的领导,重大事项及时向党委、政府请示汇报。确保两税征管职能划转有计划、有步骤开展,力争工作不断、思想不乱、队伍不散,实现理顺征管体制与强化征管工作两不误、两促进。

财政部、国家税务总局

二〇〇九年四月十三日

二、纳税期限

税法规定,经批准占用耕地的,耕地占用税纳税义务发生时间为纳税人收到土地管理部门办理占用农用地手续通知的当天。未经批准占用耕地的,耕地占用税纳税义务发生时间为纳税人实际占用耕地的当天。

三、纳税地点

税法规定,纳税人占用耕地或其他农用地,应当在耕地或其他农用地所在地申报纳税。

四、协税制度

税法规定,土地管理部门在通知单位或者个人办理占用耕地手续时,应当同时通知耕地所在地同级地方税务机关。获准占用耕地的单位或者个人应当在收到土地管理部门的通知之日起 30 日内缴纳耕地占用税。土地管理部门凭耕地占用税完税凭证或者免税凭证和其他有关文件发放建设用地批准书。

文献附录:耕地占用税管理制度

国家税务总局关于耕地占用税征收管理有关问题的通知

国税发〔2007〕129 号

各省、自治区、直辖市和计划单列市财政厅(局)、地方税务局:

为做好 2007 年 12 月 1 日国务院修订的《中华人民共和国耕地占用税暂行条例》的贯彻落实工作,进一步加强耕地占用税征收管理,现就有关问题通知如下:

一、关于纳税人的认定。耕地占用税纳税人应主要依据农用地转用审批文件认定。农用地转用审批文件中标明用地人的,用地人为纳税人;审批文件中未标明用地人的,应要求申请用地人举证实际用地人,实际用地人为纳税人;实际用地人尚未确定的,申请用地人为纳税人。占用耕地尚未经批准的,实际用地人为纳税人。

二、关于计税面积的核定。耕地占用税计税面积核定的主要依据是农用地转用审批文件,必要时应实地勘测。纳税人实际占地面积(含受托代占地面积)大于批准占地面积的,按实际占地面积计税;实际占地面积小于批准占地面积的,按批准占地面积计税。

三、关于涉税信息的取得和利用。省级征收机关应及时掌握农用地转用审批信息。省级征收机关应根据《中华人民共和国耕地占用税暂行条例》的规定,加强与同级国土管理部门的协调沟通,及时获取农用地转用信息,督促各地做好税款的及时入库。

四、关于减免税的管理。各地要按照《国家税务总局关于印发〈耕地占用税、契税减免管理办法〉的通知》(国税发[2004]99号),继续完善耕地占用税的减免税管理程序,落实减免税备案制度,并定期对减免税政策执行情况进行检查。

五、关于未经批准占地行为的征税问题。发现未经批准占用耕地的,应立即要求纳税人限期缴纳税款。各地要根据国家税务总局有关规定制定本地区耕地占用税举报案件的接报管理办法,明确接报责任人的工作职责和立案查处程序。接报占地面积在30亩(含30亩)以上的案件,应于初步核实后7日内向省级征收机关报告;接报占地面积在1000亩(含1000亩)以上的案件,应逐级上报至国家税务总局(地方税务司)。

六、关于举报奖励办法。各级征收机关要按照国家税务总局、财政部《检举纳税人税收违法行为奖励暂行办法》(国家税务总局财政部令第18号)的规定,结合耕地主要集中于农村的特点,制定本地区检举占地未缴耕地占用税的具体奖励办法,细化奖励标准和奖金领取程序等事项;要广泛宣传举报奖励办法,特别是向农村居民宣传,鼓励举报行为。

七、关于追缴欠税问题。各级征收机关要组织力量,调查了解2007年以前耕地占用情况及耕地占用税征管情况。对于拖欠税款,应及时征收入库。要利用公告送达等多种送达手段,通知占地的纳税人限期申报。

二○○七年十二月十二日

北京市地方税务局关于耕地占用税征管有关问题通知

京地税地[2009]71号

各有关区、县地方税务局、各有关分局:

根据《中华人民共和国耕地占用税暂行条例》、《中华人民共和国耕地占用税暂行条例实施细则》、《北京市实施〈中华人民共和国耕地占用税暂行条例〉办法》及《国家税务总局关于耕地占用税征收管理有关问题的通知》(国税发〔2007〕129号)的有关规定,为加强耕地占用税的征收管理,明确征纳双方的法律责任,现将有关问题通知如下:

一、耕地占用税的申报纳税

(一)耕地占用税纳税人(以下简称纳税人)应在耕地或其他农用地所在地的主管税务机关办理申报纳税手续。

(二)耕地占用税的申报纳税暂实行由纳税人到税务机关上门申报的方式。

(三)经批准占用耕地的,纳税人应在收到土地管理部门办理占用农用地手续通知时,持批准用地文件、市发展和改革委员会批准立项文书、项目建设平面图等申报资料原件及复印件,并如实填写《耕地占用税纳税申报表》(附件一),到税务机关办理纳税申报手续。

(四)未经批准占用耕地的,纳税人应在实际占用耕地时,如实填写《耕地占用税纳税申报表》,到税务机关办理申报纳税手续。

(五)各局耕地占用税的主管税务所为申报纳税的受理机关。

(六)对于纳税人按照规定提交申报资料并如实填写《耕地占用税纳税申报表》的,税务机关应予以受理,并在《耕地占用税纳税申报表》上加盖税务所章。

(七)税务机关应在受理纳税人申报后开具税收缴款书交纳税人,缴款书中"税款限缴日期"栏填写自开具缴款书之日起第30日的具体日期,纳税人应在限缴日期前办理税款入库手续。

二、耕地占用税的减免税管理

(一)耕地占用税减免实行申报管理制度。纳税人应在收到土地管理部门办理占用农用地手续通知时,向耕地或其他农用地所在地的主管税务机关提出减免申报。

(二)凡属于《北京市实施〈中华人民共和国耕地占用税暂行条例〉办法》中第六条规定免税情形的,纳税人可以向所在地乡(镇)人民政府提出申请,经审核,报经区(县)人民政府批准后,免征耕地占用税。

(三)耕地占用税减免申报暂实行由纳税人到税务机关上门申报的方式。

(四)纳税人办理减免税申报时,应持批准用地文件、市发展和改革委员会批准立项文书及项目建设平面图等申报资料原件及复印件。减免税情况复杂或特殊的,纳税人还应按照税务机关的要求提供其他申报资料或证明材料。

(五)纳税人应如实填写《耕地占用税减免申报表》(附件二)。

(六)各局耕地占用税的主管税务所为耕地占用税减免申报的受理审核机关,税务所应指定专人负责受理、审核事项、减免税资料的归档工作及相关报表的填报工作。

（七）对于纳税人按照规定提交申报资料并如实填写《耕地占用税减免申报表》的，税务机关应予以受理，受理人应签字确认，并将《耕地占用税减免申报表》和申报资料及时移交审核人。

（八）审核人应对减免事项进行审核，审核同意应签字确认，审核人同意后，主管税务所应于受理当日办理减免手续，出具《耕地占用税减免税证明》（附件三），并加盖税务所章。《耕地占用税减免税证明》应制作三份，两份交纳税人，一份税务机关留存。

（九）占用耕地 1000 亩（含 1000 亩）以上的减免，各局应在办理减免手续完毕之日起 20 日内将用地批准文件、《耕地占用税减免申报表》及《耕地占用税减免税证明》复印件一份上报市局。

（十）由国务院或国土资源部批准占用耕地的，耕地占用税的减免申报由区县地方税务局及分局耕地占用税的主管税务所进行初次受理及审核，各局将申报资料及《耕地占用税减免申报表》上报市局，由市局进行初审、复核及审核，并办理减免税手续。出具《耕地占用税减免税证明》三份，并加盖市局公章。两份交纳税人，一份税务机关留存。

三、耕地占用税的档案管理按照《北京市地方税务局关于印发〈北京市地方税务局税务档案管理办法〉的通知》（京地税档（2004）73 号）和《北京市地方税务局关于税务档案分级分类调整的通知》（京地税档〔2008〕261 号）的有关规定执行，其中耕地占用税减免税证明归入减免税（费）审批管理（4200）子类。

四、对于同一用地批准文件中既有征税又有免税事项的，纳税人应先办理减免税申报，再办理纳税申报。

五、各局耕地占用税主管税务所应填制《年度耕地占用税征收台账》（附件四），按照序时、逐笔的要求进行登记，并于次年 1 月 15 日前上报税政（二）科，税政（二）科审核后将本局情况汇总，并于次年 1 月 31 日前将《年度耕地占用税征收台账》上报市局。

六、本通知自发布之日起执行，《北京市地方税务局关于耕地占用税申报纳税有关问题的通知》（京地税地〔2004〕642 号）同时废止。

二○○九年三月四日

理论探索：耕地占用税制现状与完善

有关专家认为，在当前国家实施最严格的耕地保护制度形势下，修订耕地占用税条例，进一步加大税收调节力度，保护耕地，势在必行。

"要守住 18 亿亩耕地这条红线！"国务院总理温家宝在向十届全国人大五次

会议所作的政府工作报告中郑重强调。作为加强耕地保护,缓解我国耕地资源紧缺问题和土地供需矛盾的政策"组合拳"的一部分,国务院于 2007 年 12 月 1 日批准了《中华人民共和国耕地占用税暂行条例》(修订案)(以下简称新条例),并以国务院令形式加以发布,该条例自 2008 年 1 月 1 日起施行。

为了能够使各地税务部门更好更深入地贯彻新条例的各项规定,同时也让纳税人对新条例相关内容有更加全面的认识,日前,财政部税政司、国家税务总局地方税司有关负责人对新条例中的若干问题,特别是关于耕地占用税的出台背景,以及耕地占用税的纳税人、征税对象及计税依据等问题进行了详细分析解读。

一、耕地保护形势严峻催生新条例出台

在谈到关于《耕地占用税暂行条例》的修订背景时,有关负责人向记者表示,我国人多地少,是一个耕地资源相对匮乏的国家。建国以来,特别是改革开放以来的近 30 年间,我国经济以较高速度发展,城镇规模迅速扩大,伴随而来的是耕地资源的大幅度减少。据有关方面统计,1997 年我国的耕地总量为 19.51 亿亩,到 2006 年则下降到 18.27 亿亩,10 年间我国耕地面积减少了 1.24 亿亩。2006 年全国人均耕地面积已下降到 1.39 亩。这些减少的耕地大部分是优质粮田。耕地资源大幅减少,对国家粮食安全造成重大威胁。确保粮食安全成为关乎国计民生的头等大事。而粮食安全的关键,就是在于切实保护好宝贵的耕地资源。

当前国家实施了最严格的耕地保护制度,为进一步通过税收手段调节占地、加大保护耕地的力度,2006 年中央 1 号文件明确提出了"提高耕地占用税税率"的要求。同年 8 月,国务院下发的《国务院关于加强土地调控有关问题的通知》(国发〔2006〕31 号)中提出,要提高耕地占用税征收标准,加强征管,严格控制减免税。2007 年党的十七大报告再次强调要严格保护耕地,并提出了建设资源节约型社会的要求。此次修订,便是贯彻落实党的十七大关于"建立有利于科学发展的财税制度"的重要部署,是运用税收政策严格保护耕地、促进资源节约和环境保护的重要举措。

1987 年国务院发布了《中华人民共和国耕地占用税暂行条例》(以下简称原条例)。原条例实施后的一段时间,曾对保护耕地、促进土地资源合理利用起到了积极的作用。有关数据显示,1982 年～1986 年的 5 年间,全国耕地每年减少600 万亩。开征耕地占用税后,各项非农业建设占用耕地呈逐年减少的趋势。1987 年全国非农业建设占用耕地 267 万亩,这一数字仅相当于原条例实施前的一半,1988 年减少为 244 万亩,1989 年又减少到 132 万亩,耕地占用税的开征有效控制了耕地占用的规模和速度。由于当时国家还没有开征土地出让金,耕地占用税在用地成本中的比例一般在20%左右,调节作用十分显著。但在随后的近20年内,我国经济经历了一个高速发展时期,根据当时背景确定的税率现在看来已明显偏低,耕地占用税在用地成本中所占的比例越来越低,2006年对全国40个重点城市的抽样调查显示,这一比例均不到1%。耕地占用税征收范围偏窄、税负偏轻、税负不公的问题也日益突出,其保护耕地的作用日益弱化,调节职能的发挥也受到了制约。在当前国家实施最严格的耕地保护制度形势下,修订耕地占用税条例,进一步加大税收调节力度,保护耕地,势在必行。

二、新条例税额标准为何提高4倍

据有关负责人介绍,此次颁布施行的新条例提高了征收标准,将每平方米税额在原条例的基础上提高了4倍。新条例的税额标准如下:人均耕地不超过1亩的地区(以县级行政区域为单位,下同),每平方米为10元~50元;人均耕地超过1亩但不超过2亩的地区,每平方米为8元~40元;人均耕地超过2亩但不超过3亩的地区,每平方米为6元~30元;人均耕地超过3亩的地区,每平方米为5元~25元。

根据新条例的规定,财政部和国家税务总局下发了《财政部、国家税务总局关于耕地占用税平均税额和纳税义务发生时间问题的通知》(财税〔2007〕176号),各省、自治区、直辖市每平方米平均税额为:上海市45元,北京市40元,天津市35元,江苏、浙江、福建、广东4省各30元,辽宁、湖北、湖南3省各25元,河北、安徽、江西、山东、河南、四川、重庆7省市各22.5元,广西、海南、贵州、云南、陕西5省区各20元,山西、吉林、黑龙江3省各17.5元,内蒙古、西藏、甘肃、青海、宁夏、新疆6省区各12.5元。

新条例同时规定,占用基本农田的,适用税额应当在当地适用税额的基础上提高50%。

有关负责人指出,新条例将耕地占用税的征收标准提高了4倍,主要考虑了以下因素。一是物价上涨因素。根据国家统计局公布的统计数字,2006年居民消费价格指数比1987年上涨了2.2倍。二是地价上涨因素。根据抽样调查结果显示,2006年平均地价水平比1987年上涨了6倍多。除去一些误差因素,地价上涨幅度也远远高于物价上涨幅度。耕地占用税占用地成本的比例越来越低。1987年耕地占用税占用地成本的比例一般在20%左右,但据抽样调查,2006年全国40个重点城市这一比例均不到1%。耕地占用税税额幅度提高4倍,可基本保持1987年时的实际税负水平,发挥耕地占用税保护耕地、调节占地的应有职能。三是贯彻落实国家最严格的耕地保护制度因素。通过提高耕地占用税税额幅度,减少占用耕地,充分利用城市现有土地。四是更多的筹集用于"三农"的资金。2006年中央1号文件要求"提高耕地占用税税率,新增税收应用于'三农'"。综合上述因素,这次修订将耕地占用税征收标准提高4倍。

三、着眼公平,新条例将外资企业纳入征税范围

据介绍,新条例对纳税人及具体范围作了如下规定:"占用耕地建房或者从事其他非农业建设的单位和个人,为耕地占用税的纳税人,应当依照本条例规定缴纳耕地占用税。前款所称单位,包括国有企业、集体企业、私营企业、股份制企业、外商投资企业、外国企业以及其他企业和事业单位、社会团体、国家机关、部队以及其他单位;所称个人,包括个体工商户以及其他个人。"按此规定,耕地占用税的纳税人包含了外商投资企业和外国企业在内的所有单位和个人。

原条例在第三条和第十四条对纳税人是这样规定的:"占用耕地建房或者从事其他非农业建设的单位和个人,都是耕地占用税的纳税义务人(以下简称纳税人),应当按照本条例规定缴纳耕地占用税。""本条例的规定不适用于外商投资企业。"按此规定,耕地占用税的纳税人是除外商投资企业以外的单位和个人。

与原条例相比,新条例取消了原条例第十四条"本条例的规定不适用于外商投资企业"的规定,并对第三条作了两处修改,一是将原文中"纳税义务人"改为"纳税人",这样表述更为规范;二是增加了第二款内容,对纳税人范围作了具体规定,将外商投资企业和外国企业纳入纳税人范围。

在新条例施行之前,外商投资企业和外国企业享受耕地占用税免税优惠。对此有关负责人表示,我国改革开放初期,急需引进大量外资,支持国内的经济建设,而在税收上给予外资优惠,是吸引外资的有效手段。基于此,1984年全国人大常委会通过的《全国人民代表大会常务委员会关于授权国务院改革工商税制发布有关税收条例草案试行的决定》规定,国务院发布试行的税收条例草案,不适用于中外合资经营企业和外资企业。因此,1987年国务院制定的原条例中也未将外商投资企业和外国企业纳入征税范围。

随着改革开放的逐步深入,我国社会主义市场经济体制逐步建立,经济环境变化,我国的法制环境也发生了改变。1993年全国人大常委会通过的《全国人民代表大会常务委员会关于外商投资企业和外国企业适用增值税、消费税、营业税等税收暂行条例的决定》中规定:"除将外商投资企业和外国企业纳入增值税、消费税、营业税征税范围外,其他税种对外商投资企业和外国企业的适用,法律有规定的,依照法律的规定执行;法律未作规定的,依照国务院的规定执行。"标志着对外商投资企业和外国企业实施税收优惠的法律环境已发生了变化。此次条例修订正是顺应这种法律环境的变化趋势,在新条例中删除了不适用外商投资企业的规定。

有关负责人表示,将外商投资企业和外国企业纳入征税范围,是市场经济条件下公平税负的要求。在社会主义市场经济条件下,市场主体需要在一个平等、

公平的环境中进行竞争。外资企业和内资企业,都是平等的市场主体,应该公平的承担税负。取消对外资企业的税收超国民待遇,并不是对外资企业的税收歧视,而是公平税负的必然要求。统一内外资企业的耕地占用税制度,为市场主体提供统一的税收环境,有利于市场机制功能的发挥。

四、新条例征税对象范围有所扩大

据介绍,耕地占用税的征税对象范围有所扩大。新条例第三条第一款对征税对象作了如下规定:"占用耕地建房或者从事其他非农业建设的单位和个人,为耕地占用税的纳税人,应当依照本条例规定缴纳耕地占用税。"

按此规定,耕地占用税的征税对象是指占用耕地建房或从事其他非农业建设的行为。其中,决定耕地占用税征税对象有两方面要素:一是建设行为,二是被占耕地。

按照用途,应税的建设行为可分为两种,一是建房,不管所建房屋是从事农业建设,还是从事非农业建设,只要占用耕地建设永久性建筑物,都要缴纳耕地占用税。此规定是与原政策相衔接的,如《国家税务总局关于狐狸养殖场等应否征收耕地占用税的批复》(国税函〔1999〕466号)中规定,"凡占用耕地修建永久性建筑物的,不论其具体用途如何,都是耕地占用税的征税范围",明确了对狐狸舍、海狸舍、长毛兔舍等建筑物占地征收耕地占用税。二是从事非农业建设,不管是否建房,均应课税。

由于耕地占用税是行为税,耕地的概念对于征税范围的规定十分重要。新条例第二条规定:"本条例所称耕地是指用于种植农作物的土地。"该条规定是依据国家质量监督检验检疫总局和国家标准化管理委员会2007年8月10日发布实施的《土地利用现状分类》(GB/T21010-2007)中关于耕地的定义:"耕地是指种植农作物的土地,包括熟地,新开发、复垦、整理地,休闲地(含轮歇地、轮作地);以种植农作物(含蔬菜)为主,间有零星果树、桑树或其他树木的土地;平均每年能保证收获一季的已垦滩地和海涂。耕地中还包括南方宽度<1.0米,北方宽度<2.0米的沟、渠、路和地坎(埂);临时种植药材、草皮、花卉、苗木等的耕地,以及其他临时改变用途的耕地。"

从征税对象方面来讲,将征税对象扩大到了整个农用地。纳税人占用除耕地以外的农用地,比如林地、牧草地、农田水利用地和养殖水面等,均应按照条例规定,缴纳耕地占用税。

另外,关于临时占用耕地行为,新条例明确规定,纳税人应当依照本条例的规定缴纳耕地占用税。纳税人在批准临时占用耕地的期限内恢复所占用耕地原状的,全额退还已经缴纳的耕地占用税。对于污染、取土、采矿塌陷等原因损毁耕地的行为,考虑到被损毁耕地一般仍具有可恢复性,可比照临时占用耕地行为,征收耕地占用税。

五、新条例计税依据按批准和实际占地面积孰大原则确定

有关负责人表示,耕地占用税是从量定额的税种,依据纳税人占用耕地的实际面积计税。但现实征管中,一般存在这样几种情况:

一种是经申请批准占用耕地的,一般以农用地转用审批文件中标明的建设用地人为纳税人,按审批文件中标明的用地面积计征耕地占用税。但在此条件下,通常也会有纳税人实际占地面积大于审批文件中标明用地面积的情况,此时则应以实际占地面积计征耕地占用税。

另一种是未经批准占用耕地的,则应以实际占地人为耕地占用税的纳税人,以纳税人实际占用耕地的面积计征耕地占用税。

对于已批准的用地,实际上已经改变了耕地的性质,应当照章征收耕地占用税。对于未经批准占用耕地的情况,实际占用的耕地,大多也已经被改变了耕地的地貌。因此,应向耕地占用人以实际占用的面积计征税款。

基于以上考虑,耕地占用税的计税依据应按照批准面积和实际占地面积孰大的原则确定,即:纳税人实际占地面积(含受托代占地面积)大于批准占地面积的,以实际占地面积计税;批准占地面积大于实际占地面积的,以批准占地面积计税。

六、新条例严格落实"控制减免税"要求

据有关负责人介绍,此次修订条例后,保留的减免税项目有:军事设施占用耕地,学校、幼儿园、养老院、医院占用耕地,免征耕地占用税;农村居民占用耕地新建住宅,按照当地适用税额减半征收耕地占用税;农村烈士家属、残疾军人、鳏寡孤独以及革命老根据地、少数民族聚居区和边远贫困山区生活困难的农村居民,在规定用地标准以内新建住宅缴纳耕地占用税确有困难的,经所在乡(镇)人民政府审核,报经县级人民政府批准后,可以免征或者减征耕地占用税。原由财政部规定的减免税项目,不再享受减免税优惠。

此外,新条例增加的减按每平方米 2 元征收耕地占用税的优惠项目有:铁路线路、公路线路、飞机场跑道、停机坪、港口、水运航道占用的耕地。

据有关负责人介绍,按照国务院关于"严格控制减免税"的要求,遵循公平税负的原则,新条例对原政策中有关减免税项目进行了调整,取消了原条例中有关铁路线路、飞机场跑道、停机坪、炸药库等项目占用耕地免税的规定,增加了享受低税额优惠的项目,即铁路线路、公路线路、飞机场跑道、停机坪、港口、航道占用耕地,减按每平方米 2 元的税额征收耕地占用税。

对部分基础设施减按每平方米 2 元的税额征收耕地占用税,主要考虑以下几点因素:一是从严控制减免税的要求。国务院 2006 年下发的《关于加强土地

调控有关问题的通知》(国发〔2006〕31号)明确提出,要严格控制耕地占用税的减免范围。二是公平税负的要求。原政策规定,铁路线路、飞机场跑道、停机坪占地免税,公路线路占地分别按每平方米1.5元(财政部核定平均税额每平方米在5元以下的地区)和2元(财政部核定的平均税额每平方米在5元以上的地区(含5元))征税,港口占地按所在地规定税额征税。同是国家基础设施建设,耕地占用税的税额却不相同,这不符合公平税负的要求,为公平税负,有必要统一税额标准。三是方便征管的考虑。享受每平方米2元税额的项目,大多都是跨地区建设的,如不统一规定税额标准,不便于耕地占用税的征收管理。四是降低国家基础设施建设成本的考虑。这些基础设施建设大都由国家投资建设,如果税额标准定的过高,会增加建设成本,影响项目建设的进度。

同时,考虑到有些基础设施建设的特殊情况,新条例还规定,根据实际需要,国务院财政、税务主管部门会商国务院有关部门报国务院批准后,可以对上述按每平方米2元税额征收耕地占用税的项目占用耕地免征或者减征耕地占用税。

有关负责人表示,考虑到占用林地、牧草地、农田水利用地、养殖水面以及渔业水域滩涂等其他农用地,应与占用耕地在政策上有所区别,同时需要赋予地方一定的权限,更好地适应不同地区的差异,《财政部、国家税务总局关于耕地占用税平均税额和纳税义务发生时间问题的通知》(财税〔2007〕176号)中规定,各地依据耕地占用税暂行条例和上款的规定,经省级人民政府批准,确定县级行政区占用耕地的适用税额,占用林地、牧草地、农田水利用地、养殖水面以及渔业水域滩涂等其他农用地的适用税额可适当低于占用耕地的适用税额。

七、新条例加强了对耕占税的征收管理

据介绍,原条例没有明确规定耕地占用税的纳税义务发生时间,只规定了耕地占用税的缴款期限为"经土地管理部门批准占用耕地之日起的30日内"。在实际征管过程中,纳税人经土地管理部门批准后,倘若不去缴税,征收机关就很难掌握情况,更难以对其进行有效控管。因此,如何在纳税人领取农用地转用审批文件前,就将耕地占用税税款征收入库,是保证耕地占用税征管质量的重要前提。

出于在内容上尽量与原条例保持一致的考虑,新条例同样没有对纳税义务发生时间进行明确,只是对缴款期限作了重新规定,即:"土地管理部门在通知单位或者个人办理占用耕地手续时,应当同时通知耕地所在地同级地方税务机关;获准占用耕地的单位或者个人应当在收到土地管理部门的通知之日起30日内缴纳耕地占用税;土地管理部门凭耕地占用税完税凭证或者免税凭证和其他有关文件发放建设用地批准书。"根据新条例的规定,《财政部、国家税务总局关于耕地占用税平均税额和纳税义务发生时间问题的通知》(财税〔2007〕176号)明确了耕地占用税纳税义务发生时间：经批准占用耕地的，耕地占用税纳税义务发生时间为纳税人收到土地管理部门办理占用农用地手续通知的当天。未经批准占用耕地的，耕地占用税纳税义务发生时间为实际占用耕地的当天。

有关负责人表示，通过这样规定，一方面将缴纳耕地占用税作为领取农用地转用审批文件的先置条件，可以有效控管税源；另一方面，也明确了土地管理部门的协税护税义务，强化土地管理部门和征收机关间的配合协作，可以实现对耕地占用税的有效征管。

根据新条例，耕地占用税的征收管理严格依照《中华人民共和国税收征收管理法》执行。有关负责人介绍，2001年5月1日新修订实施的《中华人民共和国税收征收管理法》规定，耕地占用税、契税、农业税、牧业税征收管理的具体办法，由国务院另行制定。国家税务总局于2001年9月发文明确规定，耕地占用税、契税、农业税、牧业税的征收管理暂参照《中华人民共和国税收征收管理法》执行。这种参照执行的方式，一定程度上影响了耕地占用税的执法刚性。因此，在此次修订中，明确耕地占用税的征收管理依照《中华人民共和国税收征收管理法》执行。

新条例明确规定，耕地占用税由地方税务机关负责征收。条例修订前，全国有河北、黑龙江、江苏、浙江、安徽、福建、江西、山东、河南、湖南、广东、广西、重庆、贵州、甘肃、青海、宁波、厦门和青岛等19个省、自治区、直辖市和计划单列市的耕地占用税由地方财政部门负责征收。为理顺耕地占用税征管体制，新条例明确规定，耕地占用税由地方税务机关负责征收管理。但是，考虑到耕地占用税征管工作的稳定性和连续性，经国务院批准同意，目前耕地占用税仍由地方财政部门负责征收的地区，征管职能向地方税务部门划转的具体时间，由省、自治区、直辖市人民政府结合本地实际情况确定。

——厉征、闵丽男：《详解新耕地占用税条例相关规定》，《中国税务报》，2008年2月18日。

延伸思考题

1. 耕地占用税的立法宗旨是什么？
2. 如何评价耕地占用税对保护耕地的作用？
3. 如何评价耕地占用税的税收优惠政策？
4. 如何完善现行耕地占用税税制？

第十五章 资源税法律制度

☞ **案例：新疆矿业公司补缴资源税案**

2009年，新疆富蕴县地税局在重点矿山企业推行矿产品产量监控系统成效显著，为资源税足额入库提供了可靠保障。截至11月，富蕴县地税局共入库资源税6 357万元，同比增收2 211万元，增长53.3%。

据了解，该局通过深入调查分析，确定了11户上规模的重点矿山企业为矿产品产量监控系统安装对象。截至目前，已推动9户企业完成该监控系统安装，安装设备21套。喀拉通克铜镍矿、明进矿业两家企业因正在技改，安装税控装置工作推后。同时，该局还积极利用矿产品产量监控系统，加强对重点矿山企业资源税缴纳情况的核实。今年下半年，该局会同相关部门已对金山矿冶有限公司、金宝矿业公司、榕辉矿业公司、宏泰矿业有限公司2008年度以及2009年1月~9月铁矿石的开采量、球磨处理量等进行了核实，经矿产品产量监控系统比对，初步核实这几家公司应补缴资源税706.23万元。

——朱晓景、李洪华：《矿产监控系统推动资源税飙升》，《中国税务报》，2009年12月9日。

第一节 概述

一、资源税的概念

资源税是指对在我国境内开采法定矿产品或者生产盐的单位和个人征收的一种税。

二、资源税的纳税人

税法规定，资源税的纳税人是在我国境内开采法定矿产品或者生产盐的单位和个人。

单位,是指国有企业、集体企业、私有企业、股份制企业、其他企业和行政单位、事业单位、军事单位、社会团体及其他单位。

个人,是指个体经营者及其他个人。

三、资源税的税目税率

税　目	税额幅度
一、原油	8～30 元/吨
二、天然气	2～15 元/千立方米
三、煤炭	0.3～5 元/吨
四、其他非金属矿原矿	0.5～20 元/吨或者立方米
五、黑色金属矿原矿	2～30 元/吨
六、有色金属矿原矿	0.4～30 元/吨
七、盐	
固体盐	10～60 元/吨
液体盐	2～10 元/吨

税目、税额幅度的调整,由国务院决定。纳税人具体适用的税额,由财政部会商国务院有关部门,根据纳税人所开采或者生产应税产品的资源状况,在规定的税额幅度内确定。

纳税人开采或者生产不同税目应税产品的,应当分别核算不同税目应税产品的课税数量;未分别核算或者不能准确提供不同税目应税产品的课税数量的,从高适用税额。

纳税人不能准确提供应税产品销售数量或移送使用数量的,以应税产品的产量或主管税务机关确定的折算比换算成的数量为课税数量。原油中的稠油、高凝油与稀油划分不清或不易划分的,一律按原油的数量课税。

术语界定:

原油,是指开采的天然原油,不包括人造石油。

天然气,是指专门开采或与原油同时开采的天然气,暂不包括煤矿生产的天然气。

煤炭,是指原煤,不包括洗煤、选煤及其他煤炭制品。

其他非金属矿原矿,是指上列产品和井矿盐以外的非金属矿原矿。

固体盐,是指海盐原盐、湖盐原盐和井矿盐。液体盐,是指卤水。

四、资源税应纳税额的计算

税法规定,资源税的应纳税额,按照应税产品的课税数量和规定的单位税额计算。应纳税额计算公式:

应纳税额＝课税数量×单位税额

资源税课税数量的认定标准:

(1)纳税人开采或者生产应税产品销售的,以销售数量为课税数量。

(2)纳税人开采或者生产应税产品自用的,以自用数量为课税数量。

习题计算:资源税

【题目】某油田 11 月份生产原油 10 万吨(单位税额 8 元/吨),其中销售了 7 万吨,用于加热、修井的原油 1 万吨,待销售 2 万吨;当月在采油过程中回收并销售伴生天然气 2000 万立方米(单位税额 8 元/千立方米)。

计算该油田 11 月份应纳资源税税额。

【解析】根据资源税法律制度的规定,开采原油过程中用于加热、修井的原油免税,待销售的原油由于纳税义务尚未发生,暂不需纳税。因此,该油田 11 月份销售的原油和天然气缴纳的资源税税额为:

(1)销售原油应纳资源税税额＝7×8＝56(万元)

(2)销售天然气应纳资源税税额＝2×8＝16(万元)

(3)该油田 11 月份实际应纳资源税税额总额＝56＋16＝72(万元)

——财政部会计资格评价中心编:《经济法基础》(2009 年初级会计资格考试辅导教材),经济科学出版社,2008 年 12 月第 1 版。

第二节　税收优惠

税法规定,有下列情形之一的,减征或者免征资源税:

1.开采原油过程中用于加热、修井的原油,免税;

2.纳税人开采或者生产应税产品过程中,因意外事故或者自然灾害等原因遭受重大损失的,由省、自治区、直辖市人民政府酌情决定减税或者免税;

3.国务院规定的其他减税、免税项目。

纳税人的减税、免税项目,应当单独核算课税数量;未单独核算或者不能准确提供课税数量的,不予减税或者免税。

第三节　税务管理

一、征收机关

税法规定,资源税由税务机关征收。

纳税人应纳的资源税,应当向应税产品的开采或者生产所在地主管税务机关缴纳。纳税人在本省、自治区、直辖市范围内开采或者生产应税产品,其纳税地点需要调整的,由省、自治区、直辖市税务机关决定。

案例:高科技手段监管资源税

江西省九江市国税局加强矿产资源和非金属矿资源相关行业的税收管理,2009 年 1 月～8 月,共入库硅矿、钨矿、锑矿等特色行业税款 3.7 亿元,占全市国税收入的 12%。

九江市矿产资源和非金属矿资源丰富,九江市国税局在充分调研和掌握各特色行业经营规律的基础上,结合外省市相关行业税收管理方法,制定了《金属矿行业税收管理办法》和《非金属矿行业税收管理办法》,分别从户籍管理、申报征收、法律责任等方面规范管理方式。他们还建立各类特色行业评估模型和相关指标体系,如对钨矿石采掘业采用地磅监控法、吨钨耗电量法、钨矿石储量动用核查法进行监管核查,定期与工商、地税、矿管、公安、经贸委等部门交换信息,动态掌握纳税人信息,确保特色行业税收应收尽收。

——唐煦桄、曹文:《特殊方法监管矿产资源税收》,《中国税务报》,2009 年 9 月 21 日。

2009 年前 4 个月,贵州省松桃县地税局入库锰矿资源税 153 万元,同比增长 189.99%。松桃县地税局负责人告诉记者,锰矿资源税的大幅增长,与他们安装了远程电子监控系统有关。

据介绍,松桃县远程电子监控系统的控制中心设在县矿办,其管理模式为:锰矿开采企业到县矿办指定的所属财政所开立银行账户并预缴税费,同时办理标识卡和承运卡(以下简称"两卡")。货车司机到各锰矿开采企业装运矿石并领取"两卡"。司机装载锰矿返程过矿检站时必须出示"两卡",同时缴纳税费,否则相关部门不予放行。各矿检站将数据信息传回控制中心,控制中心再将信息数据传递到其他相关税费征收单位。各单位根据信息资料到财政局划拨各自的税费。

目前,松桃县地税局已在各矿区安装了 9 个远程电子监控系统并投入试运行。远程电子监控系统运行后,锰矿开采企业逃税的事鲜有发生。

——彭军、叶欣:《远程监控系统管住锰矿资源税》,《中国税务报》,2009 年 5 月 20 日。

二、纳税义务发生时间

税法规定,资源税纳税义务发生时间规定如下 :

1.纳税人销售应税产品,其纳税义务发生时间是:

纳税人采取分期收款结算方式的,其纳税义务发生时间,为销售合同规定的收款日期的当天;纳税人采取预收货款结算方式的,其纳税义务发生时间,为发出应税产品的当天;纳税人采取其他结算方式的,其纳税义务发生时间,为收讫销售款或者取得索取销售款凭据的当天。

2.纳税人自产自用应税产品的纳税义务发生时间,为移送使用应税产品的当天。

3.扣缴义务人代扣代缴税款的纳税义务发生时间,为支付货款的当天。

三、纳税期限

税法规定,纳税人的纳税期限为一日、三日、五日、十日、十五日或者一个月,由主管税务机关根据实际情况具体核定。不能按固定期限计算纳税的,可以按次计算纳税。

纳税人以一个月为一期纳税的,自期满之日起十日内申报纳税;以一日、三日、五日、十日或者十五日为一期纳税的,自期满之日起五日内预缴税款,于次月一日起十日内申报纳税并结清上月税款。

四、代扣代缴

税法规定,收购未税矿产品的单位为资源税的扣缴义务人。所谓扣缴义务人,是指独立矿山、联合企业及其他收购未税矿产品的单位。

税法把收购未税矿产品的单位规定为资源税的扣缴义务人,是为了加强资源税的征管。主要适应税源小、零散、不定期开采、易漏税等情况,税务机关认为不易控管,由扣缴义务人在收购时代扣代缴未税矿产品为宜的。

扣缴义务人代扣代缴的资源税,应当向收购地主管税务机关缴纳,解缴税款期限比照纳税人的规定执行。

文献附录:资源税税率调整部分文件

财政部、国家税务总局关于调整硅藻土、珍珠岩、磷矿石
和玉石等资源税税额标准的通知
财税[2008]91号

各省、自治区、直辖市、计划单列市财政厅(局)、地方税务局,新疆生产建设兵团财务局:

为发挥资源税的调节作用,促进资源节约开采和利用,自2008年10月1日起,调整硅藻土、玉石等部分矿产品的资源税税额标准,调整后的税额标准分别为:硅藻土、玉石每吨20元,磷矿石每吨15元,膨润土、沸石、珍珠岩每吨10元。

请遵照执行。

二○○八年九月十六日

新疆维吾尔自治区财政厅、地方税务局关于调整新疆
铜镍伴生矿资源税税率的通知
新财法税[2008]51号

伊犁哈萨克自治州财政局、地税局,乌昌财政局及各地州市财政局、地税局,米东新区地税局:

根据自治区人民政府《关于研究矿产资源开发税收向资源地倾斜等有关问题的会议纪要》(新政阅[2008]3号)决定,现将我区铜镍伴生矿资源税税率调整如下:

依据国家税法规定,自2008年1月1日起,将阿勒泰地区喀拉通克铜镍矿镍矿石资源税税率调整为7.6元/吨,其他地区铜镍矿镍矿石资源税税率调整为6元/吨。

二○○八年八月十五日

福建省财政厅、福建省地方税务局关于调整尤溪、将乐县
铅锌矿资源税适用税额等级的通知
闽财税[2008]17号

尤溪、将乐县财政局、地方税务局:

根据《资源税暂行条例实施细则》的有关规定以及尤溪县、将乐县铅锌矿的实际情况,参照邻近矿山的税额标准,经省人民政府批准,从2008年7月1日起将尤溪、将乐县铅锌矿资源税适用税额等级从按五等下浮30%调整为按三等征收。

请遵照执行。

福建省财政厅 福建省地方税务局
二○○八年三月四日

财政部、国家税务总局关于调整铅锌矿石等税目资源税适用税额标准的通知
财税〔2007〕100 号

各省、自治区、直辖市、计划单列市财政厅（局）、地方税务局，新疆生产建设兵团财务局：

根据铅锌矿石、铜矿石和钨矿石的市场价格以及生产经营情况，为进一步促进其合理开发利用，经研究决定，自 2007 年 8 月 1 日起，对上述三种矿产品资源税适用税额标准作如下调整：

一、铅锌矿石单位税额标准：一等矿山调整为每吨 20 元；二等矿山调整为每吨 18 元；三等矿山调整为每吨 16 元；四等矿山调整为每吨 13 元；五等矿山调整为每吨 10 元。

二、铜矿石单位税额标准：一等矿山调整为每吨 7 元；二等矿山调整为每吨 6.5 元；三等矿山调整为每吨 6 元；四等矿山调整为每吨 5.5 元；五等矿山调整为每吨 5 元。

三、钨矿石单位税额标准：三等矿山调整为每吨 9 元；四等矿山调整为每吨 8 元；五等矿山调整为每吨 7 元。

请遵照执行。

财政部、国家税务总局关于调整焦煤资源税适用税额标准的通知
财税〔2007〕15 号

各省、自治区、直辖市、计划单列市财政厅（局）、地方税务局，新疆生产建设兵团财务局：

为促进焦煤的合理开发利用，经国务院批准，自 2007 年 2 月 1 日起，将焦煤的资源税适用税额标准确定为每吨 8 元。

请遵照执行。

财政部、国家税务总局关于调整盐资源税适用税额标准的通知
财税〔2007〕5 号

各省、自治区、直辖市、计划单列市财政厅（局）、地方税务局，新疆生产建设兵团财务局：

根据《中华人民共和国资源税暂行条例》的有关规定，为支持盐业的发展，经研究，现将盐资源税有关政策通知如下：

一、北方海盐资源税暂减按每吨 15 元征收。

二、南方海盐、湖盐、井矿盐资源税暂减按每吨 10 元征收。

三、液体盐资源税暂减按每吨 2 元征收。

四、通过提取地下天然卤水晒制的海盐和生产的井矿盐，其资源税适用税额标准暂维持不变，仍分别按每吨 20 元和 12 元征收。

五、本通知自 2007 年 2 月 1 日起实施。

请遵照执行。

财政部、国家税务总局关于钒矿石资源税有关政策的通知
财税〔2006〕120 号

各省、自治区、直辖市、计划单列市财政厅（局）、地方税务局，新疆生产建设兵团财务局：

根据《中华人民共和国资源税暂行条例》的有关规定，为促进钒矿石资源的合理开发利用，经研究，现将钒矿石资源税有关政策通知如下：

一、在我国境内开采钒矿石（含石煤钒）的单位和个人应依照《中华人民共和国资源税暂行条例》及相关规定缴纳资源税。

二、钒矿石（含石煤钒）资源税适用税额标准为每吨 12 元。

三、本通知自 2006 年 9 月 1 日起执行。

请遵照执行。

理论探索：开征水资源税的必要性与可能性

资源有不可再生性。也正因为如此，将水资源纳入资源税征收范围不乏合理性，有利于节约水资源。

水资源税的征收对象应该包括开采者和使用者，但对开采者和使用者应该分别征税。显而易见，开采者是将卖水当做生意来做，而普通消费者，水对于他们是像空气、阳光一样的生活必需品。水资源对两者而言性质迥异，因此二者负担的水资源税也应该不同。也就是说，开征水资源税，应该对开采者和使用者区别对待，分别制定基准税率。具体而言，就是对开采者课以重税，对消费者征轻税，后者的基准税率应该比前者低得多。这样，既能确保水资源税总体作用的实现，也能实现基本的税负公平，体现出水资源全民共有的公益特色。

水资源税的使用应该做到专款专用。从开采者那里征收的水资源税，除了用于水环境整治和保护外，还应该拨出一部分用于补贴消费者，以减轻他们的税负。同时，财政用款应由审计部门审计，并向人大财经委员会报告，以确保款项的合理使用。

目前各地对居民饮用水的收费包括自来水水费、水资源费、污水处理费三部分，自来水公司负责收费，其中水资源费、污水处理费划归财政所有，自来水费归

自来水公司所有。费改税后,水资源税应全额纳入地方财政预算管理。水资源税由谁来收取,会引起征收体制的变革。建议在费改税的过渡时期,不对征收体制作大的变动;待征税体制逐步建立起来以后,再进一步完善。

水资源是人的生存必需品,无论怎样的费改税,都必须首先让普通百姓喝得起水,都应该以不影响或基本不影响贫困群体或低收入群体的生活质量为原则。这是水资源的公共属性决定的,也是水资源税改革的底线。

——胡海水:《对水资源应全面征收资源税》,《中国税务报》,2009年12月16日。

日前,环境保护部环境规划院副院长王金南认为,目前从政策环境、技术条件等各方面看,开征水资源税的时机已经成熟。笔者认为,水资源税用于水是开征水资源税的前提,只有满足这个前提,水资源税才能开征。

水是居民日常生活的必需品,甚至比粮食都显得重要。从去年年底开始,仿佛一声令下,几乎所有大城市都陆续加入自来水涨价大合唱。尤其是最近两个月,上海、天津、沈阳、广州、南京等多个大城市都已举行了水价上调听证会,涨价已不可遏止。有专家称,水价涨30%左右比较合理。

目前我国不少城市已经在征收水资源费,北方缺水城市比南方征收的更早一些。比如北京市从2002年起,就开始征收水资源费,现在每立方米为1.10元左右,由自来水公司代收,然后财政将其划走。若将水资源费改为水资源税,增加了刚性,地税部门将取代各级水政主管部门征收,征收水资源税就可以名正言顺。

为什么开征水资源税? 有人认为,淡水资源越来越缺乏,自来水公司的生产成本越来越高,开征水资源税,应该反刍一部分给自来水公司。有人认为,开征水资源税是使资源变成财富,为地方财政增加收入来源。也有人认为,应趁开征水资源税之机,大幅提高原有的水资源费标准。笔者以为,这些理由都存在偏颇。

开征水资源税,应该取之于水,用之于水,使水资源最终形成良性循环,而不是打水资源生财主意,让消费者承担财政增收义务。倘若以此为出发点,笔者以为,开征水资源税就应该单独列账,专款专用,只能用于节约水、改造水、促进水资源的可持续利用。水资源税如能真正做到专款专用,开征的意义才能显现出来。如此开征的水资源税,对民众来说非但不是坏事,而且是件好事。

——张永琪:《水资源税用于水是开征前提》,《中国税务报》,2009年7月27日。

自2009年以来,随着经济的逐步转暖,推进资源税改革再次被提上改革议程。近日有媒体报道,资源税改革方案已提交全国人大法工委,而作为此次资源税改革的重点内容之一,水资源有望纳入资源税征收范围。对此,媒体和社会公众都予以了高度关注。

据中国经济周刊报道,针对我国水资源严重缺乏的实际情况,环境保护部环境规划院副院长王金南表示,目前从政策环境、技术条件等各方面看,开征水资源税的时机已经成熟。据了解,对水资源开采者征税,意味着今后矿泉水等相关开采者也在征税之列。而对使用者征税,涵盖的范围包括工业、居民、农业等。

事实上,国家开征水资源税,最容易引发争议的是对居民饮用水征税。目前各地对居民饮用水的收费包括自来水水费、水资源费、污水处理费3部分。未来的水资源税改革,是将这3部分都合并改为税?还是采用税费并存体制?对此,王金南表示,污水处理费跟水资源税互不相干。污水处理费,相当于购买政府部门提供公共物品而需要交纳的费用,是根据污水排放量来向使用者征收的。因此,污水处理费还应该由主管部门来征收,而水资源费才需要转化为水资源税。"将要进行的水资源税改革,很可能是税、费并行的。"王金南说。

至于税率的设计,专家们普遍赞同实行"阶梯式税率"。王金南说:"从资源节约角度,我希望税率高一点,但同时会带来一些负面的影响,尤其是对中低收入的老百姓影响较大。我建议实行'阶梯式税率',针对不同类型用户应该体现不同的税率,可以分为工业、生活和农业等不同类型,甚至工业也可分为耗水大的行业和一般性行业等。"在认同"阶梯式税率"的同时,中国人民大学环境学院院长马中建议,"由于各地情况不一样,如果开征水资源税,应该根据各地水资源的稀缺程度和对环境的影响程度,实行不同税率。对那些水资源稀缺或者重要的地区,税率应该高一些"。他同时建议,应该采取水资源税和水价的双重调节机制,"毕竟税的调节不可能太随意,当一个地区根据水资源的稀缺程度定完税率以后,对水资源的再调节,还是要靠水价。而水价也可以采取阶梯式、从量计征的方法。用的水越多,水价也应该越高。"马中说。

记者了解到,虽然在资源税改革方案酝酿过程中,将水纳入资源税征收范围已成为政府部门和学界的共识。但在民间,大家对此项改革的看法依然有不小的分歧。

最近几年,在力行节约用水的同时,家住北京市海淀区的张先生对一些邻居浪费水资源的行为非常反感。在他看来,除了思想观念问题,人们不珍惜自来水的一个重要原因就是当前的水价太低了。"政府补贴水厂向居民和企业低价供水,但是这样却造成了无节制的浪费,实质上是鼓励浪费行为,是对节约用水者的不公。"在他看来,国家不但不应该对水价进行补贴,相反还应该通过征税提高浪费资源者的生活和生产成本,最终达到节约水资源的目的。另一位北京居民陈女士也表示,开征水资源税肯定会对资源节约起到积极作用。她认为,国家应该将居民用水和企业用水分开对待。同时,无论对于居民还是企业,都应对他们设定一个合理的用水标准,在标准之内,实行低水价、低税收,超出标准,则实行惩罚性的高水费高税收。

当然,由于牵涉到几乎所有人的切身利益,开征水资源税的消息也引发了不少网民的担忧和反对。如在搜狐网上,一些网友就担心,如果开征资源税后水费提高,今后自己在饮水和洗澡时都会背负经济和思想负担了。而生于 1970 年的网友 joesonwoodso 则提到,自己 16 岁以前家乡的河水就是生活用水,取之不尽、用之不竭。但现在由于工业发展,水污染严重了,水资源缺乏了,国家却要通过征税让百姓买单,这没有道理。他说:"老百姓不是水资源浪费和污染的主要源头,应该让污染企业来承担高昂的用水成本。"

——王红茹、史晓龙:《开征水资源税:公众看法不统一》,《中国税务报》,2009 年 7 月 24 日。

延伸思考题

1. 资源税的立法宗旨是什么?
2. 如何评价现行资源税税制调节经济活动的作用?
3. 如何完善现行资源税税制?
4. 在现行资源税的基础上如何规划未来环境税税制?

第十六章　车船税法律制度

☞　　　　　　　**案例：个体运输户拒缴车船税案**

　　日前，内蒙古通辽市奈曼旗个体运输户刘某因拒绝保险机构代收代缴车船税被税务机关处以 3 倍罚款。

　　2008 年 7 月初，个体运输户刘某到当地交警部门办理车辆年检，按照规定，刘某需要先到设在交警部门的保险机构窗口缴纳车船税和办理交强险业务。刘某的车辆是自重 1 吨的载货汽车，每年需要缴纳 84 元的车船税，2007 年未办理完税手续。当保险机构工作人员代收代缴 2007 和 2008 年的车船税时，刘某以税务机关没有催缴为由拒绝缴纳 2007 年度车船税。随即，保险机构工作人员对刘某进行了耐心细致的税法宣传，而刘某仍坚持拒绝缴纳。当场，保险机构要求刘某据实填写《纳税人拒绝缴纳（代收代缴）车船税申报表》，同时代地税机关填发《车船税限期缴纳通知书》，并由刘某本人签字生效，方给予其办理了交强险业务。

　　次日，保险机构通过传真把刘某签字生效的《纳税人拒绝缴纳（代收代缴）车船税申报表》和《车船税限期缴纳通知书》发往地税机关。《车船税限期缴纳通知书》规定限期终了，刘某还是没有到地税机关办理完税手续，地税机关依据《税收征管法》第六十八条规定，追缴了刘某 2007 年欠缴的 84 元税款，加收滞纳金，并处以 3 倍罚款。

　　——新亮、崔焱天、张志军：《拒缴车船税个体运输户被罚》，《中国税务报》，2008 年 9 月 5 日。

第一节　概述

一、车船税的概念

　　车船税是指我国境内法定车辆、船舶的所有人或管理人对其所有或管理的车辆、船舶依法缴纳的一种财产税。

二、车船税的纳税人

在中华人民共和国境内,车辆、船舶(以下简称车船)的所有人或者管理人为车船税的纳税人,应当依法缴纳车船税。

车船,是指依法应当在车船管理部门登记的车船。

车船的所有人或者管理人未缴纳车船税的,使用人应当代为缴纳车船税。

三、车船税的税目税率

车船税税目税额表

税　目		计税单位	每辆年基准税额	备　注
乘用车〔按发动机汽缸容量(排气量)分档〕	1.0 升(含)以下的	每辆	60 元至 360 元	核定载客人数 9 人(含)以下
	1.0 升以上至 1.6 升(含)的		300 元至 540 元	
	1.6 升以上至 2.0 升(含)的		360 元至 660 元	
	2.0 升以上至 2.5 升(含)的		660 元至 1200 元	
	2.5 升以上至 3.0 升(含)的		1200 元至 2400 元	
	3.0 升以上至 4.0 升(含)的		2400 元至 3600 元	
	4.0 升以上的		3600 元至 5400 元	
商用车	客车	每辆	480 元至 1440 元	核定载客人数 9 人以上,包括电车
	货车	整备质量每吨	16 元至 120 元	包括半挂牵引车、三轮汽车和低速载货汽车等
	挂车	整备质量每吨	按照货车税额的 50% 计算	
其他车辆	专用作业车	整备质量每吨	16 元至 120 元	不包括拖拉机
	轮式专用机械车	整备质量每吨	16 元至 120 元	
摩托车	摩托车	每辆	36 元至 180 元	
船舶	机动船舶	净吨位每吨	3 元至 6 元	拖船、非机动驳船分别按照机动船舶税额的 50% 计算
	游艇	艇身长度每米	600 元至 2000 元	

车船的适用税额依照《车船税法》规定的《车船税税目税额表》执行,车辆的具体适用税额由省、自治区、直辖市人民政府依照法定的税额幅度和国务院的规定确定,船舶的具体适用税额由国务院在法定的税额幅度内确定。

新闻背景:聚焦 2011 年车船税改革

车船税立法最重要的看点在哪里?是车主税负的升与降,是税法引导小排量车消费从而节能减排,还是新法实施后地方每年能增加多少税收?笔者认为,此次车船税立法最重要的看点应该是吸纳民意。可以说,是立法部门吸纳民意的做法,为车船税立法的顺利推进铺平了道路。

回头看我国已有的几部税法,还没有一部像车船税法那样在立法过程中受到社会公众、特别是普通百姓的关注,这种超高的"人气"甚至出乎立法部门的意料。2010 年 10 月的一审通过后,关于车船税立法的各种报道连续数日占据着各大媒体的重要位置,来自不同阶层、各种身份的公众也通过媒体表达着自己对于车船税立法的看法。随后,国家最高立法机关又通过网络将车船税法草案全文公布,广泛征求公众的意见和建议。短短 1 个月内,就收到各界意见近 10 万条。透过舆情与意见征集,"车船税的税额幅度上调过大"、"建议适当降低税额"的声音被传递出来。而在 2011 年 2 月的二审中,立法部门对车船税法二审稿做出了大幅度的调整,降低了中低排量乘用车的税额,这说明立法部门听到了民意,并在立法中吸纳了民意。

此次车船税立法,堪称立法部门吸纳民意、"开门立法"的又一次范例。我们希望"吸纳民意"的精神能在今后的其他税收立法中继续发扬,从而让更多合理的公众诉求通过这种良性互动进入立法部门的视野,进而融入法律条文之中去。

——厉征:《车船税立法吸纳民意是亮点》,《中国税务报》,2011 年 2 月 28 日。

习题计算:车船税

【题目】某运输公司拥有载货汽车 15 辆(货车自重全部为 10 吨),乘人大客车 20 辆,小客车 10 辆。已知载货汽车每吨年税额 80 元,乘人大客车每辆年税额 500 元,小客车每辆年税额 500 元。

计算该公司当年应纳车船税税额。

【解析】(1)载货汽车应纳车船税税额=15×10×80
=12 000(元)

(2)乘人汽车应纳车船税税额=20×500+10×500
=15 000(元)

(3)全年应纳车船税税额总额=12 000+15 000
=27 000(元)

第二节　税收优惠

税法规定,下列车船免征车船税:

1.捕捞、养殖渔船;

2.军队、武装警察部队专用的车船;

3.警用车船;

4.依照法律规定应当予以免税的外国驻华使领馆、国际组织驻华代表机构及其有关人员的车船。

此外,税法规定,对节约能源、使用新能源的车船可以减征或者免征车船税;对受严重自然灾害影响纳税困难以及有其他特殊原因确需减税、免税的,可以减征或者免征车船税。具体办法由国务院规定,并报全国人民代表大会常务委员会备案。省、自治区、直辖市人民政府根据当地实际情况,也可以对公共交通车船,农村居民拥有并主要在农村地区使用的摩托车、三轮汽车和低速载货汽车定期减征或者免征车船税。

第三节　税务管理

一、征收机关

税法规定,车船税由地方税务机关负责征收。

二、纳税期限

税法规定,车船税纳税义务发生时间为取得车船所有权或者管理权的当月。车船税按年申报缴纳。具体申报纳税期限由省、自治区、直辖市人民政府规定。

三、纳税地点

税法规定,车船税的纳税地点为车船的登记地或者车船税扣缴义务人所在地。依法不需要办理登记的车船,车船税的纳税地点为车船的所有人或者管理人所在地。

四、代收代缴

税法规定,从事机动车第三者责任强制保险业务的保险机构为机动车车船税的扣缴义务人,应当在收取保险费时依法代收车船税,并出具代收税款凭证。

实务指南:代收代缴车船税手续费

财政部、国家税务总局日前发布《关于明确保险机构代收代缴车船税手续费有关问题的通知》(以下简称《通知》),规定保险机构代收代缴车船税的手续费,由税款解缴地的地方财政、税务部门按照保险机构代收代缴车船税的实际收入予以审核、支付,具体支付标准暂按5%。

通知规定,保险机构应将获得的手续费收入用于弥补代收代缴车船税的成本开支,确保实现与税务机关信息平台的畅通对接;按照本地区代收代缴管理办法规定的期限和方式,及时向地方税务机关办理申报、结报手续,如实报送有关信息。

地方财政、地税部门将及时向保险机构足额支付手续费,同时加强对保险机构代收代缴车船税手续费的管理;《通知》下发前,已按原标准向履行代收代缴车船税义务保险机构支付手续费的,应按照《通知》规定标准补足手续费;每年对手续费标准进行审核,并根据车船税代收代缴手续费收入和保险机构代收代缴成本的变化,适时予以调整。

——闵丽男:《代收代缴车船税手续费暂定5%》,《中国税务报》,2008年2月20日。

案例:保险公司未按规定扣缴车船税被处罚案

近日,山东省邹平县地税局对一家未按规定扣缴车船税的财产保险公司下达了26 688元的税务行政处罚告知书。

据介绍,该保险公司在代收代缴车船税的工作中,未严格按照《中华人民共和国车船税暂行条例》和《山东省实施〈中华人民共和国车船税暂行条例〉办法》的规定执行,致使某些业务员有机可乘,利用公司管理漏洞,违反税收有关规定用异地税票缴纳税款,将本应在邹平县缴纳的车船税转移到邻近县区缴纳,以牟取非法利益,扰乱了正常的税收秩序。

——陈文东:《保险公司未按规定扣缴车船税被处罚》,《中国税务报》,2009年1月23日。

五、协税制度

税法规定,公安、交通运输、农业、渔业等车船登记管理部门、船舶检验机构和车船税扣缴义务人的行业主管部门应当在提供车船有关信息等方面,协助税务机关加强车船税的征收管理。车辆所有人或者管理人在申请办理车辆相关登记、定期检验手续时,应当向公安机关交通管理部门提交依法纳税或者免税证明。公安机关交通管理部门核查后办理相关手续。

案例:保险机关协税监管车船税

记者近日从江苏省地税局了解到,该局新开发的车船税税源管理系统在试点期间运行良好,目前已开始在江苏省地税系统推广应用。

据江苏省地税局有关人士介绍,江苏省地税部门自 2007 年 8 月 1 日起开始征收车船税,其中机动车车船税全部由地方保险机构在销售交通事故责任强制保险(简称交强险)时代收代缴。为进一步加大车船税征收管理力度,提高车船税税源信息的使用效率,并使纳税人和保险机构缴纳车船税时更为便利,2008年,江苏省地税局开发并试点运行了车船税税源管理软件。

据了解,江苏省地税局车船税税源管理软件是在完善车船税税源数据库的基础上,建立的车船税信息化管理方式。软件主要通过对车船税税源数据和申报数据进行对比、分析和反馈,来为车船税日常征收管理服务。江苏省地税局车船税税源监控管理软件由登记信息、申报信息、信息比对、争议处理、查询统计、权限管理六大模块组成。该管理软件应用后,在工作中主要实现了四大功能,一是以较为便捷的方式建立了车船税税源数据库。软件可从公安车管、交通海事部门定期采集有关的车船信息,并将这些信息添加进系统的车船信息库和车船税税源数据库中。二是系统实现了对车船涉税信息的实时查询。使用该系统的税务干部和保险机构人员经过授权后,可以在系统中查询车船的相关涉税信息。该系统使用后,已完税的纳税人和享受税收减免的纳税人在办理"交强险"时无需再提供"完税证"和"公交车辆免税证",从而有效降低了保险机构办理车船税业务时的差错率。三是通过软件实现了车船税的网上申报、银行扣缴税款和网上申请退税,使有关保险机构节省了到税务局申报办税的时间,加快了退税审批事项的办理速度,为纳税人节省了时间成本,减轻了办税负担。四是软件具有货物运输业税收基础数据审核功能。利用该软件可对车(船)所有人、载重(净)吨位等车船相关信息进行查询,由于一辆车(船)在该软件中只能登记一次,因此可有效杜绝"一车多挂"的情况,并可为货运业税收征管提供核定依据。

据了解,江苏省地税局车船税税源管理系统开发完成后,江苏省地税局于2008 年在江苏省宿迁市地税局进行了试运行。据统计,使用该软件后,宿迁市地税局 2008 年共入库车船税 3 350 万元,同比增收 2 704 万元,车船税款增长了4 倍多。

税务干部小刘对车船税税源管理系统给工作带来的方便深有感触,他说:

"以前,遇到有的纳税人因丢失等原因不能出具相关免税证明或凭证的情况,我们都要进行人工查实,工作量很大。现在,通过与公安、交通部门进行信息传递,我们只需设定查询条件,利用车船税税源管理软件在数据库中进行查找,系统很快就会显示出相关车辆信息和车船税缴纳信息,比以前的人工查询不知快了多少倍,工作效率大大提高。"

车船税税源管理软件的应用也受到了保险公司的欢迎。安邦保险的一位工作人员对记者说:"现在车船税通过网络就可以申报,不仅可以避开申报高峰期,而且办理起来因为有 CA 数字认证,我们通过电脑的数字端口就可以进行申报,非常快,再也不用像以前那样到办税服务厅排队了。不仅如此,我们现在通过税务局的车船税软件还可以很快查询到有关车辆的车船税完税情况,这为我们的车船税代征代收工作带来了很大的方便,出错的概率小多了。"

在一家广告公司工作的小张以前到保险公司办理"交强险"业务时,经常会因忘记携带车船税完税凭证而往返奔波。"现在好了,保险公司一查就可以知道我是不是缴了税,不会再像以前那样因为忘了带完税凭证而办不了交强险了。"小张说:"不仅如此,我感觉现在保险公司办理业务的速度也加快了,真是越来越方便了。"

据江苏省地税局有关人士介绍,下一步,该局将继续加大与地方保险机构协调合作的力度,争取在地方保险监管部门和保险协会的支持下,实现税务机关车船税缴纳信息平台与交强险信息平台的信息共享,以进一步提高车船税征管水平,同时也为保险机构和广大纳税人提供最优质和便捷的服务创造条件。

——娄开峻、夏建军:《管理软件:激活"沉睡"的车船税数据》,《中国税务报》,2009 年 3 月 25 日。

文献附录:车船税监管

国家税务总局关于在内地车辆管理部门登记的香港和
澳门机动车征收车船税有关问题的批复
国税函〔2007〕898 号

广东省地方税务局:

你局《关于港澳入境车辆征收车船税有关问题的请示》(粤地税发〔2007〕180号)收悉,现批复如下:

鉴于来文所称在深圳从事机动车交通事故责任强制保险业务的保险机构,对进入内地行驶并在内地车辆管理部门登记的香港机动车,无法在深圳代收代缴车船税的实际情况,根据《中华人民共和国车船税暂行条例》的有关规定,总局同意你局意见。即上述车辆由深圳市地方税务机关直接征收车船税,也可以按照有利于税源控管的原则,在上述车辆进入内地时委托有关部门代征车船税。

国家税务总局关于车船税征管若干问题的通知

国税发[2008]48 号

各省、自治区、直辖市和计划单列市地方税务局,西藏、宁夏、青海省(自治区)国家税务局:

为方便车船税征缴,进一步提高征管质量和效率,切实做好车船税的征收工作,根据《中华人民共和国车船税暂行条例》(以下简称《条例》)及其实施细则的有关规定,现就车船税征管有关问题通知如下:

一、关于不在车辆登记地购买保险代收代缴车船税问题

在一个纳税年度内,纳税人在非车辆登记地由保险机构代收代缴机动车车船税,且能够提供合法有效完税证明的,纳税人不再向车辆登记地的地方税务机关缴纳机动车车船税。

二、关于所有权或管理权发生变更的车船征收车船税问题

在一个纳税年度内,已经缴纳车船税的车船变更所有权或管理权的,地方税务机关对原车船所有人或管理人不予办理退税手续,对现车船所有人或管理人也不再征收当年度的税款;未缴纳车船税的车船变更所有权或管理权的,由现车船所有人或管理人缴纳该纳税年度的车船税。

三、关于未在车辆管理部门登记的新购置车辆办理减免税手续问题

为优化办税程序,做好纳税服务,对尚未在车辆管理部门办理登记、属于应减免税的新购置车辆,车辆所有人或管理人可提出减免税申请,并提供机构或个人身份证明文件和车辆权属证明文件以及地方税务机关要求的其他相关资料。经税务机关审验符合车船税减免条件的,税务机关可为纳税人出具该纳税年度的减免税证明,以方便纳税人购买机动车交通事故责任强制保险。

新购置应予减免税的车辆所有人或管理人在购买机动车交通事故责任强制保险时已缴纳车船税的,在办理车辆登记手续后可向税务机关提出减免税申请,经税务机关审验符合车船税减免条件的,税务机关应退还纳税人多缴的税款。

四、关于微型客车的标准问题

凡发动机排气量小于或者等于1升的载客汽车,都应按照微型客车的税额标准征收车船税。发动机排气量以如下凭证相应项目所载数额为准:

(一)车辆登记证书;

(二)车辆行驶证书;

(三)车辆出厂合格证明;

(四)车辆进口凭证。

五、关于部分车辆计税依据的核定问题

对于按照条例实施细则的规定,无法准确获得自重数值或自重数值明显不合理的载货汽车、三轮汽车、低速货车、专项作业车和轮式专用机械车,由主管税务机关根据车辆自身状况并参照同类车辆核定计税依据。对能够获得总质量和核定载质量的,可按照车辆的总质量和核定载质量的差额作为车辆的自重;无法获得核定载质量的专项作业车和轮式专用机械车,可按照车辆的总质量确定自重。

本通知执行过程中,各地地方税务机关应结合实际情况,充实、完善各项具体征管制度和办法。对于征管中遇到的实际困难,要积极研究解决,确保车船税征管工作顺利运行。

二〇〇八年五月八日

北京市地方税务局 中国保险监督管理委员会北京监管局关于印发

《保险机构代收代缴 2008 年度个人机动车车船税

试点工作管理规定》的通知

京地税地[2008]239 号

各区、县地方税务局、各分局,各试点保险公司:

根据《中华人民共和国税收征收管理法》及其实施细则、《中华人民共和国车船税暂行条例》及其实施细则、《北京市实施〈中华人民共和国车船税暂行条例〉办法》、《国家税务总局 中国保险监督管理委员会关于做好车船税代收代缴工作的通知》(国税发[2007]55 号)、《国家税务总局 中国保险监督管理委员会关于保险机构代收代缴车船税有关问题的通知》(国税发[2007]98 号)、《国家税务总局 中国保险监督管理委员会关于进一步做好车船税代收代缴工作的通知》(国税发[2008]74 号)有关文件的规定,结合我市实际情况,北京市地方税务局、中国保险监督管理委员会北京监管局定于 2008 年 11 月 1 日在我市开展保险机构代收代缴车船税试点工作,并联合制定了《保险机构代收代缴车船税试点工作管理规定》,现印发给你们,请依照执行。

附件:1.《机动车交通事故责任强制保险费率浮动及代收车船税款告知单》中车船税的内容

2. 北京市车船税税目税额表

3. 国家税务总局 中国保险监督管理委员会关于做好车船税代收代缴工作的通知

4. 国家税务总局 中国保险监督管理委员会关于保险机构代收代缴车船税有关问题的通知

5. 国家税务总局 中国保险监督管理委员会关于进一步做好车船税代收代缴工作的通知

二〇〇八年十月十七日

保险机构代收代缴 2008 年度个人机动车车船税试点工作管理规定

一、代收代缴试点单位

本市从事机动车交通事故责任强制保险（以下简称交强险）业务的中国人民财产保险股份有限公司北京市分公司、天平汽车保险股份有限公司北京市分公司和华农财产保险股份有限公司北京市分公司（以下简称试点公司）为机动车车船税的扣缴义务人，应当依法代收代缴车船税。

二、代收代缴范围

上述试点公司在办理机动车交强险业务时，代收代缴已在车辆管理部门领取机动车行驶证，且所有权登记为"个人"车辆的车船税。

三、代收代缴税额标准

代收代缴的车船税税额标准按照《北京市车船税税目税额表》执行（详见附件 2）。

四、代收代缴系统

各试点公司在办理交强险业务时，需通过北京保险行业协会（以下简称保险协会）的交强险管理平台与北京市地税局的车船税征收系统联网代收代缴车船税。

此外，为确保车船税代收代缴工作的正常开展，地税局的车船税征收系统发生服务中断情形时，经北京市地税局书面授权，由保险协会启动应急系统。各试点公司使用保险协会提供的车船税征收系统独立运行程序征收当年的车船税。待车船税征收系统恢复正常后，由保险协会将应急系统运行时试点公司征收的数据传回车船税征收系统中。

五、代收代缴试点保障工作

（一）试点工作组织保障

北京市地税局和北京保监局共同负责对试点公司及其代理机构代收代缴车船税工作的协调指导和监督检查，对违法违规行为将按相关规定进行严肃处理。

各级税务机关和各试点公司应给予高度重视，切实加强管理。各试点公司要明确责任并建立内部控制监督机制，制定代收代缴车船税工作流程，督促、监督本单位所管辖的受理交强险业务的营业网点，做好车船税的代收代缴工作，确保应收税款不流失并足额、按期解缴入库。

（二）试点工作系统保障

北京保监局组织协调保险协会开发、维护交强险管理平台和北京市地税局车船税征收系统的网络联接与数据交换系统。各试点公司按照北京市地税局车船税征收管理工作及数据传输格式的要求,开发、维护本公司的车船税代收系统(以下简称代收系统)。各试点公司不得采用其他方式代收代缴车船税。

(三)试点工作培训保障

北京市地税局与北京保监局要联合做好对各试点公司的政策解答和业务培训工作。各试点公司要切实做好从业人员和保险中介机构的培训工作,确保业务人员能熟练掌握车船税的有关政策规定和扣缴工作流程,以保证车船税代收代缴工作的顺利开展。

六、代收代缴税务登记

试点公司在开展代收代缴车船税工作前,需携带以下资料到北京市地税局开发区分局车船税管理税务所(以下简称车船税管理税务所)办理虚拟税务登记和代收代缴车船税的扣缴税款登记。

(一)内容完整、印章齐全的《税务登记表》。

(二)《营业执照》副本及一份复印件。

(三)《中华人民共和国组织机构代码证》副本及一份复印件。

(四)法定代表人居民身份证及一份复印件。

(五)单位公章和财务专用章。

七、代收代缴业务操作规定

(一)车船税的代收代缴

1.查验车辆信息

各保险机构在办理交强险业务时,办理人员通过车主姓名、车辆号牌号码和号牌种类,匹配交强险业务系统和地税局车船税征收系统中的车辆基础信息。车辆基础信息一致的,直接查询该车辆的完税信息;车辆基础信息不一致的,以交强险管理平台的信息为准,更新地税局车船税征收系统中的车辆基础信息,再查询该车辆的完税信息。

办理人员须查验保险机构代收系统中显示的车辆号牌号码、所有人(车主)、车辆类型、核定载客人数、整备质量、排量、登记日期、发证日期等车辆信息与机动车行驶证或机动车登记证书中的相关信息一致。

2.税款的征收

对已缴纳税款的纳税人,代收系统将该车辆已缴纳本年度车船税的内容打印在《机动车交通事故责任强制保险费率浮动及代收车船税款告知单》(以下简称《告知单》)中,并将地税系统中该车辆的完税凭证号和出具该凭证的税务机关名称打印在《机动车交通事故责任强制保险单》(以下简称《保单》)中,再办理交强险业务。

对未缴纳税款的纳税人,代征系统自动将纳税人应纳税情况(具体内容详见附件1)打印在《告知单》中,待纳税人签字确认后,办理人员根据系统显示的金额向纳税人收取税款,代征系统自动将已纳税金额、完税凭证号等相关信息打印在《保单》中。同时,在向纳税人出具的《保险业专用发票》(以下简称发票)上注明代收车船税的税款及滞纳金金额(旧版发票在备注栏中注明,新版发票在"车船税"专用栏中注明),并将车辆的纳税信息和《告知单》中的相关信息传回地税征收系统中。

对于免税车辆,保险机构应根据地税局车船税征收系统中提供的免税标识,将该车辆免缴纳本年度车船税的内容打印在《告知单》中,并在《保单》"开具税务机关"栏中注明"此车为免税车辆"。

纳税人对车辆纳免税信息有争议的,试点公司办理人员应提示纳税人到税务机关核定相关信息后,再到保险机构办理相关手续。

(二)滞纳金的收取

纳税人逾期缴纳车船税的,地税征收系统将按征管法及有关法律、法规的规定自动计算滞纳金,业务人员应在代收车船税时,一并收取。

(三)税款的解缴

试点公司应于每月10日前(遇法定节假日顺延)将代收的税款采用电子缴库专用缴款书的方式解缴到国库经收处,不得以任何理由滞留税款。税款类型定为"四代解缴"。

试点公司应妥善保管税款解缴入库的资料,并应按收取税款的时间顺序依有关规定报送至车船税管理税务所。

(四)纳税人拒绝由试点公司代收代缴车船税的处理

纳税人在办理交强险业务时,拒绝由试点公司代收代缴车船税的,试点公司应在《告知单》中告知纳税人"请到车辆登记地的地税机关办理车船税纳免手续",并要求纳税人在《告知单》"拒绝缴纳栏"内签字确认。不得将打印的《保单》、保险标志和保费发票等票据交给投保人。同时,在系统中记录纳税人拒绝缴纳税款的情况,并转存到地税系统。对于纳税人后来履行了车船税相关手续的,办理人员应将地税系统中该车辆的完税凭证号和出具该凭证的税务机关名称打印在《保单》中,并根据地税车船税征收系统提供的打印指令,为纳税人打印、出具《保单》、保险标志和保费发票等票据。

试点公司应将载有纳税人签字拒绝缴纳税款《告知单》的复印件依办理时间顺序,加盖本单位印章后,按季报送到车船税管理税务所。

试点公司有义务协助地税机关追缴纳税人拒缴的税款。

（五）退保的涉税处理

纳税人办理退保业务的，保险机构只退保费，并在批单上注明"您的税款已解缴到国库，需要办理退税手续的，请在缴纳税款的次月 10 日后，持本批单到开具《税收转账专用完税证》的地税机关办理"。

（六）外地车辆在京办理交强险的税收处理

外地车辆在京办理交强险业务的，保险协会平台首先应对"外地"车辆予以校验，对于确属"外地"的车辆，依以下程序办理：

能够提供完税凭证或者减免税证明的，办理人员应在《告知单》中提示该车已完税或免税。在《保单》中打印完税凭证号或减免税凭证号、出具该凭证的税务机关名称，传输至地税系统，再办理交强险有关业务。

不能提供完税凭证或者减免税证明的，办理人员在采集该车辆相关信息后，应按《北京市机动车车船税税目税额表》中的标准，比照本地车辆的代收程序，代收代缴当年的车船税，并将车辆基础信息和纳税记录转存到地税系统中。

八、完税凭证的开具

对纳税人通过保险机构代收代缴方式缴纳车船税并需要开具完税凭证的，保险机构办理人员应告知纳税人在缴纳税款的次月 10 日后，持《保单》到地方税务机关的任一征收窗口开具《税收转账专用完税证》，税务机关在《保单》上加盖"完税凭证已开具"印章，将《税收转账专用完税证》的第一联（存根）和《保单》复印件留存备查，第二联（收据）交给纳税人作为缴纳车船税的完税凭证。

九、代收代缴手续费的返还

代收代缴车船税的手续费，由北京市财政局统一支付给北京市地税局。市地税局开发区分局暂按试点公司代收代缴车船税实际税款 5％的比例，按季依试点公司的申请予以支付。试点公司不得直接从代收税款中坐扣手续费。

十、税务档案管理

在代收代缴车船税工作中形成的税务档案资料，按照《北京市地方税务局税务档案管理办法》及有关规定立卷归档。

十一、信息保密

对于北京市地税局、北京保监局和试点公司互相提供的信息，各相关单位应予保密，除办理涉税事项外，不得用于其他目的。未按规定保密，造成损失的，由泄漏信息的一方承担一切赔偿责任；并对负责人和直接责任人给予严肃处理。

十二、法律责任

对存在以下情形之一，不按规定认真履行机动车车船税代收代缴义务的保险机构，北京市地税局和北京保监局应依据相关规定，给予严肃处理。

（一）销售交强险时未按规定代收代缴车船税的；

（二）未实现"见费见税出单"的；

（三）擅自多收、少收或不收车船税的；

（四）以减免或赠送车船税作为业务竞争手段的；

（五）遗漏应录入的信息或录入虚假信息的；

（六）将代收代缴车船税计入交强险保费收入的；

（七）向代理机构支付代收代缴车船税手续费的；

（八）未按本规定要求的期限办理纳税申报或者解缴所代收代缴的税款的；

（九）未按规定将车辆纳税信息及其他涉税信息归档保存的；

（十）在《告知单》中没有投保人或被保险人（代）签字的；

（十一）其他违法违规行为。

十三、本规定由北京市地税局和北京保监局负责解释。未尽事宜按照有关税收法律、行政法规和规章执行。

十四、本规定自公布之日起执行，适用于北京市车船税代收代缴工作试点期间。

国家税务总局、交通运输部关于做好船舶车船税征收管理工作的通知
国税发〔2009〕46号

各省、自治区、直辖市和计划单列市地方税务局、交通厅（局、委），西藏、宁夏、青海省（自治区）国家税务局，新疆生产建设兵团交通局，各直属海事局、地方海事局：

《中华人民共和国车船税暂行条例》（以下简称条例）颁布实施以来，在各级税务部门的精心组织和有关方面的积极配合下，贯彻落实工作开展顺利。但是，部分地区对船舶车船税的征收和管理不够有力，存在一些问题和漏洞。为全面贯彻执行条例，做好船舶车船税的征收管理工作，根据《中华人民共和国税收征收管理法》的相关规定，经国家税务总局和交通运输部研究，现就做好船舶车船税的征收管理工作有关要求通知如下：

一、提高认识，密切配合，做好船舶车船税的征收管理工作

车船税属于地方收入的税种，对船舶征收车船税是做好车船税征管工作的重要内容，对于加强船舶管理，促进水上运输和相关事业的公平竞争和健康发展，维护地方政府的经济权益有着重要意义。我国船舶数量多、流动性大、分布面广，船舶车船税征管较为困难。各级税务和交通运输部门海事管理机构要加强协调配合，税务机关应主动争取海事管理机构的支持，各级海事管理机构要发挥船舶监督管理优势，通过向税务部门提供船舶信息和协助代征船舶车船税等方式，积极支持和配合税务机关做好船舶车船税的征收管理工作。

二、健全管理机制，努力创造条件，积极开展船舶车船税委托代征工作

为提高船舶车船税的征管质量和效率，降低税收成本，方便纳税人缴纳税款，凡在交通运输部直属海事管理机构登记管理的应税船舶，其车船税一律由船籍港所在地的税务部门委托当地交通运输部直属海事管理机构代征。各级税务部门要主动沟通联系，与海事管理机构协商船舶车船税委托代征的具体事宜；交通运输部各直属海事管理机构应积极配合当地税务部门，共同做好船舶车船税的委托代征工作。

对于在各省、自治区、直辖市地方海事管理机构登记管理的船舶，各级税务部门应主动和当地地方海事管理机构协商，积极探索创新征管模式，根据当地实际情况和现有条件，因地制宜的采取委托代征或协助把关等方式，建立有效的社会协税护税控管机制。

已实行委托代征的地区要建立健全委托代征工作管理机制。税务部门要会同海事管理机构制定船舶车船税代征管理办法，明确委托代征单位的纳税申报时间和内容、代征税款的解缴方式和具体期限、代征手续费的支付比例和支付方式、船舶信息交换等方面内容，明确各方职责，规范征管行为。

三、依托信息手段，搭建畅通渠道，实现部门间信息共享

各级地方税务部门应充分依托信息技术手段，与海事管理机构建立沟通协调机制，搭建畅通的信息交流渠道，实现部门间信息共享。通过与交通运输部海事管理机构定期交换船舶的登记信息和纳税信息，建立船舶车船税的税源数据库，加强船舶车船税的源泉控管，堵塞征管漏洞。

如开发委托代征船舶车船税信息系统，系统不仅要具备采集船舶基本信息、登记完税和减免税信息、计算代征税款金额、打印完税凭证、汇总税款解缴等功能，还要与税务征管系统定期交换数据，提高船舶车船税委托代征水平，确保船舶车船税委托代征工作顺利进行。

二〇〇九年三月十七日

理论探索：车船税优惠政策的合法界限

汽车消费中的另一个税种——车船税，在与交强险捆绑征收后遭遇了前所未有的尴尬：今年以来，有关同样车辆在不同保险公司可以获得不同金额的车船税折扣的报道屡屡出现。这让众多汽车消费者在享受了一把讨价还价乐趣的同时，也对车船税作为一个国家税种的严肃性和有效性产生了疑问。有观点认为保险公司在车船税体现出任何折扣都是对国家税收的侵犯，应该坚决制止，笔者就此谈一下自己的想法。

关于车船税出现打折，首先应该看这个折扣用的是谁的钱款。市场经济中

没有做赔本买卖的,保险公司能打折扣,源头在何处? 在于车船税款项的收入是有分成的:原来,近来保险公司由于受委托而介入了车船税的收缴,因此获得了相应的分成,而他们为了推销车险,有时候不得已就把应该归于保险公司自身的一部分车船税分成让利给了客户,这就是所谓事出有因。所以,如果要指责保险公司的这种营销手段为不正当,我们不妨换个角度来看看:

现行车船税和已被废止的养路费一样,不考虑车辆使用情况,也不公开具体的税费款项的形成和用途,由各地自行圈定一个金额,然后不怎么严肃地交由车险销售公司来代收,每年坐等数钱。

实际上,车船税本身就是中国税务和法律中一个难解的争议:在中国,原本就没有真正实施过财产税,连房产这样具有保值升值功能的财产都没有开征物业税,可是对私人购买的自用的交通工具——汽车却要征税。况且,私车产权属于支付了包括增值税和购置税在内的所有车款的购车人,可是当你自己使用(而非经营!)已经纳过税的东西却还要再缴税!

笔者认为,车船税应该进行改革,对排量在 2.5 升以下、出厂时即达到欧四及以上排放标准、且生产厂商公布售价在 29 万元人民币以下的私购乘用车型(新能源环保车的车价可适当放宽),实行车船税免征。而对排放标准在欧三以下的乘用车,其车船税应该在现有数额上逐年递增。待条件成熟后将包括经营性乘用车在内的符合环保标准的乘用车的车船税自然、逐步地取消。此举为汽车消费者提供了真正的用车实惠,可以在确保汽车消费向节能环保的正确方向发展同时,大大加快有关车辆的"以旧换新"速度,提高国产节能环保车的市场占有率。这样改的好处有三:首先,改革可以有效拉动内需,促进汽车消费:以上海为例,据有关部门资料,上海已有的 200 多万辆汽车保有量中,能够满足欧四排放的不足 10%。以不足 10% 的车船税减免,来撬动一个巨大的"以旧换新"汽车消费市场,其杠杆作用不言而喻。其次,改革对车船税赋予了较合理的环保消费税收性质,使其有了得以延续的理由。最后,改革并没有向豪华车消费倾斜,这样既保留了部分税源,也体现了有关税收中实现财富公平再配置的原则。

——高深:《从车船税"打折"想到的》,《中国税务报》,2009 年 6 月 19 日。

延伸思考题

1. 车船税的立法宗旨是什么?
2. 如何评价车船税对经济活动的调节作用?
3. 如何评价车船税的税收优惠政策?
4. 如何完善现行车船税税制?

第十七章　车辆购置税制度

案例:车购税返还诈骗案

2009 年 6 月 8 日,一个自称是北京市国税局的陌生人给湖北省南漳县长坪镇的吴某打来电话,称要返还其 3% 的车辆购置税税款。半信半疑的吴某还没弄清是咋回事,对方报出了吴某的姓名、购车型号、购车时间、车牌号码等信息,并让其拨打一个北京籍固定电话核实。随后,对方要吴某提供银行账号,以便打入退税款项。吴某便在对方的提示下,通过 ATM 机操作转账划拨退税款。次日,其账户 1.28 万余元不翼而飞。

6 月 16 日,家住云南省云县城区云州路的杨女士突然接到一名陌生男子打来的电话,称自己是车辆管理所的工作人员,问她是否购买了一辆车,按照国家汽车新政,要退还其 5% 的车辆购置税,即 8 237 元现金,并要求她拨打国家税务总局的电话进行联系。杨女士按照号码拨通电话后,接电话的人自称是国家税务总局的工作人员,要求杨女士拿上银行卡到建行自动取款机前操作。后来,杨女士才发现,其账户里的 41 356 元现金被转账了。

——果昌满、刘志平、李留华、陈俊杰、黄练:《车辆购置税返还骗局》,《中国税务报》,2009 年 6 月 26 日。

第一节　概述

一、车辆购置税的概念

车辆购置税是指对在我国境内购置车辆的单位和个人征收的一种财产税。

二、车辆购置税的纳税人

在我国境内购置法定应税车辆的单位和个人,为车辆购置税的纳税人,应当缴纳车辆购置税。

购置,包括购买、进口、自产、受赠、获奖或者以其他方式取得并自用应税车辆的行为。

单位,包括国有企业、集体企业、私营企业、股份制企业、外商投资企业、外国企业以及其他企业和事业单位、社会团体、国家机关、部队以及其他单位;个人,包括个体工商户以及其他个人。

三、车辆购置税的税目

税法规定,车辆购置税的征收范围包括汽车、摩托车、电车、挂车、农用运输车。具体内容见下表。

应税车辆	具体范围	注　释
汽车	各类汽车	
摩托车	轻便摩托车	最高设计时速不大于 50km/h,发动机汽缸总排量不大于 50cm³ 的两个或者三个车轮的机动车
	二轮摩托车	最高设计车速大于 50km/h,或者发动机汽缸总排量大于 50cm³ 的两个车轮的机动车
	三轮摩托车	最高设计车速大于 50km/h,或者发动机汽缸总排量大于 50cm³,空车重量不大于 400kg 的三个车轮的机动车
电车	无轨电车	以电能为动力,由专用输电电缆线供电的轮式公共车辆
	有轨电车	以电能为动力,在轨道上行驶的公共车辆
挂车	全挂车	无动力设备,独立承载,由牵引车辆牵引行驶的车辆
	半挂车	无动力设备,与牵引车辆共同承载,由牵引车辆牵引行驶的车辆
农用运输车	三轮农用运输车	柴油发动机,功率不大于 7.4kw,载重量不大于 500kg 最高车速不大于 40km/h 的三个车轮的机动车
	四轮农用运输车	柴油发动机,功率不大于 28kw,载重量不大于 1500kg 最高车速不大于 50km/h 的四个车轮的机动车

四、车辆购置税应纳税额的计算

税法规定,车辆购置税实行从价定率的办法计算应纳税额。应纳税额的计算公式为:

应纳税额＝计税价格×税率

车辆购置税的税率为 10%。

车辆购置税的计税价格根据不同情况,按照下列规定确定:

1.纳税人购买自用的应税车辆的计税价格,为纳税人购买应税车辆而支付给销售者的全部价款和价外费用,不包括增值税税款。

2.纳税人进口自用的应税车辆的计税价格的计算公式为:

计税价格=关税完税价格+关税+消费税

3.纳税人自产、受赠、获奖或者以其他方式取得并自用的应税车辆的计税价格,由主管税务机关按照最低计税价格核定。国家税务总局参照应税车辆市场平均交易价格,规定不同类型应税车辆的最低计税价格。纳税人购买自用或者进口自用应税车辆,申报的计税价格低于同类型应税车辆的最低计税价格,又无正当理由的,按照最低计税价格征收车辆购置税。

习题计算:车辆购置税

【题目】某公司进口的一部免税车辆因改变用途不再属于免税范围。已知该车原价 10 万元,同类型新车最低计税价格为 15 万元,该车已使用 3 年,规定使用年限为 15 年,车购置税税率为 10%。

计算该公司应缴纳的车辆购置税税额。

【解析】根据车辆购置税法律制度的规定,免税或减征车辆购置税的车辆,因转让、改变用途等原因不再属于免税、减税范围,需要依法缴纳车辆购置税,其最低计税价格计算公式为:

最低计税价格=同类型新车最低计税价格×(1-已使用年限/规定使用年限)×100%

该公司应缴纳的车辆购置税税额=[15×(1-3÷15)]×10%
$$=1.2(万元)$$

——财政部会计资格评价中心编:《经济法基础》(2009 年初级会计资格考试辅导教材),经济科学出版社,2008 年 12 月第 1 版。

第二节　税收优惠

税法规定,车辆购置税的免税、减税,按照下列规定执行:

1.外国驻华使馆、领事馆和国际组织驻华机构及其外交人员自用的车辆,免税;

2.中国人民解放军和中国人民武装警察部队列入军队武器装备订货计划的车辆,免税;

3.设有固定装置的非运输车辆,免税;

4.有国务院规定予以免税或者减税的其他情形的,按照规定免税或者减税。

实务链接:森林消防专用车辆免征车辆购置税

财政部、国家税务总局关于 2007 年第一批森林消防

专用车辆免征车辆购置税的通知

财税〔2007〕104 号

各省、自治区、直辖市、计划单列市财政厅(局)、国家税务局,新疆生产建设兵团财务局:

现将森林消防车辆有关免征车辆购置税问题通知如下:

一、根据《国务院办公厅关于进一步加强森林防火工作的通知》(国办发〔2004〕33 号)第五条和《财政部、国家税务总局关于防汛专用等车辆免征车辆购置税的通知》(财税〔2001〕39 号)第一条的有关规定,对国家林业局申请的 2007 年第一批 417 辆设有固定装置的森林消防专用指挥车和 388 辆森林消防运兵车免征车辆购置税(具体免税范围见附件),免税指标的使用截止期限为 2007 年 12 月 31 日,过期作废。

车主在办理车辆购置税纳税申报手续时,需向所在地主管税务机关提供车辆内观、外观彩色 5 寸照片 1 套,国家林业局森林防火办公室配发的"森林消防专用车证"和"森林消防车辆调拨分配通知单"。主管税务机关依据本通知所附的免税车辆计划、免税车辆型号、车辆内观、外观彩色照片、"森林消防专用车证"、"森林消防车辆调拨分配通知单"(照片及证单式样从国家税务总局 FTP 服务器的 LOCAL\流转税司\消费税处\森林消防专用车辆免税图册地址下载)为车主办理免税手续。

免税车辆因转让、改变用途等原因不再属于免税范围的,应按照《中华人民共和国车辆购置税暂行条例》(国务院令第 294 号)第十五条的规定补缴车辆购置税。

二、将《财政部、国家税务总局关于 2006 年第二批森林消防专用指挥车免征车辆购置税的通知》(财税〔2006〕159 号)附件"2006 年第二批森林消防专用指挥车免税指标分配表"中的 5 个丰田 CA6510B 型车辆免税指标(其中,北京市 4 个、广东省 1 个)调整为丰田 CA6510BE3,上述 5 个免税指标的使用截止期限为 2007 年 10 月 31 日,过期作废。

财政部、国家税务总局关于 2008 年第二批森林消防专用指挥车

和森林消防运兵车免征车辆购置税的通知

财税〔2008〕150 号

河北、山西、辽宁、大连、吉林、黑龙江、江苏、浙江、福建、江西、山东、河南、湖北、湖南、广东、深圳、广西、重庆、四川、云南、西藏、甘肃、宁夏、新疆、青海省(自

治区、直辖市、计划单列市)财政厅(局)、国家税务局,新疆生产建设兵团财务局:

根据《财政部国家税务总局关于防汛专用等车辆免征车辆购置税的通知》(财税[2001]39号)第一条的规定,对国家林业局申请的2008年第二批403辆设有固定装置的森林消防专用指挥车和77辆森林消防运兵车免征车辆购置税(具体免税范围见附件),免税指标的使用截止期限为2009年6月30日,过期失效。

购车单位在办理车辆购置税纳税申报手续时,需向所在地主管税务机关提供车辆内观、外观彩色5寸照片1套,国家林业局森林防火办公室配发的"森林消防专用车证"和"森林消防车辆调拨分配通知单"。主管税务机关依据本通知所附的免税车辆计划、免税车辆型号、车辆内观、外观彩色照片、"森林消防专用车证"、"森林消防车辆调拨分配通知单"(照片及证单式样从国家税务总局FTP服务器的LOCAL\货物和劳务税司\消费税处\森林消防专用指挥车免税图册地址下载)为购车单位办理免税手续。

免税车辆因转让、改变用途等原因不再属于免税范围的,应按照《中华人民共和国车辆购置税暂行条例》第十五条的规定补缴车辆购置税。

附件:

1.2008年第二批森林消防专用指挥车免税指标分配表

2.2008年第二批森林消防运兵车免税指标分配表

财政部、国家税务总局

二○○八年十二月三日

实务链接:2007年母亲健康快车项目流动医疗车免征车辆购置税

财政部、国家税务总局关于2007年母亲健康快车项目

流动医疗车免征车辆购置税的通知

财税[2007]140号

北京、河北、内蒙古、江西、广东、重庆、陕西、新疆、青海省(自治区、直辖市)财政厅(局)、国家税务局:

根据《财政部、国家税务总局关于"母亲健康快车"项目专用车辆免征车辆购置税的通知》(财税[2006]176号)规定,对中国妇女发展基金会申请的2007年145辆用于"母亲健康快车"公益项目使用的流动医疗车免征车辆购置税(免税范围详见附件),免税指标的使用截止期限为2008年5月31日,过期作废。

车主在办理车辆购置税纳税申报手续时,需向所在地主管税务机关提供车辆内、外观彩色5寸照片1套,出示中国妇女发展基金会随车配发的《母亲健康快车专用车证》。主管税务机关依据本通知所附的免税车辆计划及车辆内、外观彩色照片(照片及证单式样请在国家税务总局服务器:FTP∥LOCAL/流转税

司/消费税处/"母亲健康快车项目专用车免税图册"下载)为车主办理免税手续。

免税车辆因转让、改变用途等原因不再属于免税范围的,应按照《中华人民共和国车辆购置税暂行条例》(国务院令第 294 号)第十五条的规定补缴车辆购置税。

实务链接:2008 年北京奥运会组委会免征车辆购置税公务车计划
国家税务总局关于下达 2006 年第 29 届奥运会组委会
免征车辆购置税公务车计划的通知
国税函〔2006〕287 号

北京市国家税务局:

根据《国家税务总局关于印发〈第 29 届奥运会组委会新购车辆免征车辆购置税具体操作办法〉的通知》(国税函〔2005〕671 号,以下简称《办法》),对第 29 届奥运会组委会申请 2006 年计划购置的公务车(免税指标详见附件),请严格按照《办法》中的有关规定为车主办理免税手续。免税车辆照片请在总局 FTP 服务器"LOCAL/流转税司/消费税处/免税图册/2006 年免税指标"地址下载。

2006 年奥组委免税车辆指标清单

序号	车辆购置单位名称	车辆生产企业	车辆厂牌型号	数量
1	第 29 届奥林匹克运动会组织委员会	一汽	捷达 AT 系列	30
2	第 29 届奥林匹克运动会组织委员会	一汽	奥迪 AUDIA6 系列	20
3	第 29 届奥林匹克运动会组织委员会	上汽	桑塔纳 3000 系列	33
4	第 29 届奥林匹克运动会组织委员会	上汽	帕萨特领驭系列	37
5	第 29 届奥林匹克运动会组织委员会	德国大众	大众途锐系列	2

实务链接:农村巡回医疗车免征车辆购置税
财政部、国家税务总局关于农村巡回医疗车免征车辆购置税的通知
财税〔2007〕35 号

河北、山西、内蒙古、辽宁、吉林、黑龙江、安徽、江西、河南、湖北、湖南、广西、海南、重庆、四川、贵州、云南、西藏、陕西、甘肃、宁夏、新疆、青海省(自治区、直辖市)财政厅(局)、国家税务局,新疆生产建设兵团财务局:

为促进我国农村医疗卫生事业的发展,经国务院批准,对利用国债资金购置的 1771 辆农村巡回医疗车免征车辆购置税(具体免税车辆清单见附件)。

车主在办理车辆购置税纳税申报手续时,须向所在地主管税务机关提供车辆内、外观彩色 5 寸照片 1 套。主管税务机关依据本通知所附的免税车辆计划及车辆内、外观彩色照片(下载地址为国家税务总局 FTP 服务器,路径为"LO-

CAL/流转税司/消费税处/农村巡回医疗车免税图册")为车主办理免税手续。

免税车辆因转让、改变用途等原因不再属于免税范围的,应按照《中华人民共和国车辆购置税暂行条例》(国务院令第 294 号)第十五条的规定补缴车辆购置税。

对本次下达的免税指标中已征税的车辆,主管税务机关应按照《车辆购置税征收管理办法》(国家税务总局令第 15 号)第二十六条规定,为车主办理退税手续。

第三节　税务管理

一、征收机关

税法规定,车辆购置税由国家税务局征收。

实务动态:车购税申报效率显著提高

近日,贵州省遵义市国税局推出车辆购置税电子信息采集系统,使一辆车的车辆购置税申报过程由 10 多分钟一下子缩短到了 3 秒钟。

据遵义市国税局信息中心介绍,传统上,购车者申报车辆购置税必须手工填写申报表,由于对税收知识知之甚少,需要税务人员反复指导,不仅耗时长,还容易出错。购车者填完申报表后,税务人员还必须手工录入购车人信息及车辆信息等 14 项内容,其中发动机号码、车辆识别代码等信息有的长达 17 位,且大多是字母与数字相间排列,手工录入很容易出错。这使一辆车的申报缴税工作平均需要 10 多分钟,而运行车辆购置税电子信息采集系统后,这些问题都迎刃而解。

车辆购置税电子信息采集系统包括两部分,一是在机动车销售商的开票系统中加装机动车二维条码打印子系统,将纳税人名称、发动机号码等涉税信息转换成二维条码,使销售商在开具机动车统一销售发票时,即可为纳税人同时打印出具有二维条码的车辆购置税电子申报表。二是在车辆购置税税务端安装使用机动车二维条码扫描子系统,其中含有二维条码扫描枪。当纳税人持打印有二维条码的申报表进行车辆购置税申报时,税务人员通过扫描枪就可直接从二维条码中读取车辆购置税申报数据,并导入车辆购置税征收管理信息系统。

遵义市国税局办税服务厅主任李明芳说,这一电子采集过程仅需要 3 秒钟就可完成,而且,还确保了车辆购置税纳税申报数据的准确性。

——苟仁金、赵安林:《车辆购置税申报三秒完成》,《中国税务报》,2009 年 4 月 1 日。

二、纳税地点

税法规定,纳税人购置应税车辆,应当向车辆登记注册地的主管税务机关申报纳税;购置不需要办理车辆登记注册手续的应税车辆,应当向纳税人所在地的主管税务机关申报纳税。

实务动态:河南车购税实现网上申报

最近,河南省国税局在全省范围推广车辆购置税网上申报分析系统,使机动车买主办理缴纳车辆购置税的时间由原来的半个多小时减少到不足5分钟,税务人员的工作量也大为减轻。目前,河南省全部机动车生产企业、汽车经销企业以及部分摩托车经销企业共1638户已经运行该系统,在线开具机动车销售统一发票32万份,开票金额230亿元。

一、网上申报系统破解车购税缴税难题

"过去买车缴税,真是吃苦受累,办理车辆购置税(以下简称车购税)完税手续整整让我折腾了3个钟头!"河南省辉县市村民曹治鹏至今忘不了他第一次买汽车后上税时经历的辛苦。

曹治鹏说,3年前他平生头一回买辆轿车,次日早上8时就赶到新乡市国税局车购税办税厅缴车购税。先细读办税指南,再对照购车发票逐一填写车购税纳税申报表。因手写发票字迹模糊,一长溜英文加数字的车架号几次都填写有误,待终于填好表时,窗口早已排起长队。一个多小时后终于轮到他递交申报表,但征收人员审核后告知"所填纳税额与国家最低计税价格不符"。几经修改,等办完缴税手续,已是11时多了。

新乡市国税局车购税办税厅主任岳玉增说,车购税征收人员也不轻松。因为办理车购税手续要经纳税辅导、纳税人填写纳税申报表、前台征收人员录入数据、缴纳税款、打印缴款书和完税证5个环节。而车购税纳税人大多为头回买车,很难正确填写纳税申报表,需要大量辅导。前台征收人员接到纳税申报表后,又须将20多项数据录入电脑。这样,完成一辆车的车购税手续平均至少耗时30分钟左右。而高峰期,每天有几百辆车要办完纳税手续,涉及税款几百万元。由于排队时间长,大厅滞留人不断增多,窗户都被挤坏过。征收人员一上班坐下,就别想再起来,没工夫喝水,连上厕所都遭抗议。

省国税局流转税处处长杨贵荣表示,自2005年车购税由国税部门直接征收以来,车购税纳税人排长队、缴税难的问题日渐突出。客观上是因全省征税车辆增长太快,2005年是27万辆,2006年升至56万辆,近两年又超60万辆;征收人员却没有增加,负担日益沉重。根本原因是购车人仍手工填写申报表,征收人员仍手工录入申报信息,这种方式严重制约了办税效率,直接导致车购税征纳困难。

对此，河南省国税局总会计师王建平提出，随着互联网技术和网络数据传输安全技术快速发展，税务网络建设已日趋完善，解决车购税纳税人缴税难的最好办法就是，将需要纳税人和征收人员做的工作由计算机和网络来完成。

经过调研论证，河南省国税局决定开发车购税网上申报分析系统，并免费为全省机动车生产企业、汽车和摩托车经销企业安装、培训、维护，免费供纳税人使用。

二、开票信息自动生成电子纳税申报表

据省国税局信息中心主任翟宏范介绍，解决车购税缴税难题，关键是实现车辆销售信息电子采集、电子传输。基于此，省国税局经过努力开发出车购税网上申报分析系统，从2008年4月起逐步在全省试点推广。该系统分企业端、征收端和管理端。

在企业端，系统设有开票功能、开票信息自动生成车购税纳税申报表功能、统计查询功能等。机动车生产和经销企业只要登录河南国税12366纳税服务网站，即可通过网上提供的开票软件在线开具机动车销售统一发票，开票信息自动生成车购税纳税申报表，企业可为购车人直接打印车购税纳税申报表。同时，实时将所开发票信息和企业生产经营信息传至系统数据库，实现系统对企业生产经营情况的电子采集。

在征收端，车购税大厅征收人员根据购车人提交的纳税申报表和发票，只需输入8位发票号码，即可直接调出机动车生产和销售企业上传的电子信息，自动导入车购税征收系统。

在管理端，后台可通过提取综合征管软件V2.0申报和发票信息、金税工程抄税信息和车购税征管软件征收信息等多个系统的相关数据，将车购税管理延伸到相关增值税、消费税管理当中。通过相关信息的自动比对，建立相应的预警指标，为税收管理部门提供管理疑点。

近日在新乡市北京现代汽车兆阳特约销售服务店，第二次来买车的曹治鹏选中一款SUV，在向记者抱怨3年前买车完税的辛苦后，起身到财务室缴款开票。只见汽车经销店的财务人员在电脑上输入一串数据后，按回车键即打印出一张发票。之后又点开菜单，输入刚打印出的发票号码01111976，屏幕界面立即变成曹治鹏此次购车的车购税纳税申报表。财务人员将这份纳税申报表打印出来，连同发票交给曹治鹏说："到办税厅把这张表和发票交给征收人员就行了。"这一过程，前后不到3分钟。

财务人员向曹治鹏解释，由于是在线开票，刚才所开具的售车发票和申报表信息已传到省国税局的服务器上，曹只要拿着打印好的销售发票和纳税申报表，在全省任何地方的车购税办税厅都能办理车购税手续。

"没想到现在办理车购税手续这么方便，今非昔比！"曹治鹏大为感叹。据了解,曹治鹏当天就近办了车购税手续,仅花不到 5 分钟时间就拿到了完税证明。

三、汽车产销企业和征收岗双双大减负

"以前一到月末,我们需要两个人两天才能做好账目和报表,现在利用车购税网上申报分析系统的自动统计分析功能,点点鼠标,不到 1 分钟就能完成并打印出报表。"谈及车购税网上申报分析系统,新乡威佳汽车服务有限公司财务经理祝艳红赞许有加。

她告诉记者,不仅如此,由于威佳公司比很多同行更早运行了这个系统,大大方便了客户购车缴税,还吸引了很多图办税便捷的人慕名前来购车,直接导致公司近几个月销量猛增。据了解,所有运行车购税网上申报分析系统的机动车产销企业均减轻了相关财务负担。对于从事车购税征收工作的税务人员来说,车购税网上申报分析系统运行后,工作量也大为减轻。新乡市国税局车购税办税厅副主任谢兴敏对此深有体会。谢兴敏原在交通部门征收车购费,2005 年转到国税部门征收车购税。他说,运行网上申报分析系统后,购车人不用手填申报表了,征收人员不用录入发票信息了,办税过程从半小时减为几分钟,负担减轻多了。

"从事车购费、车购税工作 20 多年来,2008 年我第一次享受了年休假。"谢兴敏有说不出的感慨。据透露,以前新乡市国税局车购税办税服务厅人员从没休过公休假,而在 2008 年上了车购税网上申报分析系统后,全厅 14 名工作人员全都享受了公休假。

四、开发票次日即有手机短信提醒纳税

除了减轻征纳双方的办税负担,省国税局前不久还在车购税网上申报分析系统中推出了手机短信纳税提醒服务。据介绍,一旦完成购车手续,省国税局的 12366 手机提醒功能会自动在购车人买车的次日、第 50 天分别发出提醒纳税短信。到第 59 天时,还会短信提醒车主在最后一天抓紧缴税,并告知逾期将需缴滞纳金。在纳税人完税的次日,系统还会自动向纳税人发出致谢短信。

"收到这样的温馨服务,感到很贴心。"新乡市十中英才学校的王健英老师这样评价。她说英才学校 12 月 14 日买辆奇瑞商用车,次日就收到河南国税 12366 纳税服务平台发来的手机短信,提醒及时纳税。两天后她赶紧抽空到附近车购税办税厅,几分钟就办完纳税手续。第二天,她的手机收到短信:"尊敬的纳税人,您已按规定申报缴纳车购税,河南国税谢谢您的支持!"她说看到这句话她心中涌起一股暖流和纳税光荣感。

河南省国税局流转税处副处长徐玉心表示,减轻办税负担的网上申报等仅是车购税网上申报分析系统的直观功能,其实该系统的基本功能是通过对汽车产销企业的产销信息、车主缴纳车购税信息、车辆管理部门挂牌信息等集中处理,实现机动车税收"一条龙"管理。比如,利用该软件税务端设置的 16 项查询指标,可实现对机动车产销企业的经营状况、发票使用情况、车购税各项业务办理情况、车辆型号价格等综合查询。通过 11 项预警分析指标,可实现对车辆价格情况、经销商申报情况、发票使用情况比对分析,生成相关疑点数据清单。

据悉,目前该系统已通过比对后台数据查找出 30 多份代开发票,并转交管理环节查处。

——高伟、胡清水:《河南全省实现车辆购置税网上申报》,《中国税务报》,2009 年 1 月 7 日。

三、纳税期限

纳税人购买自用应税车辆的,应当自购买之日起 60 日内申报纳税;进口自用应税车辆的,应当自进口之日起 60 日内申报纳税;自产、受赠、获奖或者以其他方式取得并自用应税车辆的,应当自取得之日起 60 日内申报纳税。

四、纳税环节

车辆购置税实行一次征收制度。购置已征车辆购置税的车辆,不再征收车辆购置税。

纳税人应当在向公安机关车辆管理机构办理车辆登记注册前,缴纳车辆购置税。车辆购置税税款应当一次缴清。

纳税人应当持主管税务机关出具的完税证明或者免税证明,向公安机关车辆管理机构办理车辆登记注册手续;没有完税证明或者免税证明的,公安机关车辆管理机构不得办理车辆登记注册手续。

税务机关应当及时向公安机关车辆管理机构通报纳税人缴纳车辆购置税的情况。公安机关车辆管理机构应当定期向税务机关通报车辆登记注册的情况。

税务机关发现纳税人未按照规定缴纳车辆购置税的,有权责令其补缴;纳税人拒绝缴纳的,税务机关可以通知公安机关车辆管理机构暂扣纳税人的车辆牌照。

免税、减税车辆因转让、改变用途等原因不再属于免税、减税范围的,应当在办理车辆过户手续前或者办理变更车辆登记注册手续前缴纳车辆购置税。

文献附录:1.6 升及以下排量乘用车车辆购置税优惠政策

财政部、国家税务总局关于减征 1.6 升及以下排量乘用车车辆购置税的通知

财税〔2009〕12 号

各省、自治区、直辖市、计划单列市财政厅(局)、国家税务局,新疆生产建设兵团财务局:

为扩大内需,促进汽车产业发展,经国务院批准,对 2009 年 1 月 20 日至 12

月 31 日购置 1.6 升及以下排量乘用车,暂减按 5% 的税率征收车辆购置税。

本通知所称乘用车,是指在设计和技术特性上主要用于载运乘客及其随身行李和(或)临时物品、含驾驶员座位在内最多不超过 9 个座位的汽车。具体包括:

一、国产轿车:"中华人民共和国机动车整车出厂合格证"(以下简称合格证)中"车辆型号"项的车辆类型代号为"7","排量和功率(ml/kw)"项中排量不超过 1600ml。

二、国产客车:合格证中"车辆型号"项的车辆类型代号为"6","排量和功率(ml/kw)"项中排量不超过 1600ml,"额定载客(人)"项不超过 9 人。

三、国产越野汽车:合格证中"车辆型号"项的车辆类型代号为"2","排量和功率(ml/kw)"项中排量不超过 1600ml,"额定载客(人)"项不超过 9 人,"额定载质量(kg)"项小于额定载客人数和 65kg 的乘积。

四、国产专用车:合格证中"车辆型号"项的车辆类型代号为"5","排量和功率(ml/kw)"项中排量不超过 1600ml,"额定载客(人)"项不超过 9 人,"额定载质量(kg)"项小于额定载客人数和 65kg 的乘积。

五、进口乘用车:参照国产同类车型技术参数认定。

乘用车购置日期按照《机动车销售统一发票》或《海关关税专用缴款书》等有效凭证的开具日期确定。

请遵照执行。

财政部、国家税务总局
二〇〇九年一月十六日

财政部、国家税务总局关于减征 1.6 升及以下排量乘用车车辆购置税的通知
财税〔2009〕154 号

为扩大内需,促进汽车产业健康发展,经国务院批准,对 2010 年 1 月 1 日至 12 月 31 日购置 1.6 升及以下排量乘用车,暂减按 7.5% 的税率征收车辆购置税。

本通知所称乘用车,是指在设计和技术特性上主要用于载运乘客及其随身行李和(或)临时物品、含驾驶员座位在内最多不超过 9 个座位的汽车。具体包括:

一、国产轿车:"中华人民共和国机动车整车出厂合格证"(以下简称合格证)中"车辆型号"项的车辆类型代号为"7","排量和功率(ml/kw)"项中排量不超过 1600ml。

二、国产客车:合格证中"车辆型号"项的车辆类型代号为"6","排量和功率(ml/kw)"项中排量不超过 1600ml,"额定载客(人)"项不超过 9 人。

三、国产越野汽车:合格证中"车辆型号"项的车辆类型代号为"2","排量和功率(ml/kw)"项中排量不超过 1600ml,"额定载客(人)"项不超过 9 人,"额定

载质量(kg)"项小于额定载客人数和 65kg 的乘积。

四、国产专用车:合格证中"车辆型号"项的车辆类型代号为"5","排量和功率(ml/kw)"项中排量不超过 1600ml,"额定载客(人)"项不超过 9 人,"额定载质量(kg)"项小于额定载客人数和 65kg 的乘积。

五、进口乘用车:参照国产同类车型技术参数认定。

乘用车购置日期按照《机动车销售统一发票》或《海关关税专用缴款书》等有效凭证的开具日期确定。

请遵照执行。

国家税务总局

二〇〇九年十二月二十二日

理论探索:车购税改革

2009 年 1 月 14 日,国务院总理温家宝主持召开国务院常务会议,审议并原则通过汽车产业和钢铁产业调整振兴规划,并迅速发布了从 2009 年 1 月 20 日至 12 月 31 日,对 1.6 升及以下排量乘用车减按 5% 征收车辆购置税的消息。

新政策出台后,通过笔者对有关车型的车辆购置税变化的研究与比较,可以看到车辆购置税减免最多的是 MINI 和标志 207 两款进口车型,而在国内市场份额已经或正在占据较大份额的东风本田思域、上汽荣威 550 等车型并不在优惠范围之内,而这些车型也被普遍认为是油耗经济性好且动力充沛的。其原因仅仅在于:它们的发动机排量比 1.6 升大了近 200 毫升。

任何一项政策的出台都难以照顾到方方面面,这可能就是今年出台的此项汽车业振兴计划内容只能执行到今年的 12 月 31 日的重要原因之一。其实,要使小排量节能环保车的生产和销售形成规模优势,还需要着重落实可以构成整体效应的小排量车的购置税减免,形成有缓冲的梯度平台优惠,而不是过细的分门别类,更不能对所有车型(如大排量车)都撒上开胃的胡椒面。

鉴于对汽车领域的长期关注,在此提出"6780"方案如下,作为对当前政策的一点建议,希望通过进一步的车辆购置税改革,能制定出有关节能环保的汽车消费的长期振兴计划。

对包括电动车、混合动力车在内的新能源环保汽车,如比亚迪 F3DM、丰田普锐斯、君越 2.4 油电混合车等,所有新车车辆购置税均全免;排量小于等于 1.6 升的、符合"国三"及"国三"以上排放标准的国产新车,实行车辆购置税 6% 的优惠;排量大于 1.6 升而小于等于 1.8 升、符合"国三"及以上排放标准的国产新车,实行车辆购置税 7% 的优惠;排量大于 1.8 升而小于等于 2.0 升、符合"国三"及以上排放标准的国产新车,实行车辆购置税 8%;2.0 以上排量维持 10% 税率。

以后还可适时考虑对大于 4.0 小于等于 5.0 的实行 14% 税率，5.0 以上实行 15% 税率，以争取总的税量平衡。

这一方案涵盖了国内包括一汽的奥迪品牌、东风合资的本田品牌、上汽自主的荣威品牌以及华晨宝马等在内的国内大多数品牌的诸多车型，着重于形成比较公平、合理、清晰的梯度税收优惠，以尽量避免由于某个特定排量的车辆购置税优惠而对邻近排量车型造成冲击以及由此导致的某些汽车企业的困难和不满。如果按照这样的思路规划，既可以在厂家和车型上实现最大范围的阳光普照，又切实重点地突出了符合科学发展观的节能环保汽车，由此调动有关汽车企业对生产节能环保的小排量车的积极性和对国家产业政策的由衷拥护，更能有效提高广大消费者的信心，并给普通购车者带来真正的实惠以及合理的消费鼓励。

对节能环保车的消费鼓励还应体现在车辆的保有和转让阶段，满足"国三"及以上排放的小排量汽车在转手交易时也应比照新车采购，得到相应的优惠：如购买此类二手车的部分费用可以冲抵个人所得税；如 1.6 升以下小排量节能环保车在 2009 年及以后转手交易时可获得 2008 年度的养路费退返等。以此加快小排量范围内的车辆的交易流转，促进节能理念的普及和环保车辆的消费。

此外，再提一下车船税的问题。车船税和养路费一样，既不论车辆使用与否，又不管排量大小，也不公开具体的税费款项的形成和用途，各地自定一个固定数额，每年坐等车主来缴税。这样显然不符合有关节能环保的科学发展理念，具有和养路费同样的不合理性。

结合当前结构性减税以刺激内需消费的政策导向，建议：对排量 2.0 升以下、并符合"国三"及以上排放标准的私家乘用车型（包括新能源环保车），实行车船税免征，等条件成熟时再将所有乘用车的车船税取消或者并入燃油税费。

作为关心国家发展和经济政策的咨询业者，同时也是汽车消费者，衷心希望通过有关燃油税费和车辆购置税等一系列改革，各方努力，进一步变危机为机遇，变压力为动力，让中国步入一个更加公平、合理、科学、和谐的节约型汽车消费环境。

——高深：《我给车辆购置税改革提个建议》，《中国税务报》，2009 年 2 月 6 日。

延伸思考题

1. 车辆购置税的立法宗旨是什么？
2. 如何评价车辆购置税对环境保护的作用？
3. 如何评价我国现行车辆购置税税制？
4. 如何加强车辆购置税的监管？

第十八章　烟叶税法律制度

☞　　　　　　　　**案例:烟叶税收入**

日前,湖南省永州市宁远县陈安村村民唐顺旺一次性向烟草站交售烤烟1500 多公斤,收入 2 万多元,每公斤均价超过 16 元。他对记者说:"今年我种植了 15 亩烤烟,亩产可达到 200 公斤,预计全年收入可达 5 万元。"

从 7 月 1 日起,宁远县各烤烟收购点开秤收烟。从烟叶预检反馈的情况看,今年全县烤烟将突破 15 万担,财税收入突破 4 000 万元。

近年来,宁远县紧抓烤烟生产这一支柱产业,大力实施"科技兴烟"工作,走烤烟集约化发展道路,烤烟种植规模由小变大,烤烟烟叶质量由低到高,烟农种烟收入由少到多,户年收入从 3 000 元发展到今年的 2 万元以上。

——陈晓杰、梁公民:《宁远烤烟贡献 4 000 万元财税收入》,《中国税务报》,2008 年 9 月 12 日。

2008 年,广西靖西县国税局通过税收分析、纳税评估、税源监控和税务稽查加强烤烟税收的征管,收到较好效果。截至目前,该局共组织烤烟税收 823 多万元,同比增 221%。

——赵运忠、邓仕杰、谢强:《靖西国税局烤烟税收成倍增长》,《中国税务报》,2008 年 10 月 24 日。

记者近日从云南省烟草工作座谈会上获悉,2008 年云南省共收购烤烟1673.64 万担,较 2007 年增长 11.2%。全省烟农户均种烟 5.6 亩,比 2007 年增加 2 亩。全省收购总值达 123 亿元,较 2007 年增长 36.7%。实现烟叶税 27 亿元,较 2007 年增长 35%。

2008 年云南省烤烟种植平均亩产值达 2 183 元,烟农户均收入达 12 197 元,分别比 2007 年增加 514 元和 6 271 元,分别增长 30.8%、105.8%,是近年来烟农收入增幅最大的一年。

——叶智勇:《云南烟叶税实现 27 亿元》,《中国税务报》,2009 年 2 月 18 日。

2009 年以来,广西乐业县国税局深入烟叶生产企业,加大烟叶重点税源的调查,并主动与工商、地税等部门联系,了解烟叶企业生产经营等情况。截至目前,该局已入库烟叶增值税 79.6 万多元,同比增加 107.3%。

——吴世乐:《乐业国税局烟叶税收增幅大》,《中国税务报》,2009 年 3 月 25 日。

2009 年以来,湖南省保靖县地税局深入乡镇现场了解烤烟种植面积、产量、质量、历史收购价格、应税收入等情况,确保税款及时足额入库。截至目前,该局共征收烟叶税 200 万元,同比增收 150 万元,增幅达 300%,创烟叶税收入历史新高。

——彭世林、聂亮:《保靖地税局烟叶税收创新高》,《中国税务报》,2009 年 11 月 27 日。

第一节 概述

一、烟叶税的概念

烟叶税是指对在我国境内收购烟叶的单位缴纳的一种税。

二、烟叶税的纳税人

税法规定,烟叶税的纳税人是指在我国境内收购烟叶的单位。

三、烟叶税的课税对象

税法规定,烟叶税的课税对象是烟叶,具体指晾晒烟叶、烤烟叶。

四、烟叶税的税率

税法规定,烟叶税实行比例税率,税率为 20%。烟叶税税率的调整,由国务院决定。

五、烟叶税应纳税额的计算

税法规定,烟叶税的应纳税额按照纳税人收购烟叶的收购金额和法定税率计算。

应纳税额的计算公式为:

应纳税额＝烟叶收购金额×税率

案例：烟叶税抵扣

我是一家烟草公司的会计。请问，公司在收购烟叶时，向烟叶销售者支付的烟叶收购价款和价外补贴应如何计算抵扣增值税进项税额？

江西读者　罗小燕

答：《财政部、国家税务总局关于购进烟叶的增值税抵扣政策的通知》（财税〔2006〕140 号）对购进烟叶的增值税抵扣政策作了明确规定：对纳税人按规定缴纳的烟叶税，准予并入烟叶产品的买价计算增值税的进项税额，并在计算缴纳增值税时予以抵扣。即购进烟叶准予抵扣的增值税进项税额，按照《中华人民共和国烟叶税暂行条例》及《财政部、国家税务总局印发〈关于烟叶税若干具体问题的规定〉的通知》（财税〔2006〕64 号）规定的烟叶收购金额和烟叶税及法定扣除率计算。烟叶收购金额包括纳税人支付给烟叶销售者的烟叶收购价款和价外补贴，价外补贴统一暂按烟叶收购价款的 10％计算，即烟叶收购金额＝烟叶收购价款×（1＋10％）。

江西省信丰县国税局　肖丹生　李晓荣

——肖丹生，李晓荣：《购进烟叶怎样抵扣进项税额》，《中国税务报》，2008年 1 月 7 日。

第二节　税务管理

一、征税机关

税法规定，烟叶税由地方税务机关征收。

二、纳税地点

税法规定，纳税人收购烟叶，应当向烟叶收购地的主管税务机关申报纳税。

三、纳税义务发生时间

税法规定，烟叶税的纳税义务发生时间为纳税人收购烟叶的当天。

四、纳税期限

税法规定，纳税人应当自纳税义务发生之日起 30 日内申报纳税。具体纳税期限由主管税务机关核定。

文献附录:《关于烟叶税若干具体问题的规定》

财政部、国家税务总局印发《关于烟叶税若干具体问题的规定》的通知

财税〔2006〕64号

各省、自治区、直辖市、计划单列市财政厅(局)、地方税务局,新疆生产建设兵团财务局:

为贯彻落实《中华人民共和国烟叶税暂行条例》,现将《关于烟叶税若干具体问题的规定》印发你们,并对做好烟叶税工作提出如下要求,请遵照执行。

一、各地要高度重视和认真组织好烟叶税暂行条例的实施工作,认真开展对纳税人政策宣传和对税务人员的业务培训,保证正确执行烟叶税暂行条例及有关征税规定。地方税务机关要摸清烟叶生产、收购情况,了解纳税人的经营管理特点和财务核算制度,做好税源分析和监管工作。

二、原烟叶农业特产税由财政部门征收的地方,地方税务机关应主动与财政部门衔接,了解掌握烟叶税税源等有关情况,财政部门应予积极配合支持。

三、各级地方税务局要严格依照《中华人民共和国税收征收管理法》及其他有关规定,加强征收管理,完善纳税申报制度(纳税申报表式样由各地自定),全面规范烟叶税征收管理工作。

附件:关于烟叶税若干具体问题的规定

根据《中华人民共和国烟叶税暂行条例》(以下简称《条例》),现对有关烟叶税具体问题规定如下:

一、《条例》第一条所称"收购烟叶的单位",是指依照《中华人民共和国烟草专卖法》的规定有权收购烟叶的烟草公司或者受其委托收购烟叶的单位。

二、依照《中华人民共和国烟草专卖法》查处没收的违法收购的烟叶,由收购罚没烟叶的单位按照购买金额计算缴纳烟叶税。

三、《条例》第二条所称"晾晒烟叶",包括列入晾晒烟名录的晾晒烟叶和未列入晾晒烟名录的其他晾晒烟叶。

四、《条例》第三条所称"收购金额",包括纳税人支付给烟叶销售者的烟叶收购价款和价外补贴。按照简化手续、方便征收的原则,对价外补贴统一暂按烟叶收购价款的10%计入收购金额征税。收购金额计算公式如下:

收购金额＝收购价款×(1＋10％)

五、《条例》第六条所称"烟叶收购地的主管税务机关",是指烟叶收购地的县级地方税务局或者其所指定的税务分局、所。

六、《条例》第七条所称"收购烟叶的当天",是指纳税人向烟叶销售者付讫收购烟叶款项或者开具收购烟叶凭据的当天。

理论探索:烟叶税改革

2008 年 5 月 31 日是世界卫生组织发起的第二十一个世界无烟日。多年来,为了限制和减少烟草及其制品生产与消费、增加政府财政收入,世界各国普遍对烟草及其制品征收体现政府"寓禁于征"调控意图的烟草消费税或类似性质的烟草特别税,我国也不例外。不过,到今年 6 月 1 日,距离我国最近一次卷烟消费税政策的调整已有 7 年的时间。随着经济的发展,社会的进步,要求改革烟草税的呼声日益强烈。现行的烟草业税收政策存在哪些问题,应如何进行改革?记者采访了有关专家。

一、目前我国烟草业税收存在的主要问题

国家税务总局税收科学研究所研究员石坚告诉记者,在我国,对烟草行业影响最大的税收是烟叶税和消费税。2006 年 4 月 28 日我国颁布并开始实施《烟叶税暂行条例》,以烟叶税取代了烟叶特产税。而卷烟消费税政策则历经了三次大的调整,每一次调整都对烟草行业产生重大影响:1994 年以前,烟草业与其他行业一样统一征收 60% 的产品税。1994 年实行分税制后,将产品税改征增值税,并新增了消费税,烟草制品成为消费税的主要税目。

1994 年各类卷烟按出厂价统一计征 40% 的消费税。由于不同档次的卷烟都按照统一的税率 40% 征收,使得烟草生产企业更倾向多生产利润较高的高档卷烟,企业的产品结构由低档向高档转移,市场广阔的低档卷烟出现了供不应求现象。这一税收政策也使以生产低档卷烟为主的中小烟厂出现严重亏损。为了解决这些问题,国家从 1998 年 7 月 1 日起将卷烟消费税由单一税率改为差别税率,一类卷烟的税率提高了 10 个百分点,四、五类卷烟税率降低了 15 个百分点。这一政策实施后,低档卷烟产销量大幅度增加,一些中小烟厂的生产由于减税而复苏,高档卷烟比重大的大型名牌卷烟厂由于税负的增加利润大幅下滑,削弱了大企业原有的优势地位,使得小烟厂的关停并转变得更困难,给行业的组织结构调整带来了不利影响。此外,这一时期,卷烟消费税一直按照出厂价从价计征,并且只在生产环节征收,导致很多烟厂采用转移定价的方法规避纳税。2001年,为了促进烟草行业"扶优关小"的内部结构调整,政府又对卷烟消费税进行了第三次改革。将高档卷烟税率由 50% 降为 45%,低档卷烟的税率由 25% 提高到 30%,并对每箱加征 150 元的从量税,大幅度提高了低档卷烟的税负。这次调整对以生产中高档卷烟为主的名牌大企业影响不大,总体税负基本稳定。以生产低档卷烟为主的年产 10 万箱以下的中小企业出现严重亏损,这些企业纷纷关闭并退出了市场。此次还将计税办法从原来的从价计税改为从价和从量结合的复合计税办法,计税价格由出厂价改为调拨价或核定价,这在一定程度上减少了企业利用转移定价方式避税的空间。

中国社会科学院财贸所研究员夏杰长认为,虽然历经几次改革,目前我国烟草业税收政策依然存在问题,主要表现在四个方面:一是烟叶税违背税收公平原则。2006年4月28日颁布并开始实施的《烟叶税暂行条例》,以烟叶税取代原烟叶特产税,但纳税人、纳税环节、计税依据等都保持了原烟叶特产税的规定不变。尽管烟叶税不直接向烟农征收,是在收购环节向烟草公司征税,但因为收购价为含税价,烟草公司往往通过压低烟叶收购价格而将最终税负转嫁到了烟农身上。烟农虽是靠种地为生的农民,但被排斥在享受免征农业税政策的农民之外。再加上种植业的弱质性,烟农的收益更加微薄和不稳定。这种分配的不平衡导致烟农始终处于不对等的弱势地位。二是在一定程度上导致地方财政扭曲。在现行涉及烟草业税收的分税制方面,烟草业税收与地方财政收入密切相关。由于烟叶税收入直接划归地方财政,导致地方政府为了征收烟叶税,往往一味追求烟叶产量而不顾市场需求。卷烟消费税在生产环节征收,使得卷烟生产地区获得的财政收益远远大于销售地区,使得各地卷烟生产量成了决定地方可支配财力的重要因素。这些原因导致地方政府对本地区烟草种植和卷烟工业的关注程度,大大高于烟草商业以及其他产业。三是烟草企业税收负担不均衡。卷烟生产企业税负重于卷烟销售企业。四是烟草品牌税收负担不均衡。我国卷烟生产企业数量众多,而且每家企业生产多种规格和牌号的卷烟。在这种情况下,完全由税务机关来核定每家企业每种品牌、每种规格卷烟的计税价格,常造成核定结果严重滞后于市场变化情况,从而导致各卷烟品牌间的税负不公和竞争扭曲。

国家税务总局地方税司薛明兵表示,在现行分税制财政体制下,烟叶税制度及其分配方式,在一定程度上制约了烟草行业的整体发展。一是烟叶税与地方收入高度相关,致使地方政府对烟叶生产和流通进行强制干预,造成资源配置效率低,浪费严重。二是助长了烟草产品市场的地方保护主义,客观上分割了各地的烟草生产流通格局,制约了烟草企业实施真正意义的跨地区兼并重组与扩张。

二、烟草业税改应兼顾相关各方利益

夏杰长认为,我国烟草业税收的改革应该兼顾烟农、烟草企业、政府和消费者等各方面的利益。根据国情,我国烟草业税改的目的应该包括三个层次:一是控制吸烟,二是保证地方政府收入,三是减轻烟农负担和均衡烟草企业税负。其中,控制吸烟属于最高目标,保证地方政府收入、减轻烟农负担和均衡烟草企业税负是必须考虑的现实问题。尽管税收不是控制吸烟的唯一手段,但税收对引导人们的消费取向具有天然的调节作用,税收仍然是控制烟草消费的重要而可行的手段。

石坚认为，烟草业税改面临体制性障碍，在短期内不可能一蹴而就，比较可行的办法是先从调整税率结构入手。

夏杰长表示，目前烟草业税改的可行选择是取消烟叶税，然后提高卷烟消费税税率，两者前后衔接，并辅以配套措施。他分析说，当前继续征收烟叶税的主要原因是原烟叶特产税占地方政府税收收入的比重过高，若立即取消对产烟地区地方政府冲击太大。综合考虑当前的形势和条件，进一步改革烟叶税的方向是逐步降低烟叶税税率然后过渡到彻底取消，并按总额不变的原则相应提高卷烟消费税税率。同时，有必要改变卷烟消费税的征收环节，来调整税收分配，即将现行的由生产环节征收改为在生产及批发两个环节征收，并将其改为中央与地方共享税种。在生产环节征收的卷烟消费税划归中央财政，在批发环节征收的卷烟消费税划归地方财政。

薛明兵则认为，目前应完善烟叶税政策。一是改革烟叶收购计划价格制定办法，二是大幅度提高税率，严格征管。为减少全社会的烟草消费，应大幅度提高烟叶税税率，以经济手段来限制和引导健康消费。同时，严格税收征管，加大处罚力度，借助信息化手段，全面及时掌握烟叶生产、收购情况，确保征收的有效性。改革税收收入分配制度。现行烟叶税的征收依据是国务院的暂行条例，法律效力较低，应提升烟叶税的法律地位。

——闵丽男：《烟草业税收改革需兼顾各方面利益》，《中国税务报》，2008年6月4日。

烟民3.5亿、"被动"烟民5.4亿，中国几乎有9亿人每天要与烟草接触。在近日由财政部财政科学研究所、彭博慈善基金会举办的"烟草税收与烟草控制"国际研讨会上，与会专家建议中国政府对烟草税进行改革，通过提高总税率来达到抑制烟草消费的目的。

据了解，1994年，中国政府在税制改革时，将烟草纳入消费税之中，希望借此实现"寓禁于征"的目的。但财政部财政科学研究所所长贾康在研讨会上表示，从实践情况来看，通过消费税来减少烟草消费人群的效果，实际上并不明显，"寓禁于征"在现实中走形。

贾康说，这种走形与三个因素有关：一是烟草税收对于地方政府来说，是很重要的收入来源。为了增加税收，很多地方政府会鼓励、支持有影响力的烟草品牌进驻本地区。二是在烟草消费上，公款消费所占比例起着不可忽视的作用。近些年来，在公款和私款消费的边界上，最模糊的就是烟和酒。而且，用公款购置高档香烟，普遍被视为政府正常行为而未被纳入审计范围。这样，某些高档烟的消费就有了基本的支撑力，这部分的消费不会因为烟草消费税的提高而减少。

三是与中国的社会文化有关。在一些重大的社交场合,卷烟似乎是必需的,而这种"面子消费"多数是比较高档的烟草。

美国加州大学柏克利分校教授胡德伟表示,中国烟草税"寓禁于征"之所以走形,与烟草整体税负较低不无关系。目前,中国的卷烟总税率仅占零售价格的40%,这一比例远低于国际上卷烟税率的范围,即65%~70%。胡德伟教授说:"中国烟草制品价格低廉是吸烟率非常高的原因之一。通过增加烟税来提高烟价是一项双赢的控烟政策,既保护了公民的健康,挽救了生命,又可以增加政府收入。"据统计,中国贫困家庭的总支出中,有8%~11%的支出用在了卷烟上。提高烟草税对降低贫困人群的吸烟率尤为有效。吸烟者的家庭可以把用来买卷烟的钱用在食物、教育、衣着和住房等方面的支出上。《2008年中国控制吸烟报告》显示,中国青少年吸烟人数高达1500万,尝试过吸烟的孩子达到4000万。

"同样,由于对价格的敏感度高,提高烟草价格能非常有效地防止青少年吸烟。"胡德伟说。无烟行动技术官员、世卫组织驻华代表处的莎拉·英格兰博士也认为,提高烟草税是减少烟草使用和挽救生命最有效的办法。

胡德伟和国家税务总局税收科学研究所研究员石坚等提交的《烟草税和其在中国的潜在影响》报告测算,如果将烟草税率从目前水平提高到零售价格的51%,即每包卷烟增加1元人民币从量消费税,则吸烟者人数将减少1370万,340万人的生命将得以挽救。与此同时,政府税收将增加649亿元。他们建议,提高卷烟消费税,在保留从价税的同时,每包卷烟的消费税提高1元左右,逐步将总的税额提高到零售价格的60%以上。

这些专家建议,将增加的卷烟税用于控烟活动,例如媒体的反吸烟宣传、强制性执行无烟法案、控烟机构人员配备、对没有医疗保障的低收入人群的医疗支出提供补助等。

国家税务总局税收科学研究所研究员石坚建议,应以烟草消费税改革为重点,尽快推进中国烟草消费税改革,然后逐步推进烟叶税、增值税和所得税改革。例如,对烟草企业的各种捐赠,在所得税抵扣上应根据不同性质加以区别,严格限制以捐赠的名义达到促销的目的。与此同时,加快对烟草税改革立法工作。

但是,在这方面也有不同的声音。去年,国家烟草专卖局有关人士在接受记者采访时表示,不认同提高卷烟税率可有效控烟、尤其是减少低收入人群吸烟的说法。这位人士认为,我国卷烟综合税率并不算低。控烟是一个长期工作,不能期望过于激进。不管采取什么控烟措施,都要结合我国实际国情,考虑平稳过渡,在国家利益与消费者利益之间寻找最佳平衡。我国烟草业多年来都是国家税利大户,烟叶产区也多集中在西部和边远欠发达地区,若激进控烟,对经济和烟农生活都影响深远,稳步推进才更务实。

据了解,中国于 2003 年签署了世界卫生组织《烟草控制框架公约》,并于 2005 年批准《公约》。《公约》第六条指出,各缔约方承认价格和税收措施是减少各阶层人群特别是青少年烟草消费的有效和重要手段。此外,《公约》还要求缔约国通过防止接触烟草烟雾,全面禁止烟草广告、促销和赞助,应用有效的烟盒警示语,公众教育,禁止非法贸易等措施降低烟草需求和供应。

——邱艳、闵丽男:《专家建议中国应加快烟草税收改革》,《中国税务报》,2008 年 12 月 29 日。

延伸思考题

1. 烟叶税的立法宗旨是什么?
2. 如何评价烟叶税调节经济活动的作用?
3. 如何评价我国现行烟叶税制?
4. 如何完善我国现行烟叶税制?

第十九章　船舶吨税法律制度

 案例:船舶吨税优惠税率部分国家和地区名单

海关总署公告 2003 年第 20 号(关于将《适用船舶吨税优惠税率的国家和地区名单》修改后重新公布)

【法规类型】海关规范性文件

【内容类别】关税征收管理类

【文　　号】海关总署公告 2003 年第 20 号

【发文机关】海关总署

【发布日期】2003-03-28

【生效日期】2003-03-28

【效　　力】[有效]

【效力说明】

中华人民共和国海关总署公告

2003 年第 20 号

根据《中华人民共和国船舶吨税暂行办法》的有关规定,与中华人民共和国签订有条约或协定、相互给予船舶吨税优惠的国家和地区籍的船舶,其吨税按优惠税率计征;其他国家和地区籍的船舶,吨税按普通税率计征。

《适用船舶吨税优惠税率的国家和地区名单》以海关总署公告(〔2003〕12号)对外公布。

现经交通部补充确认,土耳其、黎巴嫩、印度、摩洛哥、蒙古、美国为适用船舶吨税优惠税率国家,现将《适用船舶吨税优惠税率的国家和地区名单》修改后重新公布。

特此公告。

附件:适用船舶吨税优惠税率的国家和地区名单

二〇〇三年三月二十八日

附件

适用船舶吨税优惠税率的国家和地区名单(63)

芬兰、瑞典、丹麦、也门、俄罗斯、突尼斯、德国、阿尔巴尼亚、苏丹共和国、朝鲜、越南、加纳、斯里兰卡、刚果、巴基斯坦、挪威、古巴、智利、缅甸、秘鲁、墨西哥、希腊、塞浦路斯、保加利亚、波兰、日本、菲律宾、新西兰、荷兰、阿尔及利亚、民主刚果(原扎伊尔)、埃塞俄比亚、罗马尼亚、肯尼亚、阿根廷、泰国、新加坡、孟加拉国、比利时、卢森堡、南斯拉夫、阿曼苏丹国、巴西、意大利、马来西亚、韩国、克罗地亚、老挝、乌克兰、大不列颠及北爱尔兰(包括泽西岛、百慕大、根西岛、开曼群岛、马恩岛和直布罗陀附属地)、加拿大、马耳他、法国、以色列、格鲁吉亚、土耳其、黎巴嫩、印度、摩洛哥、蒙古、美国、中国香港、中国澳门。

第一节　概述

一、船舶吨税的概念

船舶吨税是指海关对在我国港口行驶的外国籍船舶和外商租用的中国籍船舶,以及中外合营企业使用的中外国籍船舶(包括专在港内行驶的上项船舶)依法征收的一种税。

二、船舶吨税的纳税人

船舶吨税的纳税人是在我国港口行驶的外国籍船舶和外商租用的中国籍船舶,以及中外合营企业使用的中外国籍船舶(包括专在港内行驶的上项船舶)的所有人或使用人。

三、船舶吨税的税率

(一)普通税率

船舶吨税分3个月期缴纳与30天期缴纳两种,由纳税人于申请完税时自行选报,其税级税率列明如下:

1.按3个月期缴纳者;

2.按30天期缴纳者,减半征收。

进口船舶应自申报进口之日起征,如所领船舶吨税执照满期后尚未驶离我国,则应自原照满期次日起续征。

一般吨税（元/吨）	船舶种类	净吨位	90 天	30 天
		500 吨及以下	3.15	1.50
		501～1500 吨	4.65	2.25
机动船	轮船、汽船、拖船	1501～3000 吨	7.05	3.45
		3001～10000 吨	8.10	3.90
		10001 吨以上	9.30	4.65
非机动船	各种人力驾驶船及驳船、帆船	30 吨及以下	1.50	0.60
		31～150 吨	1.65	0.90
		151 吨以上	2.10	1.05

（二）优惠税率

应征船舶吨税的船舶的国籍，如属于同我国签有条约或协定，规定对船舶的税费相互给予最惠国待遇的国家，该船舶的吨税按优惠税率计征，其按 3 个月期缴纳的船舶吨税税率如下，如申请按 30 天期缴纳，则减半征收。

一般吨税（元/吨）	船舶种类	净吨位	90 天	30 天
		500 吨及以下	2.25	1.20
		501～1500 吨	3.30	1.65
机动船	轮船、汽船、拖船	1501～3000 吨	4.95	2.55
		3001～10000 吨	5.85	3.00
		10001 吨以上	6.60	3.30
非机动船	各种人力驾驶船及驳船、帆船	30 吨及以下	1.05	0.45
		31～150 吨	1.35	0.60
		151 吨以上	1.50	0.90

船舶因经修理，原净吨位有所增减，在原领船舶吨税执照有效期内，不再调整税额。唯于下期完纳船舶吨税时应按吨位变更后的吨位证书，申请核定税额。如吨位增高而匿不申报，希图漏税者，除限期办理外，并处以应纳税额三倍以下之罚金，以海关罚款入库。

第二节　税收优惠

税法规定，下列各种外籍船舶，免征船舶吨税：

1. 与我国建立外交关系国家之大使馆、公使馆、领事馆使用的船舶；

2. 有当地港务机关证明之避难、修理、停驶或拆毁的船舶，并不上下客货者；

3.专供上下客货及存货之泊定趸船、浮桥趸船及浮船；

4.中央或地方人民政府征用或租用的船舶；

5.依法毋庸向海关申报进口的国际航行船舶。

第三节　税务管理

一、设海关港口船舶吨税的管理

外国籍及外商租用的中国籍船舶，在到达及驶离设关港口，按海关规定须向海关申报进口与结关者，应将船舶吨税执照一并交验。如进口时原照已经满期或前未完纳吨税者，应在申报进口时填送申报单，交验：（1）船舶国籍证书（或港务机关签发的收存此项证书之证明书）；（2）船舶吨位证明，向海关申报完税。

上述船舶，其吨税执照之有效期间在申报进口后满期者，及专在港内行驶者，均应于原照满期时按规定向海关申报纳税领照。倘自满期次日起 5 日内不向海关申报完税，除限期办理外，处以应纳税额三倍以下之罚金，海关罚款入库。

实务动态：湛江海关征收船舶吨税"三级跳"

2006 年 1～10 月湛江海关为国家代征船舶吨税 4 973.4 万元，比上一年递增 22.7%，继 2002 年的"四级跳"后再次实现了连续三年征收船舶吨税大幅递增的佳绩，自 1998 年至 2006 年这 9 年间为国家代征船舶吨税逾 3 亿元，年均增幅达 17.9%。

船舶吨税是海关代国家其他部门征收的三种进口环节税之一，专项用于海上航标的维护、建设和管理，并自 2001 年 1 月 1 日起纳入国家预算收入，全部上缴中央国库，不再作为预算外资金管理，成为国家中央财政收入的重要来源之一。

为确保船舶吨税收入及时上缴国库，颗粒归仓，湛江海关一方面健全船舶吨税征收规程，另一方面通过综合监控系统以及现场勘验加强对船舶实体的核对，严厉打击船舶吨税申报不实的行为，认真履行依率计征、应收尽收的吨税征收职能。

多项有效措施使该关为国家代征的船舶吨税呈现出多次连年大幅递增的良好态势：1999 年至 2002 年，征收船舶吨税分别达到 2 102.2 万元、2 565.6 万元、2 912.7 万元和 3 675.5 万元，分别比上一年递增 21%、22%、14% 和 26%；2003 年在 2002 年最大幅攀升后略有回落（3 591.8 万元，仅降 2.3%），但自 2004 年起再次连年保持两位数增长，2004 年、2005 年分别征收吨税 4 335.9 万元和

5 160.9万元,增长20.7%和19.02%;今年1～10月征收吨税4 973.4万元,与去年同期相比又增长了22.7%,并创出历史新高。9年累计为国家代征船舶吨税3.1亿元。

——梁爱琼:湛江海关征收船舶吨税"三级跳"(海关总署门户网站 www. customs. gov. cn)

二、未设海关港口船舶吨税的管理

特准行驶未设海关地方之外国籍船舶,应依法在到达或驶离港口时向当地港务机关交验船舶吨税执照(无港务机关地方应向当地边防公安机关或部队交验),在原照满期时,应按规定报由当地税务局依法代征船舶吨税发给执照,逾期不报除限期办理外,处以应纳税额三倍以下之罚金,海关罚款入库。

三、纳税期限

纳税人应自海关(或税务局)签发船舶吨税缴款书之次日起5日内(星期日及规定放假日除外)缴清税款,由海关(或税务局)填发船舶吨税执照,逾期由海关(或税务局)自第6天起至缴清税款之日止按日征收应纳税额千分之一的滞纳金,海关罚款入库。

四、缴纳期限的延长

已纳船舶吨税的船舶,具有下列情形之一者,海关得验凭所交港务机关证明文件,按其实际日数,将执照有效日期批注延长:

1. 船舶驶入我国港口避难、修理者;
2. 船舶因防疫隔离不能上下客货者;
3. 船舶经中央或地方人民政府征用或租用者。

五、保证

船舶使用人如于该船未到达港口以前办理结关手续者,须向海关递送书面保证,担保俟船舶驶入港口后交验船舶吨税执照,或遵章完纳船舶吨税请领执照。此项执照的有效日期,亦应自船舶申报进口之日起算。

六、执照

船舶使用人所领船舶吨税执照,在有效期间内,如有毁损或遗失时,得向原发执照海关(或税务局)书面声明,并请另发船舶吨税执照副本,不再补税。

文献附录:船舶吨税优惠税率

海关总署公告 2008 年第 5 号(关于对立陶宛籍船舶适用优惠船舶吨税税率)

【法规类型】海关规范性文件

【内容类别】运输工具监管类

【文　　　号】海关总署公告 2008 年第 5 号

【发文机关】海关总署

【发布日期】2008-1-24

【生效日期】2008-1-24

【效　　　力】[有效]

【效力说明】

《中华人民共和国政府和立陶宛共和国政府海运协定》已生效,根据《中华人民共和国海关船舶吨税暂行办法》的有关规定,自 2007 年 12 月 10 日起,对立陶宛籍船舶适用优惠船舶吨税税率。此前已征吨税准予按本公告规定予以调整。

特此公告。

二〇〇八年一月二十四日

海关总署公告 2006 年第 67 号(关于对巴哈马籍船舶适用优惠船舶吨税税率)

【法规类型】海关规范性文件

【内容类别】关税征收管理类

【文　　　号】海关总署公告 2006 年第 67 号

【发文机关】海关总署

【发布日期】2006-11-13

【生效日期】2006-11-13

【效　　　力】[有效]

【效力说明】

《中华人民共和国政府和巴哈马国政府海运协定》已生效,根据《中华人民共和国海关船舶吨税暂行办法》的有关规定,自 2003 年 8 月 17 日起,对巴哈马籍船舶适用优惠船舶吨税税率。此前已征吨税准予按本公告规定予以调整。

特此公告。

二〇〇六年十一月十三日

海关总署公告 2006 年第 65 号(关于对伊朗船舶适用优惠船舶吨税税率)

【法规类型】海关规范性文件

【内容类别】关税征收管理类

【文　　　号】海关总署公告 2006 年第 65 号

【发文机关】海关总署

【发布日期】2006—11—7

【生效日期】2006—11—7

【效　　　力】〔有效〕

【效力说明】

《中华人民共和国政府和伊朗伊斯兰共和国政府商船海运协定》已生效,根据《中华人民共和国船舶吨税暂行办法》的有关规定,经商交通部,自本公告发布之日起,对伊朗船舶适用优惠船舶吨税税率。

特此公告。

二〇〇六年十一月七日

立法动态:船舶吨税暂行条例被列入立法项目

国务院办公厅日前印发了国务院 2010 年立法工作计划,其中增值税法、车船税法两部法律草案及修订发票管理办法被列为力争年内完成的重点立法项目。

此外,税收征收管理法(修订)和船舶吨税暂行条例也被立法工作计划列为需要抓紧研究、待条件成熟时提出的立法项目。

据了解,上述五项立法项目都将由财政部和国家税务总局负责起草。其中增值税法、车船税法两部法律草案和税收征收管理法(修订)在由国务院常务会议审议通过后,将提请全国人民代表大会及其常务委员会审议。

——厉征:《力争完成增值税法车船税法两部法律草案》,《中国税务报》,2010 年 1 月 15 日。

延伸思考题

1.船舶吨税的立法宗旨是什么?

2.如何评价我国现行船舶吨税对涉外海运业的调节作用?

3.如何评价我国现行船舶吨税的优惠政策?

4.如何完善我国现行船舶吨税税制?

第二十章　城市维护建设税法律制度

☞　　　　　　　**案例：城市维护建设税退税**

问：我公司是经有关部门认定的软件生产企业，享受增值税先按17％的税率征收，后按14％的税率返还的优惠。请问，我们取得增值税返还时，能否同时返还已随增值税缴纳的城市维护建设税及教育费附加？

浙江省国税局　　12366

答：根据财政部、国家税务总局《关于增值税 营业税 消费税实行先征后返等办法有关城建税和教育费附加政策的通知》（财税〔2005〕72号）的规定，对增值税、营业税、消费税（以下简称"三税"）实行先征后返、先征后退、即征即退办法有关的城市维护建设税和教育费附加政策问题，明确如下：对"三税"实行先征后返、先征后退、即征即退办法的，除另有规定外，对随"三税"附征的城市维护建设税和教育费附加，一律不予退（返）还。因此，你公司按规定取得增值税返还时，对已随增值税缴纳的城市维护建设税和教育费附加不能返还。

——周建华：《返还增值税时能否同时退还城建税》，《中国税务报》，2009年8月17日。

第一节　概述

一、城市维护建设税的概念

城市维护建设税是对缴纳增值税、消费税、营业税的单位和个人征收的一种附加税。

二、城市维护建设税的纳税人

凡是缴纳增值税、消费税、营业税的单位和个人，都是城市维护建设税的纳税义务人。

三、城市维护建设税的税率

城市维护建设税,以纳税人实际缴纳的产品税、增值税、营业税税额为计税依据,分别与增值税、消费税、营业税同时缴纳。

税法规定,城市维护建设税税率如下:

纳税人所在地在市区的,税率为7%;

纳税人所在地在县城、镇的,税率为5%;

纳税人所在地不在市区、县城或镇的,税率为1%。

习题计算:城市维护建设税

【题目】A市区某企业为增值税一般纳税人。2006年8月份实际缴纳增值税300 000元,缴纳消费税400 000元,缴纳营业税200 000元。因故被加收滞纳金2 100元。已知该地区城市维护建设税税率为7%。

计算该企业8月份应缴纳的城市维护建设税税额。

【解析】该企业应缴纳的城市维护建设税税额＝(300 000＋400 000

$$＋200 000)×7\%$$

$$＝63 000(元)$$

——财政部会计资格评价中心编:《经济法基础》(2009年初级会计资格考试辅导教材),经济科学出版社,2008年12月第1版。

第二节　税务管理

城市维护建设税的纳税义务发生时间,就是纳税人缴纳增值税、营业税、消费税的时间。纳税人只要发生上述"三税"的纳税义务,就应当同时计算缴纳城市维护建设税。同样,城市维护建设税的纳税期限也与上述"三税"的纳税期限相同。除特殊情况下,城市维护建设税的纳税地点也与上述"三税"是一致的。

实务链接:国家开发银行城市维护建设税缴纳办法

国家税务总局关于调整国家开发银行城市维护建设税和教育费附加缴纳办法的通知

国税函〔2007〕484号

各省、自治区、直辖市和计划单列市地方税务局,西藏、宁夏自治区国家税务局:

为便于管理,保证税款及时入库,现决定自2007年1月1日起,将国家开发银行城市维护建设税和教育费附加由"集中划转,返还各地,各地入库"的缴纳方式改为由国家开发银行各省(区、市)分行直接向各地地方税务局申报缴纳。现将有关事项通知如下：

一、国家开发银行各分行应纳的城市维护建设税和教育费附加由国家开发银行总行于季度终了后的 10 日内统一计算，通知各分行，各分行向当地地方税务局申报缴纳。

二、具体缴纳事宜，由各省、自治区、直辖市和计划单列市地方税务局同国家开发银行各分行联系确定。2007 年第一季度国家开发银行应纳的城市维护建设税和教育费附加于本通知发文之日起 15 日内申报缴纳。

三、《国家税务总局关于国家开发银行城市维护建设税和教育费附加缴纳办法的通知》(国税函〔1996〕694 号)、《国家税务总局关于国家开发银行继续集中缴纳城市维护建设税和教育费附加的通知》(国税函〔1999〕493 号)、《国家税务总局关于国家开发银行城市维护建设税和教育费附加款项划转办法的补充通知》(国税函〔1999〕521 号)停止执行。

文献附录：城市维护建设税监管

财政部国家税务总局关于国家环境保护总局履约中心大楼有关营业税问题的通知
财税〔2007〕8 号

北京市财政局、地方税务局：

为促进我国接受外国政府和国际组织无偿援助工作的开展，最有效地利用好有限的国际无偿援助资金，保证项目的顺利实施，经国务院批准，现对国家环境保护总局履约中心大楼有关营业税等问题明确如下：

一、对北京西都地产发展有限公司依照项目合同协议书，为国家环境保护总局环境保护对外合作中心履约中心大楼提供的建筑业劳务所取得的收入免征营业税、城市维护建设税及教育费附加。

二、对北京市地质工程公司依照项目合同协议书，为国家环境保护总局环境保护对外合作中心履约中心大楼提供的建筑业劳务所取得的收入免征营业税、城市维护建设税及教育费附加。

三、对于目前尚未签订相关建设合同的国家环保总局履约中心大楼建设项目所涉及的营业税、城市维护建设税及教育费附加税费征免问题，待合同签订并开始实施后另行发文明确。

请遵照执行。

北京市财政局
北京市地方税务局
二〇〇七年一月九日

财政部、国家税务总局关于青藏铁路公司运营期间
有关税收等政策问题的通知
财税〔2007〕11 号

各省、自治区、直辖市、计划单列市财政厅(局)、国家税务局、地方税务局：

为支持青藏铁路运营,减轻青藏铁路公司的经营压力,根据 2001 年第 105 次国务院总理办公会议纪要及《国务院关于组建青藏铁路公司有关问题的批复》(国函〔2002〕66 号)的精神,现就青藏铁路公司运营期间有关税收等政策问题通知如下：

一、对青藏铁路公司取得的运输收入、其他业务收入免征营业税、城市维护建设税、教育费附加,对青藏铁路公司取得的付费收入不征收营业税。

本条所称的"运输收入"是指《国家税务总局关于中央铁路征收营业税问题的通知》(国税发〔2002〕44 号)第一条明确的各项运营业务收入。

本条所称的"其他业务收入"是指为了减少运输主业亏损,青藏铁路公司运营单位承办的与运营业务相关的其他业务,主要包括路内装卸作业、代办工作、专用线和自备车维检费等纳入运输业报表体系与运输业统一核算收支的其他收入项目。

本条所称的"付费收入"是指在铁路财务体制改革过程中,青藏铁路公司因财务模拟核算产生的内部及其与其他铁路局之间虚增清算收入,具体包括《国家税务总局关于中央铁路征收营业税问题的通知》(国税发〔2002〕44 号)第二条明确的不征收营业税的各项费用。

二、对青藏铁路公司及其所属单位营业账簿免征印花税;对青藏铁路公司签订的货物运输合同免征印花税,对合同其他各方当事人应缴纳的印花税照章征收。

三、对青藏铁路公司及其所属单位自采自用的砂、石等材料免征资源税;对青藏铁路公司及其所属单位自采外销及其他单位和个人开采销售给青藏铁路公司及其所属单位的砂、石等材料照章征收资源税。

四、对青藏铁路公司及其所属单位承受土地、房屋权属用于办公及运输主业的,免征契税;对于因其他用途承受的土地、房屋权属,应照章征收契税。

五、对青藏铁路公司及其所属单位自用的房产、土地免征房产税、城镇土地使用税;对非自用的房产、土地照章征收房产税、城镇土地使用税。

六、财政部、国家税务总局《关于青藏铁路建设期间有关税收政策问题的通知》(财税〔2003〕128 号)停止执行。

青藏铁路公司所属单位名单见附件。

本通知自 2006 年 7 月 1 日起执行,此前已征税款不予退还,未征税款不再补征。

北京市财政局 北京市国家税务局 北京市地方税务局转发财政部国家税务总局
关于延长下岗失业人员再就业有关税收政策的通知
京财税〔2009〕936 号

各区县财政局、国家税务局、地方税务局、市国家税务局直属税务分局、市地方税务局直属分局：

现将《财政部、国家税务总局关于延长下岗失业人员再就业有关税收政策的通知》(财税〔2009〕23 号)转发给你们,并经市政策批准,对北京市的扣减标准明确为:符合条件的企业在新增加的岗位中,当年新招用持《再就业优惠证》人员,与其签订 1 年以上(含 1 年)期限劳动合同并缴纳社会保险费的,3 年内按实际招用人数予以定额依次扣减营业税、城市维护建设税、教育费附加和企业所得税。定额标准上浮 20％,为每人每年 4 800 元,请依照执行。

附件:《财政部、国家税务总局关于延长下岗失业人员再就业有关税收政策的通知》(财税〔2009〕23 号)

二〇〇九年五月十五日

财政部、国家税务总局关于延长下岗失业人员再就业有关税收政策的通知
财税〔2009〕23 号

各省、自治区、直辖市、计划单列市财政厅(局)、国家税务局、地方税务局,新疆生产建设兵团财务局:

为进一步促进下岗失业人员再就业,根据《国务院关于做好当前经济形势下就业工作的通知》(国发〔2009〕4 号)精神,现就延长下岗失业人员再就业有关税收政策问题通知如下:

一、对持《再就业优惠证》人员从事个体经营的,3 年内按每户每年 8 000 元为限额依次扣减其当年实际应缴纳的营业税、城市维护建设税、教育费附加和个人所得税。

二、对符合条件的企业在新增加的岗位中,当年新招用持《再就业优惠证》人员,与其签订 1 年以上期限劳动合同并缴纳社会保险费的,3 年内按实际招用人数予以定额依次扣减营业税、城市维护建设税、教育费附加和企业所得税。定额标准为每人每年 4 000 元,可上下浮动 20％。由各省、自治区、直辖市人民政府根据本地区实际情况在此幅度内确定具体定额标准,并报财政部和国家税务总局备案。

三、上述税收优惠政策的审批期限为 2009 年 1 月 1 日至 2009 年 12 月 31 日。具体操作办法继续按照《财政部国家税务总局关于下岗失业人员再就业有

关税收政策问题的通知》(财税[2005]186号)和《国家税务总局劳动和社会保障部关于下岗失业人员再就业有关税收政策具体实施意见的通知》(国税发[2006]8号)的相关规定执行。

请遵照执行。

二〇〇九年三月三日

理论探索:城建税改革

城市维护建设税(简称城建税)是1985年为补充城市维护建设资金的不足,为使城市维护建设有一个比较稳定可靠的资金来源而开征的一个税种。20多年来,它在扩大地方财政收入规模、筹集城市维护建设资金方面发挥了一定的作用。但随着社会主义市场经济体制的建立和完善,以及分税制财政体制的施行,以纳税人缴纳的增值税、消费税、营业税税额为计税依据征收的城建税,暴露出了越来越多的问题,亟须采取措施加以解决。

一、现行城建税存在的主要问题

1.内外资企业税负不公平。现行城建税只对内资企业征收,对同样缴纳增值税、消费税、营业税的外商投资企业和外国企业暂不征收。这样,境内的外资企业享用了市政设施而不负担城建税,没有体现出"谁受益,谁负担"的原则。同时也造成内外资企业税负不均,在一定程度上削弱了内资企业的竞争力,有失税收的公平原则。

2.计税依据设计不合理。城建税以增值税、消费税、营业税税额为计税依据并同时征收,是附加税,如果要免征或者减征增值税、消费税、营业税,同时也要免征或减征城建税,因此造成一部分享受了市政设施的单位和个人,由于免征或减征增值税、消费税、营业税而不负担城建税,使受益与承担的义务脱节。另外,城建税的计税依据为纳税人实际缴纳的增值税、消费税、营业税税额,对于缴纳消费税的企业来说,它既是消费税纳税人,又是增值税纳税人,其一项销售收入要两次缴纳城建税,客观上形成重复征税。

3.税率设计不合理。现行城建税实行地区差别比例税率:纳税人所在地在城市市区的为7%,在县城、建制镇的为5%,不在市区、县城或建制镇的为1%。这里存在几个问题:第一,关于纳税人所在地的确认。纳税人所在地指的是注册地还是经营地?1993年以前这个问题可能不存在,一般注册地就是经营地。但1993年以后经济形势发生了变化,异地注册、异地经营现象很多,纳税人注册地与经营地不一致的问题日益突出。征收城建税到底应按注册地还是经营地来确定税率?目前尚无文件作出明确规定。这在客观上造成有的地区按注册地确定税率,有的地区按经营地确定税率。第二,关于税率的确定。随着经济的不断发展和社会的不断进步,城乡区域不断发生变化,有些区域难以界定清楚,特别是城乡接合部,有的本是农村,一经改造就成为城市的一部分;或者虽然已经是城市,但名称仍然是某某乡。那么是随时调整税率,还是不调整,还是根据事实调整?这在客观上也形成因适用税率不同而税负不公的问题。第三,按区域实行不同税率,使企业税负苦乐不均,不利于企业公平竞争。

4.城建税的征收与国家现行政策环境不相适宜。目前国家政策向农村倾斜,着力解决"三农"问题,缩小城乡差距,实现农村和城市的和谐发展。而城建税的开征是为了加强城市的维护建设,扩大和稳定城市维护建设资金的来源。特别是对农村企业征收1%的城建税,实质是农村支援城市,与国家政策不符。

5.征管难度较大。1994年税改以后,增值税、消费税、营业税分别由国税局、地税局两个部门征收,城建税由地税局征收,征管环节与国税局存在交叉。受部门关系、工作协调、信息提供等因素影响,征管难度加大。尽管目前加强了协调,实现了地税局与国税局的信息交换,但由于时间差等因素的存在,仍然还存在一些管理漏洞。

二、关于城建税改革的几个设想

一是将城建税改为城乡维护建设税。《城市维护建设税暂行条例》第一条规定,为了加强城市的维护建设,扩大和稳定城市维护建设资金的来源,特制定本条例。可见,城建税属于专款专用,主要应用于城市建设。然而,目前解决"三农"问题,促进农村发展,缩小城乡差距,实现全社会和谐发展,是党中央、国务院的一项重要决策,农村和城市一样需要建设。因此,建议调整城建税政策,将税款应用向农村倾斜。

二是将城建税与教育费附加、农村教育基金、文化事业建设费合并,统一征收教育税。教育费附加、农村教育基金、文化事业建设费作为附加费也存在和城建税一样的问题,独立性差,征管难度大,收入规模偏小。因此,建议将城建税、教育费附加、农村教育基金、文化事业建设费合并,以企业的营业收入为计税依据,开征教育税。教育税应专款专用,应用于教育事业,特别是农村的教育事业,解决当前教育经费、教育投入严重不足的问题。

此外,应将外资企业纳入征收范围,以利于统一内外资企业税负,特别是有效降低内资企业税负,增强内资企业的竞争力。取消不同地区实行不同税率的规定,促进企业在平等的环境中竞争。修改计税依据,改变目前附加的性质,按营业收入的一定比例征收。

——耿东玉:《城建税存在的不足和改革设想》,《中国税务报》,2008年9月17日。

经西藏自治区人民政府审议通过,西藏城市维护建设税税制改革政策于2009 年 1 月 1 日正式施行。

据西藏自治区国税局税政处有关负责人介绍,此次城市维护建设税制改革是西藏地方税制建设工作贯彻落实科学发展观,实现内外税制统一、公平税收负担和优化税制结构的一项重要举措,旨在使税收制度适应当前自治区经济形势发展需要,加大筹集城乡建设资金力度,促进城市及县域经济发展。这次城建税改革的主要内容有:一是扩大城市维护建设税的征税范围,实行普遍征收,即将西藏的城市维护建设税征税范围扩大到县及县以下的行政区域和外商投资企业、外国企业和外籍个人等涉外纳税群体;二是统一城市维护建设税税率,公平税收负担,即西藏自治区的城市维护建设税不再按行政区域划分 7%、5% 的两档差别税率,而统一执行 7% 的单一税率。

据了解,国务院曾于 1994 年决定在财税、金融、投资、价格和外贸等方面对西藏自治区实行特殊和灵活的政策措施,西藏可按照"体制衔接,框架一致,适当变通"的原则进行财税金融体制改革。多年来,西藏自治区人民政府在此基础上深入实际,不断对西藏的税收政策进行适度调整,使税收制度建设更符合西藏实际情况,符合西藏经济建设与发展的需要。

——次央、杨新天:《西藏自治区率先实行城建税改革》,《中国税务报》,2009年 2 月 11 日。

延伸思考题

1. 城市维护建设税的立法宗旨是什么?

2. 如何评价城市维护建设税在市政建设中的作用?

3. 如何完善城市维护建设税的监管?

4. 如何完善我国现行城市维护建设税制?

第二十一章　税收征管法律制度_____

☞　　　　　**案例：企业违法注销税务登记受罚案**

　　近日，河南省郑州市地税局稽查局根据举报线索，对已进行税务登记注销的河南省某实业有限公司 2008 年度以及 2009 年 1 月～5 月地方各税的缴纳情况依法进行了调账检查。共查补税款 924 万元，滞纳金 64.97 万元，罚款 294.25 万元，合计 1 283.22 万元。目前，上述款项已全部入缴国库。

　　扑朔迷离，逃税企业杳无踪影

　　2009 年 7 月，郑州市地税局稽查局接到河南省地税局稽查局的转办案件，称有举报者反映河南省某实业有限公司转让其公司不动产获得高额利润，但未及时足额缴纳税款，有逃税嫌疑。

　　该局立即组织人员对该公司进行调查。据了解，2005 年 8 月，该公司就已经向原税务登记机关——河南省地税局直属分局申请注销税务登记。2009 年 2 月，河南省地税局稽查局接到举报后，曾安排该公司注册所在地的税务机关展开调查，但都因为没有找到该公司，未获任何进展。

　　鉴于本案的特殊性，检查人员决定采取内查外调的策略，兵分两路展开行动。一方面，检查人员积极与该公司以前主管税务机关取得联系，结合查询到的资料，对该公司进行实地调查。另一方面，根据举报材料，检查人员展开外围调查取证。根据线索，检查人员找到了该公司不动产的买方——某航空公司。经查实，此项交易由对该航空公司控股的某航空有限责任公司委托郑州一家投资有限公司办理，确有举报信所称转让资产一事。但由于该公司办公地点无从查找，一时间该案陷入僵局。

　　柳暗花明，潜伏公司浮出水面

　　虽然对该公司的调查毫无进展，但检查人员数次来到该公司原经营地进行摸排，希望有所收获。

　　终于有一天，检查人员在该公司原办公大楼楼道里遇到一名男子。当被问及"某某公司搬到什么地方"时，该男子本能地反问了一句"什么事"？检查人员立刻察觉到此人极有可能知道该公司的情况，便灵机一动，说是有业务要办理。

该男子谨慎地再三盘问,确信眼前的人是如假包换的"客户"之后,这才将检查人员带到 7 楼尽头的一间没挂牌的小屋内。这间不起眼的小屋,竟然就是该公司的财务室,而带路的男子,就是该公司的财务人员。这只潜伏已久的"税耗子"终于露出了尾巴,检查人员立即向其出示了税务检查证,并对该公司下达了《税务检查通知书》和《调账检查通知书》。

检查人员调取了该公司的财务资料,并进行了详细检查。通过凭证、账证、账表核对,检查人员发现该公司的账簿资料只记录了公司的日常开支及相关费用,并未发现与举报内容相关的收入。

正当案件检查举步维艰的时候,负责外围取证工作的检查人员取得了突破性进展。引进该航空公司是河南省政府 2008 年的重点战略项目,影响很大,而该公司所转让的资产已被证实是该航空公司用来做办公楼的。在此情况下,检查人员走访了郑州市政府、郑州市港区政府等多个政府部门,取得了各级政府的大力支持,掌握了该公司转让资产的确凿证据。

同时,检查人员对该公司财务人员做了大量思想工作,向其讲解了税收法律法规,讲明了逃税的法律后果,并对其进行耐心劝导。在事实和检查人员的耐心劝导下,该公司财务人员最终提供了该公司转让资产的资料,并把相关情况进行了说明。该公司的说法是,虽然自己的资产已经发生了转让,但目前购买方尚未把全部款项付清,应等待款项全部结清后,再缴纳应纳税款。后经检查人员耐心解释税收政策,该公司最终转变了态度,对检查结果予以认可,并按时结缴了税款和滞纳金。

水落石出,千万元税款全额入库

通过对河南省某实业有限公司的会计凭证、账簿及相关纳税资料进行核查,检查人员发现该公司确有逃税行为存在。

2005 年 8 月,该公司自称运作困难,公司陷入全面停顿清盘状态,遂向原税务登记机关——河南省地税局直属分局申请注销税务登记。经批准后,该公司却保留了营业执照,并于 2008 年 11 月和郑州某投资有限公司签订协议书,由该投资有限公司出面,为其委托方购买该公司名下的资产,资产位于郑州市新郑机场港区。双方协议约定资产转让价格为 1.4 亿元,资产转让价款分 3 期支付。相关证据显示,该公司分别于 2008 年 11 月和 2008 年 12 月收到该投资有限公司划拨的第一批资产转让款 6 000 万元和第二批资产转让款 5 000 万元,共计 1.1 亿元。但该公司发生纳税义务后,非但未及时进行申报、缴税,反而以转让不动产行为价款未支付完、尚未结算为由,逃避纳税义务。

最终,郑州市地税局稽查局对该公司作出了处理决定。该公司除了缴纳应纳的 924 万元税款和 64.97 万元滞纳金外,还被处以 294.25 万元罚款,共计

1 283.22万元。

——邱艳、何崇、王辉：《企业销户玩潜伏 逃避纳税遭处罚》，《中国税务报》，2010 年 1 月 22 日。

第一节　概述

一、税收管理体制

税法规定，国务院税务主管部门主管全国税收征收管理工作。各地国家税务局和地方税务局应当按照国务院规定的税收征收管理范围分别进行征收管理。地方各级人民政府应当依法加强对本行政区域内税收征收管理工作的领导或者协调，支持税务机关依法执行职务，依照法定税率计算税额，依法征收税款。

税收的开征、停征以及减税、免税、退税、补税，依照法律的规定执行；法律授权国务院规定的，依照国务院制定的行政法规的规定执行。任何机关、单位和个人不得违反法律、行政法规的规定，擅自作出税收开征、停征以及减税、免税、退税、补税和其他同税收法律、行政法规相抵触的决定。

法律、行政法规规定负有纳税义务的单位和个人为纳税人。法律、行政法规规定负有代扣代缴、代收代缴税款义务的单位和个人为扣缴义务人。纳税人、扣缴义务人必须依照法律、行政法规的规定缴纳税款、代扣代缴、代收代缴税款。

二、纳税人权利

《税收征管法》"总则"对纳税人权利做了较为宏观的规定，据此，纳税人权利至少包括以下六项：

1.咨询知悉权

税务机关应当广泛宣传税收法律、行政法规，普及纳税知识，无偿地为纳税人提供纳税咨询服务。纳税人、扣缴义务人有权向税务机关了解国家税收法律、行政法规的规定以及与纳税程序有关的情况。

2.要求保密权

纳税人、扣缴义务人有权要求税务机关为纳税人、扣缴义务人的情况保密。税务机关应当依法为纳税人、扣缴义务人的情况保密。

3.申请减税免税退税权

纳税人依法享有申请减税、免税、退税的权利。

4.陈述申辩权

纳税人、扣缴义务人对税务机关所作出的决定,依法享有陈述权、申辩权。

5.复议诉讼权

纳税人、扣缴义务人依法享有申请行政复议、提起行政诉讼、请求国家赔偿等权利。

6.控告检举权

纳税人、扣缴义务人有权控告和检举税务机关、税务人员的违法违纪行为。

实务动态:纳税人权利义务

公告 2009 年第 1 号

国家税务总局 关于纳税人权利与义务的公告

为便于您全面了解纳税过程中所享有的权利和应尽的义务,帮助您及时、准确地完成纳税事宜,促进您与我们在税收征纳过程中的合作("您"指纳税人或扣缴义务人,"我们"指税务机关或税务人员。下同),根据《中华人民共和国税收征收管理法》及其实施细则和相关税收法律、行政法规的规定,现就您的权利和义务告知如下:

您的权利

您在履行纳税义务过程中,依法享有下列权利:

一、知情权

您有权向我们了解国家税收法律、行政法规的规定以及与纳税程序有关的情况,包括:现行税收法律、行政法规和税收政策规定;办理税收事项的时间、方式、步骤以及需要提交的资料;应纳税额核定及其他税务行政处理决定的法律依据、事实依据和计算方法;与我们在纳税、处罚和采取强制执行措施时发生争议或纠纷时,您可以采取的法律救济途径及需要满足的条件。

二、保密权

您有权要求我们为您的情况保密。我们将依法为您的商业秘密和个人隐私保密,主要包括您的技术信息、经营信息和您、主要投资人以及经营者不愿公开的个人事项。上述事项,如无法律、行政法规明确规定或者您的许可,我们将不会对外部门、社会公众和其他个人提供。但根据法律规定,税收违法行为信息不属于保密范围。

三、税收监督权

您对我们违反税收法律、行政法规的行为,如税务人员索贿受贿、徇私舞弊、玩忽职守,不征或者少征应征税款,滥用职权多征税款或者故意刁难等,可以进行检举和控告。同时,您对其他纳税人的税收违法行为也有权进行检举。

四、纳税申报方式选择权

您可以直接到办税服务厅办理纳税申报或者报送代扣代缴、代收代缴税款报告表,也可以按照规定采取邮寄、数据电文或者其他方式办理上述申报、报送事项。但采取邮寄或数据电文方式办理上述申报、报送事项的,需经您的主管税务机关批准。

您如采取邮寄方式办理纳税申报,应当使用统一的纳税申报专用信封,并以邮政部门收据作为申报凭据。邮寄申报以寄出的邮戳日期为实际申报日期。

数据电文方式是指我们确定的电话语音、电子数据交换和网络传输等电子方式。您如采用电子方式办理纳税申报,应当按照我们规定的期限和要求保存有关资料,并定期书面报送给我们。

五、申请延期申报权

您如不能按期办理纳税申报或者报送代扣代缴、代收代缴税款报告表,应当在规定的期限内向我们提出书面延期申请,经核准,可在核准的期限内办理。经核准延期办理申报、报送事项的,应当在税法规定的纳税期内按照上期实际缴纳的税额或者我们核定的税额预缴税款,并在核准的延期内办理税款结算。

六、申请延期缴纳税款权

如您因有特殊困难,不能按期缴纳税款的,经省、自治区、直辖市国家税务局、地方税务局批准,可以延期缴纳税款,但是最长不得超过三个月。计划单列市国家税务局、地方税务局可以参照省级税务机关的批准权限,审批您的延期缴纳税款申请。

您满足以下任何一个条件,均可以申请延期缴纳税款:一是因不可抗力,导致您发生较大损失,正常生产经营活动受到较大影响的;二是当期货币资金在扣除应付职工工资、社会保险费后,不足以缴纳税款的。

七、申请退还多缴税款权

对您超过应纳税额缴纳的税款,我们发现后,将自发现之日起 10 日内办理退还手续;如您自结算缴纳税款之日起三年内发现的,可以向我们要求退还多缴的税款并加算银行同期存款利息。我们将自接到您退还申请之日起 30 日内查实并办理退还手续,涉及从国库中退库的,依照法律、行政法规有关国库管理的规定退还。

八、依法享受税收优惠权

您可以依照法律、行政法规的规定书面申请减税、免税。减税、免税的申请须经法律、行政法规规定的减税、免税审查批准机关审批。减税、免税期满,应当自期满次日起恢复纳税。减税、免税条件发生变化的,应当自发生变化之日起15 日内向我们报告;不再符合减税、免税条件的,应当依法履行纳税义务。

如您享受的税收优惠需要备案的,应当按照税收法律、行政法规和有关政策规定,及时办理事前或事后备案。

九、委托税务代理权

您有权就以下事项委托税务代理人代为办理:办理、变更或者注销税务登记,除增值税专用发票外的发票领购手续,纳税申报或扣缴税款报告,税款缴纳和申请退税,制作涉税文书,审查纳税情况,建账建制,办理财务、税务咨询,申请税务行政复议,提起税务行政诉讼以及国家税务总局规定的其他业务。

十、陈述与申辩权

您对我们作出的决定,享有陈述权、申辩权。如果您有充分的证据证明自己的行为合法,我们就不得对您实施行政处罚;即使您的陈述或申辩不充分合理,我们也会向您解释实施行政处罚的原因。我们不会因您的申辩而加重处罚。

十一、对未出示税务检查证和税务检查通知书的拒绝检查权

我们派出的人员进行税务检查时,应当向您出示税务检查证和税务检查通知书;对未出示税务检查证和税务检查通知书的,您有权拒绝检查。

十二、税收法律救济权

您对我们作出的决定,依法享有申请行政复议、提起行政诉讼、请求国家赔偿等权利。

您、纳税担保人同我们在纳税上发生争议时,必须先依照我们的纳税决定缴纳或者解缴税款及滞纳金或者提供相应的担保,然后可以依法申请行政复议;对行政复议决定不服的,可以依法向人民法院起诉。如您对我们的处罚决定、强制执行措施或者税收保全措施不服的,可以依法申请行政复议,也可以依法向人民法院起诉。

当我们的职务违法行为给您和其他税务当事人的合法权益造成侵害时,您和其他税务当事人可以要求税务行政赔偿。主要包括:一是您在限期内已缴纳税款,我们未立即解除税收保全措施,使您的合法权益遭受损失的;二是我们滥用职权违法采取税收保全措施、强制执行措施或者采取税收保全措施、强制执行措施不当,使您或者纳税担保人的合法权益遭受损失的。

十三、依法要求听证的权利

对您作出规定金额以上罚款的行政处罚之前,我们会向您送达《税务行政处罚事项告知书》,告知您已经查明的违法事实、证据、行政处罚的法律依据和拟将给予的行政处罚。对此,您有权要求举行听证。我们将应您的要求组织听证。如您认为我们指定的听证主持人与本案有直接利害关系,您有权申请主持人回避。

对应当进行听证的案件,我们不组织听证,行政处罚决定不能成立。但您放弃听证权利或者被正当取消听证权利的除外。

十四、索取有关税收凭证的权利

我们征收税款时,必须给您开具完税凭证。扣缴义务人代扣、代收税款时,纳税人要求扣缴义务人开具代扣、代收税款凭证时,扣缴义务人应当开具。

我们扣押商品、货物或者其他财产时,必须开付收据;查封商品、货物或者其他财产时,必须开付清单。

您的义务

依照宪法、税收法律和行政法规的规定,您在纳税过程中负有以下义务:

一、依法进行税务登记的义务

您应当自领取营业执照之日起 30 日内,持有关证件,向我们申报办理税务登记。税务登记主要包括领取营业执照后的设立登记,税务登记内容发生变化后的变更登记,依法申请停业、复业登记,依法终止纳税义务的注销登记等。

在各类税务登记管理中,您应该根据我们的规定分别提交相关资料,及时办理。同时,您应当按照我们的规定使用税务登记证件。税务登记证件不得转借、涂改、损毁、买卖或者伪造。

二、依法设置账簿、保管账簿和有关资料以及依法开具、使用、取得和保管发票的义务

您应当按照有关法律、行政法规和国务院财政、税务主管部门的规定设置账簿,根据合法、有效凭证记账,进行核算;从事生产、经营的,必须按照国务院财政、税务主管部门规定的保管期限保管账簿、记账凭证、完税凭证及其他有关资料;账簿、记账凭证、完税凭证及其他有关资料不得伪造、变造或者擅自损毁。

此外,您在购销商品、提供或者接受经营服务以及从事其他经营活动中,应当依法开具、使用、取得和保管发票。

三、财务会计制度和会计核算软件备案的义务

您的财务、会计制度或者财务、会计处理办法和会计核算软件,应当报送我们备案。您的财务、会计制度或者财务、会计处理办法与国务院或者国务院财政、税务主管部门有关税收的规定抵触的,应依照国务院或者国务院财政、税务主管部门有关税收的规定计算应纳税款、代扣代缴和代收代缴税款。

四、按照规定安装、使用税控装置的义务

国家根据税收征收管理的需要,积极推广使用税控装置。您应当按照规定安装、使用税控装置,不得损毁或者擅自改动税控装置。如您未按规定安装、使用税控装置,或者损毁或者擅自改动税控装置的,我们将责令您限期改正,并可根据情节轻重处以规定数额内的罚款。

五、按时、如实申报的义务

您必须依照法律、行政法规规定或者我们依照法律、行政法规的规定确定的

申报期限、申报内容如实办理纳税申报,报送纳税申报表、财务会计报表以及我们根据实际需要要求您报送的其他纳税资料。

作为扣缴义务人,您必须依照法律、行政法规规定或者我们依照法律、行政法规的规定确定的申报期限、申报内容如实报送代扣代缴、代收代缴税款报告表以及我们根据实际需要要求您报送的其他有关资料。

您即使在纳税期内没有应纳税款,也应当按照规定办理纳税申报。享受减税、免税待遇的,在减税、免税期间应当按照规定办理纳税申报。

六、按时缴纳税款的义务

您应当按照法律、行政法规规定或者我们依照法律、行政法规的规定确定的期限,缴纳或者解缴税款。

未按照规定期限缴纳税款或者未按照规定期限解缴税款的,我们除责令限期缴纳外,从滞纳税款之日起,按日加收滞纳税款万分之五的滞纳金。

七、代扣、代收税款的义务

如您按照法律、行政法规规定负有代扣代缴、代收代缴税款义务,必须依照法律、行政法规的规定履行代扣、代收税款的义务。您依法履行代扣、代收税款义务时,纳税人不得拒绝。纳税人拒绝的,您应当及时报告我们处理。

八、接受依法检查的义务

您有接受我们依法进行税务检查的义务,应主动配合我们按法定程序进行的税务检查,如实地向我们反映自己的生产经营情况和执行财务制度的情况,并按有关规定提供报表和资料,不得隐瞒和弄虚作假,不能阻挠、刁难我们的检查和监督。

九、及时提供信息的义务

您除通过税务登记和纳税申报向我们提供与纳税有关的信息外,还应及时提供其他信息。如您有歇业、经营情况变化、遭受各种灾害等特殊情况的,应及时向我们说明,以便我们依法妥善处理。

十、报告其他涉税信息的义务

为了保障国家税收能够及时、足额征收入库,税收法律还规定了您有义务向我们报告如下涉税信息:

1.您有义务就您与关联企业之间的业务往来,向当地税务机关提供有关的价格、费用标准等资料。

您有欠税情形而以财产设定抵押、质押的,应当向抵押权人、质权人说明您的欠税情况。

2.企业合并、分立的报告义务。您有合并、分立情形的,应当向我们报告,并依法缴清税款。合并时未缴清税款的,应当由合并后的纳税人继续履行未履行的纳税义务;分立时未缴清税款的,分立后的纳税人对未履行的纳税义务应当承担连带责任。

3.报告全部账号的义务。如您从事生产、经营,应当按照国家有关规定,持税务登记证件,在银行或者其他金融机构开立基本存款账户和其他存款账户,并自开立基本存款账户或者其他存款账户之日起 15 日内,向您的主管税务机关书面报告全部账号;发生变化的,应当自变化之日起 15 日内,向您的主管税务机关书面报告。

4.处分大额财产报告的义务。如您的欠缴税款数额在 5 万元以上,您在处分不动产或者大额资产之前,应当向我们报告。

特此公告。

国家税务总局

2009 年 11 月 6 日

三、税务机关内部管理制度

税法规定,税务机关应当加强队伍建设,提高税务人员的政治业务素质。税务机关、税务人员必须秉公执法、忠于职守、清正廉洁、礼貌待人、文明服务,尊重和保护纳税人、扣缴义务人的权利,依法接受监督。税务人员不得索贿受贿、徇私舞弊、玩忽职守、不征或者少征应征税款;不得滥用职权多征税款或者故意刁难纳税人和扣缴义务人。

各级税务机关应当建立、健全内部制约和监督管理制度。上级税务机关应当对下级税务机关的执法活动依法进行监督。各级税务机关应当对其工作人员执行法律、行政法规和廉洁自律准则的情况进行监督检查。

税务机关负责征收、管理、稽查、行政复议的人员的职责应当明确,并相互分离、相互制约。税务人员征收税款和查处税收违法案件,与纳税人、扣缴义务人或者税收违法案件有利害关系的,应当回避。

术语界定

税务人员在核定应纳税额、调整税收定额、进行税务检查、实施税务行政处罚、办理税务行政复议时,与纳税人、扣缴义务人或者其法定代表人、直接责任人有下列关系之一的,应当回避:

(1)夫妻关系;

(2)直系血亲关系;

(3)三代以内旁系血亲关系;

(4)近姻亲关系;

(5)可能影响公正执法的其他利害关系。

第二节　税务管理

一、税务登记

1.税务登记

税法规定,企业在外地设立的分支机构和从事生产、经营的场所,个体工商户和从事生产、经营的事业单位(以下统称从事生产、经营的纳税人)自领取营业执照之日起 30 日内,持有关证件,向税务机关申报办理税务登记。税务机关应当自收到申报之日起 30 日内审核并发给税务登记证件。工商行政管理机关应当将办理登记注册、核发营业执照的情况,定期向税务机关通报。

扣缴义务人应当自扣缴义务发生之日起 30 日内,向所在地的主管税务机关申报办理扣缴税款登记,领取扣缴税款登记证件;税务机关对已办理税务登记的扣缴义务人,可以只在其税务登记证件上登记扣缴税款事项,不再发给扣缴税款登记证件。

从事生产、经营的纳税人,税务登记内容发生变化的,自工商行政管理机关办理变更登记之日起三十日内或者在向工商行政管理机关申请办理注销登记之前,持有关证件向税务机关申报办理变更或者注销税务登记。

纳税人发生解散、破产、撤销以及其他情形,依法终止纳税义务的,应当在向工商行政管理机关或者其他机关办理注销登记前,持有关证件向原税务登记机关申报办理注销税务登记;按照规定不需要在工商行政管理机关或者其他机关办理注册登记的,应当自有关机关批准或者宣告终止之日起 15 日内,持有关证件向原税务登记机关申报办理注销税务登记。

纳税人因住所、经营地点变动,涉及改变税务登记机关的,应当在向工商行政管理机关或者其他机关申请办理变更或者注销登记前或者住所、经营地点变动前,向原税务登记机关申报办理注销税务登记,并在 30 日内向迁达地税务机关申报办理税务登记。

从事生产、经营的纳税人到外县(市)临时从事生产、经营活动的,应当持税务登记证副本和所在地税务机关填开的外出经营活动税收管理证明,向营业地税务机关报验登记,接受税务管理。从事生产、经营的纳税人外出经营,在同一地累计超过 180 天的,应当在营业地办理税务登记手续。

纳税人被工商行政管理机关吊销营业执照或者被其他机关予以撤销登记

的,应当自营业执照被吊销或者被撤销登记之日起 15 日内,向原税务登记机关申报办理注销税务登记。

纳税人在办理注销税务登记前,应当向税务机关结清应纳税款、滞纳金、罚款,缴销发票、税务登记证件和其他税务证件。

2.银行账户

从事生产、经营的纳税人应当自开立基本存款账户或者其他存款账户之日起 15 日内,向主管税务机关书面报告其全部账号;发生变化的,应当自变化之日起 15 日内,向主管税务机关书面报告。银行和其他金融机构应当在从事生产、经营的纳税人的账户中登录税务登记证件号码,并在税务登记证件中登录从事生产、经营的纳税人的账户账号。税务机关依法查询从事生产、经营的纳税人开立账户的情况时,有关银行和其他金融机构应当予以协助。

3.税务登记证件

纳税人按照国务院税务主管部门的规定使用税务登记证件。税务登记证件不得转借、涂改、损毁、买卖或者伪造。

除按照规定不需要发给税务登记证件的外,纳税人办理下列事项时,必须持税务登记证件:

(1)开立银行账户;

(2)申请减税、免税、退税;

(3)申请办理延期申报、延期缴纳税款;

(4)领购发票;

(5)申请开具外出经营活动税收管理证明;

(6)办理停业、歇业;

(7)其他有关税务事项。

税务机关对税务登记证件实行定期验证和换证制度。纳税人应当在规定的期限内持有关证件到主管税务机关办理验证或者换证手续。

纳税人应当将税务登记证件正本在其生产、经营场所或者办公场所公开悬挂,接受税务机关检查。

纳税人遗失税务登记证件的,应当在 15 日内书面报告主管税务机关,并登报声明作废。

二、账簿、凭证管理

1.账簿管理

从事生产、经营的纳税人应当自领取营业执照或者发生纳税义务之日起 15 日内,按照国家有关规定设置账簿,根据合法、有效凭证记账,进行核算。经营规模小又确无建账能力的纳税人,可以聘请经批准从事会计代理记账业务的专业机构或者经税务机关认可的财会人员代为建账和办理账务;聘请上述机构或者人员有实际困难的,经县以上税务机关批准,可以按照税务机关的规定,建立收支凭证粘贴簿、进货销货登记簿或者使用税控装置。

从事生产、经营的纳税人应当自领取税务登记证件之日起 15 日内,将其财务、会计制度或者财务、会计处理办法报送主管税务机关备案。纳税人使用计算机记账的,应当在使用前将会计电算化系统的会计核算软件、使用说明书及有关资料报送主管税务机关备案。纳税人建立的会计电算化系统应当符合国家有关规定,并能正确、完整核算其收入或者所得。纳税人、扣缴义务人的财务、会计制度或者财务、会计处理办法与国务院或者国务院财政、税务主管部门有关税收的规定抵触的,依照国务院或者国务院财政、税务主管部门有关税收的规定计算应纳税款、代扣代缴和代收代缴税款。

从事生产、经营的纳税人、扣缴义务人必须按照国务院财政、税务主管部门规定的保管期限保管账簿、记账凭证、完税凭证及其他有关资料。账簿、记账凭证、完税凭证及其他有关资料不得伪造、变造或者擅自损毁。

扣缴义务人应当自税收法律、行政法规规定的扣缴义务发生之日起 10 日内,按照所代扣、代收的税种,分别设置代扣代缴、代收代缴税款账簿。

纳税人、扣缴义务人会计制度健全,能够通过计算机正确、完整计算其收入和所得或者代扣代缴、代收代缴税款情况的,其计算机输出的完整的书面会计记录,可视同会计账簿。纳税人、扣缴义务人会计制度不健全,不能通过计算机正确、完整计算其收入和所得或者代扣代缴、代收代缴税款情况的,应当建立总账及与纳税或者代扣代缴、代收代缴税款有关的其他账簿。

账簿、会计凭证和报表,应当使用中文。民族自治地方可以同时使用当地通用的一种民族文字。外商投资企业和外国企业可以同时使用一种外国文字。

账簿、记账凭证、报表、完税凭证、发票、出口凭证以及其他有关涉税资料应当保存 10 年;但是,法律、行政法规另有规定的除外。

案例:企业私设内账逃税受罚案

2009 年 10 月,内蒙古乌海市国税局稽查局接到一群众举报,称海南区一企业涉嫌逃税。经查,该企业采取私设内账、隐瞒销售收入的手段进行逃税,在 2007 年 1 月~2009 年 9 月的两年多时间里,共隐瞒销售收入 7 万余元,逃税 1 万余元。

接到举报,该局检查人员在查看了该企业的相关信息资料和历史申报记录之后,决定突击下户,对其生产经营场所进行检查。当检查人员出示了《税务检查通知书》和《检查证》后,该企业的经理和财务人员的眼中闪过一丝慌乱。检查人员暗暗观察着每个财务人员的举动,当看到一个财务人员在接听手机后,迅速走向一间不起眼的小房间里时,检查人员迅速向该企业负责人表明要查看那个小房间里的生产经营资料。果然,在那里发现了存放着该公司2007年以来所有销售给个人的收入部分的保管账。经过一番政策攻心,该企业负责人终于承认该套账记录的是该企业2007年1月~2009年9月期间销售给个人的真实记录。

日前,该局最终认定该企业私设内账,隐匿销售收入,以达到少缴或不缴国家税款的目的,已构成逃税。该局依法对其作出补征增值税、所得税11 528元,加收滞纳金,并处所逃税款0.5倍的罚款的决定。

——张静红、李桂珠:《私设内账逃税被处罚》,《中国税务报》,2010年1月15日。

2.发票管理

税务机关是发票的主管机关,负责发票印制、领购、开具、取得、保管、缴销的管理和监督。单位、个人在购销商品、提供或者接受经营服务以及从事其他经营活动中,应当按照规定开具、使用、取得发票。增值税专用发票由国务院税务主管部门指定的企业印制;其他发票,按照国务院税务主管部门的规定,分别由省、自治区、直辖市国家税务局、地方税务局指定企业印制。

3.税控装置

国家根据税收征收管理的需要,积极推广使用税控装置。纳税人应当按照规定安装、使用税控装置,不得损毁或者擅自改动税控装置。

三、纳税申报

1.基本要求

税法规定,纳税人必须依照法律、行政法规规定或者税务机关依照法律、行政法规的规定确定的申报期限、申报内容如实办理纳税申报,报送纳税申报表、财务会计报表以及税务机关根据实际需要要求纳税人报送的其他纳税资料。

扣缴义务人必须依照法律、行政法规规定或者税务机关依照法律、行政法规的规定确定的申报期限、申报内容如实报送代扣代缴、代收代缴税款报告表以及税务机关根据实际需要要求扣缴义务人报送的其他有关资料。

2.申报方式

纳税人、扣缴义务人可以直接到税务机关办理纳税申报或者报送代扣代缴、代收代缴税款报告表,也可以按照规定采取邮寄、数据电文或者其他方式办理上述申报、报送事项。

纳税人、扣缴义务人不能按期办理纳税申报或者报送代扣代缴、代收代缴税款报告表的,经税务机关核准,可以延期申报。

所谓数据电文方式,是指税务机关确定的电话语音、电子数据交换和网络传输等电子方式。纳税人采取电子方式办理纳税申报的,应当按照税务机关规定的期限和要求保存有关资料,并定期书面报送主管税务机关。经核准延期办理前款规定的申报、报送事项的,应当在纳税期内按照上期实际缴纳的税额或者税务机关核定的税额预缴税款,并在核准的延期内办理税款结算。

纳税人采取邮寄方式办理纳税申报的,应当使用统一的纳税申报专用信封,并以邮政部门收据作为申报凭据。邮寄申报以寄出的邮戳日期为实际申报日期。

3. 具体规程

纳税人、扣缴义务人的纳税申报或者代扣代缴、代收代缴税款报告表的主要内容包括:税种、税目,应纳税项目或者应代扣代缴、代收代缴税款项目,计税依据,扣除项目及标准,适用税率或者单位税额,应退税项目及税额、应减免税项目及税额,应纳税额或者应代扣代缴、代收代缴税额,税款所属期限、延期缴纳税款、欠税、滞纳金等。

纳税人办理纳税申报时,应当如实填写纳税申报表,并根据不同的情况相应报送下列有关证件、资料:

(1)财务会计报表及其说明材料;

(2)与纳税有关的合同、协议书及凭证;

(3)税控装置的电子报税资料;

(4)外出经营活动税收管理证明和异地完税凭证;

(5)境内或者境外公证机构出具的有关证明文件;

(6)税务机关规定应当报送的其他有关证件、资料。

扣缴义务人办理代扣代缴、代收代缴税款报告时,应当如实填写代扣代缴、代收代缴税款报告表,并报送代扣代缴、代收代缴税款的合法凭证以及税务机关规定的其他有关证件、资料。

实行定期定额缴纳税款的纳税人,可以实行简易申报、简并征期等申报纳税方式。

纳税人、扣缴义务人按照规定的期限办理纳税申报或者报送代扣代缴、代收代缴税款报告表确有困难,需要延期的,应当在规定的期限内向税务机关提出书面延期申请,经税务机关核准,在核准的期限内办理。

纳税人、扣缴义务人因不可抗力,不能按期办理纳税申报或者报送代扣代缴、代收代缴税款报告表的,可以延期办理;但是,应当在不可抗力情形消除后立即向税务机关报告。税务机关应当查明事实,予以核准。

案例:隐匿收入受罚案

近日,青岛市开发区国税局在对某家电有限公司进行纳税检查时,发现该公司账面计提缴纳增值税无误,但税负率明显偏低,且资产负债表"其他应付款"指标异常,这引起了稽查人员的关注。

为了弄清事实真相,稽查人员对该公司 2007 年、2008 年每个月的凭证进行了详细核查,发现"其他应付款"账目所附原始凭证是现金缴款单和借款收据。该公司负责人张某解释说:"这是公司向股东、亲戚朋友借取的款项。"稽查人员不动声色,随后向"债权人"调查取证,发现该公司并无挂账的借款人。

在证据面前,张某无法自圆其说,不得不承认了其违法行为。原来,该公司代理经销的是某品牌冷柜,以预收货款的方式销售产品时,未将所开具的收款收据入账,而是另外捏造借款凭据入账,在分销商提走价值 50 万元的货物时,又采取不开发票、不进行账务处理的手段,隐匿收入少缴增值税。

日前,青岛市开发区国税局对该公司的逃税行为,依法作出处理,责令该公司补缴增值税 8.5 万元,处以逃税数额 1 倍罚款,并自逾期缴纳税款之日起加收滞纳金。同时,根据《发票管理办法》的相关规定,对该公司未按规定开具发票的行为处以 1 000 元的罚款。

——徐伟、胡海啸、与宏:《隐匿收入逃税被处罚》,《中国税务报》,2010 年 1 月 22 日。

第三节　税款征收

一、税务机关征收权

税务机关依照法律、行政法规的规定征收税款,不得违反法律、行政法规的规定开征、停征、多征、少征、提前征收、延缓征收或者摊派税款。除税务机关、税务人员以及经税务机关依照法律、行政法规委托的单位和人员外,任何单位和个人不得进行税款征收活动。

税务机关征收税款时,必须给纳税人开具完税凭证。扣缴义务人代扣、代收税款时,纳税人要求扣缴义务人开具代扣、代收税款凭证的,扣缴义务人应当开具。

二、扣缴义务人代扣代收税款

扣缴义务人依照法律、行政法规的规定履行代扣、代收税款的义务。对法律、行政法规没有规定负有代扣、代收税款义务的单位和个人,税务机关不得要求其履行代扣、代收税款义务。扣缴义务人依法履行代扣、代收税款义务时,纳税人不得拒绝。纳税人拒绝的,扣缴义务人应当及时报告税务机关处理。税务机关按照规定付给扣缴义务人代扣、代收手续费。

三、延期纳税

纳税人、扣缴义务人应当按照法律、行政法规规定或者税务机关依照法律、行政法规的规定确定的期限,缴纳或者解缴税款。

纳税人因有特殊困难,不能按期缴纳税款的,经省、自治区、直辖市国家税务局、地方税务局批准,可以延期缴纳税款,但是最长不得超过三个月。

纳税人未按照规定期限缴纳税款的,扣缴义务人未按照规定期限解缴税款的,税务机关除责令限期缴纳外,从滞纳税款之日起,按日加收滞纳税款万分之五的滞纳金。

四、减免税

纳税人可以依照法律、行政法规的规定书面申请减税、免税。减税、免税的申请须经法律、行政法规规定的减税、免税审查批准机关审批。地方各级人民政府、各级人民政府主管部门、单位和个人违反法律、行政法规规定,擅自作出的减税、免税决定无效,税务机关不得执行,并向上级税务机关报告。

五、核定纳税

税法规定,纳税人有下列情形之一的,税务机关有权核定其应纳税额:

1. 依照法律、行政法规的规定可以不设置账簿的;
2. 依照法律、行政法规的规定应当设置但未设置账簿的;
3. 擅自销毁账簿或者拒不提供纳税资料的;
4. 虽设置账簿,但账目混乱或者成本资料、收入凭证、费用凭证残缺不全,难以查账的;
5. 发生纳税义务,未按照规定的期限办理纳税申报,经税务机关责令限期申报,逾期仍不申报的;
6. 纳税人申报的计税依据明显偏低,又无正当理由的。

六、关联交易

企业或者外国企业在中国境内设立的从事生产、经营的机构、场所与其关联企业之间的业务往来,应当按照独立企业之间的业务往来收取或者支付价款、费用;不按照独立企业之间的业务往来收取或者支付价款、费用,而减少其应纳税的收入或者所得额的,税务机关有权进行合理调整。

关联企业,是指有下列关系之一的公司、企业和其他经济组织:

1. 在资金、经营、购销等方面,存在直接或者间接的拥有或者控制关系;

2. 直接或者间接地同为第三者所拥有或者控制;

3. 在利益上具有相关联的其他关系。

纳税人有义务就其与关联企业之间的业务往来,向当地税务机关提供有关的价格、费用标准等资料。

独立企业之间的业务往来,是指没有关联关系的企业之间按照公平成交价格和营业常规所进行的业务往来。

纳税人可以向主管税务机关提出与其关联企业之间业务往来的定价原则和计算方法,主管税务机关审核、批准后,与纳税人预先约定有关定价事项,监督纳税人执行。

纳税人与其关联企业之间的业务往来有下列情形之一的,税务机关可以调整其应纳税额:

1. 购销业务未按照独立企业之间的业务往来作价;

2. 融通资金所支付或者收取的利息超过或者低于没有关联关系的企业之间所能同意的数额,或者利率超过或者低于同类业务的正常利率;

3. 提供劳务,未按照独立企业之间业务往来收取或者支付劳务费用;

4. 转让财产、提供财产使用权等业务往来,未按照独立企业之间业务往来作价或者收取、支付费用;

5. 未按照独立企业之间业务往来作价的其他情形。

纳税人与其关联企业未按照独立企业之间的业务往来支付价款、费用的,税务机关自该业务往来发生的纳税年度起3年内进行调整;有特殊情况的,可以自该业务往来发生的纳税年度起10年内进行调整。

七、强制措施

对未按照规定办理税务登记的从事生产、经营的纳税人以及临时从事经营的纳税人,由税务机关核定其应纳税额,责令缴纳;不缴纳的,税务机关可以扣押其价值相当于应纳税款的商品、货物。扣押后缴纳应纳税款的,税务机关必须立即解除扣押,并归还所扣押的商品、货物;扣押后仍不缴纳应纳税款的,经县以上税务局(分局)局长批准,依法拍卖或者变卖所扣押的商品、货物,以拍卖或者变卖所得抵缴税款。

从事生产、经营的纳税人、扣缴义务人未按照规定的期限缴纳或者解缴税款,纳税担保人未按照规定的期限缴纳所担保的税款,由税务机关责令限期缴纳,逾期仍未缴纳的,经县以上税务局(分局)局长批准,税务机关可以采取下列强制执行措施：

1. 书面通知其开户银行或者其他金融机构从其存款中扣缴税款；

2. 扣押、查封、依法拍卖或者变卖其价值相当于应纳税款的商品、货物或者其他财产，以拍卖或者变卖所得抵缴税款。

税务机关采取强制执行措施时，对纳税人、扣缴义务人、纳税担保人未缴纳的滞纳金同时强制执行。但是，个人及其所扶养家属维持生活必需的住房和用品，不在强制执行措施的范围之内。但是，机动车辆、金银饰品、古玩字画、豪华住宅或者一处以外的住房不属于个人及其所扶养家属维持生活必需的住房和用品。此外，税务机关对单价 5 000 元以下的其他生活用品，不采取税收保全措施和强制执行措施。

八、税收保全

税务机关有根据认为从事生产、经营的纳税人有逃避纳税义务行为的，可以在规定的纳税期之前，责令限期缴纳应纳税款；在限期内发现纳税人有明显的转移、隐匿其应纳税的商品、货物以及其他财产或者应纳税的收入的迹象的，税务机关可以责成纳税人提供纳税担保。如果纳税人不能提供纳税担保，经县以上税务局（分局）局长批准，税务机关可以采取下列税收保全措施：

1. 书面通知纳税人开户银行或者其他金融机构冻结纳税人的金额相当于应纳税款的存款；

2. 扣押、查封纳税人的价值相当于应纳税款的商品、货物或者其他财产。

纳税人在限期内缴纳税款的，税务机关必须立即解除税收保全措施；限期期满仍未缴纳税款的，经县以上税务局（分局）局长批准，税务机关可以书面通知纳税人开户银行或者其他金融机构从其冻结的存款中扣缴税款，或者依法拍卖或者变卖所扣押、查封的商品、货物或者其他财产，以拍卖或者变卖所得抵缴税款。但是，个人及其所扶养家属维持生活必需的住房和用品，不在税收保全措施的范围之内。

纳税人在限期内已缴纳税款，税务机关未立即解除税收保全措施，使纳税人的合法利益遭受损失的，税务机关应当承担赔偿责任。

九、限制出境

欠缴税款的纳税人或者他的法定代表人需要出境的，应当在出境前向税务机关结清应纳税款、滞纳金或者提供担保。未结清税款、滞纳金，又不提供担保的，税务机关可以通知出境管理机关阻止其出境。

十、税收债权的效力

税务机关征收税款,除法律另有规定外,税收优先于无担保债权。纳税人欠缴的税款发生在纳税人以其财产设定抵押、质押或者纳税人的财产被留置之前的,税收应当先于抵押权、质权、留置权执行。纳税人欠缴税款,同时又被行政机关决定处以罚款、没收违法所得的,税收优先于罚款、没收违法所得。

十一、欠税公告

税法规定,税务机关应当对纳税人欠缴税款的情况定期予以公告。

十二、纳税人报告制度

纳税人有合并、分立情形的,应当向税务机关报告,并依法缴清税款。纳税人合并时未缴清税款的,应当由合并后的纳税人继续履行未履行的纳税义务;纳税人分立时未缴清税款的,分立后的纳税人对未履行的纳税义务应当承担连带责任。

欠缴税款数额较大的纳税人在处分其不动产或者大额资产之前,应当向税务机关报告。

十三、税收代位权与撤销权

欠缴税款的纳税人因怠于行使到期债权,或者放弃到期债权,或者无偿转让财产,或者以明显不合理的低价转让财产而受让人知道该情形,对国家税收造成损害的,税务机关可以依照《合同法》第 73 条、第 74 条的规定行使代位权、撤销权。税务机关依照前款规定行使代位权、撤销权的,不免除欠缴税款的纳税人尚未履行的纳税义务和应承担的法律责任。

法律链接:《合同法》第 73 条、第 74 条

第 73 条　因债务人怠于行使其到期债权,对债权人造成损害的,债权人可以向人民法院请求以自己的名义代位行使债务人的债权,但该债权专属于债务人自身的除外。

代位权的行使范围以债权人的债权为限。债权人行使代位权的必要费用,由债务人负担。

第 74 条　因债务人放弃其到期债权或者无偿转让财产,对债权人造成损害的,债权人可以请求人民法院撤销债务人的行为。债务人以明显不合理的低价转让财产,对债权人造成损害,并且受让人知道该情形的,债权人也可以请求人民法院撤销债务人的行为。

撤销权的行使范围以债权人的债权为限。债权人行使撤销权的必要费用,由债务人负担。

十四、税款退还与追征

纳税人超过应纳税额缴纳的税款,税务机关发现后应当立即退还;纳税人自结算缴纳税款之日起三年内发现的,可以向税务机关要求退还多缴的税款并加算银行同期存款利息,税务机关及时查实后应当立即退还;涉及从国库中退库的,依照法律、行政法规有关国库管理的规定退还。

因税务机关的责任,致使纳税人、扣缴义务人未缴或者少缴税款的,税务机关在三年内可以要求纳税人、扣缴义务人补缴税款,但是不得加收滞纳金。

因纳税人、扣缴义务人计算错误等失误,未缴或者少缴税款的,税务机关在三年内可以追征税款、滞纳金;有特殊情况的,追征期可以延长到五年。

对偷税、抗税、骗税的,税务机关追征其未缴或者少缴的税款、滞纳金或者所骗取的税款,不受上述期限的限制。

第四节 税务检查

一、检查范围

税法规定,税务机关有权进行下列税务检查:

1. 检查纳税人的账簿、记账凭证、报表和有关资料,检查扣缴义务人代扣代缴、代收代缴税款账簿、记账凭证和有关资料;

2. 到纳税人的生产、经营场所和货物存放地检查纳税人应纳税的商品、货物或者其他财产,检查扣缴义务人与代扣代缴、代收代缴税款有关的经营情况;

3. 责成纳税人、扣缴义务人提供与纳税或者代扣代缴、代收代缴税款有关的文件、证明材料和有关资料;

4. 询问纳税人、扣缴义务人与纳税或者代扣代缴、代收代缴税款有关的问题和情况;

5. 到车站、码头、机场、邮政企业及其分支机构检查纳税人托运、邮寄应纳税商品、货物或者其他财产的有关单据、凭证和资料;

6. 经县以上税务局(分局)局长批准,凭全国统一格式的检查存款账户许可证明,查询从事生产、经营的纳税人、扣缴义务人在银行或者其他金融机构的存款账户。税务机关在调查税收违法案件时,经设区的市、自治州以上税务局(分局)局长批准,可以查询案件涉嫌人员的储蓄存款。税务机关查询所获得的资料,不得用于税收以外的用途。

案例:无证经营受罚案

"真是偷鸡不成蚀把米,我后悔死了。大家一定要以我为戒,千万别干无证经营逃税的违法事儿了!"春节来临之际,山东省宁津县城无证经营食品加工厂的李某深有感触地说。

多年前,李某与妻子从摆地摊卖小吃做起,逐渐对食品生产销售有了较深层次的了解,积累了创业的第一桶金。国际金融危机爆发以来,李某经营的小吃部遇到了前所未有的困难,本应采取薄利多销的方式来摆脱困境,可是李某看到某知名品牌食品消费群体广、来钱快、利润高时,却动起了歪脑筋。他赶在春节来临之前,与妻子一道悄悄地从外地来到宁津县城,找到一个僻静之处,临时租赁了几间民房,采用晚上生产、白天销售的形式,偷偷地干起了生产某知名品牌食品的不法勾当。

李某认为异地加工地点隐蔽,不仅省了工商、税务办证缴费的麻烦,省下不少费用,而且一旦被发现即可溜之大吉。为了不开发票、不被客商举报,他们一是在商品价格上让利客户,二是在销售方式上按一定比例给予客户返利。此时,有位亲友出面劝阻李某的行为,可是法纪观念淡薄、财迷心窍的李某却依然我行我素,并且以低廉的价格优势,一时买卖兴隆、客户不断。妻子担心地对李某说:"这样下去总不是个办法,不如在宁津重新干咱那小吃部算了。你快到工商、税务部门去办个证吧,那样的日子过得才踏实呀!""你个妇道人家,懂个屁事儿。傍名企、贴名牌,才能赚得大把钱嘛!"利令智昏的李某不耐烦地说。

要想人不知,除非己莫为。胆大妄为、目无法纪的李某终于在阴沟里翻了船。近期,宁津县国税局联合县里有关部门对春节前的临商户进行了一次拉网式检查,于城区一偏僻民宅中发现了李某的这个地下食品加工厂。税务人员立即对其进行了依法检查,发现该加工厂已有1个多月的经营历史,且账册不全,无任何办厂手续。经过税务人员的一番批评教育,李某当场承认了其无证经营逃税的违法事实。税务人员当即责令其补办了税务登记证,并补缴税款、罚款、滞纳金共计 16 356 元。

——张国军、赵国真、武兴林:《无证经营逃税被处罚》,《中国税务报》,2010年1月29日。

二、处置措施

税务机关对从事生产、经营的纳税人以前纳税期的纳税情况依法进行税务检查时,发现纳税人有逃避纳税义务行为,并有明显的转移、隐匿其应纳税的商品、货物以及其他财产或者应纳税的收入的迹象的,可以依法采取税收保全措施或者强制执行措施。

税务机关调查税务违法案件时,对与案件有关的情况和资料,可以记录、录音、录像、照相和复制。

三、依法检查

税务机关派出的人员进行税务检查时,应当出示税务检查证和税务检查通知书,并有责任为被检查人保守秘密;未出示税务检查证和税务检查通知书的,被检查人有权拒绝检查。

文献附录

关于建筑企业所得税征管有关问题的通知

(国税函〔2010〕39 号)

各省、自治区、直辖市和计划单列市国家税务局、地方税务局:

为加强和规范建筑企业所得税的征收管理,根据《中华人民共和国企业所得税法》及其实施条例、《中华人民共和国税收征收管理法》及其实施细则、《国家税务总局关于印发〈跨地区经营汇总纳税企业所得税征收管理暂行办法〉的通知》(国税发〔2008〕28 号)的规定,现对跨地区(指跨省、自治区、直辖市和计划单列市,下同)经营建筑企业所得税征收管理问题通知如下:

一、实行总、分机构体制的跨地区经营建筑企业应严格执行国税发〔2008〕28号文件规定,按照"统一计算、分级管理、就地预缴、汇总清算、财政调库"的办法计算缴纳企业所得税。

二、建筑企业跨地区设立的不符合二级分支机构条件的项目经理部(包括与项目经理部性质相同的工程指挥部、合同段等),应汇总到总机构或二级分支机构统一计算,按照国税发〔2008〕28 号文件规定的办法计算缴纳企业所得税。

三、各地税务机关自行制定的与本通知相抵触的征管文件,一律停止执行并予以纠正;对按照规定不应就地预缴而征收了企业所得税的,要及时将税款返还给企业。未按本通知要求进行纠正的,税务总局将按照执法责任制的有关规定严肃处理。

理论探索:我国税收征管制度的完善

所谓友好型税收征管机制,就是要在坚持依法规范征管和牢固树立征纳双方法律地位平等理念的基础上,通过落实信息管税,实施综合治税,进一步优化税收管理,完善纳税服务,提高纳税人税法遵从度。

　　总结借鉴各地前期的实践，建立友好型税收征管机制，重点要抓好三个方面：一是树立税收风险管理理念，加强征管业务与信息技术的融合，加强涉税信息的采集和利用，推进信息管税，加强税源管理；二是通过有效配置征管工作资源，实施税源的科学分类管理，建立较为完备的纳税服务体系，优化税收管理；三是以人为本，树立友好型的税收征管理念，进一步落实"两个减负"，构建执法服务型的税收征管机制与和谐的税收征纳关系。

　　笔者认为，在具体工作实践中，一是优化税收征管手段运用。落实"信息管税"，强化信息化支撑。重视人机结合和税收风险管理，以信息系统为依托，完善税收管理员平台等征管应用信息系统和数据分析应用平台的建设。回归基础税源管理，加强征管数据库建设及征管数据质量、行业税收分析尤其是税收预警分析和税务机关以外相关部门第三方信息的获取等工作，为持续提高税源管理和纳税服务水平提供基础保障。

　　二是提高税务机关的纳税服务能力。税收管理工作的一个重要方面就是要不断地提高纳税人的遵从度。在纳税服务方面必须贯彻公共管理理念，针对纳税人的合理诉求提供全方位、高水准、专业化的服务，同时针对不同群体提供个性化的服务。以需求导向理论为指导，进一步整合现有的纳税服务资源，以统一的窗口面对纳税人；通过深入了解纳税人的需求，建立针对纳税人的快速反应机制，推进同城通办模式；扁平化税收管理机构，减少税务机关的审批环节和纳税人的等待时间。同时，不断提高税务机关税收宣传服务的专业能力，通过准确及时答疑、优化办税程序、减少纳税人办税时间、简并报表和帮助纳税人防范风险等主动帮助纳税人遵从，有效地回应纳税人的诉求。推行纳税人"无过错推定"原则，同时在检查前引导企业自查自纠，避免不必要的征纳对抗。

　　三是进一步为基层执法提供保障。落实税源的分类管理，完善税收管理员制度和责任区管理制度，对征管环节按业务流程进行专业化分工，以征管流程优化和征管人员岗位专业化来解决当前税收管理员统包统管、人少事多的矛盾。同时通过防范和化解税收执法风险保障税收执法人员的执法安全，把风险管理纳入日常征管全过程，建立健全各项工作制度，确保各项工作在制度约束下规范运行。

　　——周金胜、徐于平：《更新观念，构建友好型税收征管机制》，《中国税务报》，2010年2月3日。

　　近日，读了《中国税务报》2009年12月2日刊登的《征管模式应该如何写入〈税收征管法〉》一文后很受启发。笔者作为中国税务学会学术委员会修改《税收征管法》课题组负责人，现代表课题组谈谈对这一问题的认识，以期展开深入的讨论。

所谓税收征管模式,是税务机关依据组织收入和高质高效原则,在征收机构设置、职能划分以及职能和机构间运行的工作方法和运行程序的一种制度的总称。现行《税收征管法》第十一条将税收征管设置为"征收、管理、稽查、行政复议"4个机构,并规定4个机构"人员的职责应当明确,并相互分离、相互制约",这就是著名的"征、管、查"三分离的税收征管模式(如果加上行政复议,实际上是四分离)。中国税务学会学术委员会修改《税收征管法》课题组认为,征管模式不宜在《税收征管法》中明确具体规定,其理由如下:

第一,征管模式的动态性决定其不宜在《税收征管法》中作明确具体的规定。众所周知,征管模式不是一成不变的,它必将随着税收客观与微观环境的变化特别是税收制度(尤其是税收管理体制制度)的改革而作适应性调整。新中国成立以来,我国税收征管模式历经了3次较大的改革(第一次是专管员管户模式,第二次是三分离模式,第三次是30字或34字模式),目前正进行第四次改革的尝试,即包括税源分析、纳税评估、纳税服务和税收管理员制度等在内的税收征管信息化带动税收征管现代化模式的尝试,上述探索中的征管模式在《税收征管法》中只能作原则性规定,不宜作明确具体的规定。

第二,征管模式内涵与外延的不确定性决定其不宜在《税收征管法》中作明确具体的规定。随着国务院大部制改革的逐步落实,特别是十七大关于"决策权、执行权、监督权"三权分离原则的确立,税收执法权换言之税收征收管理已成为税务机关的第一要务。以纳税人为本、构建和谐税收成为科学发展观对税收征管的内在要求。上述背景要求改变传统的税收征管理念,这必将引起税收征管模式的内涵与外延的一系列深刻变化。和谐税收要求突出税收服务的理念,这必将涉及税务机关的内设机构、职责划分等一系列与征管模式如何协调的问题。纳税评估的普及和制度化,必将涉及征管、检查、稽查间的职责与程序如何协调问题。税源管理要求突破信息不对称这一瓶颈,这必将涉及税务机关内部征、管、评、服、查间的信息如何协调,国税与地税的信息如何协调,以及税务机关与其他涉税部门、单位与组织的信息如何协调等。目前,上述机构的设置、职责的划分、协调的程序尚无明确定论,因此不宜在《税收征管法》中明确具体地规定征管模式。

第三,如果在《税收征管法》中明确规定具体的征管模式,将挤压税务机关适时调整征管模式的空间。与税收行政法规和税收部门规章相比,税收法律是税收立法中级次最高、最具权威性和统一性、稳定性的立法形式。显然,将不成熟的、尚在探索中的法律事项直接在税收法律中明确具体地作出规定是不妥当的。这些尚在探索中的不成熟的法律事项一旦在税收法律中作出明确具体的规定,将极大地限制税务机关根据实际情况变化对征管模式作出相应的调整。

第四，税务机关的内设机构及其具体职责不能在税收法律中作明确规定。国务院办公厅法制局关于1996年立法工作安排的通知要求：法律草案、行政法规草案，不要规定机构、编制、经费问题；部门具体职责按"三定"方案执行，不要写入法律草案、行政法规草案。税收征管中涉及的税款征收、税收管理、税收检查、纳税评估、税务稽查、纳税服务等事项属于税务机关内设机构、部门的具体职责和分工性质的内容，根据上述规定不宜在《税收征管法》中作出明确规定。

因此，涉及征管模式的立法事项，只能在《税收征管法》中作出原则性规定。具体建议如下：

第一，原则性规定征管模式和原则。修订《税收征管法》第十一条关于税务机关的部门职责划分（即征收、管理、稽查、行政复议）的内容，将其改为"税务机构内部机构的职责应当明确，并相互分离、相互制约、相互协调"。修订后的征管模式只作原则性规定，给予税务机关更大的调整空间，可将税收检查、税务稽查、纳税服务、纳税评估等事项均涵盖其中，也可根据征管实际情况，将出现的新情况、新问题、新手段也涵盖其中。这样更便于各地税务机关根据本地区实际具体实施法律规定。

第二，原则性规定纳税服务事项。修订《税收征管法》第七条关于纳税服务内容的窄口径限制。这条规定将纳税服务限定在税法宣传和法律咨询两项内容，显然不符合当前的税收征管实际。国家税务总局在2009年召开全国税务系统纳税服务工作会议时，明确了6项纳税服务内容，即税法宣传、政策咨询、办税服务、维权服务、信息平台、税收信用等。随着纳税服务的深入开展，将会有更多的服务内容与手段出现，因此《税收征管法》作为税收程序法律不应当也不可能将此内容全部作明确具体的列举。

第三，原则性规定纳税评估事项。纳税评估是我国税收征管模式改革中的一项重要内容，实践中要求明确纳税评估法律地位的呼声也较强烈。尽管意见不一，但近几年国家税务总局陆续出台了不少有关纳税评估的税收部门规章。理论上讲，如果明确其法律地位，至少应包括法律效力、法律范围、法律程序、争议解决等4个主要内容。但就目前运行情况看，上述内容均未成熟，不能立即在《税收征管法》中作具体明确。故建议修订《税收征管法》时，增加"税务机关对纳税人、扣缴义务人报送的纳税申报表、财务会计报告和代扣代缴税款报告以及其他纳税资料进行纳税评估并根据评估的结果对纳税人的纳税义务进行核定"的条款内容。

第四，原则性规定税收管辖事项。税收征管模式是税收管理体制模式的具体体现，税收管辖是税收征管模式的重要内容，不能体现税收管辖的征管模式是不完整的。因此,建议修改《税收征管法》时,原则性规定有关税收管辖的相关事项,其中包括属地管辖原则、属人管辖原则、级别管辖原则、指定管辖原则、管辖协调原则等内容。

第五,原则性规定税务检查事项。广义的税务检查包括税收检查(日常检查与专项检查)和税务稽查(即涉税违法检查)。按照目前税务机关的机构设置与职责分工,税收检查归属税收征管部门,税务稽查归属各级税务稽查局,实践中二者存在一些不协调情况。引入纳税评估手段之后,二者的协调关系更复杂了。税收征管与税务稽查的职责及其关系是税收征管的核心内容。因此,建议修订《税收征管法》时必须原则性地规定广义税收检查权(包括检查与稽查)及其行使机关。增加"税收检查权由对税收征收管理有管辖权的税务机关行使。该税务机关也可以委托其他税务机关(如稽查局)进行检查。但受托机关在进行税收检查时必须以委托机关的名义行使税收检查权"的条款。该条款在明确税收管辖权的前提下,明确了税务局和税务稽查局的委托与受委托的法律关系,从法律上解决了实践中存在的二者关系的纷争。

总之,无论30字还是34字税收征管模式,其主要内容都包括征收、管理、服务、评估、稽查及其现代信息手段的综合运用。可以预料,随着征管环境的变化,税制改革的深化以及现代征管手段的运用,新的征管手段与方法会不断涌现。作为我国唯一税收程序法律的《税收征管法》只能原则性地规定征管模式,不宜作出具体的、明确的规定。

——涂龙力:《征管模式不宜在〈税收征管法〉中作具体规定》,《中国税务报》,2010年1月6日。

延伸思考题

1.《税收征管法》的立法宗旨是什么?

2.如何评价我国纳税人权利?

3.如何加强税务监管?

4.如何完善我国现行税收征管制度?

第二十二章　税务行政复议法律制度

案例：纳税信用等级评选复议案

王厂长最近很郁闷。国税局和地税局联合评选"纳税十佳"，他榜上无名；评定纳税信用等级，他的企业只评到 B 级。王厂长想不通，企业一直诚信纳税，没有任何违规违章记录，自己应该名列"十佳"，企业纳税信用等级也应该评 A 级。于是，他打电话到江西省 12366 纳税服务热线，询问能否就此申请行政复议。

咨询员告诉王厂长，评定纳税信用等级可以申请行政复议，但评选"纳税十佳"则不属于行政复议范围。

《税务行政复议规则（暂行）》（国家税务总局令 8 号）第二章"税务行政复议范围"中虽然没有明文指出评定纳税信用等级可以申请复议，但第八条第十二项规定，税务机关作出的其他具体行政行为可以申请复议。这是一个兜底性条款，只要是税务机关作出的具体行政行为，纳税人认为侵犯了其合法权益，就可以申请复议。纳税信用等级分 A、B、C、D 四个等级，纳税人的信用等级不同，税务机关采取的措施就不同。税务机关对 A 级纳税人采取激励措施：除专项、专案检查以及金税协查等检查外，两年内可以免除税务检查；对税务登记证验证、各项税收年检等采取即时办理办法，主管税务机关收到纳税人相关资料后，当场为其办理相关手续；放宽发票领购限量；在符合出口货物退（免）税规定的前提下，简化出口退（免）税申报手续；而 B 级只是常规管理，没有激励措施；对 C 级和 D 级就要采取程度不同的监控措施。如果纳税信用等级被评定低了，纳税人的合法权益将受到损害，为此，《纳税信用等级评定管理试行办法》（国税发〔2003〕92号）第二十二条规定，纳税人对税务机关作出的纳税信用等级评定有异议的，可以依法申请行政复议。

而评选"纳税十佳"就不同了。评选活动并不针对特定的纳税人，因此评选活动虽然由税务机关组织，也不能视为具体行政行为。从评选的后果看，名列"十佳"固然能为企业和个人带来声誉，但没评上也不存在侵犯纳税人合法权益的问题。因此，复议机关将不受理王厂长的这一申请。

咨询员提醒王厂长，纳税信用等级评的是企业，所以要以企业的名义而不是个人的名义,在知道评定结果的 60 天之内提出税务行政复议申请。由于纳税信用等级是主管国税机关和主管地税机关共同评定的,因而主管国税机关和主管地税机关为共同被申请人。国税机关和地税机关共同的上级机关为国家税务总局,根据《行政复议法》第十五条、第十八条和《税务行政复议规则(暂行)》第十二条规定,纳税人可以向国家税务总局申请行政复议,也可以向当地县级地方人民政府提出申请,县级人民政府在 7 日内转送国家税务总局。不管提出申请的途径如何,复议机关,即受理复议申请并最终作出复议决定的是国家税务总局。

——钟建强、邹森元、荣彩:《没评上纳税 A 级能申请复议吗》,《中国税务报》,2008 年 9 月 8 日。

第一节 概述

一、立法宗旨

《税务行政复议规则》(国家税务总局令第 21 号)规定,税务行政复议的立法宗旨是为了进一步发挥行政复议解决税务行政争议的作用,保护公民、法人和其他组织的合法权益,监督和保障税务机关依法行使职权。

二、复议机关

税务行政复议机关(以下简称复议机关),是指依法受理行政复议申请、对具体行政行为进行审查并作出行政复议决定的税务机关。

三、税务行政复议的基本原则

1. 合法、公正、公开、及时和便民原则

《税务行政复议规则》规定,行政复议应当遵循合法、公正、公开、及时和便民的原则。

2. 依法行政原则

《税务行政复议规则》规定,行政复议机关应当树立依法行政观念,强化责任意识和服务意识,认真履行行政复议职责,坚持有错必纠,确保法律正确实施。

3. 无偿受理原则

《税务行政复议规则》规定,行政复议机关受理行政复议申请,不得向申请人收取任何费用。

4. 程序保障原则

《税务行政复议规则》规定,行政复议机关应当为申请人、第三人查阅案卷资料、接受询问、调解、听证等提供专门场所和其他必要条件。

5. 禁止加重处罚原则

《税务行政复议规则》规定,行政复议机关在申请人的行政复议请求范围内,不得作出对申请人更为不利的行政复议决定。

6. 不服复议起诉原则

《税务行政复议规则》规定,申请人对行政复议决定不服的,可以依法向人民法院提起行政诉讼。

第二节　税务行政复议机构和人员

一、税务行政复议机构

《税务行政复议规则》规定,各级行政复议机关负责法制工作的机构(以下简称行政复议机构)依法办理行政复议事项,履行下列职责:

1. 受理行政复议申请。

2. 向有关组织和人员调查取证,查阅文件和资料。

3. 审查申请行政复议的具体行政行为是否合法和适当,起草行政复议决定。

4. 处理或者转送对《税务行政复议规则》第十五条所列有关规定的审查申请。

法条链接:《税务行政复议规则》第十五条

第十五条　申请人认为税务机关的具体行政行为所依据的下列规定不合法,对具体行政行为申请行政复议时,可以一并向行政复议机关提出对有关规定的审查申请;申请人对具体行政行为提出行政复议申请时不知道该具体行政行为所依据的规定的,可以在行政复议机关作出行政复议决定以前提出对该规定的审查申请:

(一)国家税务总局和国务院其他部门的规定。

(二)其他各级税务机关的规定。

(三)地方各级人民政府的规定。

(四)地方人民政府工作部门的规定。

前款中的规定不包括规章。

5. 对被申请人违反行政复议法及其实施条例和《税务行政复议规则》规定的

行为,依照规定的权限和程序向相关部门提出处理建议。

6.研究行政复议工作中发现的问题,及时向有关机关或者部门提出改进建议,重大问题及时向行政复议机关报告。

7.指导和监督下级税务机关的行政复议工作。

8.办理或者组织办理行政诉讼案件应诉事项。

9.办理行政复议案件的赔偿事项。

10.办理行政复议、诉讼、赔偿等案件的统计、报告、归档工作和重大行政复议决定备案事项。

11.其他与行政复议工作有关的事项。

二、行政复议委员会

《税务行政复议规则》规定,各级行政复议机关可以成立行政复议委员会,研究重大、疑难案件,提出处理建议。行政复议委员会可以邀请本机关以外的具有相关专业知识的人员参加。

三、行政复议人员

《税务行政复议规则》规定,行政复议工作人员应当具备与履行行政复议职责相适应的品行、专业知识和业务能力,并取得行政复议法实施条例规定的资格。

第三节　税务行政复议范围

一、复议范围

《税务行政复议规则》规定,行政复议机关受理申请人对税务机关下列具体行政行为不服提出的行政复议申请:

1.征税行为,包括确认纳税主体、征税对象、征税范围、减税、免税、退税、抵扣税款、适用税率、计税依据、纳税环节、纳税期限、纳税地点和税款征收方式等具体行政行为,征收税款、加收滞纳金,扣缴义务人、受税务机关委托的单位和个人作出的代扣代缴、代收代缴、代征行为等。

2.行政许可、行政审批行为。

3.发票管理行为,包括发售、收缴、代开发票等。

4.税收保全措施、强制执行措施。

5.行政处罚行为:

（1）罚款；

（2）没收财物和违法所得；

（3）停止出口退税权。

6.不依法履行下列职责的行为：

（1）颁发税务登记；

（2）开具、出具完税凭证、外出经营活动税收管理证明；

（3）行政赔偿；

（4）行政奖励；

（5）其他不依法履行职责的行为。

7.资格认定行为。

8.不依法确认纳税担保行为。

9.政府信息公开工作中的具体行政行为。

10.纳税信用等级评定行为。

11.通知出入境管理机关阻止出境行为。

12.其他具体行政行为。

二、行政规定审查

《税务行政复议规则》规定，申请人认为税务机关的具体行政行为所依据的下列规定不合法，对具体行政行为申请行政复议时，可以一并向行政复议机关提出对有关规定的审查申请；申请人对具体行政行为提出行政复议申请时不知道该具体行政行为所依据的规定的，可以在行政复议机关作出行政复议决定以前提出对该规定的审查申请：

1.国家税务总局和国务院其他部门的规定。

2.其他各级税务机关的规定。

3.地方各级人民政府的规定。

4.地方人民政府工作部门的规定。

但是，需要注意的是，上述"规定"不包括规章。

第四节 税务行政复议管辖

一、基本类型

《税务行政复议规则》规定，对各级国家税务局的具体行政行为不服的，向其上一级国家税务局申请行政复议。

对各级地方税务局的具体行政行为不服的,可以选择向其上一级地方税务局或者该税务局的本级人民政府申请行政复议。省、自治区、直辖市人民代表大会及其常务委员会、人民政府对地方税务局的行政复议管辖另有规定的,从其规定。

对国家税务总局的具体行政行为不服的,向国家税务总局申请行政复议。对行政复议决定不服,申请人可以向人民法院提起行政诉讼,也可以向国务院申请裁决。国务院的裁决为最终裁决。

二、其他类型

《税务行政复议规则》规定,对下列税务机关的具体行政行为不服的,按照下列规定申请行政复议:

1. 对计划单列市税务局的具体行政行为不服的,向省税务局申请行政复议。

2. 对税务所(分局)、各级税务局的稽查局的具体行政行为不服的,向其所属税务局申请行政复议。

3. 对两个以上税务机关共同作出的具体行政行为不服的,向共同上一级税务机关申请行政复议;对税务机关与其他行政机关共同作出的具体行政行为不服的,向其共同上一级行政机关申请行政复议。

4. 对被撤销的税务机关在撤销以前所作出的具体行政行为不服的,向继续行使其职权的税务机关的上一级税务机关申请行政复议。

5. 对税务机关作出逾期不缴纳罚款加处罚款的决定不服的,向作出行政处罚决定的税务机关申请行政复议。但是对已处罚款和加处罚款都不服的,一并向作出行政处罚决定的税务机关的上一级税务机关申请行政复议。

有上述(2)、(3)、(4)、(5)项所列情形之一的,申请人也可以向具体行政行为发生地的县级地方人民政府提交行政复议申请,由接受申请的县级地方人民政府依法转送。

第五节　税务行政复议申请人和被申请人

一、税务行政复议申请人

《税务行政复议规则》规定,税务行政复议申请人有以下五种类型:

1. 合伙企业申请行政复议的,应当以工商行政管理机关核准登记的企业为申请人,由执行合伙事务的合伙人代表该企业参加行政复议;其他合伙组织申请行政复议的,由合伙人共同申请行政复议。其他不具备法人资格的其他组织申请行政复议的,由该组织的主要负责人代表该组织参加行政复议;没有主要负责人的,由共同推选的其他成员代表该组织参加行政复议。

2.股份制企业的股东大会、股东代表大会、董事会认为税务具体行政行为侵犯企业合法权益的,可以以企业的名义申请行政复议。

3.有权申请行政复议的公民死亡的,其近亲属可以申请行政复议;有权申请行政复议的公民为无行为能力人或者限制行为能力人,其法定代理人可以代理申请行政复议。

4.有权申请行政复议的法人或者其他组织发生合并、分立或终止的,承受其权利义务的法人或者其他组织可以申请行政复议。

5.非具体行政行为的行政管理相对人,但其权利直接被该具体行政行为所剥夺、限制或者被赋予义务的公民、法人或其他组织,在行政管理相对人没有申请行政复议时,可以单独申请行政复议。

《税务行政复议规则》规定,如果同一行政复议案件申请人超过5人的,应当推选1名至5名代表参加行政复议。

二、税务行政复议中的第三人

《税务行政复议规则》规定,行政复议期间,行政复议机关认为申请人以外的公民、法人或者其他组织与被审查的具体行政行为有利害关系的,可以通知其作为第三人参加行政复议。行政复议期间,申请人以外的公民、法人或者其他组织与被审查的税务具体行政行为有利害关系的,也可以向行政复议机关申请作为第三人参加行政复议。

对于第三人参加行政复议对案件审理的影响,《税务行政复议规则》规定,第三人不参加行政复议,不影响行政复议案件的审理。

三、税务行政复议的被申请人

《税务行政复议规则》规定,税务行政复议被申请人有以下七种类型:

1.申请人对具体行政行为不服申请行政复议的,作出该具体行政行为的税务机关为被申请人。

2.申请人对扣缴义务人的扣缴税款行为不服的,主管该扣缴义务人的税务机关为被申请人;对税务机关委托的单位和个人的代征行为不服的,委托税务机关为被申请人。

3.税务机关与法律、法规授权的组织以共同的名义作出具体行政行为的,税务机关和法律、法规授权的组织为共同被申请人。

4.税务机关与其他组织以共同名义作出具体行政行为的,税务机关为**被申请人**。

5.税务机关依照法律、法规和规章规定,经上级税务机关批准作出具体行政行为的,批准机关为被申请人。

6.申请人对经重大税务案件审理程序作出的决定不服的,审理委员会所在税务机关为被申请人。

7.税务机关设立的派出机构、内设机构或者其他组织,未经法律、法规授权,以自己名义对外作出具体行政行为的,税务机关为被申请人。

四、税务行政复议代理

《税务行政复议规则》规定,申请人、第三人可以委托1名至2名代理人参加行政复议。申请人、第三人委托代理人的,应当向行政复议机构提交授权委托书。授权委托书应当载明委托事项、权限和期限。公民在特殊情况下无法书面委托的,可以口头委托。口头委托的,行政复议机构应当核实并记录在卷。申请人、第三人解除或者变更委托的,应当书面告知行政复议机构。但是,《税务行政复议规则》规定,被申请人不得委托本机关以外人员参加行政复议。

第六节 税务行政复议申请

一、复议申请期限

《税务行政复议规则》规定,税务机关作出具体行政行为,依法应当向申请人送达法律文书而未送达的,视为该申请人不知道该具体行政行为。申请人可以在知道税务机关作出具体行政行为之日起60日内提出行政复议申请。因不可抗力或者被申请人设置障碍等原因耽误法定申请期限的,申请期限的计算应当扣除被耽误时间。

《税务行政复议规则》规定,行政复议申请期限的计算,依照下列规定办理:

1.当场作出具体行政行为的,自具体行政行为作出之日起计算。

2.载明具体行政行为的法律文书直接送达的,自受送达人签收之日起计算。

3.载明具体行政行为的法律文书邮寄送达的,自受送达人在邮件签收单上签收之日起计算;没有邮件签收单的,自受送达人在送达回执上签名之日起计算。

4.具体行政行为依法通过公告形式告知受送达人的,自公告规定的**期限届**

满之日起计算。

5.税务机关作出具体行政行为时未告知申请人,事后补充告知的,自该申请人收到税务机关补充告知的通知之日起计算。

6.被申请人能够证明申请人知道具体行政行为的,自证据材料证明其知道具体行政行为之日起计算。

《税务行政复议规则》规定,申请人依照《行政复议法》第六条第(八)项、第(九)项、第(十)项的规定申请税务机关履行法定职责,税务机关未履行的,行政复议申请期限依照下列规定计算:

(1)有履行期限规定的,自履行期限届满之日起计算。

(2)没有履行期限规定的,自税务机关收到申请满 60 日起计算。

法律链接:《行政复议法》第六条第(八)项、第(九)项、第(十)项

(八)认为符合法定条件,申请行政机关颁发许可证、执照、资质证、资格证等证书,或者申请行政机关审批、登记有关事项,行政机关没有依法办理的。

(九)申请行政机关履行保护人身权利、财产权利、受教育权利的法定职责,行政机关没有依法履行的。

(十)申请行政机关依法发放抚恤金、社会保险金或者最低生活保障费,行政机关没有依法发放的。

二、复议申请方式

《税务行政复议规则》规定,申请人书面申请行政复议的,可以采取当面递交、邮寄或者传真等方式提出行政复议申请。有条件的行政复议机关可以接受以电子邮件形式提出的行政复议申请。对以传真、电子邮件形式提出行政复议申请的,行政复议机关应当审核确认申请人的身份、复议事项。

申请人书面申请行政复议的,应当在行政复议申请书中载明下列事项:

1.申请人的基本情况,包括公民的姓名、性别、出生年月、身份证件号码、工作单位、住所、邮政编码、联系电话;法人或者其他组织的名称、住所、邮政编码、联系电话和法定代表人或者主要负责人的姓名、职务。

2.被申请人的名称。

3.行政复议请求、申请行政复议的主要事实和理由。

4.申请人的签名或者盖章。

5.申请行政复议的日期。

《税务行政复议规则》规定,申请人口头申请行政复议的,行政复议机构应当当场制作行政复议申请笔录,交申请人核对或者向申请人宣读,并由申请人确

认。

有下列情形之一的,申请人应当提供证明材料:

1.认为被申请人不履行法定职责的,提供要求被申请人履行法定职责而被申请人未履行的证明材料。

2.申请行政复议时一并提出行政赔偿请求的,提供受具体行政行为侵害而造成损害的证明材料。

3.法律、法规规定需要申请人提供证据材料的其他情形。

三、复议前置程序

申请人对税务机关的征税行为不服的,应当先向行政复议机关申请行政复议;对行政复议决定不服的,可以向人民法院提起行政诉讼。申请人对税务机关的征税行为申请行政复议的,必须依照税务机关根据法律、法规确定的税额、期限,先行缴纳或者解缴税款和滞纳金,或者提供相应的担保,才可以在缴清税款和滞纳金以后或者所提供的担保得到作出具体行政行为的税务机关确认之日起60 日内提出行政复议申请。

申请人提供担保的方式包括保证、抵押和质押。作出具体行政行为的税务机关应当对保证人的资格、资信进行审查,对不具备法律规定资格或者没有能力保证的,有权拒绝。作出具体行政行为的税务机关应当对抵押人、出质人提供的抵押担保、质押担保进行审查,对不符合法律规定的抵押担保、质押担保,不予确认。

四、复议申请审查

《税务行政复议规则》规定,申请人提出行政复议申请时错列被申请人的,行政复议机关应当告知申请人变更被申请人。申请人不变更被申请人的,行政复议机关不予受理,或者驳回行政复议申请。

申请人向行政复议机关申请行政复议,行政复议机关已经受理的,在法定行政复议期限内申请人不得向人民法院提起行政诉讼;申请人向人民法院提起行政诉讼,人民法院已经依法受理的,不得申请行政复议。

申请人对税务机关作出逾期不缴纳罚款加处罚款的决定不服的,应当先缴纳罚款和加处罚款,再申请行政复议。

税务机关作出的具体行政行为对申请人的权利、义务可能产生不利影响的,应当告知其申请行政复议的权利、行政复议机关和行政复议申请期限。

第七节　税务行政复议审查

一、受理范围

《税务行政复议规则》规定,行政复议申请符合下列规定的,行政复议机关应当受理:

1.属于《税务行政复议规则》规定的行政复议范围。

2.在法定申请期限内提出。

3.有明确的申请人和符合规定的被申请人。

4.申请人与具体行政行为有利害关系。

5.有具体的行政复议请求和理由。

6.符合前述受理条件。

7.属于收到行政复议申请的行政复议机关的职责范围。

8.其他行政复议机关尚未受理同一行政复议申请,人民法院尚未受理同一主体就同一事实提起的行政诉讼。

案例:行政复议与行政诉讼的衔接

"我经营了一家酒店,与县地税局在应纳税额上发生分歧,于是向县地税局的上级机关某市地税局提起行政复议。市地税局认为已超过申请期限,作出不予受理决定。我认为没有超过期限,想诉诸法庭,但不知应当告谁?"近日,纳税人李先生在江西省地税局网上12366发帖咨询。咨询员小何耐心细致地作了解答。

一般来说,行政诉讼以作出具体行政行为的地税机关为被告;经过复议机关变更具体行政行为的,以复议机关为被告;如果复议机关在法定期限内不作决定或不予受理时,也可以以复议机关不作为提起诉讼。《行政诉讼法》第二十五条规定,公民、法人或者其他组织直接向人民法院提起诉讼的,作出具体行政行为的行政机关是被告。经复议的案件,复议机关决定维持原具体行政行为的,作出原具体行政行为的行政机关是被告;复议机关改变原具体行政行为的,复议机关是被告。《行政复议法》第十九条规定,行政复议机关决定不予受理或者受理后超过行政复议期限不作答复的,公民、法人或者其他组织可以自收到不予受理决定书之日起或者行政复议期满之日起15日内,依法向人民法院提起行政诉讼。最高人民法院《关于执行〈中华人民共和国行政诉讼法〉若干问题的解释》(以下简称《解释》)第三十三条第二款规定,复议机关在法定期限内不作复议决定,当事人对原具体行政行为不服提起诉讼的,应当以作出原具体行为的行政机关为被告;当事人对复议机关不作为不服提起诉讼的,应当以复议机关为被告。

李先生的案件是复议前置案件,且市地税局作出不予受理的决定,有一定的特殊性。复议前置案件是指必须先通过税务行政复议,对复议机关决定不服的,才能向人民法院提起行政诉讼,不能在未经复议的情形下直接向人民法院起诉。《税收征管法》第八十八条规定,纳税人、扣缴义务人、纳税担保人同税务机关在纳税上发生争议时,必须先依照税务机关的纳税决定缴纳或者解缴税款及滞纳金,或者提供相应的担保,然后可以依法申请行政复议;对行政复议决定不服的,可以依法向人民法院起诉。李先生对县地税局征收其所经营的酒店税款数额存在疑义属于纳税争议,应当先申请行政复议再提起行政诉讼。

李先生如果对县地税局征收其所经营的酒店税款数额存在争议,以县地税局为被告提起行政诉讼的话,必须先经过行政复议。市地税局不予受理算不算已经经过行政复议了呢?《行政复议法》第十七条规定,行政复议机关收到行政复议申请后,应当在5日内进行审查,对不符合本法规定的行政复议申请,决定不予受理。审查期内针对的是申请人是不是符合法定的复议条件,如果复议机关按照法律法规认定其申请不符合复议条件,作出不予受理的决定,所产生的结果是申请人不具备复议条件,即复议申请人没有或者丧失了申请复议权。接受复议申请并不等同于受理复议申请。也就是说,对县地税局征收李先生所经营的酒店税款数额存在争议案件未经过市地税局行政复议,李先生以县地税局为被告提起行政诉讼的话,法院将会以未经复议为由不予受理或者驳回起诉。《解释》第三十三条第一款规定,法律、法规规定应当先申请复议行政行为,当事人未申请复议直接提起诉讼的,法院不予受理。

由于市地税局作出了不予受理决定,原具体行政并未经过行政复议,只能针对市地税局的不予受理决定,而不是原具体行政行为,自收到不予受理决定书之日起15日内,以市地税局为被告,对其不作为向人民法院提起行政诉讼。

——何敏、何挺:《复议不被受理如何提起诉讼》,《中国税务报》,2008年12月1日。

二、审查

《税务行政复议规则》规定,行政复议机关收到行政复议申请以后,应当在5日内审查,决定是否受理。对不符合税务行政复议申请的,决定不予受理,并书面告知申请人。对不属于本机关受理的行政复议申请,应当告知申请人向有关行政复议机关提出。行政复议机关收到行政复议申请以后未按照上述规定期限审查并作出不予受理决定的,视为受理。

对符合规定的行政复议申请,自行政复议机构收到之日起即为受理;受理行政复议申请,应当书面告知申请人。

行政复议申请材料不齐全、表述不清楚的,行政复议机构可以自收到该行政复议申请之日起5日内书面通知申请人补正。补正通知应当载明需要补正的事项和合理的补正期限。无正当理由逾期不补正的,视为申请人放弃行政复议申请。补正申请材料所用时间不计入行政复议审理期限。

上级税务机关认为行政复议机关不予受理行政复议申请的理由不成立的,可以督促其受理;经督促仍然不受理的,责令其限期受理。上级税务机关认为行政复议申请不符合法定受理条件的,应当告知申请人。

上级税务机关认为有必要的,可以直接受理或者提审由下级税务机关管辖的行政复议案件。

对应当先向行政复议机关申请行政复议,对行政复议决定不服再向人民法院提起行政诉讼的具体行政行为,行政复议机关决定不予受理或者受理以后超过行政复议期限不作答复的,申请人可以自收到不予受理决定书之日起或者行政复议期满之日起15日内,依法向人民法院提起行政诉讼。依法延长行政复议期限的,以延长以后的时间为行政复议期满时间。

三、具体行政行为的法律效力

《税务行政复议规则》规定,行政复议期间具体行政行为不停止执行;但是有下列情形之一的,可以停止执行:

1.被申请人认为需要停止执行的;

2.行政复议机关认为需要停止执行的;

3.申请人申请停止执行,行政复议机关认为其要求合理,决定停止执行的;

4.法律规定停止执行的。

第八节　税务行政复议受理

一、受理范围

《税务行政复议规则》规定,行政复议申请符合下列规定的,行政复议机关应当受理:

1.属于《税务行政复议规则》规定的行政复议范围;

2.在法定申请期限内提出;

3.有明确的申请人和符合规定的被申请人；

4.申请人与具体行政行为有利害关系；

5.有具体的行政复议请求和理由；

6.符合《税务行政复议规则》规定的条件；

7.属于收到行政复议申请的行政复议机关的职责范围；

8.其他行政复议机关尚未受理同一行政复议申请，人民法院尚未受理同一主体就同一事实提起的行政诉讼。

二、审查

行政复议机关收到行政复议申请以后，应当在5日内审查，决定是否受理。对不符合《税务行政复议规则》规定的行政复议申请，决定不予受理，并书面告知申请人。对不属于本机关受理的行政复议申请，应当告知申请人向有关行政复议机关提出。行政复议机关收到行政复议申请以后未按照期限审查并作出不予受理决定的，视为受理。对符合规定的行政复议申请，自行政复议机构收到之日起即为受理；受理行政复议申请，应当书面告知申请人。

行政复议申请材料不齐全、表述不清楚的，行政复议机构可以自收到该行政复议申请之日起5日内书面通知申请人补正。补正通知应当载明需要补正的事项和合理的补正期限。无正当理由逾期不补正的，视为申请人放弃行政复议申请。补正申请材料所用时间不计入行政复议审理期限。

上级税务机关认为行政复议机关不予受理行政复议申请的理由不成立的，可以督促其受理；经督促仍然不受理的，责令其限期受理。上级税务机关认为行政复议申请不符合法定受理条件的，应当告知申请人。

上级税务机关认为有必要的，可以直接受理或者提审由下级税务机关管辖的行政复议案件。

对应当先向行政复议机关申请行政复议，对行政复议决定不服再向人民法院提起行政诉讼的具体行政行为，行政复议机关决定不予受理或者受理以后超过行政复议期限不作答复的，申请人可以自收到不予受理决定书之日起或者行政复议期满之日起15日内，依法向人民法院提起行政诉讼。

依照《税务行政复议规则》规定延长行政复议期限的，以延长以后的时间为行政复议期满时间。

三、停止执行

《税务行政复议规则》规定，行政复议期间具体行政行为不停止执行；但是有下列情形之一的，可以停止执行：

1.被申请人认为需要停止执行的；

2.行政复议机关认为需要停止执行的；

3.申请人申请停止执行，行政复议机关认为其要求合理，决定停止执行的；

4.法律规定停止执行的。

第九节　税务行政复议证据

一、证据类别

《税务行政复议规则》规定，行政复议证据包括以下类别：

1.书证；

2.物证；

3.视听资料；

4.证人证言；

5.当事人陈述；

6.鉴定结论；

7.勘验笔录、现场笔录。

二、举证责任

《税务行政复议规则》规定，在行政复议中，被申请人对其作出的具体行政行为负有举证责任。

三、审查证据

《税务行政复议规则》规定，行政复议机关应当依法全面审查相关证据。行政复议机关审查行政复议案件，应当以证据证明的案件事实为依据。定案证据应当具有合法性、真实性和关联性。

《税务行政复议规则》规定，行政复议机关应当根据案件的具体情况，从以下方面审查证据的合法性：

1.证据是否符合法定形式；

2.证据的取得是否符合法律、法规、规章和司法解释的规定；

3.是否有影响证据效力的其他违法情形。

《税务行政复议规则》规定，行政复议机关应当根据案件的具体情况，从以下方面审查证据的真实性：

1. 证据形成的原因；

2. 发现证据时的环境；

3. 证据是否为原件、原物，复制件、复制品与原件、原物是否相符；

4. 提供证据的人或者证人与行政复议参加人是否具有利害关系；

5. 影响证据真实性的其他因素。

《税务行政复议规则》规定，行政复议机关应当根据案件的具体情况，从以下方面审查证据的关联性：

1. 证据与待证事实是否具有证明关系；

2. 证据与待证事实的关联程度；

3. 影响证据关联性的其他因素。

《税务行政复议规则》规定，下列证据材料不得作为定案依据：

1. 违反法定程序收集的证据材料；

2. 以偷拍、偷录和窃听等手段获取侵害他人合法权益的证据材料；

3. 以利诱、欺诈、胁迫和暴力等不正当手段获取的证据材料；

4. 无正当事由超出举证期限提供的证据材料；

5. 无正当理由拒不提供原件、原物，又无其他证据印证，且对方不予认可的证据的复制件、复制品；

6. 无法辨明真伪的证据材料；

7. 不能正确表达意志的证人提供的证言；

8. 不具备合法性、真实性的其他证据材料。

《税务行政复议规则》规定，在行政复议过程中，被申请人不得自行向申请人和其他有关组织或者个人收集证据。行政复议机构认为必要时，可以调查取证。行政复议工作人员向有关组织和人员调查取证时，可以查阅、复制和调取有关文件和资料，向有关人员询问。调查取证时，行政复议工作人员不得少于 2 人，并应当向当事人和有关人员出示证件。被调查单位和人员应当配合行政复议工作人员的工作，不得拒绝、阻挠。需要现场勘验的，现场勘验所用时间不计入行政复议审理期限。

《税务行政复议规则》规定，申请人和第三人可以查阅被申请人提出的书面答复、作出具体行政行为的证据、依据和其他有关材料，除涉及国家秘密、商业秘密或者个人隐私外，行政复议机关不得拒绝。

案例：某家电商业零售企业税务行政调解案

行政复议调解是指在行政复议过程中，复议机关根据行政争议当事人的申请，或根据复议案件的实际情况在当事人之间用平等协商的办法，就申请复议事项达成一致解决意见的争议解决方式。在行政复议案件审理过程中是否可以运用调解方式,是行政法领域长期争论不休的问题。1999 年实施的《行政复议法》对其没有明确规定。国家税务总局 2007 年 3 月出台的《关于全面加强税务行政复议工作的意见》将调解机制引入税务行政复议,要求各级复议机关充分运用调解方式解决行政争议。在 2007 年 8 月 1 日实施的《行政复议法实施条例》(以下简称《条例》)中,调解制度被正式写入有关法条。但这并不意味着调解在所有方面都正当化了。因为《条例》所规定的是一种有限调解。本文拟结合税务行政复议案件实例对《条例》中调解的适用问题进行解析。

对《条例》相关规定的法理解析:

(一)行政复议调解适用两类情形

根据《条例》,可以进行调解的情形包括两类:第一,公民、法人或者其他组织对行政机关行使法律、法规规定的自由裁量权作出的具体行政行为不服申请行政复议的,复议机关可以进行调解;第二,对当事人之间的行政赔偿或者行政补偿纠纷也可以进行调解。

(二)自由裁量行政行为与羁束行政行为的区别

《条例》所称的自由裁量行政行为是相对于羁束行政行为而言的。

划分两种行政行为的标准是行政行为受法律约束的程度。行政主体对行政法律规范的适用没有或很少有选择余地的行政行为被称为羁束行政行为,如征税行为。反之,行政主体对行政法律规范的适用有较大选择余地的行政行为则被称为自由裁量行政行为,如行政处罚中的罚款。

(三)行政复议调解的注意事项

1.调解必须遵循自愿、合法原则。

《条例》所规定的调解并不是行政复议案件的必经程序。只有申请人和被申请人都自愿接受调解时,复议机关的调解才能进行。实践中有两种情况:一种是争议双方当事人主动要求调解;另一种是复议机关依职权提出调解建议,双方当事人自愿接受。这里的自愿不仅是指双方自愿采用调解方式解决争议,而且包括自愿履行调解结果。此外调解还必须遵循合法的原则。

2.调解应当制作规范的行政复议调解书。

当事人经调解达成协议的,行政复议机关应当制作规范的行政复议调解书。首先,内容须完整。应当载明行政复议请求、事实、理由和调解结果。其次,形式要规范。调解书须加盖行政复议机关印章,经双方当事人签字,即具有法律效力。

3.调解未果或一方反悔的处理。

行政复议案件经过调解未达成协议或者调解书生效前一方反悔的,行政复议机关应当及时作出行政复议决定。

行政复议案件实例分析。

某家电商业零售企业,系增值税一般纳税人,2007 年 11 月份冰箱销售额 360 000 元,彩电销售额 634 000 元,取得增值税进项发票可抵进项税额160 000 元,在销售冰箱和彩电的同时还提供送货上门服务,共收到送货费30 000 元(未入账)。该企业当月纳税申报情况如下:应纳增值税=(360 000+634 000)× 17%-160 000=8 980 元,已缴纳(不考虑其他税费)。2008 年 1 月,主管国税局稽查人员对该企业 11 月份的纳税情况进行检查,检查中发现该企业的业务人员携带一本空白普通发票到外省。该主管国税局作出如下处理决定:送货费 30 000 元属混合销售,应缴纳增值税,需补缴增值税 30 000/(1+17%)× 17%=4 358.97 元,并按规定加收滞纳金。作出如下处罚决定:将隐瞒混合销售收入少缴增值税的行为认定为偷税,依《税收征管法》处以所偷税款 5 倍的罚款 21 794.85 元。对携带空白普通发票到外省的行为依《发票管理办法》,处以 10 000 元罚款。

该企业不服税务机关作出的税务处理决定和税务行政处罚决定,依法向上一级税务机关申请行政复议。复议机关了解案情后对此案进行了调解。复议双方当事人达成以下一致意见:(1)免收滞纳金;(2)对偷税行为的罚款额由偷税款 5 倍调为偷税款 1 倍;(3)对跨规定使用区域携带空白发票行为的罚款额由 10 000 元调为 2 000 元。

对三项调解内容的分析:

1.不能以调解方式免收滞纳金。

本案中,主管税务机关对该企业加收滞纳金的法律依据是《税收征管法》。根据规定,纳税人未按照规定期限缴纳税款的,税务机关除责令限期缴纳外,从滞纳税款之日起,按日加收滞纳税款万分之五的滞纳金。在此,加收滞纳金是一种羁束行政行为,非自由裁量行政行为,不能适用调解。

2.对偷税处罚的调解符合《条例》规定。

本案中,主管税务机关对该企业偷税行为进行处罚的法律依据是《税收征管法》第六十三条。根据规定,对纳税人偷税的,由税务机关追缴其不缴或少缴的税款、滞纳金,并处不缴或少缴的税款 50%以上 5 倍以下的罚款。在此,税务机关对于罚款有较大的自由裁量权,且权力来源是法律。因此,对偷税处罚的调解符合《条例》规定。

3.对规章规定的行政处罚不能进行调解。

本案中,主管税务机关对该企业跨规定使用区域携带空白发票的行为进行处罚,其法律依据是《发票管理办法》。虽然这一处罚行为属于自由裁量行政行为,但是该项处罚的依据不是法律、法规,而是规章,因此不能以调解方式解决此项争议。

——曾进、陈挺:《行政复议调解机制的实证分析》,《中国税务报》,2008 年 9 月 15 日。

第十节 税务行政复议审查和决定

一、书面答复

《税务行政复议规则》规定,行政复议机构应当自受理行政复议申请之日起 7 日内,将行政复议申请书副本或者行政复议申请笔录复印件发送被申请人。被申请人应当自收到申请书副本或者申请笔录复印件之日起 10 日内提出书面答复,并提交当初作出具体行政行为的证据、依据和其他有关材料。

对国家税务总局的具体行政行为不服申请行政复议的案件,由原承办具体行政行为的相关机构向行政复议机构提出书面答复,并提交当初作出具体行政行为的证据、依据和其他有关材料。

行政复议机构审理行政复议案件,应当由 2 名以上行政复议工作人员参加。

二、审查方式

1. 书面审查

《税务行政复议规则》规定,行政复议原则上采用书面审查的办法,但是申请人提出要求或者行政复议机构认为有必要时,应当听取申请人、被申请人和第三人的意见,并可以向有关组织和人员调查了解情况。

2. 听证

《税务行政复议规则》规定,对重大、复杂的案件,申请人提出要求或者行政复议机构认为必要时,可以采取听证的方式审理。行政复议机构决定举行听证的,应当将举行听证的时间、地点和具体要求等事项通知申请人、被申请人和第三人。第三人不参加听证的,不影响听证的举行。听证应当公开举行,但是涉及国家秘密、商业秘密或者个人隐私的除外。行政复议听证人员不得少于 2 人,听证主持人由行政复议机构指定。听证应当制作笔录。申请人、被申请人和第三人应当确认听证笔录内容。行政复议听证笔录应当附卷,作为行政复议机构审理案件的依据之一。

三、撤回申请

《税务行政复议规则》规定,申请人在行政复议决定作出以前撤回行政复议申请的,经行政复议机构同意,可以撤回。申请人撤回行政复议申请的,不得再以同一事实和理由提出行政复议申请。但是,申请人能够证明撤回行政复议申请违背其真实意思表示的除外。

四、审查

《税务行政复议规则》规定,行政复议机关应当全面审查被申请人的具体行政行为所依据的事实证据、法律程序、法律依据和设定的权利义务内容的合法性、适当性。行政复议期间被申请人改变原具体行政行为的,不影响行政复议案件的审理。但是,申请人依法撤回行政复议申请的除外。

行政复议机关审查被申请人的具体行政行为时,认为其依据不合法,本机关有权处理的,应当在30日内依法处理;无权处理的,应当在7日内按照法定程序逐级转送有权处理的国家机关依法处理。处理期间,中止对具体行政行为的审查。

五、决 定

1. 决定类型

《税务行政复议规则》规定,行政复议机构应当对被申请人的具体行政行为提出审查意见,经行政复议机关负责人批准,按照下列规定作出行政复议决定:

(1) 具体行政行为认定事实清楚,证据确凿,适用依据正确,程序合法,内容适当的,决定维持。

(2) 被申请人不履行法定职责的,决定其在一定期限内履行。

(3) 具体行政行为有下列情形之一的,决定撤销、变更或者确认该具体行政行为违法;决定撤销或者确认该具体行政行为违法的,可以责令被申请人在一定期限内重新作出具体行政行为:

①主要事实不清、证据不足的;

②适用依据错误的;

③违反法定程序的;

④超越职权或者滥用职权的;

⑤具体行政行为明显不当的。

2. 撤销具体行政行为

《税务行政复议规则》规定,被申请人不按照规定提出书面答复,提交当初作出具体行政行为的证据、依据和其他有关材料的,视为该具体行政行为没有证据、依据,决定撤销该具体行政行为。

3.重新作出具体行政行为

行政复议机关责令被申请人重新作出具体行政行为的,被申请人不得以同一事实和理由作出与原具体行政行为相同或者基本相同的具体行政行为;但是行政复议机关以原具体行政行为违反法定程序决定撤销的,被申请人重新作出具体行政行为的除外。

行政复议机关责令被申请人重新作出具体行政行为的,被申请人不得作出对申请人更为不利的决定;但是行政复议机关以原具体行政行为主要事实不清、证据不足或适用依据错误决定撤销的,被申请人重新作出具体行政行为的除外。

行政复议机关责令被申请人重新作出具体行政行为的,被申请人应当在 60 日内重新作出具体行政行为;情况复杂,不能在规定期限内重新作出具体行政行为的,经行政复议机关批准,可以适当延期,但是延期不得超过 30 日。

公民、法人或者其他组织对被申请人重新作出的具体行政行为不服,可以依法申请行政复议,或者提起行政诉讼。

4.变更具体行政行为

《税务行政复议规则》规定,有下列情形之一的,行政复议机关可以决定变更:

(1)认定事实清楚,证据确凿,程序合法,但是明显不当或者适用依据错误的;

(2)认定事实不清,证据不足,但是经行政复议机关审理查明事实清楚,证据确凿的。

5.驳回行政复议申请

《税务行政复议规则》规定,有下列情形之一的,行政复议机关应当决定驳回行政复议申请:

(1)申请人认为税务机关不履行法定职责申请行政复议,行政复议机关受理以后发现该税务机关没有相应法定职责或者在受理以前已经履行法定职责的;

(2)受理行政复议申请后,发现该行政复议申请不符合行政复议法及其实施条例和本规则规定的受理条件的。

上级税务机关认为行政复议机关驳回行政复议申请的理由不成立的,应当责令限期恢复受理。行政复议机关审理行政复议申请期限的计算应当扣除因驳回耽误的时间。

6.中止行政复议

《税务行政复议规则》规定,行政复议期间,有下列情形之一的,行政复议中止：

(1)作为申请人的公民死亡,其近亲属尚未确定是否参加行政复议的;

(2)作为申请人的公民丧失参加行政复议的能力,尚未确定法定代理人参加行政复议的;

(3)作为申请人的法人或者其他组织终止,尚未确定权利义务承受人的;

(4)作为申请人的公民下落不明或者被宣告失踪的;

(5)申请人、被申请人因不可抗力,不能参加行政复议的;

(6)行政复议机关因不可抗力原因暂时不能履行工作职责的;

(7)案件涉及法律适用问题,需要有关机关作出解释或者确认的;

(8)案件审理需要以其他案件的审理结果为依据,而其他案件尚未审结的;

(9)其他需要中止行政复议的情形。

行政复议中止的原因消除以后,应当及时恢复行政复议案件的审理。行政复议机构中止、恢复行政复议案件的审理,应当告知申请人、被申请人、第三人。

7.终止行政复议

《税务行政复议规则》规定,行政复议期间,有下列情形之一的,行政复议终止：

(1)申请人要求撤回行政复议申请,行政复议机构准予撤回的;

(2)作为申请人的公民死亡,没有近亲属,或者其近亲属放弃行政复议权利的;

(3)作为申请人的法人或者其他组织终止,其权利义务的承受人放弃行政复议权利的;

(4)申请人与被申请人依照本规则第八十七条的规定,经行政复议机构准许达成和解的;

(5)行政复议申请受理以后,发现其他行政复议机关已经先于本机关受理,或者人民法院已经受理的。

8.行政赔偿

《税务行政复议规则》规定,申请人在申请行政复议时可以一并提出行政赔偿请求,行政复议机关对符合国家赔偿法的规定应当赔偿的,在决定撤销、变更具体行政行为或者确认具体行政行为违法时,应当同时决定被申请人依法赔偿。

申请人在申请行政复议时没有提出行政赔偿请求的,行政复议机关在依法决定撤销、变更原具体行政行为确定的税款、滞纳金、罚款和对财产的扣押、查封等强制措施时,应当同时责令被申请人退还税款、滞纳金和罚款,解除对财产的扣押、查封等强制措施,或者赔偿相应的价款。

9.行政复议决定的履行

行政复议机关应当自受理申请之日起 60 日内作出行政复议决定。情况复杂,不能在规定期限内作出行政复议决定的,经行政复议机关负责人批准,可以适当延期,并告知申请人和被申请人;但是延期不得超过 30 日。行政复议机关作出行政复议决定,应当制作行政复议决定书,并加盖行政复议机关印章。行政复议决定书一经送达,即发生法律效力。

《税务行政复议规则》规定,被申请人应当履行行政复议决定。被申请人不履行、无正当理由拖延履行行政复议决定的,行政复议机关或者有关上级税务机关应当责令其限期履行。

申请人、第三人逾期不起诉又不履行行政复议决定的,或者不履行最终裁决的行政复议决定的,按照下列规定分别处理:

(1)维持具体行政行为的行政复议决定,由作出具体行政行为的税务机关依法强制执行,或者申请人民法院强制执行。

(2)变更具体行政行为的行政复议决定,由行政复议机关依法强制执行,或者申请人民法院强制执行。

第十一节　税务行政复议和解与调解

一、和解与调解的范围

《税务行政复议规则》规定,对下列行政复议事项,按照自愿、合法的原则,申请人和被申请人在行政复议机关作出行政复议决定以前可以达成和解,行政复议机关也可以调解:

1.行使自由裁量权作出的具体行政行为,如行政处罚、核定税额、确定应税所得率等;

2.行政赔偿;

3.行政奖励;

4.存在其他合理性问题的具体行政行为。

二、和解

《税务行政复议规则》规定,申请人和被申请人达成和解的,应当向行政复议机构提交书面和解协议。和解内容不损害社会公共利益和他人合法权益的,行政复议机构应当准许。经行政复议机构准许和解终止行政复议的,申请人不得以同一事实和理由再次申请行政复议。

三、调解

1. 调解原则

《税务行政复议规则》规定,调解应当符合下列要求:

(1)尊重申请人和被申请人的意愿;

(2)在查明案件事实的基础上进行;

(3)遵循客观、公正和合理原则;

(4)不得损害社会公共利益和他人合法权益。

2. 调解程序

《税务行政复议规则》规定,行政复议机关按照下列程序调解:

(1)征得申请人和被申请人同意;

(2)听取申请人和被申请人的意见;

(3)提出调解方案;

(4)达成调解协议;

(5)制作行政复议调解书。

3. 调解书

《税务行政复议规则》规定,行政复议调解书应当载明行政复议请求、事实、理由和调解结果,并加盖行政复议机关印章。行政复议调解书经双方当事人签字,即具有法律效力。调解未达成协议,或者行政复议调解书不生效的,行政复议机关应当及时作出行政复议决定。申请人不履行行政复议调解书的,由被申请人依法强制执行,或者申请人民法院强制执行。

第十二节　税务行政复议指导和监督

一、税务行政复议指导

《税务行政复议规则》规定,各级税务复议机关应当加强对履行行政复议职责的监督。行政复议机构负责对行政复议工作进行系统督促、指导。

二、税务行政复议监督

《税务行政复议规则》规定,各级税务机关应当建立健全行政复议工作责任制,将行政复议工作纳入本单位目标责任制。各级税务机关应当按照职责权限,通过定期组织检查、抽查等方式,检查下级税务机关的行政复议工作,并及时向有关方面反馈检查结果。

行政复议期间行政复议机关发现被申请人和其他下级税务机关的相关行政行为违法或者需要做好善后工作的,可以制作行政复议意见书。有关机关应当自收到行政复议意见书之日起 60 日内将纠正相关行政违法行为或者做好善后工作的情况报告行政复议机关。行政复议期间行政复议机构发现法律、法规和规章实施中带有普遍性的问题,可以制作行政复议建议书,向有关机关提出完善制度和改进行政执法的建议。

省以下各级税务机关应当定期向上一级税务机关提交行政复议、应诉、赔偿统计表和分析报告,及时将重大行政复议决定报上一级行政复议机关备案。

行政复议机构应当按照规定将行政复议案件资料立卷归档。行政复议案卷应当按照行政复议申请分别装订立卷,一案一卷,统一编号,做到目录清晰、资料齐全、分类规范、装订整齐。

文献附录

中华人民共和国行政复议法

(1999 年 4 月 29 日第九届全国人民代表大会常务委员会第九次会议通过)

第一章　总　则

第一条　为了防止和纠正违法的或者不当的具体行政行为,保护公民、法人和其他组织的合法权益,保障和监督行政机关依法行使职权,根据宪法,制定本法。

第二条　公民、法人或者其他组织认为具体行政行为侵犯其合法权益,向行政机关提出行政复议申请,行政机关受理行政复议申请、作出行政复议决定,适用本法。

第三条　依照本法履行行政复议职责的行政机关是行政复议机关。行政复议机关负责法制工作的机构具体办理行政复议事项,履行下列职责:

(一)受理行政复议申请;

(二)向有关组织和人员调查取证,查阅文件和资料;

（三）审查申请行政复议的具体行政行为是否合法与适当,拟订行政复议决定不服的;

（四）处理或者转送对本法第七条所列有关规定的审查申请;

（五）对行政机关违反本法规定的行为依照规定的权限和程序提出处理建议;

（六）办理因不服行政复议决定提起行政诉讼的应诉事项;

（七）法律、法规规定的其他职责。

第四条　行政复议机关履行行政复议职责,应当遵循合法、公正、公开、及时、便民的原则,坚持有错必纠,保障法律、法规的正确实施。

第五条　公民、法人或者其他组织对行政复议决定不服的,可以依照行政诉讼法的规定向人民法院提起行政诉讼,但是法律规定行政复议决定为最终裁决的除外。

第二章　行政复议范围

第六条　有下列情形之一的,公民、法人或者其他组织可以依照本法申请行政复议:

（一）对行政机关作出的警告、罚款、没收违法所得、没收非法财物、责令停产停业、暂扣或者吊销许可证、暂扣或者吊销执照、行政拘留等行政处罚决定不服的;

（二）对行政机关作出的限制人身自由或者查封、扣押、冻结财产等行政强制措施决定不服的;

（三）对行政机关作出的有关许可证、执照、资质证、资格证等证书变更、中止、撤销的决定不服的;

（四）对行政机关作出的关于确认土地、矿藏、水流、森林、山岭、草原、荒地、滩涂、海域等自然资源的所有权或者使用权的决定不服的;

（五）认为行政机关侵犯合法的经营自主权的;

（六）认为行政机关变更或者废止农业承包合同,侵犯其合法权益的;

（七）认为行政机关违法集资、征收财物、摊派费用或者违法要求履行其他义务的;

（八）认为符合法定条件,申请行政机关颁发许可证、执照、资质证、资格证等证书,或者申请行政机关审批、登记有关事项,行政机关没有依法办理的;

（九）申请行政机关履行保护人身权利、财产权利、受教育权利的法定职责,行政机关没有依法履行的;

（十）申请行政机关依法发放抚恤金、社会保险金或者最低生活保障费,行政机关没有依法发放的;

（十一）认为行政机关的其他具体行政行为侵犯其合法权益的。

第七条　公民、法人或者其他组织认为行政机关的具体行政行为所依据的下列规定不合法，在对具体行政行为申请行政复议时，可以一并向行政复议机关提出对该规定的审查申请：

（一）国务院部门的规定；

（二）县级以上地方各级人民政府及其工作部门的规定；

（三）乡、镇人民政府的规定。

前款所列规定不含国务院部、委员会规章和地方人民政府规章。规章的审查依照法律、行政法规办理。

第八条　不服行政机关作出的行政处分或者其他人事处理决定的，依照有关法律、行政法规的规定提出申诉。不服行政机关对民事纠纷作出的调解或者其他处理，依法申请仲裁或者向人民法院提起诉讼。

第三章　行政复议申请

第九条　公民、法人或者其他组织认为具体行政行为侵犯其合法权益的，可以自知道该具体行政行为之日起六十日内提出行政复议申请；但是法律规定的申请期限超过六十日的除外。

因不可抗力或者其他正当理由耽误法定申请期限的，申请期限自障碍消除之日起继续计算。

第十条　依照本法申请行政复议的公民、法人或者其他组织是申请人。有权申请行政复议的公民死亡的，其近亲属可以申请行政复议。有权申请行政复议的公民为无民事行为能力人或者限制民事行为能力人的，其法定代理人可以代为申请行政复议。有权申请行政复议的法人或者其他组织终止的，承受其权利的法人或者其他组织可以申请行政复议。同申请行政复议的具体行政行为有利害关系的其他公民、法人或者其他组织，可以作为第三人参加行政复议。公民、法人或者其他组织对行政机关的具体行政行为不服申请行政复议的，作出具体行政行为的行政机关是被申请人。申请人、第三人可以委托代理人代为参加行政复议。

第十一条　申请人申请行政复议，可以书面申请，也可以口头申请；口头申请的，行政复议机关应当当场记录申请人的基本情况、行政复议请求、申请行政复议的主要事实、理由和时间。

第十二条　对县级以上地方各级人民政府工作部门的具体行政行为不服的，由申请人选择，可以向该部门的本级人民政府申请行政复议，也可以向上一级主管部门申请行政复议。对海关、金融、国税、外汇管理等实行垂直领导的行政机关和国家安全机关的具体行政行为不服的，向上一级主管部门申请行政复议。

第十三条 对地方各级人民政府的具体行政行为不服的,向上一级地方人民政府申请行政复议。对省、自治区人民政府依法设立的派出机关所属的县级地方人民政府的具体政行为不服的,向该派出机关申请行政复议。

第十四条 对国务院部门或者省、自治区、直辖市人民政府的具体行政行为不服的,向作出该具体行政行为的国务院部门或者省、自治区、直辖市人民政府申请行政复议。对行政复议决定不的,可以向人民法院提起行政诉讼;也可以向国务院申请裁决,国务院依照本法的规定作出最终裁决。

第十五条 对本法第十二条、第十三条、第十四条规定以外的其他行政机关、组织的具体行政行为不服的,按照下列规定申请行政复议:

(一)对县级以上地方人民政府依法设立的派出机关的具体行政行为不服的,向设立该派出机关的人民政府申请行政复议;

(二)对政府工作部门依法设立的派出机构依照法律、法规或者规章规定,以自己的名义作出的具体行政行为不服的,向设立该派出机构的部门或者该部门的本级地方人民政府申请行政复议;

(三)对法律、法规授权的组织的具体行政行为不服的,分别向直接管理该组织的地方人民政府、地方人民政府工作部门或者国务院部门申请行政复议;

(四)对两个或者两个以上行政机关以共同的名义作出的具体行政行为不服的,向其共同上一级行政机关申请行政复议;

(五)对被撤销的行政机关在撤销前所作出的具体行政行为不服的,向继续行使其职权的行政机关的上一级行政机关申请行政复议。

有前款所列情形之一的,申请人也可以向具体行政行为发生地的县级地方人民政府提出行政复议申请,由接受申请的县级地方人民政府依照本法第十八条的规定办理。

第十六条 公民、法人或者其他组织申请行政复议,行政复议机关已经依法受理的,或者法律、法规规定应当先向行政复议机关申请行政复议、对行政复议决定不服再向人民法院提起行政诉讼的,在法定行政复议期限内不得向人民法院提起行政诉讼。公民、法人或者其他组织向人民法院提起行政诉讼,人民法院已经依法受理的,不得申请行政复议。

第四章 行政复议受理

第十七条 行政复议机关收到行政复议申请后,应当在五日内进行审查,对不符合本法规定的行政复议申请,决定不予受理,并书面告知申请人;对符合本法规定,但是不属于本机关受理的行政复议申请,应当告知申请人向有关行政复议机关提出。除前款规定外,行政复议申请自行政复议机关负责法制工作的机构收到之日起即为受理。

第十八条　依照本法第十五条第二款的规定接受行政复议申请的县级地方人民政府，对依照本法第十五条第一款的规定属于其他行政复议机关受理的行政复议申请，应当自接到该行政复议申请之日起七日内，转送有关行政复议机关，并告知申请人。接受转送的行政复议机关应当依照本法第十七条的规定办理。

第十九条　法律、法规规定应当先向行政复议机关申请行政复议、对行政复议决定不服再向人民法院提起行政诉讼的，行政复议机关决定不予受理或者受理后超过行政复议期限不作答复的，公民、法人或者其他组织可以自收到不予受理决定书之日起或者行政复议期满之日起十五日内，依法向人民法院提起行政诉讼。

第二十条　公民、法人或者其他组织依法提出行政复议申请，行政复议机关无正当理由不予受理的，上级行政机关应当责令其受理；必要时，上级行政机关也可以直接受理。

第二十一条　行政复议期间具体行政行为不停止执行；但是，有下列情形之一的，可以停止执行：

（一）被申请人认为需要停止执行的；

（二）行政复议机关认为需要停止执行的；

（三）申请人申请停止执行，行政复议机关认为其要求合理，决定停止执行的；

（四）法律规定停止执行的。

第五章　行政复议决定

第二十二条　行政复议原则上采取书面审查的办法，但是申请人提出要求或者行政复议机关负责法制工作的机构认为有必要时，可以向有关组织和人员调查情况，听取申请人、被申请人和第三人的意见。

第二十三条　行政复议机关负责法制工作的机构应当自行政复议申请受理之日起七日内，将行政复议申请书副本或者行政复议申请笔录复印件发送被申请人。被申请人应当自收到申请书副本或者申请笔录复印件之日起十日内，提出书面答复，并提交当初作出具体行政行为的证据、依据和其他有关材料。申请人、第三人可以查阅被申请人提出的书面答复、作出具体行政行为的证据、依据和其他有关材料，除涉及国家秘密、商业秘密或者个人隐私外，行政复议机关不得拒绝。

第二十四条　在行政复议过程中，被申请人不得自行向申请人和其他有关组织或者个人收集证据。

第二十五条　行政复议决定作出前,申请人要求撤回行政复议申请的,经说明理由,可以撤回;撤回行政复议申请的,行政复议终止。

第二十六条　申请人在申请行政复议时,一并提出对本法第七条所列有关规定的审查申请的,行政复议机关对该规定有权处理的,应当在三十日内依法处理;无权处理的,应当在七日内按照法定程序转送有权处理的行政机关依法处理,有权处理的行政机关应当在六十日内依法处理。处理期间,中止对具体行政行为的审查。

第二十七条　行政复议机关在对被申请人作出的具体行政行为进行审查时,认为其依据不合法,本机关有权处理的,应当在三十日内依法处理;无权处理的,应当在七日内按照法定程序转送有权处理的国家机关依法处理。处理期间,中止对具体行政行为的审查。

第二十八条　行政复议机关负责法制工作的机构应当对被申请人作出的具体行政行为进行审查,提出意见,经行政复议机关的负责人同意或者集体讨论通过后,按照下列规定作出行政复议决定:

(一)具体行政行为认定事实清楚,证据确凿,适用依据正确,程序合法,内容适当的,决定维持;

(二)被申请人不履行法定职责的,决定其在一定期限内履行;

(三)具体行政行为有下列情形之一的,决定撤销、变更或者确认该具体行政行为违法;决定撤销或者确认该具体行政行为违法的,可以责令被申请人在一定期限内重新作出具体行政行为:

1.主要事实不清、证据不足的;

2.适用依据错误的;

3.违反法定程序的;

4.超越或者滥用职权的;

5.具体行政行为明显不当的。

(四)被申请人不按照本法第二十三条的规定提出书面答复、提交当初作出具体行政行为的证据、依据和其他有关材料的,视为该具体行政行为没有证据、依据,决定撤销该具体行政行为。行政复议机关责令被申请人重新作出具体行政行为的,被申请人不得以同一的事实和理由作出与原具体行政行为相同或者基本相同的具体行政行为。

第二十九条　申请人在申请行政复议时可以一并提出行政赔偿请求,行政复议机关对符合国家赔偿法的有关规定应当给予赔偿的,在决定撤销、变更具体行政行为或者确认具体行政行为违法时,应当同时决定被申请人依法给予赔偿。申请人在申请行政复议时没有提出行政赔偿请求的,行政复议机关在依法决定撤销或者变更罚款、撤销违法集资、没收财物、征收财物、摊派费用以及对财产的查封、扣押、冻结等具体行政行为时，应当同时责令被申请人返还财产，解除对财产的查封、扣押、冻结措施，或者赔偿相应的价款。

第三十条　公民、法人或者其他组织认为行政机关的具体行政行为侵犯其已经依法取得的土地、矿藏、水流、森林、山岭、草原、荒地、滩涂、海域等自然资源的所有权或者使用权的，应当先申请行政复议；对行政复议决定不服的，可以依法向人民法院提起行政诉讼。根据国务院或者省、自治区、直辖市人民政府对行政区划的勘定、调整或者征用土地的决定，省、自治区、直辖市人民政府确认土地、矿藏、水流、森林、山岭、草原、荒地、滩涂、海域等自然资源的所有权或者使用权的行政复议决定为最终裁决。

第三十一条　行政复议机关应当自受理申请之日起六十日内作出行政复议决定；但是法律规定的行政复议期限少于六十日的除外。情况复杂，不能在规定期限内作出行政复议决定的，经行政复议机关的负责人批准，可以适当延长，并告知申请人和被申请人；但是延长期限最多不超过三十日。

行政复议机关作出行政复议决定，应当制作行政复议决定书，并加盖印章。行政复议决定书一经送达，即发生法律效力。

第三十二条　被申请人应当履行行政复议决定。

被申请人不履行或者无正当理由拖延履行行政复议决定的，行政复议机关或者有关上级行政机关应当责令其限期履行。

第三十三条　申请人逾期不起诉又不履行行政复议决定的，或者不履行最终裁决的行政复议决定的，按照下列规定分别处理：

（一）维持具体行政行为的行政复议决定，由作出具体行政行为的行政机关依法强制执行，或者申请人民法院强制执行；

（二）变更具体行政行为的行政复议决定，由行政复议机关依法强制执行，或者申请人民法院强制执行。

第六章　法律责任

第三十四条　行政复议机关违反本法规定，无正当理由不予受理依法提出的行政复议申请或者不按照规定转送行政复议申请的，或者在法定期限内不作出行政复议决定的，对直接负责的主管人员和其他直接责任人员依法给予警告、记过、记大过的行政处分；经责令受理仍不受理或者不按照规定转送行政复议申请，造成严重后果的，依法给予降级、撤职、开除的行政处分。

第三十五条　行政复议机关工作人员在行政复议活动中，徇私舞弊或者有其他渎职、失职行为的，依法给予警告、记过、记大过的行政处分；情节严重的，依法给予降级、撤职、开除的行政处分；构成犯罪的，依法追究刑事责任。

第三十六条　被申请人违反本法规定,不提出书面答复或者不提交作出具体行政行为的证据、依据和其他有关材料,或者阻挠、变相阻挠公民、法人或者其他组织依法申请行政复议的,对直接负责的主管人员和其他直接责任人员依法给予警告、记过、记大过的行政处分;进行报复陷害的,依法给予降级、撤职、开除的行政处分;构成犯罪的,依法追究刑事责任。

第三十七条　被申请人不履行或者无正当理由拖延履行行政复议决定的,对直接负责的主管人员和其他直接责任人员依法给予警告、记过、记大过的行政处分;经责令履行仍拒不履行的,依法给予降级、撤职、开除的行政处分。

第三十八条　行政复议机关负责法制工作的机构发现有无正当理由不予受理行政复议申请、不按照规定期限作出行政复议决定、徇私舞弊、对申请人打击报复或者不履行行政复议决定等情形的,应当向有关行政机关提出建议,有关行政机关应当依照本法和有关法律、行政法规的规定作出处理。

第七章　附则

第三十九条　行政复议机关受理行政复议申请,不得向申请人收取任何费用。行政复议活动所需经费,应当列入本机关的行政经费,由本级财政予以保障。

第四十条　行政复议期间的计算和行政复议文书的送达,依照民事诉讼法关于期间、送达的规定执行。本法关于行政复议期间有关"五日"、"七日"的规定是指工作日,不含节假日。

第四十一条　外国人、无国籍人、外国组织在中华人民共和国境内申请行政复议,适用本法。

第四十二条　本法施行前公布的法律有关行政复议的规定与本法的规定不一致的,以本法的规定为准。

第四十三条　本法自1999年10月1日起施行。1990年12月24日国务院发布、1994年10月9日国务院修订发布的《行政复议条例》同时废止。

理论探索:税务行政复议制度的现状与完善

根据《行政复议法实施条例》第四十条规定,公民、法人或者其他组织对行政机关行使法律、法规规定的自由裁量权作出的具体行政行为不服申请行政复议,申请人与被申请人在行政复议决定作出前自愿达成和解的,应当向行政复议机构提交书面和解协议;和解内容不损害社会公共利益和他人合法权益的,行政复议机构应当准许。根据第四十二条规定,在行政复议期间,申请人与被申请人依照本条例第四十条的规定,经行政复议机构准许达成和解的,行政复议终止。据此,行政复议和解制度的内涵和要求包含以下几个方面:

一是税务行政复议和解制度并非适用于所有行政复议案件，只适用于特定范围的行政复议案件，即公民、法人或者其他组织对行政机关行使法律、法规规定的自由裁量权（如税务行政处罚）作出具体行政行为不服而申请行政复议的案件，而不涉及对抽象行政行为不服申请的复议审查。

二是行政复议申请人与被申请人达成和解必须经税务行政复议机构准许。行政复议机构是否准许，取决于申请人与被申请人达成和解是否自愿以及和解内容是否损害社会公共利益和他人合法权益。

三是税务行政复议和解必须符合法定的形式，即申请人与被申请人自愿达成和解的，应当向税务行政复议机构提交书面和解协议，书面和解协议应当载明下列内容：申请人、被申请人的姓名，单位，住址；申请人申请行政复议的请求、事实和理由；被申请人答复的事实和理由；和解内容；申请人、被申请人签字或者盖章；和解日期。而不是仅仅要求达成和解意思后告知行政复议机构即可。

四是税务行政复议和解必须在法定的时间阶段进行，即申请人与被申请人自愿达成和解只能在行政复议决定作出前。

五是申请人与被申请人依法经准许达成和解的，导致行政复议终止的法律效果，即行政复议机构不再继续审理。

——刘平、望南海、任善涛：《税务行政复议和解制度只适用特定范围》，《中国税务报》，2009年11月4日。

从2007年8月1日起施行的《行政复议法实施条例》（以下称《条例》）正式确立了行政复议调解制度。《条例》实施以来，各地税务行政复议机关纷纷运用调解方式解决税务行政纠纷。由于《条例》对调解的规定较为概括、抽象（仅第五十条一个条款），在调解的适用条件、内容、程序和法律效力等诸多方面未作详尽规定，一定程度制约了调解制度充分有效的运用。鉴于此，依照《条例》规定制定出较为详细、规范的税务行政复议调解办法以指导税务行政复议调解实践，具有现实的必要性。

笔者认为，制定税务行政复议调解办法应明确以下几个问题：

一、税务行政复议调解的基础。

税务行政复议机关通过行政复议，除了解决税务行政争议外，还应对下级税务机关的执法行为进行规范和示范，发挥应有的层级监督作用。因此，税务行政复议调解应当在查清事实、分清是否合法与适当的基础上进行。

二、税务行政复议调解的适用范围、适用条件和内容。

调解是一种合意的纠纷解决方式，蕴含着"对话与协商、妥协与合作"的精神。与民事调解不同，税务行政复议调解不是纯私权之间合意的结果，而是公权与私权妥协的结果。受公权不能随意处分原则的制约,税务行政复议调解在适用范围、条件和内容等方面应受到较多的限制。

三、调解书的法律效力。

《条例》第五十条第二款规定:"……行政复议调解书经双方当事人签字,即具有法律效力。"但具有怎样的法律效力,能否作为强制执行的依据,当事人反悔能否再申请复议或提起行政诉讼,《条例》未予明确。笔者认为,行政复议调解作为一种行政救济活动和行政复议结案方式之一,与民事诉讼调解一样表现为国家权力的干预,应具有法律上强制执行的效力。因此,税务行政复议调解书一经各方当事人签收,除非法定情形,各方当事人都必须遵守调解书的内容,自觉履行调解书规定的义务。

——叶国萍、侯昌兵、江湘瑞:《建议尽快出台税务行政复议调解办法》,《中国税务报》,2009 年 7 月 1 日。

延伸思考题

1.税务行政复议的立法宗旨是什么?

2.如何维护税务行政复议相对人的合法权益?

3.如何评价我国现行税务行政复议制度?

4.如何完善我国现行税务行政复议制度?

参考文献_____

1. 储敏伟,杨君昌.财政学.北京:高等教育出版社,2000

2. 北野弘久.税法学原论.北京:中国检察出版社,2001

3. 刘剑文.税法专题研究.北京:北京大学出版社,2002

4. 张志超.现代财政学原理.天津:南开大学出版社,2003

5. 金子宏.日本税法.北京:法律出版社,2004

6. 张守文.财税法疏议.北京:北京大学出版社,2005

7. 刘剑文.税法学.北京:北京大学出版社,2007

8. 财政部会计资格评价中心.经济法基础(2009年初级会计资格考试辅导教材).北京:经济科学出版社,2008